Westermeier/Wiesner
Das staatliche Haushalts-, Kassen- und Rechnungswesen

D1828081

Annika Hunke

Das staatliche Haushalts-, Kassen- und Rechnungswesen

Ein Grundriss
für die öffentliche Verwaltung in Bund und Ländern

begründet von

Prof. Herbert Wiesner

Dozent a.D. an der Fachhochschule des Bundes für öffentliche Verwaltung,
Mannheim

fortgeführt von

Antonius Westermeier

Regierungsoberamtsrat a.D., ehem. Bundeswehrverwaltungsschule II, Berlin

9., neu bearbeitete Auflage

R.v. Decker

Reihe „Handbücher und Kommentare“

Vorliegender Band herausgegeben von

Michael Streffer
Ministerialdirektor a.D.
im Bundesministerium der Verteidigung

Bibliografische Information der Deutschen Nationalbibliothek

Die Deutsche Nationalbibliothek verzeichnet diese Publikation in der Deutschen Nationalbibliografie; detaillierte bibliografische Daten sind im Internet über http://dnb.d-nb.de abrufbar.

Bei der Herstellung des Werkes haben wir uns zukunftsbewusst für umweltverträgliche und wiederverwertbare Materialien entschieden.
Der Inhalt ist auf elementar chlorfreiem Papier gedruckt.

MIX
Papier aus verantwortungsvollen Quellen
FSC® C008492
FSC
www.fsc.org

ISBN 978-3-7685-0565-9

E-Mail: kundenbetreuung@hjr-verlag.de

Telefon: +49 89/2183-7928
Telefax: +49 89/2183-7620

© 2012 R. v. Decker, eine Marke der Verlagsgruppe Hüthig Jehle Rehm GmbH
Heidelberg, München, Landsberg, Frechen, Hamburg

www.rehmnetz.de
www.hjr-verlag.de

Dieses Werk, einschließlich aller seiner Teile, ist urheberrechtlich geschützt. Jede Verwertung außerhalb der engen Grenzen des Urheberrechtsgesetzes ist ohne Zustimmung des Verlages unzulässig und strafbar. Dies gilt insbesondere für Vervielfältigungen, Übersetzungen, Mikroverfilmungen und die Einspeicherung und Verarbeitung in elektronischen Systemen.

Satz: preXtension GbR, Grafrath
Druck: Beltz Druckpartner GmbH & Co. KG, Hemsbach

Geleitwort

Mit der vorliegenden 9. Auflage erscheint „Das staatliche Haushalts-, Kassen, und Rechnungswesen“ – inzwischen ein Standardwerk in der Reihe „Handbücher und Kommentare“ – zum ersten Mal allein betreut von Antonius Westermeier. Der Autor hat die Zeit genutzt und die zahlreichen der Materie zugrunde liegenden Bestimmungen überarbeitet und – soweit erforderlich – auf den neuesten Stand gebracht.

Mit dem Autor freuen sich Herausgeber und Verlag über den großen Zuspruch, den das Werk auch und gerade in den vergangenen fünf Jahren nach Erscheinen der Vorauflage gefunden hat. Bestätigt wird so eine Zielsetzung des Werkes, nämlich die Verbreiterung der Leserschaft des seit vielen Jahren gut eingeführten Werkes. Anteil daran haben die klare und übersichtliche sowie didaktisch geschickte Darstellung des naturgemäß „bürokratisch strukturierten“ Stoffes und das gelungene Bemühen Westermeiers, auch über den Zaun der Lehr- und Stoffpläne zu schauen. Beispielhaft dafür steht das Kapitel über die neuen betriebswirtschaftlichen Steuerungselemente zur Förderung einer effektiven und modernen Verwaltung.

Herausgeber und Verlag wünschen dem Autor für die neue Auflage in der Reihe „Handbücher und Kommentare“ den gleichen Erfolg wie bisher.

Bonn, im September 2012 *Michael Streffer*

Vorwort

Dieses Lehrbuch hat sich bei dem Verwaltungspersonal von Bund und Ländern bereits in den vergangenen Auflagen als wertvolle Hilfe sowohl in der Ausbildung als auch in der Praxis erwiesen.

Auch für die 9. Auflage stand das Bemühen im Vordergrund, die Vielzahl der Neuerungen auf dem Gebiete des Haushalts- und Kassenwesens geordnet, übersichtlich und insbesondere leicht verständlich zu erläutern. Dabei wurden die einzelnen Themenkomplexe jeweils am Ende noch einmal in ihrem fundamentalen Gehalt als „Kurzfassung" dargestellt.

Zum besseren Verständnis wurden bestimmte Themenbereiche auch in grafischer Form als Skizze abgebildet, um sie so besonders einprägsam hervorzuheben.

Auch in der 9. Auflage wurden noch einmal die neuen betriebswirtschaftlichen Steuerungselemente zur Förderung einer effektiveren und modernen Verwaltung behandelt und kritisch betrachtet. Ebenfalls wurde das künftige Zahlungs- und Überweisungsverfahren im einheitlichen Euro-Zahlungsverkehrsraums (Single Euro Payments Area, SEPA) als künftige Nutzung einheitlicher Verfahren und Standards im Euro-Zahlungsverkehr im Überblick behandelt.

Als Autor war ich bemüht, die inzwischen ergangenen Änderungen und Neuerungen auf dem Gebiete des Haushalts-, Kassenwesen und Rechnungswesens in diese 9. Auflage einzubringen, so dass dem Leser damit ein geschlossener Gesamtüberblick über dieses komplexe Rechtsgebiet für die Aus- und Fortbildung zur Verfügung steht.

Eine wesentliche Neuerung ist nach dem Haushaltsgrundsätzemodernisierungsgesetz die Haushaltsaufstellung im Budgetverfahren.

Die Leserinnen mögen mir nachsehen, dass ich von der Wiederholung von Begriffen in femininer Form (z. B. die Beauftragte/der Beauftrage, die Leiterin/der Leiter, die Bürgerin/der Bürger) aus Gründen der Vereinfachung und der besseren Lesbarkeit abgesehen habe, um so die behandelte Rechtsmaterie mit ihren staats- und verwaltungsrechtlichen Institutionen in fachbezogener, geschlechtsneutraler Form darzustellen.

An dieser Stelle möchte ich dem Begründer dieser Lehrbuchreihe, Herrn Professor Herbert Wiesner, der dieses Lehrbuch von 1977 bis 2004 betreut hat, meinen tiefen Respekt aussprechen. Nach seiner Pensionierung legte er mir die Fortführung dieses Buches in die Hände. Für diesen Vertrauensbeweis bin ich Herrn Professor Wiesner außerordentlich dankbar.

Höxter, im Mai 2012 *Antonius Westermeier*

Inhaltsverzeichnis

Geleitwort V

Vorwort VI

Abbildungsverzeichnis XXXI

Abkürzungsverzeichnis XXXVII

Erster Teil
Haushaltswesen 1

A. Die Grundlagen für das staatliche Haushalts-, Kassen- und Rechnungswesen 3

I. Verfassungsrecht 3

II. Gesetzliche Grundlagen 4
1. Gesetz über die Grundsätze des Haushaltsrechts des Bundes und der Länder 4
2. Gesetz zur Förderung der Stabilität und des Wachstums der Wirtschaft 4
3. Gesetz zur Regelung des Schuldenwesens des Bundes 4
4. Gesetz zur Errichtung eines Stabilitätsrates und zur Vermeidung von Haushaltsnotlagen 4
5. Gesetz zur Fortentwicklung des Haushaltsrechts von Bund und Ländern 5
6. Haushaltsgrundsätzemodernisierungsgesetz 5
7. Haushaltsordnungen 6
8. Haushaltsgesetz 6

III. Verwaltungsvorschriften 7
1. Verwaltungsvorschriften zur Haushaltssystematik des Bundes (VV-HB) 8
   1.1 Gruppierungsplan 8
   1.2 Haushaltstechnische Richtlinien des Bundes (HRB) 8
2. Allgemeine Verwaltungsvorschriften zur Bundeshaushaltsordnung (VV-BHO) 9
3. Kassenbestimmungen für die Bundesverwaltung (KBestB) 9

4. Verfahrensrichtlinien für Mittelverteiler und Titelverwalter für das automatisierte Verfahren im Haushalts-, Kassen- und Rechnungswesen (VerfRiB-MV/TV-HKR) . . . 9
5. Aufbewahrungsbestimmungen für die Unterlagen für das Haushalts-, Kassen- und Rechnungswesen des Bundes (ABestB – HKR) . . . 10
6. Allgemeine Verwaltungsvorschriften zur vorläufigen Haushalts- und Wirtschaftsführung . . . 10
7. Allgemeine Verwaltungsvorschriften zur endgültigen Haushaltsführung . . . 11
8. Entwurf der Buchführungs- und Rechnungslegungsordnung für das Vermögen des Bundes (VBRO) . . . 11
9. Ressortinterne Durchführungsbestimmungen (DB) . . . 12
10. Ressortbezogene Erlasse über die Haushaltsführung . . . 12

IV. Die Rechtsgrundlagen für das staatliche Haushalts-, Kassen- und Rechnungswesens (Kurzfassung) . . . 12

B. Der Bundes-/Landeshaushalt . . . 14

I. Allgemeines . . . 14

II. Begriff des Haushalts . . . 15

III. Inhalt des Haushalts . . . 16

IV. Bedeutung (Funktionen) des Haushalts . . . 17
1. Rechtliche Bedeutung (Funktion) des Haushalts . . . 17
2. Politische Bedeutung (Funktion) des Haushalts . . . 18
3. Finanzwirtschaftliche Bedeutung des Haushalts (Bedarfsdeckungsfunktion) . . . 18
4. Gesamtwirtschaftliche Bedeutung (Funktion) des Haushaltsplans . . . 19
5. Kontrollmäßige Bedeutung (Funktion) des Haushaltsplans . . . 20

V. Wirkung des Haushaltsplans . . . 21

VI. Der Finanzplan . . . 22

VII. Die Haushaltsrechnung . . . 22

VIII. Der Haushaltskreislauf (Ein Überblick) . . . 23
1. Allgemeines . . . 23
2. Parlamentarische Beratung und Verabschiedung des Haushaltsentwurfs durch den Bundestag . . . 24

3. Die Ausführung des Haushalts durch die Regierung und deren Verwaltung . . . 24
4. Die Kontrolle der Ausführung des Haushalts sowie Entlastung der Regierung . . . 25

IX. Der Bundes-/Landeshaushalt (Kurzfassung) . . . 26
1. Allgemeines . . . 26
2. Begriff des Haushalts . . . 26
3. Inhalt des Haushalts . . . 27
4. Bedeutung (Funktionen) des Haushaltsplans . . . 27
5. Wirkung des Haushaltsplans . . . 28
6. Der Finanzplan . . . 28
7. Die Haushaltsrechnung . . . 28
8. Der Haushaltskreislauf . . . 29

C. Die Haushaltsgrundsätze . . . 30

I. Jährlichkeit . . . 30
1. Allgemeines . . . 30
2. Ausnahmen vom Grundsatz der Jährlichkeit und zeitlichen Bindung . . . 32
2.1 Übertragbare Ausgabemittel . . . 32
2.1.1 Allgemeines . . . 32
2.1.2 „Geborene", stets erlaubte Übertragbarkeit (§ 19 Abs. 1 Satz 1 BHO/LHO) . . . 34
2.1.3 „Gekorene", zeitlich befristete Übertragbarkeiten (§ 19 Abs. 1 Satz 2 BHO/LHO) . . . 34
2.1.4 Bildung von Ausgaberesten . . . 35
2.2 Weitergeltung von Verpflichtungsermächtigungen . . . 36
2.3 Haushaltsvorgriffe . . . 36
2.4 Selbstbewirtschaftungsmittel (§ 15 Abs. 2 BHO/LHO) . . . 37
2.5 „kw"- und „ku"-Vermerke (§ 21 BHO/LHO) . . . 37
2.5.1 Allgemeines . . . 37
2.5.2 „kw"-Vermerke . . . 38
2.5.3 „ku"-Vermerke . . . 38

II. Vorherigkeit . . . 39
1. Allgemeines . . . 39
2. Folge einer Nichteinhaltung des Grundsatzes der Vorherigkeit . . . 39

III. Einheit, Vollständigkeit und Fälligkeit . . . 41

IV. Gesamtdeckungsprinzip ... 42
1. Allgemeines ... 42
2. Ausnahmen vom Grundsatz des Gesamtdeckungsprinzips ... 42
2.1 Zweckbindung durch Gesetz ... 42
2.2 Zweckbindung durch Haushaltsvermerk ... 42
2.3 Anmerkung des Verfassers zu den Ausnahmen vom Gesamtdeckungsprinzips ... 43

V. Bruttoprinzip (Bruttoveranschlagung und Bruttonachweis) ... 43
1. Allgemeines ... 43
2. Bruttoveranschlagung ... 43
3. Bruttonachweis (§ 35 Abs. 1 BHO/LHO) ... 44
3.1 Ausnahmen/Regelungen zum Bruttonachweis ... 45
3.2 Regelungen zum Bruttonachweis im Einzelnen ... 46
3.2.1 Rückzahlungen ... 46
3.2.2 Berichtigung von Titelverwechslungen ... 48
3.2.3 Erstattungen Dritter ... 48
3.2.4 Beiträge Dritter ... 49
3.2.5 Erhöhung der Verfügbarkeit ... 49
3.2.6 Haushalts- und kassenmäßige Abwicklung von Rückzahlungen und Erstattungen ... 49
3.2.7 Einnahmen fließen den Selbstbewirtschaftungsmitteln zu ... 50

VI. Genauigkeit und Wahrheit ... 50

VII. Wirtschaftlichkeit und Sparsamkeit ... 51

VIII. Verfahren und Methoden eines wirtschaftlichen Ressourceneinsatzes ... 54
1. Interessenbekundungsverfahren ... 54
2. Wirtschaftlichkeitsuntersuchungen ... 55
3. Kosten-Leistungs-Rechnung ... 57

IX. Spezialisierung ... 57
1. Allgemeines ... 57
2. Ausnahmen von der sachlichen Bindung ... 58
2.1 Erlaubnisse der Deckungsfähigkeit ... 59
2.1.1 Möglichkeiten der Erlaubnis einer Deckungsfähigkeit i. S. d. des § 20 Abs. 2 BHO/LHO ... 60
2.1.2 Arten der Deckungsfähigkeit ... 61

2.1.3 Inanspruchnahme der Deckungsfähigkeit .. 62
2.1.3.1 Deckungspflichtiger Titel 62
2.1.3.2 Deckungsberechtigter Titel 62

X. Ausgeglichenheit 63

XI. Öffentlichkeit 64

XII. Die Haushaltsgrundsätze (Kurzfassung) 64
1. Jährlichkeit 64
1.1 Allgemeines 64
1.2 Ausnahmen vom Grundsatz der Jährlichkeit 65
1.2.1 Übertragbare Ausgabemittel: 65
1.2.2 Haushaltsvorgriffe 65
1.2.3 Selbstbewirtschaftungsmittel (S-Mittel) ... 65
1.2.4 „kw“-Vermerke (künftig wegfallend) 65
1.2.5 „ku“-Vermerke (künftig umzuwandeln) ... 65
2. Vorherigkeit 65
3. Einheit, Vollständigkeit und Fälligkeit 66
4. Gesamtdeckungsprinzip 66
5. Bruttoprinzip 66
6. Genauigkeit und Wahrheit 67
7. Wirtschaftlichkeit und Sparsamkeit 67
8. Spezialisierung 68
9. Ausgeglichenheit 69
10. Öffentlichkeit 69

D. Die Gliederung des Haushaltsplans 70

I. Allgemeines 70

II. Der Gesamtplan 71
1. Teil I: Die Haushaltsübersicht 71
2. Teil II: Berechnung der zulässigen Kreditaufnahme ... 71
3. Teil III: Die Finanzierungsübersicht 72
4. Teil IV: Der Kreditfinanzierungsplan 72

III. Die Einzelpläne 72
1. Institutionalprinzip 72
2. Realprinzip 73

IV. Die Kapitel 75

V. Die Titel 78
1. Allgemeines 78
2. Teile des Titels 80
2.1 Zweckbestimmung 80

2.2 Titelnummer ... 81
2.2.1 Gruppierungsplan (§ 13 Abs. 3 BHO) ... 81
2.2.2 Gruppierungsnummer ... 82
2.2.3 Ordnungsziffer ... 83
2.2.4 Mittelansatz ... 83
2.2.5 Titelgruppen ... 84
2.2.6 Festtitel ... 84
2.2.7 Leertitel ... 84
2.2.8 Haushaltsvermerke ... 85
2.2.9 Erläuterungen ... 85
2.2.10 Kennzeichnung der Gliederung ... 85

VI. Gliederungsformen außerhalb des Haushaltsplans ... 86
1. Buchungsabschnitte ... 86
2. Objektkonten ... 87

VII. Die Gliederung des Haushaltsplans (Kurzfassung) ... 88
1. Der Gesamtplan ... 88
2. Die Einzelpläne ... 89
3. Die Kapitel ... 89
4. Die Titel ... 89
5. Der Gruppierungsplan ... 90
6. Die Titelgruppe ... 91
7. Festtitel ... 91
8. Leertitel ... 91
9. Haushaltsvermerke ... 92
10. Erläuterungen ... 92
11. Die Kennzeichnung der Gliederung ... 92
12. Gliederungsformen außerhalb des Haushaltsplans ... 92
12.1 Der Buchungsabschnitt ... 92
12.2 Objektkonto ... 93

E. Die Aufstellung des Haushaltsgesetzes und des Haushaltsplans ... 94

I. Allgemeines ... 94

II. Die Voranschläge der Bundes-/Landesressorts ... 94
1. Allgemeines ... 94
2. Die Voranschläge der Obersten Bundes-/Landesbehörden ... 96

III. Die Aufstellung des Haushaltsentwurfs im Budgetverfahren ... 97

IV. Die Aufstellung des Entwurfs des Haushaltsgesetzes und des Entwurfs des Haushaltsplans durch das BMF 100
1. Der Haushaltsentwurf 100
2. Die Anlagen zum Haushaltsentwurf 101
3. Finanzplan des BMF 102
4. Finanzbericht des BMF 103
5. Das Ausgleichsgebot des Haushaltsentwurfs 103

V. Die Beschlussfassung über den Entwurf des Haushaltsgesetzes und den Entwurf des Haushaltsplans durch die Bundesregierung 104

VI. Stellungnahme des Bundesrates und Gegenäußerung durch die Bundesregierung (Erster Durchgang im Bundesrat) 104

VII. Die Beratungen über die Einzelplanentwürfe, die Verabschiedung des Haushaltsgesetzes und Feststellung des Haushaltsplans durch das Parlament 105
1. Die Beratungen im Bundestag 105
2. Die Verabschiedung des Haushaltsgesetzes 106
3. Zweiter Durchgang im Bundesrat 107

VIII. Die Ausfertigung und Veröffentlichung des Haushaltsgesetzes 108

IX. Ergänzungen zum Haushaltsentwurf und Nachträge zum Haushaltsgesetz und zum Haushaltsplan 108

X. Die Aufstellung des Haushaltsgesetzes und des Haushaltsplans (Kurzfassung) 109

F. Die vorläufige Haushalts- und Wirtschaftsführung 112

I. Allgemeines 112

II. Grenzen der Ermächtigung 113
1. Sachliche Beschränkung 114
1.1 Erhaltung gesetzlich bestehender Einrichtungen 114
1.2 Durchführung gesetzlich beschlossener Maßnahmen 115
1.3 Erfüllung rechtlich begründeter Verpflichtungen 115
1.4 Fortsetzung von Bauten, Beschaffungen und sonstigen Leistungen oder Weitergewährung von Beihilfen für diese Zwecke, sofern durch den Haushaltsplan eines Vorjahres bereits Beträge bewilligt worden sind 115
2. Zeitliche Beschränkung 117

III. Ausgabeermächtigungen 117

IV. Die vorläufige Haushalts- und Wirtschaftsführung (Kurzfassung) 119

G. Die Ausführung des Haushaltsplans 120

I. Allgemeines 120

II. Erhebung der Einnahmen 120
1. Grundsätze der Erhebung der Einnahmen 120
2. Einnahmequellen 121
2.1 Abgaben 121
2.1.1 Steuern 121
2.1.2 Zölle 122
2.1.3 Beiträge 123
2.1.4 Gebühren 123
2.2 Zuweisungen 123
2.3 Wirtschaftserträge 124
2.4 Krediteinnahmen 125
2.5 Münzeinnahmen 126
2.6 Sonstige Einnahmen 126
3. Besonderheiten bei der Verpflichtung, Einnahmen rechtzeitig und vollständig zu erheben. 126
3.1 Schuldnerverzug 127
3.2 Ausnahmen vom Grundsatz, Einnahmen rechtzeitig und vollständig zu erheben. 127
3.2.1 Änderung von Verträgen, Vergleiche 127
3.2.1.1 Änderung von Verträgen 128
3.2.1.2 Vergleiche 128
3.2.2 Veränderung von Ansprüchen 128
3.2.2.1 Stundung 129
3.2.2.2 Niederschlagung 130
3.2.2.3 Erlass 131
3.2.2.4 Unterrichtung der zuständigen Kasse 132

III. Die Bereitstellung, Verteilung und Bewirtschaftung der Ausgabemittel 132

IV. Die Verteilung von Haushaltsmitteln 133
1. Allgemeines 133
2. Verfahren der Mittelverteilung 135
2.1 Nachweis der verteilten und verfügten Haushaltsmittel 138

3. Die Bewirtschaftung der Haushaltsmittel 138
3.1 Allgemeines 138
3.2 Die Bewirtschafter 139
4. Überplanmäßige und außerplanmäßige Haushaltseinnahmen und Haushaltsausgaben 140
5. Die Haushaltssperre als Verfügungsbeschränkung 141
5.1 Allgemeines 141
5.2 Arten der Haushaltssperre 142
5.2.1 Sperren kraft Ständiggesetzes (BHO/LHO) 142
5.2.2 Sperren kraft Zeitgesetzes (Haushaltsgesetz) 143
5.2.3 Sperren kraft Haushaltsvermerks 143
5.2.4 Sperren durch nachträgliche Verfügung des BMF 143
5.3 Formen der Sperren 144
5.3.1 Einfache Sperre 144
5.3.2 Qualifizierte Sperre 144
6. Flexibilisierung des Haushaltsrechts 145
6.1 Allgemeines 145
6.2 Instrumente der Flexibilisierung 145

V. Die Haushaltsführung (Kurzfassung) 146
1. Grundsätze der Erhebung der Einnahmen 146
2. Einnahmequellen 146
3. Besonderheiten bei der Verpflichtung, Einnahmen rechtzeitig und vollständig zu erheben. 147
3.1 Schuldnerverzug 147
3.2 Ausnahmen vom Grundsatz, Einnahmen rechtzeitig und vollständig zu erheben. 147
3.2.1 Änderung von Verträgen 147
3.2.2 Veränderung von Ansprüchen (§ 59 BHO/LHO) 147
3.2.2.1 Stundung 147
3.2.2.2 Niederschlagung 147
3.2.2.3 Erlass 148
4. Die Bereitstellung, Verteilung und Bewirtschaftung der Ausgabemittel 148
4.1 Die Zuweisung der Haushaltsmittel 148
4.2 Über- und außerplanmäßige Haushaltseinnahmen und Haushaltsausgaben 149
5. Die Haushaltssperre als Verfügungsbeschränkung 150
5.1 Arten der Haushaltssperre 150
5.2 Formen der Sperren 151

VI. Personen, die Haushaltsmittel bewirtschaften 151
1. Allgemeines 151
2. Der Beauftragte für den Haushalt 152
2.1 Beauftragter für den Haushalt bei obersten Bundesbehörden 152
2.2 Beauftragter für den Haushalt im nachgeordneten Bereich 152
3. Aufgaben des Beauftragten für den Haushalt 153
3.1 Aufstellung der Haushaltsvoranschläge 153
3.2 Ausführung des Haushaltsplans 154
3.2.1 Einnahmen 154
3.2.2 Ausgaben 155
3.3 Verpflichtungsermächtigungen 156
3.4 Sonstige Aufgaben 156
4. Übertragung der Bewirtschaftung 156
5. Rechte des Beauftragten für den Haushalt 157
5.1 Einbindung in die Behördenhierarchie 157
5.2 Beteiligung des Beauftragten für den Haushalt (§ 9 Abs. 2 Satz 2 BHO/LHO) 158
5.2.1 Mitwirkungsrechte des Beauftragten für den Haushalt 159
5.2.2 Widerspruchsrecht des Beauftragten für den Haushalt (VV Nr. 5.4 zu § 9 BHO) 159
6. Die Titelverwalter/Mittelverwender 161
6.1 Allgemeines 161
6.2 Bestellung zum Titelverwalter 161
7. Personen, die Haushaltsmittel bewirtschaften (Kurzfassung) 162

VII. Personalwirtschaftliche Grundsätze 164
1. Allgemeines 164
2. Dienstposten 164
3. Planstellen für Beamte 165
4. Stellen für Arbeitnehmerinnen und Arbeitnehmer 166
5. Leerstellen 166
6. Ersatzplanstellen und Ersatzstellen 167
7. Sonstige Stellen 168
8. Personalwirtschaftliche Grundsätze (Zusammenfassung) 168

H. Anordnungen 170

I. Anordnungen 170
1. Allgemeines 170

2. Inhalt einer Anordnung 171
3. Inhalt der Verantwortlichkeiten 171
4. Anordnungen und Verantwortlichkeiten im manuellen Verfahren 172
4.1 Anordnungsverfahren 172
4.2 Verantwortlichkeiten 173
4.2.1 Allgemeines 173
4.2.2 Feststellung der rechnerischen Richtigkeit . 174
4.2.3 Feststellung der sachlichen Richtigkeit 174
4.2.4 Ausübung der Anordnungsbefugnis 174

II. Zahlungen 176
1. Allgemeines 176
2. Zahlungswege 176
3. Auszahlungen im Lastschrifteinzugsverfahren 176
4. Überwachung der Einzahlungen 177

III. Automatisierte Verfahren 177
1. Allgemeines 177
2. Risikoanalyse 178
3. Sicherheitskonzept 178

IV. Anordnungen (Kurzfassung) 179

V. Ressortinterne Bestimmungen über die Anordnung und die Feststellung und Bescheinigung der sachlichen und rechnerischen Richtigkeit 181
1. Allgemeines 181
2. Anordnungen 181
3. Begründende Unterlagen 183
4. Verantwortlichkeiten 185
4.1 Anordnender 185
4.2 Feststellung der sachlichen und rechnerischen Richtigkeit 186
4.2.1 Allgemeines 186
4.2.2 Feststellung der sachlichen Richtigkeit 186
4.2.3 Feststellung der rechnerischen Richtigkeit . 187
4.3 Befugnis zur Wahrnehmung der Verantwortlichkeiten zur sachlichen und rechnerischen Feststellung 187
4.3.1 Feststellung der sachlichen Richtigkeit 187
4.3.2 Feststellung der rechnerischen Richtigkeit . 188
4.3.3 Gemeinsame Regelungen 189
4.3.4 Vereinfachte Feststellungsverfahren 191

4.3.5 Teilbescheinigungen zur sachlichen und rechnerischen Richtigkeit 192

VI. Ressortinterne Bestimmungen über die Anordnung und die Feststellung und Bescheinigung der sachlichen und rechnerischen Richtigkeit (Kurzfassung) 193
1. Allgemeines 193
2. Anordnungen 194
3. Begründende Unterlagen 194
4. Verantwortlichkeiten 195
4.1 Anordnender 195
4.2 Feststellung und Bescheinigung der sachlichen Richtigkeit 195
4.2.1 Befugter Personenkreis 195
4.2.2 Inhalt 195
4.2.3 Form 196
4.3 Die Feststellung und Bescheinigung der rechnerischen Richtigkeit 196
4.3.1 Befugter Personenkreis 196
4.3.2 Inhalt 196
4.3.3 Form 196
4.4 Teilbescheinigungen 197
4.5 Die Verantwortung des Feststeller in besonderen Fällen 197
4.6 Feststellung bei Anwendung automatisierter Verfahren 197
4.7 Zusammengefasste Bescheinigung der sachlichen und rechnerischen Richtigkeit 197

I. Das Automatisierte Verfahren im Haushalts-, Kassen- und Rechnungswesen 198

I. Die Bewirtschafter- und Kontenstruktur im Automatisierten Verfahren für das Haushalts-, Kassen- und Rechnungswesen (HKR-Verfahren) 199
1. Allgemeines 199
2. Verfahrensbeteiligte 199
3. Strukturen im HKR-Verfahren 202
3.1 Bewirtschafterstrukturen 202
3.1.1 Mittelverteiler/Titelverwalter 203
3.1.2 Bewirtschafternummer 203
3.2 Konten im HKR-Verfahren 207
3.2.1 Zuweisung, Bereitstellung und Verteilung von Haushaltsmitteln im HKR-Verfahren . . 207

3.2.2 Einteilung der Sachbuchkonten 208
3.2.2.1 Titelkonto 208
3.2.2.2 Objektkonto 209
3.3 Einrichtung von Deckungsausgleichskonten 212
4. Kontenübernahme am Jahresende 216

II. Das Belegverfahren 217
1. Allgemeines 217
2. Verfahren 218
2.1 Allgemeines 218
2.2 Kassenanordnungen 219
2.3 Kassenanweisungen 220
2.4 Aufbau der Belege 220
3. Eintragungen 222
3.1 Allgemeine Handhabung der Vordrucke 222
3.2 Mussfelder 223
4. Belegarten 225

III. Die Belege für Strukturmaßnahmen und Belege zur Mittelverteilung 227
1. Belege für Strukturmaßnahmen 227
1.1 Beleg B 01 „Anweisung zur Einrichtung, Änderung, oder Stilllegung eines Sachbuchkontos“ 228
1.2 Beleg B 02 „Anweisung zur Einrichtung, Änderung oder Stilllegung eines Deckungsausgleichskontos“ 230
2. Belege im Zuweisungsverfahren 233
2.1 Belege der E-Klasse 233
2.2 Beleg E 01 Anweisung zur Zuweisung von Verpflichtungsermächtigungen 233
2.3 Beleg E 02 Anweisung zur Zuweisung von Haushaltsmitteln 233
2.4 Beleg E 03 „Anweisung zum Rückruf von Haushaltsmitteln“ 235
2.5 Beleg E 04 „Anweisung zur Zuweisung von Haushaltsmitteln auf Grund eines Deckungsvermerks/ Anweisung zur Verlagerung der Verfügbarkeit“ .. 237
2.6 Beleg E 05 Sammelanweisung zur Zuweisung von Haushaltsmitteln 240

IV. Die Belege für Maßnahmen der Mittelverwendung 240
1. Allgemeines 240
2. Belege zur Buchung eingegangener Verpflichtungen .. 241
2.1 Buchung eingegangener Verpflichtungen 241

2.1.1 Beleg F 01 Anordnung zur Buchung eingegangener Verpflichtungen 242
2.1.2 Beleg F 02 Anordnung zur Festlegung/zur Aufhebung einer Festlegung 242
3. Leistung und Buchung von Auszahlungen 244
3.1 Beleg F 05 „Anordnung zur Leistung einer einmaligen Auszahlung, Abschlagsauszahlung, Schlussauszahlung usw.“ 244
3.1.1 Eintragungen 245
3.1.2 Besonderheiten bei Abschlagszahlungen oder Schlussauszahlungen 249
3.1.3 Besonderheit bei baren Auszahlungen an mehrere Empfangsberechtigte 251
3.2 Beleg F 07 „Sammelanordnung (A) zur Leistung von Auszahlungen“ 251
3.3 Beleg F 11 „Sammelanordnung (B) zur Leistung von Auszahlungen“ 255
3.4 Belege F 31 und F 32 „Anordnung/Sammelanordnung zur Leistung oder Änderung einer wiederkehrenden Auszahlung“ 258
4. Verfügbarkeitskontrolle (Beleg E 08 „Anordnung zur einmaligen Aufhebung der Verfügbarkeitsprüfung“) .. 261

V. Annahme und Buchung von Einzahlungen, Durchführung von Umbuchungen u.ä. 263
1. Allgemeines 263
2. Einzahlungen 263
2.1 Haushaltseinnahmen 264
2.2 Rückzahlungen als Einnahmen 264
2.3 Erstattungen als Einnahmen 264
2.4 Beiträge Dritter 264
2.5 Sonstige Einzahlungen 265
2.6 Einmalige Einnahmen 266
2.7 Wiederkehrende Einnahmen 266
3. Die Eintragungen im Einzelnen 266
4. Einzahlungen im Zahlungsüberwachungsverfahren (ZÜV) 268
5. Die Belege im Einzelnen 268
5.1 Beleg F 22 Anordnung zur Annahme einer Einzahlung oder Aufhebung der Annahmeanordnung 268
5.2 Beleg F 23 u. F 23 A „Sammelanordnung (B) zur Annahme einer Einzahlung/Anordnung zur Aufhebung der Annahmeanordnung“ 270

5.3 Beleg F 41 „Anordnung zur Annahme oder Änderung einer wiederkehrenden Einzahlung“ 274
5.4 Beleg 42 und F 42 A „Sammelanordnung (B) zur Annahme oder Änderung einer wiederkehrenden Einzahlung“ 277
5.5 Beleg F 09 „Anordnung zur Umbuchung einer Auszahlung/einer Einzahlung“ 277
5.5.1 Umbuchungen zwischen verschiedenen Bewirtschafternummern 278
5.5.2 Umbuchungen mittels Kassenbelegs 279
6. Allgemeine Annahme- und Auszahlungsanordnung ... 281
7. Zusammenfassung wichtiger HKR-Bewirtschafter-Belege 286

VI. Das Dialogverfahren (Anwendungsprogramm HICO) .. 287
1. Allgemeines 287
2. Anmeldeverfahren 290
3. Anwendungen 291
4. Der Bewirtschafter-Dialog 292
4.1 Leistungsumfang des Dialogverfahrens HICO 293
4.2 Auskunftssystem 294
4.3 Informationsabruf aus einem Sachbuchkonto – Code 1 (Auswahl Sachbuchkonten) – 296
4.4 Strukturübersicht 300
4.5 Einzelanzeige von TV-Konten 302
4.6 Suche nach Buchungen (kontenübergreifende Suche) 302
4.7 Verzeichnisse (Code im Anfangsmenü: 5) 304
4.8 Auswertungen (Code im Anfangsmenü: 6) 305
4.8.1 Titel-Objektübersicht – Zusammenstellung erfasster Daten (ZUS) – (Code 1) 305
4.8.2 Kontoauszug – Titelverwalter – (Code 2) .. 307
4.8.3 Fehlerprotokoll (Code 3) 308
4.8.4 Geschäftsvorfälle (Code 4) 308
4.8.5 Abschläge (Code 5) 309
4.8.6 Statistiken – Sonderauswertungen (Code 6) 310
4.9 Verfügbarkeitsprüfungen (Code im Anfangsmenü: 3) 310
5. Erfassung (Code im Anfangsmenü: 4) 311
5.1 Allgemeines 311
5.2 Erfassung von Bewirtschaftermaßnahmen 312
5.2.1 Mittelverteiler 312
5.2.2 Titelverwalter 312

5.3 Weitere Informationsmittel des HKR-Verfahrens .. 314
5.3.1 Ausdruck von Stammblättern 314
5.3.2 Ausdruck von Kontoauszügen 314
5.3.3 Ausdruck von Listen 315
5.3.4 HKR-Dokumentationen 315

VII. SEPA-Zahlungen 316
1. Allgemeines 316
1.1 IBAN 317
1.2 BIC 317
2. SEPA-Auszahlungen (am Beispiel einer Anordnung für eine einmalige Auszahlung) 318
3. Zusammenfassung wichtiger SEPA-Belege 323
4. SEPA-Lastschriftverfahren 323
4.1 Allgemeines 323
4.2 SEPA-Lastschriftverfahren 324
4.2.1 Basislastschrift 324
4.2.2 Lastschriftmandat 324
4.2.3 Kassenmäßiges Verfahren 325

VIII. Zahlungsüberwachungsverfahren (ZÜV) 327
1. Allgemeines 327
2. Einzahlungen im Zahlungsüberwachungsverfahren (ZÜV) 327
3. Vergabe des Kassenzeichens 328
3.1 Vergabe für Bewirtschafter ohne IT-Verfahren ... 328
3.2 Vergabe für Bewirtschafter mit IT-Verfahren 329
4. Änderung eines Zahlungsüberwachungskontos 329
5. Stammdatenänderungen 329
6. Kennzeichen Mahnverfahren 330
7. Lastschrifteinzug 334
8. Folgeanordnungen 334
9. Jahreswechsel 334
10. Buchung von Nebenforderungen 335
11. Das Zahlungsüberwachungsverfahren (ZÜV) (Kurzfassung) 335

J. Die Haushaltsüberwachung 337

I. Allgemeines 337

II. Kontoauszüge der Verteilungsebene für Mittelverteiler/ Titelverwalter 339
1. Haushaltsausgaben von Sachbuchkonten des Mittelverteilers 339

2. Haushaltsausgaben von Sachbuchkonten des Titelverwalters ... 339
3. Verpflichtungsermächtigungen ... 340
3.1 Verpflichtungsermächtigungen bei Sachbuchkonten des Mittelverteilers ... 340
3.2 Verpflichtungsermächtigungen bei Sachbuchkonten des Titelverwalters ... 340
4. Haushaltsüberwachung für Einnahmen ... 341
4.1 Haushaltseinnahmen auf Sachbuchkonten des Mittelverteilers ... 341
4.2 Haushaltseinnahmen auf Sachbuchkonten des Titelverwalters ... 341

III. Kontoauszüge der Verwendungsebene für Titelverwalter ... 341
1. Haushaltsausgaben von Sachbuchkonten (Ausgabetitel) ... 341
2. Verpflichtungsermächtigungen bei Sachbuchkonten (Ausgabetitel) ... 342
3. Haushaltseinnahmen auf Sachbuchkonten (Einnahmetitel) ... 342
4. Kontoauszüge bei „Soll-/Ist-Fällen" ... 343
5. Nachweis der nicht abgewickelten Abschlagsauszahlungen ... 343
6. Nachweis der nicht abgewickelten Einzelvorschüsse und Einzelverwahrungen ... 343
7. Haushaltsüberwachung im Dialogverfahren ... 343

IV. Haushaltsüberwachung (Kurzfassung) ... 345
1. Allgemeines ... 345
2. Kontoauszüge der Verteilungsebene für MV/TV ... 345
3. Kontoauszüge des Titelverwalters ... 346
3.1 Haushaltsausgaben von Sachbuchkonten (Ausgabetitel) ... 346
3.2 Haushaltseinnahmen auf Sachbuchkonten (Einnahmetitel) ... 346
3.3 Verpflichtungsermächtigungen ... 347

K. Vorschüsse und Verwahrungen ... 348
Vorbemerkungen ... 348

I. Allgemeines ... 348

II. Kontenstruktur ... 349
1. Sammel- und Einzelkonten ... 349

1.1 Konten für Mittelverteiler ... 350
1.2 Konten für Kassen ... 350
1.3 Konten für Titelverwalter ... 350
2. Vorschüsse und Verwahrungen im HKR-Verfahren ... 351
2.1 Bewirtschaftung der Konten ... 351
2.2 Automatische Verfügbarkeitskontrolle ... 351
2.3 Prüfung der Konten durch die Kassenaufsicht ... 351

III. Vorschüsse ... 351
1. Allgemeines ... 351
2. Die kassenmäßige Behandlung von Vorschüssen ... 352
2.1 Vorschussauszahlung ... 352
2.2 Vorschussabwicklung durch den Titelverwalter ... 353
2.2.1 Abwicklung durch Rückzahlung ... 353
2.2.2 Abwicklung durch Auszahlung aus dem Haushalt ... 353
2.2.3 Abwicklung von Vorschüssen in Teilbeträgen ... 353
2.3 Abwicklung von Vorschüssen durch die Kasse ... 354
3. Vorschüsse (Kurzfassung) ... 354

IV. Verwahrungen ... 354
1. Allgemeines ... 354
2. Die kassenmäßige Behandlung von Verwahrungen ... 355
2.1 Anordnung zur Annahme einer Einzahlung ... 355
2.1.1 Titelverwalter ... 355
2.1.2 Kasse ... 355
2.2 Abwicklung der Verwahrungen ... 355
2.2.1 Ausgleich durch den Titelverwalter ... 355
2.2.2 Ausgleich durch die Kasse ... 356
3. Verwahrungen (Kurzfassung) ... 357

Zweiter Teil
Das staatliche Kassen- und Rechnungswesen ... 359
Begriffsbestimmungen im Kassen- und Rechnungswesen ... 359

L. Begriff und Bedeutung des Kassen- und Rechnungswesens ... 362

I. Begriff des Kassen- und Rechnungswesens ... 362

II. Bedeutung des Kassen- und Rechnungswesens ... 363

III. Begriff und Bedeutung des Kassen- und Rechnungswesens (Kurzfassung) ... 365

M. Die staatliche Kassenorganisation 366

I. Kassen und Zahlstellen 366
1. Allgemeines 366
2. Die Kassenorganisation des Bundes 366
3. Die Kassenorganisation der Länder 367
4. Die staatliche Kassenorganisation (Kurzfassung) 367

II. Einrichtung, Organisation und Aufgaben einer Bundeskasse 368
1. Einrichtung der Kassen 368
2. Dienst- und Fachaufsicht 369
2.1 Dienstaufsicht 369
2.2 Fachaufsicht 369
3. Innere Organisation der Bundeskasse 369
3.1 Aufgabenbereich allgemeine Verwaltung und Zahlungsverkehr 369
3.2 Aufgabenbereich Buchführung 370
3.3 Aufgabenbereich Datenverarbeitung 371

III. Organisation des Kompetenzzentrums für das Kassen- und Rechnungswesen des Bundes (KKR) 371
1. Aufgabenbereich Zentralkasse mit Buchführung, Datenverarbeitung und Rechnungslegung 372
1.1 Arbeitsgebiet Zentralkasse 372
1.2 Arbeitsgebiet Buchführung und Arbeitsgebiet Datenverarbeitung 372
1.3 Arbeitsgebiet Rechnungslegung 372
2. Aufgabenbereich Systempflege 372
3. Aufgabenbereich Kassenaufsicht 373

IV. Personal 373
1. Leitung der Kassen 373
2. Aufgabenbereichsleiter 374
3. Leitung der Kassenaufsicht 374

V. Aufgaben der Bundeskassen und des Kompetenzzentrums für das Kassen- und Rechnungswesens des Bundes (KKR) 374
1. Zahlungsverkehr 375
1.1 Allgemeines 375
1.2 Bewirkung einer Zahlung 375
1.2.1 Aufrechnung 375
1.2.2 Buchausgleich 376
1.3 Einzahlungen 376
1.4 Auszahlungen 376

2. Giroverkehr der Kassen ... 377
3. Wechsel ... 378
4. Zahlungsnachweis ... 378
5. Wertgegenstände und Geldverwaltung ... 379
5.1 Wertgegenstände ... 379
5.2 Geldverwaltung ... 379
5.2.1 Kassenistbestand ... 379
5.2.2 Verstärkung und Ablieferung der Bundesbankkonten ... 379
5.2.3 Verlust von Schecks und Zahlungsverkehrsunterlagen ... 379
6. Buchführung ... 379
6.1 Allgemeines ... 379
6.2 Arten der Bücher ... 380
6.2.1 Zeitbücher ... 380
6.2.2 Sachbücher ... 381
6.2.2.1 Titelkonto ... 381
6.2.2.2 Objektkonten ... 382
6.2.2.3 Verwahrungskonten ... 382
6.2.2.4 Vorschusskonten ... 382
6.2.2.5 Abrechnungskonten ... 383
6.3 Abschluss der Bücher ... 383
6.3.1 Der Tagesabschluss ... 383
6.3.1.1 Allgemeines ... 383
6.3.1.2 Kassenfehlbetrag ... 384
6.3.1.3 Kassenüberschuss ... 384
6.3.2 Der Monatsabschluss ... 384
6.3.2.1 Allgemeines ... 384
6.3.2.2 Die Abrechnung ... 384
6.3.3 Der Jahresabschluss ... 385
6.3.3.1 Allgemeines ... 385
6.3.3.2 Verfahren ... 386

VI. Die staatliche Kassenorganisation (Kurzfassung) ... 386

VII. Einrichtung, Organisation und Aufgaben einer Bundeskasse (Kurzfassung) ... 387
1. Durchführung des Zahlungsverkehrs ... 387
2. Buchausgleich ... 387
3. Einzahlungen ... 388
4. Auszahlungen ... 388
5. Buchführung ... 388
6. Arten der Bücher ... 388
7. Abschluss der Bücher ... 389

7.1 Tagesabschluss 389
7.1.1 Kassenfehlbetrag 389
7.1.2 Kassenüberschuss 389
7.2 Der Monatsabschluss 389
7.3 Der Jahresabschluss 390

N. Betriebsmittel, Kassenbestandsverstärkungen und Ablieferungen 391

I. „Betriebsmittel" in Abgrenzung zu anderen Kassenbegriffen 391

II. Kassenbestandsverstärkungen und Ablieferungen 392

III. Betriebsmittel, Kassenbestandsverstärkungen und Ablieferungen (Kurzfassung) 393

O. Die Zahlstellen und Geldstellen des Bundes 395

I. Allgemeines 395

II. Einrichtung und Zuständigkeitsbereich der Zahlstellen und Geldstellen 395
1. Begriffsbestimmungen 395
1.1 Zahlstelle 395
1.2 Geldstelle 396
2. Einrichtung 396
2.1 Zahlstelle 396
2.2 Geldstelle 396
3. Auflösung 397
3.1 Zahlstelle 397
3.2 Geldstelle 398
4. Aufsicht und Personal 398
4.1 Zahlstelle 398
4.2 Geldstelle 399

III. Zahlungen 399
1. Allgemeines 399
2. Nachweisungen und Anschreibungen 399
3. Einzahlungen 400
3.1 Annahmepflicht von Bargeld 400
3.2 Annahme von Schecks, Wechseln Sorten 401
3.3 Quittung 401
4. Auszahlungen 401
4.1 Quittung 402
5. Tagesabschluss einer Zahlstelle 402

5.1 Fehlbetrag ... 403
5.2 Überschuss ... 403
6. Abrechnung ... 403
6.1 Zahlstelle ... 403
6.2 Geldstelle ... 404
7. Die Zahlstellen und Geldstellen des Bundes (Kurzfassung) ... 407
7.1 Begriffe ... 407
7.2 Aufsicht ... 407
7.3 Aufgaben ... 407
7.4 Abrechnung ... 407

P. Das Rechnungswesen ... 408

I. Allgemeines ... 408

II. Geld- oder Kassenrechnung (§§ 80 u. 82 BHO) ... 408

III. Haushaltsrechnung (§ 83 BHO) ... 409

IV. Vermögensrechnung (§ 86 BHO) ... 410

V. Sachrechnung ... 411

VI. Das Rechnungswesen (Kurzfassung) ... 412

Q. Die externe Finanzkontrolle der unmittelbaren Staatsverwaltung und die Entlastung der Bundes-/Landesregierung ... 413

I. Verwaltungsmäßige und parlamentarische Kontrolle ... 413

II. Entlastung der Regierung und ihrer Verwaltung ... 414

III. Die externe Finanzkontrolle der unmittelbaren Staatsverwaltung und die Entlastung der Bundes-/Landesregierung (Kurzfassung) ... 415

Dritter Teil
Sonderthemen ... 417

R. Das neue kommunale Finanzmanagement ... 417

I. Allgemeines ... 417

II. Kameralistik ... 419

III. Doppik ... 420
1. Allgemeines ... 420

2. Die doppische Buchführung (Doppik) als Rechnungsstil der Privatwirtschaft ... 421
3. Die doppische Buchführung (Doppik) in der öffentlichen Verwaltung ... 422
3.1 Planungsstand ... 422
3.2 Strukturmerkmale des kommunalen Haushalts- und Rechnungssystems auf der Grundlage der Doppik ... 422
4. Informationsbereitstellung durch die Vermögensrechnung (Bilanz) ... 423
5. Funktionen der Ergebnisrechnung ... 424
6. Funktionen der Finanzrechnung und des Finanzplans ... 424
7. Bilanz ... 425

IV. Das neue kommunale Finanzmanagement (Kurzfassung) ... 425

S. Die Kosten- und Leistungsrechnung (KLR) ... 427

I. Allgemeines ... 427

II. Grundlagen der Kosten- und Leistungsrechnung (KLR) und des Controlling ... 428
1. Aufgaben und Aufbau der KLR ... 428
2. Kameralistik und KLR ... 429
3. Aufgaben der Kosten- und Leistungsrechnung ... 430
4. Aufbau der Kosten- und Leistungsrechnung ... 431
4.1 Kostenartenrechnung ... 432
4.2 Kostenstellenrechnung ... 432
4.3 Kostenträgerrechnung ... 433
4.4 Leistungsrechnung ... 434
5. Controlling ... 434
5.1 Allgemeines ... 434
5.2 Operatives und strategisches Controlling ... 435
5.3 Instrumente des Controllings ... 435
5.3.1 Benchmarking ... 435
5.3.2 Zielbildungsprozesse ... 436
6. Kosten- und Leistungsrechnung (Kurzfassung) ... 436

Anhänge ... 439

Anhang 1 Gesetz über die Feststellung des Bundeshaushaltsplans für das Haushaltsjahr 2012 ... 440

Anhang 2 Auszug aus dem Einzelplan 03 (Innenministerium des Freistaats Thüringen) – Kapitel 01 (Ministerium) des Haushaltsplans 2012 des Freistaats Thüringen ... 457

Anhang 3 Auszug aus dem Einzelplan 14 (Bundesministerium der Verteidigung) Kapitel 03 (Kommandobehörden, Truppen usw.) des Bundeshaushaltsplans 2012 ... 458

Anhang 4 Auszug aus dem Stellenplan des Einzelplans 06 – Kapitel 25 (Bundespolizei) 2012 ... 460

Anhang 5 Auszug aus der Anlage zu den Stellenplänen des Einzelplans 06 (Bundesministerium des Innern) des Jahres 2012 . 462

Stichwortverzeichnis ... 467

Abbildungsverzeichnis

Abb. 1:	Der staatliche Haushalt	15
Abb. 2:	Schematische Übersicht der Wirkung des Haushaltsplans	21
Abb. 3:	Der Haushaltskreislauf	25
Abb. 4:	Grundsatz der Jährlichkeit	32
Abb. 5:	Erlaubnis der Übertragbarkeit	33
Abb. 6:	Grundsatz des Bruttoprinzips	43
Abb. 7:	Schematische Darstellung der „Zweck-Mittel-Relation"	53
Abb. 8:	Grundsatz der Spezialisierung	58
Abb. 9:	Erlaubnis der Deckungsfähigkeit	59
Abb. 10:	Gegenseitige Deckungsfähigkeit	61
Abb. 11:	Einseitige Deckungsfähigkeit	61
Abb. 12:	Die Gliederung des Bundeshaushalts	70
Abb. 13:	Zusammenstellung der im Jahr 2012 bestehenden Einzelpläne	74
Abb. 14:	Beispiel: Vorbemerkungen des Kapitels 0503 „Auswärtiges Amt – Vertretungen des Bundes im Ausland"	76
Abb. 15:	Beispiel des Kapitelabschlusses 0503 „Auswärtiges Amt – Vertretungen des Bundes im Ausland"	77
Abb. 16:	Beispiel der Darstellung eines Titels aus dem Kapitel 0610 (Bundeskriminalamt)	79
Abb. 17:	Beispiel aus dem Landeshaushalt des Freistaats Thüringen (Thüringer Innenministerium – Kapitel 0312)	79
Abb. 18:	Bestandteile des Titels	80
Abb. 19:	Schematische auszugsweise Darstellung des Gruppierungsplans	82
Abb. 20:	Untergliederung eines Titels in Objekte	87
Abb. 21:	Beispiel einer Objektnummer als Sachbuchkontonummer	88
Abb. 22:	Aufstellung des Haushaltsentwurfs im Budgetverfahren („Top-Down-Verfahren")	99
Abb. 22a:	Schematische Darstellung der Haushaltsaufstellung im klassischen Verfahren	102
Abb. 23:	Schematische Darstellung des Haushaltsgesetzgebungsverfahrens	107

Abb. 24:	Beispiele zur Definition des Steuerbegriffs	121
Abb. 25:	Veränderung von Ansprüchen	129
Abb. 26:	Stundung von Ansprüchen	129
Abb. 27:	Erlass von Ansprüchen	132
Abb. 28:	Zuweisungsverfahren am Beispiel des Geschäftsbereichs BMVg	134
Abb. 29:	Definition des Bewirtschafterbegriffs	136
Abb. 30:	Arten von Haushaltssperren	142
Abb. 31:	Rechte des Beauftragten für den Haushalt	161
Abb. 32:	Unterschriftsmitteilung	175
Abb. 33:	Die drei Ebenen der am HKR-Verfahren Beteiligten	200
Abb. 34:	Bewirtschafterstrukturen	202
Abb. 35:	Aufbau der Bewirtschafternummer (Beispiel)	204
Abb. 36:	Doppelfunktion eines Bewirtschafters	204
Abb. 37:	Einbindung in mehrere Bewirtschafterstrukturen	205
Abb. 37a:	Stammblatt N 01 für Mittelbewirtschafter	205
Abb. 37b:	Verzeichnis N 02 der nachgeordneten Bewirtschafter	206
Abb. 38:	Darstellung einer Titelkontonummer	209
Abb. 39:	Darstellung von Objektkonten eines Titelkontos	210
Abb. 40:	Darstellung einer Objektkontonummer	211
Abb. 41:	Objektkontenbildungen	211
Abb. 42:	Deckungskreis A	212
Abb. 42a:	Deckungskreis B	212
Abb. 42b:	Deckungskreis C	213
Abb. 43:	Darstellung einer Deckungsausgleichskontonummer	213
Abb. 44:	Zuweisungskonto im Deckungskreis	214
Abb. 45:	Ausgaben aus zweckgebundenen Einnahmen	215
Abb. 45a:	Einrichtung eines entsprechenden Deckungsausgleichskontos	215
Abb. 46:	Deckungsmöglichkeiten zwischen Einnahmetitel und Ausgabetitel	215
Abb. 46a:	Einrichtung eines Deckungsausgleichskontos zwischen Einnahme- und Ausgabetitel	216
Abb. 47:	Grundform des Belegverfahrens	217
Abb. 48:	Zu erfassende Maßnahmen im HKR-Verfahren	218
Abb. 49:	Verzeichnis zugelassener Sonderzeichen	223
Abb. 50:	Bewirtschafterbelege im HKR-Verfahren	226
Abb. 51:	Bewirtschafterbelege	227

Abb. 52: Beispiel für die Einrichtung eines Sachbuchkontos (Zuweisungskontos) 229
Abb. 53: Beispiel für die Einrichtung eines Deckungsausgleichskontos mit Beleg B 02 231
Abb. 54: Beispiel für die Zuweisung von Haushaltsmitteln mit Beleg E 02 234
Abb. 55: Schema eines Rückrufs von Haushaltsmitteln 236
Abb. 56: Schema einer Eigenzuweisung im Rahmen einer Deckungsfähigkeit 237
Abb. 57: Beispiel einer Eigenzuweisung im Rahmen einer Deckungsfähigkeit 239
Abb. 58: Buchung eingegangener Verpflichtungen 241
Abb. 59: Beleg F 02 „Anordnung zur Festlegung/zur Aufhebung einer Festlegung“ 243
Abb. 60: Beleg F 05 „Anordnung zur Leistung einer einmaligen Auszahlung, Abschlagsauszahlung, Schlussauszahlung usw.“ 248
Abb. 61: Sammelanordnung für mehrere Zahlungsempfänger 251
Abb. 62: Beleg F 07 „Sammelanordnung (A) zur Leistung von Auszahlungen für mehrere Empfangsberechtigte aus derselben Haushaltsstelle oder demselben Objekt“ 253
Abb. 62a: Vordruck F 07 A „Sammelanordnung (A) zur Leistung von Auszahlungen“ – Anlage – 254
Abb. 63: Zahlungen aus mehreren Sachbuchkonten 255
Abb. 64: Sammelanordnung F 11 zur Leistung von Auszahlungen 256
Abb. 64a: Sammelanordnung F 11 A zur Leistung von Auszahlungen 257
Abb. 65: Vordruck F 31 „Anordnung zur Leistung oder Änderung von wiederkehrenden Auszahlungen“ (für einen Empfangsberechtigten aus einer Haushaltsstelle oder einem Objekt) 259
Abb. 66: Vordruck E 08 „Anordnung zur Aufhebung einer einmaligen Verfügbarkeitskontrolle“ 262
Abb. 67: Beispiel aus dem EPl 12 „Erhöhung der verfügbaren Mittel“ 265
Abb. 68: Beleg F 22 „Anordnung zur Annahme einer Einzahlung/zur Aufhebung der Annahmeanordnung“ 269
Abb. 68a: Beleg K 05 zur Annahme einer Einzahlung 271

Abb. 69: Beleg F 23 A „Sammelanordnung (B) zur Annahme einer Einzahlung“ . . . 272
Abb. 70: Beleg F 23 A „Sammelanordnung (B) zur Annahme von Einzahlungen“ – Anlage – . . . 273
Abb. 71: Beleg F 41 „Anordnung zur Annahme oder Änderung einer wiederkehrenden Einzahlung“ . . . 276
Abb. 72: Beleg F 09 „Anordnung zur Umbuchung einer Auszahlung/einer Einzahlung“ . . . 280
Abb. 73: Beleg M 02 „Allgemein erteilte Annahmeanordnung“ . . . 282
Abb. 74: Beleg M 03 „Allgemein erteilte Auszahlungsanordnung“ . . . 283
Abb. 75: Systematik der Dialogerfassung . . . 288
Abb. 76: Anmeldung zum HICO . . . 290
Abb. 77: Auswahlmaske für Dienste des Rechenzentrums . . . 291
Abb. 78: Für den Bewirtschafter zugelassene Anwendungen . . . 292
Abb. 79: Mögliche Maßnahmen im Bewirtschafterdialog . . . 292
Abb. 80: Einstiegsbildschirm zum Bewirtschafter-Dialog HICO . . . 293
Abb. 81: Anfangsmenü HICO . . . 294
Abb. 82: Schematische Darstellung des Auskunftssystems . . . 294
Abb. 83: Code 1 im Anfangsmenü . . . 295
Abb. 84: Auskunft über ein Sachbuchkonto . . . 297
Abb. 85: Beispiel für weitere Auskunftsdaten innerhalb eines Sachbuchkontos . . . 298
Abb. 86: Beispiel für eine summarische Darstellung eines nachgeordneten Sachbuchkontos . . . 298
Abb. 87: Beispiel einer Darstellung eines Deckungsausgleichskontos . . . 299
Abb. 88: Beispiel einer Darstellung für den Abruf von Abschlagsdaten aus einem Sachbuchkonto . . . 300
Abb. 89: Bildschirmansicht der Auswahl Strukturübersicht . . . 301
Abb. 90: Beispiel einer Strukturübersicht . . . 301
Abb. 91: Beispiel einer Einzelanzeige von TV-Konten . . . 302
Abb. 92: Beispiel einer kontenübergreifenden Suche nach Einzelbuchungen . . . 303
Abb. 93: Beispiel einer kontenübergreifenden Suche nach kompakten Einzelbuchungen . . . 303
Abb. 94: Auswahlbildschirm Verzeichnisse . . . 304

Abb. 95:	Beispiel eines Kontenplans	304
Abb. 96:	Auswahlbildschirm Auswertungen	305
Abb. 97:	Beispiel einer Sachbuchübersicht eines nachgeordneten Bewirtschafters	307
Abb. 98:	Beispiel eines Fehlerprotokolls	308
Abb. 99:	Beispiel eines Rückrufs von HHM durch MV von einem Konto eines TV	309
Abb. 100:	Beispiel eines Auswahlbildschirms – Auswertungen (Abschläge)	309
Abb. 101:	Erfassung von Bewirtschaftermaßnahmen durch den Titelverwalter	313
Abb. 102:	Anforderung von HKR-Dokumenten, Vorschriften etc.	315
Abb. 102a:	IBAN	317
Abb. 102b:	BIC	318
Abb. 103:	Beispiel einer Anordnung zur Leistung einer einmaligen Auszahlung im SEPA-Verfahren	320
Abb. 104:	Beispiel einer Anordnung zur Leistung einer einmaligen Auszahlung im SEPA-Verfahren aus einer Haushaltsstelle an mehrere Empfangsberechtigte	321
Abb. 104a:	Beispiel einer Empfängerliste zur Auszahlungsanordnung F 07 – SEPA –	322
Abb. 105:	Beispiel eines SEPA-Basislastschriftmandats	326
Abb. 106:	Muster einer Mahnung	333
Abb. 107:	Abwicklung einer Einzahlung im Zahlungsüberwachungsverfahren	336
Abb. 108:	Möglichkeiten der Haushaltsüberwachung im Dialogverfahren	344
Abb. 109:	„Cash Concentration“	392
Abb. 110 u. 110a:	Tagesabschlussblatt/Abrechnungsnachweisung Z 01	405
Abb. 111:	Rechnungsprüfung durch den BRH/LRH	415
Abb. 112:	Modernisierungsdruck auf die Verwaltung	429
Abb. 113:	Vergleich zwischen Kameralistik und KLR	430

Abkürzungsverzeichnis

AA	Auswärtiges Amt
ABestB-HKR	Aufbewahrungsbestimmungen für die Unterlagen für das Haushalts-, Kassen- und Rechnungswesen des Bundes
Abt H	Abteilung Haushalt
AnnAO	Annahmeanordnung
AO-Befugter	Anordnungsbefugter
Art	Artikel
Ausftg	Ausfertigung
AuszAO	Auszahlungsanordnung
BA	Buchungsabschnitt
BfHH	Beauftragter für den Haushalt
BFV	Bundesfinanzverwaltung
BGBl	Bundesgesetzblatt
BHO	Bundeshaushaltsordnung
BIP	Bruttoinlandsprodukt
BMF	Bundesministerium der Finanzen
BMI	Bundesministerium des Innern
BMVg	Bundesministerium der Verteidigung
BRH	Bundesrechnungshof
BSB	Bürosachbearbeiter
BSchuWG	Bundesschuldenwesengesetz
BSt	Buchungsstelle
Bw	Bundeswehr
BuK	Bundeskasse
BVerfG	Bundesverfassungsgericht
BwDLZ	Bundeswehr-Dienstleistungszentrum
BwVerw	Bundeswehrverwaltung
Ct	Cent
DB	Durchführungsbestimmungen
D-Beleg	Dauerbeleg
DE	Datenerfassung
DEB	Datenerfassungsbeleg
DFÜ	Datenfernübertragung
DSt	Dienststelle
d.J.	dieses Jahres
d.M.	dieses Monats
DV	Datenverarbeitung
EPl	Einzelplan

EUR (€)	Euro
EZB	Europäische Zentralbank
FPl	Funktionenplan
GemOrdn	Gemeindeordnung
GemHVO	Gemeindehaushaltsverordnung
GG	Grundgesetz
GMBl	Gemeinsames Ministerialblatt
GO	Geschäftsordnung
GPl	Gruppierungsplan
Grp	Gruppe
GrpNr	Gruppierungsnummer
HG	Haushaltsgesetz
HGrG	Gesetz über die Grundsätze des Haushaltsrechts des Bundes und der Länder (Haushaltsgrundsätzegesetz)
HGrGMoG	Haushaltsgrundsätzemodernisierungsgesetz
HGrp	Hauptgruppe
HH	Haushalt
HHA	Haushaltsausgaben
HHE	Haushaltseinnahmen
HHj	Haushaltsjahr
HHPl	Haushaltsplan
HHM	Haushaltsmittel
HHSt	Haushaltsstelle
HIS	Haushaltsinformationssystem
HKR	Haushalts-, Kassen- und Rechnungswesen
KAB	Kassenaufsichtsbeamter
KBestB	Kassenbestimmungen für die Bundesverwaltung
Kap	Kapitel
KKR	Kompetenzzentrum für das HKR-Wesen des Bundes (ehem. Bundeshauptkasse)
ku	künftig umzuwandeln
kw	künftig wegfallend
lfd.	laufend(e)
lfd.Nr.	laufende Nummer
LHO	Landeshaushaltsordnung
LSE	Lastschrifteinzug
LRH	Landesrechnungshof
mbw DSt	mittelbewirtschaftende Dienststelle
MinBlFin	Ministerialblatt des Bundesministeriums der Finanzen
Mio	Million
Mrd	Milliarde

MV	Mittelverteiler
MwSt	Mehrwertsteuer
OGrp	Obergruppe
Rdschr	Rundschreiben
SB	Sachbearbeiter
SBKto	Sachbuchkonto
S-Beleg	Sammelbeleg
SEPA	Single Euro Payments Area (einheitlicher Euro-Zahlungsverkehrsraum)
S-Mittel	Selbstbewirtschaftungsmittel
StWG	Gesetz zu Förderung der Stabilität und des Wachstums der Wirtschaft -Stabilitätsgesetz-
TGr	Titelgruppe
Tit	Titel
TV	Titelverwalter
V	Vorschuss
VBRO	Buchführungs- und Rechnungslegungsordnung für das Vermögen des Bundes
VE	Verpflichtungsermächtigung
VerfR-MV/TV- HKR	Verfahrensrichtlinien für Mittelverteiler und Titelverwalter
Vfg	Verfügung
V-Kto	Vorschuss-Konto
VMBl	Ministerialblatt des Bundesministeriums der Verteidigung
VSF	Vorschriftensammlung Bundesfinanzverwaltung
VSL	Verarbeitungsschlüssel
VV-BHO	Allgemeine Verwaltungsvorschrift zur Bundeshaushaltsordnung
VV-HB	Verwaltungsvorschrift zur Haushaltssystematik des Bundes
Vw	Verwahrungen
Vw-Kto	Verwahrungskonto
WAZ	wiederkehrende Auszahlungen
WEZ	wiederkehrende Einzahlungen
ZBestB	Zahlstellenbestimmungen für die Bundesverwaltung
ZEBestBw	Bestimmungen für die Zahlungseinrichtungen im Geschäftsbereich des BMVg
ZDv	Zentrale Dienstvorschrift
ZIVIT	Zentrum für Informationsverarbeitung und Informationstechnik (zentrale Datenbank im HKR-Verfahren)

ZN	Zahlungsnachweisung
ZSt	Zahlstelle
ZSt-Verw	Zahlstellenverwalter
ZÜV	Zahlungsüberwachungsverfahren

Erster Teil

Haushaltswesen

Das staatliche Haushaltswesen betrifft das Handeln des Staates auf finanzwirtschaftlichem Gebiet, das nach den gültigen Regelungen des Haushaltsrechts abläuft. Es bezieht sich auf das 1

- **Planen**,
- **Veranschlagen**,
- **Bewirtschaften** und
- **Nachweisen**

von **Haushaltsmitteln** (HHM), das sind **Haushaltsausgaben und Haushaltseinnahmen**, um die Aufgaben des Staates innerhalb eines bestimmten Zeitraums erfüllen zu können.

Dabei bedient sich der Staat (Bund, Länder und Gemeinden) zum Teil der Kameralistik, daneben oder ersatzweise auch anderer Verfahren der Nachweisführung (z. B. Doppik).

Das staatliche Haushaltswesen

- Planung von Einnahmen und Ausgaben
- Beschaffung und Erhebung von Einnahmen
- Bewirtschaftung und Verwaltung von Ausgabemitteln
- Verwendung und Leistung von Ausgaben

Der staatliche Haushalt durchläuft verschiedene gesetzlich vorgeschriebene Phasen (**Haushaltskreislauf**), wobei die jeweiligen Entscheidungsträger (Exekutive/Legislative) wechseln. 2

Die Exekutive (Regierung/Verwaltung) stellt den Entwurf des Haushaltsgesetzes und des Haushaltsplans auf, beschließt den Entwurf und führt den von der Legislative (Parlament) verabschiedeten Haushalt aus.

Das Parlament berät den von der Regierung eingebrachten Haushaltsentwurf, beschließt den Haushalt im Gesetzgebungsverfahren und entlastet die Regierung nach Ablauf des Haushaltsjahres auf der Grundlage der vom Bundesministerium der Finanzen vorgelegten Jahresrechnungslegung unter Zuhilfenahme der Bemerkungen des Bundesrechnungshofes (BRH).

Mit einem Anteil von etwa 50 v. H. des Bruttosozialprodukts (Staatsquote) beeinflusst der Staat mit seiner öffentlichen Finanzwirtschaft im erheblichen Maße das gesamtwirtschaftliche Geschehen. 3

Die **Staatsquote** wird häufig definiert als das Verhältnis der Summe der Haushaltsausgaben von Bund, Ländern und Kommunen sowie der gesetzlichen Sozialsysteme (Parafisci) zum Bruttoinlandsprodukt (BIP), manchmal auch im Verhältnis zum Bruttonationaleinkommen (BNE).

Eine Quote von 50 Prozent bedeutet, dass die Hälfte der Wirtschaftsleistung durch die Hände des Staates fließt, z. B. für Personal, Investitionen, Militär, aber auch für Subventionen und Sozialleistungen.

A. Die Grundlagen für das staatliche Haushalts-, Kassen- und Rechnungswesen

Das Haushaltsrecht bezieht sich materiell auf die Haushaltswirtschaft einer juristischen Person des öffentlichen Rechts und formell auf die dafür geltenden Vorschriften. Es lässt sich dem öffentlichen Recht zuordnen und zwar dem Verfassungsrecht, soweit das Grundgesetz und die Verfassungen der Länder betroffen sind, und darüber hinaus ist es Teil des Verwaltungsrechts. 4

Die Haushaltsverfassung der Bundesrepublik Deutschland und die Haushaltsverfassungen der Bundesländer sind selbstverständlich mit der Rechtsstruktur der Bundesrepublik untrennbar verknüpft.

Dies gilt auch und im besonderen Maße für die Staatsorgane bei allen ihren finanzpolitischen und finanzwirtschaftlichen Maßnahmen, die sie verfassungsrechtlich auch auf diesem Gebiete **an Recht und Gesetz binden** (vgl. Art. 20 Abs. 3 Grundgesetz oder vergleichsweise Art. 3 Abs. 3 Verfassung des Freistaats Sachsen) 5

I. Verfassungsrecht

Auf der Ebene des Verfassungsrechts stellt der Abschnitt X des **Grundgesetzes für die Bundesrepublik Deutschland** (GG) v. 23.5.1949 den Kernbereich des Haushaltsrechts dar. Der Abschnitt gliedert sich in zwei Teile: 6

- **„Das Finanzverfassungsrecht“** (Art. 104a–109 GG) behandelt die Finanzwirtschaft von Bund *und* Ländern.
- **„Das Haushaltsverfassungsrecht“** (Art. 110–115 GG) befasst sich dagegen ausschließlich mit der Haushaltswirtschaft des Bundes.

Auf der Ebene der **Länder** gilt dies gleichermaßen. Beispielsweise stellt für das Land Nordrhein-Westfalen (NRW) der siebte Abschnitt der Verfassung für das Land NRW – Das Finanzwesen – den Kernbereich des Haushaltsrechts dieses Landes dar. 7

Von haushaltsrechtlicher Bedeutung sind jedoch noch weitere Verfassungsnormen, etwa die Regelungen über die Gemeinschaftsaufgaben von Bund und Ländern (Art. 91a und 91b GG) oder die Regelungen, die die Besatzungskosten, Kriegsfolgelasten und Zuschüsse an die Sozialversicherungsträger, die Arbeitslosenhilfe (Art. 120 GG) und die Durchführung des Lastenausgleichs (Art. 120a GG) normieren. 8

II. Gesetzliche Grundlagen

1. Gesetz über die Grundsätze des Haushaltsrechts des Bundes und der Länder

9 Art. 109 Abs. 1 GG räumt dem Bund und den Ländern eine voneinander unabhängige und selbstständig geführte Haushaltwirtschaft ein. Dessen ungeachtet ist in einer derart komplexen Volkswirtschaft mit einer Staatsquote von etwa 50 v. H. ein Mindestmaß an Übereinstimmung zwischen dem Bund und seinen Gliedstaaten auch deshalb zu wahren, weil sie nach der Verfassung gemeinsam den Erfordernissen des gesamtwirtschaftlichen Gleichgewichts Rechnung zu tragen haben.

Auf der Grundlage des Art. 109 Abs. 3 GG wurden deshalb im Haushaltsgrundsätzegesetz (HGrG) v. 19.8.1969, zuletzt geändert durch Gesetz v. 27.5.2010, **für den Bund und für die Länder gemeinsam geltende Grundsätze für das Haushaltsrecht** aufgestellt.

Das HGrG kann nur mit **Zustimmung** des Bundesrats geändert werden.

2. Gesetz zur Förderung der Stabilität und des Wachstums der Wirtschaft

10 Ebenfalls auf der Grundlage des Art. 109 Abs. 3 GG wurden mit dem Stabilitäts- und Wachtumsgesetz (StWG) v. 8.6.1967 für den Bund, die Länder und die Gemeinden gemeinsam geltende Grundsätze für eine **konjunkturgerechte, antizyklische und mehrjährige Finanzplanung** errichtet. Mit dem StWG wurde dem grundlegenden Wandel von der herkömmlichen Bedarfsdeckungsfunktion der öffentlichen Haushalte zu einer modernen gesamtwirtschaftlichen Budgetfunktion Rechnung getragen.

3. Gesetz zur Regelung des Schuldenwesens des Bundes

11 Das Bundesschuldenwesengesetz (BSchuWG) v. 12.7.2006 soll u. a. der Verbesserung des Schuldenmanagements des Bundes durch Zusammenführung der Bundeswertpapierverwaltung und der Finanzagentur GmbH unter dem Dach der Finanzagentur dienen.

4. Gesetz zur Errichtung eines Stabilitätsrates und zur Vermeidung von Haushaltsnotlagen

12 Nach dem Stabilitätsratsgesetz (StabiRatG) v. 10.8.2009 wird jährlich die Finanzlage von Bund und Ländern dargestellt und geprüft. Im Falle von drohen-

den Haushaltsnotlagen soll der Stabilitätsrat Sanierungsmaßnahmen vorschlagen und vereinbaren.

Der Stabilitätsrat wird bei der Bunderegierung gebildet. Er hat die Nachfolge des Finanzplanungsrates angetreten. Ihm gehören an:

- der Bundesfinanzminister,
- der Bundesminister für Wirtschaft und Technologie,
- die Finanzminister/-senatoren der Länder.

Die Beschlüsse des Stabilitätsrates werden veröffentlicht.

5. Gesetz zur Fortentwicklung des Haushaltsrechts von Bund und Ländern

Mit dem Haushaltsrechts-Fortentwicklungsgesetz v. 22.12.1997 wurde das Ziel 13
verfolgt, dem seit der Haushaltsreform von 1969 geltenden Haushaltsrecht des Bundes und der Länder sowie den geänderten Bedingungen in der Gesellschaft und in der öffentlichen Verwaltung Rechnung zu tragen. Wesentliche Eckpunkte des Gesetzes sind:

- Erhöhung der Flexibilität der Haushaltswirtschaft durch Erweiterung der Deckungsfähigkeit,
- Erweiterung und Vereinfachung der Übertragbarkeit
- Lockerung des Gesamtdeckungsprinzips zur Verstärkung der Anreize zur Erzielung von Mehreinnahmen,
- Einführung der Kosten- und Leistungsrechnung,
- Verpflichtung zu Wirtschaftlichkeitsuntersuchungen bei allen finanzwirtschaftlichen Maßnahmen.

6. Haushaltsgrundsätzemodernisierungsgesetz

Die zentralen Anliegen des Regierungsentwurfs für das Gesetz zur Modernisie- 14
rung des Haushaltsgrundsätzegesetzes (HGrGMoG) v. 1.1.2010 sind

- die **Harmonisierung des öffentlichen Haushalts- und Rechnungswesens** durch Vorgabe einheitlich geltender rechtlicher Rahmenbedingungen **für Bund und Länder**,
- die **Schaffung der Möglichkeit zur Koexistenz unterschiedlicher Systeme des Rechnungswesens und der Haushaltsdarstellung**, d. h. a) der Kameralistik, der erweiterten Kameralistik oder der Doppik und b) der produktorientierten Haushalte oder der Produkthaushalte, und
- die **Gewährleistung der Einheitlichkeit der statistischen Daten**, die von den Gebietskörperschaften, d. h. von Bund und Ländern, zur Erfüllung der verschiedenen Berichtspflichten jeweils zu liefern sind.

7. Haushaltsordnungen

15 Gegenwärtig gibt es

- die **Bundeshaushaltsordnung**(BHO) v. 19.8.1969,
- 16 **Landeshaushaltsordnungen**(LHO),
- diverse **Gemeindehaushaltsverordnungen** (GemHVO).

Der in § 1 HGrG enthaltene Gesetzgebungsauftrag verpflichtet Bund und Länder, ihr Haushaltsrecht nach den Grundsätzen des HGrG zu auszurichten.

Die BHO und die LHO orientieren sich deshalb an den Vorgaben des HGrG und sind in weiten Teilen und auch in der Paragrafenfolge nahezu deckungsgleich. Sie enthalten u. a.

- allgemeine und grundlegende Regeln, die für alle Haushaltspläne des Bundes/Landes unabhängig von den Plänen, die für das jeweilige Jahr gelten sollen sowie Regelungen
- über die Aufstellung und Ausführung des Haushaltsplans,
- über die Bewirtschaftung der Haushaltsmittel,
- über haushaltswirksame Entscheidungen der Behörden,
- über die Verwaltung des Bundes-/Landesvermögens,
- die Kassen- und Buchführung,
- die Rechnungslegung und Rechnungsprüfung,
- die Prüfung bundes-/landesunmittelbarer Personen des öffentlichen Rechts sowie der Sondervermögen.

16 Die **mit der BHO weitestgehend deckungsgleichen LHOen** sind Ausdruck der Eigenständigkeit des Budgetrechts eines jeden Staates, mithin auch der des eigenständigen Budgetrechts eines jeden einzelnen Bundeslandes.

Im Gegensatz zum Haushaltsgesetz, das ein Zeitgesetz ist, sind die BHO/LHO sogenannte **Ständiggesetze**.

8. Haushaltsgesetz

17 Das Haushaltsgesetz (HG) ist ein **Zeitgesetz**. Es gilt immer für das entsprechende Haushaltsjahr. Ein Haushaltsjahr ist gem. § 4 BHO/LHO identisch mit dem Kalenderjahr. Auch bei einer verspäteten Verabschiedung **tritt es zum 1.1. des jeweiligen Haushaltsjahres in Kraft**.

Über den **Rechtscharakter** des Haushaltsgesetzes und des Haushaltsplans gibt es nach wie vor widerstreitende Auffassungen. Es gibt weder eine verfassungsrechtliche noch eine gesetzliche Definition, die das HG entweder als Gesetz im formellen Sinne oder als eines im materiellen Sinne bestimmt. Auch die Fachliteratur geht in ihrer Auffassung hierüber auseinander.

Bei diesem Streit geht es in erster Linie um die Frage, ob das HG nur der Form nach ein Gesetz, also ein Gesetz im formellen Sinne ist, oder ob es auch inhaltlich ein Gesetz, also eines im materiellen Sinne ist.

Für die Verfechter der Theorie, das HG sei lediglich ein Gesetz im formellen Sinne, steht die Überlegung im Vordergrund, dieses Gesetz entfalte keine Außenwirkung, entwickele also keine Rechtsbeziehung zwischen dem Staat und dem Bürger oder unter den Bürgern. Diese Auffassung geht auf Laband zurück, der den Haushaltsplan als „rechtsindifferentes Zahlenwerk" bezeichnet, das lediglich in Gestalt eines Gesetzes zustande gekommen ist.[1]

Dagegen stehen die widersprechenden Argumente, das HG regele Befugnisse und Verantwortlichkeiten zwischen den Verfassungsorganen Parlament und Regierung und sei schon allein dadurch ein Gesetz im materiellen Sinne.[2]

Durch das HG wird die Regierung u. a. ermächtigt, Ausgaben zu leisten und Verpflichtungen einzugehen. Durch solche Ermächtigungen ist der Bürger nicht nur mittelbar betroffen, so dass durchaus der Auffassung gefolgt werden kann, das HG sei auch ein Gesetz im materiellen Sinne. **18**

In jedem Fall stellt das jährliche HG eine die BHO/LHO ergänzende Norm dar. Mit ihm wird die von der Verwaltung erarbeitete Planung sowie das erstellte Zahlenwerk vom Parlament für verbindlich erklärt.

Inhalte: Wesentlich erfüllt das HG die Funktion, den in Einnahme und Ausgabe ausgeglichenen Haushalt in einer Summe festzustellen (Art. 110 Abs. 2 GG, § 1 BHO/LHO). Weiter enthält es Ermächtigungsnormen für die Regierung, etwa solche, bis zu einer durch das Gesetz bestimmten Höhe Kredite aufzunehmen und Bürgschaften einzugehen (Art. 115 Abs. 1 S. 1 GG). Daneben enthält das Gesetz wichtige Rechtsvorschriften über die jährliche Haushalts- und Wirtschaftsführung (z. B. § 5 HG 2012 „Anwendung der flexiblen Bewirtschaftung, § 6 Behandlung von Erstattungen Dritter, § 12 Behandlung von Rückzahlungen; *s. Anhang 1*). **19**

Gemeinsam mit dem Bundes-/Landeshaushaltsplan bildet das HG den Bundes-/ Landeshaushalt.

III. Verwaltungsvorschriften

Nach der Normenhierarchie folgen die Verwaltungsvorschriften dem einfachgesetzlichen Haushaltsrecht des Bundes/der Länder. Sie gelten, sofern das Gesetz nichts anderes bestimmt, als Ausführungsbestimmungen. **20**

1 Laband „Das Budgetrecht nach den Bestimmungen der Preußischen Verfassungsurkunde von 1871".

2 BVerfGE 20, 56, 91; 38, 121, 126.

1. Verwaltungsvorschriften zur Haushaltssystematik des Bundes (VV-HB)

1.1 Gruppierungsplan

21 In einem föderativen Finanzsystem müssen die Haushaltsstrukturen der verschiedenen Ebenen vergleichbar sein. Ohne eine **einheitliche Haushaltssystematik** ist eine abgestimmte Finanzplanung und Haushaltswirtschaft über alle Ebenen der Gebietskörperschaften hinweg nicht möglich.

Deshalb regelt der Gruppierungsplan die Ordnung in der Darstellung der Haushaltseinnahmen und -ausgaben des Haushaltsplans nach ökonomischen Gesichtspunkten auf der Grundlage der volkswirtschaftlichen Gesamtrechnung. Jeder Haushaltsansatz ist einer bestimmten wirtschaftlichen Kategorie (Gruppe) zugeordnet, die Bestandteil der **Titelnummer** ist. Die jeweiligen Gruppen, die ersten drei Stellen der Titelnummer (Gruppierungsnummer), sind für den Bund und für die Länder und über die Länder auch für die Gemeinden und Gemeindeverbände verbindlich und somit identisch und im Gruppierungsplan, der Teil der VV-HB ist, festgelegt. Die einheitliche Darstellungsform der Haushaltseinnahmen und der Haushaltsausgaben ermöglicht eine bessere Transparenz und Vergleichbarkeit der öffentlichen Haushalte.

Beispielsweise schafft erst die systematische Darstellungsform die Voraussetzung dafür, mit Hilfe der Informationstechnik bestimmte Einnahme- oder Ausgabeverläufe erfassen und Veränderungen im Verlaufe eines Bewilligungszeitraums auf schnellem Wege verfolgen zu können.

22 An die **Haushaltssystematik** sind drei Grundforderungen zu stellen: Die Darstellung soll

- die haushaltsmäßigen Erfordernisse bei Aufstellung, Ausführung und Abschluss des Haushalts berücksichtigen,
- den wirtschaftlichen Gehalt des Haushalts und die Wirkungen der finanzpolitischen Entscheidungen auf die gesamtwirtschaftliche Entwicklung und auf den Konjunkturablauf ausweisen,
- Auskunft darüber geben, mit welchem Mitteleinsatz einzelne öffentliche Aufgaben erfüllt werden.

1.2 Haushaltstechnische Richtlinien des Bundes (HRB)

23 Die HRB regeln in Ergänzung der Bestimmungen der BHO und der VV-BHO die Aufstellung der Voranschläge (§ 27 BHO), des Entwurfs des Haushaltsplans (§ 28 BHO) sowie die haushaltstechnische Umsetzung von Änderungen im parlamentarischen Verfahren nach einheitlichen Grundsätzen.

2. Allgemeine Verwaltungsvorschriften zur Bundeshaushaltsordnung (VV-BHO)

Während die Bundeshaushaltsordnung insbesondere solche Vorschriften enthält, die ihrer grundlegenden Bedeutung wegen der gesetzlichen Normierung bedürfen, enthalten die VV-BHO i.d.F. v. 14.12.2011 nähere **technisch-organisatorische** Bestimmungen. 24

§ 5 BHO ermächtigt das Bundesministerium der Finanzen zur BHO allgemeine Verwaltungsvorschriften zu erlassen. Der Erlass erfolgte durch Rundschreiben des Bundesministeriums der Finanzen (BMF) an die obersten Bundesbehörden und durch Veröffentlichung im „Gemeinsamen Ministerialblatt" (GMBl). Die obersten Bundesbehörden können zu den VV ergänzende, ressorttypische Bestimmungen (z. B. Durchführungsbestimmungen) erlassen, die jedoch inhaltlich nicht von den VV abweichen dürfen.

Die VV konkretisieren die BHO und richten sich an alle Bewirtschafter des Bundes, also sowohl an die mittelverteilenden (Mittelverteiler) als auch an die mittelverwendenden Dienststellen (Titelverwalter). Erstrangiges Ziel der VV ist, die Vorschriften der BHO in allen Dienststellen zur **einheitlichen** Anwendung zu bringen.

3. Kassenbestimmungen für die Bundesverwaltung (KBestB)

Auf der Grundlage des § 79 Abs. 4 BHO sind die KBestB mit Rundschreiben des BMF vom 14.11.2001 erlassen worden und mit Rundschreiben vom 9.12.2005 aktualisiert worden (Stand 1.1.2006). Die KBestB haben im Wesentlichen folgenden Inhalt: 25

- Aufgaben der Kassen,
- Durchführung des Zahlungsverkehrs,
- Geldverwaltung,
- Buchführung, Bücher und Aufzeichnungen,
- Buchungsverfahren,
- Abschluss der Bücher und Rechnungslegung,
- Zahlstellenbestimmungen für die Bundesverwaltung.

4. Verfahrensrichtlinien für Mittelverteiler und Titelverwalter für das automatisierte Verfahren im Haushalts-, Kassen- und Rechnungswesen (VerfRiB-MV/TV-HKR)

Die VerfRiB MV/TV (Stand 11/2010) regeln das HKR-Verfahren, das zur Unterstützung und Dokumentation wesentlicher Tätigkeiten bei der Ausführung des Haushaltsplans, der Abwicklung des Zahlungsverkehrs, der Buchführung und der 26

Rechnungslegung sowie einer tagfertigen Bereitstellung über den Stand der Bewirtschaftung dient.

Im HKR-Verfahren laufen alle Bewirtschaftungsvorgänge von der Verteilung der Haushaltsmittel, der Festlegung der Haushaltsmittel über die Anordnung von Leistungen oder Annahme von Einzahlungen bis hin zur Überwachung und Ausführung der Zahlungen ausnahmslos über die zentrale Datenbank des Zentrums für Informationsverarbeitung und Informationstechnik (ZIVIT) und die Bundeskassen.

5. Aufbewahrungsbestimmungen für die Unterlagen für das Haushalts-, Kassen- und Rechnungswesen des Bundes (ABestB – HKR)

27 Die Aufbewahrungsbestimmungen (Stand 30.1.2004) regeln

- das Aufbewahren,
- das Übertragen auf andere Speichermedien,
- das Aussondern,
- das Abgeben und
- das Vernichten

aufbewahrungspflichtiger Unterlagen für das Haushalts-, Kassen- und Rechnungswesen und enthält darüber hinaus wichtige Begriffsbestimmungen auf diesem Gebiete.

6. Allgemeine Verwaltungsvorschriften zur vorläufigen Haushalts- und Wirtschaftsführung

28 Nach Art. 110 Abs. 2 GG/LV (z. B. Art. 81 Abs. 3 der Verfassung für das Land NRW) soll der Haushaltsplan **vor Beginn des Haushaltsjahres** durch das Haushaltsgesetz festgestellt werden. Mit dieser Verfassungsnorm wird der Haushaltsgrundsatz der Vorherigkeit begründet, denn erst der durch Gesetz festgestellte Haushaltsplan ermächtigt die Verwaltung, Ausgaben zu leisten und Verpflichtungen einzugehen. Ist jedoch der Gesetzgeber nicht in der Lage, seiner verfassungsmäßigen Verpflichtung nachzukommen, darf es nicht dazu führen, dass die staatlichen Funktionen nicht mehr aufrechterhalten werden können. In diesem Falle ist die Verwaltung nach Art. 111 GG und vergleichbarer Regelungen der jeweiligen LV (z. B. Art. 89 der Verfassung von Berlin) ermächtigt, die Wirtschaft vorläufig weiterzuführen.

29 Das BMF erlässt in dieser Konstellation ebenfalls auf der Grundlage des § 5 BHO die Verwaltungsvorschriften über die „Vorläufige Haushaltsführung im Haushaltsjahr 20..“. Die Finanzministerien der Länder verfahren in vergleichbarer Weise.

30 Die VV konkretisieren die Voraussetzungen des Art. 111 GG und gelten für alle Bewirtschafter bis zur Verkündung des HG. Das BMF regelt insbesondere:

- die Art der Maßnahmen, für die Ausgaben geleistet werden dürfen,
- die Quotierung der Ausgabeermächtigung,
- die Art, wie eventuelle Ausgabereste zu bewirtschaften sind,
- die Bewirtschaftung von Verpflichtungsermächtigungen,
- die Verteilung der Ausgabeermächtigungen und deren Buchung im HKR-Verfahren.

7. Allgemeine Verwaltungsvorschriften zur endgültigen Haushaltsführung

31 Die VV **konkretisieren** das jeweilige **Haushaltsgesetz.** Mit Verkündung des HG erlässt das BMF/LMF ebenfalls auf der Grundlage des § 5 BHO/LHO die VV zur endgültigen Haushalts- und Wirtschaftsführung der Bundes-/Landesverwaltung in Gestalt eines Rundschreibens an die obersten Bundes-/Landesbehörden. Damit werden gleichzeitig die VV zur vorläufigen Haushalts- und Wirtschaftsführung aufgehoben. Das Rundschreiben des BMF/LMF enthält zumeist verbindliche Regeln und Hinweise zur Bewirtschaftung der Haushaltsmittel, insbesondere in folgenden Bereichen:

- Personalhaushalt,
- Handhabung der Deckungsfähigkeit,
- über- und außerplanmäßige Ausgaben,
- Ausgabereste, Haushaltssperren und globale Minderausgaben.

8. Entwurf der Buchführungs- und Rechnungslegungsordnung für das Vermögen des Bundes (VBRO)

32 Die Vorschriften über die Buchführung und Rechnungslegung über das Vermögen und die Schulden des Bundes vom 16.3.1953 haben den Zweck, den Bestand des Vermögens und der Schulden zu Beginn des Haushaltsjahres, die Veränderung während und den Bestand am Ende des Haushaltsjahres gem. Art. 114 GG nachzuweisen.

Die Vermögensrechnung soll ferner darlegen, in welcher Höhe die Haushaltseinnahmen und Haushaltsausgaben zur Vermehrung oder zur Verminderung des Vermögens oder der Schulden im Laufe des Haushaltsjahres geführt haben. Die Vermögensrechnung schließt nicht den Wert des beweglichen Vermögens ein, das gem. § 28 VBRO nach besonderen Vorschriften durch Bestandsverzeichnisse nachgewiesen wird.

9. Ressortinterne Durchführungsbestimmungen (DB)

33 Die obersten Bundesbehörden/Landesbehörden können gem. §§ 102 und 103 BHO/LHO im Einvernehmen mit dem BMF/LMF und dem Bundesrechnungshof/Landesrechnungshof ressortinterne Verwaltungsvorschriften erlassen, die die Besonderheiten des jeweiligen Geschäftsbereichs bei der Bewirtschaftung der Haushaltsmittel berücksichtigen. Solche Durchführungsbestimmungen dürfen jedoch von den VV-BHO/VV-LHO inhaltlich nicht abweichen.

10. Ressortbezogene Erlasse über die Haushaltsführung

34 Nach Erlass der Allgemeinen Verwaltungsvorschriften zur endgültigen Haushaltsführung durch das BMF/LMF wird der ressortinterne „Erlass über die Haushaltsführung 20..“ (Haushaltsführungserlass) veröffentlicht und auf dem Dienstwege bis zum Titelverwalter der Ortsinstanz verteilt.

Der Haushaltsführungserlass greift wesentliche Bewirtschaftungsvorschriften der „Allgemeinen Verwaltungsvorschriften zur endgültigen Haushaltsführung“ des BMF/LMF auf und ergänzt sie um ressorttypische Vorschriften zur Bewirtschaftung der zugewiesenen Haushaltsmittel sowie Bewirtschaftungsermächtigungen (z. B. Verfahrenshinweise zur Inanspruchnahme einer erlaubten Deckungsfähigkeit, Verfahrenshinweise zur Bildung von Ausgaberesten) und Festlegungen von allgemeinen Ausgabeermächtigungen.

IV. Die Rechtsgrundlagen für das staatliche Haushalts-, Kassen- und Rechnungswesens (Kurzfassung)

35 • **Gesetzliche Vorschriften**
  - Grundgesetz für die Bundesrepublik Deutschland (GG) sowie die jeweiligen Landesverfassungen (LV),
  - Gesetz über die Grundsätze des Haushaltsrechts des Bundes und der Länder (HGrG),
  - Gesetz zur Förderung der Stabilität und des Wachstums der Wirtschaft (StWG),
  - Gesetz zur Regelung des Schuldenwesens des Bundes (BSchuWG),
  - Gesetz zur Errichtung eines Stabilitätsrates und zur Vermeidung von Haushaltsnotlagen (Stabilitätsratsgesetz – StabiRatS –),
  - die Haushaltsordnungen des Bundes (BHO) und der Länder (LHO) sowie die Gemeindehaushaltsverordnungen (GemHVO),
  - das Haushaltsgesetz (HG); die Haushaltssatzung der Gemeinden,
  - Gesetz zur Fortentwicklung des Haushaltsrechts von Bund und Ländern (Haushaltsrechts-Fortentwicklungsgesetz),
  - Haushaltsgrundsätzemodernisierungsgesetz (HGrGMoG) v. 1.1.2010.

- **Verwaltungsvorschriften** 36
  - Verwaltungsvorschriften zur Haushaltssystematik des Bundes (VV-HB) v. 21.10.1968 mit dem Gruppierungsplan und den Haushaltstechnischen Richtlinien des Bundes,
  - Verwaltungsvorschriften zur Bundeshaushaltsordnung (VV-BHO),
  - Kassenbestimmungen für die Bundesverwaltung (KBestB) Stand 01/ 2006,
  - Verfahrensrichtlinien für Mittelverteiler und Titelverwalter (VerfRiB MV/TV) Stand 11/2010,
  - im Automatisierten Verfahren im Haushalts-, Kassen- und Rechnungswesen (HKR-Verfahren) Stand 11/2010,
  - Aufbewahrungsbestimmungen für die Unterlagen für das Haushalts-, Kassen- und Rechnungswesen (ABestB-HKR) Stand 30.1.2004,
  - Allgemeine Verwaltungsvorschriften zur vorläufigen Haushalts- und Wirtschaftsführung,
  - Allgemeine Verwaltungsvorschriften zur endgültigen Haushaltsführung,
  - Entwurf der Buchführungs- und Rechnungslegungsordnung für das Vermögen des Bundes (VBRO) vom 16.3.1953,
  - ressortinterne Durchführungsbestimmungen (DB),
  - ressortbezogene Erlasse über die Haushaltsführung.

B. Der Bundes-/Landeshaushalt

I. Allgemeines

37 Das „staatliche Haushaltswesen“ ist geprägt durch die öffentliche Einnahmen- und Ausgabenwirtschaft und dient der Finanzierung öffentlicher Aufgaben.

Das **„staatliche Haushaltswesen“** umfasst alle finanzwirtschaftlichen Maßnahmen der öffentlich-rechtlichen Körperschaften, die auf den Rechtsregeln des öffentlichen Haushaltsrechts beruhen und sich auf die

- Einnahmen und Ausgaben des Staates, insbesondere auf die
  - „Planung“
  - „Aufstellung“ und
  - „Ausführung“

  des Haushaltsplans
- sowie die
  - „Rechnungslegung“
  - „Rechnungsprüfung“ und
  - „Entlastung der Regierung und Verwaltung“

erstrecken (Finanzierung der staatlichen Aufgabenerfüllung).

38 Bund und Länder sind in ihrer Haushaltswirtschaft selbstständig und voneinander unabhängig (Art. 109 Abs. 1 GG). Grundlage der jährlichen Haushalts- und Wirtschaftsführung der einzelnen Träger der staatlichen Haushaltswirtschaft ist der jeweilige **Haushaltsplan**.

39 Der staatliche **„Haushalt“** setzt sich zusammen aus dem Haushaltsgesetz und dem Haushaltsplan.

40 **„Haushalten“** umfasst das Planen, Veranschlagen, Erheben der Einnahmen, Bewirtschaften der Ausgaben und Nachweisen von Haushaltsmitteln, die erforderlich sind, um die staatlichen Aufgaben innerhalb eines bestimmten Zeitraums erfüllen zu können.

41 **„Haushaltsmittel“** sind Beträge, die im Haushaltsplan mit Titelnummer und Zweckbestimmung als Ansatz ausgebracht sind. Haushaltsmittel werden den mittelbewirtschaftenden Dienststellen (Mittelverteiler und/oder Titelverwalter) zugewiesen und stehen diesen zur Bewirtschaftung zur Verfügung. Ausgaben dürfen aber nur geleistet werden, wenn dies unumgänglich erforderlich sind. Haushaltsmittel sind kein Geld!

Im weiteren Sinne sind auch die Verpflichtungsermächtigungen, Planstellen und Stellen zu den Haushaltsmitteln zu zählen.

II. Begriff des Haushalts

Haushaltsgesetz (HG) und Haushaltsplan (HHPl) bilden eine Einheit; zusammen 42
sind sie **der Haushalt.**

Der staatliche Haushalt	
Haushaltsgesetz	**Haushaltsplan**

Abb. 1: Der staatliche Haushalt

In der herrschenden Lehrmeinung ist das **Haushaltsgesetz**„nur“ ein Gesetz im formellen Sinne, d. h. es entfaltet keine Außenwirkung gegenüber dem Bürger, wohl aber hat es Innenwirkung gegenüber der Regierung und Verwaltung, die an dieses Gesetz gebunden sind.

Der **Haushaltsplan** (das Budget, der Etat) ist die durch das Haushaltsgesetz festgestellte, für die Haushalts- und Wirtschaftsführung des Bundes/Landes maßgebende Zusammenstellung der für ein Haushaltsjahr veranschlagten Haushaltseinnahmen und Haushaltsausgaben, Verpflichtungsermächtigungen, Planstellen und Stellen aller Bundes-/Landesbehörden.

Der Haushaltsplan ist eine verfassungsrechtliche Einrichtung. Alle zu erwarten- 43
den Einnahmen und alle voraussichtlich zu leistenden Ausgaben, voraussichtlich benötigten Verpflichtungsermächtigungen, Planstellen und Stellen sind in den Haushaltsplan einzustellen (Art. 110 GG und entsprechende Regelung in der jeweiligen LV, z. B. Art. 98 LV des Freistaates Thüringen).

Der **Haushaltsplan** ist

- das Hauptbuch des Staates,
- die finanzwirtschaftliche Grundlage des staatlichen Verwaltungshandelns,
- das Planungs-, Bewirtschaftungs- und Kontrollinstrument staatlicher Aufgabenerfüllung.

Der Haushaltsplan ist somit eine Zusammenstellung aller für ein Jahr veranschlagten (= geplanten) Haushaltseinnahmen und Haushaltsausgaben sowie Verpflichtungsermächtigungen, Planstellen und Stellen aller Bundes-/Landesverwaltungen.

Der Haushaltsplan wird – in Einnahmen und Ausgaben ausgeglichen – vom Bundes-/Landesfinanzministerium aufgestellt, von der Bundes-/Landesregierung beschlossen, vom Parlament beraten und durch die Verabschiedung des Haushaltsgesetzes festgestellt (Art. 110 Abs. 2 GG und entsprechende Regelung der jeweiligen Landesverfassung, z. B. Art. 85 der Verfassung von Berlin).

44 Es gibt – jährlich –
- 1 Bundeshaushaltsgesetz mit einem Bundeshaushaltsplan,
- 16 Landeshaushaltsgesetze mit jeweils einem Landeshaushaltsplan,
- ca. 13.000 Gemeindehaushaltssatzungen mit jeweils einem Gemeindehaushaltsplan.

Der Haushaltsplan ist die unbedingt notwendige Anlage des Haushaltsgesetzes/der Haushaltssatzung.

III. Inhalt des Haushalts

45 Das **Haushaltsgesetz** *muss* beinhalten:
- die Feststellung des auf eine zu nennende Summe in Einnahmen und Ausgaben ausgeglichenen Haushaltsplans,
- die Ermächtigung für das BMF/LMF zur Aufnahme von Deckungskrediten und Kassenkrediten,
- die Ermächtigung für das BMF/LMF zur Übernahme von Bürgschaften, Garantien oder sonstigen Gewährleistungen,
- den Tag des Inkrafttretens des Haushaltsgesetzes (stets der 1. Januar).

46 Das Haushaltsgesetz *kann* beinhalten:
- zeitgesetzliche besondere Ermächtigungen beim Vollzug des Haushaltsplans,
- kurzfristige, nur für die Gültigkeit des Haushaltsgesetzes bestimmte Außerkraftsetzung anderer bestehender Vorschriften,
- allgemeingültige Haushaltsvermerke,
- Bestimmungen, die über die allgemeine Gültigkeitsdauer des Haushaltsgesetzes (31.12.) **hinaus** bis zum Tage der Verkündung des Haushaltsgesetzes des folgenden Haushaltsjahres **weitergelten**.

→ *Anhang 1: Bundeshaushaltsgesetz 2012*

47 Der **Haushaltsplan** enthält
- alle veranschlagten (= geplanten) voraussichtlich zu erwartenden Haushaltseinnahmen und voraussichtlich zu leistenden Haushaltsausgaben,
- alle voraussichtlich benötigten Verpflichtungsermächtigungen,
- eine Darstellung aller voraussichtlich benötigten Planstellen und Stellen,
- spezielle Haushaltsvermerke.

Die Verabschiedung des Haushaltsgesetzes durch das Parlament (= dritte Lesung) bedeutet:

1. der Haushalt ist vom Parlament „angenommen“,
2. der Haushaltsplan ist damit – zugleich – „festgestellt“,
3. die Ausgabemittel und Verpflichtungsermächtigungen sind damit – zugleich – „parlamentarisch bewilligt“.

IV. Bedeutung (Funktionen) des Haushalts

Die **Haushaltsordnungen** (BHO, LHO, GemHVO) sind die **ständiggesetzlichen, allgemeinen Rechtsvorschriften** über das Haushaltsrecht der jeweiligen Gebietskörperschaft (= Allgemeines Haushaltsrecht). 48

Der Haushalt ist die für das Bezugsjahr geltende **zeitgesetzliche, besondere Grundlage für die Haushalts- und Wirtschaftsführung** (= Besonderes Haushaltsrecht). 49

Hier ist der Haushalt und insbesondere der Haushaltsplan in seiner verschiedenartigen Bedeutung angesprochen.

1. Rechtliche Bedeutung (Funktion) des Haushalts

Das Grundgesetz, die Verfassungen der Länder und die Kreis- und Gemeindeordnungen haben den Haushaltsplan als Grundlage für die Haushalts- und Wirtschaftsführung der jeweiligen Gebietskörperschaft zum Inhalt (Art. 109–115 GG und entsprechende Regelungen der jeweiligen Landesverfassung, z. B. Art. 81–88 der Verfassung des Landes NRW, Teil 8 der Gemeindeordnung (GO) für das Land NRW). 50

Der Haushaltsplan des Bundes und die Haushaltspläne für die Länder werden durch „Gesetz“, die der Gemeinden und der Gemeindeverbände durch „Satzung“ festgestellt. Der Haushaltsplan ist die notwendige Anlage des Haushaltsgesetzes bzw. der Haushaltssatzung.

Haushaltsgesetz/Haushaltssatzung und Haushaltsplan **bilden eine Einheit: den Haushalt**. Somit nimmt der Haushaltsplan an den Rechtswirkungen des Gesetzes teil, ohne jedoch selbstständiges Gesetz zu sein. 51

Das Bundesverfassungsgericht hat entschieden, dass das Haushaltsgesetz nicht lediglich ein im Haushaltsplan enthaltenes Zahlenwerk feststelle, sondern zugleich auch die **Bewilligung** der im Haushaltsplan ausgeworfenen **Ausgabemittel** enthalte, d. h. die **Ermächtigung** an die Regierung darstelle, diese Ausgabemittel im Rahmen der im Haushaltsplan und den übrigen Haushaltsrechtsnormen vorgeschriebenen Ordnung auszugeben. 52

53 Durch die Verabschiedung des Haushaltsgesetzes/-satzung und die damit bewirkte gleichzeitige **Feststellung des Haushaltsplans** wird dieser mit seinem Inkrafttreten zur rechtlichen Grundlage für die Haushalts- und Wirtschaftsführung des Bundes/Landes/Gemeinde für ein Jahr (= Besonderes Haushaltsrecht).

2. Politische Bedeutung (Funktion) des Haushalts

54 Im Haushaltsplan sind die für die Erfüllung der einzelnen staatlichen Aufgaben erforderlichen Ausgabemittel sowie die zur Deckung dieses Finanzbedarfs erforderlichen Einnahmebeträge (Abgaben usw.) festgelegt. Aus dem Haushaltsplan ist zu erkennen, für welche Zwecke (z. B. Familienförderung, Wissenschaft, Forschung, Arbeitsförderung, Infrastruktur, Verteidigung usw.) die Regierung Mittel für erforderlich hält.

55 Der Haushaltsplan zeigt somit die (politische) Zielrichtung der Regierung/Verwaltung auf und wird zum Ausdruck des (politischen) Programms bzw. des Willens einer Regierung bzw. der Verwaltung.

Die Qualität eines Staatshaushalts kann man ohnehin nur in Kenntnis der mit ihm angestrebten staatspolitischen Ziele und dies auch nur vor dem Hintergrund der jeweiligen gesamtwirtschaftlichen, konjunkturellen Situation richtig beurteilen.

56 Das durch die Verfassung geprägte „Parlamentarische Budgetrecht“ (= Bugdet-Bewilligungsrecht, Budget-Kontrollrecht, Budget-Entlastungsrecht) ist das älteste und bedeutendste politische Kontrollrecht des Parlaments gegenüber der Regierung!

Das Haushaltsrecht ist seit jeher das Königsrecht des Parlaments!

3. Finanzwirtschaftliche Bedeutung des Haushalts (Bedarfsdeckungsfunktion)

57 Der Haushaltsplan dient der Feststellung und der Deckung des Finanzbedarfs, der zur Erfüllung der Aufgaben der öffentlichen Körperschaft im Bewilligungszeitraum voraussichtlich notwendig ist (= klassische Bedarfsdeckungsfunktion).

Der Haushaltsplan bildet die Grundlage für die Ermittlung des **Finanzbedarfs**, der zum Ausgleich zwischen Einnahmen und Ausgaben **erforderlich** und **notwendig** ist und somit der Sicherung der Aufgabenfinanzierung dient.

Die finanzwirtschaftliche Funktion des Haushaltsplans liegt im Wesentlichen in der verfahrensmäßigen Erfassung der voraussichtlichen Einnahmen und Ausgaben der jeweiligen öffentlichen Körperschaft und übt – zum Zwecke des Ausgleichs zwischen Einnahmen und Ausgaben – eine **Bedarfsdeckungsfunktion** aus.

- **Finanzbedarf:** Der „Finanzbedarf" des Bundes/des Landes folgt aus den Ausgaben, die zur Erfüllung der Aufgaben des Bundes oder des Landes notwendig sind.
- **„Notwendig":** „Notwendig" ist der Finanzbedarf nach Grund und Höhe insoweit, als der Bund/das Land zur Erfüllung **gesetzlicher** oder anderer **rechtlicher** Verpflichtungen Ausgaben zu leisten hat.

Ein unbedingt notwendiger Finanzbedarf ist auch in den Fällen gegeben, in **58**
denen die Leistung von Ausgaben ohne Beeinträchtigung wesentlicher politischer, wirtschaftlicher oder sozialer Interessen nicht unterbleiben kann.

Bei Ermittlung des Finanzbedarfs werden die voraussichtlich notwendigerweise **59**
zu leistenden Ausgaben zur Aufgabenerfüllung den voraussichtlich zu erwartenden Einnahmen gegenübergestellt, woraus sich der **Finanzierungssaldo** ergibt.

Der Finanzierungssaldo kann negativ oder positiv sein. Rein hypothetisch könnte man sich einen ausgeglichenen Finanzierungssaldo, mithin in Höhe von 0,00 Euro vorstellen.

Wenige Bundesländer und einige Gemeinden weisen in den letzten Jahren einen **60**
Finanzierungsüberschuss aus. Bei Fortschreibung der positiven Konjunkturdaten, insbesondere der Wirtschaftsentwicklungsdaten des Jahres 2011, erwartet auch der Bund ab dem Jahr 2016 einen Finanzierungsüberschuss.

Die Regel war in der Vergangenheit ein Finanzierungsdefizit.

Bei einem negativen Finanzierungssaldo ist zu prüfen, ob die laufenden Einnahmen erhöht und/oder **Kredite** auf dem Kreditmarkt aufgenommen werden müssen oder ob die vorgesehenen Ausgaben zu kürzen sind, mithin Einsparungen vorzunehmen sind.

4. Gesamtwirtschaftliche Bedeutung (Funktion) des Haushaltsplans

Das in Art. 109 Abs. 2 GG, in § 1 StWG und in den Haushaltsordnungen aufge- **61**
stellte Gebot, nach dem die Träger öffentlicher Haushaltswirtschaft bei ihrer Haushaltsführung den Erfordernissen des gesamtwirtschaftlichen Gleichgewichts Rechnung zu tragen haben, bezieht sich in erster Linie auf die Grundlage der Haushalts- und Wirtschaftsführung der jeweiligen öffentlichen Körperschaft – den Haushaltsplan. Die wirtschafts- und finanzpolitischen Maßnahmen sind hiernach so zu treffen, dass sie im Rahmen der marktwirtschaftlichen Ordnung gleichzeitig zur **Stabilität des Preisniveaus**, zu einem **hohen Beschäftigungs-**

grad und **außenwirtschaftlichen Gleichgewicht** bei **stetigem und angemessenen Wirtschaftswachstum** beitragen (= moderne gesamtwirtschaftliche Lenkungsfunktion).

Im Rahmen der gesamtwirtschaftlichen Funktion der Haushalte verpflichten sich der Bund und mit ihm die Länder im Rahmen ihrer Haushalts- und Wirtschaftsführung diese vier einzelnen Hauptziele **gleichzeitig** voll und ganz zu erfüllen. Weil in der Realität jedoch die Ziele untereinander in einem Zielkonflikt stehen, wird die Idealvorstellung der gleichzeitigen und gleichrangigen Anwendung der Erfordernisse des gesamtwirtschaftlichen Gleichgewichts kaum möglich sein, es sei denn, die Wirtschafts- und Finanzpolitiker wären Magier (Zauberer). Deshalb wird in diesem Zusammenhang auch von einem „magischen Viereck" gesprochen.

5. Kontrollmäßige Bedeutung (Funktion) des Haushaltsplans

62 Die **„Finanzkontrolle"** besteht aus der „verwaltungsmäßigen Kontrolle" und der „parlamentarischen Kontrolle".

Der Bundesminister der Finanzen hat dem Bundestage und dem Bundesrate über alle Einnahmen und Ausgaben sowie über das Vermögen und die Schulden im Laufe des nächsten Haushaltsjahres zur Entlastung der Bundesregierung und der Verwaltung Rechnung zu legen. Dies trifft sinngemäß auch auf die Bundesländer zu.[3] Der Bundesrechnungshof prüft die Rechnung sowie die Wirtschaftlichkeit und Ordnungsmäßigkeit der Haushalts- und Wirtschaftsführung (Art. 114 GG = verwaltungsmäßige Kontrolle als „Rechtskontrolle").

63 Die parlamentarische Kontrolle über die vollziehende Gewalt und ihre politischen und administrativen Amtsträger ist das Kernstück der **Kontrolle der Staatsgewalt** überhaupt!

Das Volk (Bundestag = Volksvertretung) kontrolliert die Regierung!

64 Das Parlament übt die **politische Kontrolle** über die Durchführung des von ihm festgestellten Haushaltsplans aus. Nach vorangegangener Prüfung der Rechnung durch den Bundesrechnungshof (s. auch Abschnitt Q) entscheiden Bundestag und Bundesrat über die Entlastung der Bundesregierung hinsichtlich der Haushalts- und Wirtschaftsführung des geprüften Haushaltsjahres (= parlamentarische Kontrolle).

Bei den Bundesländern wird in sinngemäßer Art und Weise verfahren.

3 Z.B. Art. 86 der Verfassung für das Land NRW, Art. 94 der Verfassung von Berlin, Art. 102 der Verfassung des Freistaates Thüringen.

V. Wirkung des Haushaltsplans

Der Haushaltsplan **ermächtigt** die Verwaltung, Ausgaben zu leisten und Verpflichtungen einzugehen (§ 3 BHO/LHO). 65

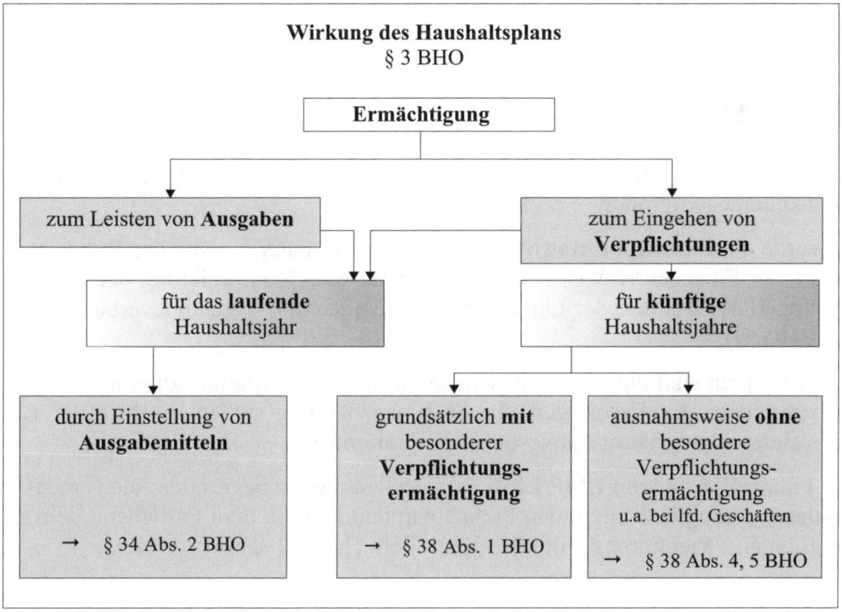

Abb. 2: Schematische Übersicht der Wirkung des Haushaltsplans

Die im Haushaltsplan veranschlagten Ausgaben wirken rechtsbegründend, d. h. sie stellen eine parlamentarische Ermächtigung – keinesfalls aber eine Verpflichtung – zur Leistung von Ausgaben dar! 66

Die Verpflichtung zur Erhebung der Einnahmen und zur Leistung von Ausgaben ergibt sich nicht aus dem Haushaltsplan, sondern stets nur aus Rechtsvorschriften außerhalb des Haushaltsplans (z. B. Steuergesetze, Leistungsgesetze, vertragliche Bindungen)! 67

Durch den Haushaltsplan werden Ansprüche und Verbindlichkeiten Dritter weder begründet noch aufgehoben, d. h. der Haushaltsplan wirkt nur im Bereich **zwischen Parlament und Regierung!** Danach ist die Regierung – und somit deren Verwaltung – an das Haushaltsgesetz und an den Haushaltsplan gebunden! Auf den einzelnen Bürger erstreckt sich der Haushaltsplan also nicht (keine Außenwirkung, wohl aber eine Innenwirkung).

68 Mit der Zuweisung der Ausgabemittel, Verpflichtungsermächtigungen, Planstellen und Stellen stehen diese der Dienststelle zur **Bewirtschaftung** zur Verfügung (= Bewirtschaftungsbefugnis).

Die den mittelbewirtschaftenden Dienststellen zugewiesenen Haushaltsmittel ermächtigen diese Behörden, diese Mittel bestimmungsgemäß zu verwalten.

VI. Der Finanzplan

69 Bund und Länder legen ihrer Haushaltswirtschaft je für sich eine 5-jährige Finanzplanung zugrunde (§ 50 HGrG, § 9 StWG).

70 Es wurde ein **Finanzplanungsrat** eingerichtet, der unter Vorsitz des Bundesministers der Finanzen (BMF) Empfehlungen für eine Koordinierung der Finanzplanungen des Bundes, der Länder und Gemeinden und Gemeindeverbände gibt (§ 51 HGrG).

Im Finanzplan sind die vorgesehenen Investitionsschwerpunkte zu erläutern und zu begründen. Als Unterlagen für die Finanzplanung stellen die Minister für ihren Bereich mehrjährige Investitionsprogramme auf.

Der Finanzplan ist vom BMF/LMF aufzustellen und zu begründen; die Bundes-/Landesregierung beschließt den Finanzplan und legt ihn dem Parlament, dem er lediglich als Orientierungshilfe dient, mit dem Haushaltsentwurf vor.

VII. Die Haushaltsrechnung

71 Die Haushalts**rechnung** ist die Zusammenstellung der **tatsächlich** angenommenen Einnahmen und **tatsächlich** geleisteten Ausgaben als „Ist-Ergebnis" der Haushalts- und Wirtschaftsführung.

Aus der Haushaltsrechnung wird der Überschuss bzw. Fehlbetrag ersichtlich (§ 25 BHO/LHO).

Die Haushaltsrechnung ist, im Gegensatz zur kaufmännischen Bilanz, die auf Gewinn und Verlust abgestellt und somit eine reine Erfolgsrechnung ist, lediglich eine **Verlaufsrechnung**.

VIII. Der Haushaltskreislauf (Ein Überblick)[4]

Der Haushaltskreislauf stellt sich in **vier Kreislaufphasen** dar: 72

1. Allgemeines

Der öffentliche Haushalt durchläuft verschiedene gesetzlich vorgeschriebene Phasen (Haushaltskreislauf). Dabei wechseln die Entscheidungsträger: Die Exekutive (Regierung/Verwaltung) stellt den Entwurf des Haushaltsgesetzes und des Haushaltsplans auf und führt den vom Parlament beschlossenen Haushalt aus. Das Parlament berät den Haushaltsentwurf, beschließt den Haushalt und entlastet letzten Endes die Regierung aufgrund der vom Finanzministerium vorgelegten Jahresrechnung und der Bemerkungen des Bundesrechnungshofs. 73

Die Bundesregierung der 17. Legislaturperiode hat das Haushaltsaufstellungsverfahren einer völligen **Neuorientierung** unterworfen. Auf der Grundlage des Haushaltsgrundsätzmodernisierungsgesetzes ist nunmehr das Bundesfinanzministerium sowohl für die Ausstellung des Entwurfs des Haushaltsplans als auch für die Finanzplanung federführend. 74

Das BMF beginnt mit einem **Vorlauf von zwei Jahren** mit der Vorbereitung des aufzustellenden Haushalts, finanzpolitisch angemessene Vorschläge für die Einzelpläne zu erarbeiten und die laufende Finanzplanung fortzuführen. Beispielsweise begannen die Vorbereitungen für den Haushalt 2012 also schon im Oktober 2010. 75

Im März des folgenden Jahres beschließt das Bundeskabinett dann die so genannten Eckwerte. Diese so gedeckelten Einzelbudgets der obersten Bundesbehörden legen verbindlich fest, wie hoch vor allem die Ausgaben sein dürfen. Auch die erwarteten Einnahmen werden festgelegt.

Dieses Vorgehen zur Aufstellung des Haushalts nennt sich **Top-down-Verfahren**. Ziel ist, dass sich die Regierung frühzeitig auf ihre haushaltspolitische Marschrichtung einigt und die Ausgaben der einzelnen Ministerien in Übereinstimmung festgelegt werden. 76

Im Juli beschließt das Bundeskabinett endgültig den Regierungsentwurf zum Bundeshaushalt in Form von Haushaltsgesetz und Haushaltsplan.

Der Regierungsentwurf zum Bundeshaushalt wird nach dem Kabinettbeschluss an den Bundestag und den Bundesrat weitergeleitet.

→ *Eingehender Rn. 346 ff.*

4 Dargestellt am Geschehen auf Bundesebene. Für die Länder gilt die Darstellung sinngemäß.

2. Parlamentarische Beratung und Verabschiedung des Haushaltsentwurfs durch den Bundestag

77 Der Haushaltsentwurf wird im Bundestag in drei Lesungen beraten:

1. Lesung:

78 Die erste Lesung wird durch die **„Etatrede"** des BMF eingeleitet, der darin die politische Zielsetzung der Bundesregierung, die mit diesem Haushaltsentwurf verfolgt wird, im Grundsatz erläutert.

79 Danach kommt es zur **Grundsatzdebatte** (Haushaltsdebatte), in der die Regierungs- und Oppositionsparteien ihre regelmäßig sehr unterschiedlichen Zielsetzungen darlegen.

Letztlich wird der Haushaltsentwurf nach mehrtägiger Debatte an den **„Haushaltsausschuss"** zur Beratung überwiesen.

2. Lesung:

80 Die zweite Lesung wird geprägt von der **Generaldebatte** und der Abstimmung über jeden Einzelplan.

3. Lesung:

81 Die dritte Lesung umfasst die **Abschlussdebatte** und die Abstimmung über das Haushaltsgesetz (einfache Mehrheit) und die unmittelbar damit verbundene **„Feststellung"** des Haushaltsplans.

→ *Eingehender Rn. 395.*

3. Die Ausführung des Haushalts durch die Regierung und deren Verwaltung

82 Das Bundesministerium der Finanzen stellt den Obersten Verwaltungsbehörden die Ausgabemittel bereit, die diese Mittel wiederum an den nachgeordneten Bereich verteilen.

Die **„Titelverwalter"** (Mittelverwender) bewirtschaften die der Dienststelle zugewiesenen Ausgabemittel nach Sachbuchkonten getrennt.

Das BMF hat nach Abschluss des Haushaltsjahres dem Bundestage und dem Bundesrate über alle Einnahmen und Ausgaben zur Entlastung der Bundesregierung Rechnung zu legen.

→ *Eingehender Rn. 449 ff*

4. Die Kontrolle der Ausführung des Haushalts sowie Entlastung der Regierung

Der BRH prüft die Belege auf Einhaltung der gesetzlichen Vorschriften sowie auf Wirtschaftlichkeit und Sparsamkeit und Ordnungsmäßigkeit und hält die Beanstandungen in seinen „Bemerkungen" fest (= verwaltungsmäßige Kontrolle). 83

Bundestag und Bundesrat prüfen die politische Einhaltung des Haushaltsplans (= parlamentarische Kontrolle) und erteilen – getrennt – der Bundesregierung die Entlastung aus dem geprüften Haushaltsjahr.

Der Haushaltskreislauf am Beispiel des Bundeshaushalts

(vereinfacht)

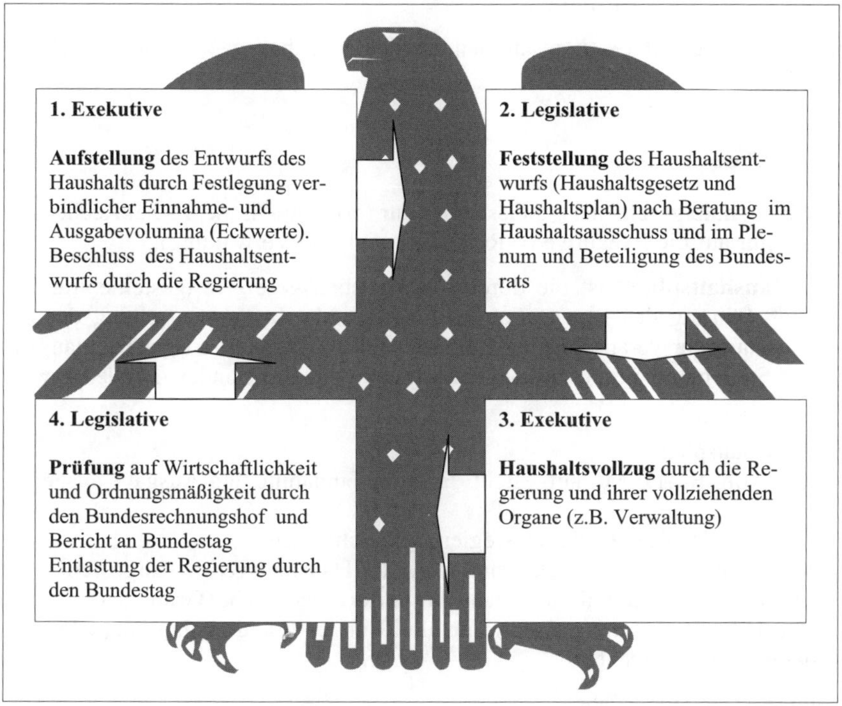

Abb. 3: Der Haushaltskreislauf

IX. Der Bundes-/Landeshaushalt (Kurzfassung)

1. Allgemeines

84 Bund und Länder (sowie Gemeinden) sind in ihrer Haushaltswirtschaft selbstständig und voneinander unabhängig.

„Haushalten“ umfasst das Planen, Veranschlagen, Bewirtschaften und Nachweisen von Haushaltsmitteln, die erforderlich sind, um die staatlichen Aufgaben innerhalb eines bestimmten Zeitraums erfüllen zu können.

„Haushaltsmittel“ im engeren Sinne sind Beträge, die im Haushaltsplan (Etat, Budget) mit Titelnummer und Zweckbestimmung als **Ansatz** ausgebracht sind. Im weiteren Sinne zählen auch Verpflichtungsermächtigungen, P1anstellen und Stellen zu den Haushaltsmitteln.

Der **„Haushalt“** setzt sich zusammen aus dem Haushalts**gesetz** und dem Haushalts**plan**.

2. Begriff des Haushalts

85 Das **„Haushaltsgesetz“** ist ein Gesetz im nur formellen Sinne. Es hat Rechtswirkungen nur auf die Exekutive (= Regierung und ihre Verwaltung).

86 Der **„Haushaltsplan“** ist die durch das Haushaltsgesetz festgestellte, für die Haushaltsführung des Bundes/Landes maßgebende Zusammenstellung der für ein Haushaltsjahr veranschlagten Haushaltseinnahmen und -ausgaben, Planstellen und Stellen und Verpflichtungsermächtigungen aller Bundes-/Landesverwaltungen.

Der Haushaltsplan

- wird vom BMF/LMF aufgestellt. Er ist in Einnahme und Ausgabe ausgeglichen.
- wird von der Bundes-/Landesregierung beschlossen.
- wird vom Parlament beraten und durch das Haushaltsgesetz **festgestellt**.
- ist die für das Bewilligungsjahr **besondere** rechtliche Grundlage für die Haushalts- und Wirtschaftsführung aller Bundes-/Landesbehörden (= Besonderes Haushaltsrecht).

Es gibt z.Zt. in jedem Jahr

- 1 Bundeshaushaltsplan,
- 16 Landeshaushaltspläne,
- ca. 13.000 Gemeindehaushaltspläne

mit jeweils einem Haushaltsgesetz (Gemeinden = Haushaltssatzung).

3. Inhalt des Haushalts

Das Haushalts**gesetz** beinhaltet die Feststellung des in Einnahmen und Ausgaben in einer bestimmten Summe ausgeglichenen Haushaltsplans (§ 1 HG), die Kreditermächtigungen für den BMF/LMF gem. Art. 115 GG oder der entsprechenden Regelung der jeweiligen Landesverfassung), die kurzfristigen, nur für die Gültigkeitsdauer dieses Haushaltsgesetzes bestimmten Außerkraftsetzungen gegenüber anderen gesetzlichen Bestimmungen sowie ggf. allgemeingültige Haushaltsvermerke. **87**

Der Haushalts**plan** enthält alle veranschlagten (= geplanten) Haushaltseinnahmen und Haushaltsausgaben, sowie Verpflichtungsermächtigungen, Planstellen und Stellen aller Bundesverwaltungen sowie spezielle Haushaltsvermerke. **88**

4. Bedeutung (Funktionen) des Haushaltsplans

Der Haushaltsplan ist für das Bewilligungsjahr die spezielle Grundlage für die Haushalts- und Wirtschaftsführung. Er hat verschiedene Bedeutungen und übt verschiedenartige Funktionen aus. **89**

- **Rechtliche Bedeutung:** Mit der Verabschiedung des Haushaltsgesetzes und der damit verbundenen gleichzeitigen gesetzlichen Feststellung des Haushaltsplans (§ 1 HG) wird er zur speziellen rechtlichen Grundlage für die Haushalts- und Wirtschaftsführung des Bundes/Landes.
- **Politische Bedeutung:** Der Haushaltsplan hat alle zu erwartenden Haushaltseinnahmen und die voraussichtlich daraus zu leistenden Haushaltsausgaben eines Jahres zum Inhalt und zeigt somit die politische Zielrichtung der Regierung auf; der Haushaltsplan wird somit zum Ausdruck des politischen Programms einer Regierung.
- **Finanzwirtschaftliche Bedeutung (Bedarfsdeckungsfunktion):** Der Haushaltsplan zeigt den Einnahmebedarf auf, der zum Ausgleich der veranschlagten Haushaltsausgaben für die Aufgabenfinanzierung des Bundes/Landes erforderlich ist.
- **Gesamtwirtschaftliche Bedeutung**: Bund und Länder haben bei ihrer Haushalts- und Wirtschaftsführung den Erfordernissen des gesamtwirtschaftlichen Gleichgewichts Rechnung zu tragen (Art. 109 Abs. 2 GG, § 1 StWG).
- **Kontrollmäßige Bedeutung:** Die parlamentarische Kontrolle über die Ausführung des Haushaltsplans ist nur durch die gesetzliche Bindung an den Haushaltsplan möglich. Da die Regierung mit der vom Parlament ausgesprochenen Verabschiedung des Haushaltsgesetzes auch an den Inhalt des HHPl gebunden ist, kann auch nur die Legislative die Kontrolle über diesen HHPl ausüben (= parlamentarische Kontrolle) und die Entlastung für diese Haushaltsperiode erteilen. Daneben wird die verwaltungsmäßige Kontrolle vom Bundesrechnungshof vollzogen.

5. Wirkung des Haushaltsplans

90 Der Haushaltsplan **ermächtigt** (nicht: verpflichtet!) die Verwaltung, **Ausgaben** zu leisten und **Verpflichtungen** einzugehen (§ 3 BHO/LHO).

Die Verpflichtung zur Erhebung von Einnahmen und zur Leistung von Ausgaben ergibt sich nicht aus dem HHPl, sondern stets nur aus Rechtsvorschriften oder Vereinbarungen außerhalb des Haushaltsplans (z. B. Steuergesetze, Abgabenordnungen, Verträge, Leistungsgesetze).

Mit der Zuweisung der Ausgabemittel, Verpflichtungsermächtigungen, Planstellen und Stellen stehen diese den Dienststellen zur Bewirtschaftung zur Verfügung. Die Ermächtigung des § 3 BHO/LHO bezieht sich auf Ausgaben, die nicht der Leistungspflicht unterliegen (z. B. Geschäftsbedarf, bestimmte Betriebsausgaben).

Die den mittelbewirtschaftenden Dienststellen zugewiesenen Ausgabemittel **ermächtigen** diese Behörden, diese Mittel bestimmungsgemäß zu verwalten. Eine nicht auf Rechtsvorschrift oder Vereinbarung beruhende Ausgabe darf nur dann geleistet werden, wenn
a) für diese Maßnahme Haushaltsmittel zur Verfügung stehen und
b) die Ausgabe erforderlich ist (§ 34 Abs. 2 BHO/LHO).

6. Der Finanzplan

91 Der Finanzplan ist eine Zusammenstellung aller für einen Zeitraum von fünf Jahren geplanten Haushaltseinnahmen und -ausgaben aller Bundes-/Landesverwaltungen.

Der Finanzplan wird vom BMF/LMF aufgestellt.
Er wird von der Bundes-/Landesregierung beschlossen.
Er wird nicht vom Parlament beschlossen, sondern dient ihm lediglich als Orientierungshilfe.
Er wird für einen permanenten 5-Jahres-Zeitraum fortgeführt.

7. Die Haushaltsrechnung

92 Die Haushalts**rechnung** ist das Gegenstück zum Haushalts**plan** und betrachtet den Haushalt in der **Rückschau**.

Sie enthält die **tatsächlichen** Haushaltseinnahmen und -ausgaben aller Bundes-/Landesverwaltungen eines Jahres.

Sie ist eine reine Verlaufs**rechnung** und wird für ein Jahr vom BMF/LMF aufgestellt.

8. Der Haushaltskreislauf

- Aufstellung des Haushaltsentwurfs durch die Regierung. **93**
- Parlamentarische Beratung und Verabschiedung des Haushalts durch das Parlament (Bundestag und Bundesrat bzw. Landtag/Bürgerschaft/Abgeordnetenhaus).
- Ausführung des Haushalts durch die Regierung und die Verwaltung.
- Kontrolle der Ausführung des Haushalts durch BRH, BT und BR bzw. LRH/LT.

→ *Anhang 1: Bundeshaushaltsgesetz 2012*

→ *Anhang 2: Auszug aus dem Bundeshaushaltsplan*

C. Die Haushaltsgrundsätze

94 Das staatliche Haushaltsrecht wird im Wesentlichen geprägt durch die in den Verfassungen oder den Einzelgesetzen (HGrG, BHO/LHO) gesicherten Haushaltsgrundsätze. Diese historisch gewachsenen Grundsätze bestimmen sowohl zum großen Teil die Form und den Inhalt des Haushalts als auch sein Entstehen und seinen Vollzug.

Im Gegensatz zu den Haushaltsgrundsätzen, die den Haushalt in all seinen Prozessen/Phasen (Haushaltskreislauf) begleiten, treten sie uns als Bewirtschaftungsgrundsätze mit ihren speziellen Handlungsabläufen nur in der dritten Phase des Haushaltskreislaufs, der Bewirtschaftungsphase entgegen.

95 Nach § 1 HGrG sind Bund und Länder verpflichtet, ihr Haushaltsrecht nach den Grundsätzen des Teils I des HGrG zu regeln. Dies ist in Gestalt der BHO und der LHO geschehen. Die auf die kommunale Haushaltswirtschaft anzuwendenden Haushaltsgrundsätze entsprechen inhaltlich weitgehend den Regelungen, die im staatlichen Bereich gelten. Sie sind in der Gemeindeordnung niedergeschrieben.

96 Die in den Verfassungen des Bundes und der Länder enthaltenen, auf dem HGrG gründenden und in den Haushaltsordnungen enthaltenden Haushaltsgrundsätze sind:

I. Jährlichkeit

1. Allgemeines

97 Für jedes Haushaltsjahr ist ein Haushaltsplan aufzustellen. Der Haushaltsplan enthält alle im Haushaltsjahr

- zu erwartende Haushaltseinnahmen,
- voraussichtlich zu leistende Haushaltsausgaben und
- voraussichtlich benötigten Verpflichtungsermächtigungen (Art. 110 Abs. 1 und 2 GG, § 11 BHO/LHO) und darüber hinaus
- alle im Haushaltsjahr benötigten Planstellen und Stellen (§ 17 Abs. 5 BHO/LHO).

98 Seit 1961 ist das Haushaltsjahr mit dem **Kalenderjahr** identisch (vgl. § 4 BHO/LHO). Davon weichen als Ausnahme das sog. Forstwirtschaftsjahr (1.10.-30.9.) und das Landwirtschaftsjahr (1.7.-30.6.) ab; beide werden nach dem Jahr benannt, in dem sie enden.

Das Grundgesetz (Art. 110 Abs. 2 GG), aber auch die Landesverfassungen bestimmen, dass der Haushaltsplan für ein Haushaltsjahr durch das Haushalts**gesetz festgestellt** wird. Das bedeutet, dass für jedes Haushaltsjahr ein Haushaltsplan aufzustellen und dieser durch Gesetz (Haushaltsgesetz) festzustellen ist. 99

Gemäß Art. 110 Abs. 2 GG/LV und § 1 BHO/LHO kann der Haushaltsplan auch **für mehrere Haushaltsjahre** – dann aber nach Jahren getrennt – aufgestellt und festgestellt werden. Der Bund hat in der Vergangenheit von dieser Möglichkeit keinen Gebrauch gemacht. Der Verzicht auf diese verfassungsrechtlich eingeräumte Möglichkeit eines Doppelhaushalts ist damit zu begründen, dass dadurch unzweifelhaft erschwert auf gesamtwirtschaftliche Entwicklungen reagiert werden kann und die Wahrscheinlichkeit relativ groß ist, im zweiten Jahr durch Nachtragshaushalte nachsteuern zu müssen, weil eine zeitnahe und genaue Schätzung der Mittelansätze zumindest im zweiten Jahr nur bedingt möglich ist. 100

Dessen ungeachtet haben einige Bundesländer **Doppelhaushalte** aufgestellt (z. B. Berlin, NRW). 101

Wird aber dennoch ein Haushalt **auf zwei Jahre** ausgelegt, ist das Prinzip der Jährlichkeit dadurch gewahrt, dass die Haushaltspläne nach Jahren getrennt aufzustellen sind. Unter einem Doppelhaushalt ist zu verstehen, dass zwei Haushaltspläne, die jeweils ein Haushaltsjahr umfassen, durch *ein* Haushaltsgesetz festzustellen sind.

Die Möglichkeit der Gliederung des Haushaltsplans in einen Verwaltungshaushalt und in einen Vermögenshaushalt bleibt hiervon unberührt. 102

Das verfassungsmäßig festgelegte **parlamentarische Budget-Recht** (Budget-Bewilligungsrecht, Budget-Kontrollrecht, Budget-Entlastungsrecht) ist das älteste und bedeutendste politische Kontrollrecht des Parlaments gegenüber der Regierung. 103

Aus dem Haushaltsgrundsatz der **Jährlichkeit** ergibt sich der **Bewirtschaftungsgrundsatz der zeitlichen Bindung**. Dieser Bewirtschaftungsgrundsatz bindet die Exekutive bei der **Ausführung des Haushaltsplans** an den Bewilligungszeitraum (Haushaltsjahr), d. h. die im Haushaltsplan veranschlagten Ausgabemittel und Verpflichtungsermächtigungen stehen der Verwaltung auch nur für die Geltungsdauer des Haushaltsplans zur Verfügung (vgl. § 45 Abs. 1 BHO/LHO). Am Ende des Haushaltsjahres evtl. noch nicht in Anspruch genommene Ausgabemittel und Verpflichtungsermächtigungen verfallen grundsätzlich. 104

Jährlichkeit	
Jährlichkeit Art. 110 Abs. 2 GG §§ 1, 4 BHO/LHO	**Zeitliche Bindung** § 45 Abs. 1 BHO

Abb. 4: Grundsatz der Jährlichkeit

2. Ausnahmen vom Grundsatz der Jährlichkeit und zeitlichen Bindung

105 Grundsätzlich stehen die im Haushaltsplan veranschlagten Mittel nur für ein Haushaltsjahr zur Verfügung. In besonderen Fällen sehen die haushaltsrechtlichen Vorschriften jedoch **Ausnahmen** von diesem Grundsatz vor. Die Ausnahmen betreffen:

- übertragbare Ausgabebewilligungen,
- Weitergeltung von Verpflichtungsermächtigungen während der vorläufigen Haushalts- und Wirtschaftsführung,
- Selbstbewirtschaftungsmittel,
- „kw"- und „ku"-Vermerke.

2.1 Übertragbare Ausgabemittel

2.1.1 Allgemeines

106 Die **Ermächtigung** nach dem Haushaltsgesetz und dem Haushaltsplan, Ausgaben zu leisten und Verpflichtungen einzugehen (vgl. § 3 BHO/LHO), erstreckt sich grundsätzlich nur auf das Haushaltsjahr, für das der Haushalt (Haushaltsgesetz und der Haushaltsplan) gilt. Die im Haushaltsplan ausgebrachten Ausgabebewilligungen und Verpflichtungsermächtigungen stehen somit nur bis zum Ende des Bewilligungszeitraums zur Disposition. Sollten sie am Ende des Haushaltsjahres als nicht verbraucht oder nicht benötigt übrig bleiben, so verfällt mit dem Ablauf des Haushaltsjahres grundsätzlich auch der Anspruch, über die Ausgabemittel und Verpflichtungsermächtigungen im kommenden Haushaltsjahr verfügen zu können.

107 Im Gegensatz zu den Verpflichtungsermächtigungen können am Schluss des Haushaltsjahres nicht verbrauchte **übertragbare Ausgabemittel** über das Haushaltsjahr hinaus unter bestimmten Voraussetzungen bei derselben Zweckbestimmung als Ausgabereste **erneut** und **zusätzlich** im folgenden Haushalt verfügbar gemacht werden.

108 Mit der **Übertragbarkeit** werden in erster Linie zwei Zwecke verfolgt:

a) Versuch einer kontinuierlichen Haushaltsführung bei **überjährigen Projekten**. Weil sich gerade bei bestimmten Investitionsmaßnahmen (z. B. Bauvorhaben, größere Beschaffungen, Rüstungsvorhaben) erfahrungsgemäß Abweichungen von ursprünglichen Zeitvorgaben und Planungen ergeben, wird durch die Übertragbarkeit von Ausgabemittel für solche Vorhaben die Möglichkeit geschaffen, trotz Ablauf des Haushaltsjahres nicht abgeflossene, aber noch benötigte Mittel weiterhin verfügbar zu halten.

b) Die Übertragbarkeit soll auch der Gefahr entgegenwirken, dass die Verwaltung gegen Ende des Haushaltsjahres ohne Notwendigkeit und trotz fehlender Fälligkeit, einzig aus dem Grunde Ausgaben leistet, den **Verfall der Ausgabemittel** mit Ablauf des Haushaltsjahres zu verhindern. Deshalb wurde mit dem **Haushaltsrechts-Fortentwicklungsgesetz** im Jahre 1998 die Übertragbarkeit wesentlich erweitert.

Grundvoraussetzung einer Übertragung ist deren **parlamentarische Erlaubnis**. 109
Eine solche Erlaubnis kann durch ein sog. Ständiggesetz oder befristet durch das Haushaltsgesetz oder durch den Haushaltsplan erfolgen.

Ist die Erlaubnis durch das „Ständiggesetz" BHO/LHO erteilt, spricht man von 110
der **„geborenen"**, der stets erlaubten Übertragbarkeit.

Ist die Erlaubnis dagegen im Haushaltsgesetz oder im Haushaltsplan geregelt, 111
teilt sie das zeitliche Schicksal des Haushalts; man spricht in diesen Fällen von der **„gekorenen"**, der befristeten Übertragbarkeit.

Übertragbar sind **kraft ständigen Gesetzes** (§ 19 BHO/LHO) 112
a) die Ausgaben für Investitionen,
b) die Ausgaben aus zweckgebundenen Einnahmen.

Andere Ausgaben können im Haushaltsgesetz oder in der Zweckbestimmungsspalte des jeweiligen Titels (im Dispositiv) im Haushaltsplan durch den Haushaltsvermerk „Die Ausgaben sind übertragbar" für übertragbar erklärt werden, wenn dies ihre wirtschaftliche und sparsame Verwendung fördert.

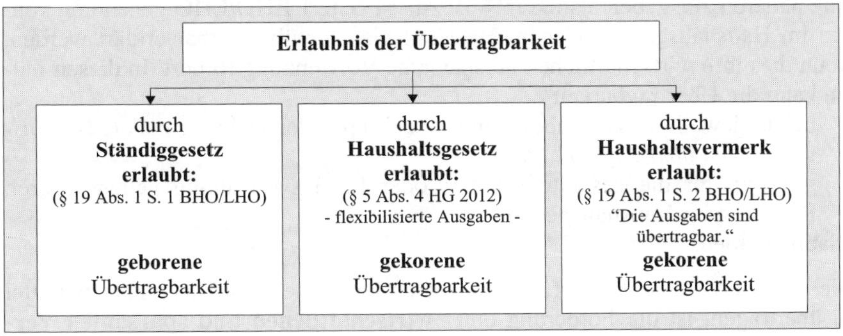

Abb. 5: Erlaubnis der Übertragbarkeit

2.1.2 „Geborene", stets erlaubte Übertragbarkeit (§ 19 Abs. 1 Satz 1 BHO/LHO)

113 Kraft Gesetzes sind die **Ausgaben für Investitionen** und **die Ausgaben aus zweckgebundenen Einnahmen** ständig übertragbar, ohne dass es einer weiteren, ggf. zusätzlichen Regelung bedarf.

Die Regelung des § 19 Abs. 1 Satz 1 BHO/LHO ist durch § 15 Abs. 1 HGrG vorgegeben und steht nicht mehr zur Disposition des Haushaltsgesetzgebers.

114 • **Ausgaben für Investitionen:** Zu diesen Ausgaben zählen in erster Linie solche, die nach dem Gruppierungsplan bei den Hauptgruppen 7 (Baumaßnahmen) und 8 (sonstige Investitionsmaßnahmen) veranschlagt sind. Im Übrigen sind die Investitionsmaßnahmen im § 13 Abs. 3 BHO näher definiert. Dabei ist auffällig, dass der Investitionsbegriff des § 13 BHO nicht die militärischen Beschaffungen und Anlagen umfasst. Diese Ausgaben zählen zum „Staatsverbrauch" und sind der Obergruppe 55 zugeordnet.

115 • **Ausgaben aus zweckgebundenen Einnahmen:** Hier handelt es sich um Ausgaben, die aus Einnahmen finanziert werden, die auf Grund einer gesetzlichen Regelung (z. B. Zweckbindung bestimmter Teile des Mineralölsteueraufkommens nach dem Straßenbaufinanzierungsgesetz) oder eines Haushaltsvermerks einer bestimmten Verwendung zuzuführen sind.

116 Diese Ausgaben müssen übertragbar sein, weil nur auf diesem Wege die Zweckbindung der Einnahmen gewährleistet werden kann. Es wäre ein Verletzung des Gebots der Zweckbindung, ließe man am Ende des Haushaltsjahres nicht verbrauchte, Einnahmen dieser Art verfallen, um sie so der Gesamtdeckung des Haushaltsplans zufließen zu lassen.

2.1.3 „Gekorene", zeitlich befristete Übertragbarkeiten (§ 19 Abs. 1 Satz 2 BHO/LHO)

117 Alle anderen Ausgaben als die in § 19 Abs. 1 Satz 1 BHO/LHO genannten können im Haushaltsgesetz oder im Haushaltsplan für übertragbar erklärt werden, wenn dies ihre wirtschaftliche und sparsame Verwendung fördert. In diesen Fällen kann die Übertragbarkeit

- bei der jeweiligen Ausgabeart im Einzelfall per Haushaltsvermerk (*„Die Ausgaben sind übertragbar"*) oder
- generell, für die gesamte Bundes- oder Landesverwaltung geltend, durch Regelung im Haushaltsgesetz

erlaubt werden.

118 Die einzige Voraussetzung für eine zeitlich befristete Erlaubnis, Ausgabemittel zu übertragen, ist die Förderung einer **wirtschaftlichen und sparsamen Verwendung** der Haushaltsmittel.

2.1.4 Bildung von Ausgaberesten

Die am Schluss eines Haushaltsjahres nicht verbrauchten, übertragbaren und ausdrücklich zu Ausgaberesten erklärten Ausgabemittel können in das folgende Haushaltsjahr übertragen werden. 119

Ausgabereste können nur bei übertragbaren Ausgabemitteln entstehen. Es ist dabei unerheblich, ob es sich um geborene oder gekorene Übertragbarkeiten handelt. Die Bildung von Ausgaberesten setzt voraus, dass es bei den in Frage kommenden Titeln zu einer **Minderausgabe** gekommen ist. Ausgabereste entstehen nicht automatisch in Höhe der Minderausgabe, sondern werden gem. § 45 Abs. 2 BHO/LHO gebildet. Die Bildung dieser Ausgabereste geschieht erst nach Ablauf des Haushaltsjahres, wenn eindeutig feststeht, in welcher Höhe Minderausgaben angefallen sind. 120

Für eine Übertragung und damit für den Vorschlag, Ausgabereste zu bilden, ist in einer Dienststelle der jeweilige **Beauftragte für den Haushalt** zuständig (VV Nr. 3.3.5 zu § 9 BHO). 121

Das Verfahren bei der Übertragung von Ausgabemitteln unterscheidet sich bei Titeln, die flexibel bewirtschaftet werden, und bei solchen im nichtflexibilisierten Bereich. 122

Ein wesentliches Problem bei einer Übertragung ist die **Finanzierung des Folgehaushalts**. Auch hier ist wieder zwischen den flexibilisierten und nichtflexibilisierten Ausgaben zu unterscheiden: 123

a) Bei den nichtflexibilisierten Ausgaben ist eine Übertragung entweder durch eine entsprechende **Einsparung an einer anderen Stelle** des künftigen Haushaltsplans, durch kassenmäßige Einsparungen oder durch eine Vorabveranschlagung von Ausgabemitteln zur Restedeckung zu finanzieren.
b) Bei den flexibilisierten Ausgaben erfolgt zentral im Einzelplan 60 des Bundeshaushalts die Veranschlagung von **Ausgabemitteln zur Restedeckung** für die gesamte Bundesverwaltung.

Eine Bildung von Ausgaberesten im flexibilisierten Bereich setzt regelmäßig eine Prognose des Bewirtschafters über die zukünftige Mittelverwendung voraus, nach der ein **sachliches Bedürfnis** für die überjährige Verfügbarkeit von nicht in Anspruch genommenen Mitteln besteht. Ein sachliches Bedürfnis kann dann nicht angenommen werden, wenn

- Minderausgaben auf dem dauerhaften Wegfall von Ausgaben beruhen,
- Minderausgaben im Bereich zugestandener Sondertatbestände anfallen, die planmäßig oder außerplanmäßig für die Zukunft entfallen,
- Minderausgaben bei großen oder kleinen Baumaßnahmen oder größeren im Sinne des § 24 BHO darauf beruhen, dass diese ganz oder teilweise auf Dauer nicht durchgeführt werden oder auf unbestimmte Zeit verschoben werden.

124 Nach Erstellung der Jahresrechnung übersendet das BMF den einzelplanführenden Stellen eine Sammelliste mit den **flexiblen Resten je Titel**, die dann innerhalb der Ressorts an die mittelbewirtschaftenden Dienststellen bei den jeweiligen Zweckbestimmungen zusätzlich bereitgestellt werden sollen.

In Folge der Jahresrechnung werden diese Ausgabereste in das neue Haushaltsjahr übertragen. Die Übertragung durch das BMF erfolgt jedoch erst dann, wenn das Ergebnis der Bedarfsprüfung des Beauftragten für den Haushalt vorgelegt worden ist.

2.2 Weitergeltung von Verpflichtungsermächtigungen

125 Verpflichtungsermächtigungen sind **nicht** übertragbar (vgl. VV Nr. 3 zu § 19 BHO). Nicht in Anspruch genommene Verpflichtungsermächtigungen verfallen mithin mit Ablauf des Bewilligungszeitraums. Eine Ausnahme dazu bildet § 45 Abs. 1 Satz 2 BHO/LHO während der Zeit der vorläufigen Haushalts- und Wirtschaftsführung. Bis zum Veröffentlichung des neuen Haushaltsgesetzes gelten die Verpflichtungsermächtigungen des Vorjahres weiter. Gäbe es diese Regelung nicht, könnten längerfristige Verpflichtungen nur im Rahmen von außerplanmäßigen Verpflichtungsermächtigungen eingegangen werden. Im Gegensatz zu den übertragenen Ausgabemitteln erhöhen die weitergenutzten Verpflichtungsermächtigungen die im Folgehaushaltsjahr zur Verfügung stehenden Verpflichtungsermächtigungen nicht.

2.3 Haushaltsvorgriffe

126 Mehrausgaben gegenüber der jeweiligen Ausgabebewilligung des Einzelplans sind **Haushaltsüberschreitungen** und damit „überplanmäßige Haushaltsausgaben“, die grundsätzlich nicht gestattet sind.

127 Handelt es sich dabei aber bei dem zur Deckung notwendiger Ausgaben erforderlichen Mehrbedarf um **übertragbare** Ausgabemittel, so kann der für das laufende Haushaltsjahr benötigte Mehrbetrag vom gleichen Haushaltsansatz des Folgehaushaltsjahres im **Vorgriff** vorweg abgesetzt, mithin zu Gunsten des laufenden und zu Lasten des folgenden Haushaltsjahres im laufenden Haushaltsjahr mehr verausgabt werden. Solche Mehrausgaben bei **übertragbaren** Ausgabemitteln, die den Haushaltsansatz des Folgehaushaltsjahres belasten, heißen **Haushaltsvorgriffe.**

128 „Haushaltsvorgriffe“ sind Beträge, um die die im Haushaltsplan für ein Haushaltsjahr ausgebrachten **übertragbaren** Ausgabemittel einschließlich aus dem abgelaufenen Haushaltsjahr übertragener Ausgabereste überschritten worden sind, und die von den im Haushaltsplan des nächsten Jahres für den gleichen

Zweck vorgesehenen Ausgabemittel vorweg abgesetzt werden (§ 37 Abs. 1 BHO/LVO i. V. m. VV Nr. 1.6 zu § 34 BHO).

Haushaltsvorgriffe können nur bei übertragbaren Ausgabemittel vorkommen und bedürfen als **überplanmäßige** Haushaltsausgaben der **vorherigen** Einwilligung des BMF/LMF (§ 37 Abs. 1 BHO/LHO). 129

2.4 Selbstbewirtschaftungsmittel (§ 15 Abs. 2 BHO/LHO)

Ausgaben können im Haushaltsplan bei einem Ausgabetitel zur Selbstbewirtschaftung veranschlagt werden, wenn dadurch eine wirtschaftliche und sparsame Verwendung der Mittel gefördert wird. Sie stehen über das laufende Haushaltsjahr hinaus zur Verfügung (vgl. § 15 Abs. 2 BHO/LHO). Eine Selbstbewirtschaftung ist allerdings nur dann möglich, wenn der Haushaltsgesetzgeber dazu **ausdrücklich ermächtigt**. Eine solche Ermächtigung kann über das Haushaltsgesetz oder über den Haushaltsplan in Gestalt des Haushaltsvermerks: *„Die Mittel können zur Selbstbewirtschaftung zugewiesen werden" erteilt werden.* Mit der Zuweisung der Ausgabemittel zur Selbstbewirtschaftung wird den ermächtigten Dienststellen eine **größere Flexibilität bei der Bewirtschaftung der Ausgaben** eingeräumt, weil die Selbstbewirtschaftungsmittel zwei wesentlichen Bewirtschaftungsgrundsätzen nicht mehr unterliegen, nämlich dem der zeitlichen Bindung und dem des Bruttonachweises. Die Ausgabemittel stehen ohne zeitliche Begrenzung auch in späteren Haushaltsjahren zur Verfügung. Sie verfallen mithin nicht und müssen auch nicht als Ausgabereste übertragen werden. Die Ausnahme vom Grundsatz der zeitlichen Bindung trifft aber nur dann zu, wenn die Mittel auch als Selbstbewirtschaftungsmittel zugewiesen wurden. Verbleiben sie auf dem Ausgabetitel, verfallen sie grundsätzlich, wie die übrigen Ausgabemittel auch. 130

Abgesehen von der überjährigen Verfügbarkeit und Ausnahme vom Bruttonachweis sind hinsichtlich der Verwendung der Selbstbewirtschaftungsmittel die allgemeinen und besonderen Regelungen des Haushaltsrechts in vollem Umfang anzuwenden.

2.5 „kw"- und „ku"-Vermerke (§ 21 BHO/LHO)

2.5.1 Allgemeines

„kw" ist die Abkürzung für „künftig wegfallend", 131

„ku" steht für „künftig umzuwandeln".

Grundsätzlich stehen die im Haushaltsplan veranschlagten Ausgabemittel und die ausgebrachten Planstellen und Stellen für den gesamten Bewilligungszeitraum (Haushaltsjahr) zur Verfügung. Soweit jedoch bereits bei der Haushaltsplanung abzusehen ist, dass Ausgabemittel, Planstellen oder Stellen in folgenden 132

Haushaltsjahren nicht mehr oder nicht mehr in dem veranschlagten Maße benötigt werden, sind entsprechende „kw“- oder „ku“-Vermerke anzubringen. Sie sollen als **verbindliche Haushaltsvermerke** sicherstellen, dass Ausgaben, Planstellen oder Stellen rechtzeitig nach Zahl oder Wertigkeit vermindert werden. Unter folgenden Haushaltsjahren sind sowohl das laufende als auch spätere Haushaltsjahre zu verstehen.

2.5.2 „kw“-Vermerke

133 Der „kw“-Vermerk findet bei Haushaltsausgaben sowie bei Planstellen und Stellen Anwendung. Der Vermerk weist darauf hin, dass die betreffenden Ausgabemittel, Planstellen oder Stellen nur bis zum Eintritt eines bestimmten Ereignisses zur Verfügung stehen. Knüpfen die „kw“-Vermerke lediglich an den Wegfall von Ausgaben an, sollen sie mit dem Zeitpunkt versehen werden, zu dem die Ausgabe spätestens entfällt. Der „kw“-Vermerk lautet in solchen Fällen: *„Die Ausgaben sind bei Wegfall der Aufgaben kw, spätestens jedoch mit Schluss des Haushaltsjahres 20..“*. Lautet der Haushaltsvermerk lediglich *„Die Ausgaben sind kw“* bedeutet das, dass sie bis zum Ende des Haushaltsjahres noch in vollem Umfang zur Verfügung stehen.

Bei Planstellen und Stellen führt der „kw“-Vermerk zu einer künftigen Reduzierung des Stellenplans, mithin zu einer Senkung des Personalbestandes. Wenn im Haushaltsplan eine Planstelle oder Stelle ohne nähere Erläuterung als künftig wegfallend bezeichnet ist, darf die nächste freiwerdende Planstelle derselben Besoldungsgruppe oder derselben Entgeltgruppe für Beamte oder Arbeitnehmer derselben Fachrichtung nicht wieder besetzt werden.

2.5.3 „ku“-Vermerke

134 Ist eine Planstelle oder Stelle als „ku“ (künftig umzuwandeln) bezeichnet, gilt die nächste freiwerdende Planstelle oder Stelle derselben Besoldungs-/Entgeltgruppe und Fachrichtung im Zeitpunkt ihres Freiwerdens als in eine Planstelle oder Stelle umgewandelt, die in dem Umwandlungsvermerk angegeben ist (§ 47 Abs. 3 BHO/LHO).

Ziele von Umwandlungsvermerken können sein:
- Reduzierung der Wertigkeit des Stellenplans,
- Umwandlung der Eigenart der Stellen (z. B. Umwandlung einer Planstelle in eine Stelle).

Die in der Praxis häufigsten Umwandlungsvermerke sind:
- „ku“-Vermerke **ohne Zusatz** (z. B. ku in BesGrp A 11),
- „ku“-Vermerke **mit Angabe des Zeitpunkts** (z. B. ku 31.12.20.. in BesGrp A 12),
- „ku“-Vermerk **mit Ausscheiden des Stelleninhabers** (z. B. ku mit Ausscheiden des Stelleninhabers in Entgeltgruppe 3).

II. Vorherigkeit

1. Allgemeines

Art. 110 Abs. 2 GG oder die entsprechende Landesverfassung (z. B. Art. 81 Abs. 3 der Verfassung für das Land NRW) stellt das verfassungsrechtliche Gebot auf, nach dem für jedes Haushaltsjahr – *vor* Beginn des Jahres – der Haushaltsplan durch das Haushaltsgesetz festzustellen ist. 135

Der **Grundsatz der Vorherigkeit** ergibt sich dem Grunde nach schon aus der Natur der Sache. Eine Planung, mithin auch eine Haushaltsplanung, kann nur auf die Zukunft ausgerichtet sein. Dennoch stellt die Verfassung in Art. 110 Abs. 2 GG diesen Grundsatz eigens heraus und verlangt, den Haushaltsplan **vor** Beginn des Haushaltsjahres durch das Haushaltsgesetz festzustellen. § 1 BHO/LHO wiederholt lediglich den Wortlaut des Grundgesetzes bzw. der jeweiligen Landesverfassung. 136

Das Verfassungsgebot der Vorherigkeit richtet sich an alle beteiligten Verfassungsorgane. Er verpflichtet zum einen die Bundes-/Landesregierung zur Einhaltung der Vorlagefrist (vgl. § 30 BHO/LHO) und zum anderen das Parlament, den Haushalt zügig zu beraten und rechtzeitig zu verabschieden.

Bis zum Haushaltsjahr 1979 wurde der Grundsatz der Vorherigkeit im Bereich des Bundes nicht mit der gebotenen Ernsthaftigkeit gesehen. Bis zu diesem Jahre ist kein Bundeshaushalt rechtzeitig zustande gekommen, und die „vorläufige Haushaltsführung" nach Art. 111 GG wurde zur Regel. 137

Diese Praxis änderte sich erst mit der Grundsatzentscheidung des Bundesverfassungsgerichts vom 25. Mai 1977. Diese Entscheidung hob nachdrücklich die Verpflichtung aller beteiligten Verfassungsorgane hervor, für die rechtzeitige Verabschiedung des Haushalts **vor** Beginn des neuen Haushaltsjahres Sorge zu tragen.[5] Gleichzeitig stellte das BVerfG den Ausnahmecharakter des Art. 111 GG heraus.

2. Folge einer Nichteinhaltung des Grundsatzes der Vorherigkeit

Eine Nichteinhaltung des Grundsatzes der Vorherigkeit führt zur **vorläufigen Haushalts- und Wirtschaftsführung** *(s. auch Rn. 411 ff.)*. 138

Wird der Grundsatz der Vorherigkeit durch den Gesetzgeber nicht eingehalten, wirft sich die Frage auf, ob die Exekutive **zur Erfüllung ihrer Aufgaben überhaupt ermächtigt ist**, ihre Wirtschaft weiterzuführen. Für diese „haushaltslose" 139

5 BVerfGE 45, 1, 33.

Zeit ermächtigt Art. 111 GG die Bundesregierung, bis zur Verkündung des Haushaltsgesetzes in einem beschränkten Maße Ausgaben zu leisten, also nur soweit es zur Erfüllung der staatlichen Aufgaben, mithin zur Aufrechterhaltung der Staatsfunktionen nötig ist. Die verfassungsrechtlichen Ermächtigungen des Art. 111 GG unterliegen der sachlichen und zeitlichen Beschränkung; sie dienen allein dazu, fehlende haushaltsgesetzliche Ermächtigungen nur insoweit und solange zu ersetzen, wie der Haushaltsgesetzgeber seinen verfassungsmäßigen Pflichten nicht nachkommt. Für die Bundesländer gilt dies entsprechend (z. B. Art. 82 der Verfassung für das Land NRW, Art. 89 der Verfassung von Berlin, Art. 100 der Verfassung des Freistaates Thüringen).

140 In zeitlicher Hinsicht gelten die **vorläufigen Ausgabeermächtigungen** ab Beginn des Haushaltsjahres und enden mit dem Zeitpunkt der Verkündung des Haushaltsgesetzes für das laufende Haushaltsjahr.

In sachlicher Hinsicht werden die vorläufigen Ausgabeermächtigungen dahingehend beschränkt, als nur solche Ausgaben geleistet werden dürfen, die zur Wahrnehmung staatlicher Aufgaben nötig sind, um

- gesetzlich bestehende Einrichtungen zu erhalten und gesetzlich beschlossene Maßnahmen durchzuführen,
- die rechtlich begründeten Verpflichtungen des zu erfüllen,
- Bauten, Beschaffungen und sonstige Leistungen fortzusetzen oder Beihilfen für solche Zwecke weiter zu gewähren, soweit durch den Haushaltsplan eines Vorjahres bereits Beträge bewilligt worden sind.

141 In den Fällen der **vorläufigen Haushalts- und Wirtschaftsführung** handelt es sich also regelmäßig um Fortsetzungsmaßnahmen aus vorangegangenen Haushaltsjahren. Ausgaben für neue Maßnahmen, die erstmals im Regierungsentwurf des „neuen“ Haushalts vorgesehen sind, werden durch Art. 111 GG nicht erfasst. Ausgaben für solche Maßnahmen können nur als **überplanmäßige** Ausgaben nach Maßgabe des Art. 112 GG geleistet werden.

Der BMF/LMF erlässt gem. § 5 BHO/LHO die allgemeinen Verwaltungsvorschriften zur vorläufigen und – nach Verkündung des Haushaltsgesetzes – zur endgültigen Haushalts- und Wirtschaftsführung des Bundes/Landes. Die obersten Verwaltungsbehörden geben daraufhin ressortbezogene Erlasse über die „vorläufige Haushalts- und Wirtschaftsführung“ für ihren Bereich heraus; hierin sind – auf der Grundlage des Art. 111 GG/Art. der entsprechenden Landesverfassung – die dem Ministerium zur Bewirtschaftung zur Verfügung stehenden Personalstellen und Titel sowie Verpflichtungsermächtigungen genannt, ferner sind die Titel aufgeführt, für die „Allgemeine Ausgabebewilligung“ (sog. Soll-/Ist-Fälle) erteilt wird.

III. Einheit, Vollständigkeit und Fälligkeit

Art. 110 Abs. 1 GG/die entsprechende LV stellt das Gebot auf, alle Einnahmen und Ausgaben des Bundes/Landes in den – einen – jeweiligen Haushaltsplan „einzustellen". Dieses Verfassungsgebot lässt sich in der Praxis jedoch im Hinblick auf den **Grundsatz der Vollständigkeit** mit der augenscheinlichen Absolutheit der Verfassungsvorschrift nicht umsetzen, denn eine Planung, auch die Haushaltsplanung, ist immer auf die Zukunft ausgerichtet und ist demzufolge allen möglichen Unwägbarkeiten ausgesetzt. 142

Deshalb findet sich die prägnantere Fassung des Vollständigkeitsgrundsatzes im § 11 Abs. 2 BHO/LHO, wo es heißt, dass alle im Haushaltsjahr

- **zu erwartenden Einnahmen**,
- **voraussichtlich zu leistendenAusgaben** und
- **voraussichtlich benötigten Verpflichtungsermächtigungen**

im Haushaltsplan enthalten sein müssen.

Nach dem **Grundsatz der Einheit** müssen daher alle zu erwartenden Einnahmen, voraussichtlich zu leistenden Ausgaben und voraussichtlich benötigten Verpflichtungsermächtigungen des Bundes/Landes von allen Verwaltungsbehörden nach **einheitlichen** Kriterien ermittelt und im Gesetzgebungsverfahren vollständig in den Haushaltsplan eingestellt werden. 143

Mit dem Grundsatz der Einheit korrespondiert die Regelung der **Einzelveranschlagung** (§ 17 Abs. 1 BHO/LHO). Danach sind die Einnahmen nach ihrem Entstehungsgrund, die Ausgaben und die Verpflichtungsermächtigungen nach Zwecken getrennt zu veranschlagen. Für denselben Zweck sollen Ausgaben und Verpflichtungsermächtigungen nicht bei verschiedenen Titeln veranschlagt werden. 144

Die **Art und Weise der Veranschlagung** der Einnahmen, Ausgaben und Verpflichtungsermächtigungen ist in den Haushaltsordnungen und in den jeweiligen Rundschreiben der Finanzministerien, für den Bund darüber hinaus in den Verwaltungsvorschriften zur Haushaltssystematik des Bundes (VV-HB) geregelt. 145

Es gibt für jedes Jahr nur *einen* Bundeshaushaltsplan, in dem alle voraussichtlichen Einnahmen und Ausgaben des Bundes einheitlich und vollständig erfasst und veranschlagt sind; das Gleiche gilt bezüglich eines Landeshaushaltsplans. Ein „**Nachtragshaushaltsplan**" ist daher nicht als ein weiterer Haushaltsplan, sondern als ein **Änderungsplan** anzusehen, der einen bereits bestehenden Haushaltsplan ändert oder ergänzt. 146

Der in diesem Zusammenhang stehende **Grundsatz der Fälligkeit** verlangt, dass nur die Einnahmen in den Haushaltsplan eingestellt werden dürfen, die in dem betreffenden Haushaltsjahr mit an Sicherheit grenzender Wahrscheinlichkeit 147 auch zu erwarten sind und nur die Ausgaben zu berücksichtigen sind, die ebenfalls in dem betreffenden Haushaltsjahr zu leisten sind, mithin auch fällig bzw. **kassenwirksam** werden.

IV. Gesamtdeckungsprinzip

1. Allgemeines

148 Alle Einnahmen des Bundes/Landes dienen unterschiedslos als Deckungsmittel für den **gesamten** Ausgabebedarf des Bundes/Landes, soweit im Haushaltsgesetz, im Haushaltsplan oder in einem besonderen Gesetz nicht etwas Anderes bestimmt ist (§ 8 BHO/LHO).

Die Gesamtheit aller veranschlagten Einnahmen des Bundes/Landes steht zur Finanzierung der im Haushaltsplan vorgesehenen Ausgaben, ohne Rücksicht auf deren Herkunft, zur Verfügung.

2. Ausnahmen vom Grundsatz des Gesamtdeckungsprinzips

149 **Zweckgebundene** Einnahmen sind solche, die nicht den **allgemeinen Deckungsmitteln** zufließen, sondern zwingend für Ausgaben bei einem bestimmten Ausgabetitel verwendet werden müssen.

Auch bei der Zweckbindung der Einnahmen ist eine Erlaubnis entweder durch besonderes Gesetz, durch das Haushaltsgesetz oder durch den Haushaltsplan erforderlich.

2.1 Zweckbindung durch Gesetz

150 Nach den allgemeinen Verwaltungsvorschriften zu § 8 Satz 2 BHO/LHO liegt eine Zweckbindung durch Gesetz nur vor, wenn die Zweckbindung durch Gesetz **ausdrücklich** geregelt ist. Die gesetzliche Zweckbindung unterliegt daher nicht der Auslegung oder dem „Geist“ eines Gesetzes. Darüber hinaus ist in diesen Fällen die Zweckbindung in den Erläuterungen zu den entsprechenden Einnahme- und Ausgabetiteln kenntlich zu machen.

2.2 Zweckbindung durch Haushaltsvermerk

151 Die Erlaubnis, die Zweckbindung über Haushaltsvermerk zu regeln, liegt im Ermessen des BMF/LMF und des Haushaltsgesetzgebers. § 8 Satz 2 BHO/LHO

sieht dafür keine besonderen Voraussetzungen vor. Die Zweckbindung ist bei **dem Einnahme-*und*bei dem Ausgabetitel** zu vermerken. Dabei sind folgende Haushaltsvermerke zu verwenden:

- *„Ist-Einnahmen sind zweckgebunden. Sie dienen nur zur Leistung von Ausgaben bei folgendem Titel ...“,*
- *„(Mehr-)Ausgaben dürfen bis zur Höhe der zweckgebundenen Einnahmen bei folgendem Titel geleistet werden ...“.*

2.3 Anmerkung des Verfassers zu den Ausnahmen vom Gesamtdeckungsprinzips

Der kritische Betrachter der gesetzlich oder durch Haushaltsvermerk geregelten 152
Zweckbindungen könnte zu dem Schluss kommen, dass diese Ausnahmen vom Gesamtdeckungsprinzip für andere Zwecke Einnahmen freisetzen und damit sehr wohl indirekt zur Gesamtdeckung beitragen.

V. Bruttoprinzip (Bruttoveranschlagung und Bruttonachweis)

1. Allgemeines

Der Begriff des **Bruttoprinzips** stellt bei diesem Haushaltsgrundsatz den Ober- 153
begriff dar. Bezogen auf die Aufstellung des Haushaltplans ist der Grundsatz der **Bruttoveranschlagung** die Ausprägung des Bruttoprinzips, während der **Bruttonachweis** als Bewirtschaftungsgrundsatz für die Ausführung des Haushalts von Bedeutung ist.

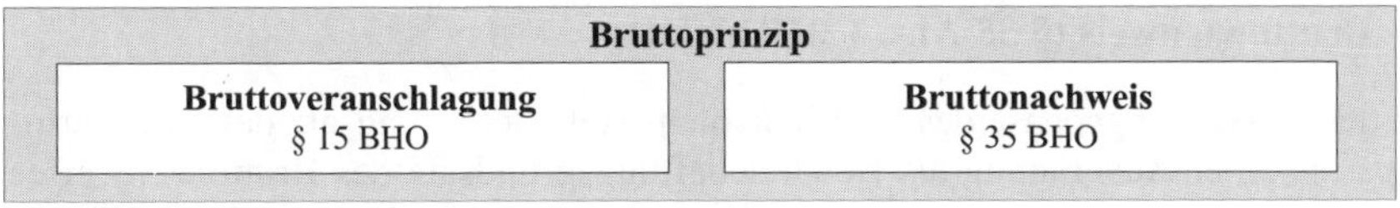

Abb. 6: Grundsatz des Bruttoprinzips

2. Bruttoveranschlagung

Nach § 15 BHO/LHO sind die Einnahmen und Ausgaben grundsätzlich in voller 154
Höhe und getrennt voneinander, somit *„brutto“* im Haushaltsplan zu veranschlagen.

Der Grundsatz der **Bruttoveranschlagung** besagt, dass grundsätzlich weder Ausgaben von den Einnahmen vorweg abgezogen noch Einnahmen auf Ausgaben vorweg angerechnet werden dürfen.

155 Dieser Grundsatz schafft in der Phase der Haushaltsaufstellung **Durchsichtigkeit**. Dadurch wird u. a. verhindert, dass dem Parlament gegenüber Einnahmen verschleiert werden. Der Haushaltsgesetzgeber kann davon ausgehen, über die volle Höhe der zu erwartenden Einnahmen in Kenntnis gesetzt zu werden und damit auch über die Verwendung der Mittel in vollem Umfang unterrichtet zu sein.

156 Die wichtigste **Ausnahme** vom Grundsatz der Bruttoveranschlagung ist die **Nettoveranschlagung** von Einnahmen aus Krediten zur Deckung des Haushalts (§ 15 Abs. 1 Satz 2 BHO).

Bei der Veranschlagung der Einnahmen aus Krediten sind die Ausgaben für die Tilgung der „Alt"-Schulden vorweg abzuziehen. Die Einnahmen und Ausgaben werden somit saldiert und als **Nettoneuverschuldung** in den Haushaltsplan eingestellt.

Im Gegensatz zu der Verfahrensweise des Bundes hat sich die Mehrheit der Bundesländer für eine Bruttoveranschlagung von Krediteinnahmen entschieden.

157 Weitere Ausnahmen von der Bruttoveranschlagung liegen im Ermessen des Haushaltsgesetzgebers, der im Haushaltsplan entsprechende Regelungen aufnehmen kann. Als Beispiele für solche Ausnahmeregelungen sind insbesondere im § 15 Abs. 1 Satz 3 die Nebenkosten und Nebenerlöse aus Veräußerungsgeschäften genannt.

3. Bruttonachweis (§ 35 Abs. 1 BHO/LHO)

158 In der Ausführungsphase des Haushaltsplans steht der Grundsatz des Bruttoprinzips in seiner Ausprägung als Bewirtschaftungsgrundsatz des Bruttonachweises im Vordergrund. Dieser Bewirtschaftungsgrundsatz greift in § 35 BHO als Buchungsvorschrift nochmals den Grundsatz der Bruttoveranschlagung auf.

Danach sind alle Einnahmen und Ausgaben grundsätzlich mit ihrem vollen Betrag, also *„brutto"*, bei dem hierfür vorgesehenen Titel **zu buchen**, soweit § 15 Abs. 1 BHO nicht etwas anderes bestimmt.

Ein Vorwegabzug von Einnahmen von den Ausgaben oder die Anrechnung von Ausgaben auf die Einnahmen ist grundsätzlich nicht gestattet.

159 Mithin ist der zuständigen Kasse für eine **Einnahme** eine **Annahmeanordnung**, bei dem jeweiligen **Einnahmetitel** und für eine **Ausgabe** eine **Auszahlungs-**

anordnung bei dem jeweiligen **Ausgabetitel** zu erteilen, und zwar jeweils mit dem vollen Betrag, ohne etwaige vorherige Verrechnungen vorzunehmen.

Der Bruttonachweis macht für die spätere **parlamentarische Kontrolle** des Haushalts die Haushaltsführung transparent und erkennbar. 160

Zum Bruttonachweis sind bestimmte Regelungen ergangen, die in einigen Fällen ein Abweichen von den allgemeinen Bestimmungen des § 35 Abs. 1 BHO/LHO zulassen. Solche Regelungen betreffen z. B. die Rückzahlungen und Erstattungen.

3.1 Ausnahmen/Regelungen zum Bruttonachweis

Folgende Ausnahmen sind denkbar: 161

- Ausgabetitel mit dem Haushaltsvermerk „Einnahmen fließen den Ausgaben zu",
- Rückzahlungen,
- Erstattungen Dritter,
- Beiträge Dritter,
- Einnahmen fließen den Selbstbewirtschaftungsmitteln zu.

In der Regel werden Ausnahmen vom Bewirtschaftungsgrundsatz des Bruttonachweises durch Haushaltsvermerke erlaubt. Vermerke dieser Art können 162

a) **Allgemeingültigkeit** haben und finden dann ihre Regelung in dem jeweiligen Haushaltsgesetz oder
b) sie sollen nur für einen **Verwaltungszweig** (z. B. BMVg, BMI, BMWi) gelten und sind dann über einen Haushaltsvermerk im Einzelplan geregelt.

Beispiel:
Allgemeingültigkeit *(§ 6 Abs. 1 Bundeshaushaltsgesetz 2012):*
„Innerhalb der einzelnen Kapitel fließen die Einnahmen den Ausgaben bei folgenden Titeln … zu:
1. „…"
2. Titel der Hauptgruppen 5 bis 8 aus Sachkostenzuschüssen für die berufliche Eingliederung behinderter und schwerbehinderter Menschen,
3. Titel der Obergruppe 44 aus Schadensersatzleistungen Dritter,

Beispiel:
Haushaltsgesetz 2011 (§ 11 Abs. 4 HG 2011) des Freistaates Thüringen:
„Folgende Einnahmen fließen den Ausgaben bei folgenden Titeln, einschließlich der entsprechenden Titel in Titelgruppen, zu:
1. „…"
2. Titel der Gruppe 511 aus der privaten Inanspruchnahme dienstlicher Telekommunikationsanlagen und aus Erstattungen,

Beispiele:
Haushaltsvermerke aus dem Einzelplan 05 (Auswärtiges Amt):
- Kap 0501 Titel 812 31 „Technische Einrichtungen für das Chiffrier- und Fernmeldewesen“:
  „Erstattungen fließen den Ausgaben zu..“
- Kap 0504 Titel 681 11 „Stipendien, Austauschmaßnahmen und Beihilfen für Nachwuchs-Wissenschaftler, Studierende und Hochschulpraktikanten aus dem Ausland …“:
  1. …
  2. „Erstattungen Dritter fließen den Ausgaben zu.“

Beispiel:
Einzelplan 10 (Bundesministerium für Ernährung, Landwirtschaft und Verbraucherschutz):
Kap 1004 Titel 682 05 „Lagerung von Interventionswaren“:
1. …
   bis
4. „Erstattungen Dritter fließen den Ausgaben zu.“

Beispiele:
Einzelplan 14 (Bundesministerium der Verteidigung):
- Kap 1403 Titel 537 01 „Geoinformationen für Ausbildung, Planung und Einsatz der Bundeswehr“:
  „Einnahmen aus dem Verkauf von Geoinformationen fließen den Ausgaben zu.“
- Kap 1412 Titel 517 01 „Bewirtschaftung der Grundstücke, Gebäude und Räume“:
  „Erstattungsbeträge aus Mitbenutzungsverträgen und sonstigen Verträgen fließen den Ausgaben zu.“

3.2 Regelungen zum Bruttonachweis im Einzelnen

3.2.1 Rückzahlungen

163 „Für die Behandlung von Rückzahlungen sind die Regelungen im Haushaltsgesetz oder im Haushaltsplan zu beachten.“ (VV zu § 35 BHO)

164 Rückzahlungen stellen einen zahlungstechnischen Begriff dar. Es handelt sich dabei immer um **Korrekturzahlungen** vorangegangener materiell oder formell fehlerhafter Zahlungen. Es kann sich sowohl um
- **Rückeinnahmen** (Erstattung von Ausgaben *durch* einen ehemaligen Zahlungsempfänger) als auch um

- **Erstattungen** (Erstattung zuviel erhobener Einnahmen *an* einen ehemaligen Einzahlungspflichtigen)

handeln.

Bei einer Rückeinnahme bzw. Erstattung im **Zusammenhang mit einer Rückzahlung** handelt es sich um die buchungstechnische Abwicklung einer solchen Korrekturzahlung.

Eine Rückzahlung stellt stets eine vorangegangene fehlerhafte Zahlung richtig und wird immer an den ursprünglichen Einzahlungspflichtigen oder durch den ursprünglichen Zahlungsempfänger vorgenommen. **165**

Die Regelungen über die Behandlung von Rückzahlungen finden sich im § 12 des jeweiligen Bundeshaushaltsgesetzes *(s. Anhang 1)*: **166**

1. Rückzahlungen **zuviel erhobener Einnahmen** sind bei dem jeweiligen Einnahmetitel abzusetzen.
2. Bei **Unrichtigkeit einer Zahlung**, bei **Doppelzahlungen** oder **Überzahlungen** *darf* die Rückzahlung, soweit § 5 HG gilt, *stets* von der Ausgabe abgesetzt werden, im Übrigen nur, wenn die Bücher noch nicht abgeschlossen sind.
   Die Rückzahlung zuviel geleisteter **Personalausgaben** *ist stets* beim jeweiligen Ausgabetitel abzusetzen.
3. **Titelverwechslungen** dürfen nur berichtigt werden, solange die Bücher noch nicht abgeschlossen sind.

Die Regelung, dass die Rückzahlung zuviel geleisteter Personalausgaben stets bei dem jeweiligen Ausgabetitel abzusetzen ist, soll sicherstellen, dass in diesem sensiblen Ausgabebereich immer ein exakter Überblick über die Ausgabesituation gewährleistet ist.

„Stets“ bedeutet, dass die Beträge im laufenden Haushaltsjahr **und** nach Abschluss der Bücher beim jeweiligen Titel abgesetzt werden **müssen**. Dabei ist es unerheblich, ob diese Beträge aus früheren oder aus dem laufenden Haushaltsjahr stammen. „Darf“ bedeutet, dass dem Bewirtschafter bei der Behandlung der Rückzahlung ein Ermessensspielraum offen bleibt, die Rückzahlung, alternativ den „Vermischten Einnahmen“ zuzuführen, wenn sie für die weitere Haushaltsführung (Bewirtschaftung) tatsächlich nicht mehr benötigt wird. **167**

Die Ausgabesituation bei den Bewirtschaftern und die Haushaltsflexibilisierung werden jedoch regelmäßig zur Absetzung der Rückzahlung bei dem jeweiligen Ausgabetitel führen, weil die Mittel zur weiteren Wirtschaftsführung benötigt werden.

Die seit dem Haushaltsjahr 1998 in vielen Bereichen des Haushaltsplans geltende flexible Bewirtschaftung sieht u. a. die **Übertragbarkeit** nicht in Anspruch **168** genommener Haushaltsmittel in das folgende Haushaltsjahr vor, die dem Bewirtschafter demzufolge **überjährig** zur Verfügung stehen.

169 Auch § 12 Abs. 2 Haushaltsgesetz 2012 räumt den Bewirtschaftern, die an der flexiblen Bewirtschaftung nach **§ 5 Haushaltsgesetz** teilnehmen, deshalb die Möglichkeit ein, auch die Absetzung von Rückzahlungen bei den Ausgaben über den Abschluss der Bücher hinaus vorzunehmen.

Rückzahlungen übriger Ausgaben, die weder den Personalausgaben noch den flexibilisierten Ausgaben zuzuordnen sind, dürfen nur solange von der ursprünglichen Ausgabe abgesetzt werden, wie die Bücher noch nicht abgeschlossen sind. Nach Abschluss der Bücher sind diese Rückzahlungen den vermischten Einnahmen zuzuführen.

3.2.2 Berichtigung von Titelverwechslungen

170 Der Nachweis einer Haushaltseinnahme oder einer Haushaltsausgabe bei dem richtigen Sachbuchkonto ist für das kameralistische Rechnungswesen von entscheidender Bedeutung, um die Ausführung des Haushaltsplans nachvollziehbar und kontrollierbar zu machen. Deshalb sollte bei der Auswahl des zutreffenden Sachbuchkontos besondere Sorgfalt walten.

171 Eine **Titelverwechslung** liegt dann vor, wenn eine Einnahme oder Ausgabe bei einem **sachlich unzuständigen Sachbuchkonto** gebucht wurde. Dabei ist es ohne Bedeutung, ob dieser Buchung eine fehlerhafte Anordnung zu Grunde liegt, oder ob sich um eine kasseninterne Fehlbuchung handelt.

172 Sind die Bücher des Bundes/Landes noch nicht geschlossen, wird die notwendige Berichtigung im Regelfall durch eine **Umbuchung** vorgenommen. Sind verschiedene Anordnungsbereiche betroffen, wird die Berichtigung mit einer Annahmeanordnung und einer Auszahlungsanordnung vorgenommen.

Nach Abschluss der Bücher können Titelverwechslungen nicht mehr berichtigt werden. Eine Ausnahme ist nur dann möglich, wenn von der Fehlbuchung die Haushalte verschiedener Gebietskörperschaften betroffen sind.

3.2.3 Erstattungen Dritter

173 Im Gegensatz zu den Rückzahlungen stellen die Erstattungen Dritter keine Korrekturzahlungen dar. **Erstattungen** sind Einzahlungen Dritter, die in einem sachlichen Zusammenhang mit einer Ausgabe stehen und für die im Haushaltsplan kein eigener Einnahmetitel vorgesehen ist. Solche Erstattungen sind bei dem jeweiligen Ausgabetitel zu buchen, wenn dessen Zweckbestimmung im Haushaltsplan einen Haushaltsvermerk „Erstattungen fließen den Ausgaben zu" enthält oder im Haushaltsgesetz eine entsprechende Regelung enthalten ist.

→ *Rn. 162.*

3.2.4 Beiträge Dritter

Auch die Beiträge Dritter sind keine Korrekturzahlungen, sondern Leistungen, mit denen sich Dritte an den Ausgaben des Bundes/Landes/der Gemeinde beteiligen. Sie sind bei dem Ausgabetitel zu buchen, wenn dessen Zweckbestimmung den Haushaltsvermerk „Beiträge Dritter fließen den Ausgaben zu" enthält. Im Bundeshaushalt ist in diesen Fällen nur der Bundesanteil veranschlagt. **174**

3.2.5 Erhöhung der Verfügbarkeit

Im HKR-Verfahren des Bundes werden eingegangene Verpflichtungen für das laufende Haushaltsjahr (Festlegungen) nicht nur gebucht, sondern es wird auch maschinell geprüft, ob Mittel in der angegebenen Höhe auf dem entsprechenden Sachbuchkonto auch zur Verfügung stehen (**automatische Verfügbarkeitskontrolle**). Das Gleiche gilt für die Buchung und Ausführung von Auszahlungsanordnungen. **175**

Die Verfügbarkeitskontrolle setzt daher voraus, dass die verfügbaren Mittel über den Haushaltsansatz hinaus um die Erstattungen und Beiträge Dritter erhöht werden können, sobald deren Höhe feststeht, und hierfür eine Annahmeanordnung erteilt wird.

Einzige Voraussetzung dafür ist, dass ein entsprechender **Haushaltsvermerk** vorhanden ist. Wird die Annahme von Beiträgen Dritter mit Erhöhung der verfügbaren Mittel angeordnet, werden die verfügbaren Mittel nicht erst im Zeitpunkt des Zahlungseingangs, sondern bereits im Zeitpunkt der Buchung der Annahmeanordnung erhöht. **176**

Dies gilt auch für **sonstige Einnahmen**, die Ausgabetiteln zufließen (VerfRiB-MV/TV-HKR – Nr. 10.3). **177**

3.2.6 Haushalts- und kassenmäßige Abwicklung von Rückzahlungen und Erstattungen

Bei der Rückzahlung zuviel erhobener Einnahmen an den vormaligen Einzahlungspflichtigen ist in Höhe des Rückzahlungsbetrages auf Grund einer Auszahlungsanordnung bei dem zutreffenden Einnahmetitel (Sachbuchkonto) der **Auszahlungsbetrag mit einem nachlaufenden Minuszeichen** als Absetzbuchung zu buchen. **178**

Die Rückzahlung zuviel geleisteter Ausgaben oder die Erstattung/Beitragsleistung Dritter ist, soweit und solange das Haushaltsgesetz oder der Haushaltsplan eine Absetzung bei dem jeweiligen Ausgabetitel zulässt, auf Grund einer Annahmeanordnung bei dem zutreffenden Ausgabetitel (Sachbuchkonto) in Höhe des Anordnungsbetrages **mit einem nachlaufenden Minuszeichen** als Absetzbuchung zu buchen. Der so zurückgezahlte oder erstattete Betrag steht damit dem Bewirtschafter wieder zur allgemeinen Bewirtschaftung zur Verfügung. **179**

Ist dagegen die Rückzahlung nur noch auf dem Einnahmetitel „Vermischte Einnahmen“ zugelassen, dient diese Einnahme der Gesamtdeckung des Haushaushalts und steht mithin dem Bewirtschafter für eigene Zwecke nicht mehr zur Verfügung.

3.2.7 Einnahmen fließen den Selbstbewirtschaftungsmitteln zu

180 **Selbstbewirtschaftungsmittel** sind Mittel, die **über das Haushaltsjahr hinaus** zur Bewirtschaftung zur Verfügung stehen, das heißt für den Bewirtschafter, dass Ausgaben aus Selbstbewirtschaftungsmitteln ohne weitere Ermächtigung auch nach Abschluss des Haushaltsjahres geleistet werden können.

Bei der Bewirtschaftung dieser Mittel aufkommende Einnahmen fließen den Selbstbewirtschaftungsmitteln zu (§ 15 Abs. 2 BHO/LHO).

VI. Genauigkeit und Wahrheit

181 Nach § 6 BHO/LHO sind bei der Aufstellung und bei der Ausführung des Haushaltsplans nur die Ausgaben und Verpflichtungsermächtigungen zu berücksichtigen, die zur Erfüllung der Aufgaben des Bundes oder eines Landes in dem jeweiligen Haushaltsjahr unbedingt notwendig sind.

Dieser Grundsatz richtet sich an alle, die für die sachgerechte Verwendung der Haushaltsmittel verantwortlich sind. Der Grundsatz der Genauigkeit und Wahrheit ist eng mit dem Grundsatz der Wirtschaftlichkeit verknüpft, denn alle Ausgaben, die zur Wahrnehmung des dienstlichen Auftrags nicht zwingend notwendig sind, sind unwirtschaftlich.

182 Alle zu erwartenden Einnahmen, voraussichtlich zu leistende Ausgaben und voraussichtlich benötigte Verpflichtungsermächtigungen des Bundes bzw. des Landes sind daher **wahrheitsgemäß** und **möglichst genau** zu berechnen. Ist dies nicht möglich, sind sie möglichst genau zu schätzen. Die Einplanung etwaiger „Sicherheitsreserven“ widerspricht diesem Grundsatz und stellt einen Verstoß gegen das Gebot der Notwendigkeit dar.

VII. Wirtschaftlichkeit und Sparsamkeit

Die Grundsätze der **Wirtschaftlichkeit** und **Sparsamkeit** sind die zentrale Forderung des Haushaltsrechts. Sie müssen bei allen Entscheidungen, die sich auf den Haushaltsplan und auf die Haushaltsrechnung auswirken, durchgesetzt werden. 183

Das Gebot der Wirtschaftlichkeit und Sparsamkeit zielt mithin auf die **größtmögliche Effektivität des Mitteleinsatzes** ab!

Dieses Rechtsgebot bezieht sich demzufolge auf alle Maßnahmen, die sich auf das **laufende** Haushaltsjahr oder auch auf **künftige** Haushaltsjahre auswirken und richtet sich an *alle*, die über solche Maßnahmen zu entscheiden haben. 184

Der Bewirtschaftungsgrundsatz der Wirtschaftlichkeit und Sparsamkeit betrifft alle Maßnahmen des Bundes/Landes, 185

- die die Einnahmen und Ausgaben unmittelbar oder auch nur mittelbar betreffen,
- die nach einzelwirtschaftlichen Kriterien zu beurteilen sind (z. B.: Beschaffungen für den eigenen Verwaltungsbereich),
- Organisationsänderungen in der eigenen Verwaltung,
- Maßnahmen, die nach gesamtwirtschaftlichen Kriterien zu beurteilen sind (z. B.: Investitionsvorhaben im Verkehrsbereich oder Gesetzesvorhaben).

Deshalb kommt es gerade in Zeiten knapper Mittel mehr denn je darauf an, den Blick nicht nur auf die Ausgaben des Bundes/Landes im engeren Sinne zu richten, sondern die **gesamten Kosten** einer Maßnahme zu erfassen.

Die VV Nr. 1 zu § 7 BHO verlangt, dass die Ausrichtung jeglichen Verwaltungshandelns die bestmögliche Nutzung von Ressourcen bewirken soll. Dies ist der unmissverständliche Verweis darauf, nicht nur die **Ausgaben** zu berücksichtigen, sondern insgesamt **kostenbewusst** zu handeln. Während der Begriff der Ausgaben lediglich einen Schlüsselbegriffe der Buchführung darstellt, umfasst der Begriff der Kosten auch den bewerteten Verbrauch an Produktionsfaktoren, welche zur Erstellung einer betrieblichen Leistung in einer Abrechnungsperiode notwendig ist. 186

Die Verwaltung soll mithin bei jeder Maßnahme versuchen, ein möglichst **günstiges (vernünftiges) Verhältnis** zwischen den einzusetzenden Mitteln und dem verfolgten Zweck zu erzielen.

187 Auch hierbei ist wieder festzustellen, dass Mittel nicht etwa ausschließlich mit Haushaltsmitteln gleichzusetzen sind, sondern dass der Begriff der **„Mittel"** in diesem Sinne **jeden möglichen Güterverzehr** einer Maßnahme erfasst.

188 Im Alltagssprachgebrauch wird zwischen **Kosten** und **Ausgaben** oftmals nicht zutreffend unterschieden. Auch in der öffentlichen Verwaltung ist das nicht anders. Es besteht häufig die Ansicht, Kosten und Ausgaben seien identisch. Die Meinung ist verbreitet, Kosten fielen nur dann an, wenn Geld fließt. Dass der Einsatz anderer vorhandener Güter ebenfalls Güterverzehr bedeutet und damit zu Kosten führt, wird häufig übersehen. Hier liegt eine wesentliche Ursache für die nicht selten unterstellte Unwirtschaftlichkeit in der öffentlichen Verwaltung, weil oft keine klare Vorstellung über den Unterschied zwischen Kosten und Ausgaben besteht.

Die **Kosten** sind der Maßstab des Mitteleinsatzes.

189 • **Begriff der Kosten:** Nach der betriebswirtschaftlichen Definition der **Kosten sind sie der in Geld bewertete Güterverzehr zur Erbringung einer Leistung** (z. B. Euro für Personaleinsatz pro Jahr; oder Euro pro Stück).
Ob dabei Geld im eigentlichen Sinne ausgegeben wird oder nicht, ist für das Vorliegen von Kosten ohne Bedeutung. Kosten haben immer damit zu tun, dass zur Erreichung einer bestimmten Leistung **Wirtschaftsgüter** (Ressourcen) eingesetzt werden müssen, also **„verzehrt"** werden müssen. Dabei gibt es die unterschiedlichsten Kostenarten, z. B. Personalkosten, Sachkosten, kalkulatorische Kosten.
Kosten ist der Zentralbegriff für ein wirtschaftliches Handeln in der Verwaltung und einer zeitgerechten Steuerung, weil damit nicht Einnahmen und Ausgaben, mithin Zahlungsvorgänge, sondern die tatsächlichen Wertveränderungen erfasst werden.

190 • **Begriff der Ausgaben:** Die öffentliche Verwaltung rechnet in der Kameralistik nicht nach Kosten, sondern nach Einnahmen und Ausgaben ab. Ausgaben führen zu einem Zahlungsvorgang, d. h. Geld fließt ab. Über die Höhe des Güterverzehrs geben die Ausgaben keine Auskunft.
Weiter wird zwischen Soll- und Ist-Ausgaben unterschieden:
  - Bei **Soll-Ausgaben** handelt es sich um die Ansätze im Haushaltsplan, die die Verwaltung ermächtigen, Ausgaben zu leisten.
  - Die **Ist-Ausgaben** sind dagegen identisch mit den Auszahlungen und werden in der Jahresrechnung nachgewiesen.

191 Die exakte **Messung des Kostenfaktors** ist jedoch oft und gerade in der öffentlichen Verwaltung sehr problematisch, und bereitet dem „Nicht-Betriebswirtschaftler" nicht selten unüberwindliche Schwierigkeiten. Angesichts dieser Problematik bedient sich die öffentliche Verwaltung in immer weiteren Bereichen der Kosten-Leistungs-Rechnung (KLR) und des **systematischen Leistungsvergleichs**.

Die in § 7 Abs. 1 BHO/LHO normierten **Grundsätze der Wirtschaftlichkeit** 192
und Sparsamkeit bedeuten für die Erfüllung öffentlicher Aufgaben ein allgemeines Rechtsgebot, dem jegliches öffentliches Verwaltungshandeln unterworfen ist. Die Grundsätze der Wirtschaftlichkeit und Sparsamkeit finden an vielen Stellen der BHO/LHO ihre Ausgestaltung.

Nach dem **Grundsatz der Wirtschaftlichkeit** ist bei allen Maßnahmen das 193
günstigste Verhältnis zwischen

- dem **verfolgten Zweck** und
- den **einzusetzenden Mitteln** (Ressourcen)

anzustreben.

ZWECK-MITTEL-RELATION
§ 7 Abs. 1 BHO/LHO
VV Nr. 1 zu § 7 BHO

Der Grundsatz der Wirtschaftlichkeit umfasst das **Sparsamkeitsprinzip** und das **Ergiebigkeitsprinzip** (VV Nr. 1 Abs. 2 zu § 34 BHO):

Das **Sparsamkeitsprinzip** (Minimalprinzip) verlangt, ein **bestimmtes Ergebnis** 194
mit möglichst **geringem Mitteleinsatz** zu erzielen.

Das **Ergiebigkeitsprinzip** (Maximalprinzip) verlangt, mit einem **bestimmten** 195
Mittelansatz das **bestmögliche Ergebnis** zu erzielen.

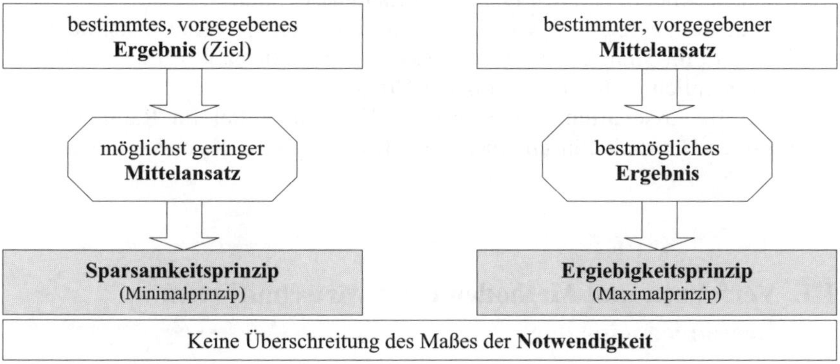

Abb. 7: Schematische Darstellung der „Zweck-Mittel-Relation"

Bei der Ausführung des Haushaltsplans, der bereits in aller Regel die Aufgaben 196
(Ergebnisse, Ziele) formuliert, steht der Grundsatz der Wirtschaftlichkeit in seiner Ausprägung als **Sparsamkeitsprinzip** im Vordergrund. Bei der Verwendung der Mittel darf das **Maß des Notwendigen** nicht überschritten werden. Ausgaben

müssen stets auf das Notwendige beschränkt bleiben, selbst wenn der Haushaltsplan weitergehende Dispositionen zuließe.

Bei der Beurteilung öffentlicher Beschaffungen und Investitionen darf nicht nur die Geldleistung (Ausgabe) anlässlich dieser Einzelmaßnahme berücksichtigt werden, sondern auch die in diesem Zusammenhang anfallenden Kosten und etwaige **Folgekosten** sind in die Wirtschaftlichkeitsbetrachtungen einzubeziehen.

197 Jeder Träger öffentlicher Aufgaben hat eine **Treuhandfunktion** gegenüber denjenigen, die Zwangsabgaben (z. B. Steuern) an den Staat zu entrichten haben. Schon allein deswegen ist jede Ausgabe am Gebot der Wirtschaftlichkeit und Sparsamkeit zu messen. So dürfen zur wirtschaftlichen Erfüllung von Verwaltungsaufgaben nur solche Ausgaben geleistet werden, die notwendig sind, um den konkreten Auftrag der Verwaltung aufrechtzuerhalten.

198 Dieser für die Haushalts- und Wirtschaftsführung bindende Grundsatz bedeutet für die Bewirtschafter, also für den **Dienststellenleiter**, den **Beauftragten für den Haushalt** und für die **Titelverwalter**, dass

- vor der Vergabe eines Auftrags zunächst zu prüfen ist, ob der angestrebte Zweck in anderer Art und Weise (wirtschaftlicher) zu erreichen ist,
- nur das **wirtschaftlichste** (nicht unbedingt das billigste) Angebot zu berücksichtigen ist,
- bei der Auftragsvergabe die allgemein üblichen Preisnachlässe (z. B. Skonti, Rabatte) vereinbart werden,
- die zur Verfügung stehenden Ausgabebewilligungen keine Verpflichtungen darstellen, sondern Ermächtigungen (Erlaubnisse) sind,
- am Ende des Jahres noch vorhandene (übriggebliebene) Haushaltsmittel auf keinen Fall im Sinne einer Vorratsbeschaffung verausgabt werden dürfen; es besteht nämlich dafür kein sachlicher Grund,
- die zur Bewirtschaftung zugewiesenen Haushaltsmittel im Rahmen einer sparsamen Haushaltsführung das ganze Jahr über verteilt zur Verfügung stehen.

VIII. Verfahren und Methoden eines wirtschaftlichen Ressourceneinsatzes

1. Interessenbekundungsverfahren

199 Um der Verpflichtung nachzukommen, in allen Belangen gesamt- und einzelwirtschaftlichen Handelns wirtschaftlich und zugleich effektiv zu wirken, sehen die Haushaltsordnungen des Bundes und der Länder Verfahren vor, die diesem Haushaltsgrundsatz der Wirtschaftlichkeit nachhaltig Erfolg verleihen.

So sind die öffentlichen Hände zur Prüfung verpflichtet, inwieweit staatliche Aufgaben oder öffentlichen Zwecken dienende wirtschaftliche Tätigkeiten durch Ausgliederung und Entstaatlichung oder Privatisierung erfüllt werden können. In geeigneten Fällen ist privaten Anbietern in einem **Interessenbekundungsverfahren** die Möglichkeit zu eröffnen, ob und inwieweit sie staatliche Aufgaben nicht ebenso gut oder ggf. sogar besser und wirtschaftlicher erbringen können (VV Nr. 3 zu § 7 BHO). 200

In einem Interessenbekundungsverfahren soll in einem Vergleich nach wettbewerblichen Grundsätzen festgestellt werden, ob private Lösungen unter dem Gesichtspunkt der Wirtschaftlichkeit staatlichen Möglichkeiten Vorrang einzuräumen sind. Beispielsweise sind inzwischen viele Ministerien, aber auch nachgeordnete Behörden dazu übergegangen, Informationsbroschüren oder andere Druckaufträge an private Unternehmen zu vergeben.

Im kommunalen Bereich ist mit steigender Tendenz zu beobachten, wie Ver- und Entsorgungssaufgaben an Unternehmen der freien Wirtschaft vergeben werden.

2. Wirtschaftlichkeitsuntersuchungen

Ferner sieht § 7 Abs. 2 BHO/LHO vor, bei allen finanzwirksamen Maßnahmen **Wirtschaftlichkeitsuntersuchungen** durchzuführen. Wirtschaftlichkeitsuntersuchungen sind sowohl bei gesamtwirtschaftlichen als auch bei einzelwirtschaftlichen Maßnahmen durchzuführen. Sie sind bei der Planung neuer Maßnahmen ebenso wie bei Änderung bereits laufender Maßnahmen, aber auch während der Durchführung und nach Abschluss von Maßnahmen vorzunehmen. 201

Sie sind also als **Planungsinstrument** in der Planung neuer oder Änderung bestehender Maßnahmen, als **begleitende Erfolgskontrolle** während der Durchführung und als abschließende Erfolgskontrolle nach Abschluss einer Maßnahme vorgeschrieben und müssen mindestens Aussagen zu folgenden Teilaspekten enthalten: 202

- Analyse der Ausgangslage und des Handlungsbedarfs,
- Ziele, Prioritätsvorstellungen und mögliche Zielkonflikte,
- Relevante Lösungsmöglichkeiten und deren Nutzen und Kosten (einschl. Folgekosten), auch soweit sie nicht in Geld auszudrücken sind,
- finanzielle Auswirkungen auf den Haushalt,
- Eignung der einzelnen Lösungsmöglichkeiten zur Erreichung der Ziele unter Einbeziehung der rechtlichen, organisatorischen und personellen Rahmenbedingungen,
- Zeitplan für die Durchführung der Maßnahme,
- Kriterien und Verfahren für Erfolgskontrollen.

203 Die **Erfolgskontrolle** umfasst grundsätzlich folgende Untersuchungen:

- **Zielerreichungskontrolle:** Mit der Zielerreichungskontrolle wird ein Soll-/Ist-Vergleich vollzogen; das geplante Ziel wird mit dem tatsächlich erreichten Ziel verglichen.
- **Wirkungskontrolle:** Bei der Wirkungskontrolle wird festgestellt, ob die Maßnahme für die Zielerreichung geeignet und ursächlich war.
- **Wirtschaftlichkeitskontrolle:** Mit der Wirtschaftlichkeitskontrolle wird untersucht, ob der Vollzug der Maßnahme im Hinblick auf den Ressourcenverbrauch wirtschaftlich war (Vollzugswirtschaftlichkeit) und ob die Maßnahme im Hinblick auf übergeordnete Zielsetzungen insgesamt wirtschaftlich war (Maßnahmenwirtschaftlichkeit).

204 Bei der Durchführung von Wirtschaftlichkeitsuntersuchungen ist nach der Wertigkeit des gesamtwirtschaftlichen Nutzens und der Kosten zu verfahren und zwischen **einzelwirtschaftlichen** Verfahren und **gesamtwirtschaftlichen Verfahren** zu unterscheiden:

- **Einzelwirtschaftliche Verfahren:** Für Maßnahmen mit nur einem geringen gesamtwirtschaftlichen Nutzen und nur geringen Kosten sind nur die finanzmathematischen Methoden der Investitionsrechnung (z. B. Kapitalwertmethode) anzuwenden.
  Bei Maßnahmen mit nur geringer finanzieller Bedeutung kann auch auf Hilfsmethoden (z. B. Kostenvergleichrechnung oder Angebotsvergleiche) zugegriffen werden.
- **Gesamtwirtschaftliches Verfahren:** Für Maßnahmen, die den Rahmen der Geringfügigkeit oder des geringen gesamtwirtschaftlichen Nutzens überschreiten, sind gesamtwirtschaftliche Wirtschaftlichkeitsuntersuchungen durchzuführen (z. B. Kosten-Nutzen-Analyse).

Grundsätzlich sind Wirtschaftlichkeitsuntersuchungen von der Stelle durchzuführen, die mit der Maßnahme befasst ist. Der Beauftragte für den Haushalt ist prinzipiell zu beteiligen, es sei denn, er verzichtet in bestimmten Fällen auf seine Beteiligung.

Zur Durchführung von Wirtschaftlichkeitsuntersuchungen ist im Bereich des Bundes mit Rundschreiben des BMF v. 31.8.1995 – II A 3 – H 1005 – 22/95 (GMBl 1995 S. 764) Weisung ergangen.

205 Auch die Bundesländer bedienen sich der Wirtschaftlichkeitsuntersuchungen. Beispielsweise bestimmt der Freistaat Thüringen im § 7 seines Haushaltsgesetzes 2007, dass bei Investitionsausgaben durch Kosten-Nutzen-Untersuchungen, Markterkundungsverfahren oder dynamische Wirtschaftlichkeitsberechnungen die wirtschaftlichste Form der Errichtung, Finanzierung und Betreibung festzustellen und durchzuführen ist.

3. Kosten-Leistungs-Rechnung

Die **Kosten-Leistungs-Rechnung** (KLR) ist nur ein Instrument zur Vorbereitung von Entscheidungen. 206

Sie ist ein **Rechenwerk** und gibt Informationen über den Ist-Zustand. Sie verändert nicht unmittelbar die Wirklichkeit. Der Nutzen der KLR kann nur zum Tragen kommen, wenn die Bereitschaft besteht, ihre Erkenntnis in die Praxis umzusetzen.

Kritisch ist anzumerken, dass das Verfahren auch kostenbewusst eingesetzt werden muss, und der zwangsläufig erforderliche zusätzliche Aufwand für KLR durch die zu erwartenden positiven Erkenntnisse gerechtfertigt sein muss.

Der systematische Leistungsvergleich innerhalb einer Behörde oder auch zwischen verschiedenen Behörden, auch „**Benchmarking**" genannt, ermöglicht eine Leistungsbewertung auch dann, wenn die Leistung nicht in Geld bewertbar ist. Vergleichbare Aufgaben werden nach einheitlichen Kennzahlen bewertet. Dadurch entsteht ein „Quasi-Wettbewerb". Durch den Vergleich lassen sich Kennzahlen über die Mitarbeiterproduktivität gewinnen, wodurch sich konkrete Aussagen über den Leistungsstand einer Organisationseinheit treffen lassen. Auf dieser Grundlage lassen sich gezielte Schritte zur Leistungsverbesserung einleiten. 207

Ziel einer **Kosten- und Leistungsrechnung** soll es sein, nachhaltig das Verhältnis von Kosten und Leistungen in der öffentlichen Verwaltung zu verbessern. Mit der KLR erzielte Ergebnisse sollen entstandene Kosten und die in diesem Zusammenhang erbrachten Leistungen transparent machen. Daneben soll durch die KLR eine wirksame Planung, Steuerung und Kontrolle ermöglicht werden. Auch die Haushaltsplanung und die Haushaltsausführung kann durch dieses Verfahren unterstützt werden. 208

IX. Spezialisierung

1. Allgemeines

Unter dem **Haushaltsgrundsatz der Spezialisierung** ist die Einzelveranschlagung und der Bewirtschaftungsgrundsatz der sachlichen Bindung zu verstehen. 209

Im Haushaltsplan sind die Einnahmen und die Ausgaben einzeln bei den jeweils dafür vorgesehenen Titeln zu veranschlagen. Dies dient der Ordnung und Klarheit der Haushaltsplanung und Haushaltsführung. Bei der **Ausführung** des Haushaltsplans ist demzufolge die Verwaltung an den sich aus der Spezialisierung ergebenden **Bewirtschaftungsgrundsatz** der **sachlichen Bindung** gehalten.

Spezialisierung	
Einzelveranschlagung § 17 Abs. 1 BHO/LHO	**Sachliche Bindung** § 45 Abs. 1 BHO

Abb. 8: Grundsatz der Spezialisierung

210 **Einzelveranschlagung**: Die **Einnahmen** sind im Haushaltsplan nach ihrem **Entstehungsgrund**, die **Ausgaben** und **Verpflichtungsermächtigungen** dagegen nach ihren **Verwendungszwecken** getrennt zu veranschlagen und, soweit erforderlich, zu erläutern (§ 17 Abs. 1 BHO/LHO).

Sachliche Bindung: Die **Ausgaben und Verpflichtungsermächtigungen** dürfen nur zu dem im Haushaltsplan in der Zweckbestimmung angegebenen Verwendungszweck geleistet oder in Anspruch genommen werden (§ 45 Abs. 1 BHO/LHO).

211 Im Bereich der **sachlichen Bindung** gilt die Ausgabeermächtigung nur im Rahmen des im Haushaltsplan aufgeführten Zwecks als erteilt. Weil der Mittelansatz der Ausgaben im Haushaltsplan für einen bestimmten Zweck (Dispositiv) veranschlagt ist, folgt daraus der Schluss, dass die Verwaltung auch nur bis zur Höhe dieses Ansatzes bei dieser bestimmten Zweckbestimmung leisten darf. Sie ist mithin an den Titel, d. h. an seine Zweckbestimmung und an den ihr zugewiesenen Mittelansatz gebunden ist. Sie darf mithin für keinen anderen Zweck Ausgaben leisten oder Verpflichtungen eingehen und den ihr zur Verfügung stehenden Mittelansatz nicht überschreiten.

2. Ausnahmen von der sachlichen Bindung

212 Die sachliche Bindung der Ausgabemittel an den im Haushaltsplan ausgebrachten Titel (Zweckbestimmung und Mittelansatz) wird durch das Instrument der Deckungsfähigkeit durchbrochen (§§ 20u. 46 BHO/LHO).

213 Die **Deckungsfähigkeit** stellt sich als Möglichkeit dar, bei einem Titel mehr Ausgaben als im Haushaltsplan veranschlagt oder als zugewiesen, zu Lasten von Einsparungen bei einem oder mehreren anderen Titeln zu leisten (VV Nr. 1 zu § 20 BHO 1. Strichaufzählung).

Sie ist weiterhin die nach § 20 Abs. 2 BHO begründete Möglichkeit, die Verpflichtungsermächtigung bei einem Titel zu Lasten einer oder mehrerer anderer Verpflichtungsermächtigungen zu erweitern (VV Nr. 1 zu § 20 BHO 2. Strichaufzählung

Sinn und Zweck der Deckungsfähigkeit ist es, **Haushaltsüberschreitungen** 214
dadurch **zu vermeiden**, dass Einsparungen bei einem oder mehreren Ausgabetiteln zur Leistung von Mehrausgaben bei einem anderen Ausgabetitel herangezogen werden dürfen. Daraus folgt, dass eine Deckungsfähigkeit nur zwischen Ausgabetiteln angewandt werden darf.

2.1 Erlaubnisse der Deckungsfähigkeit

Grundbedingung, eine Deckungsfähigkeit in Anspruch zu nehmen, ist ihre 215
Erlaubnis. Dabei wird zwischen der ständigen (geborenen) und der zeitlich beschränkten (gekorenen) Erlaubnis unterschieden:

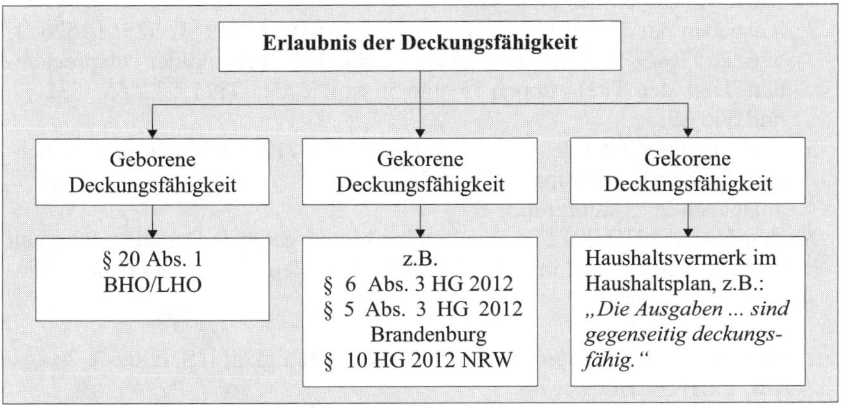

Abb. 9: Erlaubnis der Deckungsfähigkeit

- **Geborene** Deckungsfähigkeit (§ 20 Abs. 1 BHO/LHO): 216
  Die ständig erlaubte Deckungsfähigkeit – gesetzlich angeordnete Deckungsfähigkeit – gilt zeitlich unbeschränkt für den gesamten Geltungsbereich der BHO/LHO). Sie ist auf die dort genannten Ausgabearten – **Personalausgaben** (HGrp 4) – beschränkt.
- **Gekorene** Deckungsfähigkeit (§ 20 (2) BHO/LHO):
  Die mit § 20 Abs. 2 BHO/LHO eröffnete Möglichkeit, weitere Deckungsfähigkeit zu erlauben, gilt zeitlich beschränkt für die Geltungsdauer des HG/ HHPl.

Die Voraussetzung für eine Erlaubnis der Deckungsfähigkeit nach § 20 Abs. 2 217
BHO/LHO:

- **Sachlicher Zusammenhang**:
  Die deckungsfähigen Titel, müssen einem **verwandten** oder **ähnlichen** Zweck dienen. Ein sachlicher Zusammenhang einer Deckungsfähigkeit lässt sich i. d. R. unschwer erkennen. Meist weisen die Ausgabetitel, die einseitig oder gegenseitig deckungsfähig sind, eine einheitliche Hauptgruppe (z. B. 5 – Allgemeine Verwaltungsausgaben –) auf. Eine Deckungsfähigkeit zwischen Titeln verschiedener Hauptgruppen ist aber nicht ausgeschlossen.
- **Verwaltungsmäßiger Zusammenhang**:
  Ein verwaltungsmäßiger Zusammenhang besteht zwischen deckungsfähigen Titeln, **innerhalb eines Kapitels** eines Einzelplans.

218 • **Förderung der wirtschaftlichen und sparsamen Verwendung der Mittel**:
Die **gegenseitige** Deckungsfähigkeit von Titeln innerhalb der einzelnen Kapitel im Rahmen der **flexiblen Bewirtschaftung** ist nach § 5 des Bundeshaushaltsgesetzes 2012 für den Bereich der **Bundesverwaltung** erlaubt:
1. Ausgaben der Hauptgruppe 4 ohne Ausgabe der Titel der Gruppe 411 sowie Ausgaben der Titel 634 .3,
2. Ausgaben der Titel 511 .1, 514 .1, 517 .1, 518 .1, 519 .1, 525 .1, 526 .1, 526 .2, 526 .3, 527 .1, 539 .9, 543 .1, 544 .1, 545 .1 und der entsprechenden Titel der Titelgruppen 55 und 56 sowie der Titel 532 55, 532 56 und 546 88,
3. Ausgaben der Titel der Gruppe 711, der Titel 712 .1 und der entsprechenden Titel der Titelgruppe 55 und 56,
4. Ausgaben der Hauptgruppe 8.

Nach § 5 Abs. 3 HG 2012 ist eine darüber hinaus gehende Deckungsfähigkeit in Höhe von 20 Prozent in den vorgenannten Fällen bei entsprechenden Einsparungen möglich

2.1.1 Möglichkeiten der Erlaubnis einer Deckungsfähigkeit i. S. d. des § 20 Abs. 2 BHO/LHO

219 Die Instrumente einer **Erlaubnis** können über das Haushaltsgesetz oder über den Haushaltsplan eingesetzt werden.

Die allgemeingültige, gesetzliche Erlaubnis erfolgt durch das **Haushaltsgesetz** zur Entlastung des Haushaltsplans (z. B. § 5 Abs. 2, § 6 Abs. 3 Bundeshaushaltsgesetz 2012, § 3 Abs. 2 HG 2011 des Landes Hessen, § 7 Abs. 1 HG 2011 NRW).

Soll die Erlaubnis dagegen nur für einen Verwaltungszweig des Bundes/Landes erteilt werden, erfolgt sie durch **Haushaltsvermerk** (Deckungsvermerk) im Haushaltsplan.

2.1.2 Arten der Deckungsfähigkeit

Es gibt die **einseitige** und die **gegenseitige** Deckungsfähigkeit. 220

Die **gegenseitige** Deckungsfähigkeit ist bei **wechselseitiger Inanspruchnahme** der Titelansätze gegeben. Die Ausgabetitel sind **sowohl deckungsberechtigt als auch deckungspflichtig**. Die Aufhebung der Bindung besteht sowohl bei der Zweckbestimmung als auch bei dem Mittelansatz eines Ausgabetitels.

Beispiel der gegenseitigen Deckungsfähigkeit aus dem Einzelplan des Bundesministeriums des Innern:

0611 „Bundesakademie für öffentliche Verwaltung“

Ausgaben:

Haushaltsvermerk:

„Es gelten die Flexibilisierungsregelungen des § 5 Abs. 2 bis 4 HG“

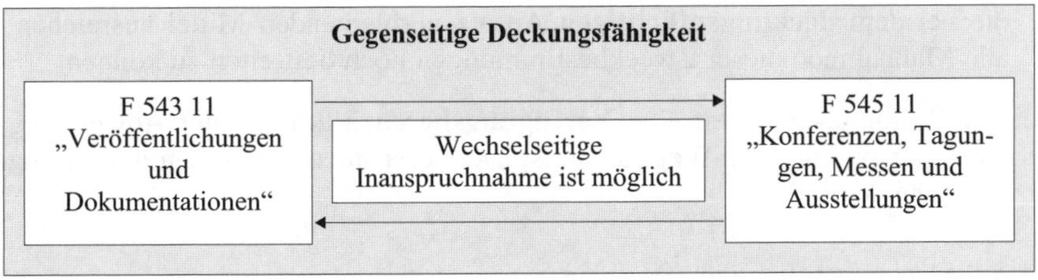

Abb. 10: Gegenseitige Deckungsfähigkeit

Die **einseitige** Deckungsfähigkeit liegt vor, wenn der *eine* Ausgabetitel nur **verstärkt** werden kann (der deckungsberechtigter Titel) und der *andere* Ausgabetitel **nur** mit seiner Einsparung zur Deckung herangezogen werden kann (der deckungspflichtige Titel). 221

Beispiel der einseitigen Deckungsfähigkeit aus dem Einzelplan des Bundesministeriums der Verteidigung:

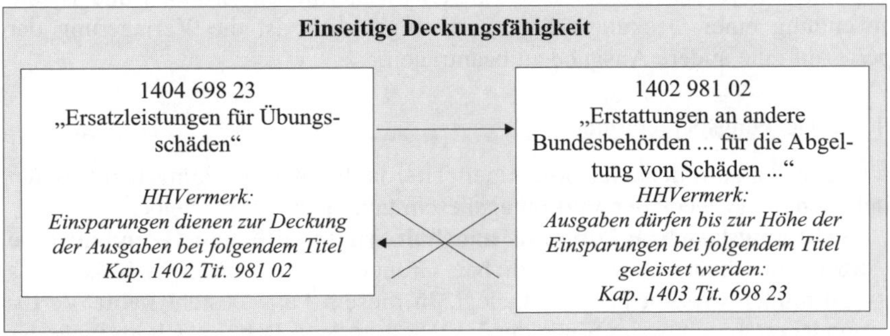

Abb. 11: Einseitige Deckungsfähigkeit

2.1.3 Inanspruchnahme der Deckungsfähigkeit

222 Nach § 46 BHO/LHO dürfen deckungsfähige Ausgaben entgegen der Regeln der sachlichen Bindung (vgl. § 45 Abs. 1 S. 1 BHO/LHO) zugunsten einer anderen Ausgabe verwendet werden, solange sie verfügbar sind. Das setzt voraus, dass die Anwendung einer Deckungsfähigkeit entweder nach § 20 Abs. 1 BHO/LHO oder nach Maßgabe einer Regelung im Haushaltsgesetz oder eines Haushaltsvermerks erlaubt ist.

223 Der deckungsberechtigte Ansatz darf aus dem deckungspflichtigen Ansatz nur verstärkt werden, soweit

- bei dem **deckungsberechtigten** Titel *keine* **Verfügungsbeschränkungen** bestehen (z. B. Sperren),
- über die Mittel des **deckungsberechtigten** Titels bereits **voll verfügt** wurde und
- **Umplanungen nicht möglich** sind, sowie
- die bei dem **deckungspflichtigen** Ansatz verbleibenden Mittel ausreichen, alle Maßnahmen dieser Zweckbestimmungen noch bestreiten zu können.

Bei der Prüfung, inwieweit eine **Verfügungsbeschränkung** einer Anwendung der Deckungsfähigkeit im Wege steht, ist nach ihrer Intention und ihrer Wirkung zu unterscheiden.

2.1.3.1 Deckungspflichtiger Titel

224 Ein bei dem deckungspflichtigen noch vorhandener Ansatz ist so lange zu Gunsten einer Deckungsfähigkeit noch nutzbar, wie geplante Maßnahmen dieser Zweckbestimmung weiterhin durchführbar sind oder der Ansatz nicht anderweitig gebunden oder gesperrt ist.

Unabhängig vom Zweck der Sperre ist eine Verfügbarkeit in Höhe des gesperrten Ansatzes zu Gunsten einer Deckungsfähigkeit ausgeschlossen.

Dient die Sperre ausschließlich haushaltswirtschaftlichen Gründen und ist die Anwendung einer Deckungsfähigkeit unumgänglich, ist die Verlagerung der Sperre auf eine andere Ausgabe zu beantragen.

2.1.3.2 Deckungsberechtigter Titel

225 Im Gegensatz zum deckungspflichtigen Titel ist bei dem deckungsberechtigten Titel nach dem Zweck der Verfügungsbeschränkung zu unterscheiden.

- **Verfügungsbeschränkung aus haushaltswirtschaftlichen Gründen**: Eine Sperre aus haushaltswirtschaftlichen Gründen wird zumeist in Höhe eines bestimmten Prozentsatzes festgelegt. In diesem Falle besteht **keine** Verfügungsbeschränkung im Sinne der VV Nr. 1 zu § 46 BHO. Auch im Falle der Inanspruchnahme einer Deckungsfähigkeit wird das Ziel einer haushaltswirtschaftlichen Sperre, Ausgaben in einer bestimmten Höhe einzusparen, nicht verfehlt.

- **Verfügungsbeschränkung aus sachlichen Gründen:** Wird eine Sperre verfügt, weil etwa keine hinreichende Klarheit hinsichtlich der Höhe einer Ausgabe besteht (zumeist in Form einer qualifizierten Sperre), liegt zwar eine Verfügungsbeschränkung im Sinne der VV Nr. 1 zu § 46 BHO vor, was allerdings lediglich dazu führt, dass die Anwendung einer Deckungsfähigkeit nur dann ausgeschlossen ist, soweit der in der Verfügungsbeschränkung genannte Grund betroffen ist. 226
  In diesem Falle gilt die Sperre nur für solche Maßnahmen, auf die sie sich auch inhaltlich bezieht, mithin kann die Deckungsfähigkeit auf andere Ausgaben angewandt werden, die sich auf die Zweckbestimmung des deckungsberechtigten Titels beziehen.

X. Ausgeglichenheit

Das Grundgesetz (Art. 110 Abs. 1 GG) und die meisten Verfassungen der Länder (z. B. Art. 81 Abs. 2 der Verfassung für das Land NRW) schreiben die Ausgeglichenheit des Haushalts eigens vor. 227

Allerdings ist der Ausgleich des Haushalts eine zwangsläufige Folge der Bedarfsdeckungsfunktion (§ 2 Satz 1 BHO/LHO). Weil der staatliche Haushalt sich ausschließlich an der staatlichen Aufgabenerfüllung orientiert, ist er **stets ausgeglichen**, was eine eventuelle Kreditbeschaffung zur Deckung eines negativen Finanzierungssaldos einschließt.

Auch das **haushaltswirtschaftliche** Instrument der **Sperre** dient in erster Linie dem Haushaltsausgleich. 228

Der Haushaltsplan muss bei seiner Aufstellung auf Grund unmittelbar geltenden Verfassungsrechts in **Einnahmen und Ausgaben** ausgeglichen sein. 229

Das verfassungsrechtliche Gebot des Haushaltsausgleichs richtet sich
- zum einen an den Bundes-/Landesfinanzminister, der bereits bei seinem Entwurf des Haushalts der Bundes-/Landesregierung einen in Einnahmen und Ausgaben ausgeglichenen Entwurf des Haushaltsplans vorzulegen hat, und die Bundes-/Landesregierung, die demzufolge auch nur einen ausgeglichenen Haushaltsplan beschließen darf,
- zum anderen an den Gesetzgeber, der in seinen Beratungen (zweite und dritte Lesung) auf die Einhaltung dieses Grundsatzes zu achten und einen ausgeglichenen Haushalt zu verabschieden hat.

XI. Öffentlichkeit

230 Der Bundestag **verhandelt grundsätzlich öffentlich** (Art. 42 Abs. 1 GG). Gleiches trifft auch auf die Länderparlamente und die kommunalen Vertretungsgremien zu. Dies ist ein Wesensmerkmal der repräsentativen Demokratie. Auch die Verhandlungen (Beratungen) über den Haushaltsplan und über das Haushaltsgesetz unterliegen demzufolge diesem Öffentlichkeitsgebot. Die Publizität des Haushalts wird schon allein dadurch deutlich, dass die Haushaltsdebatten den Medien (Presse, Rundfunk, Fernsehen) zugänglich gemacht werden.

231 Darüber hinaus wird das Haushaltsgesetz mit dem Gesamtplan im **Bundesgesetzblattveröffentlicht** und ist jedermann zugänglich.

232 Aber auch in einem demokratischen Rechtsstaat gibt es bestimmte Ausgaben, die zwar im Haushaltsplan enthalten sein müssen, aber aus **Gründen der Geheimhaltung** oder der **Staatssicherheit** nicht im Plenum beraten werden können. Solche Ausgaben werden in Wirtschaftsplänen von einem Vertrauensgremium des Haushaltsausschusses beraten und im Haushaltsplan als Fonds dargestellt. Die Prüfung solcher Wirtschaftspläne bleibt dem Präsidenten des Bundes-/Landesrechnungshofes vorbehalten.

Solche geheimhaltungsbedürftige Fonds (sog. **Reptilienfonds**) sind z. B. im Einzelplan

- des Bundeskanzleramts für den Bundesnachrichtendienst oder
- des Bundesministeriums des Innern für das Bundesamt für den Verfassungsschutz

dargestellt.

XII. Die Haushaltsgrundsätze (Kurzfassung)

1. Jährlichkeit

1.1 Allgemeines

233 Für jedes Haushaltsjahr ist ein Haushaltsplan aufzustellen.

Er gilt nur für die Zeit, für die er festgestellt ist: zeitliche Bindung der Verwaltung an die Gültigkeitsdauer des Haushaltsgesetzes. Mithin gilt der gesamte Inhalt des Haushaltsplans nur für diesen Zeitraum, d. h. nur für dieses eine Jahr.

Nach Ablauf des Haushaltsjahres verfallen grundsätzlich nicht verbrauchte Ausgabemittel, es sei denn, es handelt sich um übertragbare Ausgabemittel und generell nicht in Anspruch genommene Verpflichtungsermächtigungen;

1.2 Ausnahmen vom Grundsatz der Jährlichkeit

1.2.1 Übertragbare Ausgabemittel:

Übertragbar sind: **234**
- kraft ständigen Gesetzes (§ 19 Abs. 1 Satz 1 BHO/LHO)
  a) die Ausgaben für Investitionen,
  b) die Ausgaben aus zweckgebundenen Einnahmen,
- andere Ausgaben, die im Haushaltsgesetz oder im Haushaltsplan für übertragbar erklärt werden können.

Aus den am Ende des Haushaltsjahres übrig gebliebenen übertragbaren Ausgabemittel können **Ausgabereste** gebildet werden, die über das Haushaltsjahr hinaus bei der entsprechenden Zweckbestimmung verfügbar gemacht werden können. **235**

1.2.2 Haushaltsvorgriffe

Haushaltsvorgriffe sind Beträge, die bei übertragbaren Ausgabemitteln zu Gunsten des laufenden und zu Lasten des folgenden Haushaltsjahres im Vorgriff vorweg abgesetzt werden. **236**

1.2.3 Selbstbewirtschaftungsmittel (S-Mittel)

S-Mittel stehen über das laufende Haushaltsjahr hinaus zur Verfügung. Sie können im Haushaltsplan veranschlagt und dann zugewiesen werden, wenn dadurch eine wirtschaftliche und sparsame Verwendung der Mittel gefördert wird. **237**

1.2.4 „kw"-Vermerke (künftig wegfallend)

Diese Haushaltsvermerke findet man in der Zweckbestimmungsspalte für Ausgabemittel oder an einer Planstelle/Stelle, deren Wegfall in absehbarer Zeit geplant ist. **238**

1.2.5 „ku"-Vermerke (künftig umzuwandeln)

Diese Haushaltsvermerke findet man nur an einer Planstelle/Stelle. Die nächste freiwerdende Planstelle/Stelle derselben Besoldungsgruppe/Fachrichtung gilt im Zeitpunkt ihres Freiwerdens als in eine Planstelle oder Stelle umgewandelt, die in dem Umwandlungsvermerk angegeben ist. **239**

2. Vorherigkeit

Das Haushaltsgesetz ist vor Beginn des Haushaltsjahres, für das es bestimmt ist, zu verabschieden; d. h. der Haushaltsplan ist vor Beginn des Haushaltsjahres, für das er bestimmt ist, durch das Haushaltsgesetz festzustellen. **240**

Folge einer **Nichteinhaltung des Grundsatzes der Vorherigkeit**: Die Bundes-/Landesregierung ist im Rahmen der vorläufigen Haushalts- und Wirtschaftsführung ermächtigt, Ausgaben zu leisten die nötig sind, um

- den Dienstbetrieb aufrecht zu erhalten,
- gesetzlich beschlossene Maßnahmen durchführen zu können,
- rechtlich begründete Verpflichtungen des Bundes/Landes zu erfüllen,
- Bauten und Beschaffungen fortzuführen, für die bereits in Vorjahren Mittel bereitgestellt wurden.

3. Einheit, Vollständigkeit und Fälligkeit

241 Alle zu erwartenden Einnahmen, voraussichtlich zu leistenden Ausgaben und voraussichtlich benötigten Verpflichtungsermächtigungen des Bundes/Landes müssen für **jedes** Haushaltsjahr von **allen** Verwaltungszweigen des Bundes/Landes **einheitlich** erfasst, veranschlagt und vollständig in den einen, mithin **einheitlichen** Haushaltsplan eingestellt werden.

Es dürfen nur die Einnahmen und die Ausgaben in den Haushaltsplan eingestellt werden, die in dem betreffenden Planungsjahr mit großer Wahrscheinlichkeit auch **kassenwirksam** (fällig) werden.

4. Gesamtdeckungsprinzip

242 Alle Einnahmen des Bundes/Landes dienen grundsätzlich unterschiedslos dem gesamten Ausgabebedarf des Bundes/Landes (§ 8 BHO/LHO).

Ausnahme: **Zweckgebundene Einnahmen** dienen nicht der Gesamtdeckung, sondern sie sind nur für einen bestimmten Ausgabezweck bestimmt.

5. Bruttoprinzip

243 Das Bruttoprinzip umfasst die Bruttoveranschlagung (§ 15 BHO/LHO) und den Bruttonachweis (§ 35 BHO).

Die Einnahmen und Ausgaben sind grundsätzlich getrennt voneinander und in voller Höhe zu im Haushaltsplan zu veranschlagen. Daraus folgt, dass sie auch getrennt voneinander und in voller Höhe bei dem dafür vorgesehenen Titel zu buchen, **nachzuweisen** sind.

244 Ausnahme vom Prinzip der **Bruttoveranschlagung**: Einnahmen aus Krediten vom Kapitalmarkt sind unter Vorwegabzug der Tilgungsausgaben *netto* im Haushaltsplan zu veranschlagen.

Besondere Regelungen zum **Bruttonachweis** betreffen die Rückzahlungen, Erstattungen und Beiträge Dritter:

- Rückzahlungen stellen Korrekturzahlungen dar und stellen eine vorangegangene fehlerhafte Zahlungen richtig. Bei der Behandlung von Rückzahlungen und Erstattungen sind die Regelungen des Haushaltsgesetzes oder des Haushaltsplans zu beachten.
- Eine Rückzahlung kann in Gestalt einer Rückeinnahme als Einzahlung auf einem Ausgabetitel oder in Form einer Erstattung als Auszahlung an einen ehemaligen Einzahlungspflichtigen auf einem Einnahmetitel gebucht werden.
- Erstattungen und Beiträge sind Beteiligungszahlungen, mit denen sich Dritte an den Kosten des Bundes/Landes beteiligen. Als Einnahmen sind sie grundsätzlich bei einem Ausgabetitel nachzuweisen.

6. Genauigkeit und Wahrheit

Alle im folgenden Haushaltsjahr zu erwartenden Einnahmen, voraussichtlich zu leistenden Ausgaben und voraussichtlich benötigten Verpflichtungsermächtigungen des Bundes/Landes müssen wahrheitsgemäß und möglichst genau (anhand des Ist-Ergebnisses des Vorjahres unter Berücksichtigung der Einnahme- und Ausgabeverläufe des laufenden Jahres, unter Berücksichtigung von besonderen Kostenrechnungen, Verträgen, Tarifen, neuen Gesetzen und Vorschriften oder Gesetzesänderungen) von den Titelverwaltern ermittelt und vom Beauftragten für den Haushalt in den Beitrag zum Haushaltsvoranschlag seiner Dienststelle aufgenommen werden. **245**

7. Wirtschaftlichkeit und Sparsamkeit

Bei der Aufstellung und Ausführung des Haushaltsplans sind die Grundsätze der Wirtschaftlichkeit und Sparsamkeit zu beachten. Das heißt insbesondere, dass die Verwaltung bei der Verfolgung ihrer Ziele die ihr zur Verfügung stehenden Mittel (Ressourcen) möglichst günstig einzusetzen hat (**günstigste Zweck-/Mittel-Relation**). **246**

Das heißt für alle, die an der Bewirtschaftung der Haushaltsmittel beteiligt sind:

- das wirtschaftlichste (nicht zwangsläufig das billigste) Angebot ist zu ermitteln,
- Skonti, Rabatte und günstige Lieferbedingungen sind auszunutzen,
- zugewiesene Haushaltsmittel sind so zu bewirtschaften, dass sie für das gesamte Haushaltsjahr ausreichen,
- Ausgaben dürfen nur soweit sachlich unumgänglich und zeitlich nicht eher geleistet werden, als dies notwendig ist,
- keine Vorratsbeschaffung wegen nicht abgeflossener Haushaltsmittel am Ende des Jahres.

247 Grundsätzlich sind für alle geplanten und laufenden Maßnahmen **Wirtschaftlichkeitsuntersuchungen** anzustellen.

8. Spezialisierung

248 Der Grundsatz der Spezialisierung umfasst den Grundsatz der Einzelveranschlagung und den Bewirtschaftungsgrundsatz der sachlichen Bindung.

249 Im Haushaltsplan sind die Einnahmen und die Ausgaben **einzeln** bei dem jeweils **dafür vorgesehenen Zweck** zu veranschlagen. Daraus folgt, dass die Verwaltung bei der Ausführung des Haushalts an den Titel, nämlich an seine Zweckbestimmung und an seinen Mittelansatz gebunden ist. Sie darf weder für einen anderen Zweck als in der Zweckbestimmung angegeben Ausgaben leisten oder Verpflichtungen eingehen, noch darf sie den ihr zur Verfügung stehenden Mittelansatz überschreiten.

250 Ausnahme vom Grundsatz der sachlichen Bindung ist die **Deckungsfähigkeit**: In der BHO/LHO, im Haushaltsgesetz oder im Haushaltsplan festgelegt (erlaubte)

- **einseitige Deckungsfähigkeit**: Einsparungen bei einem deckungspflichtigen (deckungsgebenden) Ausgabetitel dürfen für Mehrausgaben bei einem anderen, deckungsberechtigten (deckungsnehmenden) Ausgabetitel verwendet werden;
- **gegenseitige Deckungsfähigkeit**: Bei den als gegenseitig deckungsfähig geltenden Ausgabetiteln gilt zwischen den Bezugstiteln das Gleiche wechselseitig.

251 Eine Deckungsfähigkeit muss **erlaubt** sein. Eine derartige Erlaubnis kann

- ständig bestehen. Man spricht dann von der **geborenen** Deckungsfähigkeit. Eine solche ständig erlaubte Deckungsfähigkeit besteht nach § 20 Abs. 1 BHO/LHO einseitig bzw. gegenseitig in einigen Bereichen der Personalausgaben;
- zeitlich begrenzt bestehen. Man spricht dann von der **gekorenen** Deckungsfähigkeit.
  Solche Deckungsfähigkeiten werden auf das Haushaltsjahr begrenzt. Sie können für alle anderen Ausgaben über allgemein gültige Regelungen im Haushaltsgesetz oder nur für einen Verwaltungszweig geltend über Haushaltsvermerke im Haushaltsplan erteilt werden. Voraussetzung dafür ist entweder ein verwaltungsmäßiger oder sachlicher Zusammenhang der Ausgaben oder die wirtschaftliche und sparsame Verwendung der Mittel.

9. Ausgeglichenheit

Der Bundes-/Landeshaushaltsplan ist in Einnahme und Ausgabe **auszugleichen**. 252
Die Forderung nach dem Ausgleich des Haushaltsplans richtet sich

- an den BMF/LMF zum Zeitpunkt der Vorlage des Haushaltsentwurfs (Haushaltsgesetz und Haushaltsplans) an die Bundes-/Landesregierung,
- an die Bundes-/Landesregierung zum Zeitpunkt der Beschlussfassung über den Haushaltsentwurf,
- an das Parlament zum Zeitpunkt der Verabschiedung des Haushaltsgesetzes und der damit verbundenen Feststellung des Haushaltsplans.

10. Öffentlichkeit

Der Haushalt wird im Bundes-/Landtag, Bürgerschaft oder Abgeordnetenhaus 253 öffentlich beraten. Das Haushaltsgesetz und der Gesamtplan werden in den entsprechenden Gesetzblättern veröffentlicht.

Eine Einschränkung des Öffentlichkeitsprinzips besteht im Bereich der **Staats-** 254 **ausgaben geheimer Natur**, den sog. **Reptilienfonds**.

D. Die Gliederung des Haushaltsplans

I. Allgemeines

255 § 13 BHO/LHO regelt die Gliederung des Haushaltsplans. Nach § 13 Abs. 1 BHO/LHO besteht der Haushaltsplan aus dem **Gesamtplan** und den **Einzelplänen.** § 13 Abs. 2 BHO/LHO bestimmt die Arten der Einzelpläne und deren Inhalt und verlangt darüber hinaus die weitere Untergliederung der Einzelpläne in **Kapitel** und **Titel** auf der Basis des für Bund und Länder gemeinsam geltenden **Gruppierungsplans**. Daneben wird in dieser Vorschrift noch eine Bestimmung des Begriffs der Investitionen vorgenommen.

Gliederungsmuster für den Bundes-/Landeshaushalt:

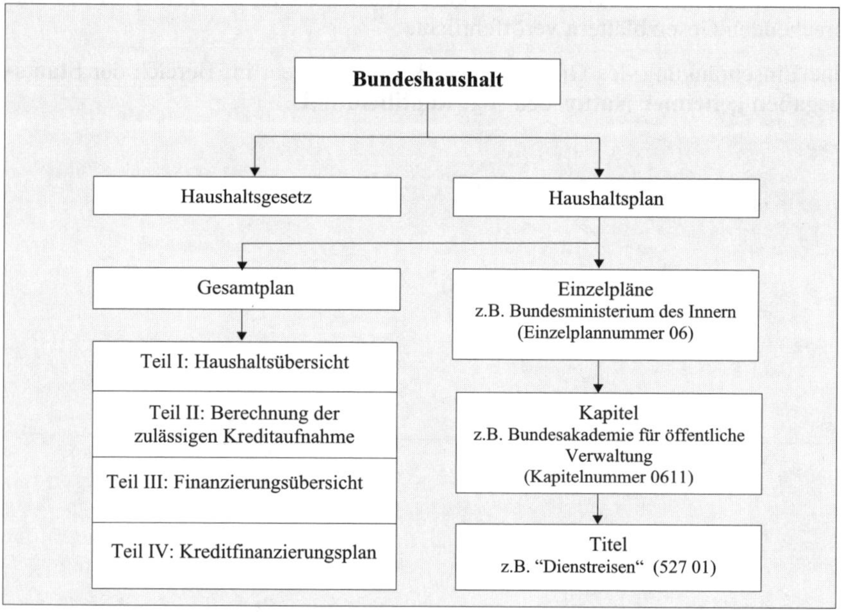

Abb. 12: Die Gliederung des Bundeshaushalts

II. Der Gesamtplan

Der Gesamtplan wird als körperliche Anlage des Haushaltsgesetzes im Gesetzblatt veröffentlicht. Er dient der **besseren Transparenz** der öffentlichen Haushalte und besteht gem. § 13 Abs. 4 BHO/LHO aus verschiedenen Zusammenstellungen und Übersichten. Er ist grundsätzlich für die tägliche Verwaltungsarbeit von untergeordneter Bedeutung. 256

Der **„Gesamtplan“** ist Teil des Haushaltsplans. Er besteht aus insgesamt zehn Teilen und enthält gegenüber dem Haushaltsplan keine zusätzlich veranschlagten Einnahmen, Ausgaben, Verpflichtungsermächtigungen, Planstellen und Stellen. 257

Die wichtigsten vier Teile sind:
- Teil I, die **Haushaltsübersicht**, eine Zusammenfassung der Einnahmen, Ausgaben, Verpflichtungsermächtigungen und der flexibilisierten Ausgaben nach § 5 HG der jeweiligen Einzelpläne,
- Teil II, die Berechnung **der zulässigen Kreditaufnahme,**
- Teil III, die **Finanzierungsübersicht**, die in erster Linie der Ermittlung des Finanzierungssaldos dient, und
- Teil IV, der **Kreditfinanzierungsplan**, der die Einnahmen aus Krediten und die Ausgaben für die Kredittilgung darstellt.

1. Teil I: Die Haushaltsübersicht

Die Haushaltsübersicht stellt eine **Zusammenfassung** der im Haushaltsplan veranschlagten Einnahmen, Ausgaben und Verpflichtungsermächtigungen innerhalb der Einzelpläne sowie den Gesamtabschluss aller Planansätze und somit des gesamten Haushaltsvolumens dar. 258

Mit dem Haushaltsrechts-Fortentwicklungsgesetz, das am 1.1.1998 in Kraft trat, sind u. a. die **flexiblen Budgetierungselemente** (gegenseitige Deckungsfähigkeit, Übertragbarkeit) in das Haushaltsrecht aufgenommen worden und bei der Bewirtschaftung der Haushaltsmittel zu beachten. 259

Auf die in der Haushaltsübersicht des Gesamtplans eigens genannten Kapitel des Haushaltsplans dürfen die im § 5 Abs. 2 bis 4 näher bestimmten Regelungen hinsichtlich **der flexiblen Bewirtschaftung** angewendet werden.

2. Teil II: Berechnung der zulässigen Kreditaufnahme

Im Teil II wird der höchstzulässige Kreditbedarf nach § 5 des Artikel 115-Gesetzes unter Einbeziehung des nominalen Bruttoinlandsproduktes des Vorjahres 260 unter Zugrundelegung des Prozentsatzes der maximal zulässigen strukturellen Nettokreditaufnahme berechnet.

3. Teil III: Die Finanzierungsübersicht

261 Eine wesentliche Funktion der Finanzierungsübersicht ist die Berechnung des **Finanzierungssaldos**, der sich aus der Gegenüberstellung der veranschlagten Einnahmen einerseits und der veranschlagten Ausgaben andererseits ergibt.

Der Finanzierungssaldo weist die Finanzierungslücke bei der Aufstellung des Haushaltsplans aus, die nach Einbeziehung der Münzeinnahmen, einer Entnahme aus den Rücklagen und der Einnahmen aus kassenmäßigen Überschüssen durch die Nettokreditaufnahme des Bundes zu schließen ist.

4. Teil IV: Der Kreditfinanzierungsplan

262 Der Kreditfinanzierungsplan stellt eine Übersicht der im Haushaltsplan – brutto oder netto – veranschlagten Deckungskredite und deren Tilgungsausgaben dar. Er dient vorwiegend haushaltswirtschaftlichen Zwecken und der Vergleichbarkeit der öffentlichen Haushalte.

III. Die Einzelpläne

263 Über die Inhalte der Einzelpläne nach § 13 Abs. 2 BHO/LHO kann auch deren Art bestimmt werden.

1. Institutionalprinzip

264 Ein **Einzelplan** (EPl) enthält alle veranschlagten (geplanten) Haushaltseinnahmen und Haushaltsausgaben, Verpflichtungsermächtigungen, Planstellen, Stellen und Haushaltsvermerke eines bestimmten Verwaltungszweigs, eines bestimmten Aufgabenträgers. Solche Einzelpläne sind für **oberste Bundes-/Landesbehörde** eingerichtet.

265 Einzelpläne dieser Art sind nach dem **Institutionalprinzip** aufgebaut. Der in einigen Fällen noch in diesem Zusammenhang gebräuchliche und in der Literatur noch teilweise benutzte Begriff des Ministerialprinzips ist deswegen mißverständlich, weil im Bereich sowohl des Bundes sechs Einzelpläne als auch im Bereich der Länder drei dieser Art auf andere Verwaltungszweige als Ministerien (z. B. Bundes-/Landtag, Bundes-/Landesrechnungshof, Bundes-/Landesverfassungsgericht) entfallen.

Durch die Einrichtung der Einzelpläne nach dem Institutionalprinzip wird die Verantwortung der obersten Bundes-/Landesbehörden für die Haushalts- und Wirtschaftsführung ihres Verwaltungszweigs erkennbar.

Einzelplanführende **Oberste Bundesbehörden** sind: 266

- der Bundespräsident mit dem Bundespräsidialamt,
- der Deutsche Bundestag,
- der Bundesrat,
- die Bundeskanzlerin mit dem Bundeskanzleramt,
- die Bundesministerien,
- das Bundesverfassungsgericht,
- der Bundesrechnungshof.

Die vier zuerst genannten Verfassungsorgane (z. B. Deutscher Bundestag) sind **durch ihre Verwaltungen** (z. B. Bundestagsverwaltung) **Oberste Bundesbehörde**! Das Gleiche trifft auf die entsprechenden Organe der Länder zu.

Der **Bundes-/Landesrechnungshof** ist nicht in die Gewaltenteilung einzuordnen. Er ist ein nur allein dem Gesetz unterworfenes und damit ein von Weisungen unabhängiges Organ der Finanzkontrolle. 267

2. Realprinzip

Neben den Einzelplänen, die nach dem Institutionalprinzip eingerichtet sind, bestehen weitere Einzelpläne, die nach dem **Realprinzip** aufgestellt sind. Ihr Inhalt besteht aus bestimmten Gruppen von Einnahmen und Ausgaben, die von mehreren oder auch von allen obersten Bundes-/Landesbehörden gemeinsam verwaltet werden. 268

Einzelpläne dieser Art sind im Bereich des Bundes:

- die Bundesschuld,
- die Allgemeine Finanzverwaltung.

Im Bereich der **Länder** können die Realpläne anders strukturiert sein, z. B. im Freistaat Thüringen bestehen zwei Realpläne, der 269

- der Allgemeinen Finanzverwaltung (Einzelplan 16), in dem auch der Schuldendienst des Landes nachgewiesen wird,
- der staatlichen Hochbaumaßnahmen (Einzelplan 17).

Bis zum Jahr 2006 gab es im Bundeshaushaltsplan neben diesen beiden verbliebenen Realplänen noch den nicht unbedeutenden Realplan „Versorgung" (Epl. 33). Die Versorgungsleistungen des Bundes sind ab dem Jahr 2007 in die Einzelplänen der Verwaltungszweige verlagert worden und sind in den jeweiligen Kapiteln 67 veranschlagt. 270

271 Die sonstigen Versorgungsleistungen (z. B. Versorgungsleistungen an ehemalige Angehörige der Monopolverwaltungen, Reichs- oder Zonenbehörden) sind nunmehr im Realplan 60 „Allgemeine Finanzverwaltung“ enthalten.

272 Der **Haushaltsplan des Bundes** besteht zurzeit aus 22 Einzelplänen:

EPL.-Nr.:	**Bezeichnung**	
01	Bundespräsident und Bundespräsidialamt	
02	Deutscher Bundestag	
03	Bundesrat	
04	Bundeskanzlerin und Bundeskanzleramt	
05	Auswärtiges Amt	
06	Bundesministerium des Innern	
07	Bundesministerium der Justiz	
08	Bundesministerium der Finanzen	
09	Bundesministerium für Wirtschaft und Technologie	Institutionalprinzip
10	Bundesministerium für Ernährung, Landwirtschaft und Verbraucherschutz	
11	Bundesministerium für Arbeit und Soziales	
12	Bundesministerium für Verkehr, Bau- und Stadtentwicklung mit Straßenbauplan 2012	
14	Bundesministerium der Verteidigung	
15	Bundesministerium für Gesundheit	
16	Bundesministerium für Umwelt, Naturschutz und Reaktorsicherheit	
17	Bundesministerium für Familie, Senioren, Frauen und Jugend	
19	Bundesverfassungsgericht	
20	Bundesrechnungshof	
23	Bundesministerium für wirtschaftliche Zusammenarbeit und Entwicklung	
30	Bundesministerium für Bildung und Forschung	
32	*Bundesschuld*	Realprinzip
60	*Allgemeine Finanzverwaltung*	

Abb. 13: Zusammenstellung der im Jahr 2012 bestehenden Einzelpläne

Dem Einzelplan geht ein **Vorwort** voraus, mit dem der zuständige Ressortminister/Präsident auf die Aufgaben und auf den Aufbau seines Verwaltungszweigs eingeht. 273

In ausgeprägter Form findet das haushaltsrechtliche Element des Vorworts im **Einzelplan des Bundesministeriums der Verteidigung** seine detaillierte Ausgestaltung, wo nahezu in jeder Einzelheit auf die Organisation, Gliederung und personelle Stärke des Geschäftsbereichs eingegangen wird. Diese Verfahrensweise ist in der Verfassungsnorm des Artikels 87a GG begründet, wo es heißt, dass sich zahlenmäßige Stärke der Bundeswehr und die Gründzüge ihrer Organisation aus dem Haushaltsplan ergeben müssen. 274

Jeder Einzelplan ist mit einer **zweistelligen Einzelplannummer** gekennzeichnet. Die Reihenfolge der Einzelpläne entspricht im Wesentlichen auch der Reihenfolge der Verfassungsorgane und der traditionellen Rangfolge der Ministerien oder ihrer Entstehungsgeschichte. 275

Eine Besonderheit weist der Einzelplan 12, der des Bundesministeriums für Verkehr, Bau und Stadtentwicklung auf, der in einer detaillierten Übersicht neben dem Einzelplan die Bundesfernstraßenmaßnahmen der Kapitel 1209 (mit Erhebung der LKW-Maut) und 1210 (Bundesfernstraßen ohne LKW-Maut) darstellt. 276

IV. Die Kapitel

Die Einzelpläne werden in **Kapitel** untergliedert. Diese weitere Gliederungsform folgt im System weitestgehend dem Gliederungssystem der Einzelpläne, nämlich 277
- nach **Verwaltungsbereichen** (vergleichbar dem Institutionalprinzip) oder
- nach **Aufgabengebieten** (vergleichbar dem Realprinzip).

Die weitere Gliederung der Einzelpläne des Institutionalprinzips erfolgt nach folgendem Muster: 278
- Kapitel 01: = Ministerium
- Kapitel 02: = Allgemeine Bewilligungen
- Kapitel 03 ff.: = nachgeordnete Behörden oder Verwaltungsbereiche und Aufgabengebiete

Die **Kapitel** sind – wie auch die Einzelpläne – in sich abgeschlossen und enthalten alle veranschlagten Einnahmen, Ausgaben und Verpflichtungsermächtigungen dieses Behörden- oder Verwaltungsbereichs bzw. Aufgabengebiets. 279

Einem Kapitel können **Vorbemerkungen** vorangestellt werden, sofern dies zur Verdeutlichung der Kapitelstruktur für erforderlich gehalten wird. In ihnen werden z. B. die Rechtsgrundlagen für die Einrichtung von Behörden dieses betreffenden Kapitels, ihre Struktur sowie deren Aufgaben und Aufbau näher erläutert.

Titel Funktion	Zweckbestimmung	Soll 2012 1000 €	Soll 2011 1000 €	Ist 2010 1000 €
	Vorbemerkung Zentrale und Auslandsvertretungen bilden nach § 2 des Gesetzes über den Auswärtigen Dienst eine einheitliche Bundesbehörde. Aus diesem Grund ist zwischen Kap. 0501 und Kap. 0503 eine weitgehende gegenseitige Deckungsfähigkeit bei den flexibilisierten Mitteln (50 Prozent) sowie eine weitreichende Nutzungsmöglichkeit beim Stellensoll der einzelnen Besoldungs- und Vergütungsgruppen des zu verstärkenden Kapitels (50 Prozent) vorgesehen.			

Abb. 14: Beispiel: Vorbemerkungen des Kapitels 0503 „Auswärtiges Amt – Vertretungen des Bundes im Ausland“

280 Am Ende eines Kapitels werden die veranschlagten Haushaltseinnahmen und Haushaltsausgaben der jeweiligen Zweckbestimmungen einander gegenübergestellt, so dass sie auf einem Blick zu erkennen sind (Abschluss eines Kapitels).

Titel Funktion	Zweckbestimmung	Soll 2012 1000 €	Soll 2011 1000 €	Ist 2010 1000 €
	Abschluss des Kapitels 0503			
	Einnahmen			
	Verwaltungseinnahmen			
	Übrige Einnahmen	104 566	104 566	
	Gesamteinnahmen....................	-	-	
	Ausgaben	104 566	104 566	
	Personalausgaben......................	505 060	491 553	
	Sächliche Verwaltungsausgaben...	115 629	110 610	
	Zuweisungen und Zuschüsse (ohne Investitionen).................	5 376	3 511	
	Ausgaben für Investitionen.........	88 000	87 063	
	Besondere Finanzierungsausgaben..	-	-	
	Gesamtausgaben......................	714 065	692 737	
	Flexibilisierte Ausgaben nach § 5 HG im Kapitel 0503			
	Aus Hauptgruppe 4..................	505 060	491 553	
	Aus Hauptgruppe 5..................	111 429	107 291	
	Aus Hauptgruppe 6..................	5 376	3 511	
	Aus Hauptgruppe 7..................	59 900	60 944	
	Aus Hauptgruppe 8..................	28 100	26 119	
	Zusammen	709 865	689 418	

Abb. 15: Beispiel des Kapitelabschlusses 0503 „Auswärtiges Amt – Vertretungen des Bundes im Ausland“

Die Kennzeichnung der Kapitel erfolgt über eine vierstellige Ziffernfolge, der **281**
sog. Kapitelnummer im **weiteren** Sinne. Die beiden ersten Stellen geben den jeweiligen Einzelplan an. Die letzten beiden Ziffern bilden die **Kapitelnummer** im **engeren** Sinne. Sie werden getrennt gesprochen.

Beispiel:
Die Kapitelnummer 0610 bedeutet:

- Einzelplan 06 = Bundesministerium des Innern
- Kapitel 10 = Bundeskriminalamt

Einteilung der Kapitel; z. B. im Einzelplan 06 des Bundeshaushaltsplans 2012:

0601 Bundesministerium
0602 Allgemeine Bewilligungen
0607 Der Bundesbeauftragte für den Datenschutz und die Informationsfreiheit
0608 Statistisches Bundesamt
0609 Bundesamt für Verfassungsschutz
0610 Bundeskriminalamt
0611 Bundesakademie für öffentliche Verwaltung
0612 Fachhochschule des Bundes für öffentliche Verwaltung
0615 Bundesverwaltungsamt
0616 Bundesamt für Kartografie und Geodäsie
0617 Bundesinstitut für Bevölkerungsforschung
0618 Bundesinstitut für Sportwissenschaften
0623 Bundesamt für Sicherheit und Informationstechnik
0624 Beschaffungen für die Bereitschaftspolizeien der Länder

bis

0626 Beschaffungsamt des Bundesministeriums des Innern
0628 Bundesamt für Bevölkerungsschutz und Katastrophenhilfe
0629 Bundesanstalt Technisches Hilfswerk
0633 Bundesamt für Migration und Flüchtlinge
0635 Bundeszentrale für politische Bildung
0640 Bewilligungen für Spätaussiedler, Minderheiten und Vertriebene
0667 Versorgung der Beamtinnen und Beamten sowie der Richterinnen und Richter des Einzelplans 06

V. Die Titel

1. Allgemeines

282 Die Einzelveranschlagung der Einnahmen nach dem Entstehungsgrund und der Ausgaben nach dem Verwendungszweck erfolgt nach § 17 BHO/LHO bei den **Titeln**.

283 Der Titel ist die **kleinste haushaltsmäßige Einheit** und damit die **unterste Gliederungsstufe** des Haushaltsplans. Die Gliederung (Systematik) des Haushalts unterscheidet sich seit 1970 von der bisherigen im Wesentlichen dadurch, dass die Haushaltseinnahmen und die Haushaltsausgaben einheitlich für Bund, Länder und Gemeinden nach einheitlichen **ökonomischen Gesichtspunkten** geordnet sind.

Grundlage für diese Verfahrensweise ist der **Gruppierungsplan** als Teil der Verwaltungsvorschriften zur Haushaltssystematik des Bundes (VV-HB), der für Bund und Länder gleichermaßen bindend ist. 284

Titel Funktion	Zweckbestimmung	Soll 2012 1000 €	Soll 2011 1000 €	Ist 2010 1000 €
	Ausgaben für Investitionen			
F 812 01-042	Erwerb von Geräten, Ausstattungs- und Ausrüstungsgegenständen für kriminalpolizeiliche und Verwaltungszwecke Verpflichtungsermächtigung fällig im Haushaltsjahr 2013 bis zu .... 500 T€ Haushaltsvermerk Mehrausgaben für die Beschaffung von Geräten sowie Ausstattungs- und Ausrüstungsgegenständen für kriminalpolizeiliche und Verwaltungszwecke dürfen bis zur Höhe der Mehreinnahmen bei folgendem Titel geleistet werden: 132 01 Erläuterungen: ...	2 385	2 385	5 033

Abb. 16: Beispiel der Darstellung eines Titels aus dem Kapitel 0610 (Bundeskriminalamt)

In ähnlicher Weise erfolgt die Darstellung der Titel bei den meisten Bundesländern. 285

Titel	FZ	Zweckbestimmung	Ist 2010	Ansatz 2011	Ansatz 2012
			Angaben in EUR		
546 03	011	**Förderung des Polizeisports** *Mehrausgaben dürfen bis zur Höhe der Einnahmen bei Titel 119 52 geleistet werden.*	**24 245**	**25 600**	**37 600**

Abb. 17: Beispiel aus dem Landeshaushalt des Freistaats Thüringen (Thüringer Innenministerium – Kapitel 0312)

286 Der **Titel** stellt im Rahmen des parlamentarischen Budgetbewilligungsrechts **die wichtigste Gliederungsform des Haushaltsplans** dar, denn die parlamentarische Ausgabeermächtigung erstreckt sich als Einzelbewilligung auf den jeweiligen Ausgabetitel.

Die Feststellung des Haushaltsplans bedeutet mithin, dass er ohne erneutes Gesetzgebungsverfahren nicht mehr geändert werden kann.

287 In den Titeln werden die Haushaltseinnahmen nach ihrem Entstehungsgrund, die Haushaltsausgaben nach ihrem Verwendungszweck veranschlagt.

288 Im Bundeshaushaltsplan sind etwa 11.000 Titel abgebildet; davon sind ca. 9.500 Ausgabetitel und rund 1.500 Einnahmetitel

2. Teile des Titels

289 Der Titel besteht aus drei Teilen:

Zweckbestimmung
z.B.: Anwärterbezüge
wörtliche Beschreibung
- des Entstehungsgrundes der Haushaltseinnahmen
- des Verwendungszwecks (hier): der Haushaltsausgaben

Titelnummer
z.B.: 422 03: kodierte Zweckbestimmung, immer fünfstellig:
- **Gruppierungsnummer** (z.B. 422): bei Bund und Ländern identisch
- **Ordnungsziffer** (z.B.03): bei Bund und Ländern unterschiedlich

Mittelansatz
Im Haushaltsplan in **Tausend Euro** angegeben:
- Aktueller Ansatz des Haushaltsjahres,
- Ansatz des Vorjahres
- Ist-Ergebnis des Vorvorjahres

Abb. 18: Bestandteile des Titels

2.1 Zweckbestimmung

290 Die Haushaltseinnahmen sind nach ihrem **Entstehungsgrund** im Haushaltsplan veranschlagt (eingeplant), z. B.:
- Lohnsteuer, Energiesteuer
- Einnahmen aus Vermietungen und Verpachtungen
- Einnahmen aus Veräußerungen

291 Die Haushaltsausgaben sind nach ihrem **Verwendungszweck** veranschlagt, z. B.:
- Dienstbezüge der planmäßigen Beamten,
- Dienstreisen
- Unterhaltung der Grundstücke und baulichen Anlagen

Die Bezeichnung des Entstehungsgrundes der Einnahmen und des Verwendungszwecks der Ausgaben erfolgt bei der **Zweckbestimmung** des Titels in Worten. Diese – in verbaler Beschreibung gefasste – Zweckbestimmung steht im sog. **Dispositiv** (Zweckbestimmungsspalte) des Titels. **292**

Die Zweckbestimmung ist bei der Ausführung des Haushaltsplans für die Exekutive **bindend**. Es dürfen **293**
- keine anderen Einnahmen als in der Zweckbestimmung genannt auf dem Einnahmetitel angenommen werden,
- keine anderen Ausgaben als in der Zweckbestimmung angegeben aus einem Ausgabetitel geleistet werden.

2.2 Titelnummer

Die Titelnummer ist eine in **Ziffern ausgedrückte Zweckbestimmung**. **294**

Der Gliederung des Haushalts, mithin der Bildung der Titelnummer, liegt der **Gruppierungsplan** als Teil der Verwaltungsvorschriften zur Haushaltssystematik des Bundes – VV-HB – zu Grunde. **295**

Die Titelnummer ist beim Bund und bei den meisten Bundesländern **fünfstellig**, wobei zwischen den ersten drei und den letzten zwei Stellen in der Schreibweise ein Zwischenraum zu lassen ist.

Beispiel:
1404 ***527 01***

2.2.1 Gruppierungsplan (§ 13 Abs. 3 BHO)

Im Gruppierungsplan – Teil der VV-HB – sind die ersten 3 Stellen der fünfstelligen Titelnummer, die sog. **Gruppierungsnummer**, für den Bund und für die Länder **übereinstimmend und verbindlich** festgelegt. **296**

Der Gruppierungsplan ist auch mit der **Haushaltssystematik der Gemeinden** abgestimmt.

Die Mindestanforderungen an den Gruppierungsplan sind in § 13 Abs. 3 BHO/LHO festgelegt.

Durch die **bei allen Gebietskörperschaften** (Bund, Länder und Gemeinden) **für jede Zweckbestimmung einheitliche Gruppierungsnummer** lassen sich die öffentlichen Haushalte ohne große Umrechnungen miteinander vergleichen. Das Haushaltsgebaren aller öffentlichen Hände wird dadurch transparent. **297**

2.2.2 Gruppierungsnummer

Hauptgruppe	→	Obergruppen	→	Gruppen
0 Einnahmen aus Steuern und steuerähnlichen Abgaben				
1 Allgemeine Verwaltungseinnahmen				
2 Einnahmen aus Zuweisungen usw.				
3 Einnahmen aus Schuldenaufnahme				
4 Personalausgaben	→	4 Personalausgaben		
5 Sächliche Verwaltungsausgaben		41 Aufwendungen usw.		
6 Ausgaben aus Zuweisungen usw.		42 Bezüge und dergleichen	→	42 Bezüge und dergleichen
7 Baumaßnahmen		43 Versorgungsbezüge		421 Bezüge des Bundespräsidenten usw.
8 Sonstige Ausgaben für Investitionen		44 Beihilfen		422 Bezüge der Beamten, Richter usw.
9 Besondere Finanzierungsausgaben		45 …		423 Bezüge der Soldaten
		46 …		428 Entgelte der Arbeitnehmerinnen und Arbeitnehmer

Abb. 19: Schematische auszugsweise Darstellung des Gruppierungsplans

298 Die dreistellige Gruppierungsnummer ist eingeteilt in

- Hauptgruppe
- Obergruppe und
- Gruppe (Gruppierungsnummer)

Die **erste Ziffer** der dreistelligen Gruppierungsnummer ist die **Hauptgruppe**: 299

- auf der **Einnahmeseite**:
  0 = Einnahmen aus Steuern und steuerähnlichen Abgaben
  1 = Allgemeine Verwaltungseinnahmen …
  2 = Einnahmen aus Zuweisungen, Zuschüssen …
  3 = Einnahmen aus Schuldenaufnahmen …
- auf der **Ausgabenseite**:
  4 = Personalausgaben
  5 = sächliche Verwaltungsausgaben, mil. Beschaffungen etc.
  6 = Ausgaben für Zuweisungen und Zuschüsse
  7 = Baumaßnahmen (im Bereich BMVg jedoch Hauptgruppe 5)
  8 = sonstige Ausgaben für Investitionen
  9 = besondere Finanzierungsausgaben

Durch das Anhängen einer weiteren Ziffer wird die Hauptgruppe zur **Obergruppe** erweitert. Dadurch erhält die Hauptgruppe eine präzisere ökonomische Bestimmung, z. B.: 300

Hauptgruppe	4	= Personalausgaben
Obergruppe	*42*	= Bezüge und dergleichen

Durch das Anhängen einer zusätzlichen dritten Ziffer an die Obergruppe wird die **Gruppe** oder auch **Gruppierungsnummer** gebildet. z. B.: 301

Hauptgruppe	4	= Personalausgaben
Obergruppe	42	= Bezüge und dergleichen
Gruppe	*422*	= Bezüge der Beamten und Richter

2.2.3 Ordnungsziffer

Eine weitere Aufteilung der Einnahme-/Ausgabeart durch Erweiterung der dreistelligen Gruppierungsnummer in die 5-stellige **Titelnummer ist in das Ermessen einer jeden Gebietskörperschaft** gelegt und wird durch den BMF/LMF festgelegt. 302

Die letzten zwei Ziffern beginnen stets mit 01, 02, 03 etc und enden bei 99, z. B.:

453 **01**, 422 **01**

119 **99**, 539 **99**

2.2.4 Mittelansatz

Der **veranschlagte Betrag** ist der für das Bezugsjahr (Haushaltsjahr) voraussichtlich bei dieser Zweckbestimmung anfallende und kassenwirksam werdende Betrag. 303

304 Im Haushaltsplan wird der Mittelansatz in Tausendern dargestellt.

Der ebenfalls angegebene Planungsansatz des **Vorjahres** und das Ist-Ergebnis des **Vorvorjahres** haben lediglich vergleichenden, mithin informatorischen Charakter.

2.2.5 Titelgruppen

305 Titelgruppen werden gebildet, wenn mehrere Einzeltitel, die sich aus Einzelbeträgen verschiedener ökonomischer Arten zusammensetzen und daher getrennt voneinander veranschlagt werden müssen, einer **gemeinsamen übergeordneten Zweckbestimmung** untergeordnet werden können und dadurch die Bewirtschaftung dieser einzelnen Titel vereinfacht werden kann.

306 Titelgruppen sind folglich die **Zusammenfassung sachlich zusammengehöriger Titel:**

- Jeder zur Titelgruppe gehörende Titel ist mit einem eigenen Mittelansatz ausgestattet.
- Die Einzeltitel werden unter einer **gemeinsam übergeordneten Zweckbestimmung** am Ende eines Kapitels unter der **Überschrift „Titelgruppen"** aufgeführt.
- Jede Titelgruppe erhält eine fortlaufende zweistellige Nummer, die Titelgruppennummer (z. B. TGr. 01, 02 etc.)
- Die Titelnummer innerhalb einer Titelgruppe *soll* in der vierten (vorletzten) Stelle die mit der Titelgruppe übereinstimmende Ordnungsnummer haben.
- Der auf die einzelne Titelgruppe entfallende Gesamtbetrag ist in der Höhe der gemeinsamen übergeordneten Zweckbestimmung zu Beginn der Titelgruppe in Klammern anzugeben.

2.2.6 Festtitel

307 Für den Bund ist in den „Allgemeinen Hinweisen zum Gruppierungsplan" eine Reihe von Titeln in der Titelnummer in allen fünf Stellen festgelegt. Sie führen die Bezeichnung „Festtitel", d. h. sie stehen fest, ohne dass die Titelnummer oder die Zweckbestimmung geändert werden darf.

2.2.7 Leertitel

308 Ein **Leertitel** ist ein Titel mit Titelnummer und Zweckbestimmung, aber **ohne Mittelansatz**. Leertitel werden nur ausnahmsweise in den Haushaltsplan aufgenommen, wenn dies aus zwingenden konjunkturpolitischen Gründen (z. B. Leistung zusätzlicher Ausgaben bei einer Störung des gesamtwirtschaftlichen Gleichgewichts) oder aus bestimmten haushaltswirtschaftlichen Gründen (z. B. Abwicklung übertragbarer Ausgaben über das Jahr der Schlussbewilligung hinaus) geboten erscheint.

Ausgaben aus einem Leertitel bedürfen der **Zustimmung des Haushaltsausschusses** des Deutschen Bundestages.

2.2.8 Haushaltsvermerke

Haushaltsvermerke sind **bindende Anweisung an die Exekutive** während der Bewirtschaftung der Haushaltsmittel. Sie können die Bewirtschaftungsmaßnahmen einerseits **erweitern** und anderseits einschränken. Nach den Haushaltstechnischen Richtlinien sind sie im Dispositiv des Haushaltsplans bei den entsprechenden Titeln aufzunehmen. **309**

Danach können Einnahme- und Ausgabetitel durch folgende Haushaltsvermerke ergänzt werden, z. B.

– Übertragbarkeitsvermerke:	*„Die Ausgaben sind übertragbar."*
– Zweckbindungsvermerke:	*„Die Einnahmen dienen der Deckung der Ausgaben bei Titel..."*
– Deckungsvermerke:	*„Die Mittel der Titel ... und Titel ... sind gegenseitigdeckungsfähig."*
– Erstattungsvermerke:	*„Erstattungen Dritter fließen den Ausgaben zu."*

2.2.9 Erläuterungen

Die Erläuterungen befinden sich ebenfalls im Dispositiv (Zweckbestimmungsspalte) des Haushaltsplans und erfüllen lediglich eine hinweisende, aufklärende Funktion. Im Gegensatz zu den Haushaltsvermerken haben sie bei der Bewirtschaftung der Mittel keine bindende Wirkung. Die grundsätzlich nicht verbindlichen Erläuterungen können jedoch im Haushaltsgesetz im Einzelfall für verbindlich erklärt werden. Dies geschieht seit 1972 regelmäßig mit dem Stellenplan für Angestellte, der nach § 17 Abs. 6 BHO/LHO in den Erläuterungen abgedruckt wird. Mit dem jährlichen Bundeshaushaltsgesetz erklärt der Bundeshaushaltsgesetzgeber diese Stellen jedoch regelmäßig für verbindlich. **310**

Die Erläuterungen gliedern beispielsweise einen Mittelansatz in seine einzelnen Bestandteile auf oder führen die oftmals knapp gehaltene Zweckbestimmung weiter aus.

2.2.10 Kennzeichnung der Gliederung

Die Gliederung des Haushaltsplans in Einzelpläne, Kapitel und Titel geschieht durch Kennzahlen im **Dezimalsystem**. **311**

Die **beiden ersten** Ziffern bezeichnen stets den **Einzelplan**. Es handelt sich um die Einzelplannummer (z. B. 08 = Geschäftsbereich des Bundesministeri- **312** ums der Finanzen). **Die folgenden zwei** Ziffern bezeichnen stets das **Kapitel**. Es handelt sich um die Kapitelnummer im engeren Sinne (z. B. 01 = Ministerium unmittelbar). Die zweistellige Kapitelnummer wird jedoch immer im **Zusammenhang mit der Einzelplannummer** dargestellt und genannt (z. B. 0801). Getrennt hiervon wird die immer fünfstellige **Titelnummer** dargestellt (z. B. 511 01).

Beispiel:

Einzelplan 08:	=	Geschäftsbereich des Bundesministeriums der Finanzen:	08
Kapitel 01:	=	Ministerium:	01
Titel 511 01:	=	Geschäftsbedarf, Kommunikation …	511 01
Haushaltsstelle:			**0801 511 01**

Diese Schreibweise ergibt sich aus der Darstellungsform im gesetzlich festgestellten Haushaltsplan.

VI. Gliederungsformen außerhalb des Haushaltsplans

1. Buchungsabschnitte

313 Buchungsabschnitte sind im Haushaltsplan (Einzelplan) nicht vorgesehen. Die oberste Behörde eines Verwaltungszweigs kann jedoch zur Erreichung einer besseren Bewirtschaftung und Übersicht die weitere Aufteilung der Ausgaben bei bestimmten, in aller Regel komplexeren Titeln anordnen. Dies geschieht über die Einrichtung von Buchungsabschnitten, die für den jeweiligen Verwaltungsbereich beispielsweise über die eigenen Ministerialblätter bekanntgegeben werden und damit verbindlich sind.

Jeder Buchungsabschnitt ist wie ein selbstständiger Titel zu führen.

314 Behandlung von Buchungsabschnitten im **HKR-Verfahren**: Im HKR-Verfahren muss der Einrichtung von ressortinternen Buchungsabschnitten ein weiterer Schritt folgen, um die Buchungsabschnitte im automatisierten Verfahren verarbeitbar zu machen. Deshalb erfolgt auf der Mittelverteilerebene 1 (einzelplanführende Stelle) die Umsetzung der Buchungsabschnitte in systemkompatible Objektkonten (s. lfd. Nr. 2).

315 **Objektkonten** bieten die Möglichkeit, auf jeder Bewirtschafterebene entsprechend dem jeweiligen Informationsbedarf des Bewirtschafters die Titelkonten

beliebig oft zu unterteilen. Sie sind wie ein Titelkonto ein eigenständiges Sachbuchkonto mit einer entsprechenden **Sachbuchkontonummer**, die in jeder Kassenanordnung oder Kassenanweisung anzugeben ist.

2. Objektkonten

Auf der Ebene der Bundeskassen kann im HKR-Verfahren das Titelkonto auf allen Bewirtschafterebenen weiter unterteilt werden. Diese weiteren Unterteilungen erfolgen in sog. Objektkonten. 316

Bereits vor Einführung des HKR-Verfahrens kannte man die weitere verwaltungsseitige Unterteilung eines Titels in Buchungsabschnitte *(s. Rn. 313).*

Auch Buchungsabschnitte waren kassenmäßig zu erfassen und waren für sich gesondert zu bewirtschaften. Sie dienten und dienen auch weiterhin der **besseren Bewirtschaftung bestimmter, komplexerer Titel.**

Ebenso ist im HKR-Verfahren eine ähnliche verwaltungsmäßige Aufteilung von Titelkonten möglich und teilweise sogar erforderlich (z. B. bei eingerichteten Buchungsabschnitten). Solchermaßen aufgeteilte Titelkonten bezeichnet das HKR-Verfahren als **Objektkonten**. 317

Beispiel:

Abb. 20: Untergliederung eines Titels in Objekte

Objektkonten bieten die Möglichkeit, ein Titelkonto auf jeder Bewirtschafterebene entsprechend dem jeweiligen Informationsbedarf des Bewirtschafters beliebig oft zu gliedern. Das bedeutet zunächst, dass der Bewirtschafter seine Mittel entweder auf Titelkonten oder aber auf Objektkonten zugewiesen bekommt, wenn der übergeordnete Mittelverteiler die Titelkonten bereits auf Objektkonten aufgeteilt hat. 318

Bereits auf einer Mittelverteilerebene in Objektkonten untergliederte Titelkonten können auch **nur in der unterteilten Form des Objektkontos auf die jeweils nachgeordnete Bewirtschaftungsebene weitergegeben werden.** 319

320 Objektkonten können je nach Bedarf weiter in **Unterobjektkonten** aufgegliedert werden. Die Tiefe der weiteren Untergliederung ist unbegrenzt.

321 Der **Bewirtschafter** veranlasst die Einrichtung von Objektkonten mit einer Kassenanweisung über seine zuständige Bundeskasse bzw. im Dialogverfahren. Durch Angabe des übergeordneten (zu unterteilenden) Sachbuchkontos wird das neu einzurichtende Objektkonto mit diesem verknüpft. Die Einrichtung und Verknüpfung in das Kontensystem wird über das DV-System vorgenommen.

Die Objektnummer ist immer siebenstellig und wird um eine vom System vergebene Prüfziffer **erweitert**.

Mit Vergabe der Objektnummer wird das Objektkonto eingerichtet.

Die **Objektkontonummer** als **Sachbuchkontonummer** setzt sich zusammen aus
- der achtstelligen Bewirtschafternummer,
- zwei ergänzenden Nullen,
- der achtstelligen Objektnummer (einschließlich Prüfziffer).

Beispiel:

Bewirtschafternummer	***Ergänzende Nullen***	***Objektnummer***
030 01 899	**00**	**0246784 5**

Abb. 21: Beispiel einer Objektnummer als Sachbuchkontonummer

VII. Die Gliederung des Haushaltsplans (Kurzfassung)

322 Der Haushaltsplan besteht aus dem Gesamtplan und den Einzelplänen.

1. Der Gesamtplan

323 **Haushaltsübersicht:** Eine Zusammenstellung aller im HHPl veranschlagten Haushaltseinnahmen und -ausgaben sowie Verpflichtungsermächtigungen nach Einzelplänen getrennt und eine Gesamtsumme bildend.

324 In der Haushaltsübersicht ist eine **Übersicht über die flexibilisierten Ausgaben enthalten:** Eine Darstellung der Kapitel des HHPl, auf die sich § 5 HG 20.. im Rahmen der flexiblen Bewirtschaftung erstreckt.

325 **Finanzierungsübersicht:** Eine Darstellung des Finanzierungssaldos durch Gegenüberstellung der veranschlagten Haushaltseinnahmen und -ausgaben; dadurch Ermittlung des Kreditbedarfs.

Kreditfinanzierungsplan: Eine Darstellung der im HHPl – brutto oder netto – veranschlagten Einnahmen aus Krediten und der Tilgungsausgaben. 326

2. Die Einzelpläne

Ein Einzelplan (EPl) enthält alle zu erwartenden Haushaltseinnahmen, voraussichtlich zu leistende Haushaltsausgaben, voraussichtlich benötigten Verpflichtungsermächtigungen, Planstellen und Stellen sowie Haushaltsvermerke einer **obersten Verwaltungsbehörde**; diese sind im Bereich des Bundes: 327

- das Bundespräsidialamt,
- der Deutsche Bundestag,
- der Bundesrat,
- das Bundeskanzleramt,
- die Bundesministerien,
- das Bundesverfassungsgericht,
- der Bundesrechnungshof.

Die Einzelpläne werden **zweistellig nummeriert**. Jedem Einzelplan geht ein „Vorwort" voraus.

3. Die Kapitel

Ein Kapitel untergliedert einen Einzelplan nach 328

- Verwaltungsbehörden,
- Verwaltungsbereichen,
- bedeutenden Aufgabengebieten.

Die Kapitel sind ebenfalls **zweistellig nummeriert**. Die **Kapitelnummer** wird jedoch immer im Zusammenhang mit der Einzelplannummer dargestellt und genannt. Jedem Kapitel gehen Vorbemerkungen voraus. 329

4. Die Titel

Die Kapitel sind in Titel unterteilt. Der Titel ist die **kleinste haushaltsmäßige Gliederungsform**. Er ist die haushaltsrechtliche Veranschlagungsform einer einzelnen Einnahme- oder Ausgabeart. 330

Der Titel besteht aus der **Zweckbestimmung**, der **Titelnummer** und dem **Mittelansatz**. 331

Die Titelnummer entspricht einer in Ziffern ausgedrückten Zweckbestimmung. Sie ist immer fünfstellig: 332

- Die erste Ziffer ist die **Hauptgruppe**: z. B. 5
- Die ersten zwei Ziffern bilden die **Obergruppe**: z. B. 52
- Die ersten drei Ziffern stellen die **Gruppe** dar: z. B. 527
- Die ersten drei Ziffern der Titelnummer (527 ..) – die sog. Gruppe oder Gruppierungsnummer – wird dem für Bund, Länder (und Gemeinden) gemeinsam geltenden „Gruppierungsplan" entnommen.

333 Die Erweiterung der dreistelligen Gruppierungsnummer zur vollständigen fünfstelligen Titelnummer geschieht über die sog. Ordnungsziffer, deren Gestaltung in das Ermessen der jeweiligen Gebietskörperschaft gestellt ist.

334 Die **Haushaltsstelle** wird nach der Schreibweise im Haushaltsplan dargestellt:

z. B. 0801 527 01.

5. Der Gruppierungsplan

335 Der Gruppierungsplan ist Bestandteil der „Verwaltungsvorschriften zur Haushaltssystematik des Bundes" (VV-HB).

336 Die Systematik der **Gruppierungsnummer** ist nach volkswirtschaftlichen Gesichtspunkten gegliedert. Die erste Ziffer der Gruppierungsnummer ist die **Hauptgruppe**:

0	=	Einnahmen aus Steuern usw.	
1	=	Allgemeine Verwaltungseinnahmen usw.	Einnahmetitel
2	=	Einnahmen aus Zuweisungen usw.	Einnahmetitel
3	=	Einnahmen aus Schuldenaufnahmen usw.	
4	=	Personalausgaben	
5	=	sächliche Verwaltungsausgaben usw.	Ausgabetitel
6	=	Ausgaben für Zuweisungen usw.	Ausgabetitel
7	=	Baumaßnahmen	Ausgabetitel
8	=	sonstige Ausgaben für Investitionen	Ausgabetitel
9	=	besondere Finanzierungsausgaben	

Durch die Erweiterung der Hauptgruppe um eine zweite Stelle entsteht die **Obergruppe**, die die Einnahme oder Ausgabe ökonomisch noch präziser gestaltet.

Durch das Anhängen einer weiteren, dritten Stelle erhält die nunmehr dreistellige **„Gruppierungsnummer“** gegenüber der Obergruppe einen noch konkreteren Aussagewert, z. B.:

Hauptgruppe	4	=	Personalausgaben
Obergruppe	42	=	Bezüge und dergleichen
Gruppierungsnummer	422	=	Bezüge der Beamten und Richter usw.
Gruppierungsnummer	428	=	Entgelte der Arbeitnehmerinnen und Arbeitnehmer

6. Die Titelgruppe

Titelgruppen werden gebildet, wenn mehrere Einzeltitel, die sich aus Einzelbeträgen verschiedener ökonomischer Arten zusammensetzen und daher getrennt voneinander veranschlagt werden müssen, einer gemeinsamen übergeordneten Zweckbestimmung untergeordnet werden können und dadurch die **Bewirtschaftung** dieser einzelnen Titel **vereinfacht** werden kann. **337**

Die Titelgruppen werden durch eine zweistellige Nummer dargestellt und sind in numerischer Folge am Ende eines Kapitels aufgeführt.

7. Festtitel

„Festtitel“ sind die für eine Gebietskörperschaft **in allen fünf Stellen** festgelegten Titelnummern. **338**

Die HRB regeln in Ergänzung zur BHO/LHO und zu den Allgemeinen Verwaltungsvorschriften zur BHO/LHO die Aufstellung der Voranschläge und des Entwurfs des Haushaltsplans nach einheitlichen Gesichtspunkten.

Die Festtitel sind in Ziffer 3.2 der HRB bestimmt.

8. Leertitel

Ein Leertitel ist ein Titel mit Titelnummer und Zweckbestimmung, **aber ohne Mittelansatz.** Ausgaben aus einem Leertitel bedürfen der Zustimmung des Haushaltsausschusses des Deutschen Bundestages. **339**

9. Haushaltsvermerke

340 Haushaltsvermerke sind **bindende Anweisungen** an die Exekutive bei Ausführung des Haushalts und haben **erweiternde** oder **einschränkende** Funktionen.

Sie sind teilweise im Haushaltsgesetz ausgebracht und entfalten dann Allgemeinwirkung, oder sie stehen im Dispositiv eines Titels und gelten dann nur für den jeweiligen Verwaltungszweig.

10. Erläuterungen

341 Sie dienen der erklärenden, näheren Bezeichnung der Zweckbestimmung im Haushaltsplan. Bei der Ausführung des HHPl sind sie grundsätzlich nicht bindend, es sei denn, sie sind durch das HG ausdrücklich für bindend erklärt worden.

11. Die Kennzeichnung der Gliederung

342 Die beiden ersten Stellen der Haushaltsstelle bezeichnen stets den Einzelplan, die folgenden beiden Stellen stets das Kapitel. Getrennt davon folgt die immer fünfstellige Titelnummer, z. B.

Einzelplan 08:	= Geschäftsbereich des Bundesministeriums der Finanzen:	08
Kapitel 01:	= Ministerium:	01
Titel 511 01:	= Geschäftsbedarf, Kommunikation …	511 01
Haushaltsstelle:		**0801 511 01**

12. Gliederungsformen außerhalb des Haushaltsplans

12.1 Der Buchungsabschnitt

343 Die oberste Verwaltungsbehörde eines Verwaltungszweigs kann zur Erreichung einer besseren Bewirtschaftung und Übersicht die weitere Aufteilung der Ausgaben bei bestimmten, in aller Regel komplexeren Titeln anordnen. Eine solche weitere Aufteilung kann in Gestalt von **Buchungsabschnitten** erfolgen.

Sie sind wie eigenständige Titel zu führen. Im HKR-Verfahren erhalten die Buchungsabschnitte sog. Objektkonten zugeteilt, auf denen die Bundeskassen alle Bewirtschaftermaßnahmen nachzuweisen haben.

12.2 Objektkonto

Im HKR-Verfahren kann das Titelkonto auf allen Bewirtschafterebenen weiter unterteilt werden. Diese weiteren Unterteilungen erfolgen in sog. **Objektkonten**. 344

Objektkonten bieten die Möglichkeit, entsprechend dem jeweiligen Informationsbedarf des Bewirtschafters **beliebig oft zu gliedern**. Das bedeutet zunächst, dass der Bewirtschafter seine Mittel entweder auf Titelkonten oder aber auf Objektkonten zugewiesen bekommt, wenn der übergeordnete Mittelverteiler die Titelkonten bereits auf Objektkonten aufgeteilt hat.

Die **Objektkontonummer** als **Sachbuchkontonummer** setzt sich zusammen 345
aus

- der achtstelligen Bewirtschafternummer,
- zwei ergänzenden Nullen,
- der achtstelligen Objektnummer (einschließlich Prüfziffer).

E. Die Aufstellung des Haushaltsgesetzes und des Haushaltsplans

I. Allgemeines

346 Das Verfahren der Aufstellung des Haushalts, mithin des Haushaltsgesetzes und des Haushaltsplans ist grundsätzlich zu unterteilen in:

- die Aufstellung der Voranschläge zum Entwurf des Haushaltsplans und
- das Haushaltsgesetzgebungsverfahren.

Das Gesetzgebungsverfahren richtet sich im Allgemeinen nach Abschnitt VII – Gesetzgebung des Bundes –, Art. 70-82 des Grundgesetzes (GG) und bei den Ländern nach den entsprechenden Regelungen in den Landesverfassungen (z. B. 5. Abschnitt der Verfassung des Freistaats Sachsen).

347 Das **Haushalts**gesetzgebungsverfahren jedoch ist darüber hinaus im Abschnitt X – Das Finanzwesen – (Art. 109, 110 und 113 GG) besonders geregelt. Das Gleiche trifft auf die Länderverfassungen zu (z. B. 8. Abschnitt der Verfassung des Freistaats Sachsen).

II. Die Voranschläge der Bundes-/Landesressorts

1. Allgemeines

348 Das Haushaltsaufstellungsverfahren wird im Allgemeinen durch den Haushaltsaufstellungserlass des Bundes-/Landesfinanzministeriums eingeleitet. Darin werden die Rahmenbedingungen und technische Vorgaben für die Haushaltsaufstellung an die obersten Bundes-/Landesbehöreden mitgeteilt.

349 Danach beginnt das Verfahren innerhalb der Bundes-/Landesregierung: Dies kann das **Budgetverfahren** oder **„top-down-Verfahren“** geschehen, bei dem sich das Kabinett auf Grundlage der prognostizierten Einnahmen auf Budgets für die einzelnen Ressorts verständigt. Die jeweiligen Ressorts sind dann eigenverantwortlich dafür zuständig, das gesetzte Budget mit ihrem Haushalt zu unterlegen. *Hierzu Rn. 361 ff.*

350 Im so genannten **klassischen Aufstellungsverfahren** oder **„Bottom-up-Verfahren“** dagegen melden die die obersten Bundes-/Landesbehörden ihre Vorstellungen beim BMF/LMF an. Das BMF/LMF verhandelt diese in den so genannten Chefgesprächen und erstellt dann den Entwurf des Haushaltsplans.

Im bis zum Jahr 2010 beim Bund angewandten bottom-up-Verfahren beginnt die Aufstellung des Haushaltsentwurfs (Entwurf des Haushaltsgesetzes und des Haushaltsplans) regelmäßig mehr als ein Jahr vor dem Jahr, für das der Haushalt gelten soll. Die obersten Behörden werden Ende Dezember bzw. spätestens Anfang Januar vom BMF mit einem Rundschreiben über die „Aufstellung der Haushaltsvoranschläge für das Haushaltsjahr 20..“ (**Haushaltsaufstellungsrundschreiben**) aufgefordert, ihren „Voranschlag zum Einzelplan ..“, der die für das maßgebende Haushaltsjahr veranschlagten Haushaltseinnahmen und Haushaltsausgaben, Verpflichtungsermächtigungen, Planstellen und Stellen der jeweiligen Obersten Behörde enthält, zu dem vom BMF festgesetzten Zeitpunkt (Anfang März) diesem zu übersenden (§ 27 BHO/LHO). 351

In seinem Haushaltsaufstellungsrundschreiben stellt das BMF insbesondere die allgemeine haushaltspolitische Situation dar und gibt Hinweise für die Veranschlagung der Einnahmen und Ausgaben oder etwa für die Gestaltung des Personalhaushalts, z. B. 352

- Vorgaben, bestimmte Obergrenzen nicht zu überschreiten,
- Ausgleich von Planstellen/Stellen durch Umsetzung im Einzelplan,
- Grundsätze für die Beschaffung von Dienstkraftfahrzeugen,
- Grundsätze für die Ausstattung von Dienstzimmern u.v.m.

Die einzelplanführenden Stellen fordern daraufhin ihrerseits von ihrem nachgeordneten Bereich in Form des sog. **Haushaltsaufstellungserlasses** deren Beiträge zum Voranschlag an. Hier handelt es sich um verbindliche Richtlinien des jeweiligen Verwaltungsbereichs. 353

Bei jeder mittelbewirtschaftenden Dienststelle ist gem. § 9 Abs. 1 BHO ein **„Beauftragter für den Haushalt“** zu bestellen, soweit der Leiter der Dienststelle diese Aufgabe nicht selbst wahrnimmt. 354

Dem „Beauftragten für den Haushalt“ obliegen u. a. die Aufstellung der Unterlagen für den Entwurf des Haushaltsplans (Voranschläge) sowie für die Ausführung des Haushaltsplans (§ 9 Abs. 2 Satz 1 BHO/LHO). Die von den einzelnen mittelbewirtschaftenden Dienststellen des Bundes für die Aufstellung des Entwurfs des Haushaltsplans zu fertigenden Unterlagen nennen sich gem. § 9 Abs. 2 „Voranschlag“. Die Titelverwalter leisten jeweils ihren Beitrag dazu.

Im Gesamtzusammenhang ist der Voranschlag einer mittelbewirtschaftenden Dienststelle des nachgeordneten Bereichs **als Beitrag zur Aufstellung des Voranschlags** der einzelplanführenden Obersten Dienststelle zu sehen.

Die Titelverwalter ermitteln die in dem maßgebenden Haushaltsjahr zu **erwartenden Haushaltseinnahmen**, die **voraussichtlich zu leistenden Ausgaben**, die **voraussichtlich benötigten Verpflichtungsermächtigungen, Planstellen und** 355

Stellen nach Maßgabe der im Haushaltsaufstellungserlass enthaltenen Leitlinien und legen ihre Beiträge zur Aufstellung des Voranschlags dieser Dienststelle dem Beauftragten für den Haushalt zu dem von diesem festgesetzten Termin vor.

2. Die Voranschläge der Obersten Bundes-/Landesbehörden

356 Die Beiträge zu den Voranschläge, die von den einzelnen mittelbewirtschaftenden Dienststellen aufzustellen sind und weitere Unterlagen für den durch den BMF aufzustellenden Entwurf des Haushaltsplans werden innerhalb der einzelnen Ressorts, dem Verwaltungsaufbau folgend, auf dem sog. **Mittelverteilerweg** der jeweils nächsthöheren Dienststelle weitergeleitet Hier werden die jeweiligen Aufgabenwünsche **koordiniert**, was ebenso wiederum Aufgabe des Beauftragten für den Haushalt dieser Ebene ist.

357 Die Haushaltsabteilungen/Haushaltsreferate der Obersten Behörden fassen die für das gesamte Ressort geplanten Haushaltsmittel der Haushaltssystematik folgend zusammen und stellen damit den „Voranschlag zum Einzelplan ..“ auf.

Gem. § 27 BHO sind die Voranschläge „von der für den Einzelplan zuständigen Stelle“ dem BMF zu dem von ihm festgesetzten Zeitpunkt zu übersenden.

358 Die für den Einzelplan zuständigen Stellen sind die **Bundesministerien**, die **Verwaltungen der Bundesorgane** (Bundespräsidialamt, die Verwaltung des Deutschen Bundestags, die Verwaltung des Bundesrats, das Bundeskanzleramt und das Bundesverfassungsgericht und der Bundesrechnungshof) als **Oberste Bundesbehörden**.

Die Aufstellung der **Landes**haushalte nach dem bottom-up-Prinzip erfolgt in sinngemäßer Weise.

359 Zugleich wird der „Voranschlag zum Einzelplan ..“ von den einzelplanführenden Obersten Bundesbehörden nachrichtlich auch dem Präsidenten des Bundesrechnungshofes in seiner Eigenschaft als „Beauftragter für die Wirtschaftlichkeit in der Verwaltung“ vorgelegt, der hierzu Stellung nehmen kann.

360 Die Aufstellung der verbliebenen **Realeinzelpläne** (EPl 32 und EPl 60) obliegt im Bereich der Bundesverwaltung dem BMF. Entsprechendes gilt auf Länderebene für deren Realpläne (z. B. EPl 17 – Allgemeine Finanzverwaltung – oder EPl 18 – Staatliche Hochbaumaßnahmen – im Bereich des Freistaats Thüringen).

III. Die Aufstellung des Haushaltsentwurfs im Budgetverfahren[6]

Wie auch im klassischen Aufstellungsverfahren beginnen die vorbereitenden Maßnahmen mit etwa **zwei Jahren Vorlauf**. **361**

Dem BMF obliegen die Vorbereitungen zur Aufstellung des Haushalts, finanzpolitisch angemessene Vorschläge für die Budgets zu erarbeiten und die laufende Finanzplanung fortzuführen. Für den Haushalt 2012 begannen die Vorbereitungen beispielsweise bereits im Oktober 2010.

War es in der Vergangenheit so, dass die obersten Bundesbehörden etwa Ende Dezember des Vorvorjahres bzw. spätestens Anfang Januar des Vorjahres vom BMF mit einem Rundschreiben über die „Aufstellung der Haushaltsvoranschläge für das Haushaltsjahr 20..“ (**Haushaltsaufstellungsrundschreiben**) aufgefordert wurden, ihren „Voranschlag zum Einzelplan ..“, im klassischen Verfahren vorzulegen, hat sich die Bundesregierung ab der 17. Legislaturperiode entschieden, den genau umgekehrten Weg zu beschreiten. Das Haushaltsaufstellungsverfahren wird somit gleichsam auf den Kopf gestellt. **362**

Dieses Verfahren wird auch als **„top-down-Verfahren“** bezeichnet, in dem das BMF den obersten Bundesbehörden in einem Eckwertebeschluss einen **„gedeckelten“** Plafond vorgibt. **363**

Mit seinem Eckwertebeschluss legt das Bundeskabinett erstmalig im Vorfeld des weiteren regierungsinternen Haushaltsaufstellungsverfahrens verbindliche Einnahme- und Ausgabevolumina sowohl für den Regierungsentwurf zum Bundeshaushalt als auch für den Finanzplan fest.

Die Bundesregierung hat sich dabei auf „Goldene Regeln“ der Haushalts- und Finanzpolitik verständigt, um im Einklang mit der seit dem Jahr 2011 geltenden neuen **Schuldenregel** in Artikel 115 GG eine dauerhaft solide und nachhaltige Haushaltspolitik sicherzustellen. Die „Goldenen Regeln“ sehen unter anderem dieses von der Praxis der vergangenen Jahre abweichende Haushaltsaufstellungsverfahren des Bundes vor. Demnach sollen „wichtige Eckwerte des Haushalts vorab verbindlich durch das Bundeskabinett vorgegeben und damit zur Grundlage für das regierungsinterne Aufstellungsverfahren in den Einzelplänen gemacht“ werden. **364**

Dieses abweichende Verfahren soll anhand des **Bundeshaushalts 2012** erläutert werden:

Zur Vorbereitung des Eckwertebeschlusses zum Regierungsentwurf des Bundeshaushalts 2012 und zum Finanzplan bis 2015 sowie als Grundlage für das deutsche Stabilitätsprogramm 2011 hat das BMF für die Jahre 2011 bis 2015 eine **Aktualisierung der Steuerschätzung** vorgenommen. Diese basiert auf den **365**

6 Verfahren im Bereich des Bundes.

gesamtwirtschaftlichen mittelfristigen Annahmen der Bundesregierung, die im Zusammenhang mit dem Jahreswirtschaftsbericht 2011 erstellt wurde.

366 Die **wesentlichen Daten** für den Eckwertebeschluss auf das Haushaltsjahr 2012 bezogen sind:

- Die **Ausgabenquote** – das Verhältnis der Ausgaben des Bundes zum Bruttoinlandsprodukt (BIP) – sinkt in 2012 auf 11,4 %. Am Ende des neuen Finanzplans soll sie nur noch 10,8 % (Soll 2011: 11,8 %) betragen.
- Die **Kreditfinanzierungsquote** soll im Jahr 2012 auf 8,9 % sinken. 2015 soll sie noch 4,7 % betragen und damit immer noch das Niveau des Jahres 2008 übersteigen (Soll 2011: 15,8 %). Die Kreditfinanzierungsquote gibt Aufschluss darüber, in welchem Umfang die Ausgaben eines öffentlichen Haushalts kreditfinanziert sind. Eine hohe Kreditfinanzierungsquote ist ein erster Ausdruck einer hohen Zinsbelastung, welche die finanzielle Leistungsfähigkeit beeinträchtigt und damit die Handlungsfähigkeit einschränkt.
- Die **Zins-Ausgabenquote** wird im Jahr 2012 auf 12,6 % steigen, 2015 soll sie 15,6 % (Soll 2011: 11,6 %) betragen.

367 Als Hauptkriterium für den Ausgabedeckel nimmt das BMF seine mittelfristige Finanzplanung des vorausgegangenen Sommers. In die Überlegungen fließen die unumgänglichen Veränderungen in den Ressorts, wie etwa die Bundeswehrreform, die Auswirkungen der „Energiewende“ oder die finanzielle Unterlegung des Europäischen Stabilitätsmechanismus (ESM), weiter mit ein.

368 Wesentliche **Abweichungen vom Eckwertebeschluss** für den Haushaltsplan 2012 waren:

- **auf der Einnahmeseite:**
  - Berücksichtigung der Mai-Steuerschätzung 2011 und der Ist-Verlauf 2011 führen unter gleichbleibenden Bedingungen zu etwa 6,6 Mrd. € höheren Steuereinnahmen.
  - Davon waren: die Mindereinnahmen aus der Kernbrennstoffsteuer wegen der Energiewende in Höhe von jährlich etwa 1 Mrd. € abzuziehen.
  - Wegen der unklaren Verhandlungslage wurde auf die Veranschlagung der Finanzmarkttransaktionsteuer in Höhe von 2 Mrd. € verzichtet.
  - Die zunächst erwarteten Einnahmen aus der Veräußerung von CO_2-Zertifikaten in Höhe von 1 Mrd. € stehen zukünftig (Energiewende) vollständig dem Energie- und Klimafonds zur Verfügung.
  - Aufgrund der besseren Situation am Arbeitsmarkt im Jahr 2011 wird der Bundesanstalt ein geringeres Darlehen zur Verfügung gestellt. Daraus folgen niedrigere Tilgungs- und Zinseinnahmen in Höhe von bis zu ca. 1,5 Mrd. €.
- **auf der Ausgabeseite:**
  - Deutsche Beteiligung am ESM ab dem Jahr 2013 in Höhe von jährlich rd. 4,3 Mrd. €.

- Wegen des zwischenzeitlich gestiegenen Zinsniveaus müssen für Zinsausgaben 2012 und 2013 bis etwa 2 Mrd. € mehr veranschlagt werden.
- Aufgrund der aktuellen Rentenschätzung sind gegenüber den Eckwerten Mehrbelastungen in Höhe bis zu rd. 1 Mrd. € zu erwarten.
- Für ziviles Überhangpersonal der Bundeswehr müssen jährlich 1 Mrd. € Verfügung gestellt werden.

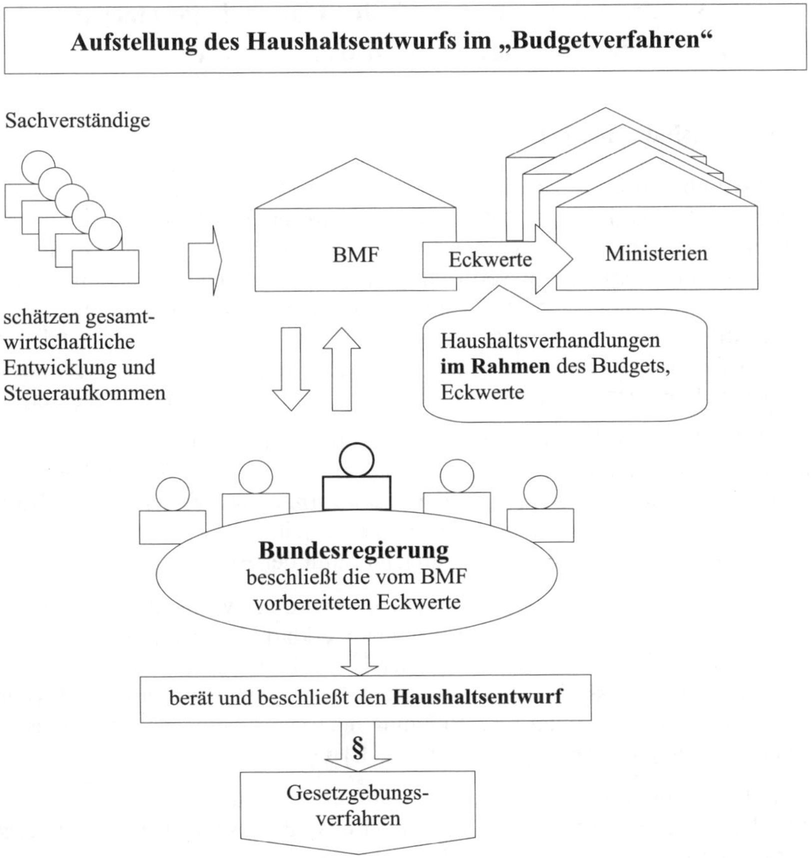

Abb. 22: Aufstellung des Haushaltsentwurfs im Budgetverfahren („Top-Down-Verfahren“)

Von dem System der Budgetierung der Einzelpläne, dem Eckwertebeschluss der Bundesregierung, sind die **obersten Bundesbehörden** nach § 28 Abs. 3 BHO ausgenommen. Das Bundespräsidialamt, der Präsident des Deutschen Bundestages, des Bundesrates, des Bundesverfassungsgerichts und des Bundesrechnungs- **369** hofes übersenden ihre Voranschläge nach wie vor in der in § 27 BHO beschriebenen Weise.

370 Auch die Voranschläge zu den **Personalhaushalten** werden in klassischer Weise erstellt.

IV. Die Aufstellung des Entwurfs des Haushaltsgesetzes und des Entwurfs des Haushaltsplans durch das BMF[7]

1. Der Haushaltsentwurf

371 Das BMF überprüft die von den Obersten Bundesbehörden übersandten Voranschläge (§ 28 Abs. 1 Satz 1 BHO) zum einen auf ihre sachliche Richtigkeit, zum anderen darauf, ob die in den Voranschlägen aufgeführten geplanten Einnahmen und Ausgaben, Verpflichtungsermächtigungen, Planstellen und Stellen des Bundes – unter Zugrundelegung der voraussichtlichen konjunkturellen und gesamtwirtschaftlichen Entwicklung *(s. auch Rn. 61)* – in den von ihm aufzustellenden Entwurf des Haushaltsplans aufgenommen werden können, zumal dieser aus der mehrjährigen Finanzplanung zu entwickeln ist (mittelfristige Finanzplanung).

372 Das BMF ist an die Voranschläge der Ressorts nicht gebunden. Es kann sie im „Benehmen mit den beteiligten Stellen“ ändern (§ 28 Abs. 1 Satz 2 BHO). Dies geschieht im Rahmen von **Haushaltsverhandlungen** auf verschiedenen Hierarchieebenen. Diese Verhandlungen beginnen zumeist auf der Referatsebene. Auf dieser Ebene der Haushaltsverhandlungen nimmt der BRH beratend teil.

373 Lässt sich hier eine Einigung nicht erzielen, so wird der Verhandlungsgegenstand zum „Streitpunkt“ der Haushaltsberatungen erklärt. Solche **„Streitpunktverhandlungen“** werden von der Ebene der Unterabteilungsleiter über die Abteilungsleiter und Staatssekretäre auch von den beteiligten Ministern (**Chefgespräche**) selbst geführt. Gelingt eine Einigung auch auf Chefebene nicht, muss die Bundesregierung entscheiden (§ 28 Abs. 2 BHO).

374 Im Budgetierungsverfahren ist der Verhandlungsspielraum der obersten Bundesbehörden jedoch von vornherein durch den **Eckwertebeschluss** der Bundesregierung bestimmt.

375 Soweit es bei der Aufstellung des Entwurfs des Haushaltsplans um **Steuereinnahmen** geht, legt das BMF die **Schätzergebnisse** des unabhängigen **Arbeitskreises „Steuerschätzungen“** zu Grunde, dem neben dem federführenden BMF, das Bundesministerium für Wirtschaft und Technologie, die Länderfinanzministerien, die Bundesvereinigung der kommunalen Spitzenverbände, die Deutsche

7 Verfahren im Bereich des Bundes.

Bundesbank, das Statistische Bundesamt, der Sachverständigenrat zur Begutachtung der gesamtwirtschaftlichen Entwicklung und die führenden wirtschaftswissenschaftlichen Forschungsinstitute angehören.

Außerdem hat das BMF die Empfehlungen des **Finanzplanungsrates** zu berücksichtigen, dem die Aufgabe zufällt, die Finanzplanung von Bund, Ländern und Gemeinden zu koordinieren (§ 51 HGrG). 376

Auf der Grundlage der Voranschläge der Obersten Bundesbehörden und der Ergebnisse der Haushaltsverhandlungen stellt das BMF nunmehr 377
1. den Entwurf des Haushaltsplans und
2. den Entwurf des Haushaltsgesetzes

– den sog. **Haushaltsentwurf**– auf (§ 28 Abs. 1 Satz 1 BHO) und sendet die Vorlage als Kabinettsvorlage an das Bundeskanzleramt.

Von diesem Zeitpunkt an unterliegt der Haushaltsentwurf dem ständigen Ausgleichsgebot.

2. Die Anlagen zum Haushaltsentwurf

Das BMF erstellt die nachstehend aufgeführten **Übersichten** und fügt diese dem Entwurf des Haushaltsplans als **Anlagen** bei: 378

- die „Gruppierungsübersicht“, die eine Darstellung aller veranschlagten Einnahmen und Ausgaben – ohne Rücksicht auf den institutionellen Verwaltungsaufbau nach Einzelplan – in einer Gruppierung nach bestimmten Arten ist,
- die „Funktionenübersicht“, die eine Darstellung aller veranschlagten Einnahmen und Ausgaben – ohne Rücksicht auf den institutionellen Verwaltungsaufbau nach Einzelplan – in einer Gliederung nach bestimmten Aufgabengebieten ist,
- den „Haushaltsquerschnitt“, der eine Zusammenfassung der Gruppierungsübersicht und der Funktionenübersicht ist und den prozentualen Anteil der Einnahmen und Ausgaben an den Gesamteinnahmen und -ausgaben des Haushaltsplans ausweist,
- die „Übersicht über die den Haushalt in Einnahmen und Ausgaben durchlaufenden Posten“,
- die „Übersicht über die Planstellen der Beamten und die Stellen der Arbeitnehmer“,
- die „Übersicht über die Sonderabgaben des Bundes“,
- die „Übersicht über die größten Steuervergünstigen des Bundes,
- die „Übersicht über die sonst größten steuerlichen Regelungen des Bundes“,
- die „Übersicht über die größten Finanzhilfen des Bundes“ und
- die „Übersicht über ÖPP-Produkte und privat vorfinanzierte öffentliche Baumaßnahmen.

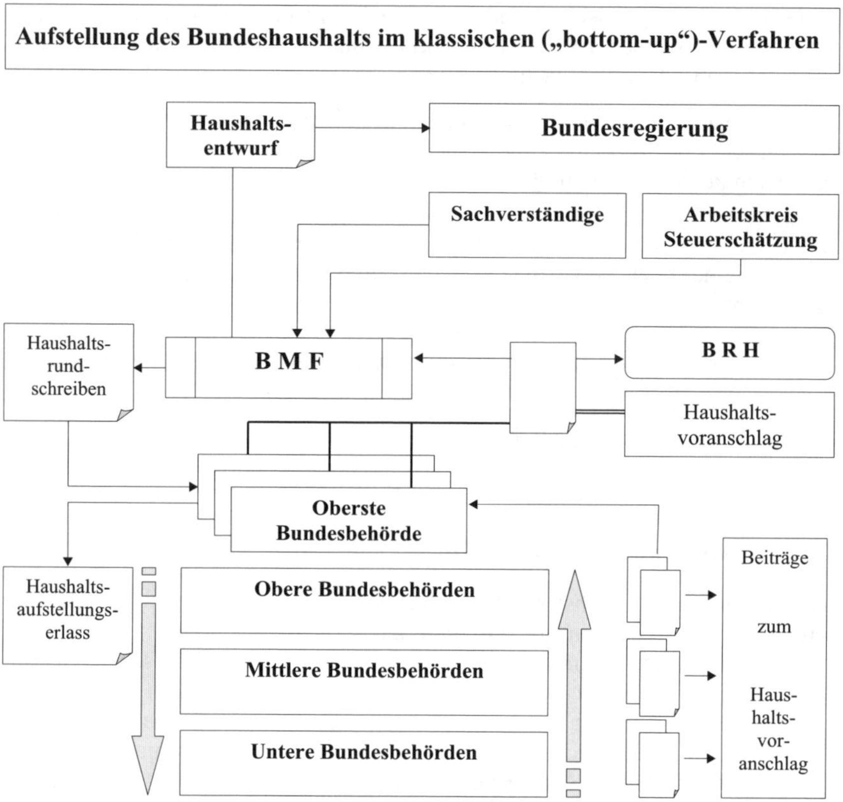

Abb. 22a: Schematische Darstellung der Haushaltsaufstellung im klassischen Verfahren

3. Finanzplan des BMF

379 Auf Grund des im Art. 109 Abs. 3 GG verfassungsrechtlich aufgestellten Gebots einer „mehrjährigen" Finanzplanung ist in § 50 HGrG und in § 9 StWG bestimmt, dass der Bund und die Länder (auch die Gemeinden) eine **fünfjährige Finanzplanung** (mittelfristige Finanzplanung – MiFriFi) bei ihrer Haushaltswirtschaft zu Grunde zu legen haben.

Als Unterlagen für die Finanzplanung stellen die Finanzministerien für ihren Bereich unter vorheriger Beteiligung der jeweiligen Fachministerien mehrjährige Investitionsprogramme auf.

Schon zu Beginn des Jahres – noch vor Eingang der Voranschläge der Ressorts – wird der noch geltende Finanzplan innerhalb des BMF auf der Einnahme- und Ausgabeseite neu bewertet. Aus dieser Neubewertung werden die **Eckwerte** für die Aktualisierung und Fortschreibung des neuen Finanzplans entwickelt, die zugleich auch als Vorgabe für die bevorstehenden Haushaltsverhandlungen dienen. 380

4. Finanzbericht des BMF

Der BMF hat zum Haushaltsentwurf und zum Finanzplan dem Parlament gegenüber einen „Bericht über den Stand und die voraussichtliche Entwicklung der Finanzwirtschaft auch im Zusammenhang mit der gesamtwirtschaftlichen Entwicklung" – den sog. „Finanzbericht" – zu erstatten, der jedoch nicht (wie etwa der Finanzplan) der Beschlussfassung der Bundesregierung unterliegt, sondern lediglich die Erläuterung des Regierungsentwurfs (Haushaltsentwurfs) für die parlamentarischen Beratungen dient. Der vom BMF den Gesetzgebungsorganen jährlich vorzulegende Finanzbericht bezieht sich allein auf den jeweiligen Haushaltsentwurf und stellt somit eine **finanzwirtschaftliche Vorausschau** auf den Zeitraum dar, für den der Haushaltsplan festgestellt werden soll. 381

5. Das Ausgleichsgebot des Haushaltsentwurfs

Der Haushaltsplan muss auf Grund unmittelbar geltenden Verfassungsrechts gem. Art. 110 Abs. 1 GG **in Einnahmen und Ausgaben ausgeglichen** sein. 382

Das **verfassungsrechtliche Gebot des Haushaltsausgleichs** bezieht sich zum einen auf die Aufstellung des Haushaltsplans mit der Konsequenz, dass der für die Aufstellung des Haushaltsplans federführende BMF dem Kabinett nur einen bereits in Einnahmen und Ausgaben ausgeglichenen Haushaltsentwurf zur Beschlussfassung vorlegen darf und die Bundesregierung nur einen ausgeglichenen Haushaltsentwurf beschließen darf, und zum anderen bezieht sich der verfassungsrechtliche Grundsatz der Ausgeglichenheit auch auf die Beratungen im Bundestag und im Bundesrat und auf die Verabschiedung des Haushaltsgesetzes und die damit verbundene Feststellung des Haushaltsplans und verpflichtet somit die gesetzgebenden Körperschaften bei den Haushaltsberatungen zum ständigen Ausgleich des Haushaltsplans.

V. Die Beschlussfassung über den Entwurf des Haushaltsgesetzes und den Entwurf des Haushaltsplans durch die Bundesregierung[8]

383 Bei der Bundesregierung besteht ein **Kabinettsausschuss für mittelfristige Finanzplanung**, das sog. **Finanzkabinett**, dem der Bundesfinanzminister, der Bundesminister für Wirtschaft und Technologie und der Bundesminister für besondere Aufgaben (Kanzleramtsminister) angehören; den Vorsitz führt der Bundeskanzler/die Bundeskanzlerin. Das Finanzkabinett bereitet die Beschlussfassung des vom BMF der Bundesregierung vorgelegten Haushaltsentwurfs und des mehrjährigen Finanzplans vor.

384 Der Entwurf des Haushaltsgesetzes wird mit dem Entwurf des Haushaltplans von der Bundesregierung beraten und beschlossen (§ 29 BHO) und ist – spätestens in diesem Zusammenhang – mit dem mehrjährigen Finanzplan vor Beginn des Haushaltsjahres vom Bundeskanzleramt dem Bundesrat zur Stellungnahme zuzuleiten und gemäß Art. 110 Abs. 3 GG **gleichzeitig** beim Bundestag zur Beratung einzubringen. Dies geschieht in aller Regel spätestens in der 1. Sitzungswoche des Bundestages nach der parlamentarischen Sommerpause, nach dem 1. September (§ 30 BHO).

385 Dieses Verfahren weicht wegen der **Eilbedürftigkeit** des Haushalts – Einhaltung des Grundsatzes der Vorherigkeit – vom üblichen Gesetzgebungsverfahren ab, wonach Vorlagen der Bundesregierung zunächst beim Bundesrat einzubringen und dort zu beraten sind (vgl. Art. 76 Abs. 2 GG).

Zusätzlich zum Haushaltsentwurf werden der Finanzplan des Bundes, der Finanzbericht (Stand und voraussichtliche Entwicklung der Finanzwirtschaft) und alle zwei Jahre der **Subventionsbericht** (zahlenmäßige Übersicht über die Subventionen) vorgelegt.

VI. Stellungnahme des Bundesrates und Gegenäußerung durch die Bundesregierung (Erster Durchgang im Bundesrat)

386 Über den Bundesrat haben die Bundesländer die Möglichkeit, bei der Aufstellung des Bundeshaushalts mitzuwirken. Nach Art. 110 Abs. 3 GG ist der Bundesrat berechtigt, **innerhalb von sechs Wochen** zu der von der Bundesregierung eingebrachten Haushaltsvorlage Stellung zu nehmen. Der Finanzausschuss des Bundesrates, der für den Haushaltsentwurf federführend zuständig ist, bereitet die Stellungnahme als Beschlussempfehlung für das Plenum des Bundesrates vor. Dem Finanzausschuss arbeiten wiederum die Finanzreferenten der Länder, die dem Unterausschuss des Finanzausschusses angehören, zu.

8 Verfahren im Bereich des Bundes.

Die Stellungnahme des Bundesrates wird von dessen Präsident der Bundeskanzlerin/dem Bundeskanzler und vom Bundeskanzleramt dem BMF zugeleitet. Zur Stellungnahme des Bundesrates wird durch das BMF eine Gegenäußerung als Kabinettsvorlage erarbeitet, die wiederum dem Bundeskanzleramt übersandt wird. Die Gegenäußerung des BMF wird vom gesamten Kabinett beschlossen. **387**

Die Stellungnahme des Bundesrats und die Gegenäußerung der Bundesregierung wird dem Präsidenten des Bundestages unverzüglich durch das Bundeskanzleramt nachgereicht. **388**

VII. Die Beratungen über die Einzelplanentwürfe, die Verabschiedung des Haushaltsgesetzes und Feststellung des Haushaltsplans durch das Parlament[9]

Das Parlament ist das Forum der Demokratie. Es ist **389**

- Sitz der Volksvertretung (das Volk kontrolliert die Regierung!),
- Zentrum der politischen Macht,
- Quelle der Gesetzgebung,
- Stätte der Kontrolle von Regierung und Verwaltung!

1. Die Beratungen im Bundestag

Wie jeder Gesetzesentwurf wird auch der Haushaltsentwurf dreimal im Plenum des Bundestages beraten. **390**

Mit der **1. Lesung** – etwa Anfang September – bringt der Finanzminister den Haushaltsentwurf in das Parlament ein. In der **Etatrede** des BMF trägt der Minister grundsätzliche haushalts- und finanzpolitische Überlegungen der Bundesregierung vor. Hieran schließt sich eine zumeist mehrtägige allgemeine Aussprache – die sog. **Etatdebatte**– an, in der die einzelnen Fraktionen des Parlaments meist heftig geführte Erklärungen zu aktuellen wirtschafts- und finanzpolitischen Themen abgeben (= **Grundsatzdebatte**). **391**

Zum Schluss der ersten Lesung wird der Haushaltsentwurf dem **Haushaltsausschuss** des Bundestages als federführenden Ausschuss überwiesen, wo er von den für den jeweiligen Einzelplan zuständigen Berichterstattern eingehend bearbeitet wird und Einzelentscheidungen für das Gremium vorbereitet werden. **392**

Der Haushaltsausschuss prüft alle Haushaltsansätze und beschließt ggf. Änderungsvorschläge. Die Berichterstattervorschläge bilden die Grundlage für die Beratungen des Haushaltsausschusses. In die Beratungen des Haushaltsausschus-

9 Verfahren im Bereich des Bundes

ses, der sich aus Mitgliedern der Regierungs- und Oppositionsfraktionen zusammensetzt, fließen die Stellungnahmen der weiteren Fachausschüsse des Hauses und des Bundesrats mit ein.

393 In der **2. Lesung** der Haushaltsvorlage wird durch die für jeden Einzelplan zuständigen Hauptberichterstatter des Haushaltsausschusses zum jeweiligen Einzelplan vorgetragen und eine Beschlussempfehlung des Haushaltsausschusses zu jedem Einzelplan erteilt. Im Anschluss daran wird nach eingehender Debatte (= **Generaldebatte**) über jeden Einzelplanentwurf angestimmt.

394 **Änderungsanträge** unterliegen in der 2. und 3. Lesung stets dem verfassungsrechtlichen **Ausgleichsgebot des Haushaltsplans** (Art. 110 Abs. 1 GG).

Die 2. Lesung des Haushaltsentwurfs darf gem. § 95 Abs. 2 der Geschäftsordnung des Bundestages (GO-BT) jedoch frühestens sechs Wochen nach Zuleitung der Regierungsvorlage an den Bundesrat erfolgen, es sei denn, das die Beschlussfassung des Bundesrates – mit der Gegenäußerung der Bundesregierung – vor Ablauf dieser verfassungsgesetzlichen, im Art. 110 Abs. 3 GG bestimmten Sechs-Wochen-Frist beim Bundestag eingeht.

2. Die Verabschiedung des Haushaltsgesetzes

395 In der **3. Lesung** wird – nach Erledigung von Änderungsanträgen und Entschließungsanträgen – über den Haushaltsentwurf insgesamt abgestimmt.

Die 3. Lesung schließt sich im Allgemeinen unmittelbar an die 2. Lesung an und wird mit einer allgemeinen Aussprache (**Abschlussdebatte**) eröffnet; sie endet letztlich mit der Abstimmung über die Haushaltsvorlage, d. h. mit der Verabschiedung des Haushaltsgesetzes – einfache Mehrheit – und der unmittelbar damit verbundenen Feststellung des Haushaltsplans durch das Plenum des Bundestages.

396 Die parlamentarische **Verabschiedung** des Haushaltsgesetzes bedeutet:

- das Gesetz ist vom Bundestag „angenommen";
- die **Feststellung** des Haushalts**plans**;
- die **Bewilligung** der im Haushaltsplan veranschlagten **Haushaltsausgaben** und **Verpflichtungsermächtigungen**, **Planstellen** und **Stellen**.

397 Die gesetzliche Feststellung des Haushaltsplans und die damit verbundene parlamentarische Ausgabenbewilligung ist Ausdruck der mit Verfassungsrang versehenen **Budget-Hoheit des Parlaments!**

Das **Budgetrecht** ist seit jeher als das Königsrecht des Parlaments Wesensbestandteil jeder demokratischen Staatsverfassung (= Haushaltsverfassungsrecht).

3. Zweiter Durchgang im Bundesrat

Der Präsident des Bundestages übersendet den Beschluss über den Haushalt unverzüglich dem Bundesrat für den **2. Durchgang** (Art. 77 Abs. 1 Satz 2 GG). Der Beschluss des Bundesrates wird wiederum vom Finanzausschuss und dessen Beschlussempfehlung vom Unterausschuss des Finanzausschusses vorbereitet. **398**

Wenn der Bundesrat mit dem Haushalt nicht einverstanden ist, kann er binnen drei Wochen nach Eingang des Gesetzesbeschlusses den Vermittlungsausschuss anrufen. Über etwaige Änderungsvorschläge des **Vermittlungsausschusses** muss der Bundestag erneut beschließen. **399**

Da das Haushaltsgesetz **kein Zustimmungsgesetz** ist, hat der Bundesrat noch die Möglichkeit, binnen zwei Wochen **Einspruch** gegen das Gesetz einzulegen (Art. 77 GG). Der Bundestag kann allerdings den Einspruch des Bundesrates mit entsprechender Mehrheit zurückweisen (Art. 77 Abs. 4 GG).

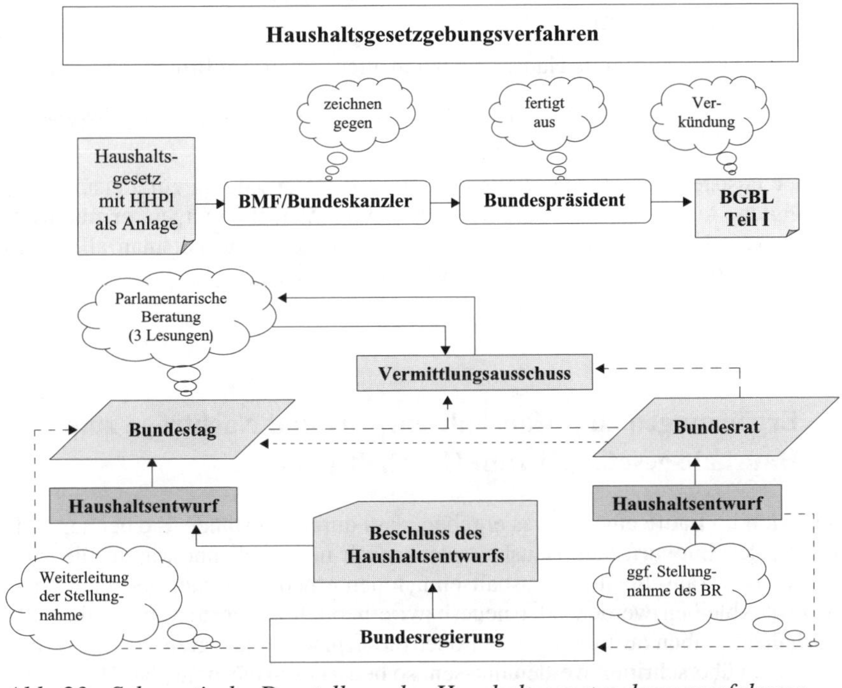

Abb. 23: Schematische Darstellung des Haushaltsgesetzgebungsverfahrens

VIII. Die Ausfertigung und Veröffentlichung des Haushaltsgesetzes[10]

400 Nach Verabschiedung des Haushaltsgesetzes durch den Bundestag (= Annahme) und nach dem zweiten Durchgang des Gesetzes im Bundesrat (kein Einspruch/Überstimmung des Einspruchs) wird das Haushaltsgesetz vom Bundeskanzler/von der Bundeskanzlerin und vom Bundesminister der Finanzen gegengezeichnet und dem Bundespräsidenten zur Ausfertigung zugeleitet.

401 Das Haushaltsgesetz wird gemeinsam mit dem Gesamtplan (dies ist nicht der gesamte Haushaltsplan) im Bundesgesetzblatt (BGBl.) – Teil I – veröffentlicht. Die Verkündung erfolgt auf Veranlassung des Bundespräsidialamtes.

402 Auf die Veröffentlichung des gesamten Haushaltsplans wird wegen seines großen Umfangs verzichtet, wodurch der Haushaltsgrundsatz der Öffentlichkeit nicht eingeschränkt wird.

Inzwischen ist der gesamte Haushaltsplan in allen Details im **Internet** einsehbar.

403 Das Haushaltsgesetz tritt stets (ggf. rückwirkend) mit Wirkung vom 1. Januar des Jahres in Kraft, für das es gilt.

404 Mit der Feststellung des Haushaltsplans wird die Verwaltung zur Leistung der bewilligten Ausgaben und zum Eingehen von Verpflichtungen **ermächtigt**. Ansprüche oder Verbindlichkeiten werden durch den Haushaltsplan allerdings weder begründet noch aufgehoben (§ 3 HGrG, § 3 BHO).

→ *s. Anhang 1: Bundeshaushaltsgesetz 2012*

IX. Ergänzungen zum Haushaltsentwurf und Nachträge zum Haushaltsgesetz und zum Haushaltsplan

405 Sollte sich im Laufe eines Jahres ergeben, dass durch Umstände, die bei der Aufstellung des Entwurfs des Haushaltsplans noch nicht bekannt waren, die vom BMF/LMF veranschlagten Haushaltseinnahmen erheblich hinter den Planansätzen zurückbleiben werden oder neue bzw. erheblich höher zu veranschlagende Haushaltsausgaben auftreten werden oder die Ermächtigungsgrenzen für Kreditaufnahmen überschritten werden müssen, so bedarf der Haushaltsplan/Haushaltsplanentwurf einer Änderung.

10 Verfahren im Bereich des Bundes.

Haushaltsrechtlich wird gem. § 95 Abs. 1 GO-BT zwischen **„Ergänzungsvorlagen“** und **„Nachtragshaushaltsvorlagen“** unterschieden. **406**

Sollte aus den o.g. Gründen eine **Ergänzung** des von der Bundes-/Landesregierung bereits beschlossenen Entwurfs des Haushalts notwendig sein, zu einer Zeit also, zu der die Beratungen im Bundes-/Landtag **noch nicht abgeschlossen** sind, so stellt die Regierung in Gestalt einer Ergänzungsvorlage eine **„Ergänzung zum Entwurf des Haushaltsplans“** auf. Sie wird in den dem Parlament vorliegenden Haushaltsentwurf eingearbeitet und in der vorstehend beschriebenen Weise von den gesetzgebenden Körperschaften beraten. **407**

Sollte das Haushaltsgesetz aber im Parlament **schon verabschiedet** und der Haushaltsplan damit in Einnahme und Ausgabe auf eine bestimmte Summe **festgestellt** sein, so bedarf es zur Änderung des Haushaltsplans – und somit des Haushaltsgesetzes – einer **„Nachtragshaushaltsvorlage“** durch die Bundes-/Landesregierung. Das Verfahren zur Änderung des bereits verabschiedeten Haushaltsgesetzes und des hierdurch festgestellten Haushaltsplans entspricht in der Form eines „Nachtragshaushaltsgesetzes“ und eines „Nachtragshaushaltsplans“ grundsätzlich dem ursprünglichen Gesetzgebungsverfahren (Art. 110 Abs. 3 GG, z. B. Art. 101 Abs. 2 der Verfassung des Landes Brandenburg). **408**

Das **Nachtragshaushaltsgesetz** ist ein „Änderungsgesetz“. Das Haushaltsgesetz und der Haushaltsplan werden durch das Nachtragshaushaltsgesetz und den Nachtragshaushaltsplan nachträglich geändert. **409**

X. Die Aufstellung des Haushaltsgesetzes und des Haushaltsplans (Kurzfassung)

Der für die Finanzen zuständige Minister ist für die Aufstellung des Haushalts verantwortlich. **410**

1. BMF:	Rundschreiben an die einzelplanführenden Stellen: „Aufstellung der Haushaltsvoranschläge für das Haushaltsjahr 20..“.
2. Ressortminister:	Haushaltsaufstellungserlass an die Bedarfsträger des nachgeordneten Bereichs: „Richtlinien für die Aufstellung des Voranschlags zum Einzelplan ..“.
3. Nachgeordnete Behörden:	Anforderung der Beiträge zum Voranschlag der Ortsbehörden.

4. Ortsbehörden:	a) Titelverwalter ermitteln ihren Bedarf, b) „Beauftragter für den Haushalt" übersendet den Beitrag zum Voranschlag an die übergeordnete Behörde.
5. Übergeordnete Behörde:	a) prüfen, evtl. ändern, b) fassen mit Eigenbedarf zusammen und legen den Beitrag zum Voranschlag für ihren Geschäftsbereich der Obersten Bundesbehörde vor.
6. Oberste Bundesbehörde:	a) Bewirtschafter prüfen, evtl. ändern und legen ihren Beitrag zum Voranschlag dem jeweils zuständigen Kapitelreferat der Abteilung Haushalt vor. b) Abteilung Haushalt erstellt „Voranschlag zum Einzelplan .." und übersendet diesen an BMF und BRH.
7. BMF:	a) prüft, evtl. ändert, b) stellt aa) „Entwurf des Haushaltsgesetzes", bb) „Entwurf des Haushaltsplans" auf und legt diese der Bundesregierung zur Beschlussfassung vor. Von diesem Zeitpunkt an unterliegt der Haushaltsplanentwurf dem ständigen Ausgleichsgebot!
8. Bundesregierung:	Beschlussfassung über a) „Entwurf des Haushaltsgesetzes", b) „Entwurf des Haushaltsplans" und Zuleitung des Gesetzentwurfes zu gleicher Zeit an Bundesrat und Bundestag.
9. Bundesrat:	(parallel zu Nr. 11): Kann innerhalb von sechs Wochen hierzu Stellung nehmen.
10. Bundesregierung:	(parallel zu Nr. 11): a) Gegenäußerung zur Beschlussfassung des Bundesrates, b) Vorlage der Beschlussfassung des Bundesrates mit eigener Gegenäußerung an den Bundestag.
11. Bundestag:	<u>3 Lesungen:</u> 1. Lesung: a) Etatrede, b) Etatdebatte (Grundsatzdebatte), c) Überweisen an Haushaltsausschuss.

	2. Lesung: a) Berichterstattung durch den jeweiligen Sprecher des Haushaltsausschusses, b) Generaldebatte, c) Abstimmung über jeden Einzelplanentwurf. 3. Lesung: a) Abschlussdebatte, b) Abstimmung über das Haushaltsgesetz mit einfacher Mehrheit, c) damit Feststellung des Haushaltsplans und Bewilligung der Ausgabemittel und Verpflichtungsermächtigungen, Planstellen und Stellen.
12. Bundesrat:	a) Zustimmung/Einspruch oder b) Anrufung des Vermittlungsausschusses innerhalb von drei Wochen.
13. BMF und Bundeskanzler:	„zeichnen gegen“.
14. Bundespräsident:	„fertigt aus“.
15. Verkündung:	Bundesgesetzblatt, Teil I.

Im Budgetierungsverfahren (Top-Down-Verfahren):

1. Finanzminister	erarbeitet Eckwerte
2. Bundesregierung	beschließt Eckwerte und budgetiert die Einzelpläne der obersten Bundesbehörden (Ministerien)
3. Haushaltsverhandlungen orientieren sich an der vorgegebenen „Deckelung“ der einzelnen Budgets.	
4. Gesetzgebungsverfahren wie im klassischen Aufstellungsverfahren.	

F. Die vorläufige Haushalts- und Wirtschaftsführung

I. Allgemeines

411 Nach Artikel 110 Abs. 2 GG ist der Haushaltsplan des Bundes vor Beginn des Haushaltsjahres durch Gesetz festzustellen. In den Verfassungen der Bundesländer finden sich vergleichbare Regelungen.

Diese Verfassungsvorschrift begründet den **Haushaltsgrundsatz der Vorherigkeit**. Diesem Haushaltsgrundsatz kommt allein schon deswegen eine besondere Bedeutung zu, weil erst der gesetzlich festgestellte Haushaltsplan die Exekutive ermächtigt, Ausgaben zu leisten und Verpflichtungen einzugehen (§ 3 BHO/LHO).

412 Das **Haushaltsbewilligungsrecht** stellt eine rechtlich umfassende, alleinige Entscheidungs- und Feststellungskompetenz des Gesetzgebers dar.[11] Allerdings sind alle weiteren beteiligten Verfassungsorgane verfassungsrechtlich verpflichtet, daran mitzuwirken, dass der Haushaltsplan rechtzeitig verabschiedet wird.[12]

413 In diesem Zusammenhang entsteht die Frage, ob und inwieweit eine Ermächtigung zur Leistung von Ausgaben und zum Eingehen von Verpflichtungen besteht, wenn der Gesetzgeber seinem Verfassungsauftrag nicht nachkommt, **vor Beginn des Haushaltsjahres** den Haushaltsplan durch Gesetz festzustellen.

414 Ohne Zweifel sollte bejaht werden, dass die staatlichen Funktionen und die Verwaltungstätigkeiten auch in dieser „haushaltslosen" Zeit aufrechterhalten werden müssen. Ein solcher Konflikt zwischen dem Budgetbewilligungsrecht des Parlaments einerseits und der staatlichen Aufgabenwahrnehmung andererseits wird durch Art. 111 GG entschieden.

415 Art. 111 GG versetzt den Staat in die Lage, seine Wirtschaft in beschränktem Maße weiterzuführen, bis der Haushaltsgesetzgeber seiner gesetzgeberischen Pflicht nachkommt. Im allgemeinen Sprachgebrauch ist in diesem Falle von der **„vorläufigen Haushaltsführung"** oder auch vom „Nothaushaltsrecht" die Rede. Weil jedoch erst dann ein **Haushalt** geführt werden kann, wenn ein gesetzlich beschlossener Haushaltsplan vorliegt, sollte man hier besser die Begrifflichkeit der **vorläufigen Wirtschaftsführung** wählen.

416 Bis auf die Freie Hansestadt Bremen treffen alle **Bundesländer** in ihren Landesverfassungen dem Art. 111 GG vergleichbare Regelungen.[13] Die Freie Hansestadt Bremen hat eine solche Regelung in § 117 ihrer Landes**haushaltsordnung** (LHO/Bremen) aufgenommen.

---

11 BVerfG 45, 32.
12 BVerfG 45, 1, 33.
13 Z. B. Art. 89 der Verfassung von Berlin, Art. 82 der Verfassung für das Land NRW.

Eine von der Automatik des Art. 111 GG abweichende Regelung sieht Art. 67 der Verfassung der Freien und Hansestadt Hamburg vor. Danach ist die Ermächtigung des Senats, alle nötigen Ausgaben zu leisten, grundsätzlich von einem **Beschluss der Bürgerschaft** abhängig. 417

II. Grenzen der Ermächtigung

Bis zum Inkrafttreten des Haushaltsgesetzes ermächtigt Art. 111 GG die Bundesregierung, alle Ausgaben zu leisten, die sachlich notwendig und zeitlich unaufschiebbar sind. Auf dem ersten Blick erscheint diese Vorschrift in zweierlei Hinsicht missverständlich. 418

Zunächst wird der Anschein erweckt, nur die Bundesregierung sei der Adressat dieser Ermächtigung. Art. 111 GG ist in diesem Zusammenhang nicht als verfassungsrechtliche Ordnungsvorschrift auszulegen, sondern der Begriff „Bundesregierung" will ausschließlich auf das Verhältnis zwischen Gesetzgebung und Exekutive abstellen.

So kann also **jede mittelbewirtschaftende Dienststelle** von Art. 111 Abs. 1 GG Gebrauch machen. Um allerdings eine einheitliche Handhabung der Verfassungsvorschrift zu gewährleisten, ermächtigt § 5 BHO/LHO das BMF/LMF, Näheres zur vorläufigen Wirtschaftsführung durch Verwaltungsvorschriften zu regeln. Dies geschieht durch **Rundschreiben** des BMF/LMF an die obersten Bundes-/Landesbehörden, die ihrerseits für ihren jeweiligen Geschäftsbereich vergleichbare Anordnungen treffen. 419

Aus der Regelung, dass die Ermächtigung nur bis zum Inkrafttreten des Haushaltsgesetzes Geltung hat, darf abgeleitet werden, dass die Wirtschaftsführung bis zur Verkündung des Haushaltsgesetzes in die endgültige Haushaltsführung übergeht; sie wird gleichsam durch den nachfolgenden Haushaltsplan **absorbiert**. 420

Die Verwaltung ist nach dem Wortlaut der Verfassung in der etatlosen Zeit nur ermächtigt, **nötige** Ausgaben zu leisten. Damit sind solche Ausgaben gemeint, die von der Sache her zur Wahrnehmung des dienstlichen Auftrags der jeweiligen mittelbewirtschaftenden Dienststelle **notwendig** sind und **zeitlich nicht hinausgeschoben** werden können. 421

Als Faustregel kann gelten, dass während der vorläufigen Wirtschaftsführung nur **Fortsetzungsmaßnahmen** durchgeführt werden können.

Die Ermächtigung des Art. 111 GG ist folglich einer sachlichen, aber auch einer zeitlichen Beschränkung unterworfen. 422

Die **sachliche Beschränkung** besteht darin, dass die (Regierung) Verwaltung ermächtigt ist, alle Ausgaben zu leisten, die nötig sind, um

- **gesetzlich bestehende Einrichtungen** zu erhalten und **gesetzlich beschlossene Maßnahmen** durchzuführen,
- die **rechtlich begründeten Verpflichtungen** des Bundes/Landes zu erfüllen,
- Bauten, Beschaffungen und sonstige Leistungen fortzusetzen oder Beihilfen für diese Zwecke weiter zu gewähren, sofern durch den Haushaltsplan eines Vorjahres bereits Beträge bewilligt worden sind.

423 Die Verfassungsvorschrift des Art. 111 GG oder die vergleichbaren Vorschriften der Länderverfassungen (z. B. Art. 89 der Verfassung für Berlin, Art. 82 der Verfassung für das Land NRW) sind **unmittelbar geltendes Verfassungsrecht**.

Die zeitliche Beschränkung besteht darin, dass die Ermächtigungen im Rahmen des Art. 111 GG nur bis zur Verkündung des Haushaltsgesetzes gelten.

1. Sachliche Beschränkung

1.1 Erhaltung gesetzlich bestehender Einrichtungen

424 Als **gesetzlich bestehende Einrichtungen** sind alle Behörden, Dienststellen, Institute, Anstalten etc. zu betrachten, die rechtmäßig und ordnungsgemäß errichtet worden sind und sich überwiegend aus dem Bundes-/Landeshaushalt finanzieren.

Auch in einer „haushaltslosen" Zeit muss sichergestellt sein, dass solche Einrichtungen weiterhin arbeitsfähig bleiben, um ihren Auftrag erfüllen zu können.

425 Wesentlich für die Aufrechterhaltung des Dienstbetriebes sind die Ausgaben, die im zurückliegenden Bewilligungszeitraum für diese Einrichtung maßgebend waren. Dabei sind Veränderungen, wie etwa Preissteigerungen zu berücksichtigen. Auch in personeller Hinsicht ist die Arbeitsfähigkeit einer solchen Einrichtung sicherzustellen. Deshalb können selbstverständlich auch Planstellen und Stellen im vorhandenen Rahmen besetzt werden. Das schließt Beförderungen und Höhergruppierungen ebenso ein wie Neueinstellungen.

Allerdings dürfen in dieser Zeit Planstellen und Stellen ebenso wenig neu geschaffen wie angehoben werden.

1.2 Durchführung gesetzlich beschlossener Maßnahmen

Zu diesen Maßnahmen, die auch während der vorläufigen Wirtschaftsführung fortzuführen sind, sind solche Maßnahmen zu rechnen, die dem Grunde nach gesetzlich vorgesehen sind. Dabei ist die gesetzlich vorgesehene Höhe der Ausgaben unerheblich, mithin handelt es sich um Maßnahmen, die der Exekutive hinsichtlich der Höhe ein gewisses Ermessen einräumen. **426**

Bei der endgültigen Haushaltsführung würden Ausgaben dieser Art nach Maßgabe vorhandener Haushaltsmittel geleistet.

1.3 Erfüllung rechtlich begründeter Verpflichtungen

Ausgaben, um rechtlich begründete Verpflichtungen zu erfüllen, sind in jedem Fall nach dem **Grundsatz der Vertragstreue** zu leisten. Es ist dabei unerheblich, was der Rechtsgrund einer derartigen Verpflichtung ist, ob sie etwa auf Gesetz, Vorschrift, Vertrag oder Vergleich begründet ist oder ob ein einklagbarer Anspruch im Einzelfall besteht. **427**

Nach Auffassung des Bundesrechnungshofs müssen Verpflichtungen dieser Art allerdings in vorangegangenen Bewilligungszeiträumen eingegangen sein.

Das Eingehen **neuer** Verpflichtungen ist nur dann zulässig, wenn Art. 111 GG auch zur Leistung von Ausgaben ermächtigt, denn § 3 BHO/LHO zieht den Ermächtigungsrahmen über die Leistung von Ausgaben hinaus und schließt das Eingehen von Verpflichtungen ausdrücklich mit ein. **428**

Solche verfassungsrechtlich zulässigen Neuverpflichtungen können beispielsweise Verpflichtungen zur Aufrechterhaltung des Dienstbetriebes einer Behörde sein.

1.4 Fortsetzung von Bauten, Beschaffungen und sonstigen Leistungen oder Weitergewährung von Beihilfen für diese Zwecke, sofern durch den Haushaltsplan eines Vorjahres bereits Beträge bewilligt worden sind

Es handelt sich hierbei um Maßnahmen, für die in einem Haushaltsplan des Vorjahres oder aus weiteren Vorjahren Ausgaben vorgesehen waren und deren **Einstellung** zu einem messbaren Schaden führen würde. Anders ausgedrückt, es dürfen Ausgaben für diese Maßnahmen fortgesetzt werden. **429**

Bauten und **Beschaffungen** im Sinne des Art. 111 GG sind durchweg als größere Maßnahmen anzusehen und in § 24 BHO/LHO und den dazu ergangenen Verwaltungsvorschriften näher definiert. Sie wurden bereits vor Beginn der vorläufigen Wirtschaftsführung begonnen; zumindest wurden dafür bereits Aufträge erteilt. **430**

Baumaßnahmen in diesem Sinne sind solche, die der Hauptgruppe 7 und der Gruppe 558 zuzuordnen sind.

431 **Größere Beschaffungen** sind Anschaffungen von Sachen mit einem Mittelbedarf von mehr als 500.000 Euro im Einzelfall, für die Ausgaben oder Verpflichtungsermächtigungen in der Hauptgruppe 8 oder der Gruppe 554 im Haushaltsplan veranschlagt sind.

432 Um einer zu weitgehende Auslegung des unbestimmten Begriffs der „sonstigen Leistungen" vorzubeugen, hat der Bundesrechnungshof (Beschluss des großen Senats von 1972) eine **vorsichtige und zurückhaltende Handhabung** empfohlen. Voraussetzung, nötige Ausgaben für „sonstige Leistungen" zu billigen, ist auch hierbei die „Fortsetzung" bereits begonnener Maßnahmen, die durch einen vorjährigen Haushaltsplan bewilligt worden sind. Dabei ist nach Auffassung des BRH zu beachten:

„Ob diese Voraussetzung vorliegt ist Tatfrage. Dispositiv und Erläuterungen werden hierfür einen Anhaltspunkt liefern. Soweit diese die Vorhaben nicht hinreichend konkret umschreiben, werden auf dem Parlament zugänglich gemachte Wirtschaftspläne, Richtlinien oder sonstige ergänzende Berichte zurückzugreifen sein. Den Maßstab muss bilden, dass es sich um eine gegenständlich eingeschränkte Fortführung der Staatsgeschäfte handelt. Die beabsichtigten Ausgaben für die Maßnahme dürfen nicht durch Inhaltsänderung die von dem Parlament in den Vorjahren gebilligten Grenzen überschreiten."

433 Solche und ähnliche Überlegungen sind auch dann anzustellen, wenn es sich um Ausgaben zur Weitergewährung von **Beihilfen** (für diese Zwecke) handelt. Als Beihilfen nach **Art. 111 GG** sind u. a. **Finanzhilfen** im Sinne des Art. 104a GG zu betrachten, die der Bund den Ländern für besonders bedeutsame Investitionen gewähren kann, die zur Abwehr einer Störung des gesamtwirtschaftlichen Gleichgewichts oder zum Ausgleich unterschiedlicher Wirtschaftskraft im Bundesgebiet oder zur Förderung des wirtschaftlichen Wachstums erforderlich sind.

434 Als Beihilfen nach Art. 111 GG sind auch **Zuwendungen** i. S. von §§ 23, 44 BHO/LHO anzusehen. Dies sind Leistungen an Stellen außerhalb der Bundes-/Landesverwaltung zur Erfüllung bestimmter Zwecke, an die der Bund/das Land ein erhebliches Interesse geknüpft hat (z. B. Forschungsvorhaben, größere Entwicklungsvorhaben. Maßnahmen humanitärer Hilfe, Projektförderung im Umweltbereich u.ä.).

435 **Größere Entwicklungsvorhaben** sind Vorhaben mit einem Mittelbedarf von mehr als 500.000 Euro im Einzelfall, die in erster Linie der Neu- oder Weiterentwicklung von Systemen, Verfahren, Geräten oder Gegenständen dienen. In besonders gelagerten Einzelfällen kann das BMF für die jeweils zuständige einzelplanführenden Stelle Ausnahmen zulassen.

Die in Art. 111 Abs. 1 Buchst. a bis c aufgeführten Ermächtigungen bedeuten in ihrer Reihung keine Rangfolge, zumal sie sich in ihrer Anwendung häufig überschneiden.

2. Zeitliche Beschränkung

Die Ausgabeermächtigungen nach Art. 111 GG gelten ab Beginn des Haushaltsjahres für das der Haushaltsplan gesetzlich **noch nicht** festgestellt ist, bis zur Verkündung des Haushaltsgesetzes im Bundesgesetzblatt, längstens jedoch bis zu dessen Ende. 436

Da das Haushaltsgesetz und der Haushaltsplan, demzufolge auch die in ihm enthaltenen Ausgabeermächtigungen, **rückwirkend zum 1. Januar in Kraft treten**, anders ausgedrückt: ein haushaltsmäßiges Vakuum nachträglich aufgefüllt wird, werden die bis dahin im Rahmen der vorläufigen Wirtschaftsführung geleisteten Ausgaben auf die nunmehr durch den Haushaltsplan erteilten Ermächtigungen angerechnet. Die bis dahin geleisteten Ausgaben werden gleichsam **nachträglich planmäßige Ausgaben**, soweit sie im gesetzlich festgestellten Haushaltsplan enthalten sind. 437

III. Ausgabeermächtigungen

Die Verwaltung darf **nötige Ausgaben** leisten, soweit ein im Grundgesetz genannter Tatbestand der Ermächtigung auf ihr Handeln zutrifft. Daneben sind die durch das BMF in seinem Rundschreiben zur vorläufigen Haushalts- und Wirtschaftsführung näher bezeichneten Begrenzungen der Ermächtigung einzuhalten. 438

Sofern die nach Art. 111 Abs. 1 GG zugelassenen Ausgaben nicht durch entsprechende **Einnahmen** (z. B. aus Steuern, anderen Abgaben oder Veräußerungserlösen) gedeckt werden können, enthält Art. 111 GG im Absatz 2 die entsprechende Regelung. In der Regel sind die Grundlagen für die Erhebung der Einnahmen in ihrem rechtlichen Bestand unabhängig von der Existenz eines Haushaltsgesetzes. Es handelt sich regelmäßig um gesetzliche oder andere Verpflichtungen, die auf unbestimmte Zeit ausgerichtet und nicht nach Ablauf einer Haushaltsperiode erneuerungsbedürftig sind. Infolgedessen fließen solche Zahlungen auch im „etatlosen" Zustand. 439

Anders verhält es sich bei der Beschaffung von **Einnahmen aus Krediten**. Wie die Kreditaufnahme auch während der Haushaltsführung von einer gesetzlichen Ermächtigung abhängig ist (vgl. Art. 115 GG), erfolgt die Ermächtigung in der Zeit der vorläufigen Wirtschaftsführung in den Grenzen des Art. 111 Abs. 2 GG. 440

Mit dieser verfassungsmäßigen Ermächtigung soll Vorsorge getroffen werden, dass die nach Art. 111 Abs. 1 GG zulässigen Ausgaben auch in dem Falle gedeckt sind, wenn etwa Einnahmen aus anderen Einnahmequellen in nicht genügendem Maße zur Verfügung stehen. Die Höhe der Kreditermächtigung beträgt bis zu einem Viertel der Endsumme des abgelaufenen Haushaltsplans. Die Länder haben in ihren Verfassungen teilweise andere, abweichende Regelungen, beispielsweise erlaubt die Verfassung für das Land NRW ausschließlich die Kreditversorgung über Schatzanweisungen, die ebenfalls bis zu einem Viertel der Endsumme des abgelaufenen Haushaltsplans über den Kreditmarkt veräußert werden können.

441 Das BMF legt in seinen Verwaltungsvorschriften, um solche handelt es sich in seinem Rundschreiben, bestimmte Quoten für verschiedene Gliederungsformen des Haushalts nach Haupt- oder Obergruppen oder Gruppierungsnummern fest, um damit auch dem Charakter der vorläufigen Haushalts- und Wirtschaftsführung Nachdruck zu verleihen.

Dabei richtet sich die Höhe der Quote auch nach der voraussichtlichen Dauer der vorläufigen Haushalts- und Wirtschaftsführung. Sollte sich in der „haushaltslosen" Zeit die Notwendigkeit einer Verlängerung der Ermächtigung ergeben, sind die Ausgabequoten entsprechend anzupassen.

Bis zu der vom BMF freigegebenen Quote dürfen die obersten Bundesbehörden Ausgaben leisten, wenn die Voraussetzungen des Art. 111 Abs. 1 Buchst. a bis c zutreffen.

442 Die Ausgabequote im Rahmen der Ausgabeermächtigung orientiert sich an den Ansätzen des **aktuellen Regierungsentwurfs**.

443 Die Obersten Verwaltungsbehörden verteilen die Ausgabeermächtigungen durch ihre „**Erlasse über die vorläufige Haushalts- und Wirtschaftsführung**" an ihren nachgeordneten Bereich. Im Rahmen des **HKR-Verfahrens** werden die Ausgabeermächtigungen betraglich auf die Sachbuchkonten bis auf die Titelverwalterebene zugewiesen.

Für die mittelbewirtschaftenden Dienststellen erlöschen die Ausgabeermächtigungen durch die ausdrückliche – spezielle oder allgemeine – Anordnung der Mittelverteiler, die mit der ersten, endgültigen Mittelzuweisung – Ausgabebewilligung – ausgesprochen wird.

444 Die im Rahmen der vorläufigen Wirtschaftsführung auf Grund der erteilten Ausgabeermächtigung verausgabten oder anders in Anspruch genommenen (= verfügten) Beträge werden auf die für die endgültige Haushalts- und Wirtschaftsführung zugewiesenen Mittel angerechnet.

IV. Die vorläufige Haushalts- und Wirtschaftsführung (Kurzfassung)

Wenn das Haushaltsgesetz vom Parlament nicht rechtzeitig, d. h. **nicht vor Beginn des Haushaltsjahres**, für das es bestimmt ist, verabschiedet und damit auch der **Haushaltsplan nicht rechtzeitig festgestellt** ist, ist die Exekutive gem. Art. 111 GG ermächtigt, die Wirtschaft **vorläufig** weiterzuführen. **445**

Die Verwaltung ist in dieser „haushaltslosen" Zeit ermächtigt, Ausgaben zu leisten, die nötig sind **446**

- zur Aufrechterhaltung des Dienstbetriebes,
- um gesetzlich beschlossene Maßnahmen durchzuführen,
- um rechtlich begründete Verpflichtungen des Bundes oder Landes zu erfüllen,
- bereits begonnene Maßnahmen fortzuführen.

Das BMF erlässt die **Allgemeinen Verwaltungsvorschriften** sowohl zur **vorläufigen** Haushalts- und Wirtschaftsführung als auch später die Allgemeinen Verwaltungsvorschriften zur endgültigen Haushaltsführung. **447**

Das BMF erteilt den obersten Verwaltungsbehörden zur Durchführung der o.g. Maßnahmen „**Ausgabeermächtigungen**". Die einzelplanführenden Stellen geben daraufhin ressortbezogene Erlasse über die vorläufige Haushalts- und Wirtschaftsführung in ihrem Geschäftsbereich an die nachgeordneten Dienststellen bekannt. **448**

Die im Rahmen der vorläufigen Haushalts- und Wirtschaftsführung verfügten Beträge sind auf die im Rahmen der endgültigen Haushaltsführung zugewiesenen Haushaltsmittel anzurechnen.

G. Die Ausführung des Haushaltsplans

I. Allgemeines

449 Die Ausführung des Haushalts (**Haushaltsführung**) beginnt mit der Verabschiedung und Veröffentlichung des Haushaltsgesetzes im Bundesgesetzblatt und endet mit der Entlastung der Bundes-/Landesregierung durch den Bundestag/das Landesparlament.

Eine ggf. vorangegangene **vorläufige** Haushalts- und Wirtschaftsführung wird mit der endgültigen Haushaltsführung gleichsam absorbiert, so dass letztlich die Gesetzmäßigkeiten und Abläufe der Haushaltsführung für das gesamte Haushaltsjahr nahezu gültig sind.

450 Die **Haushaltsführung** besteht im Wesentlichen aus folgenden Abschnitten:

- Erhebung der Einnahmen,
- Zuweisung der Ausgabemittel, Verpflichtungsermächtigungen, Planstellen und Stellen (Haushaltsmittel im engeren und weiteren Sinne),
- Bewirtschaftung der Ausgabemittel und
- Rechnungslegung und Rechnungsprüfung.

II. Erhebung der Einnahmen

1. Grundsätze der Erhebung der Einnahmen

451 Um die Staatsfunktionen aufrecht erhalten, seine Aufgaben erfüllen zu können, benötigt der Staat/die Gemeinde entsprechende Mittel (**Einnahmen**) mindestens in Höhe der für die Aufgabenerfüllung vorgesehenen Ausgabemittel.

452 Einnahmen zur Ausgabendeckung sind alle **Geldmittelzuflüsse** innerhalb eines Haushaltsjahres.

453 Grundlage für die **Erhebung** von Einnahmen sind die geltenden Gesetze oder Satzungen (Steuern, Gebühren, Beiträge) Verträge, Vereinbarungen oder sonstigen Rechtsgrundlagen.

454 Anders als die staatlichen Ebenen sind die **Kommunen** an die Grundsätze der Einnahmebeschaffung gebunden. Danach sind die zur Aufgabenerfüllung erforderlichen Einnahmen soweit möglich und vertretbar aus speziellen Entgelten (z. B. Gebühren, Beiträge, privatrechtliche Entgelte) für kommunal erbrachte Leistungen zu beschaffen, im Übrigen aus Steuern (z. B. Gewerbesteuer, Grundsteuer), soweit die sonstigen Einnahmen (z. B. Entnahme aus Rücklagen, Kos-

tenerstattungen, allgemeine Finanzzuweisungen des Landes) nicht ausreichen. Die **Aufnahme von Krediten** gilt gleichsam als **ultima ratio**.

Die Einnahmen sind **bei Fälligkeit und in voller Höhe der Forderung** zu erheben, unabhängig davon, ob sie im Haushaltsplan überhaupt oder in entsprechender Höhe veranschlagt sind oder nicht (VV Nr. 3.1 zu § 34 BHO). **455**

Entstehen Ansprüche nicht unmittelbar durch Rechtsvorschrift, sind **unverzüglich** geeignete Maßnahmen zu ergreifen, um die notwendigen Voraussetzungen für ihr Entstehen zu schaffen.

Die Bewirtschafter sind verpflichtet, der zuständigen Kasse über eine Forderung im laufenden Haushaltsjahr **unverzüglich eine Kassenanordnung** zu erteilen, sobald die Forderung betragsmäßig feststeht. **456**

2. Einnahmequellen

Zu den wichtigsten Einnahmequellen der öffentlichen Hände gehören in erster Linie die öffentlichen Abgaben. Öffentliche Abgaben werden im Wesentlichen in Gestalt von Steuern, Beiträgen, Gebühren und Zöllen erhoben. **457**

2.1 Abgaben

2.1.1 Steuern

Steuern sind Geldleistungen, die nicht eine Gegenleistung für besondere Leistungen darstellen und von einem öffentlich-rechtlichen Gemeinwesen allen auferlegt werden, bei denen der Tatbestand zutrifft, an den das Gesetz die **Leistungspflicht** knüpft (§ 3 Abgabenordnung – AO). **458**

Zutreffender Tatbestand	**Grundlage der gesetzlichen Leistungspflicht**		**Abzuführende Geldleistung**
Einkommen von natürlichen Personen • aus selbstständiger und nichtselbstständiger Arbeit • aus Gewerbetrieben • aus Vermietung und Verpachtung • aus Kapitalerträgen	Einkommensteuergesetz i.d.F. v. 16.4.1997	→	Aus dem Einkommen zu tragende Einkommensteuer (Lohnsteuer)

Zutreffender Tatbestand	**Grundlage der gesetzlichen Leistungspflicht**		**Abzuführende Geldleistung**
Erwerb von beweglichem und unbeweglichem Vermögen von Todes wegen, z. B. • Erwerb durch Erbanfall • Erwerb durch Schenkung auf den Todesfall • Erwerb auf Grund eines Pflichtteilanspruchs	Erbschaft- und Schenkungsteuergesetz i.d.F. v. 27.2.97	→	Erbschaftsteuer/ Schenkungsteuer
Verbrauch von Mineralöl als Kraft- und Heizstoff, z. B. • verbleites und unverbleites Benzin • Dieselkraftstoff • Erdgas und Flüssiggas • leichtes und schweres Heizöl	Energiesteuergesetz v. 15.7.2006	→	Energiesteuer
Verbrauch von Tabakwaren, z. B. • Zigaretten • Zigarren und Zigarillos • Rauchtabak	Tabaksteuergesetz v. 21.12.1992	→	Tabaksteuer durch Kauf und Verwendung von Steuerzeichen

Abbildung 24: Beispiele zur Definition des Steuerbegriffs

459 **Steuerpflichtig** ist derjenige, der eine Steuer schuldet, für eine Steuer haftet, eine Steuer für Rechnung eines Dritten einzubehalten und abzuführen hat, der eine Steuererklärung abzugeben hat, Sicherheit zu leisten, Bücher oder Aufzeichnungen zu führen oder andere Verpflichtungen zu erfüllen hat, die ihm die Steuergesetze auferlegen (§ 33 Abs. 1 AO).

2.1.2 Zölle

460 Zölle sind als Abgabeart mit den Steuern eng verwandt. Sie stellen Abgaben dar, die auf Grund eines gemeinsamen Zolltarifs auf eingeführte Waren erhoben werden. Der für die Zollerhebung zutreffende Tatbestand ist noch nicht das ordnungsgemäße Verbringen einer zollpflichtigen Ware über die Zollgrenze, sondern erst die Überführung der Ware in den freien Verkehr (Einfuhr im wirtschaftlichen Sinne).

2.1.3 Beiträge

461 Bei den Beiträgen handelt es sich um Zwangsabgeben, denen im Gegensatz zu den Steuern eine **konkrete Gegenleistung** gegenübersteht. Sie werden von den Begünstigten unabhängig davon erhoben ob sie auch die erbrachte öffentliche Leistung in Anspruch nehmen oder nicht (Anliegerbeiträge).

2.1.4 Gebühren

462 **Gebühren** sind als Entgelte zu betrachten, die für die **tatsächliche Inanspruchnahme** öffentlicher Leistungen zu zahlen sind. Je nach der Art der Leistung wird unterschieden nach:

- Benutzungsgebühren (Müllabfuhr, Straßenreinigung, Eintritt in kommunale Einrichtungen, z. B. Bäder oder Museen)
- Verwaltungsgebühren (Gegenleistung für Amtshandlungen, z. B. Ausstellung von Bescheinigungen, Leistungen des Standesamtes, Ausstellung und Verlängerung von Ausweispapieren)
- Verleihungsgebühren (Entgelte für verliehene Rechte oder Konzessionen, z. B. Schankkonzession)

2.2 Zuweisungen

463 In einem gegliederten Staatsaufbau, einem Bundesstaat, haben die einzelnen Ebenen (Bund Länder, Gemeinden) die für sie geeigneten Aufgaben wahrzunehmen. Den jeweiligen Ebenen ist aber auch die Möglichkeit entsprechender Einnahmebeschaffung zu eröffnen, um diese Aufgaben wahrzunehmen. Ferner hat in einem modernen Staatsverständnis der Bundesstaat dafür Sorge zu tragen, dass in all seinen Gliedstaaten annähernd gleiche Lebensbedingungen angestrebt werden. Auch dafür sind die entsprechenden Mittel bereitzustellen. Alle hierfür erforderlichen Regelungen werden unter dem Begriff **Finanzausgleich** zusammengefasst und sind im haushaltsrechtlichen Begriff Zuweisungen einzuordnen.

464 **Zuweisungen** sind Einnahmen, die eine öffentlich-rechtliche Körperschaft im Wege des **horizontalen oder vertikalen Finanzausgleichs** erhält.

465 Die Zuweisungen des Bundes unterscheiden sich in ihrer Höhe u. a. wesentlich durch die unterschiedliche Finanzkraft der Bundesländer. Im Haushaltsjahr 2012 betragen die Zuweisungen des Bundes an die Bundesländer im Rahmen des vertikalen Finanzausgleichs ca. 11,6 Mrd. €. Davon entfallen ca. 7,3 Mrd. € auf die neuen Bundesländer und das Land Berlin wegen der teilungsbedingten Sonderausgaben.

466 Außerdem erhalten die **ostdeutschen Länder** Sonderbedarfs-Bundesergänzungszuweisungen zum Ausgleich von Sonderlasten durch die strukturelle Arbeitslosigkeit und der daraus entstehenden überproportionalen Lasten bei der

Zusammenführung von Arbeitslosenhilfe und Sozialhilfe für Erwerbsfähige in Höhe von insgesamt 1 Mrd. € jährlich.

467 Ferner erhalten **kleine, leistungsschwache Länder** Sonderbedarfs-Bundesergänzungszuweisungen wegen überdurchschnittlich hoher Kosten politischer Führung in Höhe von insgesamt ca. 517 Mio. € jährlich. Kleinere Länder haben je Einwohner höhere Kosten politischer Führung als größere Länder, weil die Fixkosten der politischen Führung in kleineren Ländern auf eine geringere Anzahl von Einwohnern umgelegt werden müssen. In Abständen von fünf Jahren wird überprüft, ob die Voraussetzungen für die Vergabe dieser Sonderbedarfs-Bundesergänzungszuweisungen noch vorliegen.

468 Im **Länderfinanzausgleich** (horizontalen Finanzausgleich) erhalten finanzschwache Länder Ausgleichszuweisungen, die von den finanzstarken Ländern aufgebracht werden müssen. Um die finanzielle Eigenverantwortung und die Eigenstaatlichkeit der Länder durch den Länderfinanzausgleich nicht zu sehr in den Hintergrund treten zu lassen, werden die Einnahmeunterschiede zwischen den Ländern dabei lediglich anteilig beseitigt.

469 Der Länderfinanzausgleich unterstellt grundsätzlich einen gleichen Finanzbedarf aller Bundesbürger in ihren jeweiligen Ländern. Für die **Stadtstaaten** Berlin, Bremen und Hamburg geht diese Unterstellung jedoch an der Sache vorbei. Sie weisen einen deutlich höheren Finanzbedarf je Einwohner auf als die Flächenländer. Deshalb wird ihre Einwohnerzahl im Länderfinanzausgleich fiktiv um 35 % erhöht. Ein geringfügig höherer Finanzbedarf je Einwohner besteht auch in den drei dünn besiedelten Ländern Brandenburg, Mecklenburg-Vorpommern und Sachsen-Anhalt. Deshalb wird auch ihre Einwohnerzahl im Länderfinanzausgleich fiktiv geringfügig erhöht.[14]

Derzeit sind folgende Länder „Geberländer": Bayern, Baden-Württemberg, Hessen und Hamburg.

2.3 Wirtschaftserträge

470 Es handelt sich hierbei um Einnahmen, die der Staat auf Grund seines wirtschaftlichen Engagements erzielt, indem er sich an Wirtschaftsunternehmen beteiligt (z. B. Land Niedersachsen: Volkswagen AG; Bund: Deutsche Bahn AG; Hessen, Stadt Frankfurt/Main: FraPort) oder indem er als Unternehmer selbst am Wirtschaftsleben (z. B. Staatsdomänen und Forsten, Hafenanlagen) beteiligt ist.

Die Erzielung dieser Einnahmen erfolgt also marktmäßig und nicht etwa kraft hoheitlichen Handelns.

14 Quelle: BMF.

2.4 Krediteinnahmen

Kredite sind notwendige Einnahmen der öffentlichen Hände durch Kreditaufnahme am Kapitalmarkt zur mittel- oder langfristigen Finanzierung von Ausgaben. Die Kreditaufnahme unterliegt dem Gesetzesvorbehalt und ist nach dem Grundgesetz und den Länderverfassungen an Höchstgrenzen gebunden (Art. 115 Abs. 1 S. 2 GG oder vergleichbare Regelungen in den Länderverfassungen). **471**

Die EU-Mitgliedstaaten haben sich 1992 durch den Vertrag von Maastricht gegenseitig erstmals zu den **EU-Konvergenzkriterien** verpflichtet und damit die staatlichen Verschuldungsgrenzen bindend festgelegt. Danach darf der staatliche Gesamt-Schuldenstand nicht mehr als 60 % des Bruttoinlandsproduktes betragen und das jährliche Haushaltsdefizit darf nicht mehr über 3 % des Bruttoinlandsproduktes hinausgehen. **472**

Darüber hinaus haben sich Bund und Länder darauf verständigt, eine sog. **Schuldenbremse** in die Verfassung aufzunehmen. Die Schuldenbremse sieht vor, dass die Haushalte von Bund und Ländern in Zukunft grundsätzlich ohne Einnahmen aus Krediten auskommen. Diese Regelung wurde im Grundgesetz verankert. Beim Bund ist eine strukturelle Verschuldung nur noch in Höhe von 0,35 % des Bruttoinlandsproduktes zulässig. Im Rahmen einer Übergangsregelung (Art. 143d Abs. 1 GG) ist festgelegt, dass für den Bund noch bis einschließlich 2015 und für die Länder bis einschließlich 2019 Abweichungen möglich sind. **473**

Die deutsche **Staatsverschuldung** wächst allerdings stetig. Die deutsche Schuldenquote, also die Summe aller Schulden der öffentlichen Haushalte, wird mittelfristig weiter bis auf 72,5 % ansteigen. **474**

Bund, Länder und Gemeinden sowie ihre Parafisci waren am Ende des Jahres 2011 mit über 2 Billionen Euro (2.000 Mrd. €) verschuldet. Zur Veranschaulichung dieser Zahl kann folgendes Beispiel dienen: Würden ab sofort keine Schulden mehr aufgenommen und würde die öffentliche Hand gesetzlich verpflichtet sein, neben allen anderen Ausgaben für Personal, Investitionen, Sozialleistungen, Zinsen etc. jeden Monat auch eine Milliarde Euro an Schulden zu tilgen, so würde dieser Prozess 169 Jahre lang andauern müssen, um den Schuldenberg vollständig abzutragen. Am höchsten ist der Bund verschuldet; auf ihn entfallen 64 % der Staatsschulden. Danach folgen die Länder mit 30 % und die Schulden der Gemeinden schlagen mit 6 % zu Buche.[15] **475**

Trotz des anhaltend niedrigen Zinsniveaus beträgt die **Zinslast aller öffentlichen Haushalte** z. Zt. etwa 65 Mrd. € pro Jahr und ist damit in den öffentlichen Haushalten hinter den Versorgungsleistungen regelmäßig der zweitgrößte Etatposten. **476**

Über die **Gläubigersituation** gibt es keine genauen statistischen Angaben. Nach Schätzungen der Deutschen Bundesbank war der Staat Ende 2010 mit rund **477**

15 Quelle: Bund der Steuerzahler e.V. v. Jan. 2011.

400 Mrd. € bei Kreditinstituten und mit rund 1.025 Mrd. € im Ausland verschuldet. Daneben haben Private, Sozialversicherungen, Bausparkassen und Versicherungen dem Staat Kapital in Höhe von rund 300 Mrd. € geliehen.

478 Im Gegensatz zum staatlichen Bereich ist der Gesamtbetrag der im Vermögenshaushalt der **Kommunen** veranschlagten Kredite genehmigungspflichtig. Die Aufsichtsbehörde hat die Genehmigung zu versagen, wenn die Kreditverpflichtungen mit der dauernden Leistungsfähigkeit der Gemeinde nicht zu vereinbaren sind.

2.5 Münzeinnahmen

479 Nach wie vor werden **Münzen** auf Anforderungen der Deutschen Bundesbank (DBBk) in staatlichen Münzen geprägt und von der DBBk und nicht etwa von der Europäischen Zentralbank zum Nennwert aufgekauft und in den Verkehr gebracht. Die DBBk schreibt dem Bund den aufgeprägten Nennwert der Münzen gut. In dieser Art erzielt der Bund zusätzliche Einnahmen in Höhe des Unterschiedsbetrages zwischen der Gutschrift und dem Metallwert zuzüglich der Prägekosten.

2.6 Sonstige Einnahmen

480 Als **sonstige Einnahmen** können folgende Einnahmen verstanden werden:
- Bundesbankgewinne,
- Geldstrafen/Geldbußen,
- Erlöse aus Veräußerung von Vermögen,
- Auflösung von Rücklagen,
- kassenmäßige Überschüsse,
- Vermächtnisse,
- Zinsen aus gewährten Darlehen/Kredite an Dritte/Drittländer.

3. Besonderheiten bei der Verpflichtung, Einnahmen rechtzeitig und vollständig zu erheben.

481 Einnahmen sind **rechtzeitig** und **vollständig** zu erheben (§ 34 Abs. 1 BHO/LHO, VV Nr. 3.1. zu § 34 BHO).

482 Über eine Forderung im laufenden Haushaltsjahr ist der zuständigen Kasse **unverzüglich eine Kassenanordnung** zu erteilen, sobald die Forderung **betragsmäßig feststeht**.

Durch Eintragung eines individuellen Kassenzeichens in der Kassenanordnung wird der Zahlungseingang im automatisierten Verfahren für das Haushalts-, Kassen und Rechnungswesen des Bundes – HKR-Verfahren – überwacht. In Kombination mit dem Kennzeichen Mahnverfahren wird das automatisierte Mahnverfahren gesteuert und die Hauptforderung und die Nebenforderungen (Säumniszuschläge, Verzugszinsen und Mahngebühren) beim Schuldner angemahnt.

3.1 Schuldnerverzug

Grundvoraussetzung für den Eintritt des Schuldnerverzugs ist bei **privatrechtlichen Geldforderungen** die Mahnung (§ 284 Abs. 1 BGB). Eine Mahnung kann dann entfallen, wenn bei Geltendmachung der Leistung eine Zeit nach dem Kalender bestimmt war. **483**

In entsprechender Kombination des **fünfstelligen Kennzeichens Mahnverfahren** mahnt die Bundeskasse automatisch und macht die im Zusammenhang mit der Forderung stehenden Nebenkosten geltend. **484**

Bei privatrechtlichen Schuldverhältnissen sind die gesetzlichen **Verzugszinsen** in Höhe von fünf Prozentpunkten über dem Basiszinssatz (§ 288 Abs. 1 S. 1 BGB) zu erheben, soweit nicht ein anderer Zinssatz vereinbart ist (VV Nr. 4.1 zu § 34 BHO). **485**

Bei **öffentlich-rechtlichen** Geldforderungen **soll** ebenfalls gemahnt werden (§ 3 Abs. 3 Verwaltungsvollstreckungsgesetz). Eine unterlassene Mahnung entfaltet hier allerdings keine unmittelbaren Rechtsfolgen. Nach der Abgabenordnung kann die Vollstreckung auch ohne Mahnung unmittelbar bei Säumnis erfolgen.

3.2 Ausnahmen vom Grundsatz, Einnahmen rechtzeitig und vollständig zu erheben.

Ausnahmen von der Verpflichtung, Einnahmen rechtzeitig und vollständig zu erheben, ergeben sich aus §§ 58 und 59 BHO/LHO. **486**

Bei der Prüfung solcher Ausnahmetatbestände ist zu prüfen, ob neben dem Anspruchsgegner oder einem Dritten als Gesamtschuldner, Bürgen oder sonstige Haftende zur Erfüllung herangezogen werden können.

3.2.1 Änderung von Verträgen, Vergleiche

Das zuständige Bundes-/Landesministerium kann **487**
- Verträge **zum Nachteil** des Bundes/Landes nur in besonders begründeten Einzelfällen aufheben oder abändern,
- einen **Vergleich** schließen, wenn dies für den Bund/das Land zweckmäßig und wirtschaftlich ist (§ 58 BHO/LHO).

3.2.1.1 Änderung von Verträgen

488 Die Regelung des § 58 BHO/LHO berührt nur Änderungen oder Aufhebungen von Verträgen, auf die der Vertragspartner keinen Rechtsanspruch hat. Durch die Vorschrift wird nicht eine notwendige Anpassung an eine geänderte Rechtslage (z. B. § 242 BGB) geregelt.

Würde das angestrebte Ergebnis auch in anderer Weise erzielt werden können, z. B. durch Stundung oder Erlass eines Anspruchs, so sind die Sonderbestimmung über die Veränderung von Ansprüchen (§ 59 BHO) vorrangig zu prüfen.

489 Ob ein **Nachteil für den Bund** zu unterstellen ist, entscheidet sich ausschließlich unter wirtschaftlichen Aspekten. Ein Nachteil für den Bund kann dann nicht unterstellt werden, wenn er durch eine Vertragsänderung wirtschaftlich nicht schlechter gestellt wird als bei einem Festhalten an den bisherigen Vertrag.

490 Als weiterer Prüfungsgegenstand ist der **begründete Ausnahmefall** bezogen auf den Vertragspartner von Bedeutung. Ein solcher begründeter Ausnahmefall ist dann anzunehmen, wenn ein Festhalten am Vertrag den Vertragspartner unbillig benachteiligt, weil sich seine wirtschaftlichen Verhältnisse bei Vertragserfüllung ohne sein Verschulden erheblich verschlechtern würden.

3.2.1.2 Vergleiche

491 Nach § 779 BGB ist ein **Vergleich** eine gerichtliche oder außergerichtliche Vereinbarung, die einen Streit oder die Ungewissheit über ein Rechtsverhältnis im Wege des gegenseitigen Nachgebens beseitigt.

Der Ungewissheit über ein Rechtsverhältnis steht es gleich, wenn die Verwirklichung eines Anspruchs unsicher ist.

3.2.2 Veränderung von Ansprüchen

492 Einnahmen sind gem. § 34 Abs. 1 BHO/LHO **bei Fälligkeit und in voller Höhe der Forderung** zu erheben, unabhängig davon, ob sie im Haushaltsplan überhaupt oder in entsprechender Höhe veranschlagt sind oder nicht.

493 Über eine fällige Forderung im laufenden Haushaltsjahr ist der zuständigen Kasse **unverzüglich eine Kassenanordnung** zu erteilen, sobald die Forderung betragsmäßig feststeht.

Die Bestimmungen über die **Veränderung von Ansprüchen** (§ 59 BHO/LHO) stellen dazu Ausnahmen dar. Alle Entscheidungen, die in Verbindung mit der Veränderung von Ansprüchen stehen, sind Ermessensentscheidungen einer Behörde.

494 Der Beauftragte für den Haushalt ist regelmäßig zu beteiligen. Auch die in diesem Zusammenhang zu erhebenden Nebenforderungen, z. B. Stundungszinsen,

Säumniszuschläge, Verzugszinsen usw. sind Einnahmen, die gem. § 34 Abs. 1 BHO/LHO rechtzeitig und vollständig zu erheben sind.

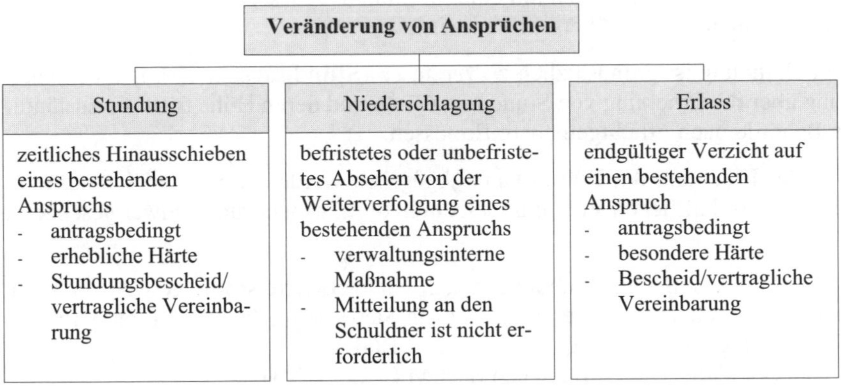

Abb. 25: Veränderung von Ansprüchen

3.2.2.1 Stundung

Eine Forderung darf nur dann gestundet werden, wenn die sofortige Einziehung für den Schuldner mit einer **erheblichen Härte** verbunden ist. 495

Mit einer Stundung wird eine bestehende **und** fällige Forderung zeitlich hinausgeschoben. Sie wird nur auf **Antrag** gewährt. Der Antragsteller hat **nachzuweisen**, dass er sich auf Grund ungünstiger wirtschaftlicher Verhältnisse **vorübergehend** in ernsthaften und unverschuldeten **Zahlungsschwierigkeiten** befindet oder im Falle der sofortigen Einziehung in diese geraten würde. 496

Durch eine Stundung darf die Forderung an sich nicht gefährdet werden. Erkennt die Behörde Anhaltspunkte dafür, dass der Schuldner trotz Hinausschiebens der Forderung auch zu einem späteren Zeitpunkt nicht leisten kann, bleibt für eine Stundung kein Raum. 497

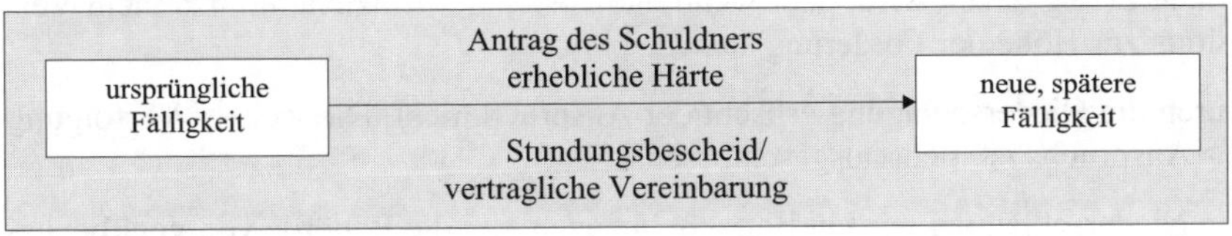

Abb. 26: Stundung von Ansprüchen

Mit dem Stundungsbescheid oder mit der vertraglichen Vereinbarung ist eine Stundungsfrist zu bestimmen. Wird eine Stundung durch das Einräumen von 498

Teilzahlungen gewährt, so ist hinsichtlich der neuen Fälligkeitsfristen zu bestimmen, dass eine etwaige Restforderung sofort fällig wird, wenn die Frist für die Leistung von zwei Raten um eine im Stundungsbescheid oder in der Vereinbarung benannten Zeit überschritten wird.

499 Eine Stundung ist grundsätzlich zu verzinsen (**Stundungszinsen**). Die Entscheidung über die Erhebung von Stundungszinsen und deren Höhe trifft die zuständige Behörde nach pflichtgemäßem Ermessen.

Von der Erhebung der Zinsen kann abgesehen werden, wenn der Schuldner in seinen wirtschaftlichen Verhältnissen durch die Zinsbelastung schwer geschädigt würde.

500 In der Regel soll eine Stundung gegen **Sicherheitsleistung** gewährt werden. Wird Sicherheitsleistung verlangt, so kann Sicherheit geleistet werden durch
- Hinterlegung von Wertpapieren (§ 234 BGB),
- Verpfändung von beweglichen Sachen (§ 237 BGB),
- Bestellung von Grundpfandrechten an inländischen Grundstücken (§§ 232, 1113 ff., 1191 ff. BGB),
- Verpfändung von Forderungen, für die eine Hypothek an einem inländischen Grundstück oder an einem eingetragenen Schiff besteht,
- Verpfändung von Grundstücken oder Rentenschulden an inländischen Grundstücken (§ 238 BGB),
- Stellung eines tauglichen Bürgen,
- Abtretung von Forderungen (§ 398 BGB),
- Sicherheitsübereignung (§§ 929, 930 BGB),
- Eigentumsvorbehalt (§ 455 BGB).

3.2.2.2 Niederschlagung

501 Die Niederschlagung ist eine **verwaltungsinterne** Entscheidung, mit der die Behörde von der Weiterverfolgung eines bestehenden und fälligen Anspruchs **vorübergehend oder endgültig** absieht.

Ein Anspruch darf niedergeschlagen werden, wenn feststeht, dass die Einziehung keinen Erfolg haben wird, oder wenn die Kosten der Einziehung in keinem Verhältnis zur Höhe der Forderung stehen.

Durch die Niederschlagung erlischt der Anspruch nicht. Die weitere Verfolgung des Anspruchs ist nicht ausgeschlossen.

502 Die Niederschlagung wird in Betracht gezogen, um die Behörde von **vorübergehend oder endgültig unrealisierbaren Forderungen** zu entlasten.

Eine Mitteilung an den Schuldner erfolgt in aller Regel nicht. Wird sie dennoch gegeben, ist darin das Recht vorzubehalten, den Anspruch später erneut geltend zu machen.

Es wird zwischen zwei Arten der Niederschlagung unterschieden: befristete und unbefristete Niederschlagung:

Die **befristete Niederschlagung** ist in ihrer Wirkung mit einer Stundung vergleichbar. Behördenintern wird auf einen fälligen Anspruch zunächst und vorübergehend verzichtet. **503**

Voraussetzungen für eine befristete Niederschlagung:
- die Forderung ist fällig,
- die ungünstigen wirtschaftlichen Verhältnisse des Schuldners oder andere Gründe hindern vorübergehend eine sofortige Einziehung und
- eine Stundung kommt nicht in Betracht.

Ein anderer Grund, der einer sofortigen Einziehung im Wege stehen könnte, liegt beispielsweise dann vor, wenn der derzeitige Aufenthaltsort des Schuldners nicht ermittelt werden kann.

Die wirtschaftlichen Verhältnisse des Schuldners sind in angemessenen Zeitabständen zu überprüfen. **Die Verjährung ist rechtzeitig zu unterbrechen**. **504**

Die **unbefristete Niederschlagung** ist in ihrer Wirkung mit einem Erlass vergleichbar und kann dann in Betracht kommen, wenn Anhaltspunkte dafür vorliegen, dass die Geltendmachung der Forderung auf Dauer ohne Erfolg bleiben wird. Solche Anhaltspunkte können angenommen werden, wenn Vollstreckungen in das bewegliche und unbewegliche Vermögen des Schuldners mehrfach erfolglos blieben. **505**

Ein anderer Grund kann im Todesfall vorliegen, wobei allerdings zu prüfen ist, ob die Forderung nicht ggf. gegen die Erben des Schuldners durchzusetzen ist.

Ein weiterer Grund, auf eine Forderung endgültig zu verzichten, ist die Unwirtschaftlichkeit ihrer Durchsetzung (**Kleinbeträge**). **506**

Im Bereich des Bundes soll auf die Anforderung von Beträgen von weniger als fünf Euro verzichtet werden. Bei einem Zahlungsrückstand von weniger als 25 Euro soll von einer Vollstreckung oder einem Antrag auf Erlass eines Mahnbescheids abgesehen werden.

3.2.2.3 Erlass

Ein Anspruch darf erlassen werden, wenn nach Würdigung des Einzelfalles die Einziehung der Forderung für den Schuldner eine **besondere Härte** bedeuten würde. **507**

Mit einem Erlass **verzichtet die Behörde endgültig** auf die Einziehung einer fälligen Forderung. Der Schuldner hat einen Erlass zu beantragen und glaubhaft darzulegen, dass er sich unverschuldet in einer wirtschaftlichen Notlage befindet **508** und die Sorge begründet ist, dass durch eine Weiterverfolgung des Anspruchs seine Existenz bedroht ist (besondere Härte).

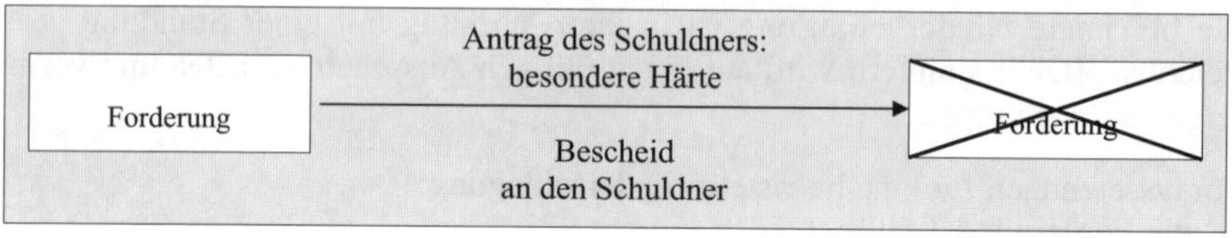

Abb. 27: Erlass von Ansprüchen

3.2.2.4 Unterrichtung der zuständigen Kasse

509 In allen Fällen der Veränderung von Ansprüchen ist der zuständigen Kasse **Kassenanordnung** zu erteilen, wenn ihr zuvor eine Anordnung zur Annahme eines Betrages erteilt wurde, auf die sich die Stundung, Niederschlagung oder Erlass bezieht.

III. Die Bereitstellung, Verteilung und Bewirtschaftung der Ausgabemittel

510 **Die Zuweisung der Haushaltsmittel:** Unmittelbar nach der Feststellung des Haushaltsplans durch das Haushaltsgesetz (§ 1 Satz 1) stellt das BMF/LMF dem Bundes-/Landesrechnungshof eine Ausfertigung des gesamten Haushaltsplans zur Verfügung, damit von Beginn an überwacht werden kann, ob und inwieweit der Haushaltsplan von allen ausführenden Stellen eingehalten wird.

511 Im Bereich des Bundes erhält der Präsident des Bundesrechnungshofes in seiner Eigenschaft als **Bundesbeauftragter für die Wirtschaftlichkeit in der Verwaltung** (seit 1952) dadurch die Möglichkeit, die von ihm erforderlich gehaltenen Maßnahmen zur Verbesserung der Wirtschaftlichkeit und Sparsamkeit der Bundesverwaltung zu treffen.

512 Daneben übersendet das BMF gem. VV Nr. 1.1 zu § 34 BHO den obersten Verwaltungsbehörden mit seinen Verwaltungsvorschriften zur endgültigen Haushalts- und Wirtschaftsführung (§ 5 BHO/LHO; „**Haushaltsführungsrundschreiben**“) je einen beglaubigten Abdruck des für sie maßgeblichen Einzelplans. Es teilt den obersten Verwaltungsbehörden außerdem mit, welche Teile anderer Einzelpläne, die bestimmte Gruppen von Einnahmen, Ausgaben, Verpflichtungsermächtigungen, Planstellen und Stellen für mehrere Verwaltungszweige umfassen (Realpläne) von ihnen zu verwalten sind.

Die Finanzminister/-senatoren der Länder verfahren entsprechend. Dadurch erfahren die obersten Bundes-/Landesbehörden, welche Finanzmittel sie in dem entsprechenden Haushaltsjahr zu bewirtschaften haben. **513**

Im Bereich der Bundesverwaltung eröffnet das BMF parallel dazu den einzelplanführenden Stellen die auf sie entfallenden Titelkonten in den Büchern des Bundes. Diese Titelkonten werden mit den kompletten Mittelansätzen des Haushaltsplans ausgestattet. **Damit werden die Mittel bereitgestellt**. **514**

Den einzelplanführenden Stellen (Mittelverteilerstufe 1) stehen somit die im eigenen Einzelplan und in den Teilen anderer Einzelpläne ausgebrachten Haushaltsmittel und Verpflichtungsermächtigungen zur Verfügung. **515**

Die **Planstellen und Stellen** werden der obersten Verwaltungsbehörde dagegen mit **besonderer Verfügung** zugewiesen. **516**

Daraufhin veröffentlicht die oberste Verwaltungsbehörde den **„Erlass über die endgültige Haushaltsführung“** für ihren Geschäftsbereich. Mit diesem Erlass wird ein evtl. bestehender „Erlass über die vorläufige Haushalts- und Wirtschaftsführung“ aufgehoben. **517**

Die obersten Behörden mit einer eigenen Haushaltsabteilung verteilen die Mittel innerhalb des Hauses weiter auf die **Kapitelreferate** der Abteilung „Haushalt“ (Mittelverteilerstufe 2). Die Kapitelreferate der Abteilung „Haushalt“ verteilen ihrerseits weiter an die ihnen angeschlossenen **koordinierenden Bewirtschafter** der Fachabteilungen (Mittelverteilerstufe 3). **518**

Soweit die zuständigen Referatsleiter der obersten Verwaltungsbehörde als Bewirtschafter die bei den entsprechenden Titeln des Einzelplans ausgebrachten Ansätze nicht zentral bewirtschaften, verteilen sie die Mittel auf die nachgeordneten Dienststellen, die Ober- bzw. Mittelbehörden (Mittelverteilerstufe 4), die wiederum auf die ihnen nachgeordneten Dienststellen weiter verteilen (Mittelverteilerstufen 5). **519**

IV. Die Verteilung von Haushaltsmitteln

1. Allgemeines

Die für den Einzelplan zuständigen Stellen verteilen die veranschlagten Ausgaben, Verpflichtungsermächtigungen, Planstellen und anderen Stellen, soweit sie diese nicht selbst bewirtschaften, auf die ihnen unmittelbar nachgeordneten Dienststellen, diese wiederum auf den ihnen nachgeordneten Bereich, indem sie diesen Dienststellen **520**

- die für sie maßgebenden Ausgaben und Verpflichtungsermächtigungen **durch Kassenanweisung** an die für sie zuständige Kasse und
- die für sie bestimmten Planstellen und Stellen **durch besondere Verfügung**

zukommen lassen.

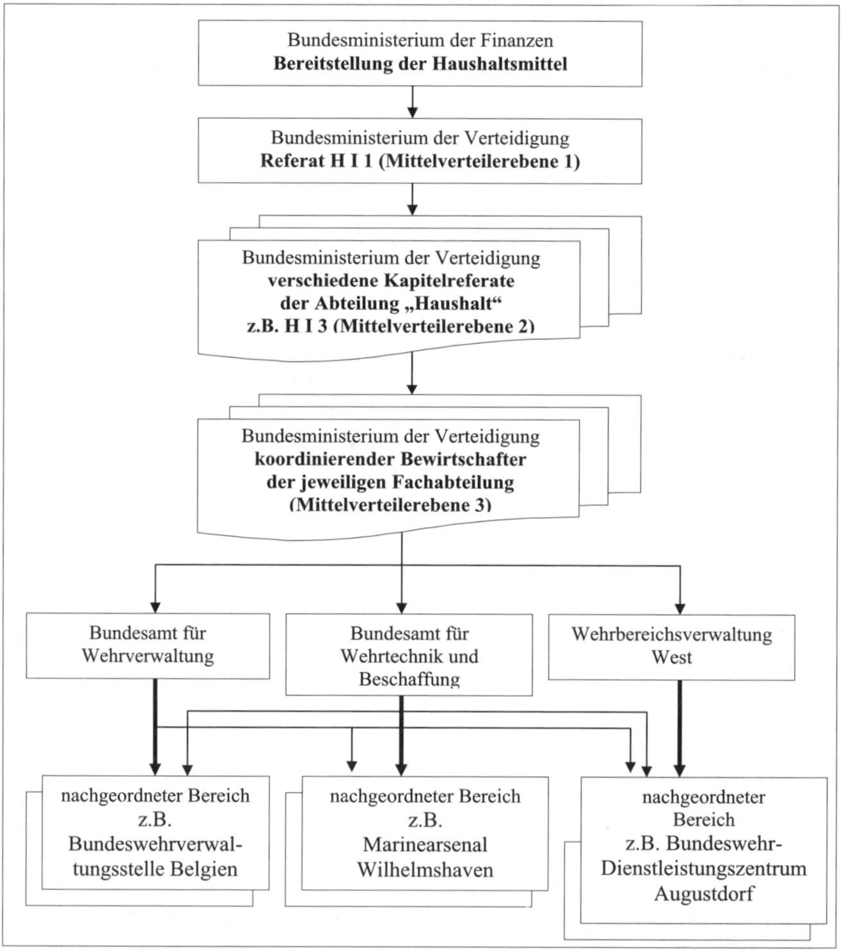

Abb. 28: Zuweisungsverfahren am Beispiel des Geschäftsbereichs BMVg

Die **Ausgaben** sollen gem. VV Nr. 1.5 zu § 34 BHO nicht zugleich in voller Höhe zugewiesen werden, um einen ggf. im Verlaufe des Haushaltsjahres noch auftretenden unvorhergesehen zusätzlichen Bedarf an Ausgabemitteln abdecken zu können. 521

Bei der erstmaligen Zuweisung von Haushaltsmitteln wird ausdrücklich regelmäßig verfügt, dass die Zuweisung auch für die Ausgaben gilt, die bereits im Rahmen der **vorläufigen Haushalts- und Wirtschaftsführung** auf Grund der Ausgabeermächtigung geleistet worden sind, und die Ausgabeermächtigung damit gegenstandslos geworden ist. 522

Die in der „haushaltslosen" Zeit vorläufig weitergeführte Wirtschaft wird zu diesem Zeitpunkt gleichsam durch die endgültige Haushaltsführung absorbiert. 523

Bei der Verteilung der Ausgabemittel werden die **Ausgabereste** aus den Mitteln der Vorjahre in der Weise berücksichtigt, dass sie den Ausgaben hinzugesetzt werden. **Haushaltsvorgriffe** dagegen werden von den Ausgaben abgesetzt. 524

Die **Überwachung** der zugewiesenen Haushaltsmittel im Rahmen der Bewirtschaftung erfolgt im Bereich der Bundesverwaltung im Dialogverfahren HICO bzw. über die von der Bundeskasse übersandten Kontoauszüge. 525

Nach den VV Nr. 1.3 zu § 34 BHO kann das BMF zulassen, dass in besonderen Fällen die Mittel ohne **Angabe eines Betrages** von den einzelplanführenden Stellen weiter verteilt werden können. Es handelt sich hierbei um die sog. **„Soll-/Ist-Fälle"** (Nr. 2.1.2 VerfRiB-MV/TV). 526

Hier sind in erster Linie die Ausgaben betroffen, die auf Grund von Rechtsvorschriften oder Tarifverträgen zwangsläufig anfallen und deshalb nicht zu bewirtschaften sind. Für diese Ausgaben erteilt die für den Einzelplan zuständige Stelle dem nachgeordneten Bereich eine **„Allgemeine Ausgabebewilligung"** .

Ausgaben dieser Art sind nahezu ausschließlich **Personalausgaben**, die Ausgaben der Hauptgruppe „4" umfassen.

Bei der „Allgemeinen Ausgabebewilligung" handelt es sich um die Erlaubnis, ohne betragliche Begrenzung eines Mittelansatzes Ausgaben zu leisten. Die Haushaltsmittel gelten mit der Ausgabe als zugewiesen und werden im HKR-Verfahren im sog. „Soll-/Ist-Verfahren"über eine „Nullzuweisung" zur Verfügung gestellt. 527

2. Verfahren der Mittelverteilung

Das Verfahren über die Verteilung der Haushaltsmittel an die nachgeordneten Dienststellen der Bundesverwaltung ist durch die VV Nr. 1.1 bis 1.11 zu § 34 BHO i. V. m. VV Nr. 3 zu § 9 BHO geregelt. 528

Darüber hinaus enthalten die Verfahrensrichtlinien des Bundes für Mittelverteiler und Titelverwalter (VerfRiB MV/TV) nähere Hinweise und Vorschriften über die Praxis im Rahmen des automatisierten Verfahrens im Haushalts-, Kassen- und Rechnungswesen (HKR-Verfahren).

529 Mit der Übersendung des Einzelplans nach VV Nr. 1.1 zu § 34 BHO/LHO durch BMF/LMF an die oberste Verwaltungsbehörde ist diesem Verwaltungszweig die Ermächtigung zur Bewirtschaftung – die **Bewirtschaftungsbefugnis** – erteilt.

Diese Ermächtigung wird mit jeder Verteilermaßnahme an jeden Bewirtschafter bis zum Titelverwalter auf der untersten Bewirtschafterebene weitergegeben.

530 Bewirtschafter im Geschäftsbereich einer obersten Verwaltungsbehörde sind alle Behörden dieses Ressorts, die Einnahmen zu erheben sowie Ausgaben und Verpflichtungsermächtigungen zu bewirtschaften haben. Die Kassengeschäfte dieser Behörden werden durch die Kassen (im Bereich des Bundes: Bundeskassen) auf **Anordnung** bzw. **Anweisung** ausgeführt.

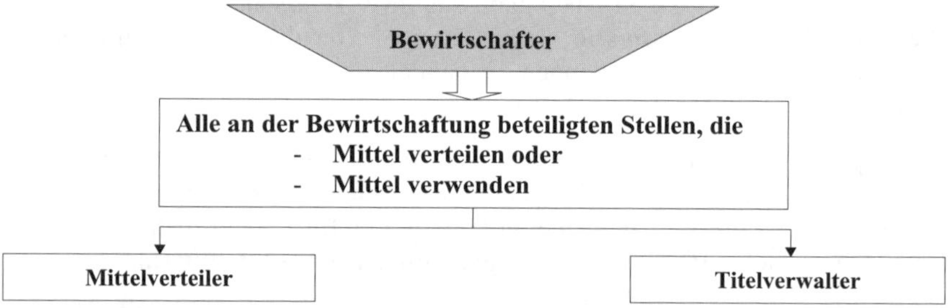

Abb. 29: Definition des Bewirtschafterbegriffs

531 **„Bewirtschafter"** sind alle Stellen und Personen, die an der Bewirtschaftung der Ausgabemittel und Verpflichtungsermächtigungen, Planstellen und Stellen in irgendeiner Art und Weise beteiligt sind, unabhängig davon, ob sie Mittel verteilen, mithin als Mittelverteiler (MV) in Erscheinung treten oder Mittel verwenden, also als Titelverwalter (TV) tätig werden.

532 **„Mittelverteiler"** sind die Dienststellen, die Haushaltsmittel an die ihnen nachgeordneten bzw. zugeordneten Behörden zuweisen.

Die jeweilige oberste Verwaltungsbehörde (Kapitelreferate der Haushaltsabteilung) wird als MV 1 (Mittelverteilerebene 1) bezeichnet.

Die Stellen, welche die ihnen übertragene Bewirtschaftung weiter delegieren, befinden sich, der Verwaltungshierarchie folgend, auf den Verteilerebenen 2, 3 usw. und werden demzufolge als MV 2, MV 3 usw. bezeichnet.

Es ist durchaus denkbar, dass ein MV auch Mittel verwendet. Als Mittelverwender kann er dann auch gleichzeitig als Titelverwalter in Erscheinung treten.

„Titelverwalter“ im Sinne des HKR-Verfahrens sind die Dienststellen, die 533
die ihnen zur Verfügung gestellten Mittel verwenden (= Mittelverwender), mithin Ausgaben leisten oder Verpflichtungen eingehen.

Es handelt sich folglich um die anordnenden Stellen, unabhängig davon, ob die Kassenanordnungen im Einzelfall

- vom Leiter der Dienststelle,
- vom Beauftragten für den Haushalt,
- von einem anderen dazu bestellten Bediensteten

erteilt werden.

Unter **Titelverwalter im Sinne der VV Nr. 3.1.1 zu § 9 BHO** sind indessen 534
in erster Linie die Bediensteten eines Mittelverwenders zu sehen, die vom Beauftragten für den Haushalts für einen **eingeschränkten Bereich** die Bewirtschaftungsbefugnis übertragen bekommen haben.

Maßnahmen der **Mittelverteilung** sind alle **Anweisungen** der Mittelverteiler zur 535
Bewirtschaftung der Haushaltsmittel. Zu diesen Maßnahmen gehören insbesondere:

- Zuweisung von Haushaltsmitteln,
- Rückruf von Haushaltsmitteln,
- Zuweisung von Verpflichtungsermächtigungen,
- Rückruf von Verpflichtungsermächtigungen.

Maßnahmen der **Mittelverwendung** sind in erster Linie die **Anordnungen** des 536
Titelverwalters zur Leistung von Auszahlungen und zur Annahme von Einzahlungen zu Lasten bzw. zu Gunsten der von ihm bewirtschafteten Titel. Zu diesen Maßnahmen zählen insbesondere:

- Anordnung zur Leistung von Auszahlungen,
- Anordnung zur Annahme von Einzahlungen,
- Anordnung zur Umbuchung von bereits gebuchten Ein-/Auszahlungen,
- Festlegung von Haushaltsmittel,
- Inanspruchnahme von Verpflichtungsermächtigungen.

Nach der VV Nr. 3.1.3 zu § 9 BHO sind dem **Beauftragten für den Haushalt** 537
(BfHH) die Annahmeanordnungen und Auszahlungsanordnungen zur Zeichnung vorzulegen, soweit er nicht darauf verzichtet. Er übt demzufolge grundsätzlich die Anordnungsbefugnis aus.

Nach der VV Nr. 3.1.1 zu § 9 BHO kann der BfHH Ausgaben, Verpflichtungsermächtigungen, Planstellen und Stellen des von *ihm* bewirtschafteten Einzelplans, bzw. des von *ihm* bewirtschafteten Teils des Einzelplans (Kapitel, Titel) anderen Dienststellen oder anderen Bediensteten der Dienststelle (= Titelverwalter) zur Bewirtschaftung übertragen (= Bewirtschaftungsbefugnis).

538 Die Übertragung der Bewirtschaftung (= Bewirtschaftungsbefugnis) der Ausgaben, Verpflichtungsermächtigungen an andere Dienststellen (Titelverwalter i. S. d. VerfRiB MV/TV) erfolgt durch **Kassenanweisung** an die zuständige Bundeskasse. Die Kasse unterrichtet den Beauftragten für den Haushalt und die von ihm bestellten Titelverwalter durch Kontoauszüge über die erfolgte Übertragung der Bewirtschaftungsbefugnis (vgl. VV Nr. 3.1 und. 3.2 zu § 9 BHO).

2.1 Nachweis der verteilten und verfügten Haushaltsmittel

539 Grundsätzlich ist der **Titelverwalter** (der vom BfHH bestellte Bedienstete des Mittelverwenders) für die Überwachung der ihm zur Verfügung gestellten Ausgabemittel und Verpflichtungsermächtigungen zuständig.

Bei einigen Dienststellen bestimmter Verwaltungszweige sind diese Aufgaben allerdings zentralisiert worden, z. B. bei den Dienstleistungszentren im Geschäftsbereich des Bundesministeriums der Verteidigung.

540 Die Überwachung erfolgt im Dialogverfahren bzw. mit Hilfe der von der sachbuchkontenführenden zuständigen Bundeskasse übersandten Kontoauszüge.

541 Über die verteilten Planstellen und Stellen ist ein besonderer **Nachweis** zu führen.

3. Die Bewirtschaftung der Haushaltsmittel

3.1 Allgemeines

542 Bei jeder Dienststelle, die Einnahmen zu erheben hat oder Ausgaben leisten darf, ist gem. § 9 Abs. 1 BHO/LHO ein **Beauftragter für den Haushalt** zu bestellen, soweit der Leiter der Dienststelle diese Aufgabe nicht selbst wahrnimmt.

Der Beauftragte für den Haushalt besitzt mithin die Bewirtschaftungsbefugnis und übt sie auch umfassend aus. Er kann diese Befugnis delegieren, bleibt aber in der Gesamtverantwortung.

543 Die **Bewirtschaftungsbefugnis** bedeutet, dass diejenigen, die entweder die Befugnis umfassend (= BfHH) oder auch nur für einen eingeschränkten Bereich (= Titelverwalter) ausüben, im Rahmen des Titels, also im Rahmen

der Zweckbestimmung und des Mittelansatzes eigenständig über die Verwendung der Mittel entscheiden dürfen, nämlich hinsichtlich
- der beabsichtigten Maßnahme,
- des Zeitpunkts und,
- der Höhe.

Der für die Haushaltsführung eines Bewirtschafters fundamentale Grundsatz besagt, dass **Einnahmen rechtzeitig und vollständig zu erheben** sind und **Ausgaben nur soweit und nicht eher** geleistet werden dürfen, als dies zur **wirtschaftlichen und sparsamen Verwaltung erforderlich** ist (vgl. § 34 Abs. 1u. 2 BHO/LHO). Die Ausgabemittel dürfen nicht überschritten werden. 544

Von der „Bewirtschaftungsbefugnis" (§ 9 BHO/LHO), die automatisch mit der Zuweisung der Haushaltsmittel verbunden ist, ist die **„Anordnungsbefugnis"**, die kraft Rechtsvorschrift besteht, zu unterscheiden *(s. Rn. 545)*. Beide sind für sich selbstständige Rechte. 545

3.2 Die Bewirtschafter

Die Bundes-/Landesregierung vollzieht ihren Haushaltsplan durch die Organe ihrer Verwaltung. Die vom Parlament bewilligten Haushaltsmittel werden von den obersten Verwaltungsbehörden bewirtschaftet und über die zuständigen Kassen mittels **Kassenanweisung** auf die nachgeordneten Verwaltungsbehörden verteilt, wobei innerhalb der Richtlinienkompetenz der Bundeskanzlerin/des Bundeskanzlers jeder Ressortminister seinen Geschäftsbereich selbstständig und eigenverantwortlich leitet (Art. 65 GG). Dies trifft auch auf die Vollziehung des Haushalts zu. 546

Das Gleiche trifft sinngemäß auch auf die Geschäftsverteilung der **Länderregierungen** zu.

Die Behörde, die Haushaltsmittel **zur eigenen Bewirtschaftung** zugewiesen bekommt, darf über diese Mittel nach den Bewirtschaftungsgrundsätzen und anderen haushaltsrechtlichen Regelungen eigenverantwortlich verfügen. Sie **„verwaltet"** bzw. **„bewirtschaftet"** diese nicht auf Leistungsnorm beruhenden Ausgaben als „Bewirtschafter". 547

Der **Bewirtschafter** darf die ihm zugewiesenen Ausgabemittel **nur zu dem im Haushaltsplan bezeichneten Zweck verwenden, soweit und solange dieser fortdauert** (vgl. § 45 Abs. 1 BHO/LHO), und darf den ihm zur Verfügung gestellten Mittelansatz nicht überschreiten. Er muss die Mittel so verwalten, dass sie zur **Deckung aller Ausgaben in dem Haushaltsjahr ausreichen**, die unter diese Zweckbestimmung fallen (§ 34 Abs. 2 BHO/LHO). Dabei dürfen die Mittel bei den einzelnen Zweckbestimmungen **nur soweit** 548

und nicht eher in Anspruch genommen werden, als dies zur wirtschaftlichen und sparsamen Verwaltung erforderlich ist (§ 34 Abs. 2 i. V. m. § 7 BHO/LHO).

549 Oberster Leitsatz für die Haushaltsführung der jeweiligen Verwaltungszweige des Bundes und der Länder ist der in § 7 BHO/LHO niedergelegte Grundsatz der **Wirtschaftlichkeit und Sparsamkeit**. Dieser wohl wichtigste haushaltswirtschaftliche Grundsatz wird in § 34 Abs. 2 BHO/LHO noch einmal besonders hervorgehoben *(s. Rn. 183 ff.)*. Die Behörden müssen somit vor Inanspruchnahme der Ausgabeermächtigung und der Verpflichtungsermächtigung jeweils prüfen, ob die Leistung der Ausgaben oder das Eingehen von Verpflichtungen nach Grund und Höhe sowohl **sachlich notwendig** als auch zu diesem **Zeitpunkt erforderlich** ist.

550 Unzulässige Vorauszahlungen, unnötige Beschaffungen oder übermäßige Vorratskäufe sind als Verstoß gegen § 34 Abs. 2 BHO/LHO anzusehen.

551 Die gesetzliche Forderung, die Ausgabemittel so zu bewirtschaften, dass sie zur Deckung aller Ausgaben ausreichen, die unter diese Zweckbestimmung fallen, soll sicherstellen, dass die **Mittelansätze nicht überschritten werden**. Darunter sind alle Schritte zu verstehen, die die Verwendung der Mittel betreffen, z. B.

- die Beachtung der fachlichen und haushaltsrechtlichen Bestimmungen,
- die Planung von Maßnahmen,
- die Ausschreibung von Leistungen,
- das Auftragswesen,
- die Überprüfung der Leistungen oder
- die laufende Überwachung des Verbrauchs der Mittel.

Die Umsetzung der Vorschrift des § 34 Abs. 2 BHO/LHO hat in Zeiten knapper Mittel eine besondere Bedeutung.

4. Überplanmäßige und außerplanmäßige Haushaltseinnahmen und Haushaltsausgaben

552 **Überplanmäßige Haushaltseinnahmen** sind Einnahmen, die im Haushaltsplan von der Sache (Zweckbestimmung) vorgesehen sind, jedoch den dort veranschlagten Betrag – einschließlich aus dem abgelaufenen Haushaltsjahr übertragener Einnahmereste – überschreiten.

553 **Überplanmäßige Haushaltsausgaben** sind Ausgaben, die im Haushaltsplan vorgesehen sind, jedoch den dort ausgebrachten Betrag – einschließlich der aus dem abgelaufenen Haushaltsjahr übertragenen Ausgabereste oder abzüglich der Haushaltsvorgriffe – überschreiten (VV Nr. 1 zu § 37 BHO/LHO)

Die Wesensart der überplanmäßigen Haushaltseinnahmen und Haushaltsausgaben liegt also darin, dass diese Beträge **ihrer Art nach** (mit Zweckbestimmung, Titelnummer und regelmäßig auch mit Mittelansatz) im Haushaltsplan vorgesehen sind, **ihrer Höhe nach** jedoch den dort veranschlagten Betrag – unter Berücksichtigung der Einnahmereste (Haushaltseinnahmen) und Ausgabereste sowie Haushaltsvorgriffe (Haushaltsausgaben) – übersteigen. Das Ist-Ergebnis der Haushalts- und Wirtschaftsführung geht hier also über den Planansatz hinaus. 554

Außerplanmäßige Haushaltsausgaben sind solche, die im Haushaltsplan nicht vorgesehen und auch nicht als Ausgabereste aus dem abgelaufenen Haushaltsjahr zu behandeln sind (VV Nr. 2 zu § 37 BHO/LHO) 555

Der Wesensgehalt der außerplanmäßigen Haushaltsausgaben liegt darin, dass diese Beträge ihrer Art nach ursprünglich weder mit Zweckbestimmung noch mit Ansatz im Haushaltsplan veranschlagt waren. 556

In der Sache gibt es zwischen den überplanmäßigen und außerplanmäßigen Ausgaben keinen gravierenden Unterschied. In beiden Fällen wird das **Budgetrecht des Parlaments durchbrochen**. Deshalb sind die Ausnahmetatbestände unmittelbar in der Verfassung geregelt und erfahren im § 37 BHO ihre weitere Ausgestaltung. Art. 112 GG setzt der Kompetenz des BMF enge Grenzen. Über- und außerplanmäßige Ausgaben sind nur im Falle eines unvorhergesehenen und unabweisbaren Bedürfnisses zulässig. 557

Ähnliche verfassungsrechtlichen Bestimmungen weisen die Verfassungen der Länder auf (z. B. Art. 88 der Verfassung von Berlin, Art. 101 Landesverfassung des Freistaats Thüringen oder Art. 85 der Verfassung für das Land NRW). 558

5. Die Haushaltssperre als Verfügungsbeschränkung

5.1 Allgemeines

Bei **Haushaltssperren** handelt es sich um Verfügungsbeschränkungen, die die Inanspruchnahme bereits erteilter Ermächtigungen des Haushaltsplans betreffen und sich auf 559

- die voraussichtlich zu leistenden Ausgaben,
- die voraussichtlich benötigten Verpflichtungsermächtigungen und auf
- die voraussichtlich benötigten Planstellen und Stellen

beziehen können.

Das Instrument der Haushaltssperre findet in aller Regel dann Anwendung, wenn 560

- mangelnde Haushaltsklarheit,
- haushaltswirtschaftliche Gründe,
- konjunkturelle Zwänge oder
- die Rechtfertigung zur Haushaltssicherung

eine derartige Verfügungsbeschränkung erforderlich machen.

561 Eine Haushaltssperre greift einschneidend in die **Ermächtigung nach § 3 BHO** ein,

- Ausgaben zu leisten,
- Verpflichtungen einzugehen und
- Planstellen und Stellen in Anspruch zu nehmen.

Eine Haushaltssperre kann in verschiedener Form verhängt werden:

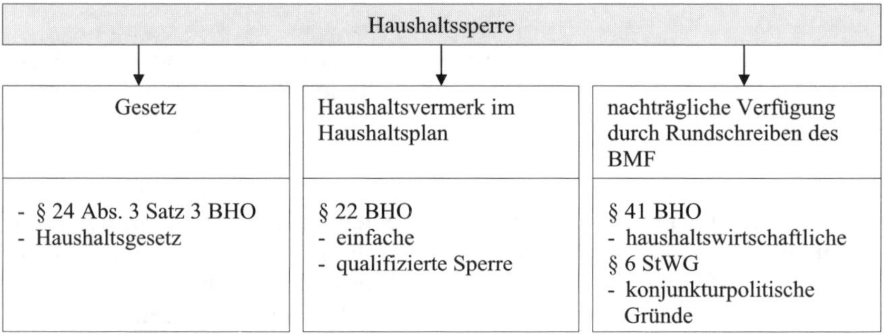

Abb. 30: Arten von Haushaltssperren

5.2 Arten der Haushaltssperre

5.2.1 Sperren kraft Ständiggesetzes (BHO/LHO)

562 Grundsätzlich sind im Haushaltsplan nur die Ausgaben und Verpflichtungsermächtigungen zu berücksichtigen, die auch **hinreichend bestimmbar** sind und in dem betreffenden Haushaltsjahr auch **kassenwirksam** werden *(s. Rn. 142 ff.)*.

563 Ausnahmsweise ist nach § 24 Abs. 3 BHO eine Veranschlagung bei **größeren Maßnahmen** (z. B. Baumaßnahmen) auch dann möglich, wenn es im konkreten Einzelfall nicht möglich ist, die geforderten Planungsunterlagen rechtzeitig zu erstellen. Die in diesem Ausnahmefall trotz nicht hinreichender Klarheit veranschlagten Mittel sind kraft Gesetzes wegen **mangelnder Etatreife** gesperrt. Die Aufhebung einer solchen Sperre bedarf stets eines **Entsperrungsverfahrens** durch das BMF.

5.2.2 Sperren kraft Zeitgesetzes (Haushaltsgesetz)

Die BHO kennt neben der gesetzlichen Sperre des § 24 Abs. 3 BHO ausdrücklich keine weitere gesetzliche Verfügungsbeschränkung. Die Möglichkeit, eine für alle Verwaltungszweige gleichermaßen geltende Sperre zu verfügen, ergibt sich aus dem Gestaltungsrecht des Haushaltsgesetzgebers. **564**

Hauptanwendungsgebiete von Sperren kraft Haushaltsgesetzes sind: **565**
- Erwirtschaftung einer globalen Minderausgabe,
- bei Ausgaben und Verpflichtungsermächtigungen bei institutionellen Förderungen, wenn die Wirtschaftspläne bei der Aufstellung des Haushaltsplans noch nicht genehmigt wurden

Die **Aufhebung** einer im Haushaltsgesetz geregelten Sperre unterliegt den gleichen Verfahrensbestimmungen wie die Aufhebung einer Sperre nach § 24 Abs. 3 BHO. **566**

5.2.3 Sperren kraft Haushaltsvermerks

Im Gegensatz zu den gesetzlichen Sperren sind die Sperren nach § 22 BHO nur über einen **Haushaltsvermerk** zu verfügen. Der Haushaltsgesetzgeber bedient sich der Sperren dieser Art in der Weise, dass in der Zweckbestimmungsspalte des betreffenden Ausgabetitels oder bei den entsprechenden Planstellen und Stellen ein Haushaltsvermerk – **Sperrvermerk** – in folgender Fassung angebracht wird: **567**

„Die Ausgaben sind gesperrt."

„Die Ausgaben sind in Höhe von … T€ gesperrt."

5.2.4 Sperren durch nachträgliche Verfügung des BMF

Im Gegensatz zu den Haushaltssperren, die im Haushaltsgesetz oder als Haushaltsvermerk im Veranschlagungsverfahren ausgebracht werden, tragen die Sperren durch nachträgliche Verfügung des BMF vorwiegend haushaltswirtschaftlichen Charakter und werden regelmäßig im Verlaufe der Haushaltsführung verhängt. **568**

Nach § 41 BHO kann es das BMF im Benehmen (nicht zwangsläufig im Einvernehmen) mit der jeweils einzelplanführenden Stelle von seiner **Einwilligung** abhängig machen, ob Ausgaben geleistet oder Verpflichtungen eingegangen werden können. **569**

Eine haushaltswirtschaftliche Sperre dient in erster Linie der Sicherung des Haushaltsausgleichs.

5.3 Formen der Sperren

570 Nach ihrer Form ist zwischen der **einfachen** und der **qualifizierten** Sperre zu unterscheiden. Die Unterscheidung ergibt sich aus dem Verfahren ihrer Aufhebung.

Nach § 36 BHO dürfen Ausgaben, Verpflichtungsermächtigungen, Planstellen und Stellen, die durch Gesetz oder durch Haushaltsvermerk im Haushaltsplan gesperrt sind, nur mit vorheriger Zustimmung des BMF geleistet oder in Anspruch genommen werden.

571 Die Durchführung des Zustimmungsverfahrens hängt davon ab, ob es sich um eine einfache oder um eine qualifizierte Sperre handelt.

5.3.1 Einfache Sperre

572 Eine **einfache** Sperre liegt dann vor, wenn allein das BMF über ihre **Aufhebung** zu entscheiden hat. Die Aufhebung erfolgt im Rahmen der Ermessensausübung und kann ganz oder auch nur teilweise vorgenommen werden.

Die einfache Sperre wird als Sperrvermerk bei der Zweckbestimmung des Titels, einer Titelgruppe oder im Personalhaushalt vorgenommen und kann etwa wie folgt abgefasst sein:

„Die Ausgaben sind gesperrt."

„Die Ausgaben sind in Höhe von … T € gesperrt."

„Die Planstellen/Stellen … sind gesperrt."

5.3.2 Qualifizierte Sperre

573 Eine **qualifizierte** Sperre soll nur in Ausnahmefällen verhängt werden. Ihre Aufhebung bedarf eines Antrags des BMF an das Parlament (§ 36 Satz 2 BHO). **Ohne Antrag des BMF** darf der Haushaltsausschuss eine Sperre nicht aufheben. Erst nach Einwilligung des Haushaltsausschusses darf das BMF die Sperre aufheben.

Bei einer qualifizierten Sperre kommen beispielsweise folgende Haushaltsvermerke in Betracht:

„Die Ausgaben sind in Höhe von … T € gesperrt. Die Aufhebung der Sperre bedarf der Einwilligung des Haushaltsausschusses des Deutschen Bundestages."

„Die Verpflichtungsermächtigung ist gesperrt. Die Aufhebung bedarf der Einwilligung des Haushaltsausschusses des Deutschen Bundestages."

6. Flexibilisierung des Haushaltsrechts

6.1 Allgemeines

Die rechtlichen Rahmenbedingungen zur **Einführung flexibler Haushaltsinstrumente** wurden mit dem Gesetz zur Fortentwicklung des Haushaltsrechts von Bund und Ländern (Haushaltsrechtsfortentwicklungsgesetz) v. 22.12.1997 geschaffen.[16] 574

Mit dem flexiblen Instrumentarium soll den Bewirtschaftern unter Einhaltung der Vorgaben des Haushaltsgesetzgebers ihre Haushaltswirtschaft zeitgemäß in eigener Gestaltung zu führen. Diese Form der Haushaltswirtschaft soll zu **größerer Verantwortung des einzelnen Bediensteten** führen. 575

Das Ergebnis eigener Entscheidungen soll unmittelbar sichtbar werden und so zu einer Erhöhung der Motivation und Interesse des Bewirtschafters führen.

Durch entsprechende Regelungen im Haushaltsgesetz werden für den Bereich der Verwaltungsausgaben oder im Haushaltsplan auch darüber hinaus unterjährig und überjährig flexible Bewirtschaftungsinstrumente eröffnet.

6.2 Instrumente der Flexibilisierung

Die Haushaltsführung wird durch **weitreichende gegenseitige Deckungsfähigkeiten** als Ausnahme vom Bewirtschaftungsgrundsatz der sachlichen Bindung *(s. Rn. 211 ff.)* innerhalb einzelner Ausgabebereiche flexibel gestaltet, ohne von den parlamentarischen Vorgaben abzuweichen. Darüber hinaus wird durch die Übertragbarkeit der in die Flexibilisierung einbezogenen Ausgaben als Ausnahme zum Bewirtschaftungsgrundsatz der zeitlichen Bindung *(s. Rn. 97 ff.)* sichergestellt, dass nicht in Anspruch genommene Ausgabemittel im neuen Haushaltsjahr bei einem sachlichen Bedürfnis zusätzlich zur Verfügung stehen. 576

Im Einzelnen handelt es sich um folgende Flexibilisierungsinstrumente: 577

- volle **gegenseitige Deckungsfähigkeit** innerhalb
  - der Hauptgruppen 4 (Personalausgaben) ohne Titel der Gruppe 411,
  - der Festtitel der Hauptgruppe 5 (sächliche Verwaltungsausgaben),
  - der Titel der Gruppe 711 (Baumaßnahmen),
  - der Titel 712.1 (große Baumaßnahmen),
  - der entsprechenden Titel der Titelgruppen 55 und 56,
  - der Hauptgruppe 8 (sonstige Investitionsausgaben) und
  - in Höhe von jeweils 20 % zwischen diesen Hauptgruppen,
- **überjährige Verfügbarkeit** nicht in Anspruch genommener Ausgabemittel,

16 BGBl. I S. 3251.

- bei Inanspruchnahme von Ausgaberesten Verzicht auf Einsparung im Einzelplan, stattdessen zentrale Veranschlagung von Ausgabemittel zur Restedeckung.

V. Die Haushaltsführung (Kurzfassung)

578 Die **Haushaltsführung** besteht im Wesentlichen aus folgenden Bereichen:
- Erhebung der Einnahmen,
- Zuweisung der Ausgabemittel, Verpflichtungsermächtigungen, Planstellen und Stellen (Haushaltsmittel im engeren und weiteren Sinne),
- Bewirtschaftung der Ausgabemittel und
- Rechnungslegung und Rechnungsprüfung.

579 Mit Verkündung des Haushaltsgesetzes erlässt das BMF/LMF die Verwaltungsvorschriften zur endgültigen Haushalts- und Wirtschaftsführung (§ 5 BHO/LHO).

1. Grundsätze der Erhebung der Einnahmen

580 Um die Staatsfunktionen aufrecht erhalten, seine Aufgaben erfüllen zu können, benötigt der Staat entsprechende Mittel (Einnahmen) mindestens in Höhe der für die Aufgabenerfüllung vorgesehenen Ausgabemittel.

581 Die Einnahmen sind **bei Fälligkeit und in voller Höhe der Forderung** zu erheben, unabhängig davon, ob sie im Haushaltsplan überhaupt oder in entsprechender Höhe veranschlagt sind oder nicht.

582 Die Bewirtschafter sind verpflichtet, der zuständigen Kasse über eine Forderung im laufenden Haushaltsjahr **unverzüglich eine Kassenanordnung** zu erteilen, sobald die Forderung betragsmäßig feststeht.

2. Einnahmequellen

583 Zu den wichtigsten Einnahmequellen der öffentlichen Hände gehören in erster Linie die öffentlichen Abgaben. Öffentliche Abgaben werden im Wesentlichen in Gestalt von Steuern, Beiträgen, Gebühren und Zöllen erhoben.

3. Besonderheiten bei der Verpflichtung, Einnahmen rechtzeitig und vollständig zu erheben.

3.1 Schuldnerverzug

Grundvoraussetzung für den Eintritt des Schuldnerverzugs ist bei **privatrechtlichen Geldforderungen** die Mahnung (§ 284 Abs. 1 BGB). Eine Mahnung kann dann entfallen, wenn bei Geltendmachung der Leistung eine Zeit nach dem Kalender bestimmt war. 584

In entsprechender Kombination des fünfstelligen Kennzeichens Mahnverfahren mahnt die Bundeskasse automatisch und macht die im Zusammenhang mit der Forderung stehenden Nebenkosten geltend.

3.2 Ausnahmen vom Grundsatz, Einnahmen rechtzeitig und vollständig zu erheben.

Ausnahmen von der Verpflichtung, Einnahmen rechtzeitig und vollständig zu erheben, ergeben sich aus §§ 58 und 59 BHO/LHO. 585

3.2.1 Änderung von Verträgen

Das zuständige Bundes-/Landesministerium kann 586
- Verträge **zum Nachteil** des Bundes/Landes nur in besonders begründeten Einzelfällen aufheben oder abändern,
- einen **Vergleich** schließen, wenn dies für den Bund/das Land zweckmäßig und wirtschaftlich ist.

Die Regelung des § 58 BHO/LHO berührt nur Änderungen oder Aufhebungen von Verträgen zum Nachteil des Bundes/Landes, auf die der Vertragspartner keinen Rechtsanspruch hat. Durch die Vorschrift wird nicht eine notwendige Anpassung an eine geänderte Rechtslage (z. B. § 242 BGB) geregelt. 587

3.2.2 Veränderung von Ansprüchen (§ 59 BHO/LHO)

3.2.2.1 Stundung

Eine Forderung darf nur dann gestundet werden, wenn die sofortige Einziehung für den Schuldner mit einer **erheblichen Härte** verbunden wäre. 588

Mit einer Stundung wird eine bestehende und fällige Forderung zeitlich hinausgeschoben. Sie wird nur auf **Antrag** gewährt.

3.2.2.2 Niederschlagung

Ein Anspruch darf niedergeschlagen werden, wenn feststeht, dass die Einziehung keinen Erfolg haben wird, oder wenn die Kosten der Einziehung in keinem Verhältnis zur Höhe der Forderung stehen. 589

Die Niederschlagung ist eine **verwaltungsinterne** Entscheidung, mit der die Behörde von der Weiterverfolgung eines bestehenden und fälligen Anspruchs **vorübergehend oder endgültig** absieht.

3.2.2.3 Erlass

590 Ein Anspruch darf erlassen werden, wenn nach Würdigung des Einzelfalles die Einziehung der Forderung für den Schuldner eine besondere Härte bedeuten würde.

Mit einem Erlass **verzichtet die Behörde endgültig** auf die Einziehung einer fälligen Forderung. Der Schuldner hat einen Erlass zu beantragen und glaubhaft darzulegen, dass er sich unverschuldet in einer wirtschaftlichen Notlage befindet.

4. Die Bereitstellung, Verteilung und Bewirtschaftung der Ausgabemittel

4.1 Die Zuweisung der Haushaltsmittel

591 Unmittelbar nach der Feststellung des Haushaltsplans durch das Haushaltsgesetz (§ 1 Satz 1) übersendet das BMF gem. VV Nr. 1.1 zu § 34 BHO den obersten Verwaltungsbehörden mit den Verwaltungsvorschriften zur endgültigen Haushalts- und Wirtschaftsführung (§ 5 BHO/LHO; „**Haushaltsführungsrundschreiben**") je einen beglaubigten Abdruck des für sie maßgeblichen Einzelplans. Es teilt den obersten Verwaltungsbehörden außerdem mit, welche Teile anderer Einzelpläne, die bestimmte Gruppen von Einnahmen, Ausgaben, Verpflichtungsermächtigungen, Planstellen und Stellen für mehrere Verwaltungszweige umfassen (Realpläne) von ihnen zu verwalten sind.

Die Finanzminister/-senatoren der Länder verfahren entsprechend. Dadurch erfahren die obersten Bundes-/Landesbehörden, welche Finanzmittel sie in dem entsprechenden Haushaltsjahr zu bewirtschaften haben.

592 Die **Planstellen und Stellen** werden der obersten Verwaltungsbehörde dagegen mit **besonderer Verfügung** zugewiesen.

593 Daraufhin veröffentlicht die jeweils oberste Verwaltungsbehörde den **„Erlass über die endgültige Haushaltsführung"** für ihren Geschäftsbereich. Mit diesem Erlass wird ein evtl. bestehender „Erlass über die vorläufige Haushalts- und Wirtschaftsführung" aufgehoben.

594 Die obersten Verwaltungsbehörden verteilen die Ausgaben, Verpflichtungsermächtigungen, Planstellen und Stellen, soweit sie diese nicht selbst bewirtschaften, auf die ihnen unmittelbar nachgeordneten oberen bzw. mittleren Verwaltungsbehörden. Diese verteilen ihrerseits in gleicher Weise an den nachgeordneten Bereich

- die für sie maßgebenden Ausgaben und Verpflichtungsermächtigungen durch **Kassenanweisung** an die für sie zuständige Kasse und
- die für sie bestimmten Planstellen und Stellen durch **besondere Verfügung.**

Damit ist diesen Dienststellen die Ermächtigung zur Bewirtschaftung dieser Mittel erteilt worden (= **Bewirtschaftungsbefugnis**).

Umfassend zuständig für die Bewirtschaftung der verteilten Ausgabemitte, aber auch für die Erhebung der Einnahmen, mithin für die Haushaltsführung seiner Dienststelle, ist der **Beauftragte für den Haushalt**. Er hat das Recht, diese Bewirtschaftungsbefugnis für einen eingeschränkten Bereich auf andere Bedienstete dieser Dienststelle oder auf andere Dienststellen durch Kassenanweisung zu übertragen (= Titelverwalter, Mittelverwender). Die Kasse unterrichtet den bestellten Titelverwalter (i. S. d. VerfRiB MV/TV) und den Beauftragten für den Haushalt über die erfolgte Verteilung durch **Kontoauszug**. Im automatisierten Verfahren erfolgt die Unterrichtung der Bewirtschafter im HKR-Dialogverfahren HICO. **595**

Nach den VV Nr. 1.3 zu § 34 BHO kann das BMF zulassen, dass in besonderen Fällen die Mittel ohne **Angabe eines Betrages** von den einzelplanführenden Stellen weiter verteilt werden können. Es handelt sich hierbei um die sog. **„Soll-/Ist-Fälle“.** **596**

Hier sind in erster Linie die Ausgaben betroffen, die auf Grund von Rechtsvorschriften oder Tarifverträgen zwangsläufig anfallen und deshalb nicht zu bewirtschaften sind. Für diese Ausgaben erteilt die für den Einzelplan zuständige Stelle dem nachgeordneten Bereich eine **„Allgemeine Ausgabebewilligung“** . **597**

Die an einen Bewirtschafter verteilten Ausgabemittel dürfen bei den einzelnen Zweckbestimmungen **nur soweit und nicht eher** in Anspruch genommen werden, als dies **zur wirtschaftlichen und sparsamen Verwaltung** erforderlich ist. Das Maß des Notwendigen darf nicht überschritten werden.

Insbesondere hat er darauf zu achten, dass die ihr zur Bewirtschaftung zugewiesenen Ausgabemittel auf keinen Fall überschritten werden. Solche „Mehrausgaben“ sind grundsätzlich unzulässig.

4.2 Über- und außerplanmäßige Haushaltseinnahmen und Haushaltsausgaben

„Überplanmäßige“ Haushaltseinnahmen und -ausgaben sind solche, die ihrer Art nach im Haushaltsplan zwar vorgesehen sind, ihrer **Höhe** nach jedoch den im Haushaltsplan **vorgesehenen Mittelansatz übersteigen.** **598**

„Außerplanmäßige“ Haushaltseinnahmen und -ausgaben sind solche, die **weder ihrer Art noch ihrer Höhe nach** im Haushaltsplan vorgesehen waren, im Laufe des Haushaltsjahres unerwartet auftreten und ihrem Wesen nach doch zu den Haushaltseinnahmen und -ausgaben zählen. **599**

600 Über- und außerplanmäßige **Ausgaben** sind nur im Falle eines unvorhergesehenen und unabweisbaren Bedürfnisses zulässig. Dagegen sind auch über- oder außerplanmäßige **Einnahmen** nach § 34 Abs. 1 BHO/LHO **rechtzeitig und in voller Höhe anzunehmen.**

5. Die Haushaltssperre als Verfügungsbeschränkung

601 Bei Haushaltssperren handelt es sich um Verfügungsbeschränkungen, die die Inanspruchnahme bereits erteilter Ermächtigungen des Haushaltsplans betreffen.

Das Instrument der Haushaltssperre findet in aller Regel dann Anwendung, wenn
- mangelnde Haushaltsklarheit,
- haushaltswirtschaftliche Gründe,
- konjunkturelle Zwänge oder
- die Rechtfertigung zur Haushaltssicherung

eine derartige Verfügungsbeschränkung erforderlich machen.

5.1 Arten der Haushaltssperre

- **Sperren kraft Ständiggesetzes (BHO)**: Wenn es im konkreten Einzelfall nicht möglich ist, geforderte Planungsunterlagen rechtzeitig zu erstellen, besteht im Gegensatz zu den Haushaltsgrundsätzen der Fälligkeit und der Vollständigkeit und Wahrheit die Möglichkeit Ausgaben und Verpflichtungsermächtigungen in den Haushaltsplan einzustellen. Die in diesem Ausnahmefall trotz nicht hinreichender Klarheit veranschlagten Mittel **sind kraft Gesetzes** wegen mangelnder Etatreife gesperrt.
- **Sperren kraft Zeitgesetzes (Haushaltsgesetz)**: Die Möglichkeit, eine für alle Verwaltungszweige gleichermaßen geltende Sperre zu verfügen, ergibt sich aus dem Gestaltungsrecht des Haushaltsgesetzgebers.
  Hauptanwendungsgebiete von Sperren kraft Haushaltsgesetzes sind:
  - Erwirtschaftung einer globalen Minderausgabe,
  - bei Ausgaben und Verpflichtungsermächtigungen bei institutionellen Förderungen, wenn die Wirtschaftspläne bei der Aufstellung des Haushaltsplans noch nicht genehmigt wurden.
- **Sperren kraft Haushaltsvermerks**: Im Gegensatz zu den gesetzlichen Sperren sind die Sperren nach § 22 BHO nur über einen Haushaltsvermerk zu verfügen.
  Der Haushaltsgesetzgeber bedient sich der Sperren dieser Art in der Weise, dass in der Zweckbestimmungsspalte des betreffenden Ausgabetitels oder bei den entsprechenden Planstellen und Stellen ein Haushaltsvermerk – **Sperrvermerk** – in folgender Fassung angebracht wird:
  „Die Ausgaben sind gesperrt.“
  „Die Ausgaben sind in Höhe von … T€ gesperrt.“

- **Sperren durch nachträgliche Verfügung des BMF**: Im Gegensatz zu den Haushaltssperren, die im Haushaltsgesetz oder als Haushaltsvermerk im Veranschlagungsverfahren ausgebracht werden, tragen die Sperren durch nachträgliche Verfügung des BMF vorwiegend haushaltswirtschaftlichen Charakter und werden regelmäßig im Verlaufe der Haushaltsführung verhängt.

5.2 Formen der Sperren

Nach ihrer Form ist zwischen der **einfachen** und der **qualifizierten** Sperre zu unterscheiden. Die Unterscheidung ergibt sich aus dem Verfahren ihrer Aufhebung.

- **Einfache** Sperre: Eine einfache Sperre liegt dann vor, wenn nur allein das BMF/LMF über ihre **Aufhebung** zu entscheiden hat. Die Aufhebung erfolgt im Rahmen der Ermessensausübung und kann ganz oder auch nur teilweise vorgenommen werden.
- **Qualifizierte** Sperre: Eine qualifizierte Sperre soll nur in Ausnahmefällen verhängt werden. Ihre Aufhebung bedarf eines Antrags des BMF an das Parlament.

VI. Personen, die Haushaltsmittel bewirtschaften

1. Allgemeines

§ 9 Abs. 1 Satz 1 BHO/LHO sieht bei jeder Dienststelle, die Einnahmen zu erheben oder Ausgaben zu bewirtschaften hat, einen **Beauftragten für den Haushalt** vor, soweit der Dienststellenleiter diese Aufgaben nicht selbst wahrnimmt. 602

Daraus lässt sich ableiten, dass es in einem Bewirtschafter (Dienststelle) nur *einen* Beauftragten für den Haushalt geben kann.

Es liegt in der Natur der Sache, dass ein notwendiger Interessensausgleich zwischen den Fachaufgaben einer Dienststelle und der Querschnittsaufgabe „Haushalt“ grundsätzlich nur über einen Funktionsträger erfolgen kann, der folglich auch die damit einhergehenden Prioritäten zu setzen hat.

Aus dieser Überlegung lässt sich ableiten, dass der Dienststellenleiter kraft seines Direktionsrechts nur mittelbar auf die Haushaltsführung seiner Dienststelle zugreifen kann, es sei denn, er vereinigt beide Funktionen in sich.

2. Der Beauftragte für den Haushalt

2.1 Beauftragter für den Haushalt bei obersten Bundesbehörden

603 Im Bereich der Bundesverwaltung ist nach den VV Nr. 1.1 zu § 9 BHO bei den - **obersten Behörden** regelmäßig der Leiter des Haushaltsreferats der Beauftragte für den Haushalt (BfHH). Wenn es der Geschäftsumfang einer obersten Bundesbehörde erforderlich macht, kann eine Haushaltsabteilung, -unterabteilung oder -gruppe eingerichtet werden. Dies ist beispielsweise im Bundesministerium der Verteidigung (BMVg) geschehen.

604 Bei einer solchen Konstellation nehmen die Leiter dieser Organisationseinheiten und die ihnen zugewiesenen Referatsleiter die **Aufgaben** eines BfHH in eigener Verantwortung wahr.

605 Ansonsten sind die Leiter des jeweiligen **Haushaltsreferats** zugleich BfHH, wie etwa im Bundesministerium des Innern der Leiter des Referats Z 5 „Haushalts-, Kassen- und Rechnungswesen" oder beispielsweise auf Länderebene im Justizministerium des Landes Mecklenburg-Vorpommern in der Abteilung 1 das Referat 120 **„Beauftragte für den Haushalt etc.".**

606 Der BfHH bei den obersten Behörden ist unmittelbar dem Minister oder dem Präsidenten einer anderen obersten Bundesbehörde unterstellt. Dadurch wird jedoch die **Gesamtverantwortung** für den Haushalt in einer Person nicht in Frage gestellt.

2.2 Beauftragter für den Haushalt im nachgeordneten Bereich

607 Die obersten Bundesbehörden bestimmen nach den VV Nr. 1.2 zu § 9 BHO, in welchen Dienststellen ihres Geschäftsbereichs die Behördenleiter die Aufgaben des BfHH nicht selbst wahrnehmen. Bei den Ländern bestehen entsprechende Regelungen (z. B. VV Nr. 1.1 Satz 2 zu § 9 LHO Brandenburg). Aus diesen Regelungen ist zu folgern, dass zunächst grundsätzlich die Funktionen „Behördenleiter" und „Beauftragter für den Haushalt" in Personalunion geführt werden.

608 Es sollte jedoch wegen der Bedeutung des Haushalts auf den Ausnahmefall beschränkt bleiben, dass der **Leiter** der Dienststelle **gleichzeitig auch die Funktion des BfHH** wahrnimmt. Dies wäre nur dann sinnvoll, wenn besondere Umstände eine solche Konstellation rechtfertigten könnten, etwa bei kleinen Dienststellen oder bei Dienststellen mit einfacher Struktur der Haushaltsangelegenheiten.

Schon allein das sehr weitgehende Recht des BfHH, einer Maßnahme zu widersprechen, liefe bei einer Personalunion durchweg ins Leere.

In der Regel ist bereits in den **Geschäftsordnungen** geregelt, in welchen Fällen der Leiter einen anderen Bediensteten zum Beauftragten für den Haushalt zu bestellen hat.

Die **Bestellung** erfolgt schriftlich durch den Dienststellenleiter. Über die Bestellung ist die zuständige Kasse zu unterrichten.

Im Geschäftsbereich des Bundesministeriums der Verteidigung nimmt bei den Bundeswehr-Dienstleistungszentren, die das BMVg dazu bestimmt hat, eine Trennung der Funktionen durchzuführen, nach schriftlicher Bestellung durch den Dienststellenleiter entweder der Teilbereichsleiter im Zentralbereich, in dessen Aufgabengebiet die Haushaltsangelegenheiten fallen, oder der Zentralbereichsleiter die Aufgabe des Beauftragten für den Haushalt wahr. **609**

3. Aufgaben des Beauftragten für den Haushalt

Die **Aufgaben** des BfHH ergeben sich aus § 9 Abs. 2 BHO/LHO und werden in den VV Nr. 2 bis 5 zu § 9 BHO für die Bundesverwaltung konkretisiert. In teilweise abweichender Nummerung finden sich in den VV zu den LHO entsprechende Regelungen. **610**

Obwohl er in seiner Funktion Teil seiner Dienststelle ist, wird er gleichwohl bei rechtem Verständnis seiner Aufgabe bei allen Belangen und auch Sonderwünschen seiner Behörde die Besonderheiten des Haushalts, seine Zwänge und Erfordernisse zur Geltung bringen müssen. **611**

Er ist in erster Linie dafür verantwortlich, dass alle Maßnahmen auf dem Gebiete der Haushaltsführung sowohl in formeller als auch in materieller, inhaltlicher Hinsicht bestimmungsgemäß durchgeführt werden.

Dies trifft auch auf die Einhaltung verfahrenstechnischer Vorschriften zu. Seine Aufgaben beziehen sich im Wesentlichen auf alle Phasen des Haushaltskreislaufs, soweit seine Dienststelle davon betroffen ist.

3.1 Aufstellung der Haushaltsvoranschläge

Nach dem bislang praktizierten Verfahren vollzieht sich die Aufstellung der Voranschläge entsprechend dem hierarchischen Behördenaufbau „von unten nach oben“. **612**

Nach Maßgabe des Rundschreibens zur Aufstellung des Haushalts 20.. des BMF/LMF hat jeder Bewirtschafter seinen Beitrag dazu zu leisten.

Bereits bei der Aufstellung der **Beiträge zum Haushaltsvoranschlag** hat der BfHH die einschlägigen Bestimmungen des Haushaltsrechts, etwa die der Notwendigkeit (§ 6 BHO/LHO) oder die der Wirtschaftlichkeit und Sparsamkeit (§ 7 BHO/LHO) zur Geltung zu bringen. Er hat deshalb bereits schon im weiten Vorfeld einer beabsichtigten Maßnahme bei den Planungen mitzuwirken. **613**

Ferner hat er dafür Sorge zu tragen, dass die Beiträge zum Haushaltsvoranschlag seiner Dienststelle nach Form und Inhalt richtig aufgestellt wurden.

Er hat weiter zu prüfen, ob alle zu erwartenden Einnahmen, alle voraussichtlich zu leistenden Ausgaben und alle voraussichtlich benötigten Verpflichtungsermächtigungen, Planstellen und Stellen in den Beitrag zum Haushaltsvoranschlag aufgenommen worden sind. Soweit die Beträge nicht genau zu errechnen sind, hat er für eine **möglichst genaue Schätzung** zu sorgen.

Er hat insbesondere zu prüfen, ob die Anforderungen an Ausgaben und Verpflichtungsermächtigungen sowie an Planstellen und Stellen dem Grunde und der Höhe nach **zu dem vorgesehenen Zeitpunkt notwendig** sind.

3.2 Ausführung des Haushaltsplans

614 Mit der Zuweisung und weiteren Verteilung der Haushaltsmittel innerhalb des Geschäftsbereichs einer obersten Verwaltungsbehörde beginnt die **Ausführungsphase** des Haushaltsplans.

Dies setzt voraus, dass der Haushaltsplan durch das Haushaltsgesetz festgestellt wurde, und demgemäss die Verwaltung ermächtigt wird, Ausgaben zu leisten und Verpflichtungen einzugehen (§ 3 BHO/LHO).

615 Mit der **Zuweisung der Haushaltsmittel** erhält eine Dienststelle hinsichtlich der Bewirtschaftung dieser Mittel sehr weitgehende Rechte und darüber hinaus eine größere Selbstständigkeit. Nach § 9 Abs. 2 BHO/LHO kommt gerade in dieser Phase des Haushaltskreislaufs der Funktion des BfHH eine bedeutende Rolle zu. Ihm obliegt in erster Linie die Ausführung des Haushaltsplans.

616 Es ist grundsätzlich seine **ureigenste Aufgabe**, den Haushalt auszuführen, folglich also die **Haushaltsmittel seiner Dienststelle** zu bewirtschaften. Haushaltsmittel im engeren Sinne sind Haushaltseinnahmen und Haushaltsausgaben, im weiteren Sinne sind jedoch auch die Verpflichtungsermächtigungen, Planstellen und Stellen dazu zu rechnen.

3.2.1 Einnahmen

617 Nach § 34 Abs. 1 BHO/LHO sind **Einnahmen rechtzeitig und vollständig zu erheben**. Diese Vorschrift gebietet der Verwaltung, die dem Bund/Land zustehenden Einnahmen bei ihrer Fälligkeit und in voller Höhe einzuziehen, unabhängig davon, ob sie im Haushaltsplan vorgesehen sind oder nicht.

Das Gebot des § 34 Abs. 1 BHO bezieht sich auf Einnahmen jeglicher Art, ganz gleich aus welchem Rechtsgrund sie dem Bund zustehen.

618 Es ist Aufgabe des BfHH, die Einhaltung dieses Gebots zu überwachen und durchzusetzen. Er hat zu prüfen, ob und wie die Haushaltseinnahmen durch geeignete Maßnahmen erhöht werden können.

Nur bei Vorliegen bestimmter, aber gesetzlich geregelter Voraussetzungen (vgl. §§ 58, 59 BHO/LHO) kann hiervon abgewichen werden.

In diesem Zusammenhang hat er zu prüfen, inwieweit eine Forderung des Bundes zu verzinsen ist, oder ab wann und in welcher Höhe von einem Schuldner Verzugs- oder Stundungszinsen zu erheben sind, denn auch solche Zinseinnahmen sind Einnahmen, auf die das Gebot des § 34 Abs. 1 BHO/LHO Anwendung findet. **619**

Beispielsweise hat er sich im Zweifel auch davon zu überzeugen und ggf. die notwendigen Schritte einzuleiten, dass Regressansprüche des Bundes/Landes gegen Ersatzpflichtige geltend gemacht und durchgesetzt werden.

3.2.2 Ausgaben

Bei der Bewirtschaftung der zugewiesenen Ausgabemittel hat der Beauftragte für den Haushalt in erster Linie darüber zu wachen, dass sie nicht überschritten werden und die haushaltsrechtlichen Bestimmungen, insbesondere der Grundsatz der **Wirtschaftlichkeit und Sparsamkeit** beachtet werden. **620**

§ 34 Abs. 2 Satz 1 BHO/LHO weist die Dienststelle an, Ausgaben nur soweit und nicht eher zu leisten, als dies zur wirtschaftlichen und sparsamen Verwaltung erforderlich ist. Diese Anordnung zwingt bei jeder Leistung einer Ausgabe zu einer sorgfältigen Prüfung, ob sie zur Erfüllung des angestrebten Zwecks **sachlich notwendig und zeitlich unaufschiebbar** ist. **621**

Der BfHH hat zu prüfen, ob und wie **Haushaltsausgaben verringert** werden können und hat hierzu die entsprechenden Vorschläge zu erarbeiten. **622**

Er soll darüber wachen, dass keine Ausgabe geleistet oder keine Maßnahme getroffen wird, die zu Auszahlungen führen könnte, die nicht auch bei strengster Auslegung der Notwendigkeit anerkannt werden müsste.

Er hat beim **Jahresabschluss** festzustellen, in welcher Höhe **übertragbare Ausgaben** nicht geleistet worden sind und zu entscheiden inwieweit und in welcher Höhe **Ausgabereste** gebildet werden sollen. **623**

Er soll vermeiden, dass die im laufenden Haushaltsjahr „angesparten" Ausgabemittel für Maßnahmen verwendet werden, für die keine Notwendigkeit besteht, z. B. unnötige Vorratsbeschaffung über das Haushaltsjahr hinaus (Vermeidung des sog. **„November-Dezember-Fiebers"**). **624**

Er fordert weitere Haushaltsmittel und – sofern erforderlich – die Betriebsmittel an und hält sich über den Stand der Mittel auf dem Laufenden.

3.3 Verpflichtungsermächtigungen

625 Bei der **Bewirtschaftung zugewiesener Verpflichtungsermächtigungen** sind die Bestimmungen des § 34 Abs. 2 BHO/LHO sinngemäß anzuwenden.

Das zieht für den BfHH die Konsequenz nach sich, darüber zu wachen, Verpflichtungen, die zu einer Vorbelastung künftiger Haushaltsjahre führen, nur soweit und nicht eher einzugehen, als dies zur wirtschaftlichen Verwaltung erforderlich ist. Gerade wegen der Vorbelastung künftiger Haushaltsjahre ist die Inanspruchnahme von Verpflichtungsermächtigungen (Vertragsabschlüsse, Auftragsvergaben u.ä.) besonders sorgfältig zu prüfen.

3.4 Sonstige Aufgaben

626 Ferner ist er dafür verantwortlich, dass Berichte, Nachweisungen, Übersichten, Meldungen u.ä. in Haushaltsangelegenheiten form- und fristgerecht erstellt und sonstige Formvorschriften, etwa bei der Einrichtung von Belegen, beachtet werden.

Er ist für die Beantwortung der Prüfungsmitteilungen des BRH verantwortlich. Bereitet er sie nicht selbst vor, sind sie ihm auf jedem Fall zur **Mitzeichnung** vorzulegen.

4. Übertragung der Bewirtschaftung

627 Der BfHH kann, soweit es sachdienlich ist, die Haushaltsmittel des von ihm bewirtschafteten Einzelplans oder der von ihm bewirtschafteten Teile des Einzelplans (Kapitel, Titel) anderen Bediensteten der Dienststelle oder anderen Dienststellen zur Bewirtschaftung übertragen **(Titelverwalter).**

Im automatisierten Verfahren erfolgt die Übertragung der Bewirtschaftung der Haushaltsmittel auf andere Dienststellen durch Kassenanweisung an die zuständige Kasse (VV Nr. 3.1.1 zu § 9 BHO).

628 Die Bestellung und der Umfang der **Bewirtschaftungsbefugnis** bedürfen der **Schriftform**. In den Ministerien sind regelmäßig die **Referatsleiter** (koordinierende Bewirtschafter) zu Titelverwaltern für die Ausgabemittel, Verpflichtungsermächtigungen, Planstellen und Stellen ihres Aufgabengebietes bestellt.

In den Behörden der Mittelinstanz sind es in der Regel die **Dezernatsleiter**, während in den Dienststellen der Ortsinstanz die Bewirtschaftungsbefugnis regelmäßig den **Bereichsleitern** oder den **Sachbearbeitern** für ihr jeweiliges Aufgabengebiet übertragen wird.

629 Der BfHH ist dafür verantwortlich, dass die Titelverwalter und die ermächtigten Dienststellen auch in der Lage sind, die Haushaltsmittel **ordnungsgemäß** zu

bewirtschaften. Er darf Befugnisse auf dem Gebiet des Haushaltswesens nur dann delegieren, wenn er auch sicher sein kann, dass die volle Anwendung der haushaltsrechtlichen Bestimmungen gewährleistet ist.

Unbeschadet seines sonstigen Unterstellungsverhältnisses ist der Titelverwalter an die fachlichen Weisungen des BfHH gebunden.

Auch bei der Bewirtschaftung der Haushaltsmittel durch **Titelverwalter** hat der Beauftragte für den Haushalt bei allen wichtigen Haushaltsangelegenheiten mitzuwirken, soweit er nicht **ausdrücklich** darauf verzichtet, insbesondere

- bei der Anforderung weiterer Haushaltsmittel,
- bei über- oder außerplanmäßigen Ausgaben und Verpflichtungsermächtigungen,
- bei der Gewährung von Zuwendungen,
- beim Abschluss von Verträgen, auch für laufende Geschäfte,
- bei der Änderung von Verträgen und bei Vergleichen,
- bei Stundung, Niederschlagung und Erlass und
- bei Abweichungen von Planungsunterlagen für größere Beschaffungen und Entwick- lungsmaßnahmen.

Ergeben sich bei der Ausführung des Haushaltsplans **Zweifel**, ist stets die Ent- **630**
scheidung des BfHH einzuholen.

5. Rechte des Beauftragten für den Haushalt

Die sehr **weitgehenden Rechte des BfHH** ergeben sich in erster Linie aus fol- **631**
genden Bestimmungen der BHO/LHO:

- der BfHH ist nicht in die üblichen Behördenhierarchie eingebunden (§ 9 Abs. 1 Satz 2 BHO/LHO u. VV Nr. 1 und 5.4 zu § 9 BHO);
- bei allen Maßnahmen finanzieller Tragweite ist der BfHH im Wege der Mitzeichnung zu beteiligen (§ 9 Abs. 2 Satz 2 BHO/LHO);
- bereits bei der fachlichen Aufgabenplanung hat der BfHH im Hinblick auf eine geordnete Finanzplanung mitzuwirken (VV Nr. 2.1 zu § 9 BHO);
- bei Maßnahmen finanzieller Tragweite steht dem BfHH ein Widerspruchsrecht zu (VV Nr. 5.4 zu § 9 BHO).

Mit diesen Rechten ausgestattet, bestimmt der BfHH das gesamte Haushaltsgeschehen seiner Dienststelle und trägt daraus abgeleitet aber auch eine besondere Verantwortung für alle Belange des Haushalts.

5.1 Einbindung in die Behördenhierarchie

Der BfHH soll dem Behördenleiter **unmittelbar unterstellt** werden (§ 9 Abs. 1 **632**
Satz 2 BHO), um ihm dadurch bei der Wahrnehmung seiner Aufgaben eine grö-

ßere Unabhängigkeit und Selbstständigkeit zu sichern. Diese Sollvorschrift wird durch die VV Nr. 1.3 für die nachgeordneten Dienststellen einer obersten Bundesbehörde in eine zwingende Regelung abgeändert.

633 Auch in einer obersten Verwaltungsbehörde ist der BfHH grundsätzlich ebenfalls dem Leiter der Dienststelle unmittelbar unterstellt, soweit behördenintern nichts anderes bestimmt ist. Fehlt es an einer solchen Regelung, ist der BfHH automatisch dem Minister unterstellt.

Im Unterschied zum nachgeordneten Bereich besteht bei einer obersten Verwaltungsbehörde die Möglichkeit, ihn dem Staatssekretär oder einem sonstigen Vorgesetzten zu unterstellen.

634 Die Verwaltungsvorschriften sehen keine besonderen Regelungen vor, wie bei einer **Abberufung** des BfHH zu verfahren ist. Aus der Regelung der VV Nr. 1.3 zu § 9 BHO lässt sich jedoch ableiten, dass auch die Abberufung des BfHH durch den Dienststellenleiter erfolgen muss.

635 Im Übrigen ist der BfHH personalwirtschaftlich gestellt wie jeder andere Mitarbeiter auch, d. h. ihm können nach pflichtgemäßem Ermessen **andere Aufgaben** übertragen, aber auch entzogen werden.

5.2 Beteiligung des Beauftragten für den Haushalt (§ 9 Abs. 2 Satz 2 BHO/LHO)

636 Der BfHH ist bei allen Maßnahmen finanzieller Tragweite **zu beteiligen** (§ 9 Abs. 2 Satz 2 BHO/LHO). Die Bedeutung dieses **Beteiligungsrechtes** geht so weit, dass Vorhaben nur weiterverfolgt werden können, wenn er hierzu ausdrücklich seine Zustimmung gegeben hat.

Beteiligung heißt also nicht lediglich Unterrichtung, sondern dem BfHH ist Gelegenheit zur Stellungnahme, zur Äußerung zu geben.

637 Im Regelfall ist seine Zustimmung in Gestalt seiner **Mitzeichnung** einzuholen. Eine solche Mitzeichnung erfolgt erst dann, wenn sichergestellt ist, dass alle fachlichen und verwaltungsmäßigen Gesichtspunkte in einen Vorgang eingearbeitet worden sind.

Ergeben sich nach seiner Mitzeichnung Änderungen oder Ergänzungen, ist seine erneute Beteiligung erforderlich.

638 Im Schriftverkehr mit dem BMF/LMF und dem BRH/LRH ist die Beteiligung des BfHH mit dem Zusatz **„§ 9 BHO/LHO wurde beachtet“** auf Schriftstücken deutlich zu machen. Fehlt ein solcher Zusatz, ist der Adressat berechtigt, die Zuschrift als „Irrläufer“ zurückzusenden.

639 **Maßnahmen finanzieller Tragweite**, die sein Beteiligungsrecht berühren, sind nicht nur solche, die ein gewisses finanzielles Gewicht haben, es sind **alle** Vorha-

ben, auch organisatorischer und verwaltungstechnischer Art betroffen, die **unmittelbare oder auch nur mittelbare Auswirkungen auf die Haushaltsmittel** haben können.

Hierzu gehören auch Erklärungen gegenüber Dritten, die ggf. finanzielle Auswirkungen haben könnten.

Bei formaler Handhabung dieses Beteiligungsrechtes müsste der BfHH bei nahezu allen Vorgängen in seiner Dienststelle beteiligt werden. Deshalb hat sich bei fast allen Dienststellen ohne ausdrückliche Regelung die **Praxis** herausgebildet, dass der BfHH bei Vorhaben, die sich nur **mittelbar** auf den Haushalt auswirken, nur noch dann auf sein Beteiligungsrecht besteht, wenn wesentliche Maßnahmen betroffen sind. **640**

Nur der BfHH selbst kann im Rahmen seiner Delegationsmöglichkeiten Betragsgrenzen oder andere Kriterien festlegen, bei denen seine **Beteiligung entbehrlich** ist. **641**

5.2.1 Mitwirkungsrechte des Beauftragten für den Haushalt

Nach VV Nr. 2.1 zu § 9 hat der BfHH im Hinblick auf eine ordnungsgemäße Finanzplanung bereits bei der Aufgabenplanung mitzuwirken. **642**

Aus dieser Verwaltungsvorschrift ist deutlich abzuleiten, dass der BfHH bereits beim **fachlichen Meinungsbildungsprozess** hinzuziehen ist und nicht erst dann, wenn die fachlichen Entscheidungen bereits getroffen wurden. Eine Maßnahme muss also noch **gestaltbar** sein. Auf diese Weise soll sichergestellt sein, dass die rechtzeitige Abstimmung zwischen Aufgabenplanung und Finanzplanung gewährleistet wird. **643**

Er hat nach den VV Nr. 3.3.1 zu § 9 BHO darauf zu achten, dass bei der Aufgabenplanung der Grundsatz der Wirtschaftlichkeit eingehalten wird. Er trägt damit Verantwortung dafür, dass alle zur Verfügung stehenden **Ressourcen bestmöglich ausgenützt** werden (VV Nr. 1 zu § 7 BHO).

Nicht unerwähnt bleiben darf in diesem Zusammenhang das nach VV Nr. 5.2 umfassende **Auskunftsrecht** des BfHH. Er kann alle Auskünfte und die Vorlage aller Unterlagen verlangen, die er zur Wahrnehmung seiner Aufgaben für erforderlich hält. Ihm darf nichts vorenthalten und nichts verschwiegen werden. **644**

5.2.2 Widerspruchsrecht des Beauftragten für den Haushalt (VV Nr. 5.4 zu § 9 BHO)

Der BfHH kann bei der Ausführung des Haushaltsplans oder bei Maßnahmen finanzieller Bedeutung (VV Nr. 4 zu § 9 BHO) **Widerspruch** erheben (VV Nr. 5.4 zu § 9 BHO). **645**

Die Aufstellung des Haushaltsplans wird in VV Nr. 5.4 zu § 9 BHO) nicht ausdrücklich erwähnt. Das Widerspruchsrecht gilt aber auch hier, denn die Aufstellung des Haushaltsplans ist eine Maßnahme von erheblicher finanzieller Bedeutung.

646 Der Widerspruch des BfHH hat die Wirkung eines zumindest **vorläufigen Vetos** und ist dem Widerspruchsrecht des Bundesministers der Finanzen innerhalb der Bundesregierung nachgebildet (§ 26 GO BReg).

In der **Praxis** findet sich selten die Anwendung des Widerspruchs im formellen Verfahren. Oft genügt schon ein Hinweis auf die Existenz des Widerspruchsrechts, um eine einvernehmliche Verfahrensweise herbeizuführen.

Bei der **Handhabung des Widerspruchsrechts** ist zwischen einer obersten Bundesbehörde und den Behörden des nachgeordneten Bereichs zu unterscheiden:

647 • **Widerspruch bei obersten Bundesbehörden** (VV Nr. 5.4.1 zu § 9 BHO)
Widerspricht der BfHH in einem Ministerium einem Vorhaben, so darf die Maßnahme nur auf Weisung des Ministers oder seines zuständigen Staatssekretärs weiterverfolgt werden (VV Nr. 5.4.1 zu § 9 BHO).
Die Entscheidung wird in der Regel durch eine **Leitungsvorlage** herbeigeführt, mit der die unterschiedlichen Positionen dargestellt werden, wobei die Federführung der zuständigen fachlichen Arbeitseinheit obliegt. Die Vorlage ist dem BfHH zur Mitzeichnung zuzuleiten.

648 • **Widerspruch bei Behörden des nachgeordneten Bereichs** (VV Nr. 5.4.2 zu § 9 BHO)
Widerspricht der BfHH bei einer anderen Dienststelle als dem Ministerium einer Maßnahme, kann sein **Widerspruch nicht** durch die Weisung des Leiters der Dienststelle **aufgehoben** werden. Dadurch wird deutlich, dass der Leiter in Haushaltsangelegenheiten nicht sein „eigener Herr" ist. Der Leiter hat, soll die Maßnahme weiterverfolgt werden, der vorgesetzten Dienststelle zu berichten und ihre Entscheidung einzuholen (VV Nr. 5.4.2 zu § 9 BHO). Der Bericht ist dem BfHH zur Mitzeichnung vorzulegen.
Das Vorhaben darf solange nicht weiterverfolgt werden, bis die Entscheidung der vorgesetzten Dienststelle getroffen wurde.
Nur in **dringenden Fällen** ist ein Sofortvollzug auf schriftliche Weisung des Behördenleiters zulässig. Ein dringender Fall ist dann anzunehmen, wenn die Maßnahme zeitlich unaufschiebbar und sachlich unabwendbar ist und die Entscheidung der vorgesetzten Behörde ohne erhebliche Nachteile für den Bund nicht abgewartet werden kann.
In diesem Falle ist der vorgesetzten Dienststelle über die getroffenen Maßnahmen unter Beteiligung des BfHH zu unterrichten.

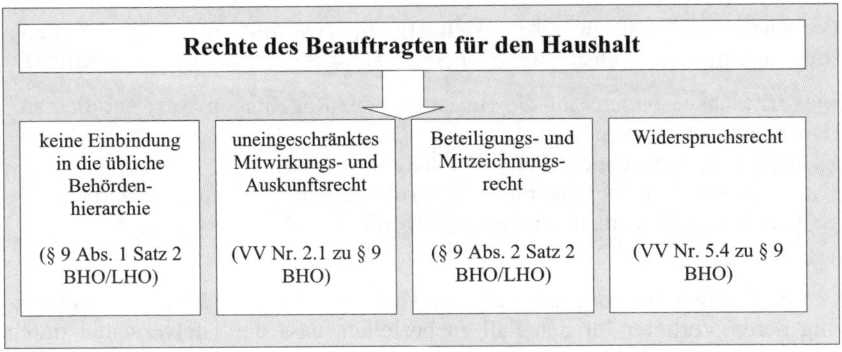

Abb. 31: Rechte des Beauftragten für den Haushalt

6. Die Titelverwalter/Mittelverwender

6.1 Allgemeines

Der BfHH kann die Bewirtschaftung der seiner Dienststelle zugewiesenen Aus- 649
gabemittel, Verpflichtungsermächtigungen, Planstellen und Stellen zu seiner Entlastung anderen Bediensteten oder Dienststellen übertragen. Durch eine solche schriftliche Übertragung werden sie zu **Titelverwaltern**.

6.2 Bestellung zum Titelverwalter

Die Bestellung zum Titelverwalter und der Umfang der Bestellung und der damit 650
verbundenen Befugnisse bedarf der **Schriftform**. Dies kann in unterschiedlicher Weise erfolgen, z. B.

- durch Einzelverfügung,
- über den Geschäftsverteilungsplan der Dienststelle,
- in einer Tätigkeitsdarstellung (im Falle eines Arbeitnehmers).

In den beiden zuletzt genannten Möglichkeiten hat der Beauftragte für den Haushalt die dort getroffenen Regelungen abzuzeichnen.

In einigen Bereichen eines Verwaltungszweigs sind bei der Bestellung von Titel- 651
verwaltern besondere Regelungen zu beachten. Dies trifft beispielsweise auf den **Geschäftsbereich des BMVg** zu, soweit die Streitkräfte betroffen sind.

Dort dürfen nur Soldaten oder Beamte zum Titelverwalter bestellt werden, wenn sie mindestens der Besoldungsgruppe A 9m angehören. Arbeitnehmer müssen mindestens der vergleichbaren Entgeltgruppe angehören.

652 Der Titelverwalter ist für eine **gesicherte, richtige und vollständige Erfassung** aller in seinem Zuständigkeitsbereich anfallenden Daten verantwortlich.

Dies trifft insbesondere auf die Beachtung der Regelungen einer geordneten Haushaltsführung zu, nämlich

- Einnahmen rechtzeitig und vollständig zu erheben und
- Ausgaben nicht eher und nur soweit zu leisten, als dies zu einer wirtschaftlichen und sparsamen Verwaltung erforderlich ist.

653 Es empfiehlt sich, bei der Bestellung der Titelverwalter einer Dienststelle gleichzeitig deren Vertreter für den Fall zu bestellen, dass die Titelverwalter durch Abwesenheit vorübergehend gehindert sind, die ihnen obliegenden Aufgaben selbst wahrzunehmen.

7. Personen, die Haushaltsmittel bewirtschaften (Kurzfassung)

654 **„Bewirtschafter"** sind solche Dienststellen, die **Einnahmen zu erheben** haben oder für die **Ausgabemittel zur selbstständigen Bewirtschaftung** zugewiesen worden sind (Titelverwalter i. S. d. VerfRiB MV/TV) oder die Mittel an nachgeordnete Dienststellen verteilen (Mittelverteiler).

655 Mit der Zuweisung von Ausgabemittel zur selbstständigen Bewirtschaftung wird eine Dienststelle zum „Bewirtschafter". Ihr ist damit die **Bewirtschaftungsbefugnis** erteilt, nämlich das Recht, eigenverantwortlich **zu entscheiden, für welche Maßnahme, zu welchem Zeitpunkt und in welcher Höhe** Haushaltsmittel verwendet werden sollen.

656 Kraft seiner Funktion (§ 9 BHO/LHO) besitzt der **Beauftragte für den Haushalt** die Bewirtschaftungsbefugnis und übt dieses Recht auch **umfassend** aus.

657 Bei jeder Dienststelle ist ein Beauftragter für den Haushalt zu bestellen, soweit der Dienststellenleiter diese Aufgabe nicht selbst wahrnimmt, d. h. die Funktion des Dienststellenleiters und des Beauftragten für den Haushalt wird nach der Gesetzeslage zunächst in **Personalunion** geführt.

658 Die oberste Verwaltungsbehörde bestimmt, in welchen Dienststellen ihres Geschäftsbereichs die **Behördenleiter** diese Aufgabe nicht selbst wahrnehmen.

659 Der **Beauftragte für den Haushalt** nimmt in jeder Behörde eine außerordentliche, herausragende Rolle ein. Er ist für alle Fragen der Haushaltswirtschaft und der Haushaltsmittelbewirtschaftung verantwortlich. Er ist bei allen Angelegenheiten geldlicher Tragweite zu beteiligen (VV zu § 9 BHO/LHO).

Aufgaben des Beauftragten für den Haushalt: 660

- Aufstellen der Beiträge zum Haushaltsvoranschlag seiner Dienststelle,
- Verteilen der zugewiesenen Ausgabemittel auf andere Bedienstete und nachgeordnete Behörden,
- bestimmungsgemäße Bewirtschaftung der Ausgabemittel,
- Bearbeitung der Mitteilungen des BRH/LRH,
- Anforderung weiterer Haushaltsmittel,
- Anforderung von Betriebsmitteln,
- Mitwirkung bei allen Angelegenheiten geldlicher Tragweite, z. B. bei
  - Gewährung von Zuschüssen und Zuwendungen,
  - Abschluss und Änderung von Verträgen,
  - Veränderung von Ansprüchen bei Stundung, Niederschlagung und Erlass,
  - Vorhaben organisatorischer oder verwaltungstechnischer Art, die sich unmittelbar oder auch nur mittelbar auf den Haushalt auswirken.

Darüber hinaus **überwacht** und prüft er: 661

- die rechtzeitige und vollständige Erhebung der Einnahmen,
- dass die zugewiesenen Ausgabemittel nicht überschritten werden,
- dass Berichte, Nachweisungen, Übersichten, Meldungen u.ä. in Haushaltsangelegenheiten form- und fristgerecht erstellt und sonstige Formvorschriften, etwa bei der Einrichtung von Belegen, beachtet werden.

Der Beauftragte für den Haushalt kann von allen Bediensteten der Behörde, auch vom Behördenleiter selbst, zur ordnungsgemäßen Wahrnehmung seiner Aufgaben **Auskünfte** über deren Tätigkeit oder über bestimmte Vorhaben verlangen sowie örtliche Überprüfungen vornehmen. 662

Bei solchen Dienststellen, die nach Weisung der obersten Verwaltungsbehörde eine Trennung der Funktionen „Dienststellenleiter“ und „Beauftragter für den Haushalt“ erforderlich macht, wird ein anderer Bediensteter **durch den Behördenleiter schriftlich bestellt.** Über die Bestellung ist die zuständige Kasse zu unterrichten. 663

Bei der **Haushaltsführung** (§ 34 BHO/LHO) und der Bewirtschaftung der zugewiesenen Ausgabemittel kann der Beauftragte für den Haushalt zu seiner Entlastung andere Bedienstete an der Haushaltsführung beteiligen und ihnen die Bewirtschaftungsbefugnis übertragen. Sie werden damit zum **„Titelverwalter“**. 664

VII. Personalwirtschaftliche Grundsätze

1. Allgemeines

665 Die Bewirtschaftung des Personals beim Bund, bei den Ländern und bei den Gemeinden erfolgt nicht nach den zur Verfügung stehenden Ausgabemitteln bei den jeweiligen Personaltiteln der Obergruppe 42, sondern nach Planstellen und Stellen. **Für jeden vollzeitbeschäftigten Mitarbeiter steht grundsätzlich eine Planstelle oder Stelle bereit**, die zuvor vom Haushaltsgesetzgeber bewilligt worden sein muss.

666 Dieses besondere haushaltsrechtliche Verfahren der Planstellen- und Stellenbewirtschaftung hat seinen Ausgangspunkt in dem besonderen Status, den die Beamten nach deutschem öffentlichen Dienstrecht genießen. Die grundsätzliche Unkündbarkeit, die einhergeht mit der besonderen Fürsorgepflicht des öffentlichen Dienstherrn, die bis hin zur Versorgung der Beamten einschließlich ihrer Angehörigen geht, begründen **regelmäßig meist langfristige Zahlungsverpflichtungen**.

Die Planstelle schafft also auf die Dauer des gesamten Dienstverhältnisses die Ermächtigung zur Ernennung, ohne dass es etwa der sonst üblichen Verpflichtungsermächtigung bedarf.

Die durchweg guten Planungs- und Steuerungsmöglichkeiten der Planstellenbewirtschaftung durch den Gesetzgeber und durch die Verwaltung haben dazu geführt, dass dieses Verfahren auch auf die Stellen des Tarifpersonals angewandt wurde.

Wurden die Stellen für Angestellte und Arbeiterinnen und Arbeiter bis einschließlich 2006 noch getrennt bewirtschaftet, so wurde als Folge des Tarifvertrages für den öffentlichen Dienst – TVöD – v. 13.9.2005 die Unterscheidung zwischen Angestellten einerseits und Arbeiterinnen und Arbeitern anderseits aufgehoben und der einheitliche Begriff des **Arbeitnehmers** eingeführt. Es wurde ein einheitliches Entgeltsystem geschaffen, das eine getrennte Stellenbewirtschaftung für den Tarifbereich entbehrlich machte.

2. Dienstposten

667 Im Gegensatz zum Begriff der Planstelle oder Stelle ist der Begriff der Dienstpostens rein organisatorischer Natur. Der **Personalbedarf**, der benötigt wird, bestimmte Aufgaben einer Dienststelle zu erfüllen, wird in **Dienstposten** bemessen.

668 Aufgaben, die einen Beamten oder einen Arbeitnehmer voll auslasten, werden in Dienstposten bemessen. Dienstposten werden im **Organisations- und Dienst-**

postenplan (ODP) einer Dienststelle ausgewiesen und geben so den anerkannten **Personalbedarf** wieder. Je nach Aufgabe wird nach Beamten- oder Arbeitnehmerdienstposten unterschieden.

Die Planstelle oder Stelle ist die haushaltsrechtliche Abdeckung eines solchen Dienstpostens.

3. Planstellen für Beamte

Nach § 17 Abs. 5 BHO/LHO sind die Planstellen nach Besoldungsgruppen und Amtsbezeichnungen auszubringen. Dies erfolgt in der Zweckbestimmung (Dispositiv) des Titels. Die im Haushaltsplan ausgebrachten Planstellen für „planmäßige" Beamte bilden den sog. **Stellenplan** *(s. Anhang 4)*. Obwohl die Stellenpläne als Anhang zu dem Einzelplan geführt werden, gehören sie dennoch zu den **Haushaltsvermerken** der jeweiligen Personaltitel. 669

Als „planmäßige" Beamte werden die Beamten bezeichnet, denen ein Amt übertragen wurde. In der Regel handelt es sich um Beamte auf Lebenszeit. 670

Als Teil der Zweckbestimmung ist der Stellenplan für die Verwaltung **bindend** wie die Zweckbestimmung des Titels selbst.

In der Haushaltspraxis unterscheidet man zwischen Zahl und Wertigkeit der - Planstellen. Eine Ernennung (z. B. Einstellung, Beförderung) eines solchen „planmäßigen" Beamten darf nur dann erfolgen, wenn eine **freie und verfügbare** Planstelle **derselben oder einer höheren Besoldungsgruppe (Wertigkeit)** zur Verfügung steht. 671

Die Zahl der einzelnen Planstellen (Wertigkeit) des Stellenplans **darf nicht überschritten** werden. Dies trifft auch für den Fall zu, dass noch genügend Haushaltsmittel bei dem betreffenden Personaltitel zur Verfügung stehen, also sowohl zusätzliche Einstellungen oder Beförderungen erfolgen könnten, dennoch besteht keine Ermächtigung, eine Ernennung ohne die entsprechende freie und verfügbare Planstelle durchzuführen. Die Gesamtzahl der im Stellenplan nach ihrer Wertigkeit ausgebrachten Planstellen darf zu keinem Zeitpunkt überschritten werden. 672

Abweichungen vom Stellenplan sind nur zulässig, wenn sie durch das Haushaltsgesetz oder durch den Haushaltsplan ausdrücklich zugelassen sind.

Das HG (§ 14 HG 2012; *s. Anhang 1*) sieht für den Bereich des Bundes die Möglichkeit der Bewilligung neuer Planstellen und Stellen während des laufenden Haushaltsjahres **in Fällen des unabweisbaren Bedarfs** vor. Grundsätzlich sind die Einwilligung des Haushaltsausschusses des Deutschen Bundestages sowie die Einsparung an einer anderen Stelle des Haushaltsplans durch den Wegfall von Stellen in finanziell gleichwertigem Umfang erforderlich. 673

Planstellen dürfen nur mit solchen Amtsbezeichnungen ausgebracht werden, die in den Anlagen zum Bundesbesoldungsgesetz enthaltenden Besoldungsordnungen festgelegt sind.

674 Den Planstellen für Beamte sind die Planstellen für **Professoren, Richter** und **Soldaten** gleichgestellt.

4. Stellen für Arbeitnehmerinnen und Arbeitnehmer

675 Die Stellen für Arbeitnehmerinnen und Arbeitnehmer sind nach § 17 Abs. 6 BHO/LHO in den **Erläuterungen** auszubringen, d. h. der Stellenplan für das Tarifpersonal ist nach der BHO/LHO zunächst nicht verbindlich. Im Bereich des Bundes haben die jährlichen Haushaltsgesetze aber seit 1972 von der Möglichkeit des § 17 Abs. 1 Satz 2 BHO teilweise Gebrauch gemacht und die Erläuterungen zu den **Titeln der Gruppe 428** und damit den Stellenplan der Angestellten hinsichtlich der Zahl und der Wertigkeit für verbindlich erklärt (§ 13 Abs. 1 Satz 1 HG 2012). Damit wurde der Stellenplan der Angestellten hinsichtlich seiner Verbindlichkeit dem der Beamten gleichgestellt.

676 **Ab dem Haushaltsjahr 2007** werden statt der Stellen für Angestellte, Arbeiterinnen und Arbeiter **Stellen für Arbeitnehmerinnen und Arbeitnehmer** ausgebracht. Die Erläuterungen zu den Titeln der nunmehr zutreffenden Gruppe 428 (Entgelte für Arbeitnehmerinnen und Arbeitnehmer) sind ebenfalls für verbindlich erklärt worden (§ 13 Abs. 1 HG 2012; *s. Anhang 1*).

5. Leerstellen

677 Leerstellen sind Zweckschöpfungen der **Haushaltspraxis**. Sie sind für Beamte, Richter und Soldaten im Haushaltsplan nach Besoldungsgruppen und Amtsbezeichnungen gesondert von den übrigen Planstellen auszubringen. Entsprechend ist bei Leerstellen für Arbeitnehmer zu verfahren. Für Leerstellen sind keine Ausgabemittel zu veranschlagen.

Leerstellen können insbesondere für ohne Dienstbezüge beurlaubte oder zu einer anderen Stelle außerhalb der Bundes-/Landesverwaltung abgeordnete Beamte oder Arbeitnehmer ausgewiesen werden. Solche Fälle werden im Bereich des Bundes im § 17 HG 2012 geregelt und sind z. B.

- Beurlaubungen im Rahmen im Rahmen der Elternzeitverordnung (Inanspruchnahme von mindestens 1 Jahr Elternzeit ohne Unterbrechung),
- Beurlaubung nach der Elternzeit zur Kinderbetreuung,
- Beurlaubung wegen der Tätigkeit eines Ehepartners an einer Auslandsvertretung,
- Zeit einer Verwendung bei einer Fraktion oder Gruppe des Deutschen Bundestages oder eines Landtages mit dienstlichem Interesse,

- Zeit einer Verwendung bei einer öffentlichen zwischenstaatlichen oder überstaatlichen Einrichtung mit dienstlichem Interesse,
- Zeit im Rahmen einer entwicklungspolitischen Tätigkeit,
- bei Versetzung zum Bundeskanzleramt oder Bundespräsidialamt
- etc.

Leerstellen sind **Auffangstellen** für solche Bedienstete, die vorübergehend aus ihrem bisherigen Amt ausgeschieden sind, deren ursprüngliche Planstelle oder Stelle aber für einen Nachfolger freigemacht werden soll. **678**

Eine Leerstelle dient zum einen der Funktionsfähigkeit des abgebenden Verwaltungszweigs, zum anderen gibt sie dem bisherigen Stelleninhaber die notwendige Sicherheit, dass seine spätere Rückkehr auf eine gleichwertige Planstelle oder Stelle jederzeit möglich ist. Bei einem Beamten, Richter oder Soldaten bleibt sein Status gewahrt und damit auch sein Anspruch auf Versorgung.

Leerstellen sind grundsätzlich **personengebunden**. Eine solche personengebundene Leerstelle fällt weg, wenn der betreffende Bedienstete wieder auf eine reguläre Planstelle/Stelle übernommen wird.

6. Ersatzplanstellen und Ersatzstellen

Ersatzplanstellen bzw. Ersatzstellen (§ 16 HG 2012) sind in gewisser Weise mit Leerstellen vergleichbar. Sie sind nicht eigens in der BHO/LHO geregelt, sondern haben sich im Verlaufe der Haushaltspraxis herausgebildet. Sie sind im Zusammenhang mit der Praxis der **Altersteilzeit** zur Bedeutung gelangt. **679**

Verständlicherweise können die Arbeitsplätze oder Dienstposten der Bediensteten, die sich in die Freistellungsphase ihrer Altersteilzeit begeben, funktionsbedingt nicht unbesetzt bleiben. Anders als bei der Leerstelle wird die Ersatzplanstelle für die **Ersatzkraft** ausgebracht, die den freigewordenen Dienstposten besetzen soll.

Aus dieser Ersatzplanstelle werden ohne Vorliegen weiterer Voraussetzungen die Dienstbezüge wie aus einer „echten" Planstelle gezahlt. Im Gegensatz zur „echten" Planstelle besteht die Besonderheit der Ersatzplanstelle in ihrem **vorübergehenden Charakter**. Sie fällt in der Regel dann weg, wenn der Anlass für ihre Ausbringung weggefallen ist, wenn z. B. der Altersteilzeitbeschäftigte endgültig aus dem Dienst ausscheidet. Aus diesem Grunde sind Ersatzplanstellen stets mit dem **Haushaltsvermerk „kw"** (künftig wegfallend) zu versehen. **680**

Weiter werden Ersatzplanstellen/-stellen gem. § 16 HG 2012 bei einem **unabweisbaren Bedarf** geschaffen, wenn ein Beamter als Richter in einem Land eingesetzt werden soll oder mindestens sechs Monate im Rahmen der internationalen Zusammenarbeit ohne Wegfall der Dienstbezüge verwendet oder auf eine entsprechende Verwendung vorbereitet werden soll. **681**

7. Sonstige Stellen

682 Neben den vorgenannten Planstellen, Stellen, Leerstellen und Ersatzplanstellen kennt das Haushaltsrecht noch weitere Stellen. Es handelt sich um sog. „Quasi"-Stellen:

- Stellen für beamtete Hilfskräfte, für Beamte bis zu ihrer Anstellung,
- Stellen für abgeordnete Beamte und
- Stellen für Beamte auf Widerruf.

683 Die Anzahl der **beamteten Hilfskräfte** und die Anzahl der **Beamten auf Widerruf** im Vorbereitungsdienst wird in den Erläuterungen zu den jeweiligen Personaltiteln im Stellenplan ausgewiesen. Soweit Haushaltsmittel verfügbar sind, können mehr beamtete Hilfskräfte oder Beamte auf Widerruf eingestellt werden, als in den Durchschnittszahlen angegeben sind.

684 Solange eine **beamtete Hilfskraft** („z.A.-Beamter") beschäftigt ist, muss keine Planstelle für sie bereitstehen. Es muss allerdings sichergestellt sein, dass bei der beamtenrechtlichen Anstellung eines solchen Beamten auf Lebenszeit eine entsprechende Planstelle zur Verfügung steht.

8. Personalwirtschaftliche Grundsätze (Zusammenfassung)

685 Die Bewirtschaftung des Personals beim Bund, bei den Ländern und bei den Gemeinden erfolgt nicht nach den zur Verfügung stehenden Ausgabemitteln bei den jeweiligen Personaltiteln der Obergruppe 42, sondern nach **Planstellen** und **Stellen**.

686 Im Gegensatz zum Begriff der Planstelle oder Stelle ist der Begriff der Dienstpostens rein organisatorischer Natur. Der **Personalbedarf**, der benötigt wird, bestimmte Aufgaben einer Dienststelle zu erfüllen, wird in **Dienstposten** bemessen. Die Planstelle oder Stelle ist die haushaltsrechtliche Abdeckung eines solchen Dienstpostens.

687 Die **Planstelle** ist die haushaltsrechtliche Abdeckung eines Beamten-Dienstpostens. Nach § 17 Abs. 5 BHO/LHO sind die Planstellen nach Besoldungsgruppen und Amtsbezeichnungen auszubringen. Dies erfolgt in der Zweckbestimmung (Dispositiv) des Titels. Die im Haushaltsplan ausgebrachten Planstellen für „planmäßige" Beamte bilden den sog. **Stellenplan**.

Den Planstellen für Beamte sind die Planstellen für **Professoren, Richter** und **Soldaten** gleichgestellt.

688 Die **Stellen** sind die haushaltsrechtliche Abdeckung der Dienstposten für Arbeitnehmer. Ab dem Haushaltsjahr 2007 werden statt der Stellen für Angestellte, Arbeiterinnen und Arbeiter Stellen für Arbeitnehmerinnen und Arbeitnehmer ausgebracht.

Leerstellen können für ohne Dienstbezüge beurlaubte oder zu einer anderen Stelle außerhalb der Bundes-/Landesverwaltung abgeordnete Beamte oder Arbeitnehmer ausgewiesen werden. Sie sind personengebunden. Eine solche personengebundene Leerstelle fällt weg, wenn der betreffende Bedienstete wieder auf eine reguläre Planstelle/Stelle übernommen wird. **689**

Ersatzplanstellen sind in mit Leerstellen vergleichbar. Ersatzplanstellen sind im Zusammenhang mit der Praxis der Altersteilzeit zur Bedeutung gelangt. **690**

Neben den vorgenannten Planstellen, Stellen, Leerstellen und Ersatzplanstellen kennt da Haushaltsrecht noch **weitere Stellen**. Es handelt sich um sog. „Quasi"-stellen für: **691**

- Stellen für beamtete Hilfskräfte, für Beamte bis zu ihrer Anstellung,
- Stellen für abgeordnete Beamte und
- Stellen für Beamte auf Widerruf.

H. Anordnungen

692 Mit der Neufassung der Verwaltungsvorschriften (VV) zur BHO wurden im Bereich der **Bundesverwaltung** die Vorschriften über die **Anordnung** und **Feststellung** von Rechnungsbelegen thematisch aus dem Teil III (Ausführung des Haushaltsplans) in den Teil IV der BHO (Zahlungen, Buchführung und Rechnungslegung) verlagert und neugefasst.

693 Grundlage sind nunmehr die VV für Zahlungen, Buchführung und Rechnungslegung (§§ 70 bis 72 und 74 bis 80 BHO).

I. Anordnungen

1. Allgemeines

694 Unter **Anordnung** ist das Ergebnis einer **Abfolge von Entscheidungen** zu verstehen, die erforderlich ist, um die zuständige Bundeskasse zu veranlassen,

- eine Einzahlung anzunehmen,
- eine Auszahlung zu leisten und/oder
- eine Buchung vorzunehmen.

695 Das Ergebnis solcher Entscheidungen soll die **Wahrnehmung der Verantwortlichkeiten** im Rahmen einer Anordnung deutlich und sichtbar machen. Die Verantwortlichkeiten in diesem Zusammenhang werden wahrgenommen durch den

- sachlichen Feststeller,
- rechnerischen Feststeller und
- durch den Anordnungsbefugten.

696 Bei der Wahrnehmung von Verantwortlichkeiten sind die jeweils zutreffenden Bestimmungen über **ausgeschlossene Personen** (z. B. Personen, die mit Zahlgeschäften betraut sind oder zum Kassenpersonal gehören) oder die die Besorgnis der Befangenheit begründen (eigene Angelegenheiten oder die von Angehörigen) zu beachten.

697 Anordnungen sind erforderlich, um Einzahlungen anzunehmen, Auszahlungen zu leisten oder Verpflichtungen zu buchen, also um **buchungspflichtige Tatbestände** in den Büchern festzuhalten (§ 71 Abs. 1 BHO).

698 An einer Anordnung, die zu einer Einzahlung oder einer Auszahlung führt, darf grundsätzlich **nicht nur eine Person allein beteiligt** sein (**„Vieraugenprinzip“**).

2. Inhalt einer Anordnung

Eine Anordnung muss **mindestens** beinhalten 699

- die Bezeichnung der mittelbewirtschaftenden Dienststelle (MV/TV),
- die Bezeichnung der zahlenden Stelle (Kasse oder Zahlstelle),
- ein Kennzeichen zur eindeutigen Identifizierung aller mit der Anordnung zusammen- hängenden Informationen (Belegnummer),
- den Zahlungspartner mit den für den Zahlungsverkehr notwendigen Angaben, z. B.
  - eindeutige Identifizierung des Empfängers oder Einzahlungspflichtigen,
  - Bankverbindung bei unbaren Auszahlungen und bei unbaren Einzahlungen im Lastschrifteinzugsverfahren,
  - vollständige Adresse bei Einzahlungen im Rahmen des Zahlungsüberwachungsverfahrens (ZÜV),
- den Betrag mit Währungsbezeichnung,
- die Kennzeichnung der Anordnung, z. B.
  - Buchung einer Verpflichtung,
  - Einzahlung,
  - Auszahlung,
- den Fälligkeitstag,
- den Verwendungszeck (kurze Wortbeschreibung),
- die Buchungsstelle und das Haushaltsjahr,
- Hinweis auf die begründenden Unterlagen (z. B. Rechnung, Vertrag, S-Beleg, D-Beleg),
- die für eine evtl. Mahnung, Beitreibung und sonstige Verzugsfolgen notwendigen Angaben.

Das Bundesministerium der Finanzen oder die von ihm ermächtigte Stelle (z. B. 700
eine einzelplanführende Stelle) kann bestimmen, dass bestimmte Inhalte in der Anordnung nicht enthalten sein müssen oder zusätzlich aufzunehmen sind. In einem solchen Falle sind die **ressortinternen Regelungen** mit dem BRH abzustimmen *(s. Rn. 751 ff.)*.

3. Inhalt der Verantwortlichkeiten

Die Verantwortlichkeiten erstrecken sich insgesamt darauf, dass die in der 701
Anordnung und in den begründenden Unterlagen enthaltenen, für die Zahlung und Buchung relevanten Angaben **vollständig und richtig** sind.

Dabei kommt es in erster Linie darauf an, dass nach den geltenden haushalts- 702
rechtlichen und fachlichen Vorschriften, insbesondere aber nach dem **Grundsatz der Wirtschaftlichkeit und Sparsamkeit** verfahren wurde.

703 Dazu gehört auch die Prüfung, ob die Lieferung oder Leistung als solche und auch die Art ihrer Ausführung geboten war. Hierbei ist auch von Bedeutung, ob die Lieferung oder Leistung entsprechend der zu Grunde liegenden Vereinbarung oder Bestellung **sachgemäß** und **vollständig** ausgeführt wurde.

704 Ferner wird die Verantwortung dafür übernommen, dass **Abschlagszahlungen**, Vorauszahlungen, Pfändungen und Abtretungen vollständig und richtig berücksichtigt wurden.

705 Auch ist zu prüfen, ob die übrigen haushaltsrechtlichen Voraussetzungen für die Zahlung vorliegen und beachtet wurden (z. B. **Mittelverfügbarkeit**).

706 Bei einer **Einzahlung** wird die Verantwortung dafür übernommen, dass die angeforderte Zahlung nach **Rechtsgrund und Höhe richtig** ermittelt wurde.

4. Anordnungen und Verantwortlichkeiten im manuellen Verfahren

707 Neben den VV für Zahlungen, Buchführung und Rechnungslegung gelten im manuellen Verfahren die Bestimmungen der Anlage zu Nr. 9.2 dieser VV.

4.1 Anordnungsverfahren

708 Die Anordnungen und die von den anordnenden Stellen angelegten, die **Zahlung begründenden Belege** dürfen nur im Druck oder urschriftlich mit solchen Schreibmitteln angefertigt werden, bei deren Gebrauch nachträgliche Veränderungen unverkennbar sind.

709 Anordnungen sind **zweifach** auszufertigen. Durchschriften sind deutlich als solche zu kennzeichnen und verbleiben mit den begründenden Unterlagen bei der anordnenden Dienststelle. Der Betrag ist in dezimaler Schreibweise mit Währungsbezeichnung anzugeben. Der für die Betragsangabe vorgesehene Raum ist zu entwerten, soweit er bei der Eintragung frei bleibt.

710 Der zur Auszahlung oder Einzahlung angeordnete oder aufzuhebende Betrag ist in Buchstaben ohne Centbetrag anzugeben und mit dem Wort **Euro** ohne Zwischenraum abzuschließen. Bei Beträgen **unter 1.000 Euro** kann **bei einmaligen Zahlungen** auf die Angabe des Betrages in Buchstaben verzichtet werden (Nr. 3.1.3 VerfRiB-MV/TV-HKR). Daraus folgt, dass bei allen anderen Zahlungen als bei einmaligen Zahlungen (z. B. wiederkehrende Zahlungen) der Betrag auch bei geringeren Beträgen in Buchstaben zu wiederholen ist.

711 In Anordnungen **sind Streichungen** und sonstige **Änderungen an zahlungsrelevanten Daten unzulässig**. Hierbei handelt es sich um

- Bezeichnung des Empfangsberechtigten oder des Einzahlungspflichtigen,
- Girokontonummer und Bankleitzahl,

- Betrag in Ziffern und Buchstaben,
- Fälligkeitstermine der Zahlungen,
- Feststellungsvermerke und
- Vermerke des Anordnungsbefugten zu durchgeführten Berichtigungen.

Alle anderen Angaben dürfen berichtigt werden, wobei die **ursprüngliche Eintragung lesbar bleiben muss**. Die Berichtigung ist von dem dafür zuständigen Feststeller mit Namenszeichen und Datum abzuzeichnen. Der Anordnungsbefugte hat seine Unterschrift um den Vermerk zu ergänzen, dass sich seine Anordnung auch auf die berichtigten Teile der Kassenanordnung bezieht. **712**

4.2 Verantwortlichkeiten

4.2.1 Allgemeines

Die **Verantwortlichkeiten** im Anordnungsverfahren werden durch **713**

- die Feststellung der **rechnerischen Richtigkeit**,
- die Feststellung der **sachlichen Richtigkeit** und
- die Ausübung der **Anordnungsbefugnis**

wahrgenommen. Diese Verantwortlichkeiten sind von dem dazu befugten Bediensteten durch Unterschrift zu bescheinigen. Die Bescheinigungen **können zusammengefasst** werden. Der Anordnungsbefugte darf jedoch grundsätzlich nicht zugleich die rechnerische Richtigkeit bestätigen. Das BMF kann in begründeten Einzelfällen im Einvernehmen mit dem BRH Ausnahmen zulassen.

Neben den Bestimmungen der Anlage zu Nr. 9.2 der VV für Zahlungen, Buchführung und Rechnungslegung (§§ 70 bis 72 und 74 bis 80 BHO) sind die in diesem Zusammenhang ergangenen **ressortinternen Regelungen** zu beachten. **714**

Übernimmt der rechnerische oder sachliche Feststeller **nicht die alleinige Verantwortung** für einen zu überprüfenden Sachverhalt, sind **Teilbescheinigungen** abzugeben, aus denen der Umfang der Verantwortung ersichtlich sein muss. **715**

Eine Abgrenzung einer solchen Teilbescheinigung kann beispielsweise durch verbale Beschreibung des Prüfungsfeldes erfolgen, wie:

- „Die Lieferung erfolgte vertragsgemäß“,
- „Die Lieferung erfolgte vollständig“,
- „Technisch richtig“,
- „medizinisch richtig“

Wurde eine begründende Unterlage von einem Teilbescheinigenden uneingeschränkt sachlich richtig gezeichnet, so erstreckt sich die sachliche Feststellung auf der Vorderseite der förmliche Kassenanordnung nur darauf, dass **716**

- die Angaben in der Kassenanordnung richtig sind,
- der sachliche Feststeller der begründenden Unterlage zur Abgabe dieser Bescheinigung befugt ist.

4.2.2 Feststellung der rechnerischen Richtigkeit

717 Die Feststellung der rechnerischen Richtigkeit umfasst die Verantwortung dafür, dass der **anzunehmende oder zu leistende Betrag** und alle **auf Berechnung beruhenden Angaben** in der Anordnung und in den begründenden Unterlagen richtig sind. Hierzu gehört neben der Überprüfung des Rechenwerks auch die richtige Anwendung der Berechnungsgrundlagen aus Gesetzen, Tarifen, Verträgen usw.

718 Die rechnerische Richtigkeit ist durch Unterzeichnung des Vermerks **„Rechnerisch richtig"** zu bescheinigen.

Ist der Endbetrag einer begründenden Unterlage zu berichtigen, unterzeichnet der Feststeller den Vermerk **„Rechnerisch richtig mit … € .. ct."**.

4.2.3 Feststellung der sachlichen Richtigkeit

719 Die Feststellung der sachlichen Richtigkeit umfasst die Wahrnehmung der Verantwortlichkeiten, wie unter Rn. 701–706 näher beschrieben. Die sachliche Richtigkeit ist durch Unterzeichnung des Vermerks **„Sachlich richtig"** zu bescheinigen.

4.2.4 Ausübung der Anordnungsbefugnis

720 Nach § 70 BHO **dürfen Zahlungen** nur von Kassen und Zahlstellen unter der Voraussetzung angenommen oder geleistet werden, dass diese Stellen den Auftrag dazu durch eine Kassenanordnung erhalten haben.

721 Die **Anordnung** der Zahlung ist durch das zuständige Ministerium oder die von ihm ermächtigte nachgeordnete Dienststelle **schriftlich oder elektronisch** zu erteilen.

722 Grundsätzlich wird die Anordnungsbefugnis durch den **Beauftragten für den Haushalt** ausgeübt. Dazu hat das BMF in der VV Nr. 3.1.3 zu § 9 BHO grundsätzlich verfügt, dass die Titelverwalter einer Dienststelle die Annahmeanordnungen und die Auszahlungsanordnungen dem Beauftragten für den Haushalt vorzulegen haben, soweit er nicht ausdrücklich auf dieses Privileg verzichtet. Ein Verzicht setzt jedoch voraus, dass er eine oder mehrere andere Personen mit dieser Aufgabe betraut, was wegen der besonderen Bedeutung der Anordnungsbefugnis und aus Gründen der Rechts- und Verfahrenssicherheit eine **schriftliche Bestellung** voraussetzt.

723 Die Ausübung der Anordnungsbefugnis beschränkt sich inhaltlich auf die Wahrnehmung der Verantwortung dafür, dass in der Anordnung **offensichtlich erkennbare Fehler nicht enthalten** sind.

Ferner bescheinigt der Anordnungsbefugte mit seiner Unterschrift, dass die Bescheinigungen der rechnerischen und sachlichen Richtigkeit von den dazu Befugten abgegeben wurden.

Die Anordnungsbefugnis ist durch eigenhändige Unterschrift unter Angabe des Datums auszuüben. **724**

Die **Namen** und **Unterschriftsproben** der zur Anordnung berechtigten Personen sind den für Zahlungen zuständigen Stellen (Kassen und Zahlstellen) mitzuteilen *(s. Abbildung 32: Unterschriftsmitteilung)*. Die Mitteilung ist vom Beauftragten für den Haushalt zu unterschreiben. Erlischt die Anordnungsbefugnis, so ist dies der Kasse und/oder Zahlstelle unverzüglich mitzuteilen. **725**

Muster zu Nr. 2.2.4.3 der Anlage zu den VV für Zahlungen, Buchführung und Rechnungslegung der BHO

Mitteilung über die zur Anordnung berechtigten Personen

Anordnungsbefugnis nach Nr. 2.2.4 der Anlage zu den VV für Zahlungen, Buchführung und Rechnungslegung der BHO

Name:	Barbara Adler
Dienststelle mit Anschrift:	**Hauptzollamt Abach, Kai-Mauer-Allee 12, 34000 Abach**
Unterschrift:	Adler

Die Anordnungsbefugnis gilt für die Bewirtschafternummern:

Abach, den **12. 05** 2**012**

(Dienstsiegel)

Hauptzollamt Abach

(Dienststelle)

An die

Bundeskasse Halle/Saale

(Kasse/Zahlstelle)

B. Geyer

Unterschrift des Beauftragten für den Haushalt

Vermerke der Kasse/Zahlstelle:

Onlineberechtigung

☐ für Einnahmen ☐ für Ausgaben Benutzerkennung: **ZOBW02**

Abb. 32: Unterschriftsmitteilung

II. Zahlungen

1. Allgemeines

726 Zahlungen dürfen grundsätzlich nur auf Grund schriftlicher Anordnung angenommen oder geleistet werden. Sie verändern immer den Kassenistbestand.

727 Im zahlungstechnischen Sinne wird zwischen **Haushaltseinnahmen** und **Haushaltsausgaben** unterschieden, die unbar oder bar auf Sachbuchkonten (Titel- oder Objektkonten) gebucht werden.

728 Von **sonstigen Ein- oder Auszahlungen** ist dann die Rede, wenn die Einzahlung (z. B. Verwahrung) oder die Auszahlung (z. B. Vorschusszahlung) auf ein sonstiges Sachbuchkonto (Vw-Konto, V-Konto, Abrechnungskonto) zu buchen ist.

2. Zahlungswege

729 Zahlungen sind durch
- Überweisung,
- das Lastschrifteinzugsverfahren,
- Kartenzahlverfahren,
- Elektronische Zahlungssysteme oder
- Verrechnung

anzunehmen oder zu leisten. **Bare Zahlungen** oder Zahlungen durch Zahlungsanweisung oder Scheck sollen nur noch in **Ausnahmefällen** angenommen oder geleistet werden. Für Bargeld oder Schecks gelten die Bestimmungen über die Behandlung von Zahlungsmitteln des Bundes (ZMBestB).

3. Auszahlungen im Lastschrifteinzugsverfahren

730 Nur die für die Zahlungen zuständige Stelle (Kasse) hat auf Veranlassung der mittelbewirtschaftenden Dienststelle für Auszahlungen im Lastschrifteinzugsverfahren die **Einzugsermächtigung** zu erteilen. Dabei sind ihr von der mittelbewirtschaftenden Dienststelle die nötigen Angaben zu machen, um eine ordnungsgemäße Buchung der Zahlung zu gewährleisten. Unberechtigten Zahlungen hat sie unverzüglich zu widersprechen. Die Möglichkeit des Widerspruchs richtet sich nach den Bestimmungen des Kreditgewerbes über den Lastschrifteinzugsverkehr *(s. hierzu auch Rn. 1150 ff.)*.

4. Überwachung der Einzahlungen

Nach § 34 Abs. 1 BHO sind Einnahmen rechtzeitig und vollständig zu erheben. **731**
Diese gesetzliche Forderung ist **überwachungspflichtig**. Der Bewirtschafter wird hierbei durch das HKR-Sub-System „Zahlungsüberwachungsverfahren" (ZÜV) unterstützt *(s. Rn. 1163 ff.)*. Wird eine Einzahlung nicht rechtzeitig oder nicht vollständig entrichtet, so ist der Schuldner zu **mahnen** und bei erfolgloser Mahnung die Einziehung des Betrages zu veranlassen. Darüber hinaus sind die mit den **Verzugsfolgen im Zusammenhang stehenden Nebenkosten** (z. B. Mahngebühren, Verzugszinsen, Säumniszuschläge) zu erheben.

Als **Einzahlungstag** gilt bei Überweisung oder Lastschrifteinzugsverkehr der **732**
Tag des Eingangs auf dem Konto der Kasse, bei einer Verrechnung im Wege der Aufrechnung der Tag, an dem sich die Forderungen aufrechenbar gegenüberstehen.

Im Kartenzahlverfahren oder in elektronischen Zahlungssystemen ist der Tag der **733**
Akzeptanz identisch mit dem Einzahlungstag.

Bei Barzahlungen oder bei Zahlung durch Scheck ist der Einzahlungstag der Tag **734**
der Übergabe. Hierbei können auch Abweichungen vereinbart werden.

Einzahlungen sind auch bei einer **fehlenden Anordnung** anzunehmen, sofern **735**
hierfür sachliche Gründe anerkannt werden können. Die fehlende Anordnung ist nachträglich bei der hierfür zuständigen Stelle anzufordern.

III. Automatisierte Verfahren

1. Allgemeines

Bei der Entwicklung und dem Betrieb von **automatisierten Verfahren** für **736**

- Anordnungen,
- Zahlungen,
- Geldverwaltung und Abrechnung,
- Buchführung, Belegung von Buchung sowie
- Abschlüsse und Rechnungslegung

sind die Grundsätze ordnungsgemäßer DV-gestützter Buchführungssysteme (GoBS) sowie die Grundsätze zum Datenzugriff und zur Prüfbarkeit digitaler Unterlagen (GDPdU) anzuwenden. Dies gilt auch für automatisierte Verfahren, in denen Daten für Zahlungen erzeugt werden. Das jeweils zuständige Ministerium ist für die vorgeschriebene Verfahrensdokumentation einschließlich der Risikoanalyse und des Sicherheitskonzepts verantwortlich.

2. Risikoanalyse

737 Die mit einer Einführung eines automatisierten Verfahrens einhergehenden Risiken sind in einer Risikoanalyse zu ermitteln und zu bewerten. Dabei sind die durch Fehler und Missbrauch bedingten haushaltswirtschaftlichen Auswirkungen gegen die zusätzlichen Ausgaben zur Erhöhung der Verfahrenssicherheit abzuwägen. Die Einführung und die wesentliche Änderung eines automatisierten Verfahrens sind nur zulässig, soweit solchen Gefahren durch technische und organisatorische Maßnahmen wirksam begegnet werden kann. Ein ermitteltes Restrisiko ist zu dokumentieren.

738 Von **höheren Risiken** kann dann ausgegangen werden, wenn
- Geschäftsvorfälle zu wiederkehrenden Zahlungen führen und im voraussichtlichen Anspruchszeitraum den Betrag von 7.500 Euro übersteigen,
- Geschäftsvorfälle zu Zahlungen auf unbestimmte Zeit führen,
- Einmalzahlungen den Betrag von 2.500 Euro übersteigen,
- Ansprüche durch Vertrag, Niederschlagung oder Erlass verändert werden (§§ 58 u. 59 BHO),
- Verwahrgelder ausgezahlt werden,
- Beträge als Vorschüsse gezahlt werden.

739 Bei der Bewertung ist ferner zu berücksichtigen, ob
- bei der Bearbeitung festgestellte Mängel dokumentiert und ausgewertet werden oder
- eine Innenrevision vorhanden ist.

3. Sicherheitskonzept

740 Im Sicherheitskonzept ist die Abgrenzung der Verantwortlichkeiten in allen Einzelheiten festzuhalten. Dabei ist zu bestimmen, ob und inwieweit
- zwei oder mehr Personen maßgeblich an einem einzelnen Geschäftsvorfall beteiligt sind,
- nur *ein* Bediensteter den Geschäftsvorfall bearbeitet,
- darüber hinaus zusätzlich zur Wahrnehmung der Verantwortlichkeiten von einer weiteren Person zu prüfen und freizugeben ist,
- vollautomatisierte Verfahrensabläufe ohne Beteiligung einer Person Anwendung finden,
- zusätzliche Prüfverfahren einzusetzen sind und/oder
- weitere Sicherheitsmaßnahmen zu treffen sind.

741 Der Beauftragte für den Haushalt hat die im Berechtigungskonzept festgelegten Befugnisse verantwortlichen Personen zuzuweisen.

Die an einem einzelnen Geschäftsvorfall Beteiligten und der Umfang der von ihnen übernommenen Verantwortung sind **programmgesteuert mit Datum und Uhrzeit eindeutig identifizierbar** und dauerhaft zu dokumentieren.

IV. Anordnungen (Kurzfassung)

Unter Anordnung ist das Ergebnis einer **Abfolge von Entscheidungen** zu verstehen, die erforderlich ist, um die zuständige Bundeskasse zu veranlassen, 742
- eine Einzahlung anzunehmen,
- eine Auszahlung zu leisten und/oder
- eine Buchung vorzunehmen.

Eine Anordnung muss bestimmte **Mindestinhalte** aufweisen. 743

Die Verantwortlichkeiten in diesem Zusammenhang werden wahrgenommen 744
- vom sachlichen Feststeller,
- vom rechnerischen Feststeller und
- vom Anordnungsbefugten.

Inhalt der Verantwortlichkeiten: Die Verantwortlichkeit der mit einer Anordnung betrauten Personen erstreckt sich insgesamt darauf, dass 745
- die in der Anordnung und in den begründenden Unterlagen enthaltenen, für die Zahlung und Buchung relevanten Angaben **vollständig und richtig** sind,
- nach dem **Grundsatz der Wirtschaftlichkeit und Sparsamkeit** verfahren wurde,
- geprüft wird, ob die **Lieferung** oder **Leistung** als solche und auch die Art ihrer Ausführung geboten war. Hierbei ist auch von Bedeutung, ob die Lieferung oder Leistung entsprechend der zu Grunde liegenden Vereinbarung oder Bestellung **sachgemäß** und **vollständig** ausgeführt wurde,
- Abschlagszahlungen, Vorauszahlungen, Pfändungen und Abtretungen vollständig und richtig berücksichtigt wurden,
- die **haushaltsrechtlichen Voraussetzungen** für die Zahlung vorliegen und be- achtet wurden (z. B. Mittelverfügbarkeit),
- bei einer Einzahlung die angeforderte Zahlung nach **Rechtsgrund** und **Höhe** richtig ermittelt wurde.

Die **Verantwortlichkeiten im manuellen** Anordnungsverfahren werden durch 746
- die Feststellung der **rechnerischen Richtigkeit**.
- die Feststellung der **sachlichen Richtigkeit** und
- die Ausübung der **Anordnungsbefugnis**

ausgeübt.

Zahlungen dürfen grundsätzlich nur auf Grund schriftlicher Anordnung angenommen oder geleistet werden. Sie verändern immer den Kassenistbestand. 747

Im zahlungstechnischen Sinne wird zwischen **Haushaltseinnahmen** und **Haushaltsausgaben** unterschieden.

Zahlungswege: Zahlungen sind durch 748
- Überweisung,
- das Lastschrifteinzugsverfahren,

- Kartenzahlverfahren,
- Elektronische Zahlungssysteme oder
- Verrechnung

anzunehmen oder zu leisten.

749 **Auszahlungen im Lastschrifteinzugsverfahren:** Nur die für die Zahlungen zuständige Stelle (Kasse) hat auf Veranlassung der mittelbewirtschaftenden Dienststelle für Auszahlungen im Lasteinzugsverfahren die **Einzugsermächtigung** zu erteilen.

750 **Überwachung der Einzahlungen:** Nach § 34 Abs. 1 BHO sind Einnahmen rechtzeitig und vollständig zu erheben. Diese gesetzliche Forderung ist **überwachungspflichtig**.

Wird eine Einzahlung nicht rechtzeitig oder nicht vollständig entrichtet, so ist der Schuldner zu **mahnen** und bei erfolgloser Mahnung die Einziehung des Betrages zu veranlassen.

Automatisierte Verfahren: Bei der Entwicklung und dem Betrieb von automatisierten Verfahren für

- Anordnungen,
- Zahlungen,
- Geldverwaltung und Abrechnung,
- Buchführung, Belegung von Buchung sowie
- Abschlüsse und Rechnungslegung

sind die Grundsätze ordnungsgemäßer DV-gestützter Buchführungssysteme (GoBS) sowie die Grundsätze zum Datenzugriff und zur Prüfbarkeit digitaler Unterlagen (GDPdU) anzuwenden.

Risikoanalyse: Die mit einer Einführung eines automatisierten Verfahrens einhergehenden Risiken sind in einer Risikoanalyse zu ermitteln und zu bewerten. Dabei sind die durch Fehler und Missbrauch bedingten haushaltswirtschaftlichen Auswirkungen gegen die zusätzlichen Ausgaben zur Erhöhung der Verfahrenssicherheit abzuwägen.

Sicherheitskonzept: Im Sicherheitskonzept ist die Abgrenzung der Verantwortlichkeiten in allen Einzelheiten festzuhalten.

V. Ressortinterne Bestimmungen über die Anordnung und die Feststellung und Bescheinigung der sachlichen und rechnerischen Richtigkeit[17]

1. Allgemeines

Mit Wegfall der VV Nr. 2 zu § 34 BHO und Neufassung der **VV über Zahlungen, Buchführung und Rechnungslegung** (§§ 70 bis 72 und 74 bis 80 BHO) hat das BMF den Gegenstand der Feststellungsbestimmungen nicht nur völlig neugefasst, sondern hat diese Bestimmungen auch thematisch aus dem Teil III (Ausführung des Haushaltsplans) in den Teil IV der BHO verlagert. **751**

Bei dieser Gelegenheit sind die seinerzeit sehr detaillierten Feststellungsbestimmungen des BMF einer sehr weitgehend offenen Regelung gewichen, die den einzelnen Ressorts viel Raum zur Eigengestaltung lässt.

Am Beispiel der Feststellungsbestimmungen des Geschäftsbereichs des Bundesministeriums der Verteidigung soll nachfolgend dargestellt werden, inwieweit ein Einzelressort es für erforderlich hält, den Gestaltungsspielraum zu dieser Thematik auszuschöpfen. **752**

Die DB für den Geschäftsbereich BMVg fassen die maßgeblichen Regelungen für das förmliche Anordnungsverfahren sowie die Feststellung der sachlichen und rechnerischen Richtigkeit des BMF auf und ergänzen diese.

Sind begründende Unterlagen (DB Nr. 3) in Schriftform vorhanden, ist die ordnungsgemäße Wahrnehmung der Verantwortungsbereiche in den begründenden Unterlagen nachzuweisen. Aus der Bescheinigung muss erkennbar sein, welcher Verantwortungsbereich von dem Feststeller wahrgenommen worden ist. **753**

Soweit außerhalb des automatisierten Verfahrens Verantwortlichkeiten wahrgenommen und schriftliche Kassenanordnungen erstellt werden, sind weiterhin die förmliche Anordnung sowie die Feststellung der sachlichen und rechnerischen Richtigkeit erforderlich. **754**

2. Anordnungen

Für Anordnungen sind ausschließlich die vom BMF zugelassenen Vordruckmuster zu verwenden. **755**

17 Erläutert unter Zugrundelegung der Durchführungsbestimmungen (DB) des Bundesministeriums der Verteidigung zu den Verwaltungsvorschriften für Zahlungen, Buchführung und Rechnungslegung (§§ 70 bis 72 und 74 bis 80 BHO) – VV für Zahlungen, Buchführung und Rechnungslegung der BHO v. 29. November 2007.

756 An einer Anordnung, die zu einer Einzahlung oder Auszahlung führt, darf grundsätzlich **nicht nur eine Person** allein beteiligt sein.

757 Anordnungen sind von einem Anordnungsbefugten, dessen Unterschriftsmitteilung bei der zuständigen Zahlungseinrichtung hinterlegt ist, zu erteilen. Bei Anordnungen ist vor der Unterzeichnung durch die Anordnungsbefugten die sachliche und rechnerische Richtigkeit der in den Kassenanordnungen und den sie begründenden Unterlagen enthaltenen Angaben festzustellen und auf der Kassenanordnung und den begründenden Unterlagen zu bescheinigen. Soweit der Anordnungsbefugte die sachliche Richtigkeit dort selbst feststellt und bescheinigt, ist nur die rechnerische Richtigkeit durch eine weitere berechtigte Person zu bestätigen **(Vier-Augen-Prinzip).**

758 Die Kassenanordnungen und die weiteren von den anordnenden Stellen erstellten, die Zahlungen und Buchungen begründenden Belege dürfen nur im Druck oder urschriftlich mit **urkundenechten Schreibmitteln** ausgefertigt werden. Es dürfen verwendet werden:

- blaue oder schwarze Tinte und Farbbänder, sofern sie der DIN 16554 bzw. 2103 entsprechen oder handelsüblich als urkunden- oder dokumentenecht bezeichnet sind sowie
- blaue oder schwarze Pastentinten (Kugelschreiber), sofern Minen benutzt werden, die eine Herkunftsbezeichnung und eine Aufschrift tragen, die auf die DIN 16 554 oder auf die ISO 12757-2 hinweist.

759 Kassenanordnungen sind **zweifach** zu fertigen, wobei die zweite Ausfertigung deutlich als solche zu kennzeichnen und den begründenden Unterlagen vorzuheften ist. Die Wahrnehmung der Verantwortlichkeiten ist auf der Zweitausfertigung mit **Datum und Namenszeichen** zu dokumentieren, soweit nichts anderes bestimmt ist.

760 Der **Mindestinhalt** einer Kassenanordnung:

- Bezeichnung der mittelbewirtschaftenden Stelle,
- Bezeichnung der für die Zahlungen zuständigen Stelle,
- Kennzeichen zur eindeutigen Identifizierung aller mit der Anordnung zusammenhängenden Informationen,
- Angaben über den Zahlungspartner mit den für den Zahlungsverkehr notwendigen Informationen,
- Betrag mit Währungsbezeichnung,
- Kennzeichnung der Art der Anordnung (z. B. Einzahlung, Auszahlung, Umbuchung),
- bei Abschlagszahlungen und deren Abrechnung (Schlusszahlung) ein entsprechendes Kennzeichen,
- Fälligkeitstag,
- Verwendungszweck,
- Buchungsstelle und das Haushaltsjahr,

- Bezug zu den begründenden Unterlagen,
- Notwendige Angaben zur Mahnung, Beitreibung und sonstige Verzugsfolgen

Die Angabe des **Betrages** erfolgt in dezimaler Schreibweise mit Währungsbezeichnung. Beträge von 1.000 € und mehr sowie Beträge in anderen Währungen sind in Buchstaben zu wiederholen. Der für die Betragsangabe vorgesehene Raum ist zu entwerten, soweit er bei der Eintragung frei bleibt. 761

In Kassenanordnungen sind **Streichungen** und sonstige Änderungen an zahlungsrelevanten Daten unzulässig. Nicht berichtigt werden dürfen: 762

- die Bezeichnung des Zahlungspartners, bei Barzahlung auch dessen Anschrift,
- die Angaben zur Bankverbindung,
- der Betrag in Ziffern und Buchstaben, einschließlich der Währungsbezeichnung,
- die Fälligkeitstermine von Zahlungen,
- die Feststellungsvermerke und
- weitere Vermerke des Anordnungsbefugten, z. B. *‚Die Anordnung bezieht sich auch auf die geänderten Teile der Kassenanordnung‘*.

Sonstige zu berichtigenden Angaben sind so zu streichen, dass die ursprüngliche Eintragung lesbar bleibt. Die richtigen Angaben sind stellengenau darüber zu schreiben. Die Berichtigungen sind jeweils mit Datum und Namenszeichen des Berichtigenden zu versehen. Bei der Anordnung ist in diesen Fällen vom Anordnungsbefugten zu vermerken, dass sich die Anordnung auch auf die Berichtigungen bezieht.

Fehlerhafte, nicht zu berichtigende Kassenanordnungen und bereits unterzeichnete Kassenanordnungen, die nicht ausgeführt werden sollen, sind 763

- ungültig zu machen und zum Vorgang zu nehmen oder
- zu vernichten.

In seinen DB weist das BMVg weiter darauf hin, dass im Einzelnen die Regelungen zu Kassenanordnungen, Kassenanweisungen und Buchungsbelegen und die Regelungen der VerfRiB-MV/TV-HKR zu beachten sind.

3. Begründende Unterlagen

Begründende Unterlagen sind Schriftstücke, die eine Buchung oder Zahlung auslösen. Sie müssen den **Anlass** der Buchung oder Zahlung ohne Zweifel erkennen lassen. 764

Die zugrunde liegende **Verwaltungsmaßnahme** muss ersichtlich sowie nachvollziehbar sein. Die Bestimmung von Rechtsgrund und Gegenstand der Zahlung oder Buchung muss möglich sein, so dass der Feststeller die Verantwortung für die Richtigkeit der maßgebenden Angaben in der Kassenanordnung, Kassenan- 765 weisung oder dem Buchungsbeleg und den sie begründenden Unterlagen prüfen und übernehmen kann.

766 Auch vor dem Hintergrund der verstärkten Nutzung neuer, insbesondere elektronischer Kommunikationswege im Geschäftsverkehr ist grundsätzlich die Vorlage von **Originalbelegen** vorzusehen. Es bleibt jedoch in das Ermessen der rechnungsbearbeitenden Stelle gestellt, den zweckmäßigsten und mit dem geringsten Aufwand verbundenen Weg zu wählen, notwendige Unterlagen und Daten zur Feststellung der Rechnungsunterlagen zu erhalten.

767 In begründeten Fällen können mit Zustimmung des Beauftragten für den Haushalt auch auf **elektronischem Weg** übersandte Unterlagen (z. B. per E-Mail, Telefax) angenommen werden, dabei sind die Bestimmungen des § 14 Umsatzsteuergesetz zu beachten.

768 Danach ist eine **Rechnung** jedes Dokument, mit dem über eine Lieferung oder sonstige Leistung abgerechnet wird, gleichgültig, wie dieses Dokument im Geschäftsverkehr bezeichnet wird. Die Echtheit der Herkunft der Rechnung, die Unversehrtheit ihres Inhalts und ihre Lesbarkeit müssen gewährleistet sein.

769 **Echtheit der Herkunft** bedeutet die Sicherheit der Identität des Rechnungsausstellers. Unversehrtheit des Inhalts bedeutet, dass die nach diesem Gesetz erforderlichen Angaben nicht geändert wurden. Jeder Unternehmer legt fest, in welcher Weise die Echtheit der Herkunft, die Unversehrtheit des Inhalts und die Lesbarkeit der Rechnung gewährleistet werden. Dies kann durch jegliche innerbetriebliche Kontrollverfahren erreicht werden, die einen verlässlichen Prüfpfad zwischen Rechnung und Leistung schaffen können. Rechnungen sind auf Papier oder vorbehaltlich der Zustimmung des Empfängers elektronisch zu übermitteln. Eine elektronische Rechnung ist eine Rechnung, die in einem elektronischen Format ausgestellt und empfangen wird.

770 Eine Rechnung muss als prüffähige Unterlage folgende **Mindestinhalte** enthalten:

- den vollständigen Namen und die vollständige Anschrift des leistenden Unternehmers und des Leistungsempfängers,
- die dem leistenden Unternehmer vom Finanzamt erteilte Steuernummer oder die ihm vom Bundeszentralamt für Steuern erteilte Umsatzsteuer-Identifikationsnummer,
- das Ausstellungsdatum,
- eine fortlaufende Nummer mit einer oder mehreren Zahlenreihen, die zur Identifizierung der Rechnung vom Rechnungsaussteller einmalig vergeben wird (Rechnungsnummer),
- die Menge und die Art (handelsübliche Bezeichnung) der gelieferten Gegenstände oder den Umfang und die Art der sonstigen Leistung,
- den Zeitpunkt der Lieferung oder der sonstigen Leistung; in den Fällen des Absatzes 5 Satz 1 den Zeitpunkt der Vereinnahmung des Entgelts oder eines

Teils des Entgelts, sofern der Zeitpunkt der Vereinnahmung feststeht und nicht mit dem Ausstellungsdatum der Rechnung übereinstimmt,

- das nach Steuersätzen und einzelnen Steuerbefreiungen aufgeschlüsselte Entgelt für die Lieferung oder sonstige Leistung (§ 10) sowie jede im Voraus vereinbarte Minderung des Entgelts, sofern sie nicht bereits im Entgelt berücksichtigt ist,
- den anzuwendenden Steuersatz sowie den auf das Entgelt entfallenden Steuerbetrag oder im Fall einer Steuerbefreiung einen Hinweis darauf, dass für die Lieferung oder sonstige Leistung eine Steuerbefreiung gilt und
- in den Fällen des § 14b Abs. 1 Satz 5 einen Hinweis auf die Aufbewahrungspflicht des Leistungsempfängers.

Eine Rechnung als begründende Unterlage, die diese Mindestinhalte nicht aufweist, ist nicht prüffähig.

Damit bei Prüfungen eine zweifelsfreie Zuordnung von Kassenanordnungen, Buchungsbelegen und den begründenden Unterlagen gewährleistet ist, sind sie mit **eindeutigen Ordnungsmerkmalen** zu versehen (z. B. Buchungsstelle, S-/D-Beleg-Nummer, Liegenschaftskennnummer etc.) 771

4. Verantwortlichkeiten

4.1 Anordnender

Der Anordnende übernimmt die Verantwortung dafür, dass 772

- in der Kassenanordnung keine offensichtlich erkennbaren Fehler enthalten sind,
- die Zahlung oder Buchung bei der Buchungsstelle angeordnet wird, die der Zweckbestimmung entspricht, und
- die Bescheinigungen der sachlichen und der rechnerischen Richtigkeit von den dazu Befugten abgegeben worden sind.

Der Anordnungsbefugte darf eine Auszahlungsanordnung grundsätzlich nur erteilen, wenn **Ausgabemittel** für diese Maßnahme in ausreichender Höhe zur Verfügung stehen. 773

Die Anordnungsbefugnis ist durch **Unterschrift** unter Angabe des Datums auszuüben. 774

4.2 Feststellung der sachlichen und rechnerischen Richtigkeit

4.2.1 Allgemeines

775 Beschäftigte dürfen Verantwortlichkeiten in Angelegenheiten, die ihre eigene Person oder die ihrer Angehörigen betreffen, nicht wahrnehmen (Besorgnis der **Befangenheit**).

776 Aus Gründen der **Kassensicherheit** dürfen mit der Verwaltung von Zahlungseinrichtungen beauftragte Personen sowie Zahlungsbeauftragte nicht verantwortlich an der Erstellung von Kassenanordnungen für bare Zahlungen, einschließlich der begründenden Unterlagen und der Ein -/Auszahlungslisten beteiligt sein. Das gleiche gilt für Kassenanordnungen, die unbar über das Konto der Zahlstelle oder zugunsten des Kontos der Geldstelle über die Bundeskasse abgewickelt werden.

4.2.2 Feststellung der sachlichen Richtigkeit

777 Mit Feststellung der **sachlichen Richtigkeit** wird die Verantwortung dafür übernommen, dass

- die in der Kassenanordnung und in den sie begründenden Unterlagen enthaltenen, für die Zahlung und Buchung maßgebenden Angaben vollständig und richtig sind,
- nach den geltenden Vorschriften, insbesondere nach den Grundsätzen der Wirtschaftlichkeit, verfahren worden ist,
- die Lieferung und/oder Leistung als solche und auch die Art ihrer Ausführung geboten war,
- die Lieferung und/oder Leistung entsprechend der zugrunde liegenden Vereinbarung oder Bestellung sachgemäß und vollständig ausgeführt worden ist,
- Abschlagszahlungen, Vorauszahlungen, Pfändungen und Abtretungen vollständig und richtig berücksichtigt worden sind,
- die übrigen haushaltsrechtlichen Voraussetzungen für die Zahlung vorliegen,
- die angeforderte Zahlung nach Rechtsgrund und Höhe richtig ermittelt worden ist,
- die Kassenanordnung oder die sie begründenden Unterlagen den gegebenenfalls erforderlichen Vereinnahmungs- oder Verwendungsvermerk enthalten,
- vom leistenden Unternehmer die vom Finanzamt erteilte Steuernummer oder vom Bundeszentralamt für Steuern erteilte Umsatzsteuer-Identifikationsnummer in Rechnungen angegeben ist (§ 14 UStG) und
- bei einer Einnahme durch Lastschrifteinzug die hierfür erforderliche Einzugsermächtigung des Zahlungspflichtigen vorliegt.

778 Soweit mit der Feststellung der sachlichen Richtigkeit auch die **Verfügbarkeit von Haushaltsmitteln** bestätigt wird, ist ein entsprechender Vermerk auf der Zweitschrift der Kassenanordnung oder den begründenden Unterlagen anzubringen. Dies gilt nicht, wenn der/die Anordnende selbst die sachliche Richtigkeit feststellt.

Im Rahmen der Feststellung der sachlichen Richtigkeit ist auch zu prüfen, ob **die Ersatzpflicht eines Dritten** in Betracht kommt. In diesen Fällen ist der Feststellungsvermerk um den Hinweis zu ergänzen, von welcher Stelle die Schadensbearbeitung eingeleitet worden ist oder eingeleitet wird. Diese hat den Feststellenden daher im erforderlichen Umfang über die Prüfung oder deren Ergebnis schriftlich zu unterrichten. Enthält der Feststellungsvermerk keinen entsprechenden Zusatz, bestätigt der Feststeller damit zugleich, dass eine Schadensbearbeitung nicht eingeleitet wurde. **779**

Die sachliche Richtigkeit darf unter entsprechender Ergänzung des Feststellungsvermerks auch bescheinigt werden, wenn bei **nicht vertragsmäßiger Erfüllung** **780**
- ein Schaden nicht entstanden ist (z. B. Überschreitung der Ausführungsfristen ohne nachteilige Folgen) oder
- die erforderlichen Maßnahmen zur Abwendung eines Nachteils ergriffen worden sind (z. B. Verlängerung der Gewährleistungsfristen, Minderung des Rechnungsbetrages, Hinterlegung von Sicherheiten).

4.2.3 Feststellung der rechnerischen Richtigkeit

Die Feststellung der rechnerischen Richtigkeit umfasst die Verantwortung dafür, dass **781**
- der anzunehmende oder auszuzahlende Betrag sowie
- alle auf Berechnungen beruhenden Angaben

richtig sind. Hierzu gehört auch die richtige Anwendung der Berechnungsgrundlagen (z. B. Bestimmungen, Verträge, Tarife, Skontovereinbarungen). Werden Unterlagen ganz oder teilweise in einem automatisierten Verfahren im Haushalts-, Kassen- und Rechnungswesen des Bundes erstellt, so gilt die Freigabebescheinigung für das automatisierte Verfahren als Feststellung der rechnerischen Richtigkeit für das Ergebnis von Berechnungen.

4.3 Befugnis zur Wahrnehmung der Verantwortlichkeiten zur sachlichen und rechnerischen Feststellung

4.3.1 Feststellung der sachlichen Richtigkeit

Zur Feststellung der sachlichen Richtigkeit sind befugt: **782**
- der Leiter der Dienststelle,
- der Beauftragte für den Haushalt,
- andere Beschäftigte, denen diese Befugnis vom Beauftragten für den Haushalt im Einzelfall schriftlich übertragen worden ist.

Mit der Feststellung **darf nur beauftragt** werden, wer dazu fähig ist, alle Sachverhalte zu überblicken und zu beurteilen, deren Richtigkeit zu bescheinigen ist. **783**

784 Im **militärischen Bereich** überträgt der Leiter der mittelbewirtschaftenden Dienststelle im Einzelfall auf Vorschlag des zuständigen Beauftragten für den Haushalt die Befugnis zur Feststellung der sachlichen Richtigkeit an Soldatinnen, Soldaten sowie zivile Mitarbeiter.

785 Ohne dass es einer Übertragung im Einzelfall bedarf, sind im Rahmen ihres jeweiligen Aufgabengebietes befugt:

- Beamte und Arbeitnehmer, denen mindestens die Funktion eines **Sachbearbeiters** übertragen ist,
- Offiziere, die mit der Wahrnehmung eines **Fachgebietes** beauftragt sind,
- Kompaniefeldwebel, S 1-Feldwebel und Unteroffiziere in entsprechender Dienststellung sowie
- Beschäftigte in Funktionen, die besondere Fachkenntnisse (z. B. auf technischem Gebiet) erfordern und die Ausbildung und Prüfung als Meister oder eine entsprechende abgeschlossene Ausbildung voraussetzen, um die sachliche Richtigkeit festzustellen.

Die Bescheinigung der sachlichen Richtigkeit kann in der Kassenanordnung mit der Anordnung verbunden werden.

4.3.2 Feststellung der rechnerischen Richtigkeit

786 Zur Feststellung der rechnerischen Richtigkeit sind Beschäftigte befugt, die **mindestens**

- dem mittleren Dienst (Beamtinnen und Beamte),
- der Laufbahngruppe der Unteroffiziere (Soldatinnen und Soldaten) oder
- der Entgeltgruppe 3 TVöD (Arbeitnehmerinnen und Arbeitnehmer) angehören

und auf Grund der ihnen übertragenen Funktion oder ihrer Ausbildung in der Lage sind, die Richtigkeit der Angaben und Ansätze zu bescheinigen.

787 Der Beauftragte für den Haushalt kann die Befugnis **auf bestimmte Beschäftigte beschränken**.

788 Werden für Beschäftigte militärischer Dienststellen Gebührnisse, Vorschüsse oder Leistungen nach dem Reisekosten- oder Umzugskostengesetz, der Trennungsgeldverordnung oder den Beihilfevorschriften zahlbar gemacht, obliegt die Feststellung der rechnerischen Richtigkeit der in Kassenanordnungen und begründenden Unterlagen enthaltenen Angaben, soweit keine andere Dienststelle der Territorialen Wehrverwaltung zuständig ist, dem jeweiligen **Bundeswehr-Dienstleistungszentrum**.

789 Für die Zahlung von Gebührnissen muss der Kompaniechef, der Kompaniefeldwebel, der S 1-Feldwebel oder ein Unteroffizier in entsprechender Dienststellung die Richtigkeit der Angaben des Zahlungsempfängers, soweit die Zahlung darauf

beruht, und des Zahlungsanspruchs in Form einer Teilbescheinigung zur sachlichen Richtigkeit feststellen.

790 Sind Endbeträge in einer begründenden Unterlage geändert worden, so muss der Vermerk lauten:

Rechnerisch richtig mit …€ .. Ct.

(Unterschrift)

791 Hierbei ist von Bedeutung, dass auch im Falle eines solchen „Berichtigungsvermerks" der Feststeller nicht etwa den nunmehr richtigen Rechnungsbetrag, sondern **den richtigen Anordnungsbetrag** zu bescheinigen hat. Dies ist insbesondere dann von Bedeutung, wenn die Rechnungsbearbeitung den Abzug von Skonto zulässt, z. B.

Rechnungsbetrag:	123,50 €
abzüglich 2 % Skonto:	2,47 €
Anordnungsbetrag:	121,03 €

In der Annahme, der berichtigte Rechnungsbetrag würde 123,50 € betragen, hätte die Feststellung auch in diesem Falle über den richtigen Anordnungsbetrag in folgender Form zu lauten:

Rechnerisch richtig mit 121 € 03 Ct.

(Unterschrift)

792 Auch im Rahmen der Feststellung der rechnerischen Richtigkeit sind Teilbescheinigungen möglich, z. B. ‚*Ansätze Richtig*' oder ‚*Rechenwerk richtig*'.

793 Die rechnerische Richtigkeit darf durch den Anordnenden nicht festgestellt werden. Das BMF kann im Einvernehmen mit dem BRH Ausnahmen zulassen.

4.3.3 Gemeinsame Regelungen

794 Die sachliche Richtigkeit ist durch Unterzeichnung des Vermerks „Sachlich richtig" zu bescheinigen, die rechnerische Richtigkeit durch Unterzeichnung des Vermerks „Rechnerisch richtig".

795 Die Feststellungsvermerke und die Anordnung sind im eigenen Namen, d. h. ohne den Zusatz ‚In Vertretung' oder ‚Im Auftrag' zu unterzeichnen.

796 Werden die Zahlungen und Buchungen mit einem zugelassenen Druckbild angeordnet, sind die sachliche Richtigkeit und die Anordnungsbefugnis zur Wahrung

des **Vier-Augen-Prinzips** immer durch zwei Personen festzustellen (Nr. 6.2.1.3.2, S. 2 der BestMaVB-HKR).[18]

797 Die Bescheinigungen der sachlichen und rechnerischen Richtigkeit können **zusammengefasst** werden, wenn der Feststeller die persönlichen und sachlichen Voraussetzungen erfüllt. In diesem Falle muss der Feststellungsvermerk lauten ‚Sachlich und rechnerisch richtig‘ oder ‚Sachlich und rechnerisch richtig mit … €… ct.‘.

798 Sind an der zusammengefassten Bescheinigung neben dem Feststeller noch **andere Beschäftigte beteiligt**, so muss aus deren Teilbescheinigung der Umfang der Verantwortung ersichtlich sein. Der Umfang der Teilbescheinigung kann verbal beschrieben oder farblich gekennzeichnet werden.

799 Wurden bereits Teilbescheinigungen zur Feststellung der sachlichen und rechnerischen Richtigkeit abgegeben, so beziehen sich **weitere Bescheinigungen** zur Feststellung der rechnerischen oder sachlichen Richtigkeit in der Kassenanordnung oder den sie begründenden Unterlagen nicht auf die Richtigkeit der vorher abgegebenen Teilbescheinigungen. Bei Anlass zu Zweifeln an der Richtigkeit dürfen Teilbescheinigungen nicht anerkannt werden.

800 Ist eine **lückenlose Nachprüfung von Angaben nicht möglich**, so beschränkt sich die Verantwortung des Feststellers der sachlichen Richtigkeit darauf, dass bei sorgfältiger Prüfung Bedenken gegen die Richtigkeit dieser Angaben nicht bestehen. Entsprechendes gilt, wenn Leistungen durch Zähler, Uhren oder sonstige Kontrolleinrichtungen abgelesen werden.

801 Muss ausnahmsweise (z. B. bei Erkrankung oder Ausscheiden des zuständigen Feststellers) die sachliche Richtigkeit von einem Beschäftigten bescheinigt werden, der den Sachverhalt nicht in vollem Umfang überblicken und beurteilen kann, so beschränkt sich die Verantwortung des Feststellers der sachlichen Richtigkeit ebenfalls darauf, dass bei sorgfältiger Prüfung Bedenken gegen die Richtigkeit dieser Angaben nicht bestehen.

Der Feststeller hat in diesen Fällen in der Bescheinigung der sachlichen Richtigkeit anzugeben, weshalb und in welchem Umfang die Angaben nicht nachgeprüft werden konnten. Hier bietet sich folgender Vermerk an:

18 Bestimmungen über die Mindestanforderungen für den Einsatz automatisierter Verfahren im Haushalts-, Kassen- und Rechnungswesen des Bundes (BestMaVB – HKR) v. 6.12.2006.

Sachlich richtig: Lediglich folgende Angaben konnten von mir überprüft werden: 1. .... 2. .... Alle anderen haftungsrelevanten Inhalte der sachlichen Feststellung und Bescheinigung sind mir unbekannt, und schließe ich hiermit ausdrücklich aus der Bescheinigung der sachlichen Richtigkeit aus. Begründung: .... (Unterschrift)

Die auf diese Weise aus der Bescheinigung – und Haftung – der Feststellung der sachlichen Richtigkeit ausgeschlossenen Angaben sind somit nicht Inhalt der Feststellung der sachlichen Richtigkeit. In einem solchen Fall entscheidet der Anordnungsbefugte, ob der Beleg zur Zahlung gelangen soll (er vollzieht die Kassenanordnung oder er vollzieht sie nicht). 802

Die Verantwortung – und Haftung – für die Richtigkeit der im Ausschlussvermerk des sachlichen Feststellers aufgeführten Angaben geht auf den **Anordnungsbefugten** über, sofern dieser die Kassenanordnung als Anordnender unterschreibt. 803

Die Verantwortung der Feststeller der sachlichen und rechnerischen Richtigkeit von förmlichen Kassenanordnungen erstreckt sich nicht auf den Inhalt von **Datenträgern**, die **im automatisierten Verfahren erstellt** worden sind. 804

4.3.4 Vereinfachte Feststellungsverfahren

Werden **begründende Unterlagen** in einem automatisierten Verfahren erstellt, so kann bei juristischen Personen des öffentlichen Rechts sowie Versorgungs- und Telekommunikationsunternehmen allgemein die rechnerische Feststellung auf die Prüfung der zu Grunde liegenden Ansätze beschränkt werden. Die vereinfachte rechnerische Feststellung gilt nur für das Rechenwerk; die Richtigkeit der den Berechnungen zugrunde liegenden Ansätze ist anhand der maßgeblichen Berechnungsunterlagen (Zählerstand, Bestimmungen, Tarife, Verträge usw.) in jedem Fall festzustellen. Das Rechenwerk von Strom-, Gas-, Wasser- und Fernmelderechnungen, die in einem automatisierten Verfahren erstellt worden sind, ist jedoch zur Kontrolle stichprobenartig zu prüfen. Der Vermerk über die rechnerische Feststellung lautet in diesem Fall *„Einschließlich Rechenwerk rechnerisch richtig"*. 805

In einem **automatisierten Verfahren** erstellte Auftragnehmerrechnungen können vereinfacht rechnerisch festgestellt werden, wenn die Rechnung den vom Auftragnehmer unterschriebenen Hinweis auf die automatisiert erstellte Rechnung trägt. Bei jeder Rechnung ist stichprobenartig zu prüfen, ob Berechnungen oder Zwischenergebnisse richtig sind. 806

807 Jährlich sind **10 % der Rechnungen jeder Firma** – mindestens aber 1 Rechnung pro Quartal – vollständig zu prüfen. Positionen mit **Wertangaben über 5.000 €** in der Summenspalte sind in allen Rechnungen zu prüfen. Bei Differenzen zwischen Listenpreis und Preisansatz in der Rechnung sind sämtliche Preisansätze aller Rechnungen des betroffenen Auftragnehmers, die in demselben Quartal erstellt wurden oder noch erstellt werden, zu prüfen.

808 Der Vermerk über die vereinfachte Feststellung lautet *‚Rechnerisch richtig. Die Ansätze und das Rechenwerk wurden vereinfacht geprüft'*.

Manuelle Berechnungen sind immer nachzurechnen. Das vereinfachte Feststellungsverfahren gilt nicht, wenn die Vertrauenswürdigkeit eines Auftragnehmers Anlass zu Zweifeln gibt.

4.3.5 Teilbescheinigungen zur sachlichen und rechnerischen Richtigkeit

809 Der Feststeller, der in der Kassenanordnung, der Kassenanweisung, dem Buchungsbeleg oder den begründenden Unterlagen die sachliche oder rechnerische Richtigkeit bescheinigt, ist für die Richtigkeit der Angaben nicht verantwortlich, soweit andere Feststeller **Teilbescheinigungen** abgegeben oder in den begründenden Unterlagen die Richtigkeit bescheinigt haben. Sind an der Feststellung noch andere Beschäftigte beteiligt, die z. B. die vollständige Lieferung einer Ware bescheinigen oder über die zur Feststellung erforderlichen Fachkenntnisse z. B. auf rechtlichem, medizinischem oder technischem Gebiet verfügen, so muss aus deren Bescheinigungen (Teilbescheinigungen) der Umfang der Verantwortung ersichtlich sein.

810 Den Teilbescheinigungen und Bescheinigungen der Feststeller der eigenen Dienststelle sind die Teilbescheinigungen und Bescheinigungen gleichzustellen, die von Beschäftigten anderer Stellen abgegeben worden sind, und zwar

- einer anderen Dienststelle des Bundes,
- einer Dienststelle des Landes,
- einer Gemeinde oder eines Gemeindeverbandes oder
- einer bundes- oder landesunmittelbaren juristischen Person des öffentlichen Rechts, die unter § 105 BHO/LHO fällt.

811 Geben Beschäftigte der eigenen Dienststelle Teilbescheinigungen ab, prüft der Feststeller, der die sachliche oder rechnerische Richtigkeit **abschließend** feststellt, ob die Beschäftigten zur Feststellung der sachlichen oder rechnerischen Richtigkeit befugt sind. Werden Teilbescheinigungen von Beschäftigten anderer Stellen abgegeben, sind diese Stellen dafür verantwortlich, dass nur Befugte derartige Bescheinigungen abgeben. Dies gilt auch in den Fällen, in denen Teilbescheinigungen auf Grund schriftlicher Verträge oder sonstiger Vereinbarungen von anderen Personen (z. B. Architekten, Ingenieuren) abgegeben wurden.

Wenn in Verträgen oder sonstigen Vereinbarungen die **Anwendung der Verwaltungsvorschriften zur BHO** vorgesehen ist, sind die Teilbescheinigungen nach diesen Vorschriften abzugeben; andernfalls sind Inhalt und Form der Teilbescheinigungen in den Verträgen oder sonstigen Vereinbarungen festzulegen. **812**

Treffen andere Beschäftigte Maßnahmen, die zu Anordnungen führen, so erstreckt sich die Verantwortung des Feststellers nicht auf den Inhalt der Maßnahmen. Die Unterschriften auf den Schriftstücken, die die Maßnahme betreffen, gelten insoweit zugleich als Feststellung und Teilbescheinigung. **813**

Generell ist das, was in Form einer Teilbescheinigung zur sachlichen Richtigkeit festgestellt wird, verbal zu beschreiben, z. B. ‚*Die Lieferung wurde entsprechend der zugrundeliegenden Bestellung sachgemäß und vollständig ausgeführt*' oder ‚*Die Leistung und die Art ihrer Ausführung waren wirtschaftlich geboten*'. Ergibt sich der Umfang der Verantwortung aus den festzustellenden Unterlagen, sind verbale Beschreibungen entbehrlich. In diesem Fall genügen zusammenfassende Vermerke wie ‚*Medizinisch richtig*', ‚*Technisch richtig*', ‚*Angaben zur Person richtig*', ‚*Angaben zur Person und Angaben der Person richtig*'. **814**

Die Teilbescheinigung zur rechnerischen Richtigkeit lautet ‚*Ansätze richtig*' oder ‚*Rechenwerk richtig*'. Die Teilbescheinigung ist in den Unterlagen an die dafür vorgesehene Stelle oder jeweils auf die letzte Seite zu setzen. **815**

Zur Vereinfachung und zur besseren Abgrenzung der Verantwortung können im Rahmen von Teilbescheinigungen auf den begründenden Unterlagen die geprüften Angaben mit **Farbstift** unterstrichen werden. Die Teilbescheinigung lautet in diesen Fällen ‚*Die in „Angabe der Farbe" unterstrichenen Angaben sind richtig*'. Auch hier sind dokumentenechte Schreibmittel zu verwenden. **816**

VI. Ressortinterne Bestimmungen über die Anordnung und die Feststellung und Bescheinigung der sachlichen und rechnerischen Richtigkeit (Kurzfassung)

1. Allgemeines

Soweit außerhalb des automatisierten Verfahrens Verantwortlichkeiten wahrgenommen und schriftliche Kassenanordnungen erstellt werden, sind weiterhin die förmliche Anordnung sowie die Feststellung der sachlichen und rechnerischen Richtigkeit erforderlich. **817**

2. Anordnungen

818 Die Kassenanordnungen und die weiteren von den anordnenden Stellen erstellten, die Zahlungen und Buchungen begründenden Belege dürfen nur **im Druck oder urschriftlich** mit urkundenechten Schreibmitteln ausgefertigt werden.

819 Kassenanordnungen sind **zweifach** zu fertigen, wobei die zweite Ausfertigung deutlich als solche zu kennzeichnen und den begründenden Unterlagen vorzuheften ist. Kassenanordnungen müssen Mindestinhalte aufweisen, um in der Buchung verarbeitet werden zu können. In ihnen sind Streichungen und sonstige Änderungen an zahlungsrelevanten Daten unzulässig.

820 Vor der Unterzeichnung der förmlichen Kassenanordnung durch den Anordnungsbefugten ist die sachliche und rechnerische Richtigkeit

- in der Kassenanordnung und
- in den sie begründenden Unterlagen

enthaltenen Angaben festzustellen und auf der **Vorderseite der Kassenanordnung** und auf den **begründenden Unterlagen** zu bescheinigen.

3. Begründende Unterlagen

821 Begründende Unterlagen sind Schriftstücke, die eine Buchung oder Zahlung auslösen. Sie müssen den Zweck der Buchung oder Zahlung ohne Zweifel erkennen lassen.

822 Rechtsgrund und Gegenstand der Zahlung oder Buchung müssen aus der begründenden Unterlage klar erkennbar sein, so dass der Feststeller die Verantwortung für die Richtigkeit der maßgebenden Angaben in der Kassenanordnung, Kassenanweisung oder dem Buchungsbeleg und den sie begründenden Unterlagen prüfen und übernehmen kann.

823 Typisches Beispiel einer begründenden Unterlage ist die **Rechnung** und der ggf. dazugehörige **Auftrag** und **Lieferschein**.

Rechnungen sind auf Papier oder vorbehaltlich der Zustimmung des Empfängers elektronisch zu übermitteln. Eine elektronische Rechnung ist eine Rechnung, die in einem elektronischen Format ausgestellt und empfangen wird.

Auch eine Rechnung muss als prüffähige Unterlage bestimmte **Mindestinhalte** enthalten.

824 Damit bei Prüfungen eine zweifelsfreie Zuordnung von Kassenanordnungen, Buchungsbelegen und den begründenden Unterlagen gewährleistet ist, sind sie mit eindeutigen Ordnungsmerkmalen zu versehen.

4. Verantwortlichkeiten

4.1 Anordnender

Der Anordnende übernimmt die Verantwortung dafür, dass 825
- in der Kassenanordnung keine offensichtlich erkennbaren Fehler enthalten sind,
- die Zahlung oder Buchung bei der Buchungsstelle angeordnet wird, die der Zweckbestim- mang entspricht und
- die Bescheinigungen der sachlichen und der rechnerischen Richtigkeit von den dazu Befugten vorgenommen wurde.

Er muss sich vor der Unterzeichnung der Kassenanordnungen davon überzeugen, dass für die vorgesehene Maßnahme genügend Haushaltsmittel vorhanden und verfügbar sind.

4.2 Feststellung und Bescheinigung der sachlichen Richtigkeit

4.2.1 Befugter Personenkreis

Zur Feststellung der sachlichen Richtigkeit sind befugt: 826
- der Leiter der Dienststelle,
- der Beauftragte für den Haushalt,
- andere Bedienstete, denen diese Befugnis für ihr Aufgabengebiet **allgemein** übertragen wurde (ressortinterne Regelungen),
- andere Bedienstete, denen diese Befugnis vom Beauftragten für den Haushalt übertragen wurde,
- sonstige Personen (Außenstehende), die Teilbescheinigungen abgeben (z. B. Architekten, Ingenieure usw.).

Bedienstete dürfen die sachliche Feststellung in Angelegenheiten, die ihre eigene 827
Person oder ihrer Angehörigen betreffen, nicht abgeben. Aus Gründen der **Kassensicherheit** dürfen die sachliche Richtigkeit nicht bescheinigen:
- zum Kassenpersonal gehörende Bedienstete
- Zahlstellen- und Geldstellenverwalter,
- Zahlungsbeauftragte.

4.2.2 Inhalt

Die für die Zahlung maßgebenden Angaben in der förmlichen Kassenanordnung 828
und den sie begründenden Unterlagen sind richtig, **soweit nicht deren Richtigkeit vom Feststeller der rechnerischen Richtigkeit zu bescheinigen** ist.

Die geltenden Vorschriften, insbesondere die der Wirtschaftlichkeit und Spar- 829
samkeit, sowie ein dem Vorgang zugrundeliegender Vertrag sind zu beachten.

Die sachliche Richtigkeit darf – unter entsprechender Ergänzung des Feststellungsvermerks – auch bescheinigt werden, wenn bei **nicht vertragsgemäßer Erfüllung**

- ein Schaden nicht entstanden ist (z. B. Überschreitung der Ausführungsfristen ohne nachteilige Folgen) oder
- die erforderliche Maßnahme zur Abwendung eines Nachteils ergriffen worden sind (z. B. Verlängerung der Gewährleistungsfristen, Minderung des Rechnungsbetrages, Hinterlegung von Sicherheiten).

4.2.3 Form

Sachlich richtig (Unterschrift)	Text und Abgrenzung einer Teilbescheinigung (z. B. auf technischem Gebiet *,Technisch richtig'*) (Unterschrift)

Die Unterschrift erfolgt ohne jeden Zusatz!

4.3 Die Feststellung und Bescheinigung der rechnerischen Richtigkeit

4.3.1 Befugter Personenkreis

830 Zur Feststellung der rechnerischen Richtigkeit sind befugt:

- Beamte vom mittleren Dienst an aufwärts,
- Soldaten ab Unteroffizier an aufwärts,
- Arbeitnehmer von der Entgeltgruppe 3 TVöD an aufwärts,
- andere Arbeitnehmer in herausgehobenen Funktionen in Ausnahmefällen.

4.3.2 Inhalt

831 Die Feststellung der rechnerischen Richtigkeit betrifft die Richtigkeit

- der Ansätze und Zahlenangaben,
- des Rechenwerks,
- des Anordnungsbetrages.

Die Feststellung der rechnerischen Richtigkeit entfällt, soweit betraglose Kassenanordnungen auf Berechnung beruhende Angaben nicht enthalten.

4.3.3 Form

Rechnerisch richtig (Unterschrift)	Rechnerisch richtig mit …€ .. ct. (Unterschrift)

Der Berichtigungsvermerk ist nicht bei Skonti- oder Rabattabzügen anzubringen.

Unterschrift erfolgt ohne jeden Zusatz!

4.4 Teilbescheinigungen

Teilbescheinigungen umfassen immer nur einen Teilbereich der sachlichen oder rechnerischen Feststellung. Sind solche Teilbescheinigungen (z. B. ‚*Die Ware ist vollständig geliefert worden*', ‚*medizinisch richtig*', ‚*Ansätze richtig*') von **anderen Bediensteten** abgegeben worden, so ist der Inhalt dieser Teilbescheinigungen nicht mehr Gegenstand der sachlichen oder rechnerischen Feststellung; fehlt diese Teilbescheinigung, so übernimmt der sachliche oder rechnerische Feststeller die volle Verantwortung auch für diesen Teilaspekt. **832**

4.5 Die Verantwortung des Feststeller in besonderen Fällen

Ist eine lückenlose Nachprüfung von Angaben nicht möglich, so beschränkt sich die Verantwortung des Feststellers der sachlichen Richtigkeit darauf, dass bei sorgfältiger Prüfung Bedenken gegen die Richtigkeit dieser Angaben nicht bestehen. **833**

Muss ausnahmsweise die sachliche Richtigkeit von einem anderen Bediensteten bescheinigt werden, dem der Sachverhalt nicht oder nicht hinreichend bekannt ist, so beschränkt sich die Verantwortung des Feststellers der sachlichen Richtigkeit darauf, dass bei sorgfältiger Prüfung Bedenken gegen die Richtigkeit dieser Angaben nicht bestehen.

4.6 Feststellung bei Anwendung automatisierter Verfahren

Die Verantwortung des Feststellers der sachlichen und rechnerischen Richtigkeit erstreckt sich im automatisierten Verfahren nicht auf den Inhalt der Datenträger, die im automatisierten Verfahren erstellt worden sind. **834**

4.7 Zusammengefasste Bescheinigung der sachlichen und rechnerischen Richtigkeit

Die Bescheinigungen der sachlichen und rechnerischen Richtigkeit können zusammengefasst werden. Voraussetzung ist, dass beide Feststeller für ihre jeweiligen Feststellungsarten befugt sind und über die notwendigen Sach- und Fachkenntnisse verfügen. **835**

I. Das Automatisierte Verfahren im Haushalts-, Kassen- und Rechnungswesen

836 Zur Abwicklung der Bewirtschaftungsmaßnahmen aller Behörden des Bundes wurde das Bundesministerium der Finanzen (BMF) damit beauftragt, das **Verfahren für das Haushalts-, Kassen- und Rechnungswesen des Bundes** (kurz: HKR-Verfahren) organisatorisch und technisch neu zu gestalten und es informationstechnisch so zu entwickeln, um eine breite Anwendung des Verfahrens in allen Verwaltungszweigen des Bundes zu ermöglichen.

837 Das HKR-Verfahren wird seit Jahren verlässlich für den Haushaltsvollzug des Bundes angewandt. Der buchmäßige Umsatz erreicht dabei jährlich über eine Billionen Euro. Sämtliche Dienststellen und Institutionen, die Bundesmittel bewirtschaften, sind Nutzer des HKR-Verfahrens. Dabei ist der Anwenderkreis weit gestreut und reicht von Ministerien bis zu Anwendern in der Kommunalverwaltung. Pro Jahr werden ca. 20 Millionen Buchungen aller Nutzergruppen ausgeführt.

838 Das HKR-Verfahren gibt dem BMF ständig Auskunft über den **aktuellen Bewirtschaftungsstand des Bundeshaushalts** und kann aus den zur Verfügung gestellten Liquiditätsinformationen taggenau die Aufnahme oder Platzierung von Mitteln am Geldmarkt planen.

839 Das HKR-Verfahren ist u. a. eng mit den **Verfahren zur Haushalts- und Finanzplanung des Bundes** verzahnt. Dies ermöglicht die automatisierte Bereitstellung der im Haushaltsgesetz festgestellten Einnahmen, Ausgaben und Verpflichtungsermächtigungen sowie deren unterjährige Veränderungen (Restebewilligungen, Nachträge etc.).

840 Wichtige **Grundlagen für das HKR-Verfahren** sind:

- Verfahrensrichtlinien für Mittelverteiler/Titelverwalter für das automatisierte Verfahren für das Haushalts-, Kassen- und Rechnungswesen des Bundes (VerfRiB-MV/TV – HKR) – Stand 11/2010,
- Verfahrensrichtlinie für die Nutzung der elektronischen Schnittstellen zum automatisierten Verfahren für das Haushalts-, Kassen- und Rechnungswesen (VerfRiBeS-HKR) – Stand: 02/2011,
- Rundschreiben BMF v. 14.4.2003 II A 6 – H 2305 – 20/03 – Dialogerfassung HICO – Einführung der F 05-Dialogerfassung für Einzelauszahlungen,
- Aufbewahrungsbestimmungen für die Unterlagen für das Haushalts-, Kassen- und Rechnungswesen des Bundes (ABestB-HKR) BMF v. 30.1.2004 II A 6 – H 3001 – 2/04.

I. Die Bewirtschafter- und Kontenstruktur im Automatisierten Verfahren für das Haushalts-, Kassen- und Rechnungswesen (HKR-Verfahren)

1. Allgemeines

Grundlage für das HKR-Verfahren bilden die **Verfahrensrichtlinien für Mittelverteiler und Titelverwalter** für das automatisierte Verfahren im Haushalts-, Kassen- und Rechnungswesen des Bundes (VerfRiB-MV/TV-HKR) nach dem Stand 11/2010. 841

Voraussetzung für eine flächendeckende Anwendung des Verfahrens war die Einrichtung einer einheitlichen Kassenstruktur und die Zusammenfassung aller Kassenaufgaben des Bundes bei den **Bundeskassen**, die im Geschäftsbereich des BMF eingerichtet sind. 842

Bewirtschaftung bedeutet mithin, den durch das Haushaltsgesetz festgestellten Haushaltsplan auszuführen. Dabei werden alle Maßnahmen von der obersten Ebene, die Haushaltsmittel bereitstellt, das ist das Bundesministerium der Finanzen, bis hin zur untersten Ebene, die Zahlungen zur Leistung oder Annahme anordnet, das ist ein Titelverwalter i. S. d. VerfRiB-MV/TV-HKR, in einer **Bewirtschafter- und Kontenstruktur** dargestellt und sichtbar gemacht. 843

Dadurch werden folgende Ziele erreicht: 844

- zeitnahe Information,
- Vereinfachung der Buchführung,
- Verbesserung des Berichtswesens,
- Beschleunigung der Rechnungslegung,
- Buchung von Verpflichtungen.

2. Verfahrensbeteiligte

Jeweils nach ihrer Funktion sind die am HKR-Verfahren beteiligten Stellen entweder als Mittelbereitsteller, Mittelverteiler (MV) oder als Mittelverwender (Titelverwalter, TV) zu bezeichnen. 845

Bewirtschafter des Bundeshaushalts sind folglich alle Behörden eines Geschäftsbereichs, denen Haushaltsmittel bereitgestellt wurden, die Haushaltsmittel zugewiesen erhalten haben und damit die Bewirtschaftungsbefugnis ausüben.

Die am HKR-Verfahren Beteiligten (Bewirtschafter) lassen sich in drei Ebenen darstellen: 846

Abb. 33: Die drei Ebenen der am HKR-Verfahren Beteiligten

847 **Zu Ebene 1:** Das BMF übersendet unmittelbar nach Feststellung des Haushaltsplans durch das Haushaltsgesetz den für den Einzelplan zuständigen Stellen (z. B. BMI, BMVg, AA) je einen beglaubigten Abdruck des für sie maßgeblichen Einzelplans (z. B. EPl 06, 14, 05) und teilt ihnen außerdem mit, welche Teile von Realplänen (z. B. EPl 60 „Allgemeine Finanzverwaltung") auf sie entfallen.

848 Gleichzeitig eröffnet das BMF den für den Einzelplan zuständigen Stellen die auf sie entfallenden **Titelkonten** (VV Nr. 1.1 zu § 34 BHO).

Auf diesen so eingerichteten Titelkonten werden den obersten Bundesbehörden die Haushaltsmittel über die Titelkonten bei dem Kompetenzzentrum für das Kassen- und Rechnungswesen des Bundes (KKR) in dem Umfang **bereitgestellt**, wie der Haushaltsplan es vorsieht.

849 **Zu Ebene 2:** Die für den Einzelplan zuständigen Stellen (z. B. BMI, BMVg, AA) sind Mittelverteiler. Sie verteilen die Haushaltsmittel gem. VV Nr. 1.2 zu § 34 BHO auf die ihnen unmittelbar nachgeordneten Dienststellen per **Kassenanweisung** (s. Abbildung 54) an die für diese Dienststellen zuständigen Bundeskassen, soweit sie die Mittel nicht selbst bewirtschaften.

850 Die der obersten Bundesbehörde unmittelbar nachgeordneten Dienststellen verteilen ihrerseits ebenfalls per **Kassenanweisung** ggf. über mehrere Stufen bis auf die Titelverwalter (Mittelverwenderebene) an die für diese Stellen zuständigen Bundeskassen, soweit sie die Haushaltsmittel nicht selbst bewirtschaften.

851 Die Mittelzuweisung erfolgt jeweils vom **Sachbuchkonto** des übergeordneten Mittelverteilers auf das von ihm eingerichtete **korrespondierende Sachbuchkonto** des nachgeordneten Bewirtschafters (Mittelverteiler oder Titelverwalter) bei der für diesen zuständigen Bundeskasse.

Aus dieser Konstruktion kann die Erkenntnis abgeleitet werden, dass die Dienststellen auf der Mittelverteilerebene sowohl Mittelverteiler als auch Mittelverwender (Titelverwalter) sein können.

852 **Zu Ebene 3:** Der Mittelverwender (im Weiteren: **Titelverwalter**) bewirtschaftet die ihm zugewiesenen Haushaltsmittel und übt die Bewirtschaftungsbefugnis

aus, indem er eigenverantwortlich über die Verwendung der Ausgabemittel entscheidet.

Die VerfRiB-MV/TV bezeichnen die anordnenden Dienststellen stets als Titel- **853**
verwalter, gleichgültig, ob die Anordnungen vom
- Dienststellenleiter,
- Beauftragten für den Haushalt (§ 9 BHO) oder
- Titelverwalter im Sinne der VV Nr. 3.1.1 zu § 9 BHO

erteilt wird.

Der Titelverwalter führt gem. § 34 BHO den Haushalt, indem er Einnahmen **854**
erhebt und die Ausgabemittel bewirtschaftet. Auf dieser Ebene erfolgen die Anordnungen zur Festlegung von Haushaltsmittel, zur Leistung von Auszahlungen und zur Annahme von Einzahlungen per **Kassenanordnung**.

Neben diesen für die Haushaltsführung wichtigen Verfahrensbeteiligten treten als weitere Beteiligte die Stellen der Kassenorganisation des Bundes hinzu:

1. **Kompetenzzentrum für das Kassen- und Rechnungswesen des Bundes –** **855**
KKR – (ehem. Bundeshauptkasse). Das KKR spielt im HKR-Verfahren eine zentrale Rolle.
   - Es ist zentrale Buchungs- und Auskunftsstelle im HKR-Verfahren.
   - Es führt für die einzelplanführenden Stellen die zentralen Titelkonten.
   - Es richtet die Titelkonten der Behörden des Bundes bei den jeweils zuständigen Bundeskassen ein.
   - Es übernimmt die Systempflege.
   - Es kann jederzeit Auskunft über den Stand des Haushaltsvollzugs erteilen.
2. **Bundeskassen.** Sie **856**
   - führen Auszahlungen durch,
   - nehmen Einzahlungen an,
   - buchen die Zahlungsvorgänge,
   - buchen die eingegangenen Verpflichtungen und
   - legen Haushaltsmittel fest.
3. **Zentrum für Informationsverarbeitung und Informationstechnik –** **857**
ZIVIT – (Teil des ehemaligen Bundesamts für Finanzen). Es ist seit Beginn des Jahres 2006 der zentrale IT-Dienstleister der Bundesfinanzverwaltung und
   - verwaltet die zentrale Datenbank,
   - verarbeitet die von den Bundeskassen gelieferten Daten,
   - verarbeitet die vom Bewirtschafter direkt an das ZIVIT im Dialogverfahren übermittelten Daten.

3. Strukturen im HKR-Verfahren

3.1 Bewirtschafterstrukturen

858 **Bewirtschaftung** im Sinne des HKR-Verfahrens bedeutet, Teile des Bundeshaushalts auszuführen, d. h.

- Eingehen von Verpflichtungen,
- Erhalten und Verteilen von Haushaltsmitteln,
- Erteilen von Kassenanordnungen,
- Aufstellen von Beiträgen zum Haushaltsvoranschlag.

859 **Bewirtschafter** im Geschäftsbereich einer Obersten Verwaltungsbehörde sind alle Behörden dieses Ressorts, die Einnahmen zu erheben und Ausgaben zu bewirtschaften haben. Die Kassengeschäfte dieser Behörden werden durch die Bundeskassen auf Anordnung bzw. Anweisung ausgeführt.

860 Bei jeder dieser Dienststellen ist gem. § 9 BHO *ein* **Beauftragter für den Haushalt** (BfHH) zu bestellen, sofern der Dienststellenleiter diese Funktion nicht selbst wahrnimmt.

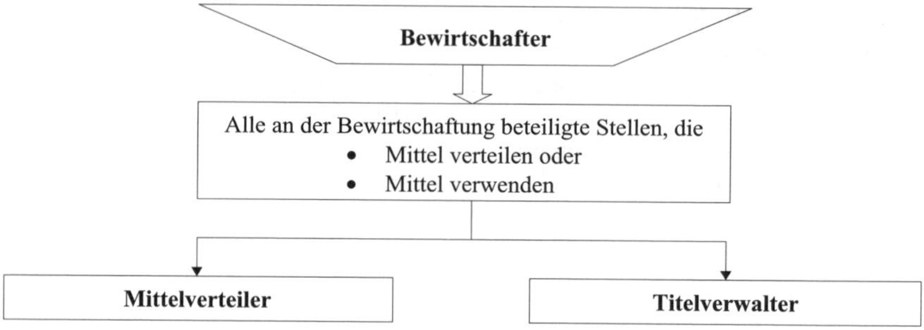

Abb. 34: Bewirtschafterstrukturen

861 Das setzt für den Aufbau einer Bewirtschafterstruktur voraus, dass die Bewirtschafter grundsätzlich auch nur mit einer **Bewirtschafternummer** in Erscheinung treten.

862 Die Grundvoraussetzung, um **Konten** im HKR-Verfahren anlegen zu können, ist zunächst der Aufbau einer **Bewirtschafterstruktur**. In ihr sind die Verteilerstufen der Bewirtschafter (Mittelverteiler u. Titelverwalter) in der Datenbank darzustellen und miteinander zu verknüpfen.

Dem ersten Schritt, dem des Aufbaus der Bewirtschafterstruktur, folgt als zweiter Schritt der Aufbau der Kontenstruktur.

3.1.1 Mittelverteiler/Titelverwalter

Im HKR-Verfahren werden die **Mittelverteiler** (MV) nach ihrer jeweiligen Hierarchiestufe mit MV 1, MV 2, MV 3 usw. bezeichnet. Auf der untersten Hierarchiestufe erscheint „nur" noch der Mittelverwender, auch **Titelverwalter** (kurz: TV) genannt. 863

Im HKR-Verfahren treten die einzelplanführenden Stellen (z. B. BMI, BMVg oder BRH) immer als Mittelverteiler 1 (MV 1) der obersten Stufe in Erscheinung. 864

In der Praxis gibt es unterschiedlich lange und gelegentlich verzweigte Verteilerwege. Der kürzeste Weg führt vom MV 1 direkt zum TV.

Im HKR-Verfahren werden bei der Bereitstellung der Haushaltsmittel die Titelkonten auf der MV 1-Ebene (oberste Bundesbehörde) automatisch für jede Haushaltsstelle durch das BMF eröffnet, d. h. die Konten auf der Ebene des Ministeriums werden nach der im Haushaltsplan vorgesehenen Ordnung (Titelkonten) über eine vorgegebene Zuordnungsdatei eingerichtet. 865

Auf diesen Titelkonten wird den einzelplanführenden Stellen der **umfassende** Ansatz der Titel des auf sie entfallenden Einzelplans und aus Teilen anderer Einzelpläne zur Verfügung gestellt.

3.1.2 Bewirtschafternummer

Um die **Kontenstruktur des nachgeordneten Bereichs** aufbauen zu können, müssen zunächst die Bewirtschafterstrukturen des nachgeordneten Bereichs angelegt werden. 866

Zur Kennung des jeweiligen Bewirtschafters (Mittelverteiler bzw. Titelverwalter) wird ihm auf Veranlassung des **direkt übergeordneten Mittelverteilers** unter Angabe der Dienststellenbezeichnung, der Anschrift, der Bezeichnung der zuständigen Bundeskasse etc. über das System durch das ZIVIT eine **achtstellige Bewirtschafternummer** übertragen. 867

Dadurch wird der nachgeordnete Bewirtschafter in die Bewirtschafterstruktur eingebunden. Bei Mittelverteilern beginnt die Bewirtschaftungsnummer immer mit 01 und bei Titelverwaltern immer mit 03.

Die Bewirtschafternummern der Bundeskassen beginnen mit der Ziffernfolge 11. 868

01 **03** **11**	**34567**	**7** **5** **5**
Klassifizierender Teil 01 = Mittelverteiler 03 = Titelverwalter (Mittelverwender) 11 = Bundeskasse	**Identifizierender Teil** Die folgenden 5 (x) Stellen **identifizieren** die Dienststelle. Sie wird vom System nach der jeweils nächsten freien Stelle in der Bewirtschafter-Struktur vergeben.	Die achte Stelle ist die **Prüfziffer**, die nach einer speziellen Prüfziffernrechnung durch das System ermittelt wird.

Abb. 35: Aufbau der Bewirtschafternummer (Beispiel)

869 Übt ein Bewirtschafter sowohl die Funktion eines Mittelverteilers als auch die eines Titelverwalters aus, erhält er für jede dieser Funktionen eine Bewirtschafternummer. Eine solche **Doppelfunktion** liegt dann vor, wenn der Mittelverteiler sowohl an den nachgeordneten Bereich Haushaltsmittel verteilt als auch für den eigenen Bereich Zahlungen und Verpflichtungen anordnet.

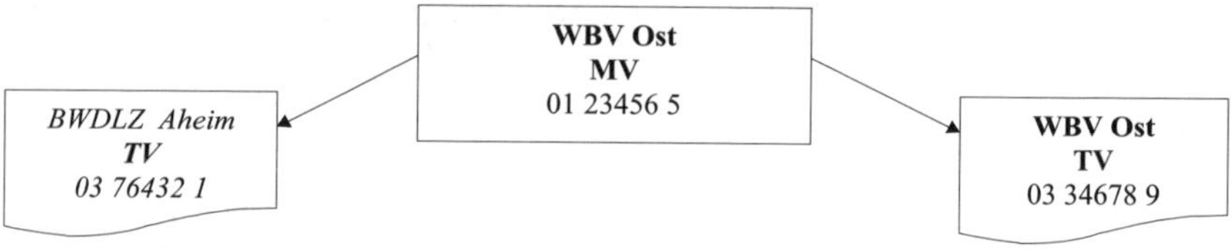

Abb. 36: Doppelfunktion eines Bewirtschafters

870 Der Mittelverteiler/Titelverwalter erhält grundsätzlich auch dann **nur eine** Bewirtschafternummer, selbst wenn er mehreren Mittelverteilern nachgeordnet ist.

Ausnahmsweise kann eine Dienststelle dann mehrere Bewirtschafternummern erhalten, wenn etwa verschiedene ihrer Organisationseinheiten (z. B. Referate) die Bewirtschaftungsbefugnis ausüben.

871 Die Bewirtschafternummer ist jeweils **nur einer** bestimmten Bundeskasse zugeordnet.

872 Ist der Titelverwalter befugt, mehreren Bundeskassen Anordnung zu erteilen, werden ihm jeweils für die zutreffende Bundeskasse die entsprechenden Bewirtschafternummern vergeben.

873 Der Titelverwalter bekommt über ein **Stammdatenblatt für Mittelbewirtschafter** Kenntnis über die Vergabe seiner Bewirtschaftungsnummer (*s. Abbildung 37a – Formular N 01 „Stammdatenblatt für Mittelbewirtschafter*).

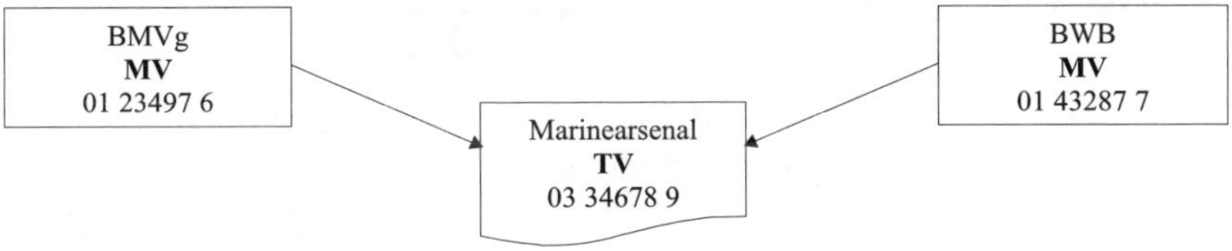

Abb. 37: Einbindung in mehrere Bewirtschafterstrukturen

N 01 66/

HKR501

Datum **18.03.XX**

HKR-SYSTEMPFLEGE, BHK
FACH 1 8 9 B.D.ZUST. BUNDESKASSE

Stammdatenblatt

für

Mittelbewirtschafter

BW VS II BERLIN
TV 215
REGATTASTR. 12

12527 BERLIN

Bewirtschafterdaten

Zugeteilte Bewirtschafternummer **031 35 393**

Kurzbezeichnung **TV 215** Bundeskasse: **09**

Bezeichnung der Kasse: **BUK KIEL**

Nachrichtlich:

Daten des übergeordneten Mittelbewirtschafters

Bewirtschafternummer: **010 96 722** Bezeichnung: **BM VERTEIDIGUNG**
H I 1 / SONDER-MV (VW U. VO)

Abb. 37a: Stammblatt N 01 für Mittelbewirtschafter

Zur Mittelverteilung, auch ggf. über mehrere Bewirtschafterstufen hinweg, ist der Aufbau einer Bewirtschafterstruktur Voraussetzung. Die vergebenen Bewirtschafternummern müssen an die übergeordneten Bewirtschafter über **Adressverkettung** angeknüpft werden. **874**

N 02 47/

HKR502

Datum 20.03.XX

Blatt 1

Verzeichnis der nachgeordneten Mittelbewirtschafter

HKR-SYSTEMPFLEGE, BHK

FACH 637 B.D.ZUST. BUNDESKASSE

BM Verteidigung
H I 1

53003 Bonn

Bewirtschafternummer

01096722

Beleg-Nr.: 19032 019 00000

Vorbeleg-Nr.:

Lfd. Nr.	Kurz-bezeichnung	Anschrift des nachgeordneten Bewirtschafters	Bundes-kasse	Bewirtschafternummer Hinweistext
998 ***	TV 215	BWVS II TV 215 REGATTASTR. 12 12527 BERLIN ******************************	09	031 35 393
998 ***	TV 236	BWVS III TV 236 HINDENBURGERSTR. 5-15 23879 MÖLLN *********************************	06	031 35 963
998 ***	TV 094	BWVS IV TV 094 AM RAINENBICHEL 54 54 82483 OBERAMMERGAU	14	031 35 989

Abb. 37b: Verzeichnis N 02 der nachgeordneten Bewirtschafter

Dabei wird ein Mittelverteiler über die erfolgte Verknüpfung durch ein Verzeichnis der ihm unmittelbar nachgeordneten Bewirtschafter (Titelverwalter) unterrichtet (*s. Abbildung 37b – Formular N O2 „Verzeichnis der nachgeordneten Mittelbewirtschafter“*)

Ein Bewirtschafter (Mittelverteiler oder Titelverwalter) kann mit seiner Bewirtschafternummer in mehrere Bewirtschafterstrukturen eingebunden werden, wenn ihm von unterschiedlichen Mittelverteilern aus unterschiedlichen Konten die Bewirtschaftung übertragen wird. 875

3.2 Konten im HKR-Verfahren

3.2.1 Zuweisung, Bereitstellung und Verteilung von Haushaltsmitteln im HKR-Verfahren

Unmittelbar nach Feststellung des Haushaltsplans durch das Haushaltsgesetz stellt das BMF den obersten Bundesbehörden ihre Haushaltsmittel bereit, indem es der für den Einzelplan zuständigen Stelle den beglaubigten Abdruck des für sie **maßgeblichen Einzelplans** übersendet (VV Nr. 1.1 S. 1 zu § 34 BHO). 876

Gleichzeitig eröffnet das BMF für jede Haushaltsstelle des Einzelplans dieser obersten Bundesbehörden, der **Mittelverteilerebene 1**, die auf sie entfallenden Titelkonten in den Büchern der Kasse. Darüber hinaus werden diese Titelkonten mit den kompletten Haushaltsansätzen ausgestattet (VV Nr. 1.1 S. 3 zu § 34 BHO) 877

Der Mittelverteiler 1 (die für den Einzelplan zuständige Stelle) verteilt seinerseits per **Kassenanweisung** die Haushaltsmittel weiter auf die Sachbuchkonten (Titel- oder Objektkonten) der nachgeordneten Mittelverteilerebenen oder ggf. bereits der Titelverwalter. 878

Durch dieses Zuweisungsverfahren werden **automatisch** die korrespondierenden Sachbuchkonten dieser MV-Ebene oder Titelverwalter bei deren Bundeskassen **eröffnet**.

Die Einrichtung aller benötigten Sachbuchkonten von der Mittelverteilerebene 2 bis zum Titelverwalter (Mittelverwender) erfolgt nach dem gleichen Ablauf. Dadurch entsteht je Haushaltsstelle ein System entsprechend der Stellung der Bewirtschafter aufsteigend miteinander verketteter Konten. 879

Diese Kontenstruktur ermöglicht die gleichzeitige Buchung der Bewirtschaftungs- und Erhebungsvorgänge der Verwenderebene (Titelverwalter) und deren summarische Nachweisung auf allen übergeordneten Konten der Verteilerebenen. 880

Zur Eröffnung eines Kontos genügt eine Zuweisung mit dem Betrag „Null“. Eine solche **Null-Zuweisung** ist auch zur Eröffnung der Sachbuchkonten bei Ausgaben der sog. **„Soll-Ist-Fälle“** (Allg. Ausgabebewilligung) erforderlich. Ebenso werden die Sachbuchkonten der Einnahmetitel mit „Null“-Zuweisung eröffnet. 881

Die jeweils zuständige Bundeskasse unterrichtet den Mittelverteiler bzw. Titelverwalter (Mittelverwender) über die Eröffnung seiner Konten und über die 882 erhaltene Zuweisung unter Übersendung eines **Kontoauszugs**, der im HKR-Verfahren das Führen einer HÜL entbehrlich macht.

883 Alle Bewirtschaftungsvorgänge werden den Sachbuchkonten des Mittelverteilers/Titelverwalters über die in allen von ihm verwendeten Belegen anzugebende **Bewirtschafternummer** und **Sachbuchkontonummer** zugeordnet.

884 Die Verbindung von Bewirtschafternummer und Haushaltsstelle, ergänzt um eine Prüfziffer, bildet **die 18-stellige Titelkontonummer als Sachbuchkontonummer**. Diese achtzehnstellige Sachbuch*konto*nummer gibt es im HKR-System nur einmal.

3.2.2 Einteilung der Sachbuchkonten

885 Bei der Einteilung der Sachbuchkonten nach ihrer Struktur unterscheidet man zwei Kontenarten:
- Titelkonto,
- Objektkonto.

3.2.2.1 Titelkonto

886 Das Titelkonto ist Ausführungs-, Buchungs- und Nachweisstelle für alle Maßnahmen zur Bewirtschaftung eines Titels.

887 Auf dem Titelkonto des **Mittelverteilers** werden im Einzelnen nachgewiesen:
- alle von ihm veranlassten Bewirtschaftungsmaßnahmen, z. B.
  - gegebene Haushaltsmittelzuweisungen,
  - erteilte Zurückziehungen von Haushaltsmitteln,
  - Änderung von Verfügbarkeitsrahmen auf Grund der Inanspruchnahme von Deckungsvermerken.
- Maßnahmen des **übergeordneten** Mittelverteilers
  - erhaltene Zuweisungen von Haushaltsmittel,
  - zurückgerufene Haushaltsmittel.

888 Die Titelkonten des **Mittelverteilers** weisen in der Summe die Maßnahmen der **nachgeordneten Bewirtschafter** aus:
- Festlegungen,
- Inanspruchnahme von Verpflichtungen,
- Anordnungen zur Leistung oder Annahme von Zahlungen,
- Änderungen von Verfügungsrahmen auf Grund der Inanspruchnahme von Deckungsvermerken.

889 Die Titelkonten des **Titelverwalters** weisen alle **von ihm veranlassten Bewirtschaftungsmaßnahmen** aus. Dabei handelt es sich um
- Festlegungen von Haushaltsmitteln,
- Inanspruchnahme von Verpflichtungsermächtigungen,

- Eingehen von Verpflichtungen ohne Verpflichtungsermächtigungen,
- Annahmeanordnungen,
- Auszahlungsanordnungen,
- Aufhebung von gebuchten Verpflichtungen und Festlegungen,
- Aufhebung von Zahlungsanordnungen,
- Änderungen des Verfügungsrahmens durch die Inanspruchnahme von Deckungsvermerken,
- Verlagerungen der durch Einzahlungen entstandenen Verfügbarkeiten.

Ebenso werden auf den Titelkonten des **Titelverwalters** Maßnahmen des **unmittelbar übergeordneten Mittelverteilers** nachgewiesen. Dabei kann es sich um 890
- erhaltene Zuweisungen und Verpflichtungsermächtigungen oder um
- zurückgerufene Haushaltsmittel und Verpflichtungsermächtigungen

handeln.

Der Titelverwalter auf der **untersten Ebene der Bewirtschaftung** muss sich mit 891 der Eröffnung seiner Sachbuchkonten nicht beschäftigen. Zur Eröffnung seiner Sachbuchkonten genügt die Zuweisung der Haushaltsmittel und ggf. der Verpflichtungsermächtigungen durch seinen Mittelverteiler. Dies ist die Voraussetzung für den Beginn seiner Bewirtschaftungsmaßnahmen.

Auf allen Konten, sowohl der Mittelverteiler als auch der Titelverwalter, werden 892 die nicht in Anspruch genommenen Haushaltsmittel bzw. die nicht verteilten Haushaltsmittel nachgewiesen.

Im HKR-Verfahren wird die **Titelkontonummer** durch eine 18-stellige **Sachbuchkontonummer** dargestellt: 893

Bewirtschafternummer	***Haushaltsstelle***	***Prüfziffer***
03 34568 3	0611 525 11	9
01 54398 9	1412 519 11	2

Abb. 38: Darstellung einer Titelkontonummer

Im HKR-Verfahren ist die **Haushaltstelle** immer zehnstellig (Buchungsstelle alt, ergänzt um eine Prüfziffer).

3.2.2.2 Objektkonto

Im HKR-Verfahren kann das Titelkonto durch einen Bewirtschafter **weiter** 894 **unterteilt** werden. Diese weiteren Unterteilungen werden in Gestalt von **Objektkonten** vorgenommen.

Abb. 39: Darstellung von Objektkonten eines Titelkontos

895 Bereits vor Einführung des HKR-Verfahrens kannte man die weitere verwaltungsseitige Unterteilung eines Titels in **Buchungsabschnitte**.

896 Auch Buchungsabschnitte waren kassenmäßig zu erfassen und waren für sich gesondert zu bewirtschaften. Sie dienten und dienen auch weiterhin der besseren Bewirtschaftung bestimmter, komplexerer Titel.

897 Genauso ist im HKR-Verfahren eine ähnliche verwaltungsmäßige Aufteilung von Titelkonten vorgesehen. Solchermaßen aufgeteilte Titelkonten bezeichnet das HKR-Verfahren als **Objektkonten**.

Objektkonten bieten die Möglichkeit, ein Titelkonto auf jeder Bewirtschafterebene entsprechend dem jeweiligen Informationsbedarf des Bewirtschafters beliebig oft zu gliedern.

Das bedeutet zunächst, dass der Bewirtschafter seine Mittel entweder auf Titelkonten oder aber auf Objektkonten zugewiesen bekommt, wenn der übergeordnete Mittelverteiler die Titelkonten bereits auf Objektkonten aufgeteilt hat.

898 Bereits auf einer Mittelverteilerebene in Objektkonten untergliederte Titelkonten können auch nur in der unterteilten Form des Objektkontos weitergegeben werden.

899 Objektkonten können je nach Bedarf weiter in **Unterobjektkonten** aufgegliedert werden. Die Tiefe der weiteren Untergliederung ist unbegrenzt.

Der Bewirtschafter veranlasst die Untergliederung in Objektkonten. Die Einrichtung und Verknüpfung in das Kontensystem wird über das DV-System vorgenommen.

Die **Objektnummer** ist immer siebenstellig und wird um eine vom System vergebene Prüfziffer auf acht Stellen **erweitert**. Mit Vergabe der Objektnummer wird das Objektkonto eingerichtet.

Die **Objektkontonummer** als **Sachbuchkontonummer** setzt sich zusammen aus
- der achtstelligen Bewirtschafternummer
- zwei ergänzenden Nullen
- der achtstelligen Objektnummer.

Bewirtschafternummer	Ergänzende Nullen	Objektnummer
030 01 895	00	02467845

Abb. 40: Darstellung einer Objektkontonummer

Sieht der Titelverwalter die Notwendigkeit, auf seiner Ebene **Objekt- oder Unterobjektkonten** einzurichten, wird er wie ein Mittelverteiler tätig. Er eröffnet mit dem **Vordruck B 01** *„Anweisung zur Einrichtung, Änderung oder Stilllegung eines Sachbuchkontos"* die Objekt- oder Unterobjektkonten und weist diesen entweder direkt bei der Eröffnung mit demselben Vordruck oder später mit dem Vordruck E 02 die erforderlichen Haushaltsmittel als **Eigenzuweisung** zu. 900

Mit der Angabe des (zu unterteilenden) übergeordneten Objekt- oder Titelkontos werden die neu einzurichtenden Objekt- oder Unterobjektkonten mit diesen verknüpft. Die Bundeskasse unterrichtet den Titelverwalter über die erfolgte Konteneinrichtung per Kontoauszug. 901

Beispiel für eine **weitere mögliche Objektkontenbildungen** anhand der Haushaltsstelle 0625 517 01 (EPl 06 -BMI/Kap. 25 – Bundespolizei-) *„Bewirtschaftung der Grundstücke, Gebäude und Räume"*

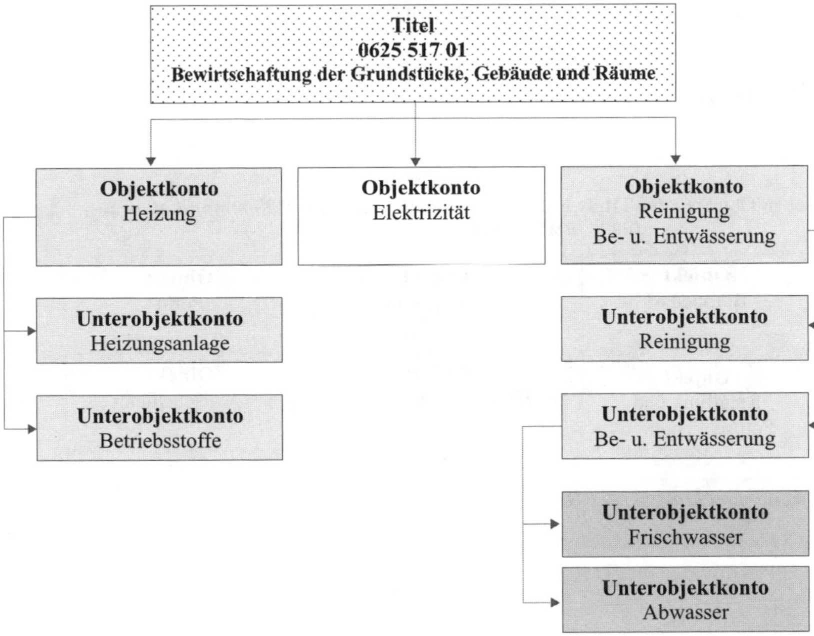

Abb. 41: Objektkontenbildungen

3.3 Einrichtung von Deckungsausgleichskonten

902 Zur Inanspruchnahme einer nach dem Haushaltsrecht erlaubten gegenseitigen **Deckungsfähigkeit** können auf der untersten Kontoebene im HKR-Verfahren gegenseitig deckungsfähige Titelkonten eines Titelverwalters in einem **Deckungskreis** zusammengefasst werden, sofern einer der übergeordneten Mittelverteiler nichts Gegenteiliges bestimmt hat.

903 Dies trifft auch auf die Untergliederungformen der Titelkonten in Gestalt der **Objektkonten** zu.

904 Ein Deckungskreis kann mithin entweder nur Titelkonten *(Abbildung 42)* oder nur Objektkonten *(Abbildung 42a)* oder aber auch eine Mischung aus beiden *(Abbildung 42b)* umfassen.

Deckungskreis A
gegenseitig deckungsfähiger Titelkonten aus dem Kapitel 1205
(EPl 12 -BM Verkehr ..- / Kap 05 -Bundesamt für Güterverkehr-)

511 01	**514 01**	**525 01**
„Geschäftsbedarf, Kommunikation ...“	„Verbrauchsmittel, Haltung von Fahrzeugen u. dgl.“	„Aus- und Fortbildung“

Abb. 42: Deckungskreis A

Deckungskreis B
zwischen Objekten des **Titels 1403 511 01 *„-Geschäftsbedarf, Kommunikation ...-„***
(EPl14 -BMVg- / Kap 03 -Kommandobehörden …-)

Objekt Bürobedarf	**Objekt** Bücher/Zeitschriften	**Objekt** Porto
Objekt Rundfunk und Fernsehgebühren	**Objekt** Militärfachliche Zeitschriften	**Objekt** Vorschriften

Abb. 42a: Deckungskreis B

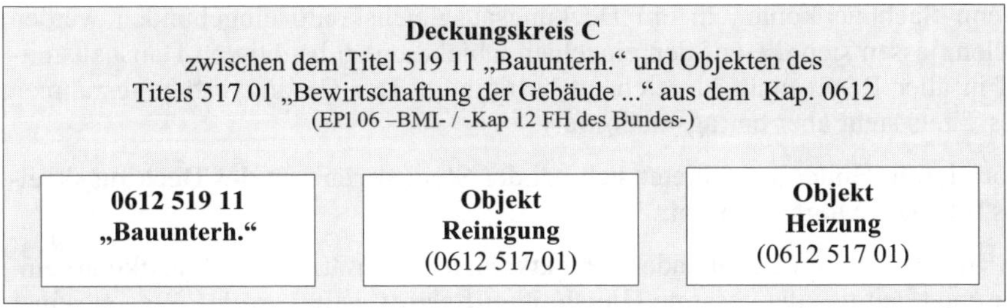

Abb. 42b: Deckungskreis C

Für jeden Deckungskreis wird vom **System** ein **Deckungsausgleichskonto** eingerichtet, das alle Mitglieder des Deckungskreises (alle beteiligten Sachbuchkonten) in der Summe aufnimmt und die im Deckungskreis verfügbaren **Haushaltsmittel zusammenfasst**. **905**

Das Deckungsausgleichskonto hat die **Funktion eines Summenkontos** für alle im Deckungskreis beteiligten Sachbuchkonten. Das Deckungsausgleichskonto hat die Bestimmung, eine deckungskreisinterne, aber kontenübergreifende **Verfügbarkeitskontrolle** sicherzustellen. Dadurch ist eine leichtere und schnellere Bewirtschaftung der beteiligten Sachbuchkonten möglich. **906**

Weil das Deckungsausgleichskonto **kein Sachbuchkonto** ist, können auf ihm auch keine Bewirtschaftungsvorgänge nachgewiesen werden, d. h. beispielsweise, dass eine Auszahlungsanordnung mit Angabe des Deckungsausgleichskontos nicht ausgeführt werden kann. **907**

Dem Deckungsausgleichskonto wird jedoch zur Identifizierung eine **Kontonummer** zugeteilt. Sie besteht aus **908**

- der 8-stelligen Bewirtschafternummer,
- ergänzenden zwei Nullen,
- der 8-stelligen Deckungsausgleichskontonummer.

Bewirtschafter-nummer	**ergänzende Nullen**	**Deckungsausgleichskonto-nummer (99 = klassifizierender Teil)**
03135393	**00**	**99 013564**

Abb. 43: Darstellung einer Deckungsausgleichskontonummer

Die Einrichtung eines Deckungsausgleichskontos erfolgt mit der Kassenanweisung **B 02** *„Anweisung zur Einrichtung oder Stilllegung eines Deckungsausgleichskontos“*. **909**

910 Wenn Sachbuchkonten in ein Deckungsausgleichskonto eingebunden werden sollen, lassen sich die auf den einzelnen Objektkonten benötigten Haushaltsmittel in aller Regel nicht hinreichend bestimmen. Der Gesamtverfügungsrahmen des Titels steht aber betragsmäßig fest.

Vor diesem Hintergrund bietet sich bei der **Strukturierung des Deckungskreises** folgende Möglichkeit an:

911 Es wird neben den bestehenden Objektkonten ein zusätzliches Objektkonto eingerichtet, auf das die gesamte **Haushaltsmittelzuweisung** erfolgt. Wegen seiner besonderen Funktion im Deckungskreis bezeichnet man dieses Objektkonto auch als **Zuweisungskonto**.

912 Die übrigen Objektkonten des Deckungsausgleichskontos sind die **Sachkonten**.

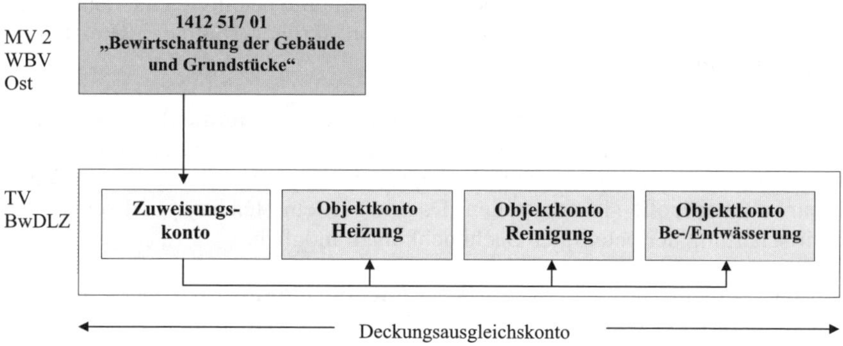

Abb. 44: Zuweisungskonto im Deckungskreis

913 Im HKR-Verfahren sind aber auch noch **weitere Varianten der Kontenkombination** denkbar und möglich. Dies trifft beispielsweise auch auf Ausgaben zu, die nach einem Haushaltsvermerk bis zur Höhe eingegangener Einnahmen auf einem Einnahmetitel geleistet werden dürfen.

914 Die Einbeziehung dieser miteinander korrespondierenden Haushaltsstellen in einen **Deckungskreis** erleichtert ebenso die Mittelbewirtschaftung. Das System überprüft in einem solchen Falle automatisch, ob bei einer Auszahlung aus dem Ausgabetitel genügend Einnahmen auf dem Einnahmetitel zur Verfügung stehen.

Titel	**Zweckbestimmung**	**Mittelansatz**
1403 382 01	**Einnahmen aus der Bewirtschaftung der Mannschaftsheime usw.** Haushaltsvermerk: Isteinnahmen dienen zur Deckung der Ausgaben bei Titel: 1403 982 01	-

Titel	Zweckbestimmung	Mittelansatz
1403 982 01	**Betreuungsmaßnahmen usw.**	-

Abb. 45: Ausgaben aus zweckgebundenen Einnahmen

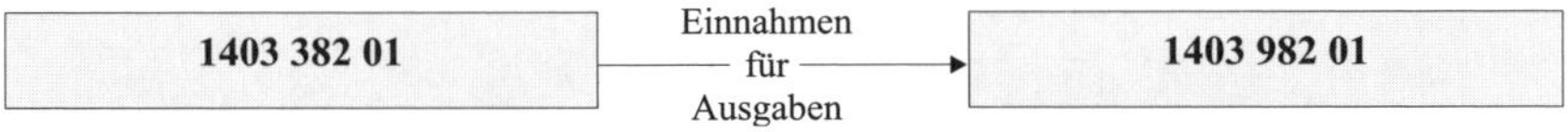

Abb. 45a: Einrichtung eines entsprechenden Deckungsausgleichskontos **914**

Die Einrichtung und Nutzung von Deckungskreisen ist auch noch in einer weiteren Kombination zwischen Einnahmetitel und Ausgabetitel möglich. **915**

In den Fällen, in denen Mehreinnahmen auf einem Einnahmetitel zur Verstärkung von Ausgaben bei einem Ausgabetitel verwendet werden können, ist die Kombination von Objektkonten und Bildung eines Deckungskreises zur besseren Bewirtschaftung der Mittel sinnvoll und zweckmäßig. **916**

Titel	**Zweckbestimmung**	**Mittelansatz**
1401 111 01	**Gebühren, sonstige Entgelte** Haushaltsvermerk: Mehreinnahmen dienen der Deckung der Mehrausgaben bei folgendem Titel: 532 02.	**102.000 €**

Titel	Zweckbestimmung	**Mittelansatz**
1401 532 02	**Ausgaben für die Kindertagesstätte** Haushaltsvermerk: Mehrausgaben dürfen bis zur Höhe der Mehreinnahmen bei folgendem Titel geleistet werden: 111 01	**30.000 €**

Abb. 46: Deckungsmöglichkeiten zwischen Einnahmetitel und Ausgabetitel

917 Um diese beiden Titel in einen Deckungskreis einzubeziehen, ist die Einrichtung zweier Objektkonten bei dem Einnahmetitel 1401 111 01 erforderlich.

- Objektkonto 1 = *„Bis Sollbetrag“*
- Objektkonto 2 = *„Mehreinnahmen“*.

Bei dieser Gestaltung bietet sich die Einrichtung eines Deckungskreises zwischen dem Objektkonto *„Mehreinnahmen“* und dem Ausgabetitel an.

Sobald das Einzelobjektkonto *„Bis Sollbetrag“* gefüllt ist, erfolgen die weiteren Einzahlungen auf das Objektkonto *„Mehrbetrag“*, das dann den Ausgabetitel automatisch verstärkt.

Beispiel:

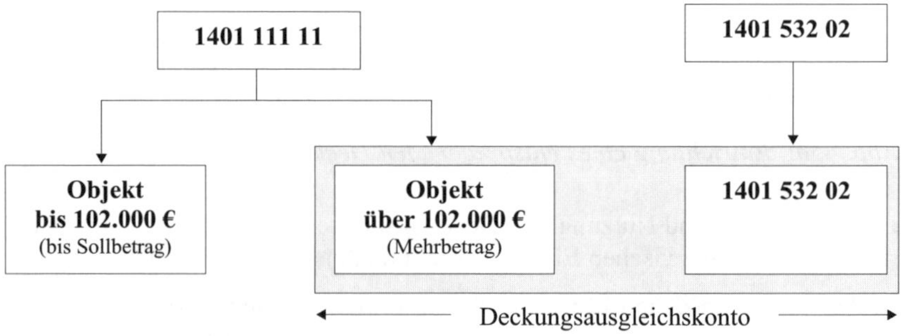

Abb. 46a: Einrichtung eines Deckungsausgleichskontos zwischen Einnahme- und Ausgabetitel

Diese Konstruktion ist aber nur möglich, wenn beide Titel von *einem* Titelverwalter bewirtschaftet werden.

4. Kontenübernahme am Jahresende

918 In einem angemessenen Zeitraum vor Jahresende, etwa Mitte bis Ende November, werden alle zu diesem Zeitpunkt bestehenden Titel- und Objektkonten und auch bestehende Deckungsausgleichskonten aller Bewirtschafterstufen **automatisch für das Folgejahr eröffnet**. Dabei bleiben die bisherigen Kontonummern bestehen.

Der genaue Zeitpunkt, zu dem die Konten den Bewirtschaftern zur Verfügung stehen, wird jeweils zeitgerecht über die HICO-Nachrichten bekanntgegeben.

II. Das Belegverfahren

1. Allgemeines

Die zentrale **Datenbank beim Zentrum für Informationsverarbeitung und Informationstechnik** (ZIVIT) (das Datenbanksystem im HKR-Verfahren) bietet dem Bewirtschafter (MV/TV) zwei Zugangsmöglichkeiten, nämlich: 919

- das Belegverfahren und
- das Dialogverfahren.

Im **Dialogverfahren** (Anwendungsprogramm HICO) hat der Bewirtschafter im beschränkten Maße **direkten Zugang** auf die Datenbank beim ZIVIT. Bei dieser Art des Zugangs greift er im direkten Kontakt über sein Dialoggerät auf seine Bewirtschafterdaten zu, ohne den Weg über die für ihn zuständige Bundeskasse zu nehmen *(Näheres s. Rn. 1063 ff.)*. 920

Im **Belegverfahren**, das nur noch im geringeren Maße genutzt wird, aber nach wie vor neben dem Dialogverfahren angewandt werden kann, hat der Bewirtschafter über die Bundeskassen Zugang zur Datenbank beim ZIVIT. 921

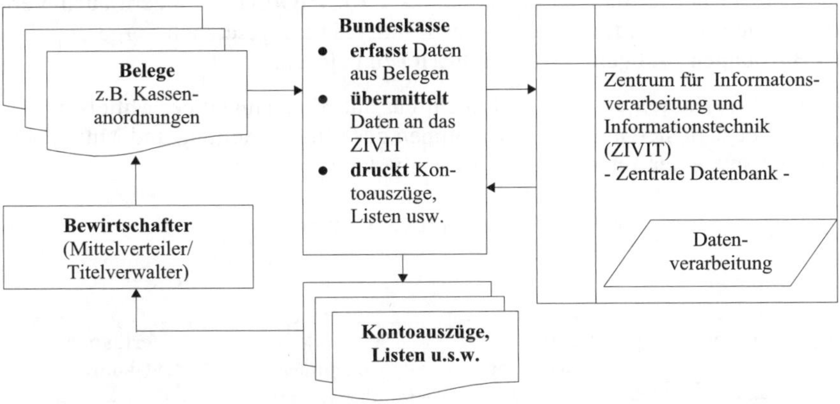

Abb. 47: Grundform des Belegverfahrens

Die durch die Bewirtschafter den Bundeskassen übersandten **Kassenanweisungen** und **Kassenanordnungen** werden durch deren Datenverarbeitungssystem erfasst und dem ZIVIT als Verwalter der zentralen Datenbank im HKR-Verfahren im Wege der Datenfernübertragung täglich übermittelt. 922

Die druckaufbereiteten Verarbeitungsergebnisse können von den Bundeskassen am Folgetag abgerufen werden. Sie stehen dann dem Bewirtschafter in Form von 923

- Kontoauszügen,
- Stammblättern,
- Listen einschließlich Fehlerlisten,
- Titel- und Objektübersichten,
- Strukturübersichten sowie
- Übersichten verschiedener anderer Auswertungen

zur Verfügung.

2. Verfahren

2.1 Allgemeines

924 **Zahlungen** dürfen nach § 70 BHO/LHO nur von Kassen und Zahlstellen und nur auf Grund **schriftlicher Anordnung** angenommen oder geleistet werden. Dabei muss die Anordnung von der dazu befugten Dienststelle (anordnungsbefugten Dienststelle) entweder schriftlich (im Belegverfahren) oder auf elektronischem Wege (im Dialogverfahren) erteilt werden.

925 § 71 BHO/LHO sieht darüber hinaus auch die Buchführungspflicht voraus. Dies betrifft nicht nur Zahlungen im Sinne des § 70 BHO/LHO, sondern auch Verpflichtungen und Geldforderungen des Bundes. Diese gesetzlich vorgeschriebenen Buchungen sind gem. § 75 BHO/LHO zu belegen.

926 Das HKR-Verfahren erstreckt sich nicht nur auf Maßnahmen der Mittelverwendung, es bezieht sich auch auf Maßnahmen der Mittelverteilung und Mittelüberwachung sowie der automatischen Verfügbarkeitskontrolle.

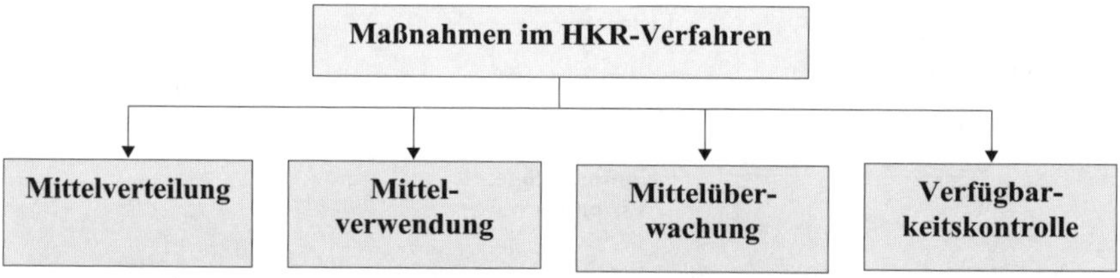

Abb. 48: Zu erfassende Maßnahmen im HKR-Verfahren

927 Alle Verfahrensbeteiligten, mithin sowohl die Mittelverteiler aller Stufen als auch die Titelverwalter als Mittelverwender, können über alle sie betreffenden Buchungen und anderen nicht buchungspflichtigen Vorgänge bei den Bundeskassen **Ausdrucke** und **Auswertungen** anfordern, sofern sie ihnen nicht bereits automatisch zur Verfügung gestellt werden.

Dieses Verfahren setzt voraus, dass für jedwede Bewirtschaftungsmaßnahmen die gleichen **Belege** und **Druckbilder** verwendet werden, die vom Bundesministerium der Finanzen im Einvernehmen mit dem Bundesrechnungshof gem. § 79 Abs. 4 Nr. 2 BHO bekanntgegeben wurden.

2.2 Kassenanordnungen

Alle Zahlungs- und Verpflichtungsbelege (Kassen**anordnungen**) sind durch den Anordnungsbefugten auszufertigen (Anlage zu Nr. 9.2 der VV zu §§ 70 bis 72 und 74 bis 80 BHO). **928**

Kassenanordnungen sind schriftliche Anordnungen an die für den Bewirtschafter zuständige Kasse, Zahlungen anzunehmen oder zu leisten und die Buchungen dazu vorzunehmen (Zahlungsanordnungen) sowie andere buchungspflichtige Vorgänge in die Bücher einzutragen (Buchungsanordnungen)[19]. **929**

Anordnungen und die damit zusammenhängenden von den anordnenden Dienststellen erstellten, die Zahlung begründenden Belege dürfen nur im Druck oder urschriftlich mit solchen Schreibmitteln ausgefertigt werden, bei deren Verwendung nachträgliche Veränderungen erkennbar sind. Anordnungen sind zweifach auszufertigen. Durchschriften sind deutlich als solche zu kennzeichnen und verbleiben bei der anordnenden Dienststelle. Die Anordnungsbefugnis ist durch **Unterschrift** unter Angabe des Datums auszuüben.

Der Titelverwalter ist verpflichtet, bei der zuständigen Bundeskasse die **Unterschriftsprobe** der Anordnungsbefugten seiner Dienststelle bei den zur Zahlung zuständigen Stellen zu hinterlegen (Nr. 2.2.4 a.a.O.). **930**

Zuvor sind **Zahlungsanordnungen** sachlich und rechnerisch festzustellen. **931**

Der Anordnungsbefugte darf Auszahlungsanordnungen nur dann erteilen, wenn auf dem angegebenen Ausgabetitel auch genügend Haushaltsmittel vorhanden und verfügbar sind. Stehen nicht genügend Ausgabemittel bei dem betroffenen Ausgabetitel zur Verfügung, wird die Auszahlungsanordnung grundsätzlich im Rahmen der maschinellen **Verfügbarkeitskontrolle** durch das System abgewiesen. **932**

Müssen Zahlungen, die von der Bundeskasse bereits geleistet wurden, zurückgerufen werden, ist die Bundeskasse darüber unverzüglich zu verständigen, denn nur sie darf den **Rückruf** veranlassen. **933**

19 Nr. 2.4 der ABestB-HKR.

2.3 Kassenanweisungen

934 Kassen**anweisungen** dagegen sind Weisungen an die Kassen, **nicht buchungspflichtige Vorgänge** aufzuzeichnen (Nr. 2.4 der ABestB-HKR).

Solche Kassenanweisungen können im Gegensatz zu den Kassenanordnungen auch von anderen zeichnungsberechtigten Bediensteten als dem Anordnungsbefugten erteilt werden.

Eine **Unterschriftsmitteilung** an die Kasse ist **nicht** erforderlich.

2.4 Aufbau der Belege

935 Die übersandten Belege werden von der Bundeskasse manuell geprüft und nach bestimmten kasseninternen und verfahrenstechnischen Verarbeitungskriterien zusammengefasst und per Datenfernübertragung zum Zentralrechner des Bundesamtes für Finanzen übermittelt.

936 Der **einheitliche Aufbau der Belegvordrucke** soll allen Beteiligten, mithin dem Bewirtschafter, dem Buchhalter der Kasse, dem Datenerfasser und dem Prüfer des BRH die Handhabung erleichtern und dabei Fehler vermeiden helfen.

937 Ein **Vordrucksatz** besteht regelmäßig aus zwei Blättern, einer Erstschrift, die sich an die Bundeskasse richtet und einer Zweitschrift, die bei dem Bewirtschafter verbleibt. Dies trifft auch auf Belege zu, die im **pdf-Format** z. B. durch das ZIVIT maschinell bereitgestellt werden.

Dem Bewirtschafter steht für seine Anordnung/Anweisung an die Kasse nur die **Vorderseite** des Vordrucks zur Verfügung. Die Rückseite enthält für den Bewirtschafter je nach Belegart vorgegebene und anzuwendende Verarbeitungsschlüssel, Erläuterungen und Ausfüllhinweise.

Beim Aufbau des Belegs ist zwischen den Erfassungsfeldern und den nicht zu erfassenden Bewirtschafterfeldern zu unterscheiden.

938 In die **Erfassungsfelder** trägt der Bewirtschafter die Daten ein, die für die Datenerfassung durch die Bundeskasse von Bedeutung sind.

939 Bei den **Bewirtschaftereintragungen**, die nicht erfasst werden, handelt es sich zumeist um ergänzende, erläuternde Angaben, die u. a. für die Rechnungsprüfung und Rechnungslegung von Bedeutung sind (z. B. Wortbegründung der Maßnahme) oder um andere notwendige Merkmale der Kassenanordnung (z. B. Bezeichnung des ausführenden Geldinstituts bei unbaren Zahlungen).

940 Die Erfassungsfelder sind durch **Kämme** unterteilt, um dadurch manuelle, aber auch maschinelle Eintragung zu erleichtern; denn je Erfassungsfeld ist nur eine bestimmte Anzahl von Zeichen zulässig. In diese Felder dürfen keinesfalls mehr Zeichen eingetragen werden, als durch die Kämme vorgegeben sind.

Beispiel:

7 Text zur Erläuterung der Buchung im Kontoauszug																			
K	A	U	F		B	U	E	R	O	K	L	E	I	N	M	A	T	E	R	I

Erfassungsfelder **ohne Kammunterteilung** sind bereits bedruckt vorgegeben. Manuelle Ergänzungen, Berichtigungen oder Eintragungen anderer Art in solche Erfassungsfelder sind **unzulässig**. 941

Die **Bewirtschafterbelege** bilden in der Regel die Grundlage für die maschinelle Ausführung und Buchung der jeweiligen Bewirtschaftungsmaßnahmen durch die Kasse. Die Angaben in den Belegen müssen daher **sorgfältig ausgeführt, richtig** und **vollständig** sein. 942

Solche Anforderungen an einen Beleg ergeben sich nicht in erster Linie aus den Verfahrensrichtlinien zum HKR-Verfahren, sondern aus den allgemeingültigen Verwaltungsvorschriften zur BHO (VV zu §§ 70 bis 72 und 74 bis 80 BHO und Anlage zu Nr. 9.2 der vorgenannten VV.)

- Danach dürfen beim Ausfüllen nur **urkundenechte Schreibmittel** (z. B. urkundenechte Tinte, Kugelschreiber nach DIN 16554, urkundenechte Farbbänder nach DIN 2103) und auf die Erstellung urkundengeeigneter Kassenanordnungen geprüfte Drucker verwendet werden. Im Zweifel ist die Urkundeneignung durch **Prüfzeugnis** einer für Materialprüfungen zuständigen Stelle nachzuweisen. Unterschriften auf den Belegen sind ausnahmslos mit **blauem Kugelschreiber** (DIN 16554) zu leisten. Dies gilt auch für Kassenanordnungen, die im automatisierten Verfahren erstellt werden. Namenskürzel sind unzulässig.
- **Vordrucke** für die Erstellung von Kassenanordnungen müssen urkundengeeignet sein. Werden Vordrucke nicht durch Druck oder Umdruck, sondern durch andere Verfahren (z. B. durch Laserdrucker) hergestellt und lässt sich die Urkundeneignung nicht anhand einer Norm feststellen, so ist die Urkundeneignung bei Einführung des Verfahrens durch ein Prüfzeugnis einer für Materialprüfungen zuständigen Stelle nachzuweisen.
- Kassenanordnungen sind zu **begründen**. Dabei sollen Rechtsgrund, Zweck oder Anlass der Zahlung oder Buchung so deutlich erkennbar sein, dass sie der zu Grunde liegenden Verwaltungsmaßnahme zugeordnet werden können.
- Steht die Kassenanordnung im Zusammenhang mit früheren Zahlungen, so ist in der Begründung **auf vorangegangene Kassenanordnung(en)** hinzuweisen. Auf den begründenden Unterlagen sind entsprechende korrespondierende Hinweise aufzunehmen, um so eine gegenseitige Zuordnung sicherzustellen.

- Bis zu ihrer Ausführung durch die Kasse dürfen Kassenanordnungen berichtigt werden. Die zu berichtigenden Angaben dürfen nur in der Art gestrichen werden, dass sie in ursprünglicher Form lesbar bleiben. Berichtigungen durch Radieren, Übermalen, Überkleben oder Verwendung von Korrekturlack sind nicht zulässig. Die Berichtigungen sind jeweils mit Datum und Namenszeichen des Berichtigenden zu versehen.
- Bei der Berichtung von Daten in Erfassungsfeldern sind die richtigen Angaben **stellengenau** darüber zu schreiben.
- Bei **berichtigten** Kassenanordnungen muss der Anordnungsbefugte deutlich vermerken, dass sich seine Unterschrift auch auf die berichtigten Teile der Kassenanordnung bezieht.
- Nicht zulässig sind Berichtigungen folgender Angaben in Kassenanordnungen:
  - Bezeichnung des Empfangsberechtigten oder des Einzahlungspflichtigen, bei Barzahlungen auch deren Anschrift,
  - Girokontonummer und Bankleitzahl,
  - Betrag in Ziffern und Buchstaben,
  - Fälligkeitstermine bei Zahlungen,
  - Feststellungsvermerke,
  - Vermerke des Anordnenden.
- **Kassenanordnungen, die im automatisierten Verfahren erstellt werden, dürfen nicht berichtigt werden.**

3. Eintragungen

3.1 Allgemeine Handhabung der Vordrucke

943 Beim Ausfüllen der Belegvordrucke mit **Schreibmaschine** ist Groß- und Kleinschreibung möglich. Wird der Beleg **handschriftlich** erstellt, ist auf gute Lesbarkeit in Blockschrift und Großbuchstaben zu achten. Ziffern und Buchstaben sind verwechslungssicher darzustellen.

In den Erfassungskämmen für Texte sind alle Angaben einschließlich der Leer- und Trennzeichen so einzutragen, wie sie später in den Kontoauszügen, Listen etc. erscheinen sollen.

Beim Ausfüllen der Vordrucke sind bestimmte **Zeichen** nicht zugelassen. Sie sind ersatzweise darzustellen:

nicht zugelassene Zeichen im Erfassungsteil:	ersatzweise Darstellung
Ä, Ö, Ü	AE, OE, UE
ß	SS
$ (US-Dollar)	USD
£ (Pfund Sterling)	GBP, IEP
&	UND
%	PROZ
§	PARAG

Abb. 49: Verzeichnis zugelassener Sonderzeichen

Ausländische **Währungen** sind nach dem ISO-Währungscode anzugeben. 943

Sind **zusammengehörige Textfelder** aus Platzgründen auf den Belegvordrucken mehrzeilig dargestellt, müssen sie so ausgefüllt werden, als ob sie einzeilig vorgegeben wären. Wörter dürfen infolgedessen bei dem Übergang zur zweiten Zeile (Ergänzungszeile) nicht durch Leerzeichen oder Bindestriche getrennt werden.

Beispiel:
Das Textfeld in der Satzart H 12 (Text zur Erläuterung im Kontoauszug)

– erste Zeile: 15 Zeichen

– zweite Zeile: 10 Zeichen

Beleg Satzart H 12	Kontoauszug
R E I S E K O S T E N V E R G	REISEKOSTENVERGÜTUNG
U E T U N G	

Ständig wiederkehrende Eintragung (z. B. anordnende Dienststelle, Bundeskasse, Bewirtschafternummer, bestimmte Verarbeitungsschlüssel) können in den Belegen vorgedruckt werden.

3.2 Mussfelder

Der Kopfteil aller Belege ist einheitlich gestaltet und enthält nur Felder, die in der Regel ausgefüllt werden müssen **(Mussfelder)**. Solche Felder enthalten Daten, die sowohl der Bundeskasse als auch dem Mittelbewirtschafter den Rückgriff von der Buchung auf den Beleg ermöglichen, die Verarbeitung steuern und die Zuordnungskriterien beinhalten. 944

Mussfelder:

Feld	Eintragung
Anordnende Dienststelle	Verwechslungssichere Bezeichnung der Dienststelle, evtl. mit Angabe der internen Organisationseinheit (z. B. Referat)
Bundeskasse	Eindeutige Bezeichnung der für den Mittelbewirtschafter zuständigen Bundeskasse
Belegnummer der Kasse	Die Belegnummer der Kasse wird von der Bundeskasse vergeben und ist vom Bewirtschafter freizulassen.
Art der Anordnung	Bei alternativen Maßnahmen ist das entsprechende Auswahlkästchen anzukreuzen.
Haushaltsjahr	immer anzugeben
Belegnummer des Bewirtschafters (8-stellig)	Datum (5-stellig) = Tag + Monat (je 2-stellig) + Jahr (1-stellig = letzte Ziffer der Jahreszahl) lfd. Nr. (3-stellig) = immer größer als Null *Beispiel: Datum = 12.07.2012/lfd. Nr. 6 der Bearbeitung* *Eintrag: 12072006*
Verarbeitungsschlüssel (Festlegung der Ausführung des Belegs durch das System)	Der zutreffende fünfstellige Verarbeitungsschlüssel ist der Rückseite des Belegs zu entnehmen. Die teilweise vorgedruckten Verarbeitungsschlüssel sind jeweilig zu ergänzen. Damit legt der Bewirtschafter den Bewirtschaftungsvorgang im Einzelnen fest und bestimmt die Art seiner Ausführung.
Bewirtschafternummer	Bewirtschafternummer lt. Stammdatenblatt für Mittelbewirtschafter
Haushaltsstelle/ Objektnummer	Haushaltsstelle einschließlich Prüfziffer (10-stellig) Objektnummer (rechtsbündig ohne führende Nullen eintragen)
Buchstabenwiederholung des Betrages	bei einmaligen Zahlungen unter 1.000 € kann auf die Buchstabenwiederholung verzichtet werden.

945 Andere **„Mussfelder“** sind nur bei bestimmten Belegen oder bestimmten Maßnahmen auszufüllen:

- die Bankverbindung bei unbaren Auszahlungen,
- die Bankverbindung bei unbaren Einzahlungen mit **Einzugsermächtigung**,
- das Fälligkeitsdatum, auch bei sofortiger Zahlung,
- das Fälligkeitsdatum bei Einzahlungen im **Zahlungsüberwachungsverfahren** (ZÜV),

- die vollständige Anschrift des Einzahlungspflichtigen im ZÜV,
- die Angabe der Kennung in der Satzart 02 bei Belegen zu Abschlagszahlungen, Vorschüssen und Verwahrungen,
- die Bezugsbelegnummer bei Maßnahmen, denen Buchungen vorangegangen sind, wie Festlegungen, Aufhebung von Festlegungen, Umbuchungen, Rückzahlungen
- oder Aufhebung von Kassenanordnungen.

4. Belegarten

Die **Vordrucke** sind folgendermaßen eingeteilt und bezeichnet: **946**

- Vordrucke der **Systempflege** zur Einrichtung, Änderung oder Stilllegung von Bewirtschafterstrukturen durch das System (Vordrucke der A-Reihe); diese Belege stehen dem Bewirtschafter nicht zur Verfügung,
- Vordrucke zur **Einrichtung oder Änderung von Konten** (Vordrucke der B-Reihe),
- Vordrucke zur **Mittelverteilung** (Vordrucke der E-Reihe),
- Vordrucke der **Mittelverwendung** (Vordrucke der F-Reihe),
- Vordrucke zur **Anforderung von Druckausgaben** (Vordrucke der G-Reihe),
- Vordrucke zur Annahme/Leistung und Buchung von Einzahlungen und Auszahlungen auf Grund **allgemeiner Annahmeanordnung/Auszahlungsanordnung** (Vordrucke der M-Reihe).

Auch je nach **Anwendungsgebiet** können die Belege des HKR-Verfahrens systematisiert werden.

Eine erste Klassifizierung ergibt sich bereits durch die Einteilung in Rechnungsbelege und Anforderungsbelege. Der Begriff **„Anforderungsbeleg“** deutet schon darauf hin, bestimmte Dienstleistungen des HKR-Systems in Anspruch zu nehmen, z. B. Kontoauszüge, Listen oder Nachweise anzufordern. **947**

Diese Belege können durch den Bewirtschafter (Mittelverteiler oder Titelverwalter), durch die Bundeskassen oder auch durch die Systempflege benutzt werden.

Weiter lassen sich die Belege nach Bewirtschafter- und Kassenbelegen unterscheiden. Wie der Begriff „Kassenbeleg“ schon deutlich werden lässt, wird er für **kasseninterne** Buchungsfälle eingesetzt. **948**

Dagegen sind **Bewirtschafterbelege** für Struktur- (Bewirtschafter- oder Kontenstrukturmaßnahmen) oder Bewirtschaftungsmaßnahmen bestimmt. **949**

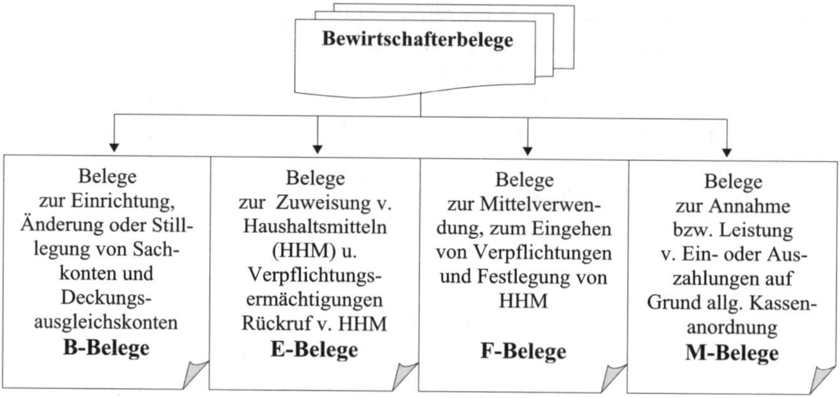

Abb. 50: Bewirtschafterbelege im HKR-Verfahren

Nach ihrer **Wirkung** lassen sich die Belege nach Kassenanordnungen und Kassenanweisungen unterscheiden.

950 • Kassen**anordnungen** sind schriftliche Anordnungen an die für den Bewirtschafter zuständige Kasse, Zahlungen anzunehmen oder zu leisten und die Buchungen dazu vorzunehmen (Zahlungsanordnungen) sowie andere buchungspflichtige Vorgänge in die Bücher einzutragen (Buchungsanordnungen). Kassenanordnungen können als
  - **Einzelanordnung**über **einmalige** oder **wiederkehrende** Zahlungen für einen Einzahlungspflichtigen oder einen Empfangsberechtigten sowie für Einzelbuchungen oder als
  - **Sammelanordnung** über **einmalige** oder **wiederkehrende** Zahlungen für mehrere Einzahlungspflichtige oder mehrere Empfangsberechtigte sowie für mehrere Buchungen erteilt werden.

  In ihrer Form unterscheidet man die Kassenanordnung nach der
  - förmlichen und
  - allgemeinen Kassenanordnung.

  Die **förmlichen** Kassenanordnungen werden auf durch das BMF vorgeschriebenen Druckbildern erteilt. Sie ist von dem jeweils zuständigen Anordnungsbefugten des Titelverwalters zu unterzeichnen.

  Bei der **allgemeinen** Kassenanordnung ist bereits die Anordnung durch das BMF in bestimmten Zahlungsfällen erteilt.

951 • Kassen**anweisungen** dagegen sind Weisungen an die Kassen, **nicht buchungspflichtige** Vorgänge aufzuzeichnen. Sie sind ebenfalls auf vorgeschriebenen Vordrucken des BMF zu erteilen.

Im Einvernehmen mit dem Bundesrechnungshof kann das BMF bestimmen, dass Kassenanordnungen und Kassenanweisungen auch in anderer Form als durch die vorgeschriebenen Vordrucke erteilt werden können.

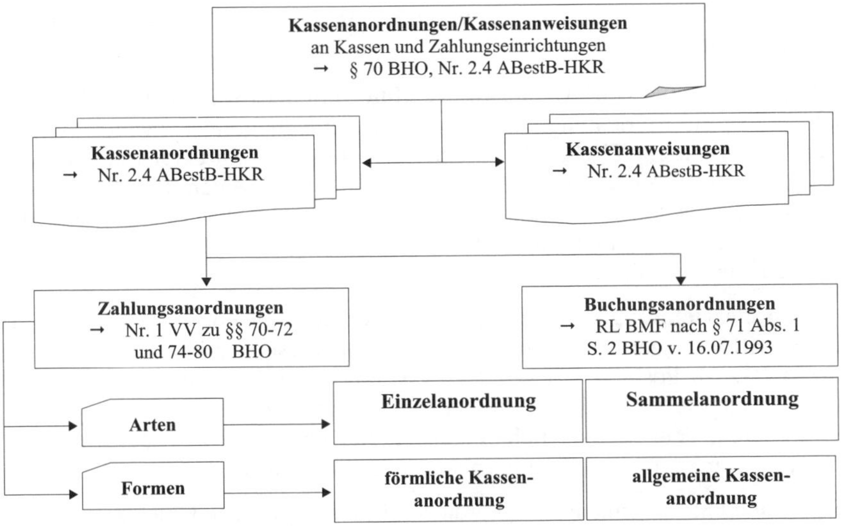

Abb. 51: Bewirtschafterbelege

III. Die Belege für Strukturmaßnahmen und Belege zur Mittelverteilung

1. Belege für Strukturmaßnahmen

Die Belege für Strukturmaßnahmen umfassen die Belege der A- und B-Klasse. **952** Die A-Klasse der Bewirtschafterbelege werden durch die Belege A01 und A02 dargestellt. Diese Belege werden ausschließlich von der Systempflege für Strukturmaßnahmen des Bewirtschafters genutzt und stehen dem Bewirtschafter selbst nicht zur Verfügung.

Allerdings wird die Systempflege auf **Veranlassung des Bewirtschafters** tätig. Mit diesen Belegen veranlasst das HKR-System etwa die erstmalige Vergabe einer Bewirtschafternummer und die Anknüpfung an eine bereits bestehende Bewirtschafterstruktur.

Für Strukturmaßnahmen werden auch die Belege der Klasse B eingesetzt. Es **953** handelt sich um die Belege B01 und B02. Sie werden vom **Bewirtschafter** genutzt, um beispielsweise ein Sachbuchkonto einzurichten, zu ändern oder stillzulegen – B01 – *(s. Abbildung 52)* oder um ein Deckungsausgleichskonto einzurichten, zu ändern oder stillzulegen – B02 – *(s. Abbildung 53).*

1.1 Beleg B 01 „Anweisung zur Einrichtung, Änderung, oder Stilllegung eines Sachbuchkontos"

954 Mit der Anweisung B 01 veranlasst der Mittelverteiler (MV) oder der Titelverwalter (TV) die Einrichtung, Änderung oder Stilllegung eines eigenen Objektkontos. So kann ein **Titelkonto in Objektkonten** oder ein bereits bestehendes **Objektkonto weiter in Unterobjektkonten** unterteilt werden. Für die Einrichtung solcher weiteren Untergliederungsformen ist als Steuerungselement der Verarbeitungsschlüssel 01100 einzutragen, zu der die neue Unterteilung vorgenommen werden soll.

955 Als **Kurzbezeichnung** kann der Bewirtschafter einen beliebigen, bis zu 9-stelligen Begriff eintragen. Zweckmäßigerweise sollte diese Kurzbezeichnung in der Satzart B12 ab Position 1 des Belegs wiederholt werden, um dem System zu ermöglichen, die Bezeichnung im Dialogverfahren anzuzeigen. Die Ausfüllung der weiteren, dem Schrägstrich folgenden Stellen bleibt dem Bewirtschafter überlassen. Er kann einen Text nach seinem Belieben auswählen.

Titelkonten und von einem übergeordneten MV zugewiesene Objektkonten dürfen vom TV nur mit Zustimmung des übergeordneten MV geändert oder stillgelegt werden.

956 Die Angaben der laufenden Nummer in der Satzart B 01 eröffnet dem Bewirtschafter die Möglichkeit, für die neu einzurichtenden Sachbuchkonten eine Sortierreihenfolge in Listen und Übersichten sowie in evtl. Bildschirmanzeigen zu bestimmen. Sinnvollerweise sollten die laufenden Nummern mit Lücken versehen werden, um ggf. später weitere Sachbuchkonten „einschieben" zu können, ohne die folgenden Nummern ändern zu müssen.

Beispiel:
→ *Objekt 1: lfd. Nr. 001*
→ *Objekt 2: lfd. Nr. 005*
→ *Objekt 3: lfd. Nr. 010*

957 Soll zu einem späteren Zeitpunkt ein **weiteres Objektkonto** eingerichtet werden, das in der Sortierfolge an dritter Stelle stehen soll, so ist das durch die Vergabe der lfd. Nr. 007 realisierbar.

958 Falls das einzurichtende Sachbuchkonto in einen Deckungskreis eingebunden werden soll, ist in der Satzart 503 als Deckungszeichen „1" **(gegenseitig deckungsfähig)** einzutragen. Sonstige Deckungskennzeichen ergeben sich aus dem Verzeichnis auf der Rückseite des Belegs.

Anweisende Stelle
Bundesamt f. ZD u. offene Vermögensfragen
Berlin

Eingangsstempel der Kasse

B01

1 Belegnummer der Kasse

An die Bundeskasse: Halle/Saale

Anweisung zur Einrichtung, Änderung oder Stillegung eines Sachbuchkontos

2 Belegnummer des Bewirtschafters (Tag, Monat, Jahr, Lfd. Nr.): 1 5 0 8 2 0 0 1

3 Verarbeitungsschlüssel: 0 1 1 0 0 (bitte ergänzen)

4 Bewirtschafternummer: 0 3 1 0 4 5 6 2

5 Titel-/Objektkonto: 0 8 1 2 5 1 7 0 1 3 (- Objektnummer)

Haushaltsjahr: 2012

6 Satzart: B 0 1 — 7 Kurzbezeichnung: Zuwekonto — 8 Laufende Nummer: 0 0 1

5 0 3 — 7 Deckungskennzeichen: 3

B 1 2 — 7 Zweckbestimmung (Zeile 1): Zuwekonto/Zuweisungskonto 0
81251701

B 3 2 — 7 Zweckbestimmung (Zeile 2): Aus diesem Konto keine Zahl
ungen leisten

B 5 2 — 7 Zweckbestimmung (Zeile 3):

B 7 2 — 7 Zweckbestimmung (Zeile 4):

5 9 5 — 7 Bewirtschafternummer (ursprüngliche/folgende) — 8 Titel-/Objektkonto (ursprüngliche/folgende) (- Objektnummer)

9 Mehrzweckfeld

5 9 6 — 7: 1 — 8 Zuweisungsbetrag Euro Cent: - - - - - - - - - - 0 0 0

Die Anweisung ist, wie angegeben, auszuführen.
15.08.2012 gez. Taube
Datum, Unterschrift

Vermerke der Kasse
Bearbeitungszeichen:
Daten erfasst: Daten geprüft:

3105 7 Z-B01 2010 Anweisung zur Einrichtung, Änderung oder Stilllegung eines Sachbuchkontos

Abb. 52: Beispiel für die Einrichtung eines Sachbuchkontos (Zuweisungskontos)

Konto: Zuweisungskonto im Deckungskreis:
Eintragungen auf der Rückseite:
Verzeichnis der Bearbeitungsschlüssel für den Vordruck B 01:

Anweisung zur

• Einrichtung	01100
• Stilllegung	01200
• Änderung	01300
• Reaktivierung eines Sachbuchkontos	01400

Anweisung zur

• Abschließung von Sachbuchkonten und Neueinrichtung von Nachfolgekonten ohne Übertragung der Bestände	01310
• Löschung aller nachgeordneten Konten eines Sachbuchkontos	01900

Verzeichnis der Deckungskennzeichen

(Satzart 503, Feld 7)

1 = Das Konto ist gegenseitig deckungsfähig.

2 = Das Konto ist einseitig empfangend deckungsfähig

959 Der Titelverwalter wird über die Einrichtung des Kontos durch ein Stammblatt für Haushaltsstellen/Objekte (N 03) und ein Verzeichnis der nachgeordneten Objekte unterrichtet.

960 Wird in der Satzart 596 ein **Zuweisungsbetrag** eingetragen oder wird er mit 0,00 € angegeben, wird bei der Kontoeröffnung automatisch ein **Kontoauszug** erstellt. Bei einer Eintragung in dieser Satzart löst das System neben der beabsichtigten Strukturmaßnahme gleichzeitig einen Geschäftsvorfall der Mittelverteilung aus, der sonst mit einem gesonderten Beleg E 02 einzuleiten wäre und nunmehr entbehrlich ist

1.2 Beleg B 02 „Anweisung zur Einrichtung, Änderung oder Stilllegung eines Deckungsausgleichskontos“

961 **Nur der Titelverwalter** kann den Strukturbeleg B 02 einsetzen, denn die Einrichtung, Änderung oder Stilllegung eines Deckungsausgleichskontos ist nur auf der **Mittelverwenderebene** möglich.

962 Ebenso wie bei dem Beleg B 01 ist auch hier bei einer Neueinrichtung eines Deckungsausgleichskontos der Verarbeitungsschlüssel 01100 anzuwenden. Weil das System jedoch erst noch die Nummer des Deckungsausgleichskontos zu vergeben hat, entfällt ein Eintrag an dieser Stelle.

Anweisende Stelle
BwDienstleistungszentrum
Kyritz

Eingangsstempel der Kasse

B02

1 Belegnummer der Kasse

An die Bundeskasse: Trier - DS Kiel

Anweisung zur Einrichtung, Änderung oder Stilllegung eines Deckungsausgleichskontos

2 Belegnummer des Bewirtschafters (Tag / Monat / Jahr / Lfd. Nr.): 1 8 0 8 2 0 0 4

3 Verarbeitungsschlüssel: 0 1 1 0 0 (bitte ergänzen)

4 Bewirtschafternummer: 0 3 1 3 5 3 9 3

5 Deckungsausgleichskontonummer:

Haushaltsjahr: 2012

6 Satzart	7 Deckungskreis-Nr.	8 Bezeichnung des Kontos
B 0 7	0 5	Dienstreisen

Satzart	7 Lfd. Nr.	8	9 Stilllegungskennzeichen	10 Titel-/Objektkonto - Objektnummer
5 1 3	0 0 5			0 0 0 2 6 5 1 5 3 1
5 2 3	0 1 0			0 0 0 2 6 5 1 5 4 9
5 3 3	0 1 5			0 0 0 2 6 5 1 5 5 6
5 4 3	0 2 0			0 0 0 2 6 5 1 5 6 4
5 5 3	0 2 5			0 0 0 2 6 5 1 5 7 2
5 6 3				
5 7 3				
5 8 3				
5 9 3				

Die Anweisung ist, wie angegeben, auszuführen.
18.08.2012 gez. Sperling
Datum, Unterschrift

Vermerke der Kasse
Bearbeitungszeichen:
Daten erfasst: Daten geprüft:

3106 8 Z-B02 2010 Anweisung zur Einrichtung, Änderung oder Stilllegung eines Deckungsausgleichskontos

Abb. 53: Beispiel für die Einrichtung eines Deckungsausgleichskontos mit Beleg B 02

Eintragungen auf der Rückseite:

Verzeichnis der Bearbeitungsschlüssel für den Vordruck B 02:

Anweisung zur:

• Einrichtung	01100
• Stilllegung	01200
• Änderung eines Deckungsausgleichskonto	01300

Verzeichnis der Stilllegungskennzeichen (Satzart 513, Feld 9 usw.)

0 = Das Mitgliedskonto ist neu anzulegen.
Das Mitgliedskonto ist zu ändern.

2 = Das Mitgliedskonto ist stillzulegen.

Die einzurichtenden Deckungskreise sind aufsteigend zu nummerieren. Soll der Deckungskreis mehr als neun Suchbuchkonten umfassen und sollte der Beleg B 02 deshalb nicht ausreichen, können weitere Belege B 02 verwendet werden, die dann miteinander zu verbinden sind. In diesem Falle ist auf allen Belegen die gleiche Deckungskreisnummer zu vergeben. In analoger Anwendung der Verfahrensweise zu Beleg B 01 kann der Bewirtschafter durch das Festlegen der laufenden Nummer in den Satzarten 513 bis 593 die Sortierfolge im Deckungskreis und bei späteren Auswertungen bestimmen.

963 Der Verarbeitungsschlüssel 01300 lässt eine Vielzahl von Änderungsmöglichkeiten innerhalb eines Deckungskreises zu. Zunächst ist über diesen Schlüssel die Änderung von Stammdaten möglich. Er lässt aber auch die Erweiterung eines Deckungskreises durch das Hinzufügen weiterer Konten zu. Darüber hinaus können **Mitgliedskonten** eines Deckungskreises aus ihm entfernt werden, die dann als Einzelkonten weiterbestehen.

964 Bei der Herausnahme von Mitgliedskonten ist jedoch darauf zu achten, dass das herauszunehmende Konto keinen **Negativsaldo** aufweist, oder durch die Herausnahme eines Mitgliedskontos die Summe der verbleibenden Konten des Deckungskreises nicht in eine **negative Verfügbarkeit** gerät.

965 Die Verwendung des Verarbeitungsschlüssels 12000 bewirkt ein **Ruhen** des gesamten Deckungskreises. Die Anwendung der gegenseitigen Deckungsfähigkeit ist mithin nicht mehr möglich. Alle Mitgliedskonten des bis dahin existierenden Deckungskreises bestehen als Einzelkonten weiter, so dass die automatische Verfügbarkeitskontrolle nunmehr über jedes einzelne Konto ausgeführt wird. Daraus folgt, dass die Stilllegung eines Deckungskreises über den Verarbeitungsschlüssel 12000 nur dann möglich ist, wenn keines der Mitgliedskonten eines Deckungskreises eine negative Verfügbarkeit aufweist. Bei der Stilllegung des

Deckungskreises über den Verarbeitungsschlüssel 12000 ist nur der Kopfteil des Belegs B 02 auszufüllen, soweit es um die Angabe der Deckungsausgleichskontonummer geht *(s. Abbildung 53)*.

Der Titelverwalter wird über die Einrichtung des Deckungsausgleichskontos durch ein **Stammblatt für Deckungsausgleichskonten** (N 06) unterrichtet. In diesem Stammblatt sind die Kontonummer und eine Zusammenstellung aller zum Deckungskreis gehörenden Konten enthalten. 966

2. Belege im Zuweisungsverfahren

2.1 Belege der E-Klasse

Die Bewirtschafterbelege der Klasse E umfassen die Belege E 01 bis E 05. Die Belege der E-Klasse können nur für Geschäftsfälle der **Mittelverteilung** angewendet werden. Deshalb werden sie überwiegend vom Mittelverteiler eingesetzt. Ausnahmsweise setzt der Titelverwalter diese Belegart ein, wenn er seine Sachbuchkonten weiter unterteilt hat, wenn er also über eigene Mittelverteilerkonten verfügt. 967

Auf der Ebene des Titelverwalters, also auf der untersten Ebene der Mittelverwendung, dient der Beleg E 04 auch zur **Verlagerung verfügbarer Mittel**. 968

2.2 Beleg E 01 Anweisung zur Zuweisung von Verpflichtungsermächtigungen

Verpflichtungsermächtigungen sind keine Ausgabebewilligungen, sondern Rechte, sich für künftige Haushaltsjahre zu verpflichten. Es handelt sich mithin um Ermächtigungen zum Eingehen von Verpflichtungen, die erst in künftigen Haushaltsjahren zu Ausgaben führen (können). Sie unterliegen der **Buchführungpflicht** (§ 71 Abs. 1 S. 2 BHO). 969

Mit dem Beleg E 01 werden Verpflichtungsermächtigungen an den nachgeordneten Bereich bzw. auf eigene Objektkonten des Bewirtschafters zugewiesen. Mit einem Beleg können bis zu fünf Beträge zugewiesen werden. Dabei ist stets das **Fälligkeitsjahr** anzugeben, für das das Recht besteht. 970

2.3 Beleg E 02 Anweisung zur Zuweisung von Haushaltsmitteln

Die Zuweisung (weitere Verteilung der Haushaltsmittel) aus einem Sachbuchkonto (Titel- oder Objektkonto) auf gleichlautende Sachbuchkonten unmittelbar nachgeordneter Bewirtschafter (Mittelverteiler oder Titelverwalter) erfolgt mit Kassenanweisung (Nr. 2.4 ABestB-HKR.). Bei dieser Kassenanweisung handelt es sich um den Beleg E 02 *(s. Abb. 54)*. 971

Anweisende Stelle
Wehrbereichsverwaltung West
Düsseldorf

Eingangsstempel der Kasse

E02

1 Belegnummer der Kasse

An die **Bundeskasse** Trier

Anweisung zur Zuweisung von Haushaltsmitteln

[X] **an nachgeordnete Bewirtschafter**

[ ] **auf eigene Objektkonten des Bewirtschafters**

2 Belegnummer des Bewirtschafters (Tag, Monat, Jahr, Lfd. Nr.): 2 3 1 0 2 0 1 9

3 Verarbeitungsschlüssel: **3** 1 0 0 0 – **bitte ergänzen**

4 Bewirtschafternummer: 0 1 5 4 3 2 3 4

5 Titel-/Objektkonto: 0 0 0 2 4 5 3 2 7 6 – **Objektnummer**

Haushaltsstelle (Epl., Kap., Titel): 1404527013

Haushaltsjahr: 2012

Empfänger/Angaben zur Zuweisung
BwDLZentrum Auhausen
Ergänzungszuweisung 3/2012

6 Satzart: **1 0 3**

7 Betrag (Euro, Cent): – – – – – – – – 5 0 0 | 0 0

8 Bewirtschafternummer/Objektnummer: – – 0 3 1 3 5 3 9 3 – Bewirtschafternummer/Objektnummer

H 0 2 7 Text zur Erläuterung der Buchung im Kontoauszug: E r g . - z u w . 0 3 / 1 2
0 0 1

Empfänger/Angaben zur Zuweisung
KWEA Hohldorf
Ergänungszuweisung 4/2012

6 Satzart: **1 0 3**

7 Betrag (Euro, Cent): – – – – – – – 1 5 0 0 | 0 0

8 Bewirtschafternummer/Objektnummer: – – 0 3 1 0 4 5 6 2 – Bewirtschafternummer/Objektnummer

H 0 2 7 Text zur Erläuterung der Buchung im Kontoauszug: E r g . - z u w . 0 4 / 1 2
0 0 1

Empfänger/Angaben zur Zuweisung
Begegn.-zentrum Grünberg
Erstzuweisung 2012

6 Satzart: **1 0 3**

7 Betrag (Euro, Cent): – – – – – – – – – 9 5 | 0 0

8 Bewirtschafternummer/Objektnummer: – – 0 3 4 4 4 6 5 7 – Bewirtschafternummer/Objektnummer

H 0 2 7 Text zur Erläuterung der Buchung im Kontoauszug: E r s t z u w . 2 0 1 2
0 0 1

Die Anweisung ist, wie angegeben, auszuführen.
23.10.2012 gez. Hohn
Datum, Unterschrift

Vermerke der Kasse
Bearbeitungszeichen:
Daten erfasst: Daten geprüft:

3126 **4** **Z-E02** 2010 Anweisung zur Zuweisung von Haushaltsmitteln

Abb. 54: Beispiel für die Zuweisung von Haushaltsmitteln mit Beleg E 02

Eintragungen auf der Rückseite:	
Verzeichnis der Bearbeitungsschlüssel für den Vordruck E 02:	
Anweisung zur Zuweisung von Haushaltsmitteln	
• an nachgeordnete Bewirtschafter	31000
• Objektkonten des Bewirtschafters	32000

Bei einer **erstmaligen Zuweisung** mit diesem Beleg wird gleichzeitig bei dem nachgeordneten Bewirtschafter das entsprechende Sachbuchkonto (Titel- oder Objektkonto) eröffnet. In diesem Falle ist der Verarbeitungsschlüssel 31000 zu verwenden. 972

In der Satzart 103 ist dann unter dem Zuweisungsbetrag in dem folgenden Feld die Bewirtschafternummer des nachgeordneten Bewirtschafters einzutragen. 973

Im Eigenbereich des Bewirtschafters erfüllt der Beleg E 02 eine weitere Funktion. Es können Haushaltsmittel von einem Titelkonto auf mit ihm zusammenhängende Objektkonten oder von Objektkonten auf entsprechende Unterobjektkonten verteilt werden. In dieser Konstruktion ist der Verarbeitungsschlüssel 32000 einzutragen. In der Satzart 103 ist in diesem Falle die Objekt- oder Unterobjektkontonummer zu vermerken. 974

In beiden Fällen ist im Kopfteil des Belegs das abgebende Sachbuchkonto anzugeben.

Bei der Mittelverteilung an den nachgeordneten Bereich führt das System eine automatische **Verfügbarkeitskontrolle** durch, d. h. die Bewirtschaftungsmaßnahme wird nur dann ausgeführt, wenn das abgebende Sachbuchkonto über genügend Haushaltsmittel verfügt. 975

Bei der Verteilung im Eigenbereich des Bewirtschafters gilt die weitere Voraussetzung, dass vor dieser Maßnahme die **nachgeordneten Objekt- oder Unterobjektkonten** mit dem Beleg B 01 eingerichtet worden sind. Das System führt hier eine automatische Existenzprüfung durch. 976

2.4 Beleg E 03 „Anweisung zum Rückruf von Haushaltsmitteln“

Der Beleg E 03 dient dem Rückruf noch verfügbarer Haushaltsmittel von Sachbuchkonten nachgeordneter Bewirtschafter (Mittelverteiler nachgeordneter Mittelverteilerebenen bzw. Titelverwalter). Er kann jedoch innerhalb eines Bewirtschafterbereichs eingesetzt werden, um Haushaltsmittel von nachgeordneten Objektkonten zurückbuchen zu lassen. 977

Für den Rückruf verfügbarer Haushaltsmittel ist der Verarbeitungsschlüssel 30600, für den Rückruf noch verfügbarer Verpflichtungsermächtigungen ist der Verarbeitungsschlüssel 34600 einzugeben.

978 Wird in der Satzart 100 kein **Rückrufdatum** eingesetzt, erfolgt der Rückruf unverzüglich. Erfolgt eine Terminierung, versucht das System, den Rückruf bis zu diesem Datum auszuführen. Gelingt dies nicht, wird der befristete Rückruf mangels fehlender/verfügbarer Haushaltsmittel/Verpflichtungsermächtigungen zurückgewiesen. Die Meldung darüber erfolgt in einem Fehlerprotokoll.

979 Durch eine machbare Terminierung des Rückrufs wird der nachgeordnete Bewirtschafter in die Lage versetzt, durch geeignete Maßnahmen in seinem Bereich die erforderlichen Haushaltsmittel bereitzustellen, in dem er ggf. selbst einen Rückruf innerhalb seiner eigenen nachgeordneten Sachbuchkonten initiiert.

Im Kopfteil des Belegs E 03 wird das Sachbuchkonto eingetragen, auf das der Rückruf erfolgen soll. In der Satzart 105 ist das abgebende Sachbuchkonto mit Bewirtschafternummer und Haushaltsstelle oder Objektkontonummer einzutragen.

980 Je nach Rückruffall können sich folgende Situationen ergeben:

Rückruf von	**Kopfteil des Belegs**		**Satzart 105**	
	Bew.-Nr.:	**HHSt./ Obj.-Nr.:**	**Bew.-Nr.:**	**HHSt./ Obj.-Nr.:**
nachgeordnetem Bewirtschafter	010 23 456	**1412519113**	030 32 345	**1412519113**
eigenem nachgeordneten Objektkonto	**030 32 345**	1412519113	**030 32 345**	02256874

Abb. 55: Schema eines Rückrufs von Haushaltsmitteln

981 Aus dieser Konstellation ist erkennbar, dass bei einem Rückruf von Haushaltsmitteln von einem nachgeordneten Bewirtschafter die Angabe der Haushaltsstelle (Titelkontonummer/Objektkontonummer) im Kopfteil des Belegs und in der Satzart 105 identisch sind und der Rückruf von einem eigenen Objektkonto die Bewirtschafternummer sowohl im Kopfteil des Belegs als auch in der Satzart 105 gleich sind.

982 Wenn ein Bewirtschafter seine Sachbuchkonten über mehr als 2 Ebenen verteilt hat, hat er die Möglichkeit, einen mehrstufigen Rückruf von dem entsprechenden Sachbuchkonto der untersten Ebene bis auf seine Ebene mit nur einem Rückrufbeleg auszuführen. Ein einzelnes Vorgehen je Kontenstufe ist mithin entbehrlich.

2.5 Beleg E 04 „Anweisung zur Zuweisung von Haushaltsmitteln auf Grund eines Deckungsvermerks/Anweisung zur Verlagerung der Verfügbarkeit“

Der Beleg E 04 *(s. Abb. 57)* lässt die horizontale Verschiebung von Haushaltsmitteln zwischen zwei Sachbuchkonten **verschiedener Kontenbereiche eines Bewirtschafters** zu. Voraussetzungen: 983

- Die erforderliche Deckungsfähigkeit ist erlaubt.
- Der übergeordnete Mittelverteiler beider betroffenen Kontenbereiche ist identisch.
- Die beteiligten Sachbuchkonten gehören einer Kontoebene an.

Diese Voraussetzungen werden vom System automatisch abgeprüft. Es liegt jedoch in der Entscheidung des Bewirtschafters, diese Bewirtschaftungsmaßnahme überhaupt durchzuführen.

Im Kopfteil des Belegs ist das abgebende Sachbuchkonto, das „deckungspflichtige“ Sachbuchkonto anzugeben. In der Satzart 105 wird das empfangende, das „deckungsberechtigte“ Sachbuchkonto eingetragen. Wenn die Bewirtschaftungsmaßnahme durchgeführt worden ist, erscheinen die selbst zugewiesenen Haushaltsmittel auf dem deckungspflichtigen Sachbuchkonto als Solländerungminus und auf dem deckungsberechtigten Sachbuchkonto als Solländerungplus. 984

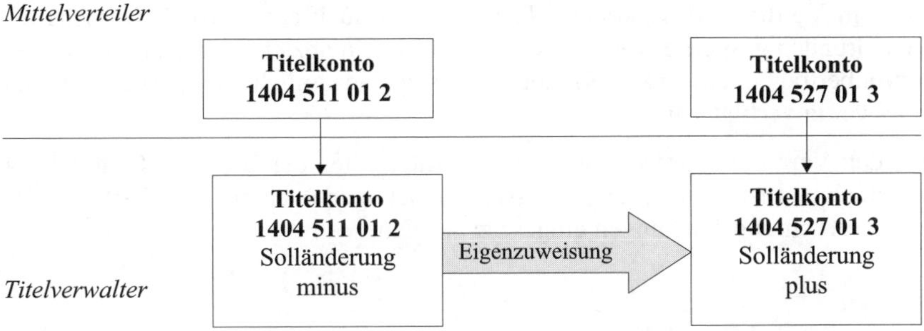

Abb. 56: Schema einer Eigenzuweisung im Rahmen einer Deckungsfähigkeit

Die in diesem Beispiel vorgestellte Bewirtschaftungsmaßnahme mit der Kassenanweisung E 04 ist unter der Voraussetzung möglich, dass zwischen den vorgenannten **Titelkonten eine Deckungsfähigkeit erlaubt** ist. Im beispielgebenden Fall sind beide Titel im Rahmen des § 5 des Haushaltsgesetzes 2012 gegenseitig deckungsfähig, weil sie flexibilisiert bewirtschaftet werden können *(s. Anlage 1)*. 985

986 Eine weitere Voraussetzung ist, dass der übergeordnete Bewirtschafter eine Solländerung in seinem nachgeordneten Bereich zugelassen hat. Dies kann nicht von vornherein unterstellt werden, weil sich in vielen Fällen schon der Mittelverteiler 1 eine evtl. Solländerung zwischen deckungsfähigen Titeln vorbehalten hat.

In diesem Beispiel sind die sonstigen Voraussetzungen erfüllt:

- Die beiden beteiligten Sachbuchkonten **gehören einer Ebene an**.
- Beide Konten gehören zum **Bereich eines Bewirtschafters**.
- Der übergeordnete Mittelverteiler beider **Kontenstränge ist identisch**.

987 Der Beleg E 04 erlaubt also unter den o.g. Voraussetzungen die **vertikale und horizontale Verlagerung von Haushaltsmitteln**.

988 Unter Verwendung des Bearbeitungsschlüssels 50008 *(s. Abb. 57)* erlaubt die Kassenanweisung E 04 auch die Verlagerung von Verfügbarkeiten zwischen zwei unterschiedlichen Sachbuchkonten. So können etwa Einzahlungen den Verfügbarkeitsrahmen eines Ausgabetitels erweitern. Dies kann der Fall sein, wenn z. B. ein Haushaltsvermerk lautet: *„Mehreinnahmen (bei einem Einnahmetitel X) dienen der Verstärkung der Ausgaben (bei einem Ausgabetitel Y).“*

In einem solchen Falle kann der Bewirtschafter die verfügbaren „Mehr“-Einnahmen auf den entsprechenden Ausgabetitel verlagern, um sie dort zusätzlich zu den bereits zugewiesenen Haushaltsmitteln zu verausgaben.

989 Mit dem Vordruck E 04 können Titelverwalter auch aus haushaltswirtschaftlichen Gründen gesperrte Mittel aus einzelnen Titeln abziehen und auf ein **Sperrkonto**übertragen, um so zu verhindern, dass ggf. irrtümlich über gesperrte Mittel anderweitig verfügt wird.

Wie den Verarbeitungsschlüsseln auf den Rückseiten der Belege E 03 und E 04 zu entnehmen ist, können diese Kassenanweisungen auch auf Geschäftsvorfälle der Verpflichtungsbuchungen eingesetzt werden.

Anweisende Stelle
BwDLZentrum Auhausen
Auhausen

An die **Bundeskasse** Trier

Eingangsstempel der Kasse

E04

1 Belegnummer der Kasse

2 Belegnummer des Bewirtschafters (Tag Monat Jahr Lfd. Nr.): 2 9 1 1 2 0 0 9

3 Verarbeitungsschlüssel: 2 9 0 0 0

Anweisung zur Zuweisung

[X] **von Haushaltsmitteln**

[ ] **von Verpflichtungsermächtigungen auf Grund eines Deckungsvermerks**

Anweisung zur

[ ] **Verlagerung einer Verfügbarkeit**

[ ] **Buchung auf einem vorläufigen Deckungs- oder Sperrkonto**

Abgebende Haushaltsstelle (Epl., Kap., Titel): 1404527015

Haushaltsjahr: 2012

Abgebendes Sachbuchkonto

4 Bewirtschafternummer: 0 3 1 0 4 5 6 2

5 Titel-/Objektkonto: 1 4 0 4 5 2 7 0 1 5

- Objektnummer

Begründung der Maßnahme

Verstärkung bei Kap. 1404 Tit. 511 01 im
Rahmen der flex. Bewirtsch. gem. § 5 Abs. 2
Nr. 2 HG 2012

6 Satzart: **100**

7 Betrag (Euro, Cent): - - - - - - - - 2 0 0 0 0

8 Datum: 1 0 1 2 1 2

9 Bezugsbelegnummer

105

7 Fälligkeit Jahr

Empfangendes Sachbuchkonto

8 Bewirtschafternummer: 0 3 1 0 4 5 6 2

9 Titel-/Objektkonto: 1 4 0 4 5 1 1 0 1 7

- Objektnummer

H02 7 Text zur Erläuterung der Buchung im Kontoauszug: + + D J + + f l e x . T i t . g e m . P a r a .

H12 7 Text zur Erläuterung der Buchung im Kontoauszug: 5 H G 2 0 1 2

Falls verschieden:
Empfangende Haushaltsstelle (Epl., Kap., Titel): 1404511017

Die Anweisung ist, wie angegeben, auszuführen.

29.11.2012 gez. Meise

Datum, Unterschrift

Vermerke der Kasse

Bearbeitungszeichen:

Daten erfasst: Daten geprüft:

3128 **4** **Z-E04** 2010 Anweisung zur Zuweisung von Haushaltsmitteln auf Grund eines Deckungsvermerks
Anweisung zur Zuweisung eines Verfügbarkeit

Abb. 57: Beispiel einer Eigenzuweisung im Rahmen einer Deckungsfähigkeit

Eintragungen auf der Rückseite:	
Verzeichnis der Bearbeitungsschlüssel für den Vordruck E 04:	
Anweisung zur **Zuweisung**	
• von Haushaltsmitteln	29000
• von Verpflichtungsermächtigungen	24000
Anweisung zur	
• Verlagerung einer Verfügbarkeit	50008
• Buchung auf einem vorläufigen **Deckungs-** oder **Sperrkonto**	29000

2.6 Beleg E 05 Sammelanweisung zur Zuweisung von Haushaltsmitteln

990 Der Beleg E 05 ist eine Sammelanweisung und kann als **Endlosformular** nach Anforderung durch den Bewirtschafter bei der Bundeskasse mit Daten der Mittelzuweisung bedruckt werden.

Der Mittelverteiler erhält auf dem Formular getrennt nach nachgeordneten Bewirtschaftern alle auf diese nachgeordneten Bewirtschafter entfallenden Sachbuchkonten aufgelistet und kann nun seinerseits den Beleg E 05 um die jeweiligen Zuweisungsbeträge komplettieren und sendet den ergänzten Beleg zur Erfassung an die für ihn zuständige Bundeskasse.

IV. Die Belege für Maßnahmen der Mittelverwendung

1. Allgemeines

991 Die Maßnahmen der **Mittelverwendung** umfassen in erster Linie die **Anordnung** des Titelverwalters

- zur Buchung **eingegangener Verpflichtungen** zu Lasten von Verpflichtungsermächtigungen,
- zur **Festlegung** von Haushaltsmitteln,
- zur Leistung von **Auszahlungen** zu Lasten seiner Titel- oder Objektkonten,
- zur Annahme von **Einzahlungen** zu Gunsten seiner Konten,
- zur **Aufhebung** der Buchung eingegangener Verpflichtungen und Festlegungen,
- zur **Aufhebung** noch nicht ausgeführter Annahme- oder Auszahlungsanordnungen und
- zur **Umbuchung** bereits gebuchter Zahlungen.

Bei Bewirtschaftungsmaßnahmen dieser Art kommen Belege der **F-Klasse** zur Anwendung. Die F-Klasse der Bewirtschafterbelege umfassen die Belege F 01, F 02, F 05, F 07, F 09, F 11, F 14, F 22, F 23, F 31, F 32 und F 41 einschließlich ihrer Unterarten. 992

2. Belege zur Buchung eingegangener Verpflichtungen

2.1 Buchung eingegangener Verpflichtungen

Grundsätzlich sind alle bei der Bewirtschaftung von Bundesmitteln eingegangenen Verpflichtungen, die zu der Höhe nach hinreichend bestimmbaren Ausgaben des Bundeshaushalts im laufenden Haushaltsjahr oder in künftigen Jahren führen können, **bei den jeweiligen Titeln**, bei denen die Ausgaben zur Erfüllung dieser Verpflichtungen zu leisten sein werden, **zu buchen** (§ 71 Abs. 1 Satz 2 BHO, Nr. 1 der Richtlinie des BMF nach § 71 Abs. 1 S. 2 BHO. Gleiches gilt bei der Veränderung bereits gebuchter Verpflichtungen. 993

Ausnahmen zu dieser Buchungspflicht bestehen nur, soweit die Verwaltungsvorschrift Nr. 5 zu § 38 BHO dies für laufende Geschäfte zulässt (Nr. 1 der Richtlinie des BMF nach § 71 Abs. 1 S. 2 BHO). Ausnahmen dieser Art sind z. B. Verpflichtungen zur Leistung von Ausgaben der Hauptgruppe 4 (Personalausgaben) oder Verpflichtungen zur Leistung von Ausgaben der Gruppen 511 bis 513, 516 bis 518, 523 bis 525, 527 und 532. 994

Ist eine Verpflichtung, die der Buchungspflicht unterliegt, eingegangen worden, oder verändert sich die Höhe oder die Fälligkeit einer bereits gebuchten Verpflichtung, ist der Kasse eine **Buchungsanordnung** zu übersenden. 995

Soweit für eine Verpflichtung eine Verpflichtungsermächtigung in Anspruch genommen wird, ist dies in der Buchungsanordnung anzugeben. Gleiches gilt bei Veränderungen oder bei Wegfall bereits gebuchter Verpflichtungen. 996

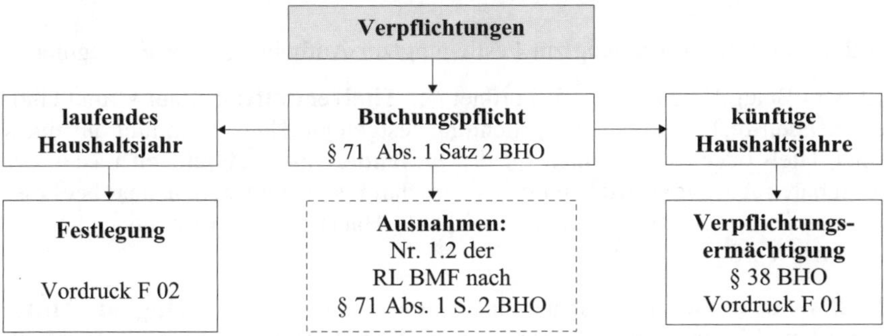

Abb. 58: Buchung eingegangener Verpflichtungen

997 Wird durch eine Leistung von Ausgaben eine Verpflichtung zu Lasten einer Ausgabe des laufenden Haushaltsjahres vermindert oder aufgehoben (ggf. Abwicklung einer Festlegung), ist dies in der Kassenanordnung für die Auszahlung anzugeben (Nr. 2 der RL des BMF nach § 71 Abs. 1 Satz 2 BHO).

2.1.1 Beleg F 01 Anordnung zur Buchung eingegangener Verpflichtungen

998 Mit dem Beleg F 01 ordnet der Titelverwalter an, für **in der Zukunft liegende Haushaltsjahre** rechtsgültige, etwa durch Vertrag eingegangene Verpflichtungen auf einem seiner Titel- oder Objektkonten zu buchen. Dabei wird zwischen der Verpflichtung zu Lasten einer erteilten Verpflichtungsermächtigung (VE) und der Verpflichtung aus laufenden Geschäften (Ausnahme Nr. 1.2 der RL des BMF nach § 71 Abs. 1 S. 2 BHO) unterschieden.

Diese Unterscheidung wird in der Satzart 120, Feld 10 („Zu Lasten einer VE“) getroffen.

Wenn die Buchung zu Lasten einer erteilten VE erfolgen soll, ist hier die Ziffernkennzeichnung „9“ anzubringen.

999 Ebenfalls in der Satzart 120, Feld 10 (Fälligkeit Jahr), ist das Fälligkeitsjahr der Verpflichtung einzutragen. Wird beim Jahresabschluss das Jahr der Fälligkeit erreicht, erfolgt die Umwandlung der Buchung in eine Festlegung. Erreicht die Verpflichtung das Fälligkeitsjahr noch nicht, tritt der automatische Übertrag der Verpflichtung in die VE-Struktur des neuen Haushaltsjahres als Belastung aus Vorjahren ein.

1000 Zum Jahresende **noch nicht ausgenutzte VE** werden nicht in das folgende Jahr übertragen.

Wird in dem Beleg F 01 das aktuelle Haushaltsjahr angegeben, wandelt das System die Verpflichtung automatisch in eine Festlegung um.

2.1.2 Beleg F 02 Anordnung zur Festlegung/zur Aufhebung einer Festlegung

1001 Mit dem Beleg F 02 *(s. Abb. 59)* ordnet der **Titelverwalter** an, auf Grund einer bestehenden rechtsgültigen Verpflichtung festgelegte Haushaltsmittel auf eines seiner Titel- oder Objektkonten für das **laufende Haushaltsjahr** zu Lasten der verfügbaren **Ausgabemittel** zu buchen, um damit sicher zu stellen, dass bei Leistung der Forderung zum Fälligkeitszeitpunkt Haushaltsmittel im ausreichenden Maße zur Verfügung stehen.

1002 Mit dieser Bewirtschaftungsmaßnahme werden also bis dahin **verfügbare Mittel gebunden**. Mit der späteren Zahlung wird solch eine Bindung in Anspruch genommen, ohne dass die zu diesem Zeitpunkt noch weiter verfügbaren Haushaltsmittel belastet würden.

Anordnende Stelle
Statistisches Bundesamt
Zweigstelle Bonn

An die **Bundeskasse** Trier

Eingangsstempel der Kasse

F02

1 Belegnummer der Kasse

Anordnung

[X] **zur Festlegung**

[ ] **zur Aufhebung einer Festlegung**

von Haushaltsmitteln

Haushaltsjahr
2012

2 Belegnummer des Bewirtschafters (Tag, Monat, Jahr, Lfd. Nr.): 1 5 0 7 2 0 2 6

3 Verarbeitungsschlüssel: 4 1 0 0 0

4 Bewirtschafternummer: 0 3 1 0 4 5 6 2

5 Titelkonto: 0 6 0 8 5 1 1 0 1 7

6 Objektkonto: 0 0 0 2 6 5 1 1 5 4
- Objektnummer

Betrag in Buchstaben in Euro
sechshundert

Satzart **100**

7 Betrag (Euro, Cent): - - - - - - - - - 6 0 0 0 0

8 Fälligkeitsdatum: 1 5 0 8 1 2

9 Bezugsbelegnummer:

Angaben zur eingegangenen Verpflichtung
Ergänzung Bürobedarf III. Quart. 2012
Fa. B. Stell BN-Beuel

Anlagen

H 0 2
7 Text zur Erläuterung der Buchung im Kontoauszug: B . S t e l l 3 . Q u a r t

H 1 2
7 Text zur Erläuterung der Buchung im Kontoauszug:

H 8 2
7 Mehrzweckfeld:

Die Anordnung ist, wie angegeben, auszuführen.
15.07.2012 gez. Geyer
Datum, Unterschrift des Anordnungsbefugten

Vermerke der Kasse
Bearbeitungszeichen:
Daten erfasst: Daten geprüft:

3136 **Z-F02** 2010 Anordnung zur Festlegung/zur Aufhebung einer Festlegung

Abb. 59: Beleg F 02 „Anordnung zur Festlegung/zur Aufhebung einer Festlegung“

Eintragungen auf der Rückseite:	
Verzeichnis der Bearbeitungsschlüssel für den Vordruck F 02	
Anordnung	
• zur Festlegung	41000
• zur Aufhebung einer Festlegung von Haushaltsmitteln	40500

Es ist aber erforderlich, bei der späteren Anordnung zur Auszahlung den entsprechenden Verarbeitungsschlüssel zu verwenden, der den gewünschten Buchungsvorgang steuert, die Auszahlung von den zuvor festgelegten Haushaltsmitteln vorzunehmen, statt die frei verfügbaren Haushaltsmittel dieses Sachbuchkontos zu belasten.

1003 Mit dem Beleg F 02 kann eine bereits angeordnete Festlegung von Haushaltsmitteln auch wieder aufgehoben werden. Die **Aufhebung einer Festlegung** hat die Wirkung, dass die zuvor gebundenen Haushaltsmittel wieder frei werden und wieder zur allgemeinen Bewirtschaftung zur Verfügung stehen.

1004 Die gesamten Festlegungen eines Kontos werden summiert. Bei späterer Ausbuchung eines festgelegten Betrages durch Auszahlung oder Aufhebung der Festlegung wird der Gesamtbetrag der Festlegungen dieses Kontos entsprechend reduziert. Beim Jahresabschluss noch festgelegte Restbeträge werden automatisch auf das entsprechende Sachbuchkonto des folgenden Haushaltsjahres übertragen.

3. Leistung und Buchung von Auszahlungen

3.1 Beleg F 05 „Anordnung zur Leistung einer einmaligen Auszahlung, Abschlagsauszahlung, Schlussauszahlung usw.“

1005 Der Beleg F 05 *(s. Abb. 60)* ist für eine **Vielzahl von Auszahlungen** einzusetzen. Die zu verwendenden Bearbeitungsschlüssel dieses Belegs lassen die Variationsbreite der Einsatzmöglichkeiten erkennen.

1006 Die einzelnen Positionen des **fünfstelligen Verarbeitungsschlüssels**:

• Position 1:	5	=	Anordnung zur Auszahlung
• Position 2:	1	=	Zahlungsweg unbar
	2	=	Auslandszahlung
	4	=	Zahlungsweg bar
• Position 2 u. 3:	42 oder 43	=	Zahlungsweg postbar
	44 oder 45	=	Zahlungsweg Verrechnung

• Position 3	0, 2 oder 4	=	Auszahlung unter Inanspruchnahme des verfügbaren Restes
	1, 3 oder 5	=	Auszahlung unter Inanspruchnahme einer vorangegangenen Festlegung
• Position 4	0	=	Einzelauszahlung
	1	=	Abschlagsauszahlung
	2	=	Schlussauszahlung
• Position 5	0	=	fester Wert

3.1.1 Eintragungen

Die Eintragungen im Einzelnen: 1007

- Bundeskasse, Zahlstelle:
  Die Angabe der für den Bewirtschafter zuständigen Bundeskasse ist stets erforderlich. Soll die Zahlung bar durch eine Zahlstelle erfolgen, so ist auch deren Bezeichnung einzutragen.
- Bezeichnung des Geldinstituts mit Ortsangabe:
  Die Angaben sind bei **unbaren** Zahlungen immer erforderlich. Es genügt allerdings die Kurzangabe des Kreditinstituts nach dem üblichen Bankenkürzel.
- Betrag in Buchstaben:
  Die Wiedergabe des Betrages in Buchstaben kann unterbleiben, wenn der Betrag 1.000 € nicht übersteigt.
- Zahlungsart:
  Die gewählte Zahlungsart ist durch Ankreuzen des vorgesehenen Teilfeldes zu markieren. Es ist jeweils nur eine Zahlungsart möglich.
- Begründung der Ausgabe, Hinweis auf begründende Unterlagen:
  Die Ausgabe sollte kurz, aber dennoch **hinlänglich** erklärt werden. Auf begründende Unterlagen (z. B. D-/S-Belege) ist an dieser Stelle hinzuweisen.
- Satzart H 22 – Felder 7 u. 8:
  Der Empfangsberechtigte ist eindeutig zu bezeichnen, um Verwechslungen zu vermeiden.
  Soll dieser Text auch als Buchungstext im Kontoauszug erscheinen, so bleibt das Feld 7 in der Satzart H 12 unausgefüllt.
- Satzart H 22 – Felder 9 u. 10 (Anschrift):
  Nur bei **Barauszahlungdurch die Post** und bei Auslandszahlungen ist die Anschrift vollständig anzugeben.
- Satzart H 01 – Felder 8 u. 9 (Bankleitzahl/Girokontonummer):
  Bei unbaren Zahlungen sind diese Felder immer auszufüllen. Die Kontonummer des Empfangsberechtigten wird **linksbündig** und **zusammenhängend** (ohne Leerstellen), **nur mit Ziffern** (ohne Schräg- und Bindestriche) eingetragen.

- Satzart 100 – Feld 7 (Betrag):
  Der auszuzahlende Betrag ist **rechtsbündig** einzutragen. Lautet der Centbetrag auf null, so sind zwei Nullen einzusetzen. Nicht benötigte Schreibstellen sind zu entwerten.
  Soll die Zahlung in einer **fremden Währung** erfolgen, ist das gesamte Betragsfeld zu entwerten.
- Satzart 100 – Feld 8 (Fälligkeitsdatum):
  In jedem Falle, **auch bei sofort fälliger Zahlung**, ist hier ein Fälligkeitsdatum einzutragen.
  Soll die Kasse die Zahlung unverzüglich ausführen oder ist der Fälligkeitszeitpunkt bereits überschritten, wird der Tag angegeben, an dem realistischerweise zeitnah zur Anordnung die Zahlung ausgeführt werden kann. Soll die Zahlung zu einem späteren Zeitpunkt erfolgen, ist das Fälligkeitsdatum anzugeben. Hierfür ist der Titelverwalter verantwortlich.
  Die Darstellung erfolgt in der Form TTMMJJ (z. B. 120702 = 12. Juli 2012)
  Soll die Zahlung dem Empfangsberechtigten zu einem bestimmten **Termin** auf seinem Konto bereitgestellt werden (sog. **Terminzahlungen**), ist hier die Ziffer 1 als Kennung einzusetzen.
- Satzart 100 – Feld 9 (Belegnummer der Festlegung):
  Erfolgt die Auszahlung aus einer zuvor vorgenommen Festlegung heraus, so kann hier die Belegnummer der Festlegung eingetragen werden. Sie kann der Zweitschrift der zuvor erteilten Anordnung zur Festlegung oder dem Kontoauszug entnommen werden.
- Satzart 100 – Feld 7 (Angabe über den Zweck der Zahlung):
  Hier ist der Text einzutragen, der auf dem **Girokontoauszug des Empfängers** als Erläuterung der Zahlung erscheinen soll.
- Satzart H 02 – Felder 7 (Text zur Erläuterung der Buchung im Kontoauszug, Angaben zur Abschlagsauszahlung):
  Hier ist zwischen den einzelnen Fällen der Anordnung zu unterscheiden:
  – einmalige Auszahlung
  – Abschlagsauszahlung und Schlussauszahlung
  – Auszahlung im Subsystem Darlehnsabwicklung.

1008 Zusammen mit dem Feld 7 der Satzart H 12 stehen dem Bewirtschafter zur Erläuterung der Maßnahme in *seinem* Kontoauszug insgesamt 50 Schreibstellen zur Verfügung. Innerhalb der jeweiligen Satzart ist der Text durchgehend zu schreiben, also ohne Trenn- oder Verbindungszeichen.

Beispiel:

Beleg Satzart H 12 (Feld 7)															**Kontoauszug**
R	E	I	S	E	K	O	S	T	E	N	V	E	R	G	REISEKOSTENVERGÜTUNG
U	E	T	U	N	G										

Dagegen sind bei dem Übergang von der Satzart H 02 auf die Satzart H 12 die Trennregeln zu beachten.

Sollen spätere Auswertungen nach einer **Textinformation** vorgenommen wer- 1009
den, so ist diese Textinformation hier einzutragen. Der Text darf dann einschließlich etwaiger Leerzeichen nur 11 Textstellen umfassen und ist am Anfang und am Ende jeweils durch zwei „+"-Zeichen zu begrenzen.

Beispiel:

Beleg Satzart H 12 (Feld 7)														
+	+	T	E	L	.	-	G	E	B	.	+	+		

Anordnende Stelle
Deutsches Archäologisches Institut
Berlin

Eingangsstempel der Kasse

F05

1 Belegnummer der Kasse

An die **Bundeskasse** Halle/Saale
über die Zahlstelle

Anordnung zur Leistung einer
[X] **einmaligen Auszahlung**
[ ] **Abschlagsauszahlung**
[ ] **Schlussauszahlung**
Anordnung zur Aufhebung der
[ ] **Auszahlungsanordnung (nur HKR)**

Haushaltsjahr
2012

2 Belegnummer des Bewirtschafters (Tag, Monat, Jahr, Lfd. Nr.): 1 2 0 7 2 0 1 9
3 Verarbeitungsschlüssel: 5 1 1 0 0
4 Bewirtschafternummer: 0 3 1 0 4 5 6 2
5 Titelkonto: 0 5 1 1 5 2 7 0 1 3
6 Objektkonto: 0 0 0 2 6 5 1 1 5 4
- Objektnummer

Satzart H22
7 Name/Bezeichnung des Empfangsberechtigten: Prof. Dr. H. G. Nau
8: Im Heuwinkel 13
9 Straße/Postfach:
10 LKZ — PLZ: 01324 — Ort: Sandhausen

Bezeichnung des Geldinstituts mit Ortsangabe: Volksbank Lehmburg
H01 8 Bankleitzahl: 0 1 2 7 8 3 9 3 — 9 Girokontonummer: 4 3 0 6 3 0 1 4 2 0

Betrag in Buchstaben in Euro

100 7 Betrag (Euro, Cent): - - - - - - - - 5 4 5 | 1 1
8 Fälligkeitsdatum: 1 6 0 7 1 2 — Kz. Gutschrift auf dem Empfängerkonto
9 Belegnummer der Festlegung, Bezugsbelegnummer: 0 3 0 7 2 0 2 6

Zahlungsart
[X] unbar [ ] bar [ ] Verrechnung

Begründung der Ausgabe, Hinweis auf begründende Unterlagen
RKV DR Kanaa 2.-15.05.2012

H32 7 Angabe über den Zweck der Zahlung auf dem Überweisungsträger: RKV Proj. Kanaa
(Verwendungszweck): Mai 2012

H02 7 Text zur Erläuterung der Buchung im Kontoauszug, Angaben zur Abschlagszahlung (Schreibstellen 1 bis 9): Abr. R. Prof. Dr. H. G. Nau 05

H12 7 Text zur Erläuterung der Buchung im Kontoauszug

104 10 Von den festgelegten Mitteln abzubuchender Betrag (Euro, Cent): - - - - - 6 0 0 | 0 0

H82 7 Mehrzweckfeld

Sachlich richtig — Rechnerisch richtig
gez. Fink — gez. Star
Unterschriften

Die Anordnung ist, wie angegeben, auszuführen.
12.07.2012 — gez. Meise
Datum, Unterschrift des Anordnungsbefugten

Quittung
Betrag erhalten:
Datum, Unterschrift

Zahlungsnachweis
Der angeordnete Betrag wurde ausgezahlt, Datum
[ ] unbar [ ] bar [ ] Verrechnung
1. Unterschrift — 2. Unterschrift

Vermerke der Kasse
Bearbeitungszeichen:
Daten erfasst: — Daten geprüft:

3139 **Z-F05** 2010 Anordnung zur Leistung einer einmaligen Auszahlung, Abschlagsauszahlung, Schlussauszahlung usw.

Abb. 60: Beleg F 05 „Anordnung zur Leistung einer einmaligen Auszahlung, Abschlagsauszahlung, Schlussauszahlung usw.“

Eintragungen auf der Rückseite:	
Auszug aus dem Verzeichnis der Bearbeitungsschlüssel für den Vordruck F 05	
Anordnung zur Leistung einer **unbaren**	
– Auszahlung ohne vorangegangene Festlegung	51000
– Auszahlung mit vorangegangener Festlegung	51100
– **Abschlagsauszahlung** ohne vorangegangene Festlegung	51010
– **Abschlagsauszahlung** mit vorausgegangener Festlegung	51110
– **Schlussauszahlung** ohne vorausgegangene Festlegung	51020
– **Schlussauszahlung** mit vorausgegangener Festlegung	51120
Anordnung zur Leistung einer **baren**	
– **Auszahlung** ohne vorangegangene Festlegung	54000
– **Auszahlung** mit vorangegangener Festlegung	54100
– **Abschlagsauszahlung** ohne vorangegangene Festlegung	54010
– **Abschlagsauszahlung** mit vorangegangener Festlegung	54110
– **Schlussauszahlung** ohne vorangegangene Festlegung	54020
– **Schlussauszahlung** mit vorangegangener Festlegung	54120
Anordnung zur Leistung einer **postbaren** Zahlung der vorgenannten Fälle:	54200 bis 54320
Anordnung zur Leistung einer **verrechnungsweisen** Zahlung der vorgenannten Fälle:	54400 bis 54520
Anordnung zur Leistung einer **Auszahlung** aus einem Einnahmetitel	51000
Anordnung zur **Aufhebung** der **Auszahlungsanordnung**	50500

3.1.2 Besonderheiten bei Abschlagszahlungen oder Schlussauszahlungen

Bei dem Beleg F 05 sind bei **Abschlags- und Schlussauszahlungen** sind im Feld 7 der Satzart H 12 zusätzlich folgende Verarbeitungsschlüssel zu verwenden: **1010**

- Schreibstelle 1:
  A = Kennung für Abschlagsauszahlung
  S = Kennung für Schlussauszahlung
- Schreibstelle 2 – 4:
  001 – 999 = laufende Nummer des Abschlags
  000 = Schlussauszahlung
- Schreibstelle 5 – 9 = eine vom Bewirtschafter frei zu vergebende **Abschlagskontrollnummer**. Die Abschlagskontrollnummer soll sicherstellen, dass eine Reihe von Abschlagszahlungen einer bestimmten Maßnahme zugeordnet werden können. **1011**

Bis zur Abwicklung einer Maßnahme ist jede Zahlung mit dieser Abschlagskontrollnummer zu versehen.
Für die ersten beiden Stellen der Abschlagskontrollnummer (Schreibstelle 5 u. 6) bietet sich zur späteren besseren Zuordnung die Angabe des Jahres an (z. B. 08)

Beispiel:
Abschlagsauszahlungen
1. Abschlag (Verarbeitungsschlüssel 51010)
Satzart H 02, Feld 7, 1.-9. Schreibstelle

A	**0**	**0**	**1**	**0**	**8**	**0**	**0**	**1**

2. Abschlag (Verarbeitungsschlüssel 51010)
Satzart H 02, Feld 7, 1.-9. Schreibstelle

A	**0**	**0**	**2**	**0**	**8**	**0**	**0**	**1**

Abschlagsabwicklung:
Schlussauszahlung (Verarbeitungsschlüssel 51020)
Rückforderung bei Überzahlung **– Beleg F 22 –** (Verarbeitungsschlüssel 53120)
keine Schlussauszahlung/keine Rückforderung (Verarbeitungsschlüssel 54420)
Satzart H 02, Feld 7, 1.-9. Schreibstelle

S	0	0	0	0	8	0	0	1

1012 **Verwahrungen** und **Vorschüsse**, deren Abwicklung ähnlich der der Abschläge zu überwachen ist, erhalten vergleichbare Kennzeichnungen in der Satzart H 02. In der Position 1 wird dabei ein ***V*** (für Vorschuss) und ein ***W*** (für Verwahrung) eingetragen. Ebenso werden die Schreibstellen 5 – 9 mit deutlichen Vorschuss- oder Verwahrungsnummern gekennzeichnet.

- Satzart H 12 – Felder 7 (Text zur Erläuterung im Kontoauszug)
  Für einen fortlaufenden Text stehen dem Bewirtschafter im Feld 7 25 Schreibstellen zur Verfügung. Verzichtet er auf das Ausfüllen dieses Feldes, erscheint in seinem Kontoauszug automatisch der Inhalt der ersten 25 Stellen des Feldes 7 der Satzart H 32 (Verwendungszweck)

- Satzart 104 – Feld 10 (Von den festgelegten Mitteln abzubuchender Betrag)
  Ist der Auszahlung eine Festlegung vorausgegangen und weicht der Auszahlungsbetrag vom Festlegungsbetrag nach unten oder oben ab, so ist hier der Betrag einzutragen, der vom Bestand der Festlegungen auf dem Konto abgebucht werden soll.

Beispiel:
Festlegungsbetrag: 500,00 €, Auszahlungsbetrag 480,00 €, abzubuchender Betrag: 500,00 €.
Stimmen Auszahlungsbetrag und Festlegungsbetrag überein, bleibt dieses Feld frei.

3.1.3 Besonderheit bei baren Auszahlungen an mehrere Empfangsberechtigte

Weil die Verarbeitung von baren Auszahlungen an mehrere Zahlungsempfänger **1013** durch das System mittels einer Sammelanordnung derzeit nicht möglich ist, ist es gestattet, für eine Mehrzahl von Empfangsberechtigten barer Auszahlungen **manuelle Auszahlungslisten** zu fertigen, auf denen die Zahlungsempfänger jeweils den Zahlungsbeweis zu erbringen haben.

Die Auszahlungslisten verbleiben bei dem Titelverwalter. In der Satzart H 22 wird als Empfangsberechtigter der erste Zahlungsempfänger der Auszahlungsliste mit dem Zusatz „u.a.“ eingetragen.

In der Satzart H 02 (Erläuterung im Kontoauszug) ist der Grund der Zahlung und die Anzahl der Empfangsberechtigten anzugeben (z. B. „*TG MONAT JULI 08 ZEHN EMPFAENGER*“)

Im Feld „Quittung“ wird auf die Zahlungsbeweise in der Auszahlungsliste (z. B. Betrag erhalten: „*s. Auszahlungliste*“) verwiesen.

3.2 Beleg F 07 „Sammelanordnung (A) zur Leistung von Auszahlungen“

Der Beleg F 07 *(s. Abb. 62)* stellt eine Sammelanordnung dar und ist nur gemein- **1014** sam mit seiner Anlage, dem Vordruck F 07 *(s. Abb. 62a)*, zu verwenden. Der Beleg F 07 kann nur im Giroverkehr eingesetzt werden, wenn **mehrere Empfänger** Zahlungen **aus einem Sachbuchkonto** erhalten.

Sehr häufig findet der Vordruck bei Zahlungen an einen größeren Personenkreis Anwendung, etwa bei Teilnahme an bestimmten Veranstaltungen (Lehrgängen, Übungen usw.).

Abb. 61: Sammelanordnung für mehrere Zahlungsempfänger

Weil der Text im Verwendungszweck der Satzart H 32 meist für alle Fälle gleich ist, reicht es aus, wenn der Bewirtschafter diesen Text im Anlageblatt F 07 A einmal angibt.

Das System übernimmt dann automatisch den Text des Verwendungszwecks für alle weiteren Empfänger. Erscheint in einer der Folgezeilen ein anderer Text, so wird dieser automatisch auf die weiter folgenden Zeilen übernommen.

Beispiel:

Gefr Müller	Text im Kontoauszug:
H 32: AVG Übung Springender Baer	AVG Übung Springender Baer
OG Bauer	Text im Kontoauszug:
H 32: keine Eintragung erforderlich	AVG Übung Springender Baer
Gefr Gärtner	Text im Kontoauszug:
H 32: AVG TrÜbPlatz Calauer Heide	AVG TrÜbPl Calauer Heide
HG Winzer	Text im Kontoauszug
H 32:keine Eintragung erforderlich	AVG TrÜbPl Calauer Heide

1015 Die **Anzahl der Anlagen** ist im Feld der Feststellungsvermerke anzugeben und ist Bestandteil der sachlichen Feststellung.

Anordnende Stelle
Panzerbataillon 7
Hochdorf

Eingangsstempel der Kasse

F07

1 Belegnummer der Kasse

An die **Bundeskasse**: Trier - DS Kiel

über die Zahlstelle: BwDLZ Hochdorf

Sammelanordnung (A)
zur Leistung von Auszahlungen
für mehrere Empfangsberechtigte
aus derselben Haushaltsstelle oder demselben Objekt

Haushaltsjahr
2012

2 Belegnummer des Bewirtschafters (Tag, Monat, Jahr, Lfd. Nr.): 2 1 0 4 2 0 4 3

3 Verarbeitungsschlüssel: 5 5 0 0 0

4 Bewirtschafternummer: 0 3 1 1 0 5 4 5

5 Titelkonto: 1 4 0 3 5 2 7 2 1 8

6 Objektkonto

- **Objektnummer**

Betrag in Buchstaben in Euro
hundertvierundsechzigEuro

Satzart	
100	**7** Betrag (Euro, Cent): - - - - - - - - 1 6 4 5 6
	8 Fälligkeitsdatum; Kz. Gutschrift auf dem Empfängerkonto
	9 Belegnummer der Festlegung
H02	**7** Text zur Erläuterung der Buchung im Kontoauszug: AVG Springender Baer
H12	**7** Text zur Erläuterung der Buchung im Kontoauszug: AVG TrpUebPl Calauer Heid
104	**10** Von den festgelegten Mitteln abzubuchender Betrag (Euro, Cent)
H82	**7** Mehrzweckfeld

Begründung der Ausgabe,
Hinweis auf begründende Unterlagen

Anlagen 01

Sachlich richtig und Rechnerisch richtig
einschließlich Anlagen F07 A, Blattnrn. 01 bis 01
gez. Adler
Unterschriften

Zahlungsnachweis
Der angeordnete Betrag wurde ausgezahlt, Datum
unbar Verrechnung
1. Unterschrift 2. Unterschrift

Die Anordnung ist, wie angegeben, auszuführen.
21.04.2012 gez. Sperling
Datum, Unterschrift des Anordnungsbefugten

Vermerke der Kasse
Bearbeitungszeichen:
Daten erfasst: Daten geprüft:

3141 Z-F07 2010 Sammelanordnung (A) zur Leistung von Auszahlungen

Abb. 62: Beleg F 07 „Sammelanordnung (A) zur Leistung von Auszahlungen für mehrere Empfangsberechtigte aus derselben Haushaltsstelle oder demselben Objekt“

Anordnende Stelle
Panzerbataillon 7
Hochdorf

F07A

Sammelanordnung (A)
zur Leistung von Auszahlungen

Anlage

Blattnummer: 01

Haushaltsjahr: 2012

Datum: 21.04

---

6 Satzart: **H 6 2**
7 Name/Bezeichnung des Empfangsberechtigten: Gefr. Alfr. Mueller 1./7
Bezeichnung des Geldinstitutes mit Ortsangabe:
H 0 1 8 Bankleitzahl: | 9 Girokontonummer:
1 0 0 7 Betrag (Euro, Cent): ----------41 14
H 3 2 7 Angabe über den Zweck der Zahlung auf dem Überweisungsträger (Verwendungszweck): AVG Springender Baer

---

6 Satzart: **H 6 2**
7 Name/Bezeichnung des Empfangsberechtigten: OG Bert Bauer 1./7
Bezeichnung des Geldinstitutes mit Ortsangabe:
H 0 1 8 Bankleitzahl: | 9 Girokontonummer:
1 0 0 7 Betrag (Euro, Cent): ----------41 14
H 3 2 7 Angabe über den Zweck der Zahlung auf dem Überweisungsträger (Verwendungszweck):

---

6 Satzart: **H 6 2**
7 Name/Bezeichnung des Empfangsberechtigten: Uffz Gert Gaertner 1./7
Bezeichnung des Geldinstitutes mit Ortsangabe:
H 0 1 8 Bankleitzahl: | 9 Girokontonummer:
1 0 0 7 Betrag (Euro, Cent): ----------49 16
H 3 2 7 Angabe über den Zweck der Zahlung auf dem Überweisungsträger (Verwendungszweck): AVG TrUebPl. Cal. Heide

---

6 Satzart: **H 6 2**
7 Name/Bezeichnung des Empfangsberechtigten: HG Werner Winzer 1./7
Bezeichnung des Geldinstitutes mit Ortsangabe:
H 0 1 8 Bankleitzahl: | 9 Girokontonummer:
1 0 0 7 Betrag (Euro, Cent): ----------33 12
H 3 2 7 Angabe über den Zweck der Zahlung auf dem Überweisungsträger (Verwendungszweck):

Vermerke der Kasse

Bearbeitungszeichen:	
Daten erfasst:	Daten geprüft:

3142 Z-F07A 1/02 Sammelanordnung (A) zur Leistung von Auszahlungen (Anlage zu F 07)

Abb. 62a: Vordruck F 07 A „Sammelanordnung (A) zur Leistung von Auszahlungen“ – Anlage –

Eintragungen auf der Rückseite: **Verzeichnis der Bearbeitungsschlüssel für den Vordruck F 07**	
Sammelanordnung (A) zur Leistung von Auszahlungen	
• ohne vorangegangene Festlegung	55000
• mit vorangegangener Festlegung	55100

3.3 Beleg F 11 „Sammelanordnung (B) zur Leistung von Auszahlungen“

Der Beleg F 11 *(Abb. 64)* stellt eine **Sammelanordnung** dar und ist nur gemeinsam mit seiner Anlage, dem Vordruck F11A *(Abb. 64a)* zu verwenden. Der Beleg F 11 deckt den Zahlungsfall ab, wenn ein Empfänger aus mehreren Sachbuchkonten Zahlungen erhält. 1016

Beispiel:

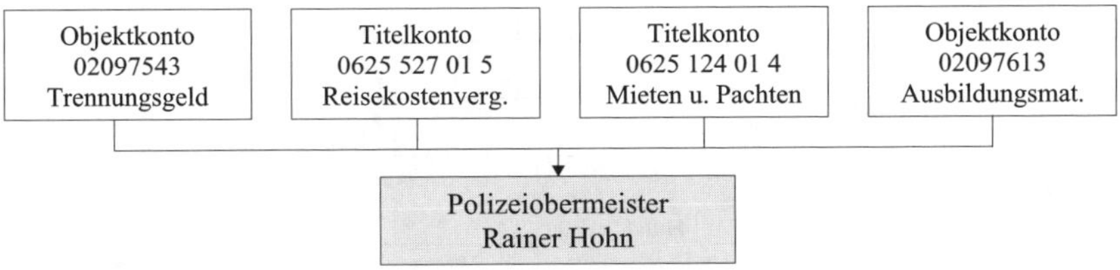

Abb. 63: Zahlungen aus mehreren Sachbuchkonten

Eine **besondere Version** der Anwendung dieses Vordrucks liegt dann vor, wenn zwar aus **einem Sachbuchkonto** mehrere Zahlungen **an einen Empfangsberechtigten** gezahlt werden, jede dieser Zahlungen aber eine abweichende Textinformation enthält. 1017

Anordnende Stelle
BUNDESPOLIZEIABTEILUNG
Bad Bergzabern

Eingangsstempel der Kasse

F11

1 Belegnummer der Kasse

An die **Bundeskasse** Trier

über die Zahlstelle

Sammelanordnung (B)
zur Leistung einer Auszahlung
für einen Empfangsberechtigten aus verschiedenen Haushaltsstellen

2 Belegnummer des Bewirtschafters (Tag, Monat, Jahr, Lfd. Nr.): 2 1 0 8 2 0 3 1

3 Verarbeitungsschlüssel: 5 6 0 1 0

4 Bewirtschafternummer: 0 3 1 0 4 5 6 2

Haushaltsjahr: 2012

Erste betroffene Haushaltsstelle (Epl., Kap., Titel): 0625453013

Satzart **H 2 2**
7 Name/Bezeichnung des Empfangsberechtigten: P O M R a i n e r H o h n
8
9 Straße/Postfach
10 LKZ | PLZ | Ort

Bezeichnung des Geldinstitutes mit Ortsangabe: Volksbank Waldstadt

H 0 1 8 Bankleitzahl: 0 0 4 0 0 3 2 1 | 9 Girokontonummer: 3 6 8 7 5 3 - - - -

Betrag in Buchstaben in Euro: zweihundertachtundsechzigEuro

1 1 0 7 **Betrag** Euro: - - - - - - - - 2 6 8 Cent: 4 3

8 Fälligkeitsdatum: 2 7 0 8 1 2 | Kz. | Gutschrift auf dem Empfängerkonto

Zahlungsart
[X] unbar [ ] bar [ ] Verrechnung

Begründung der Ausgabe, Hinweis auf begründende Unterlagen
RKV Dienstantr., TG 07/2012
Erst. U.-Pauschale
Erst. Unterr.-mat.

H 3 2 7 Angabe über den Zweck der Zahlung auf dem Überweisungsträger (Verwendungszweck)
R K V D A / T G 0 7 / U -
P a u s c h . / U M a t

H 8 2 7 Mehrzweckfeld

Sachlich richtig
einschließlich Anlagen F11A, Blattnrn. 01 bis
Rechnerisch richtig
gez Turm gez. Mauer
Unterschriften

Die Anordnung ist, wie angegeben, auszuführen.
22.08.2012 gez. Burg
Datum, Unterschrift des Anordnungsbefugten

Zahlungsnachweis
Der angeordnete Betrag wurde ausgezahlt, Daum
unbar [ ] bar [ ] Verrechnung [ ]
1. Unterschrift 2. Unterschrift

Quittung
Betrag erhalten:
Datum, Unterschrift

Vermerke der Kasse
Bearbeitungszeichen:
Daten erfasst: Daten geprüft:

3146 Z-F11 11/03 Sammelanordnung (B) zur Leistung einer Auszahlung

Abb. 64: Sammelanordnung F 11 zur Leistung von Auszahlungen

Anordnende Stelle
Bundespolizeiabteilung
Bad Bergzabern

F11A

Sammelanordnung (B)
zur Leistung von Auszahlungen

Anlage

Blattnummer

Haushaltsjahr 2012

Datum 21.08.2012

6 Satzart: **001** — **10** Titelkonto: 0625543013 — **11** Objektkonto: 0002097543
100 — **7 Betrag** Euro / Cent: 211,00 — - Objektnummer — **9** Belegnummer der Festlegung
H02 — **7** Text zur Erläuterung der Buchung im Kontoauszug, Angaben zur Abschlagszahlung (Schreibstellen 1 bis 9): TG 07/12 POM Hohn
H12 — **7** Text zur Erläuterung der Buchung im Kontoauszug
104 — **10** Von den festgelegten Mitteln abzubuchender Betrag Euro / Cent

6 Satzart: **001** — **10** Titelkonto: 0625527015 — **11** Objektkonto
100 — **7 Betrag** Euro / Cent: 31,13 — - Objektnummer — **9** Belegnummer der Festlegung
H02 — **7** Text zur Erläuterung der Buchung im Kontoauszug, Angaben zur Abschlagszahlung (Schreibstellen 1 bis 9): RKV DA-Reise POM Hohn 15.
H12 — **7** Text zur Erläuterung der Buchung im Kontoauszug: 08.12
104 — **10** Von den festgelegten Mitteln abzubuchender Betrag Euro / Cent

6 Satzart: **001** — **10** Titelkonto: 0625124014 — **11** Objektkonto
100 — **7 Betrag** Euro / Cent: 7,50 — - Objektnummer — **9** Belegnummer der Festlegung
H02 — **7** Text zur Erläuterung der Buchung im Kontoauszug, Angaben zur Abschlagszahlung (Schreibstellen 1 bis 9): Erst. Unterk.-Pauschale
H12 — **7** Text zur Erläuterung der Buchung im Kontoauszug
104 — **10** Von den festgelegten Mitteln abzubuchender Betrag Euro / Cent

6 Satzart: **001** — **10** Titelkonto: 0625525013 — **11** Objektkonto: 0002097613
100 — **7 Betrag** Euro / Cent: 118,80 — - Objektnummer — **9** Belegnummer der Festlegung
H02 — **7** Text zur Erläuterung der Buchung im Kontoauszug, Angaben zur Abschlagszahlung (Schreibstellen 1 bis 9): Erst. Auslagen f. Lehrm.
H12 — **7** Text zur Erläuterung der Buchung im Kontoauszug
104 — **10** Von den festgelegten Mitteln abzubuchender Betrag Euro / Cent

Vermerke der Kasse
Bearbeitungszeichen:
Daten erfasst: Daten geprüft:

3147 Z-F11A 2010 Anlage

Abb. 64a: Sammelanordnung F 11 A zur Leistung von Auszahlungen

Eintragungen auf der Rückseite: **Verzeichnis der Bearbeitungsschlüssel für den Vordruck F 11**	
Sammelanordnung (B) zur Leistung von **unbaren** Auszahlungen	
– ohne vorangegangene Festlegung	56010
– mit vorangegangener Festlegung	56110
Sammelanordnung (B) zur Leistung von **baren** Auszahlungen	
– ohne vorangegangene Festlegung	56040
– mit vorangegangener Festlegung	56140
Sammelanordnung (B) zur Leistung von **postbaren Auszahlungen**	
– ohne vorangegangene Festlegung	56020
– mit vorangegangener Festlegung	56120
Sammelanordnung (B) zur Leistung vorn **verrechnungsweisen Auszahlungen**	
– ohne vorangegangene Festlegung	56050
– mit vorangegangener Festlegung	56150

3.4 Belege F 31 und F 32 „Anordnung/Sammelanordnung zur Leistung oder Änderung einer wiederkehrenden Auszahlung“

1018 Die Belege F 31 *(s. Abb. 65)* und F 32 mit F 32 A werden für **wiederkehrende Auszahlungen** verwendet. Wiederkehrende Auszahlungen sind solche, die ihrem Wesen nach

- in bestimmten Zeitabständen und
- in bestimmten Teilbeträgen (Raten)

zu leisten sind.

Bei Anwendung des entsprechenden Verarbeitungsschlüssels wird festgelegt, ob das System einen Stammdatensatz für wiederkehrende Auszahlungen anlegt, ändert oder stilllegt.

1019 Jede Einrichtung einer wiederkehrenden Zahlung führt zur **Sollstellung** in Höhe der im laufenden Haushaltsjahr insgesamt zu zahlenden Beträge, so dass die zur Verfügung stehenden Haushaltsmittel auf dem entsprechenden Sachbuchkonto um den jeweiligen Jahresauszahlungsbetrag gemindert werden.

Bei jeder Auszahlung wird der Restsollbetrag um den Auszahlungsbetrag gemindert, wodurch die „freien“ verfügbaren Haushaltsmittel nicht berührt werden.

Anordnende Stelle
Bundespolizeidirektion
Hannover

Eingangsstempel der Kasse

F31

1 Belegnummer der Kasse

An die **Bundeskasse** Halle/Saale

Anordnung zur Leistung oder Änderung einer wiederkehrenden Auszahlung

(für einen Empfangsberechtigten aus einer Haushaltsstelle)

2 Belegnummer des Bewirtschafters (Tag Monat Jahr Lfd. Nr.): 1 5 0 8 2 1 1 0

3 Verarbeitungsschlüssel: 0 1 1 0 0

4 Bewirtschafternummer: 0 3 1 1 0 5 4 5

5 Titelkonto: 0 6 2 5 5 1 1 0 1 7

6 Objektkonto: 0 0 0 2 3 4 5 3 7 9

- Objektnummer

Haushaltsjahr 2012

Satzart **106** — 7 Stammnummer der wiederkehrenden Auszahlung: — 8 O-Nr.: **0 1**

H22 — 7 Name/Bezeichnung des Empfangsberechtigten: K y r i t z e r A l l g . N a c h r i c h t e n

8

9 Straße/Postfach

10 LKZ — PLZ — Ort

Bezeichnung des Geldinstitutes des Empfangsberechtigten: Sparkasse Kyritz

H01 — 8 Bankleitzahl: 1 2 3 4 5 6 7 4 — 9 Girokontonummer: 9 8 7 6 5 4 3 2 1 0 — 10 Z.art: 0

Teilbetrag in buchstaben in Euro: dreißigEuro

107 — 7 Teilbetrag (Rate)/Rückforderungsbetrag (Euro / Cent): - - - - - - - 3 0 / 0 0

8 abweichender erster Betrag (Euro / Cent): - - - - - - - 6 0 / 0 0

9 abweichender letzter Betrag (Euro / Cent):

Gültigkeit der Anordnung vom 01.09.2012 bis — [X] bis auf weiteres

108 — 7 erste Zahlung (Zahlungstag) (Tag Monat Jahr): 0 5 0 9 1 2 — 8 Kz. Gutschrift auf dem Empfängerkonto: — 9 Turnus: 0 1

10 letzte Zahlung (Monat Jahr): 9 9 9 9 9 9

Begründung der Ausgabe, Hinweis auf begründende Unterlagen
Abonnement Kyr. Allg. Nachrichten
zur dienstl. Auswertung
D-Beleg 007/D14

H32 — 7 Angabe über den Zweck der Zahlung auf dem Überweisungsträger (Verwendungszeck):
A b o T a g e s z e i t .
a b 0 1 0 8 1 2

H02 — 7 Text zur Erläuterung der Buchung im Kontoauszug:
K y r . A l l g . N a c h r .
a b 0 8 / 1 2

H42 — 7 Forderungsberechtigter (falls abweichend vomEmpfangsberechtigten)

H82

Sachlich richtig — Rechnerisch richtig
gez. Hohn — gez. Wehre
Unterschriften

Die Anordnung ist, wie angegeben, auszuführen.
16.08.2012 — gez. Danke
Datum, Unterschrift des Anordnungsbefugten

Vermerke der Kasse
Bearbeitungszeichen:
Daten erfasst: — Daten geprüft:

3164 Z-F31 2010 Anordnung zur Leistung oder Änderung einer wiederkehrenden Auszahlung

Abb. 65: Vordruck F 31 „Anordnung zur Leistung oder Änderung von wiederkehrenden Auszahlungen" (für einen Empfangsberechtigten aus einer Haushaltsstelle oder einem Objekt)

Eintragungen auf der Rückseite:
Verzeichnis der Bearbeitungsschlüssel für den Vordruck F 31

Anordnung zur	
– **Einrichtung**	01100
– **Änderung**	01300
eines Stammsatzes für wiederkehrende Auszahlungen	
Anordnung zur **Stilllegung** eines Stammsatzes für eine wiederkehrende Auszahlung **mit sofortiger Wirkung**	
– ggf. mit Anordnung zur masch. Berechnung und Rückannahme überzahlter Beträge	01200
– mit Anordnung zur Rückannahme eines vom TV berechneten überzahlten Betrages	01240
– ggf. mit Anordnung zur masch. Berechnung und Rücknahme sämtlicher aus diesem Stammsatz geleisteter Zahlungen	01250
Verzeichnis der Schlüssel für die Zahlungsarten	
– unbare Zahlung	0 (od. leer)
– postbare Zahlung	1
– Auslandszahlung	2

1020 Reicht eine wiederkehrende Auszahlung über das Haushaltsjahr hinaus, erfolgt für das neue Haushaltsjahr automatisch die **Sollstellung für den neuen Jahresauszahlungsbetrag** (Mittelbindung).

1021 Sobald ein Stammsatz für wiederkehrende Zahlungen (WAZ) eingerichtet ist, löst das System automatisch zu den vorgegebenen Fälligkeitsterminen die Ratenzahlungen aus.

1022 Wird bei **terminierten** wiederkehrenden Auszahlungen der letzte Zahlungstermin erreicht, so wird der Stammdatensatz vom System **automatisch** stillgelegt.

Bei einer Eintragung von „999999“ im Feld „letzte Zahlung“ (Satzart 108, Feld 10) erfolgen die Zahlungen bis auf weiteres und die Stilllegung ist vom Titelverwalter zu veranlassen.

1023 In der Satzart 107, Felder 8 und 9, können für die erste und/oder letzte Rate **abweichende Beträge** festgesetzt werden.

In der Satzart 108, Feld 9 ist der Turnus der Zahlungen anzugeben. Die monatliche Zahlung erhält die Kennzeichnung 01, die vierteljährliche mithin die 03. Zulässig sind die Angaben 01, 02, 03, 04, 06 und 12.

4. Verfügbarkeitskontrolle (Beleg E 08 „Anordnung zur einmaligen Aufhebung der Verfügbarkeitsprüfung")

Alle Maßnahmen der Mittelverteilung und der Mittelverwendung, insbesondere also auch Bewirtschaftungsmaßnahmen, die mit Belegen der F-Klasse veranlasst, die mithin **zu einer Verminderung der verfügbaren Haushaltsmittel führen**, unterliegen der **maschinellen Verfügbarkeitskontrolle** durch das System. 1024

Die beabsichtigten Bewirtschaftungsmaßnahmen werden also **zurückgewiesen**, wenn die verfügbaren Mittel auf diesem Sachbuchkonto nicht ausreichen.

Davon sind Konten ausgenommen, die sich auf die sog. **Soll-/Ist-Fälle** beziehen (z. B. allg. Ausgabebewilligung). Die Bewirtschaftung von Haushaltsstellen als Soll-Ist-Fall ist eine verfahrenstechnische Möglichkeit, die Verfügbarkeitskontrolle generell aufzuheben, weil Ausgaben dieser Art zumeist in Erfüllung eines gesetzlichen oder tarifvertraglichen Anspruchs zu leisten sind und dessen Einlösung nicht vom Vorhandensein von Haushaltsmitteln abhängig gemacht werden kann. Die Bewirtschaftung der Soll-Ist-Fälle kann allerdings nur von der obersten Bundesbehörde veranlasst werden. 1025

Muss in einem begründeten Ausnahmefall trotz **fehlender Haushaltsmittel gezahlt** werden, kann der Titelverwalter, um ggf. Rechtsfolgen aus einem Zahlungsverzug zu vermeiden, die Verfügbarkeitskontrolle einmalig für diesen Zahlungsfall aufheben.

Neben der Auszahlungsanordnung ist von ihm eine weitere Anordnung mit Beleg E 08 zur Aufhebung einer einmaligen Verfügbarkeitskontrolle auszufertigen.

Die Aufhebung der einmaligen Verfügbarkeitskontrolle ist **schlüssig zu begründen**, z. B. 1026

„Die Zuweisung weiterer Haushaltsmittel wurde durch MV X fernmündlich am … zugesagt."

Anordnende Stelle
BwDLZentrum
Hochdorf

Eingangsstempel der Kasse

Belegnummer der Kasse

E08

An die **Bundeskasse** Halle/Saale

Anordnung zur einmaligen Aufhebung der Verfügbarkeitskontrolle

(Diese Anordnung ist mit der dazugehörenden Auszahlungsanordnung zu verbinden)

Belegnummer der Auszahlungsanordnung (Tag Monat Jahr Lfd. Nr.)
1 4 0 7 2 0 4 2

Bewirtschafternummer
0 3 1 1 0 5 4 5

Titel-/Objektkonto
0 0 0 2 6 5 1 5 3 1
- **Objektnummer**

Haushaltsstelle (Epl., Kap., Titel): 1404511013

Haushaltsjahr: 2012

Gesamtbetrag der Auszahlungsanordnung
Euro - - - - - - - 4 3 3 5 Cent 3 5

Fälligkeitsdatum der Auszahlungsanordnung
1 8 0 7 1 2

Begründung zur Aufhebung der Verfügbarkeitskontrolle

Fernmündliche Zusage der WBV X v. 13.07.2012 auf Zuweisung weiterer HHM in Höhe von 5.000,00 Euro
auf Zuweisungskonto 0002538160

Die Anordnung ist, wie angegeben, auszuführen.

14.07.2012 gez. Mustermann
Datum, Unterschrift des Anordnungsbefugten

Vermerke der Kasse

Bearbeitungszeichen:

Die Auszahlungsanordnung wurde mit besonderem Programm erfasst

3130 **Z-E08** 2010 Anordnung zur einmaligen Aufhebung der Verfügbarkeitskontrolle

Abb. 66: Vordruck E 08 „Anordnung zur Aufhebung einer einmaligen Verfügbarkeitskontrolle“

V. Annahme und Buchung von Einzahlungen, Durchführung von Umbuchungen u.ä.

1. Allgemeines

Die Maßnahmen der Mittelverwendung umfassen auch die Anordnung des Titelverwalters zur Annahme von Einzahlungen zu Gunsten seiner Sachbuchkonten. 1027

Als Zahlung ist sowohl jede **Auszahlung** als auch jede **Einzahlung** gem. § 71 Abs. 1 BHO nach der im Haushaltsplan oder einer sonst vorgesehenen Ordnung zu buchen. 1028

Zu den Bewirtschaftungsmaßnahmen in diesem Sinne sind z. B. auch Anordnungen zur Umbuchung von Ein- oder Auszahlungen zu rechnen.

Bei Bewirtschaftungsmaßnahmen dieser Art kommen ebenfalls Belege der F-Klasse zur Anwendung. Hierzu zählen in erster Linie die Belege F 14, F 22, F 23, F 25, F 41, F 42 und F 09 einschließlich ihrer Unterarten.

2. Einzahlungen

Nach § 34 Abs. 1 BHO sind Einnahmen **rechtzeitig** und **vollständig** zu erheben. 1029 Die dem Bund zustehenden Einnahmen sind bei Fälligkeit zu erheben, unabhängig davon, ob sie im Haushaltsplan überhaupt oder in entsprechender Höhe veranschlagt sind. Über eine Forderung mit Fälligkeit im laufenden Haushaltsjahr ist der Bundeskasse unverzüglich, damit grundsätzlich vor der Einzahlung, eine Kassenanordnung zu erteilen, sobald die Forderung betragsmäßig feststeht (VV Nr. 3.1 zu § 34 BHO).

Entstehen Ansprüche nicht unmittelbar durch Rechtsvorschriften, sind unverzüg- 1030 lich durch geeignete Maßnahmen die **notwendigen Voraussetzungen** für ihr Entstehen zu schaffen. Ausnahmen hiervon sind nur bei Vorliegen der gesetzlichen Voraussetzungen der §§ 58u. 59 BHO zulässig.[20]

Der Schuldner ist grundsätzlich **in Verzug zu setzen**, wenn dies nicht bereits auf 1031 gesetzlicher oder vereinbarungsmäßiger Basis geschehen ist, mit der Folge, dass ihm gegenüber grundsätzlich der Verzugsschaden geltend zu machen ist (VV Nr. 4 zu § 34 BHO).

20 *Westermeier*, Ausnahmen vom Grundsatz des § 34 Abs. 1 BHO, Unterrichtsblätter für die Bundeswehrverwaltung 4/2010.

2.1 Haushaltseinnahmen

1032 Haushaltseinnahmen sind solche Einnahmen, die grundsätzlich **auf Einnahmetitel anzunehmen** sind, die nach der Ordnung des Haushaltsplans eingerichtet sind. Das Gleiche gilt für Objekte, die mit Einnahmetiteln in Verbindung stehen.

1033 In einigen Fällen gestattet der Haushaltsplan bzw. das Haushaltsgesetz in Abweichung vom Bruttonachweis (§ 35 BHO), die Einzahlung auf einem Ausgabetitel oder auf einem damit zusammenhängenden Objekt anzunehmen. Dabei ist zwischen folgenden Fällen zu unterscheiden:

2.2 Rückzahlungen als Einnahmen

1034 Bei Rückzahlungen **zu viel geleisteter Ausgaben** (Rückeinnahmen) handelt es sich um Korrekturzahlungen auf Grund von Überzahlungen, Doppelzahlungen oder wegen nachträglicher Änderung der Berechnungsgrundlagen von bereits geleisteten Ausgaben. Die Regelungen des jeweils aktuellen Haushaltsgesetzes sind dabei zu beachten.

2.3 Erstattungen als Einnahmen

1035 Erstattungen sind Einzahlungen, die im Zusammenhang mit einer Ausgabe stehen und für die im Haushaltsplan **kein Einnahmetitel** vorgesehen ist. Solche Einzahlungen fließen dem Ausgabetitel zu, wenn dessen Zweckbestimmung über einen Haushaltsvermerk gem. Nr. 5.5.3 HRB (VV-HB) ein solches Verfahren zulässt *(z. B. „Erstattungen fließen den Ausgaben zu.")* oder wenn das Haushaltsgesetz eine entsprechende Regelung enthält.

2.4 Beiträge Dritter

1036 Beiträge Dritter sind Leistungen, mit denen sich Dritte an den Kosten des Bundes beteiligen. Sie sind bei dem **jeweiligen Ausgabetitel** zu buchen, wenn dessen Zweckbestimmung den Haushaltsvermerk *„Einzahlungen (z. B. aus Schadensersatzleistungen) fließen den Ausgaben zu"* enthält oder das jeweils aktuelle Haushaltsgesetz eine entsprechende Regelung enthält (vgl. § 6 HG 2007).

1037 Im HKR-Verfahren werden eingegangene Verpflichtungen zu Lasten eines Mittelansatzes (Festlegungen) für das laufende Haushaltsjahr nicht nur durch die Bundeskasse auf Grund einer Kassenanordnung des Bewirtschafters gebucht, sondern es wird **vor** der Buchung auch maschinell geprüft, ob Mittel in der angegebenen Höhe **überhaupt verfügbar** sind, d. h. ob der Titelverwalter keine höheren Verpflichtungen eingegangen ist, als ihm Mittel aus dem Haushaltsansatz und aus **Beiträgen und Erstattungen Dritter** zur Verfügung stehen. Gleiches gilt für die Erteilung von Auszahlungsanordnungen.

Die Verfügbarkeitskontrolle setzt daher voraus, dass die verfügbaren Mittel über den Haushaltsansatz hinaus um die Beiträge und Erstattungen Dritter erhöht werden können, sobald deren Höhe feststeht und eine Ausnahmeanordnung hierfür erteilt werden kann.

Für diese Ausnahmefälle ist für die Annahmeanordnung über Beiträge Dritter ein 1038
besonderer Verarbeitungsschlüssel 53 010 **„mit Erhöhung der verfügbaren Mittel“** vorgesehen, der nicht erst eine Erhöhung der verfügbaren Mittel zum Zeitpunkt des tatsächlichen Zahlungseingangs zulässt, sondern bereits zum Zeitpunkt der Buchung die Erhöhung der Mittel unabhängig vom tatsächlichen Zahlungseingang gestattet (Nr. 10 VerfRiB-MV/TV-HKR).

Diese abweichende Form der Mittelbewirtschaftung wird dann angewandt werden, wenn aus rechtlichen Gründen vor Zahlungseingang bereits Leistungen erbracht werden müssen. Ein entsprechender Haushaltsvermerk findet sich im Einzelplan 12.

<table>
<tr><th>Titel
Funktion</th><th>Zweckbestimmung</th><th>Soll
2012
1.000 €</th><th>Soll
2011
1.000 €</th><th>Ist
2010
1.000 €</th></tr>
<tr><td>741 42
-722</td><td>Erhaltung (Bundestraßen)</td><td>703 940</td><td>788 376</td><td>480 518</td></tr>
<tr><td colspan="2">Haushaltsvermerk:
Einnahmen, zum Beispiel durch Kostenbeteiligungen Dritter, aus der Inanspruchnahme von Bürgschaften etc., fließen den Ausgaben zu.</td><td colspan="3">Falls Mehrausgaben auf Grund zu erwartender Einnahmen geleistet wurden und diese Einnahmen im laufenden Haushaltsjahr nicht eingehen, dürfen diese Einnahmen, soweit sie in den folgenden Haushaltsjahren eingehen, nicht mehr zur Leistung von Ausgaben verwendet werden.</td></tr>
</table>

Abb. 67: Beispiel aus dem EPl 12 „Erhöhung der verfügbaren Mittel“

2.5 Sonstige Einzahlungen

Sonstige Einzahlungen sind solche, die neben dem Haushaltsplan eingehen und 1039
nach einer sonst vorgesehenen Ordnung zu buchen sind. Dabei kann es sich z. B. um den Eingang von S-Mitteln oder Verwahrungszahlungen handeln.

2.6 Einmalige Einnahmen

1040 Einmalige Einnahmen sind solche, die ihrem Wesen nach in *einer* Summe bei Fälligkeit zu erheben sind (§ 34 Abs. 1 BHO). Ist keine Fälligkeit vereinbart oder besteht sie nicht auf gesetzlicher Basis, ist der Bund verpflichtet, die Einnahme sofort zu verlangen.

2.7 Wiederkehrende Einnahmen

1041 Wiederkehrende Einzahlungen sind solche, die ihrem Wesen nach in bestimmten regelmäßigen Zeitabständen in grundsätzlich gleichbleibenden Teilbeträgen (Raten) zu erheben sind. Das HKR-Verfahren gestattet, dass bei solchen Einnahmen sowohl die erste als auch die letzte Rate abweichende Beträge abweichen können.

Typische Einzahlungen dieser Art sind etwa Mietzahlungen oder Stundungsbeträge in Ratenzahlweise.

3. Die Eintragungen im Einzelnen

- Bundeskasse, Zahlstelle:
  Die Angabe der für den Bewirtschafter zuständigen Bundeskasse ist stets erforderlich. Soll die Einzahlung bar über eine Zahlstelle erfolgen, so ist auch deren Bezeichnung einzutragen.
- Bezeichnung des Geldinstituts mit Ortsangabe nur bei Lastschrifteinzug (LSE):
  Die Kontonummer des Einzahlungspflichtigen wird *linksbündig* und *zusammenhängend* (ohne Leerstellen), *nur mit Ziffern* (ohne Schräg- und Bindestriche) eingetragen.
  Es genügt allerdings die Kurzangabe des Kreditinstituts.
- Betrag in Buchstaben:
  Der zur Annahme angeordnete Betrag ist ohne Centbetrag in Buchstaben anzugeben und mit dem Wort Euro ohne Zwischenraum abzuschließen.
- Zahlungsart:
  Die gewählte Zahlungsart ist durch Ankreuzen des vorgesehenen Teilfeldes zu markieren. Es ist jeweils nur eine Zahlungsart möglich.
- Begründung der Einnahme, Hinweis auf begründende Unterlagen:
  Die Einnahme sollte kurz, aber dennoch deutlich erklärt werden. Auf begründende Unterlagen (z. B. D-/S-Belege) ist an dieser Stelle hinzuweisen. Soll die Einnahme mit einer angegebenen Auszahlung verrechnet werden, ist dies hier anzugeben.
- Satzart H 22 – Felder 7 u. 8:
  Der Einzahlungspflichtige ist eindeutig zu bezeichnen, um Verwechslungen zu vermeiden. Soll dieser Text auch als Buchungstext im Kontoauszug erscheinen, so bleibt das Feld 7 in der Satzart H 12 unausgefüllt.

- Satzart 101 – Feld 7 (Kassenzeichen):
  Das Zahlungsüberwachungsverfahren (ZÜV) verlangt die Eintragung des zwölfstelligen Kassenzeichens.
- Satzart 100 – Feld 7 (Betrag):
  Der einzuzahlende Betrag ist **rechtsbündig** einzutragen. Lautet der Centbetrag auf Null, so sind zwei Nullen einzusetzen. Nicht benötigte Schreibstellen sind zu entwerten. Soll die Einzahlung in fremder Währung erfolgen, ist das gesamte Betragsfeld zu entwerten.
- Satzart 100 – Feld 8 (Fälligkeitsdatum):
  In jedem Fall ist das Fälligkeitsdatum anzugeben. Hierfür ist der Titelverwalter verantwortlich. Es muss mit dem kalendermäßigen **Fälligkeitsdatum aus der Zahlungsaufforderung** übereinstimmen.
  Die Darstellung erfolgt in der Form TTMMJJ (z. B. 121112 = 12. November 2012)
- Satzart 100 – Feld 9 (Buchungsplatz):
  Dieses Feld ist nur für das ZÜV vorgesehen. Es ist nur ein Eintrag erforderlich, wenn der Titelverwalter eine maschinell erstellte Sollstellung aufheben will. Die Buchungsplatz-Nummer ergibt sich aus dem ZÜV-Kontoauszug.
- Satzart H 32 – Feld 7 (Angabe über den Zweck der Zahlung bei LSE):
  Hier ist der Text einzutragen, der auf dem Girokontoauszug des Empfängers als Erläuterung der Zahlung erscheinen soll.
- Satzart H 02 – Felder 7 (Text zur Erläuterung der Buchung im Kontoauszug, Angaben zur Abschlagsauszahlung):
  Hier ist zwischen den einzelnen Fällen der Anordnung zur Annahme
  - einer einmaligen Einzahlung bzw.
  - einer Rückzahlung zu einer Abschlags- oder Schlussauszahlung

  zu unterscheiden:
  - Zusammen mit dem Feld 7 der Satzart H 12 stehen zur Erläuterung der Buchung im Kontoauszug des Bewirtschafters 50 Schreibstellen zur Verfügung.
    Sollen später Auswertungen nach einer Textinformation vorgenommen werden, so ist diese hier einzutragen und auf 11 Zeichen einschließlich etwaiger Leerstellen begrenzt. Anfang und Ende einer solchen Textinformation ist durch ein zweifachen „++"-Zeichen zu begrenzen.

  Beispiel: ++Erstattung++
  - Satzart H 02, Feld 7 (Rückzahlung zu einer Abschlags- oder Schlussauszahlung):
    Schreibstelle 1: *A* bei Rückzahlung zu einer Abschlagsauszahlung
    S bei Rückzahlung zu einer Schlusszahlung

Schreibstelle 2-4:	Einzutragen sind – die laufende Nummer des Abschlags, zu dem zurückzuzahlen ist (z. B. 002) – drei Nullen im Falle einer Schlusszahlung
Schreibstelle 5-9:	Abschlagskontrollnummer: Hier ist die bei der ersten Abschlagszahlung vergebene Kontrollnummer einzutragen.
Schreibstelle 10-25:	Stellen für individuelle Textinformationen im Kontoauszug des Bewirtschafters

4. Einzahlungen im Zahlungsüberwachungsverfahren (ZÜV)

1042 Mit Rundschreiben vom 28.2.2003 erinnert das BMF daran, Haushaltseinnahmen ab 1.11.2000 nur noch im **Zahlungsüberwachungsverfahren** des Bundes (ZÜV) abzuwickeln.

Das Zahlungsüberwachungsverfahren wird in Rn. 1163 ff. ausführlicher behandelt.

5. Die Belege im Einzelnen

5.1 Beleg F 22 Anordnung zur Annahme einer Einzahlung oder Aufhebung der Annahmeanordnung

1043 Zur Annahme einer **einmaligen Einzahlung** ist grundsätzlich der Beleg F 22 *(s. Abb. 68)* zu verwenden.

1044 Gleichzeitig mit der Buchung dieses Belegs durch die Bundeskasse erfolgt die Sollstellung des anzunehmenden Betrages im Sachbuchkonto. Bei Eingabe des entsprechenden Kassenzeichens wird gleichzeitig ein Zahlungsüberwachungskonto als Vorkonto zum Sachbuchkonto eingerichtet.

Mit der Sollstellung wird gleichzeitig der vorgefertigte Einzahlungsbeleg K 05 *(s. Abb. 68a)* für und durch die Bundeskasse ausgefertigt. Sobald die Zahlung tatsächlich eingeht wird dieser Beleg vervollständigt und von der Kasse erfasst. Dadurch wird die Summe der Ist-Einzahlungen erhöht und in der Sollstellung gegengebucht, wodurch die vorangegangene Sollstellung aufgehoben wird. Durch die Buchung von Sollstellungen im Sachbuchkonto (Titel- oder Objektkonto) wird dem Bewirtschafter über den Kontoauszug der jederzeitige Überblick über erledigte und unerledigte Zahlungseingänge gewährt.

Anordnende Stelle
BwDienstleistungszentrum Neustadt/Dosse

Eingangsstempel der Kasse

F22

1 Belegnummer der Kasse

An die **Bundeskasse** Halle/Saale

über die Zahlstelle

2 Belegnummer des Bewirtschafters (Tag Monat Jahr Lfd. Nr.): 2 1 0 4 2 0 9 4

3 Verarbeitungsschlüssel: 5 3 1 2 0

Anordnung zur

[X] **Annahme einer Einzahlung**

[ ] **Aufhebung der Annahmeanordnung (nur HKR)**

4 Bewirtschafternummer: 0 3 1 1 0 5 4 5

5 Titelkonto: 1 4 0 3 4 5 3 0 1 3

6 Objektkonto: 0 0 0 2 1 1 6 7 5 1

- Objektnummer

Haushaltsjahr
2012

Satzart **101**

7 Kassenzeichen: 0 9 1 2 2 2 6 5 4 3 4 2

8 Kz.-Mahnverfahren (1 2 3 4 5): 0 0 1 0 0

H22

7 Name/Bezeichnung des Einzahlungspflichtigen: L e u t n a n t A n d y G . W e h r e

8

9 Straße/Postfach: A h o r n a l l e e 2 2

10 LKZ — PLZ: 0 0 2 3 4 — Ort: N e u s t a d t / D o s s e

Bezeichnung des Geldinstitutes mit Ortsangabe
Bankverein Neustadt

H01

8 Bankleitzahl: 0 1 3 3 4 4 0 7

9 Girokontonummer: 8 6 7 5 6 4 - - - -

LSE: 1

Betrag in Buchstaben in Euro

100

7 Betrag (Euro, Cent): - - - - - - - - - 1 2 1 | 1 6

8 Fälligkeitsdatum: 0 9 0 5 1 2

10 Bezugsbelegnummer: 0 4 0 4 2 0 2 3

Zahlungsart
[X] unbar [ ] bar [ ] Verrechnung

Begründung der Einnahme, Hinweis auf begründende Unterlagen

Rückz. überz. UKV
Besch, BwDLZ v. 18.04.2012
UKV-Abr. v. 16.04.2012 - 1403 453 01
lfd. Nr. 27

Anlagen

H32

7 Angabe über den Zweck der Zahlung bei Lastschrifteinzug: R u e c k z . U K V B e s c h . v . 1 8 . 0 4 .

H02

7 Text zur Erläuterung der Buchung im Kontoauszug, Angaben zur Abschlagszahlung (Schreibstellen 1 bis 9)

H12

7 Buchungstext/Einzahlender (falls abweichend vom Einzahlungspflichtigen)

H82

7 Mehrzweckfeld

Sachlich richtig — Rechnerisch richtig

Geyer — Adler

Unterschriften

Die Anordnung ist, wie angegeben, auszuführen.

21.04.2012 — Falke

Datum, Unterschrift des Anordnungsbefugten

Zahlungsnachweis
Der angeordnete Betrag wurde angenommen, Datum
unbar [ ] bar [ ] Verrechnung [ ]

1. Unterschrift — 2 Unterschrift.

Annahmevermerk der Bundeskasse oder der Zahlstelle

Betrag erhalten:

Datum, Unterschrift

Vermerke der Kasse

Bearbeitungszeichen: — Datum der Einzahlung

Daten erfasst: — Daten geprüft:

3160 Z-F22 2010 Anordnung zur Annahme einer Einzahlung oder Aufhebung der Annahmeanordnung

Abb. 68: Beleg F 22 „Anordnung zur Annahme einer Einzahlung/zur Aufhebung der Annahmeanordnung“

Eintragungen auf der Rückseite:
Verzeichnis der Bearbeitungsschlüssel für den Vordruck F 22 (Auswahl)

Anordnung zur Annahme	
• einer **Einzahlung** zu einem Einnahmetitel	53100
• von **Erstattungen**	53100
• von **Strafen** und **Bußgeldern**	53104
• von **Beiträgen Dritter**	53110
• von **Rückeinnahmen** zu einem Ausgabetitel	53120
Anordnung zur Aufhebung der zum Soll gestellten	
– **Annahmeanordnung** zu einem Einnahmetitel und einem Ausgabetitel	58620
– **Annahmeanordnung** zu einem Einnahmetitel mit Bezug auf einen erweiternden Haushaltsvermerk	58620

1045 Im Falle einer infolge der Abschlagszahlung erfolgten **Überzahlung** genügt die Ausfertigung einer Anordnung zur Annahme einer Einzahlung mit Beleg F 22. Der überzahlte Betrag ist auf dem Ausgabetitel mit dem Verarbeitungsschlüssel 53120 anzunehmen. Gleichzeitig ist in der Satzart H 02 die Kennung „S“ für Schlusszahlung mit der entsprechenden Abschlagsnummer einzutragen.

5.2 Beleg F 23 u. F 23 A „Sammelanordnung (B) zur Annahme einer Einzahlung/Anordnung zur Aufhebung der Annahmeanordnung“

1046 Der Beleg F 23 *(s. Abb. 69)* mit seiner Anlage F 23 A *(Abb. 70)* dient als Sammelanordnung zur Annahme einer Einzahlung eines Einzahlungspflichtigen, der **auf mehrere, aber höchstens 48 Sachbuchkonten** einzuzahlen hat.

Bezüglich seiner Funktion ist er analog der Sammelanordnung (B) zur Leistung von Auszahlungen F 11 *(s. Rn. 1016)* anzuwenden.

Bundeskasse

Eingangsstempel der Kasse

K05

1 Belegnummer der Kasse

Beleg zur Annahme einer Einzahlung

Datum

Blatt

2 Belegnummer des Bewirtschafters
Tag Monat Jahr Lfd. Nr.

3 Verarbeitungsschlüssel
6 3 0

4 Bewirtschafternummer

Haushaltsjahr

5 Titelkonto

Objektkonto

Betrag in Buchstaben in Euro (oder Fremdwährung)

6 Satzart
H 2 2

7 Name/Bezeichnung des Einzahlungspflichtigen

Angaben zur Einzahlung

1 1 0

7 Eingezahlter Betrag Euro Cent

Zur Annahme angeordneter Betrag Euro Cent

8 Fälligkeitsdatum

9 Bezugsbelegnummer

10 Datum der Einzahlung

Nur bei einer Änderung des Betrags der Annahmeanordnung im Rahmen der Kleinbetragsregelung ausfüllen:

Betrag der Änderung in Buchstaben in Euro (oder Fremdwährung)

H 0 2

7 Text zur Erläuterung der Buchung im Kontoauszug

H 1 2

7 Text zur Erläuterung der Buchung im Kontoauszug

Nur bei einer Änderung des Betrags der Annahmeanordnung ausfüllen:

Begründung der Änderung

1 0 4

9 Verarbeitungsschlüssel
5 8 0

10 Betrag der Änderung
Euro Cent

H 8 2

7 Mehrzweckfeld

Für die Richtigkeit der Eintragung und Änderung

Ort, Datum

Unterschrift

Vermerke der Kasse

Bearbeitungszeichen:

Daten erfasst: Daten geprüft:

3174 Z-K05 2010 Beleg zur Annahme einer Einzahlung

Abb. 68a: Beleg K 05 zur Annahme einer Einzahlung

Anordnende Stelle
BwDLZentrum
Tiefstadt

Eingangsstempel der Kasse

F23

1 Belegnummer der Kasse

An die **Bundeskasse** Halle/Saale

über die Zahlstelle

2 Belegnummer des Bewirtschafters (Tag, Monat, Jahr, Lfd. Nr.): 1 2 0 7 2 0 6 6

3 Verarbeitungsschlüssel: 5 3 1 1 0

4 Bewirtschafternummer: 0 3 1 1 0 5 4 5

Sammelanordnung (B) zur Annahme einer Einzahlung

durch einen Einzahlungspflichtigen zu unterschiedlichen Haushaltsstellen

Haushaltsjahr: 2012

Erste betroffene Haushaltsstelle (Epl., Kap., Titel): 1412517015

Satzart **101**

7 Kassenzeichen: 0 9 1 2 2 2 7 4 5 6 7 1

8 Kz.-Mahnverfahren (1 2 3 4 5): 0 0 1 0 0

H22

7 Name/Bezeichnung des Einzahlungspflichtige: S p o r t v e r e i n T V T i e f s t a d t

8

9 Straße/Postfach: A h o r n w e g 2 6

10 LKZ

PLZ: 1 2 3 3 3 Ort: M i t t e n w a l d e

Bezeichnung des Geldinstituts mit Ortsangabe: Sparkasse Mittelwalde

H01

8 Bankleitzahl: 0 0 1 2 4 4 2 4

9 Girokontonummer: 9 9 9 8 8 8 7 6 5 4

LSE: 1

Betrag in Buchstaben in Euro: siebenhundertdreiundachtzigEuro

100

7 Betrag: Euro - - - - - - - - 7 8 3 Cent 1 4

10 Fälligkeitsdatum: 0 1 0 8 0 8

11 Bezugsbelegnummer

Zahlungsart

X unbar ☐ bar ☐ Verrechnung

Begründung der Einnahme, Hinweis auf begründende Unterlagen

Mitbenutzung Sporthalle PiBtl. 7
Mitbenutzungsvertr. 047)
Schadensersatz wg. Besch. Eing.-tür Halle

Anzahl der begründenden Unterlagen: 3

H32

7 Angabe über den Zweck der Zahlung bei Lastschrifteinzug:
M i t b e n u t z . H a l l e
S c h a d e n s e r s .

H42

7 Einzahlender (falls abweichend vom Einzahlungspflichtigen)

H82

7 Mehrzweckfeld

Sachlich richtig — Rechnerisch richtig
einschließlich Anlagen F 23A, Blattnrn. 01 bis
gez. Taube — gez. Falke
Unterschriften

Die Anordnung ist, wie angegeben, auszuführen.
12.07.2012 gez. Geyer
Datum, Unterschrift des Anordnungsbefugten

Zahlungsnachweis
Der angeordnete Betrag wurde angenommen, Datum
unbar ☐ bar ☐ Verrechnung ☐
1. Unterschrift — 2. Unterschrift

Annahmevermerk der Bundeskasse oder der Zahlstelle
Betrag erhalten:
Datum, Unterschrift

Vermerke der Kasse
Bearbeitungszeichen: — Datum der Einzahlung
Daten erfasst: — Daten geprüft:

3161 **Z-F23** 2010 Sammelanordnung (B) zur Annahme einer Einzahlung oder Aufhebung der Annahmeanordnung

Abb. 69: Beleg F 23 A „Sammelanordnung (B) zur Annahme einer Einzahlung“

Anordnende Stelle
BwGLZentrum Tiefstadt

F23A

Sammelanordnung (B)
zur Annahme von Einzahlungen

Anlage

Blattnummer: 01

Kassenzeichen: 0 9 1 2 2 2 7 4 5 6 7 1

Haushaltsjahr: 2012
Datum: 12.07

6 Satzart	10 Titelkonto	11 Objektkonto - Objektnummer
0 0 1	1 4 1 2 5 1 7 0 1 5	0 0 0 2 4 4 4 3 4 9

1 0 0	7 Betrag Euro Cent: - - - - - - - - - 6 0 / 0 0
H 0 2	7 Text zur Erläuterung der Buchung im Kontoauszug, Angaben zur Abschlagszahlung (Schreibstellen 1 bis 9): Mitbenutz. Sporthalle
H 1 2	7 Text zur Erläuterung der Buchung im Kotoauszug:

6 Satzart	10 Titelkonto	11 Objektkonto - Objektnummer
0 0 1	1 4 1 2 5 1 9 1 1 2	0 0 0 2 3 4 6 4 2 7

1 0 0	7 Betrag Euro Cent: - - - - - - - - 7 2 3 / 1 4
H 0 2	7 Text zur Erläuterung der Buchung im Kontoauszug, Angaben zur Abschlagszahlung (Schreibstellen 1 bis 9): Schadensersatz E.-tuer Sp
H 1 2	7 Text zur Erläuterung der Buchung im Kotoauszug: orthalle Sch.-Nr. 09/12

6 Satzart	10 Titelkonto	11 Objektkonto - Objektnummer
0 0 1		

1 0 0	7 Betrag Euro Cent
H 0 2	7 Text zur Erläuterung der Buchung im Kontoauszug, Angaben zur Abschlagszahlung (Schreibstellen 1 bis 9)
H 1 2	7 Text zur Erläuterung der Buchung im Kotoauszug

6 Satzart	10 Titelkonto	11 Objektkonto - Objektnummer
0 0 1		

1 0 0	7 Betrag Euro Cent
H 0 2	7 Text zur Erläuterung der Buchung im Kontoauszug, Angaben zur Abschlagszahlung (Schreibstellen 1 bis 9)
H 1 2	7 Text zur Erläuterung der Buchung im Kotoauszug

Vermerke der Kasse
Bearbeitungszeichen:
Daten erfasst: Daten geprüft:

3162 Z-F23A 2010 Anlage

Abb. 70: Beleg F 23 A „Sammelanordnung (B) zur Annahme von Einzahlungen" – Anlage –

Eintragungen auf der Rücksteite: **Verzeichnis der Bearbeitungsschlüssel für den Vordruck F 23**	
Sammelanordnung (B) zur Annahme	57100
• einer **Einzahlung** zu einem Einnahmetitel	
• von **Erstattungen**	57100
• von **Beiträgen Dritter**	57110
• von **Rückeinnahmen** zu einem Ausgabetitel	57120
Anordnung zur Aufhebung der zum Soll gestellten	
• **Annahmeanordnung** zu einem Ausgabetitel	58620
• **Annahmeanordnung** zu einem Einnahmetitel	58620

5.3 Beleg F 41 „Anordnung zur Annahme oder Änderung einer wiederkehrenden Einzahlung“

1047 Der Beleg F 41 *(s. Abb. 71)* dient der Annahme wiederkehrender Einzahlungen. Wiederkehrende Einzahlungen sind solche, die ihrem Wesen nach in bestimmten regelmäßigen Zeitabständen in grundsätzlich gleichbleibenden Teilbeträgen (Raten) zu erheben sind.

Grundsätzlich sind die Eintragungen sinngemäßer Weise vorzunehmen, wie in diesem Kapitel zu dem Vordruck F 31 bereits ausgeführt wurde.

1048 Daneben sind bei wiederkehrenden Einzahlungen folgende Besonderheiten zu beachten:

- Gültigkeitsdauer der Anordnung:
  Einzutragen ist der gesamte **gesetzliche** oder **vertragliche** Forderungszeit-zeitraum. Der Eintrag lautet entweder TTMMJJ (Beginn) bis einschließlich TTMMJJ (Ende des Forderungszeitraums)
  Beispiel:
  Mietvertrag v. 01.07.2012 bis 31.12.2015
  Eintrag: 010712 bis 311215
  oder
  TTMMJJ (Beginn) bis auf Weiteres. In diesem Falle ist in der Satzart 108, Zeile 10, die Kennung 999999 einzutragen.
- Satzart 107, Feld 7 (Teilbetrag):
  Der anzunehmende Teilbetrag ist rechtsbündig einzutragen. In den Feldern 8 und 9 können die von den „Normal“-raten abweichende erste bzw. letzte Rate eingetragen werden.
  Selbstverständlich kann ein abweichender letzter Betrag nur bei einer befristeten wiederkehrenden Einzahlung eingetragen werden.

- Satzart 108, Feld 7 (erste Zahlung):
  Der eingetragene Zahlungstag (TTMMJJ) ist der erste Tag der Sollstellung. Alle weiteren Sollstellungen erfolgen turnusgemäß am gleichen Tag des entsprechenden Zahlungsmonats.
  Für den ersten Tag der Zahlung kann auch ein zurückliegendes Datum angegeben werden; der früheste Termin ist jedoch der 01.01. des laufenden Jahres.
- Satzart 108, Feld 9 (Turnus):
  Hier ist ein Schlüssel für den zeitlichen Abstand der einzelnen Zahlungen in Monaten anzugeben.
  Eine monatliche Zahlung erhält mithin die Angabe „01“; eine vierteljährliche Zahlung die Kennung „03“ oder die jährliche Zahlung den Eintrag „12“.

Anordnende Stelle
BwDLZentrum
Tiefstadt

Eingangsstempel der Kasse

F41

1 Belegnummer der Kasse

An die **Bundeskasse** Halle/Saale

Anordnung zur Annahme oder Änderung einer wiederkehrenden Einzahlung

Haushaltsjahr 2012

2 Belegnummer des Bewirtschafters (Tag Monat Jahr Lfd. Nr.): 0 2 0 8 2 0 0 3

3 Verarbeitungsschlüssel: **0 1** 1 0 0

4 Bewirtschafternummer: 0 3 1 1 0 5 4 5

5 Titelkonto: 1 4 1 2 5 1 9 1 1 2

6 Objektkonto: 0 0 0 2 3 4 6 4 2 7

\- Objektnummer

Satzart **101**

7 Kassenzeichen: 0 9 1 2 2 2 2 7 4 3 2 1

8 O-Nr.: 0 1

10 Kz.-Mahnverfahren (1 2 3 4 5): 5 5 1 0 0

H22

7 Name/Bezeichnung des Einzahlungspflichtigen: G e f r . K a i M a u e r , 1 . P i B t l 7

8

9 Straße/Postfach: I m S p e r l i n g s h o f 7

10 LKZ

PLZ: 0 0 2 1 2 Ort: A m s e l d o r f

Bezeichnung des Geldinstituts des Einzahlenden: Raiffeisenbank Amseldorf

H01

8 Bankleitzahl: 0 1 2 2 3 4 9 3

9 Girokontonummer: 3 7 0 4 3 6 0 4 4 0

LSE: 1

Teilbetrag in Buchstaben in Euro: hundertEuro

107

7 Teilbetrag (Rate): Euro - - - - - - 1 0 0, Cent 0 0

8 abweichender erster Betrag: Euro - - - - - - 1 5 3, Cent 5 0

9 abweichender letzter Betrag: Euro, Cent

Gültigkeit der Anordnung
vom 01.09.2012 bis 31.12.2012 ☐ bis auf weiteres

108

7 erste Zahlung (Zahlungstag) (Tag Monat Jahr): 0 1 0 9 1 2

9 Turnus: 0 1

10 letzte Zahlung (Monat Jahr): 0 1 1 2 1 2

11 gültig ab (Tag Monat Jahr)

Begründung der Einnahme, Hinweis auf begründende Unterlagen
Schadensersatz Instands. Eingangstür
Kompaniegeb. 1./PiBtl 7

Anlagen 5

H32

7 Angabe über den Zweck der Zahlung bei Lastschrifteinzug: S c h a d e n s e r s a t z E . - t u e r K o m p

H02

7 Text zur Erläuterung der Buchung im Kontoauszug

H42

7 Einzahlender (falls abweichend vom Einzahlungspflichtigen)

H82

7 Mehrzweckfeld

Sachlich richtig und Rechnerisch richtig
gez. Hirsch
Unterschriften

Die Anordnung ist, wie angegeben, auszuführen.
02.08.2012 gez. Elch
Datum, Unterschrift des Anordnungsbefugten

Vermerke der Kasse
Bearbeitungszeichen:
Daten erfasst: Daten geprüft:

3168 Z-F41 2010 Anordnung zur Annahme oder Änderung einer wiederkehrenden Einzahlung

Abb. 71: Beleg F 41 „Anordnung zur Annahme oder Änderung einer wiederkehrenden Einzahlung“

Eintragungen auf der Rückseite: **Verzeichnis der Bearbeitungsschlüssel für den Vordruck F 41**	
Anordnung zur Annahme einer wiederkehrenden **Einzahlung**	
• für ein neu zu **eröffnendes** ZÜV-Konto	01100
• für ein bereits **bestehendes** ZÜV-Konto	01302
Anordnung zur **Änderung** von **Stammdaten** eines ZÜV-Kontos	01300
Anordnung zur **Änderung** und **Stilllegung** einer wiederkehrenden **Einzahlung**	01301

5.4 Beleg 42 und F 42 A „Sammelanordnung (B) zur Annahme oder Änderung einer wiederkehrenden Einzahlung“

Die Einzahlung eines Einzahlungspflichtigen auf mehrere Sachbuchkonten ist mit dem Beleg F 42 abzuwickeln. 1049

Für diesen Vordruck gelten sinngemäß die Erläuterungen und Ausfüllhinweise zu den Vordrucken F 22 und F 41 mit Ausnahme der Satzart 107, Feld 7 (turnusmäßiger Gesamtbetrag). Einzutragen ist der turnusmäßige Gesamtbetrag, der sich aus der Summe der Beträge der turnusmäßigen Raten aus der zugehörigen Anlage 42 A ergibt.

5.5 Beleg F 09 „Anordnung zur Umbuchung einer Auszahlung/einer Einzahlung“

Umbuchungen sind Buchungen, durch die in erster Linie bereits gebuchte Zahlungen von einem Sachbuchkonto auf ein anderes übertragen werden. 1050

Ein weiterer Fall der Umbuchung kann innerhalb eines Sachbuchkontos erfolgen, wenn z. B. bestimmte Buchungsinformationen vergessen oder verwechselt wurden.

Man unterscheidet mithin zwischen folgenden Umbuchungsfällen:
1. Umbuchung zwischen verschiedenen Sachbuchkonten und
2. Umbuchung innerhalb eines Sachbuchkontos (Buchungspirouette).

Der erste Fall der Umbuchung ist der Regelfall und kennzeichnend für eine Kontenverwechslung. Der zweite Fall kommt dann in Betracht, wenn Kennungen für Abschlags- oder Schlussauszahlungen unterblieben oder eine falsche Abschlagskontrollnummer oder Textinformation vergeben wurde (Umbuchung auf der Stelle). 1051

1052 Eine Umbuchung kann sich nur auf eine **Istbuchung** beziehen. Im HKR-Verfahren unterscheidet man bei einer Umbuchung zwischen dem abgebenden und dem empfangenden Sachbuchkonto. Die Bewirtschafternummer beider Konten muss übereinstimmen, d. h. eine Umbuchung unter Verwendung einer Umbuchungsanordnung F 09 *(s. Abb. 72)* kann nur innerhalb eines Anordnungsbereichs erfolgen.

1053 In die Erfassungsfelder des abgebenden Sachbuchkontos sind die Angaben einzutragen, die für die ursprüngliche, fehlerhafte und jetzt zu berichtigende Buchung angegeben wurden. In den Erfassungsfeldern des empfangenden Sachbuchkontos sind dagegen die Eintragungen vorzunehmen, die dort ursprünglich und richtigerweise hätten eingetragen werden müssen.

Beispiele für eine Umbuchung innerhalb eines Sachbuchkontos (SB):

Umbuchungsgrund	Eintragungen in Satzart H 02	
	abgebendes SB	empfangendes SB
Angaben über eine Abschlagsauszahlung wurden vergessen.	keine	A00108023
Abschlagskontrollnummer ist falsch.	A00304034	A00408034
Schlussauszahlung wurde mit Abschlagsauszahlung verwechselt.	A00704123	S00008123

1054 Voraussetzung für eine Erteilung einer **Umbuchungsanordnung**:

- Der Betrag musste zuvor bei einem Sachbuchkonto mit entsprechender Kassenanordnung *angeordnet, gezahlt* und *gebucht* worden sein.
- Die Umbuchung erfolgt innerhalb einer anordnungsbefugten Dienststelle (gleiche Bewirtschafternummer).
- Die Umbuchung erfolgt innerhalb desselben Haushaltsjahres.
- Auf dem empfangenden Sachbuchkonto sind bei einer Umbuchung einer Auszahlung genügend Haushaltsmittel vorhanden und verfügbar.

5.5.1 Umbuchungen zwischen verschiedenen Bewirtschafternummern

1055 Ist eine Umbuchung in voller Höhe oder in Teilbeträgen des Anordnungsbetrages zwischen verschiedenen Anordnungsbereichen (verschiedenen Bewirtschafternummern) durchzuführen, kann dies nur unter Verwendung einer **Auszahlungsanordnung** und einer **Annahmeanordnung** geschehen.

Eine solche „Umbuchung“ erfolgt in Fällen

- der Verrechnung und
- des Buchausgleichs.

5.5.2 Umbuchungen mittels Kassenbelegs

Wird bei der Kasse nach erfolgter Buchung festgestellt, dass eine Kassenanordnung irrtümlich bei einem anderen als dem angegebenen Sachbuchkonto gebucht wurde, so wird der unrichtig gebuchte Anordnungsbetrag mit Umbuchungs**beleg** (K-Beleg) der Kasse auf das richtige Sachbuchkonto umgebucht. Der Umbuchungsbeleg der Kasse wird durch den Buchhalter ausgefertigt; die mittelbewirtschaftende Dienststelle wird nicht beteiligt. **1056**

Anordnende Stelle
BWDLZentrum
Tiefstadt

Eingangsstempel der Kasse

F09

1 Belegnummer der Kasse

An die **Bundeskasse** Halle/Saale

2 Belegnummer des Bewirtschafters (Tag, Monat, Jahr, Lfd. Nr.): 1 0 1 1 2 0 1 9

3 Verarbeitungsschlüssel: 6 8 5 0 0

Anordnung zur Umbuchung

[X] **einer Auszahlung**

[ ] **einer Einzahlung**

Haushaltsjahr
2012

Abgebendes Sachbuchkonto

4 Bewirtschafternummer: 0 3 1 1 0 5 4 5

5 Abgebendes Titelkonto: 1 4 0 4 5 1 1 0 1 7

6 Abgebendes Objektkonto: 0 0 0 2 6 3 6 7 3 2
- Objektnummer

Empfangsberechtigter/Einzahlungspflichtiger

Name: Fa. Schott
Straße: Ahornweg 7
PLZ, Ort: 00122 Finkendorf

Satzart

100

7 Betrag (Euro, Cent): - - - - - - - - - 5 1 6 7

8 Buchungsdatum: 0 9 0 9 0 2

9 Bezugsbelegnummer: 0 5 0 9 2 0 2 9

H02

7 Text zur Erläuterung der Buchung im Kontoauszug, Angaben zur Abschlagszahlung (Schreibstellen 1 bis 9)

F e h l b u c h u n g i m
B A 0 0 1

Begründung der Umbuchung, Hinweis auf begründende Unterlagen

Rechn. über FB HKR wurde irrtümlich falscher
Objektnummer zugeordnet.

Umzubuchen nach:

Empfangendes Sachbuchkonto

105

8 Bewirtschafternummer: 0 3 1 1 0 5 4 5

9 Empfangendes Titelkonto: 1 4 0 4 5 1 1 0 1 7

10 Empfangendes Objektkonto: 0 0 0 2 5 5 6 3 3 1
- Objektnummer

H02

7 Text zur Erläuterung der Buchung im Kontoauszug, Angaben zur Abschlagszahlung (Schreibstellen 1 bis 9)

F a c h b . H K R K a A
O v . 0 5 . 0 9 .

Sachlich richtig und Rechnerisch richtig
gez. Marta
Unterschriften

Die Anordnung ist, wie angegeben, auszuführen.
11.11.2012 gez. Pfahl
Datum, Unterschrift des Anordnungsbefugten

Vermerke der Kasse
Bearbeitungszeichen:
Daten erfasst: Daten geprüft:

3144 **6** **Z-F09** 2010 Anordnung zur Umbuchung einer Auszahlung/einer Einzahlung

Abb. 72: Beleg F 09 „Anordnung zur Umbuchung einer Auszahlung/einer Einzahlung“

Eintragungen auf der Rückseite: **Verzeichnis der Bearbeitungsschlüssel für den Vordruck F 09**	
Anordnung zur Umbuchung	
– einer **Auszahlung**	68500
– einer **Einzahlung**	68510

6. Allgemeine Annahme- und Auszahlungsanordnung[21]

Grundsätzlich sind Zahlungen (Ein-/Auszahlungen) mit förmlicher Kassenanordnung zu bewirken. **1057**

In besonderen Zahlungsfällen kann jedoch auf die Ausfertigung einer förmlichen **1058** Kassenanordnung verzichtet werden. Deshalb hat das BMF auf der Grundlage der Nr. 1.1.2 der VV für Zahlungen, Buchführung und Rechnungslegung (§§ 70 bis 72 und 74 bis 80 BHO) für solche Fälle im Einvernehmen mit dem BRH **allgemeine Kassenanordnung** erteilt.

Die zuständige Bundeskasse bucht auf Grund eines von der mittelbewirtschaften- **1059** den Dienststelle ausgefertigten **Buchungsbelegs**. Der Buchungsbeleg gilt für **bare** und **unbare** Zahlungen. Er ist grundsätzlich **rechnerisch** und **sachlich** festzustellen.

Die **allgemeine Kassenanordnung** unterscheidet sich von der förmlichen Kas- **1060** senanordnung im Wesentlichen dadurch, dass

- sich die allgemeine Kassenanordnung an **alle Kassen** des Bundes richtet,
- sie nur **einmal** erteilt wird und bis auf Widerruf gilt,
- kein Empfangsberechtigter und kein Einzahlungspflichtiger genannt ist,
- **kein Betrag** genannt ist,
- das **BMF** als **Anordnender** tätig wird und
- nur bestimmte, zumeist unbedeutende und geringfügige Zahlungsfälle betroffen sind.

Allgemeine erteile Kassenanordnungen gelten für bare und unbare Ein- und Auszahlungen.

An Stelle eines Formulars der F-Serie tritt ein **Buchungsbeleg** der M-Serie. **1061**

Für die allgemein erteilte **Annahme**anordnung ist grundsätzlich der HKR-Vordruck M 02 *(s. Abb. 73)*, für die von den Ländern an den Bund abzuführenden Steuern der HKR-Vordruck M 21 zu verwenden.

Für die allgemein erteile **Auszahlungs**anordnung ist grundsätzlich der HKR-Vordruck M 03 *(s. Abb. 74)*, für die von den Ländern zurückgerufenen überzahlten Steuerablieferungen der HKR-Vordruck M 31 zu verwenden

21 RdSchr. BMF v. 3.11.2005 – II A 6 – H 2000 – 217/05 –.

Anordnende Stelle
BwDLZentrum
Hohenmölsen

Eingangsstempel der Kasse

M02

1 Belegnummer der Kasse

An die **Bundeskasse** Halle/Saale

über die Zahlstelle BwDLZentr. Hohenm. -Zahlstelle

2 Belegnummer des Bewirtschafters
Tag Monat Jahr Lfd. Nr.
2 7 0 8 2 0 2 2

3 Verarbeitungsschlüssel
5 3 1 0 0

4 Bewirtschafternummer
0 3 1 0 4 5 6 7

5 Titelkonto
1 4 0 4 5 3 9 9 9 7

6 Objektkonto

- Objektnummer

Beleg zur Annahme und Buchung
einer E I N Z A H L U N G
aufgrund allg. Annahmeanordnung

Haushaltsjahr
2012

Satzart **101** 7 Kassenzeichen

8 Kz. Mahnverfahren 1 2 3 4 5

H22 7 Name/Bezeichnung des Einzahlungspflichtigen
ROI Peter Selie

8
BwDLZ Hohenmölsen

9 Straße/Postfach

10 LKZ PLZ Ort

Bezeichnung des Geldinstituts mit Ortsangabe

H01 8 Bankleitzahl 9 Giro-Kontonummer LSE

Betrag in Buchstaben in Euro

100 7 Betrag Euro Cent
- - - - - - - - - - 1 0 0 0

8 Fälligkeitsdatum 9 Buchungsplatz

10 Bezugsbelegnummer

Zahlungsart
☐ unbar ☐ bar ☐ Verrechnung

H32 7 Angabe über den Zweck der Zahlung bei Lastschrifteinzug

Begründung der Einnahme, Hinweis auf begründende Unterlagen
Ungeklärter Behördenfund (Banknote 10 Euro)

7 Text zur Erläuterung der Buchung im Kontoauszug
Angaben zur Abschlagszahlung (Schreibstellen 1 bis 9)

H02 Behoerdenfund

H12 7 Buchungstext/Einzahlender (falls abweichend vomEinzahlungspflichtigen)

Anlagen

H82 7 Mehrzweckfeld

Sachlich richtig und Rechnerisch richtig
Specht
Datum, Unterschriften

Zahlungsnachweis
Der angeordnete Betrag wurde angenommen, Datum
unbar ☐ bar ☐ Verrechnung ☐
1. Unterschrift 2. Unterschrift

Annahmevermerk der Bundeskasse oder der Zahlstelle
Betrag erhalten:
28.08.2012 Knete
Datum, Unterschrift

Vermerke der Kasse
Bearbeitungszeichen: Datum der Einzahlung
Daten erfasst: Daten geprüft:

3181 Z-M02 2010 Beleg zur Annahme und Buchung einer Einzahlung

Abb. 73: Beleg M 02 „Allgemein erteilte Annahmeanordnung“

Anordnende Stelle
BwDLZentrum
Hohenmölsen

Eingangsstempel der Kasse

M03

1 Belegnummer der Kasse

An die **Bundeskasse** Halle/Saale

über die Zahlstelle

2 Belegnummer des Bewirtschafters (Tag, Monat, Jahr, Lfd. Nr.): 2 7 0 8 2 0 2 1

3 Verarbeitungsschlüssel: 5 3 1 0 0

Beleg zur Leistung und Buchung einer A U S Z A H L U N G aufgrund allg. Auszahlungsanordnung

4 Bewirtschafternummer: 0 3 1 0 4 5 6 7

5 Titelkonto: 1 4 1 1 1 3 2 0 1 4

6 Objektkonto

- **Objektnummer**

Haushaltsjahr: 2012

H22 **7** Name/Bezeichnung des Einzahlungspflichtigen: R O I P e t e r S e l i e

8 B w D L Z e n t r u m H o h e n m ö l s e n

9 Straße/Postfach

10 LKZ | PLZ | Ort

Bezeichnung des Geldinstituts mit Ortsangabe

H01 **8** Bankleitzahl | **9** Giro-Kontonummer

Betrag in Buchstaben in Euro (oder Fremdwährung)

100 **7** Betrag: Euro - - - - - - - - - - 1 5 | Cent 0 0

8 Fälligkeitsdatum | Kz. | Gutschrift auf dem Empfängerkonto

9 Belegnummer der Festlegung

Zahlungsart
☐ unbar ☒ bar ☐ Verrechnung

H32 **7** Angabe über den Zweck der Zahlung auf dem Überweisungsträger

(Verwendungszweck)

Begründung der Ausgaben, Hinweis auf begründende Unterlagen

Erst. Auslagen f. Tonerpatrone

H02 **7** Text zur Erläuterung der Buchung im Kontoauszug
Angaben zur Abschlagszahlung (Schreibstellen 1 bis 9)

H12 **7** Text zur Erläuterung der Buchung im Kontoauszug
T o n e r p a t r . K o p .
C 1 6 4 / 7

Anlagen

104 **10** Von den festgelegten Mitteln abzubuchender Betrag: Euro | Cent

H82 **7** Mehrzweckfeld

Sachlich richtig und Rechnerisch richtig
Specht
Datum, Unterschriften

Zahlungsnachweis
Der angeordnete Betrag wurde ausgezahlt, Datum
unbar ☐ bar ☐ Verrechnung ☐
1. Unterschrift 2. Unterschrift

Quittung
Betrag erhalten:
27.08.2012 gez. Silie
Datum, Unterschrift

Vermerke der Kasse
Daten erfasst: Daten geprüft:

3183 Z-M03 2010 Beleg zur Leistung und Buchung einer Auszahlung

Abb. 74: Beleg M 03 „Allgemein erteilte Auszahlungsanordnung“

Aufstellung A Allgemein erteilte Auszahlungsanordnung
Anlage zum Rundschreiben – II A 6 – H 2000 – 217/05

Nr.	Allgemeine Auszahlungsanordnung ist erteilt für:
1	Ausgaben bis zu einem Betrag von 300 € der Obergruppen 51 bis 54 – ausgenommen Ausgaben der Gruppe 526 und 527 und die, die unter 2 genannt sind –
2	Auszahlungen von Gebühren und Auslagen, die durch den Anschluss der Bundeskasse oder Zahlstelle an Geldinstitute entstehen
3	Überzahlungen oder Einzahlungen, die wegen fehlender Zuständigkeit der Bundeskasse oder Zahlstelle von der Bundeskasse oder Zahlstelle an den Einzahler zurückzuzahlen oder an eine andere Bundeskasse oder Zahlstelle des Bundes oder an eine andere Kasse oder Zahlstelle einer juristischen Person des öffentlichen Rechts weiterzuleiten sind
4	Auszahlungen von Kursverlusten und damit im Zusammenhang stehende Gebühren und Auslagen
4a	Auszahlungen von Rückrufen, die vorher bei der Bundeskasse oder Zahlstelle eingezahlt wurden
5	Auszahlungen aus Vorkonten zum Bundeshaushalt (auch in Verbindung mit dem Abrufverfahren)
6	Erstattungen von Vorauszahlungen an Steuern oder Gebühren, soweit sie den endgültig festzusetzenden Sollbetrag übersteigen
7	Auszahlungen von Sicherheiten im Zollverkehr
8	Auszahlungen von eingezahlten Sicherheiten der Aufstellung B Nr. 13 an eine andere Bundeskasse oder Zahlstelle des Bundes oder an eine andere Kasse oder Zahlstelle einer juristischen Person des öffentlichen Rechts
9	Erstattungen von – Kfz-Steuer gem. § 14 KraftStDV und Umsatzsteuer über die Beförderung von Personen im grenzüberschreitenden Gelegenheitsverkehr mit nicht im Inland zugelassenen Kraftomnibussen nach der Neufestsetzung bei der Ausreise
10	Abführungen für Grenzversicherungen an den HUK-Verband, die durch die Zollzahlstellen erhoben worden sind
11	Auszahlungen überzahlter Steuerablieferungen der Bundesländer, die zurückgerufen werden

12	Auszahlungen, die von der Bundeskasse oder Zahlstelle als Vorschuss zu buchen sind, weil die Auszahlung im Lastschrifteinzug über ein Konto der Bundeskasse oder Zahlstelle geleistet wurde und für die keine Auszahlungsanordnung oder ein Buchungsbeleg des Bewirtschafters bei der Bundeskasse oder Zahlstelle vorliegt
13	Auszahlung von Beträgen, die bei Zahlstellen im Zusammenhang mit einem Verwaltungsvollstreckungsverfahren eingegangen sind und an die Behörde weitergeleitet werden, die das Vollstreckungsverfahren veranlasst hat

Aufstellung B Allgemein erteilte Annahmeanordnung
Anlage zum Rundschreiben – II A 6 – H 2000 – 217/05

Nr.	Allgemeine Annahmeanordnung ist erteilt für:
1	Einnahmen bis zu einem Betrag von 300 € – der Gruppe 119 sowie der Obergruppen 12 und 13 oder – die aufgrund des Haushaltsgesetzes oder eines Haushaltsvermerks bei einem Ausgabetitel zu buchen sind
2	Kleinbeträge gemäß der Anlage zur VV Nummer 2.6 zu § 59 BHO
3	Gefundene Zahlungsmittel, die in Verwahrung zu nehmen sind
4	Einzahlungen, die wegen fehlender Zuständigkeiten der Bundeskasse oder Zahlstelle bzw. wegen fehlender Annahmeanordnung/ Buchungsbeleg oder eindeutiger Buchungsmerkmale vorübergehend in Verwahrung zu nehmen sind
5	Einzahlungen in Vorkonten zum Bundeshaushalt (auch in Verbindung mit dem Abrufverfahren)
6	Erlöse, die bei der Verwertung eingezogener Sachen anfallen (Abs. 73 BuchfuhrungsDA)
7	Gebühren und Auslagen aufgrund amtlicher Gebührentarife und Kostenfestsetzungen, auch im Vollstreckungsverfahren, sowie Auslagen nach dem Auslandskostengesetz
8	Kursgewinne, ggf. gekürzt um Gebühren und Auslagen
9	Einnahmen aufgrund amtlicher Festsetzungen im Zoll- und Steuerbereich sowie in übertragenen Aufgabenbereichen (bei Abwicklung über Bundeskasse immer mit HKR-Vordruck M 02)
10	Steuerbeträge, die vor der Einzahlung nicht festgesetzt, aber von den Steuerpflichtigen aufgrund von Anmeldungen, Anzeigen usw. abzuführen sind (Abwicklung nur über Zahlstelle)
11	Von den Bundesländern an den Bund abzuführende Steuern

Aufstellung B (Fortsetzung)

Nr.	Allgemeine Annahmeanordnung ist erteilt für:
12	Zinsen (Anlage zur VV Nummer 3.3. zu § 34 BHO), Säumniszuschläge, Mahnkosten
13	Einzahlungen von Sicherheiten im Rahmen von Steuer-, Zoll-, Bußgeld- und Strafverfahren
14	Gegenwert für verkaufte Wertzeichen (Prämienwertmarken für HUK-Grenzversicherung)
15	Strafen, Bußgelder/Geldauflagen, Verwarnungsgelder und damit zusammenhängende Gebühren und Kosten (Auslagen)
16	Einzahlungen bei Zahlstellen, die im Zusammenhang mit einem Verwaltungsvollstreckungsverfahren angenommen wurden und deren Weiterleitung an die Behörde, die das Vollstreckungsverfahren veranlasst hat, entfällt (da bereits ein entsprechender Betrag abgeführt worden ist)

7. Zusammenfassung wichtiger HKR-Bewirtschafter-Belege

1062

A
Einrichtung Bewirtschafter und Systempflege
A 01 und A 02

B
Einrichtung von Konten
B 01 – Sachbuchkonten und
B 02 – Deckungsausgleichskonten

E
Mittelverteilung
E 01 – Zuweisung – Verpflichtungsermächtigungen (VE)
E 02 – Zuweisung – Haushaltsmittel
E 03 – Rückruf Haushaltsmittel bzw. VE
E 04 – Zuweisung aufgrund eines Deckungsvermerk
- Haushaltsmittel bzw. VE
- Verfügbarkeitsverlagerung

E 05 – Sammelzuweisung
E 08 – Anordnung zur einmaligen Aufhebung der Verfügbarkeitskontrolle

F		
Mittelverwendung		
F 01	–	Buchung von Verpflichtungen
F 02	–	Festlegung von Haushaltsmitteln/Aufhebung einer Festlegung
F 05	–	Anordnung zur Leistung von Auszahlungen usw./Aufhebung
F 07	–	Sammelauszahlungsanordnung (mehrere Empfänger)
F 09	–	Umbuchung
F 11	–	Sammelauszahlungsanordnung (mehrere Buchungsstellen)
F 22	–	Annahmeanordnung/Aufhebung einer Annahmeanordnung
F 23	–	Sammelannahmeanordnung (mehrere Buchungsstellen)
F 31	–	Wiederkehrende Auszahlung (WAZ)
F 32	–	Sammelanordnung WAZ
F 41	–	Wiederkehrende Einzahlung (WEZ)
F 42	–	Sammelanordnung WEZ

G		
Anforderungsbelege		
G 01	–	Anforderung von Listen usw.
G 04	–	Anforderung von Informationen zu einem Sachbuchkonto

M		
Mittelverwendung bei allgemeiner Kassenanordnung		
M 02	–	Annahme und Buchung einer Einzahlung
M 03	–	Leistung und Buchung einer Auszahlung
M 22	–	Annahme und Buchung einer Einzahlung (Aufdrucke auf Gebührenbescheide, Rechnungen o. ä.)
M 23	–	Sammelbeleg (sonst wie M 22)

VI. Das Dialogverfahren (Anwendungsprogramm HICO)

1. Allgemeines

Grundlage des Dialogverfahrens ist neben der VerfRiB-MV/TV-HKR, die grundsätzliche Regelungen auch für das Dialog-Verfahren enthält, die Kurzbeschreibung der HKR-Dialogsysteme – Teilbereich HICO – nach dem Stand v. August 2008. 1063

Während im **Belegverfahren** für den Mittelverteiler und den Titelverwalter (Bewirtschafter) nur die Möglichkeit besteht, mit der für ihn zuständigen Bundeskasse und der zentralen Datenbank des ZIVIT in schriftlicher Form, in Papier- 1064 form in Gestalt von Anweisungen, Anordnungen und Anforderungen oder über zugelassene Datenträger, z. B. Magnetbänder, Disketten etc. zu kommunizieren, tritt im **Dialogverfahren** dagegen der Bewirtschafter mit der zentralen Datenbank des ZIVIT in direkten Kontakt. Er hat damit **direkten Zugriff** auf seine gesamten Bewirtschafterdaten. Die Verbindung wird im Wege der Datenfernübertragung zum Rechner hergestellt.

Die Voraussetzung dazu ist, dass auf Seiten des Bewirtschafters ein Dialoggerät und ein Arbeitsplatzdrucker vorhanden sind, mit dem ihm die Möglichkeit gegeben ist, Bildschirmausdrucke aller denkbaren Geschäftsvorfälle einschließlich der Ausdrucke ausgewählter Sachbuchkonten anzufertigen.

1065 Ferner hat er dafür Sorge zu tragen, dass das Steuerungssystem seiner Steuereinheit die Daten für die Datenfernübertragung auch richtig zur Verfügung stellt, d. h. er hat die vorgegebenen Daten-Standards des ZIVIT zu beachten.

1066 Für den Zugang zum Rechenzentrum gelten die für alle Nutzer gültigen und zu beachtenden Zugangsnormen (Benutzerkennung = USERID *und* individuelles Kennwort = Password).

Im Dialogverfahren werden die vom Bewirtschafter eingegebenen Daten mit den von den Bundeskassen eingehenden Daten verarbeitet und im Ergebnis bereitgestellt.

Dialog-Datenerfassung:

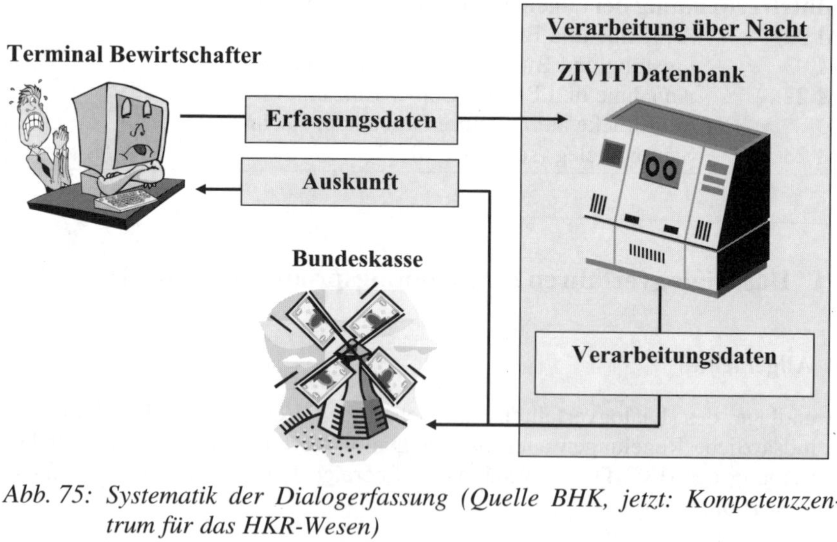

Abb. 75: Systematik der Dialogerfassung (Quelle BHK, jetzt: Kompetenzzentrum für das HKR-Wesen)

1067 Das HKR-Dialogverfahren HICO dient zum schnellen Informationserhalt von Daten, die im Rechnersystem des Zentrums für Informationsverarbeitung und

Informationstechnik (ZIVIT) im Rahmen des HKR-Verfahrens gespeichert sind. Zusätzlich besteht die Möglichkeit zur Direkterfassung von bestimmten Belegen und zum Erzeugen von Dateien, die auf dem Wege des Filetransfers von den Anwendern abgerufen werden können. Der Begriff HICO ergibt sich dabei aus den Anfangsbuchstaben der folgenden Worte:

H KR (Haushalts-, Kassen- und Rechnungswesen)-

I nformationssystem

C ommunication

O nline

Unter dem Oberbegriff HICO werden noch weitere Anwendungen aus vorgelagerten oder nachgelagerten Teilverfahren zum HKR-Verfahren zur Verfügung gestellt. In diesen Bereichen, die teilweise auf anderen technischen Plattformen betrieben werden, können geringfügige Abweichungen im Aufbau der einzelnen Bildschirme auftreten. Für diese Bereiche stehen bei Bedarf getrennte Dokumentationen zur Verfügung.

Das Dialogsystem HICO ist durch die Beachtung der Grundsätze der Systemgestaltung auch von ungeübten Anwendern problemlos zu nutzen. Die Kurzbeschreibung des HKR-Dialogsystems ist gemeinsam mit anderen Dokumentationsteilen über den Menüpunkt 0 einsehbar und kann auch im Rahmen eines Filetransfers in die Anwenderumgebung übertragen werden **oder per E-Mail angefordert werden**. **1068**

Der **Leistungsumfang** des Dialogsystems HICO wird durch die folgenden Forderungen bestimmt: **1069**

- Zugang nur zu den eigenen Konten (bei den Bundeskassen Zugang nur zu Konten in ihrem Zuständigkeitsbereich),
- Ausgabe aller wichtigen Informationen über die Konten,
- Möglichkeit der Direkterfassung von bestimmten Belegen (diese Belege werden in dem der Erfassung folgenden HKR-Verarbeitungslauf verarbeitet),
- Bereitstellung von Daten für die Anwendung eines Filetransferprogramms.

Selbstverständlich sieht das System bei einer Direktverbindung zur zentralen Datenbank **Schutzmaßnahmen** bei allen Beteiligten vor, um keine Daten an unbefugte Dritte gelangen zu lassen. Alle HKR-Daten, auch personenbezogene Daten, werden im ZIVIT sowohl vor Lese- als auch vor Änderungszugriffen geschützt. Demzufolge hat der Bewirtschafter nur Zugriff zum Lesen eigener Dateien. Dieser Zugriff wird über das **HICO-Passwort** ermöglicht. Der Bewirtschafter sollte dieses Passwort allerdings regelmäßig ändern. **1070**

Der **Datenschutz** sollte auf der Anwenderseite deshalb folgende Maßnahmen berücksichtigen:

- ordnungsgemäße Beendigung der HICO-Anwendung bei Verlassen des Dialoggerätes, um unbefugte Zugriffsmöglichkeiten Dritter auszuschließen,

- keine schriftliche Aufzeichnung von Passwörtern,
- keine sprechenden Namen für ein Passwort verwenden.

1071 **Bildschirmgestaltung:** Für die Bildschirmgestaltung gelten die folgenden Grundsätze:

- Menütechnik mit Aus- und Eingabemasken,
- gleichzeitige Verwendung von mehreren Eingabefeldern,
- Erfassungszwang sogenannter 'Mussfeldern' im Erfassungsteil,
- Durchführung von allen sinnvollen Plausibilitäten,
- klare Benutzerführung über PF-Tasten oder Eingabe von sprechenden Kurzkommandos,
- „INFO"-Taste zum Informationserhalt über den jeweiligen Bildschirm (Funktionstaste PF1 oder PF2 je nach Anwendung),
- „BHB"-Taste zum Aufruf einer ausführlichen Teildokumentation (Funktionstaste PF1 oder PF2),
- „Start"-Befehl zum Aufruf von weitergehenden Bildschirminhalten über die Funktionstasten PF5 oder PF6 nach vorheriger Cursor-Positionierung oder nach Erläuterung auf dem Bildschirm.

1072 Der Einstieg zu den Anwendungen ist geschützt. Die Verwendung der **Benutzerkennung (USERID)** in Verbindung mit einem **individuellen Kennwort (HICO-Passwort)** eröffnet das Hauptmenü, das die Auswahl der Einzelanwendungen zulässt. Der Ausstieg aus dem Programm ist in umgekehrter Reihenfolge möglich.

2. Anmeldeverfahren

1073 Nach dem Verbindungsaufbau zum Rechner des ZIVIT erscheint der Anmeldebildschirm des ZIVIT:

```
Zentrum fuer Informationsverarbeitung                           Terminal  - und T5301G81
und Informationstechnik          (ZIVIT)                        System          NMTMAI
                                                                Datum         20061208
                                                                Zeit          09.45.34
Service       Desk    Bonn                   Frankfurt
              Telefon (03018) 680-5109       (0800) 1012631
              Telefax (03018) 680-5727
              E-Mail  zas (a) zivit.de


USERID    ==> _                    F 1   /F13 = Hilfe
PASSWORD  ==>                      F12   /F24 = Verbindung zum ZIVIT trennen
```

Abb. 76: Anmeldung zum HICO

Es handelt sich hier um den sogenannten **NET/Master-Bildschirm**, der links oben mit der Adresse des Zentrums für Informationsverarbeitung und Informationstechnik und rechts oben mit einer Terminaladresse versehen ist. In die Eingabefelder dieses Schirms sind die Benutzerkennung (USERID) und das dieser Kennung zugeordnete Passwort einzutragen. 1074

Diese **Benutzerkennung** ist für jeden HICO-Nutzer auf einem beim KKR erhältlichen Formblatt im Dialog zu beantragen (Tel. 0228/99370-111). 1075

Das ausgefüllte Formblatt ist dem KKR zur weiteren Bearbeitung zuzuleiten. Wird eine Benutzerkennung nicht mehr benötigt, so ist die Löschung der Kennung ebenfalls mit dem Formblatt zu beantragen.

Nach Betätigung der Freigabetaste wird ein Schirm mit der Überschrift „Rechenzentrums-Dienste“ angezeigt:

---Rechenzentrums-Dienste-------------------------------------
Auswahl Option ➔ |

A	- Anmeldung zum Anwendungssystem	USERID	-	BLN29
T	- Status der Anwendungssysteme	Terminal	-	TCP03448
I	- Informationen des Rechenzentrums	System	-	NMTMAI
S	- Hinweis auf Stoerungsannahme	Zeit	-	06.20.54
U	- Aenderungsmitteilung Benutzereintrag	Datum	-	12/07/12
P	- Problemmeldung an das Rechenzentrum			
C	- Aendern des Kennworts (PASSWORD)	Hilfe	-	PF1/PF13
M	- Net/Mail Memo System	Weiter	-	PF3/PF15
X	- Zurueck	Zurueck	-	PF4/PF16

Benutzername.......: Mauer, Kai
Buero.....................: BPolPräsidium Mitte
Telefon...................: 0307256453423
Email-Adresse.......: kai.mauer@Bpol.de

Letzte Anmeldung..: 10/07/12 um 15.05.45 Terminal: TCP03346

Abb. 77: Auswahlmaske für Dienste des Rechenzentrums

3. Anwendungen

Mit Auswahl der Option A durch Betätigung der Eingabetaste oder der PF3-Taste erhält der Anwender als nächsten Schirm eine Auswahlmaske mit den für ihn eingerichteten Anwendungen beim Rechenzentrum des ZIVIT. 1076

Zugelassene Anwendungen sind regelmäßig:
- CHKR: (Dialoganwendung HICO),
- CICN oder CICNNATI1: (Dialoganwendung ZÜV),

- ZEVE: (Zugriff auf ein Bankleitzahlen- und Postleitzahlenverzeichnis),
- MEMO: (Zugriff auf Mailboxsystem beim ZIVIT),
- TRANSFER: (Anwendung für FILETTRANSFER).

```
------------------------------------------------ ZIVIT ------------------------------------------------
Befehl ➔ |                                                           12-JUL-2012  10.48

                                       S/=Selektieren H=Verbergen I=Info ?=Aktionsliste
---- ID ----    Status Anwendung
1 MEMO          < - >  NETMAIL               (PROD V3.7         ) ACTIVE
2 ZEVE          < - >  CICS  (Zentrale Verfahren                ) ACTIVE
3 CHKR          < - >  CICS  (HICO HKR                          ) ACTIVE
4 TRANSFER      < - >  SUPER INSFILE (PC Filettransfer          ) ACTIVE
5 CICNNATI1     < - >  CICS (NATURAL Anwendungen                ) ACTIVE

**ENDE**
```

Abb. 78: Für den Bewirtschafter zugelassene Anwendungen

1077 Die Anwendungen MEMO und ZEVE sind eigenständige Verfahren und stehen in keinem sachlichen Zusammenhang mit dem Bewirtschafter-Dialog HICO. Diese Verfahren gehören zum Dienstleistungs-Angebot des ZIVIT. Auch die Anwendung ist eine Dienstleistung des Zentrums.

Alle HICO-Anwender können jedoch die für ihn eingerichteten Dienste und auf dem Auswahlbildschirm angezeigten Dienste verwenden.

4. Der Bewirtschafter-Dialog

1078 Das Dialog-Verfahren lässt sich hinsichtlich seiner Funktion in drei Leistungsbereiche aufgliedern:

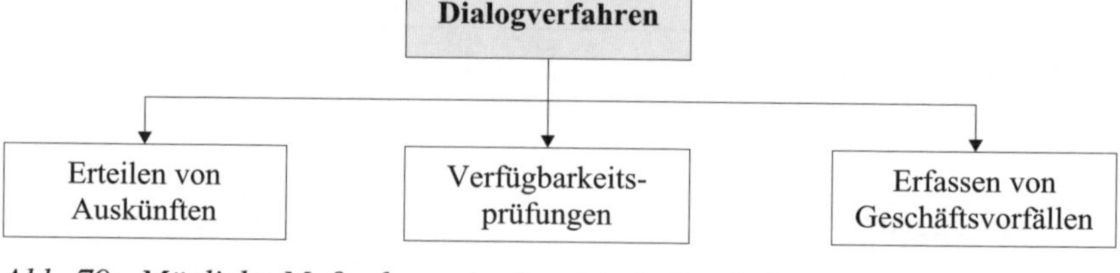

Abb. 79: Mögliche Maßnahmen im Bewirtschafterdialog

4.1 Leistungsumfang des Dialogverfahrens HICO

Das **Dialogverfahren** kann hinsichtlich seiner Funktionen in **fünf Bereiche** untergliedert werden und zwar in 1079

- das Auskunftssystem (Anfangs-Menü Code 1, 2, 5, 6 und 7),
- die Verfügbarkeitsprüfungen (Anfangs-Menü Code 3),
- die Erfassung von Geschäftsvorfällen (Anfangs-Menü Code 4),
- die Bereitstellung von Daten für den Filetransfer (Anfangs-Menü Code 8) und in
- die Bearbeitung des Zahlungsüberwachungsverfahrens (ZÜV) einschließlich Eurorechner und Verzugszinsberechnung aus HICO heraus ist derzeit zurückgestellt.

Der Aufruf erfolgt über CICNNAT1. Somit besteht die Möglichkeit zur parallelen Nutzung von ZÜV und HICO. Daneben gibt es die Möglichkeit, eine Reihe von HKR-Dokumentationen über Filetransfer bzw. E-Mail-Versand in die eigene Umgebung herunterzuladen (Anfangs-Menü Code 0).

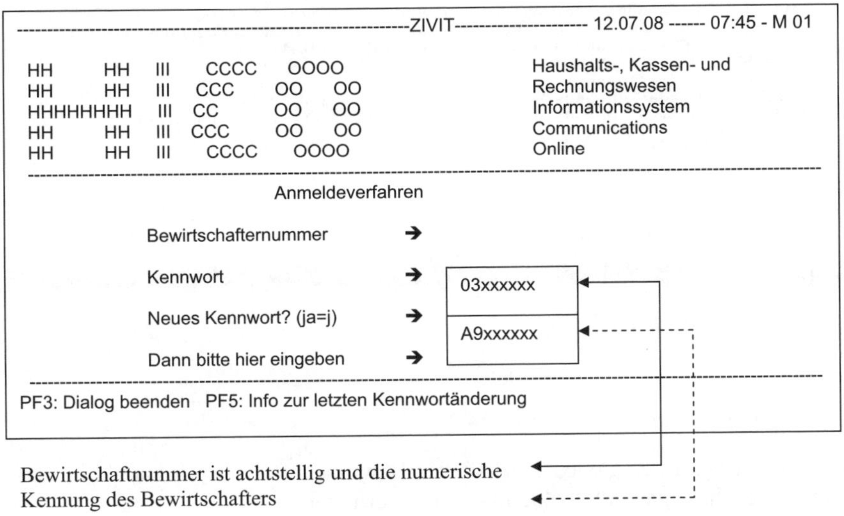

Abb. 80: Einstiegsbildschirm zum Bewirtschafter-Dialog HICO

Mit 01 beginnt die Bewirtschafternummer des Mittelverteilers, mit 03 beginnt die Bewirtschafternummer des Titelverwalters.

Über den Einstiegbildschirm zum Bewirtschafter-Dialog HICO gelangt der Anwender zum **Anfangsmenü**. 1080

Der Anwender des Dialogsystems HICO ist in der Lage, sich über den Bildschirm einiger Möglichkeiten zu bedienen und schnell mit seinen individuellen

Daten zu arbeiten. Jeder Dialog beginnt mit dem zuvor gezeigten Übersichtsmenü. Durch die Auswahl des entsprechenden Codes wird eine bestimmte Funktion ausgelöst.

Innerhalb dieser Funktion wird er ggf. durch weitere neue Menü-Karten, die eine immer genauere Auswahl treffen, zur Lösung der gestellten Aufgabe geführt.

Zu beachten sind auch die Festlegungen der PF-Tasten, die in der Bildschirmmaske am unteren Rand beschrieben sind.

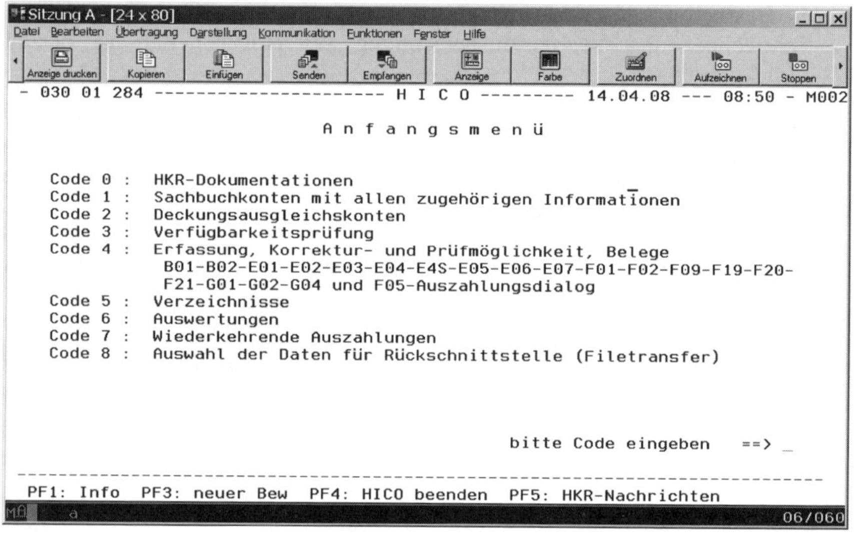

Abb. 81: Anfangsmenü HICO

4.2 Auskunftssystem

1081 Bei der Auswahl des Codes 1 erhält der Bewirtschafter die Möglichkeit, Auskünfte über die eigenen Sachbuchkonten zu erhalten.

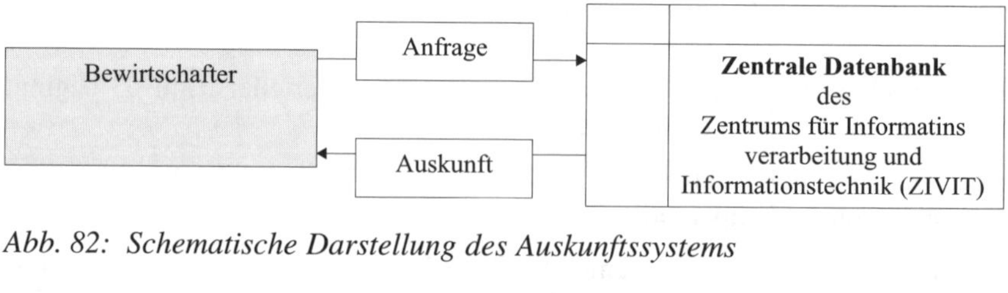

Abb. 82: Schematische Darstellung des Auskunftssystems

Über das **Auskunftssystem** hat der Anwender z. B. die Möglichkeit, Informatio- 1082
nen über die jeweils aktuellen Stände seiner eigenen Sachbuchkonten, zu einzelnen ausgewählten Geschäftsvorfällen sowie als Mittelverteiler Erkenntnisse zu summarischen Ergebnissen seines nachgeordneten Bereichs zu erhalten.

Die Antwort des Systems besteht hier in einer simplen Präsentation von Kontenergebnissen. Eine Veränderung von Daten kann nicht erfolgen, weil das Auskunftssystem nur als ein **Lesezugriff** auf die Dateien ausgeführt werden kann.

Nach der erfolgreichen Anmeldung wird ein weiterer Bildschirm angezeigt, von 1083
dem ein gewünschtes Sachbuchkonto, eine Strukturübersicht oder eine Titel-/Objektübersicht, eine kontenübergreifende Suche nach Einzelbuchungen oder die Einzelanzeige von TV-Konten aufgerufen werden können *(s. Abb. 83).*

```
-030 14 851 ---------------HICO ---------28.01.12 ----------------------- 06.40 - M 007

                              Auswahl Sachbuchkonten

  | Code 1:      einzelnes Sachbuchkonto mit allen zugehörigen Informationen
    Code 2:      Strukturübersicht  (ohne Beträge)
                 mit Zugriff auf weiterführende Informationen
    Code 3:      Titel-/Objektübersicht Zusammenstellung (mit Beträgen)
                        mit direktem Zugriff auf die Buchungssätze
    Code 4:      Einzelanzeige von TV-Konten
    Code 5:      Suche nach Einzelbuchungen (einseitige Anforderung)
    Code 6:      Suche nach Einzelbuchungen (zweiseitige Anforderung)

                                              bitte Code eingeben ==> 1 _

-----------------------------------------------------------------------------------------
PF1: Info   PF3: retour   PF4: Anfang
```

Abb. 83: Code 1 im Anfangsmenü

Will der Bewirtschafter seinen **vollständigen** Kontenplan gezeigt bekommen, 1084
wählt er in der Anwendung die Auswahl der „Titel-Objektübersicht" (Code 3) an. Er erhält seine Sachbuchkonten aufsteigend nach Kontonummern sortiert mit Angabe zu seinem aktuellen Kontenstatus (aktiv oder passiv) angezeigt. Ebenso wird das Verhältnis des angezeigten Sachbuchkontos zu über- oder untergeordneten Konten oder die Einbindung in Deckungskreise erfasst.

4.3 Informationsabruf aus einem Sachbuchkonto – Code 1 (Auswahl Sachbuchkonten) –

1085 Nach Auswahl der Haushaltsstelle oder Objektkontonummer erscheint eine summarische Anordnung über den Stand der Bewirtschaftung mit weiteren wichtigen Informationen über dieses Sachbuchkonto *(s. Abb. 84)*. Aus dieser Übersicht heraus können die Buchungen dieses Kontos nach den verschiedenen Merkmale z. B.:

- Art der Geschäftsvorfälle,
- Buchungstag (auch Buchungszeitraum),
- Betragshöhe (auch Betragsintervall),
- Textinformation, Abschlagskontrollnummer, WAZ-Nummer

ausgewertet werden.

1086 Für die Darstellung der **Geschäftsvorfälle** stehen eine Kurzform und eine Langform zur Verfügung, in die unmittelbar über die PF6-Taste umgeschaltet werden kann. Aus der Langform kann bei WAZ-Fällen unmittelbar in den zugehörigen Stammsatz verzweigt werden. Der Cursor ist auf die WAZ-Kennung im Buchungstext zu setzen und mit Betätigung der PF5-Taste wird der entsprechende Stammsatz angezeigt.

1087 Es kann auch der **nachgeordnete Bereich**, soweit dieser vorhanden ist,

- mit allen nachgeordneten Konten
- mit einem eingegebenen Konto

summarisch eingesehen werden.

1088 Ein evtl. vorhandenes zugehöriges **Deckungsausgleichskonto** kann ebenso eingesehen werden

1089 Eine zugehörige Struktur zur Aufnahme von **Verpflichtungsermächtigungen** bzw. Verpflichtungsbuchungen zu Lasten von in der Zukunft liegenden Fälligkeitsjahren mit

- allen Buchungen von Beginn des Haushaltsjahres für einen bestimmten Zeitraum nach Art der Geschäftsvorfälle
- dem nachgeordneten Bereich kann mit dem nachgeordneten Konto mit allen Fälligkeitsjahren oder alle nachgeordneten Konten mit einem Fälligkeitsjahr
- dem zugehörigen Deckungsausgleichskonto

kann desgleichen angezeigt werden.

Ferner können zugehörige, ggf. vorhandene Abschläge aufgerufen werden.

1090 Es besteht die Möglichkeit, einen **Sofortkontoauszug** anzufordern, der unmittelbar erstellt wird und nach Fertigstellung über das HKR@WEB-Postfach oder unmittelbar abgerufen werden kann.

1091 Ausgehend von dieser Übersicht können alle Buchungsvorgänge des Kontos ab Beginn des Haushaltsjahres oder ab oder zu einem gewünschten, anzugebenden Datum angezeigt werden.

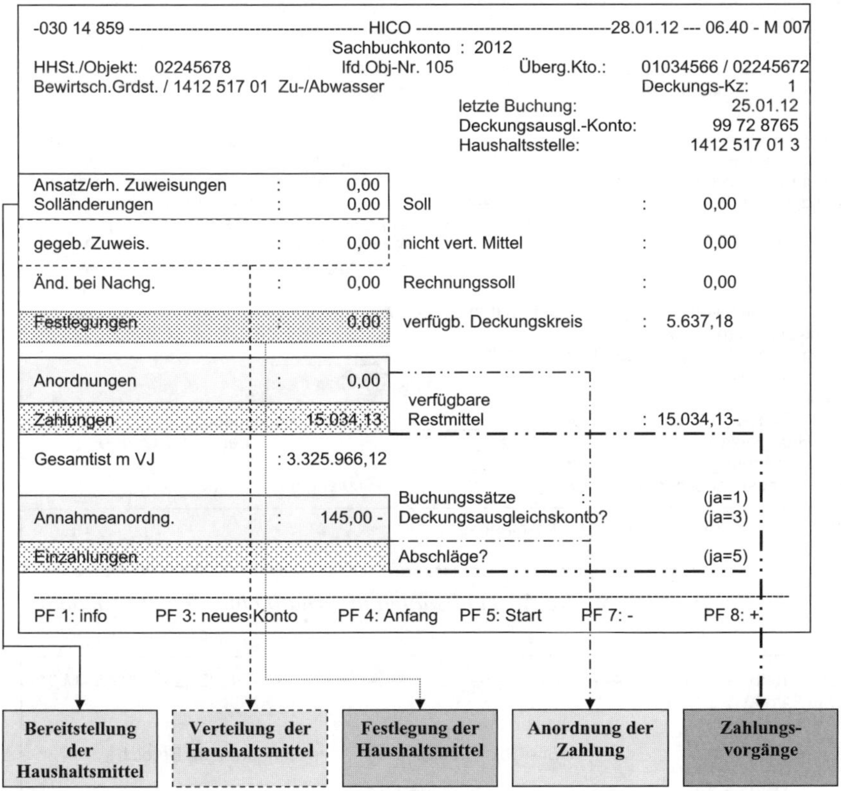

Abb. 84: Auskunft über ein Sachbuchkonto

Das sog. „Blättern“ im Konto erfolgt über die festgelegten Funktionstasten, ihre Funktionsweise wird jeweils auf dem unteren Bildschirmrand dargestellt (Bedienerhinweise).

Von dieser Darstellungsform ausgehend können etwa verschiedene Eigenschaften des Kontos nach

- der Art der Geschäftsvorfälle,
- dem Buchungszeitraum/-tag,
- der Höhe des Betrages,
- bestimmten Textinformationen (z. B. ++Erstattungen++),
- Abschlagskontrollnummern oder
- Wiederkehrende Auszahlungen (WAZ)

aufbereitet werden.

-010 34 566 -- HICO -------------------11.05.12 --- 10.45 - M 007
-030 14 859
HHSt./Objekt: 02245671 Haushaltsjahr: 2012
lfd.Obj-Nr. 105 Überg.Kto.: / 02245671

erhaltene Zuweisungen (ja=1) Rückrufe durch übergeo. Konto (ja=2)
Solländerungen (ja=3) Festlegungen (ja=4)
Annahme-, Auszahlungsanordng. (ja=5) Ein-,Auszahlungen,Umbuchungen (ja=6)
sonstige Geschäftsvorfälle (ja=8) bitte Code eingeben ➔ _
nur bei Code 5/6: Annahmeanordnung/Einzahlung (e)
Auszahlungsanordnung (a) ➔ _
ohne WAZ intern (j) ➔ _

Datum (ttmmjj) von ➔ _________Datum (ttmmjj) bis ➔ __________
festes Datum (j) ➔ _
Beleg-/Bezugsbelegnummer (5 oder 8-stellig) ➔ __________
Betrag von ➔ Betrag bis ➔
fester Betrag (j) ➔ _
++-Information (ohne ++) ➔ ____________________ Kleinschreibung
Buchungstext ➔ ____________________ berücksichtigen ➔ n
WAZ-Kennung ➔ __________
Abschlagskontrollnummer ➔ __________ kurz/lang anzeigen (k/l) ➔ _

PF 1: Info PF3: retour PF4: Anfang

Abb. 85: Beispiel für weitere Auskunftsdaten innerhalb eines Sachbuchkontos

- 010 34566 -- HICO ------------------------ 28.09.12 --- 09.45 - M 017
- 030 14 859

HHSt.-/Obj.: 0002245671 nachgeordneter Bereich

Nachgeord.	:	Gesamt
Kurzbez.	:	
erh. Zuw.	:	0,00
Solländ.	:	0,00
Soll	:	0,00
geg. Zuw.	:	0,00
Sollä.Nach.	:	3.600,00
Festlegung	:	3.600,00
Anordnung	:	550,50
Ist	:	153.450,16
verfügbar	:	154.000,66 -

PF 1: Info PF3: retour PF4: Anfang PF7: - PF8: +

Abb. 86: Beispiel für eine summarische Darstellung eines nachgeordneten Sachbuchkontos

1092 Eine weitere Gebrauchsmöglichkeit ist die *summarische Auflistung der nachgeordneten Konten*. Wurde etwa ein ausgewähltes Sachbuchkonto (Titelkonto) weiter in Objektkonten untergliedert, so zeigt diese Anwendung die vollständige Ausfächerung in die nachgeordneten Konten mit ihren Bestandssummen an.

Die Anwendung bietet weiter Informationen über eingerichtete **Deckungsausgleichskonten** an. Das System stellt dem Anwender alle Mitgliedskonten des Deckungskreises in der von ihm bestimmten Sortierfolge mit den jeweiligen Bestandssummen vor. Das Deckungsausgleichskonto befindet sich am Ende der Auflistung. 1093

Es kann aber vom Anwender auch direkt über eine Funktionstaste gem. Bedienerhinweis angesteuert werden.

```
-010 34566 ------------------------------------------ HICO ---------------------------- 11.05.12 --- 10.45 - M 027
-030 14 859
                                          Haushaltsjahr:  2012

                                   Deckungsausgleichskonto:  99 75 1644

          Zweckbestimmung:  BEWIRTSCHAFTUNG DER GRUNDSTÜCKE UND GEBÄUDE

          Fäll.-Jahr      :
          erh. Zuw.       :               150.000,00
          Solländ.        :                     0,00

          Festleg.        :                20.000,00
          Anordnung       :                15.365,50
          Ist             :               105.543,14
          Verpflichtungen zu
          Lasten VE       :                     0,00
          verfügbarer
          Rest:           :                 9.091,36

------------------------------------------------------------------------------------------------------------------

PF 1: Info    PF3: retour    PF4: Anfang    PF5: Mitgliederauswahl        PF7: -    PF8: +
```

Abb. 87: Beispiel einer Darstellung eines Deckungsausgleichskontos

In einem Folgebildschirm besteht die Möglichkeit zum Aufruf der **Mitgliedskonten eines Deckungskreises**über die PF5-Taste. Die Auswahl kann dabei begrenzt werden. Bei der ausgewählten Begrenzung bezieht sich der dann aufgezeigt Gesamtstand auf die durch die Begrenzung ausgewählten Konten des Deckungskreises. 1094

Nach Eingabe der entsprechenden **Stammnummer** kann der Titelverwalter Informationen über **wiederkehrende Zahlungen** und über die gespeicherten Stammsätze erhalten. 1095

Ausgehend von der Übersicht über den Stand der Bewirtschaftung eines bestimmten ausgewählten Sachbuchkontos, ist es dem Bewirtschafter erlaubt, auch Daten über dazugehörige Abschläge, soweit sie vorhanden sind, abzurufen. 1096

Für diese Anwendung besteht auch die Möglichkeit, über Cursorpositionierung und Bestätigung der PF5-Taste bestimmte Anwenderteile direkt aufzurufen.

```
- 010 34 566 --------------------------------------- HICO ------------------------ 11.05.12 --- 11.05 - M 027
- 030 14 859
                                   A b s c h l ä g e

                               Haushaltsjahr     :     2012
                               Sachbuchkonto     :     0002245671

                Abschlagskontrollnummer          →     |____________
                alle Abschläge anzeigen  (j)?    →     |_

-------------------------------------------------------------------------------------------------------------
        PF 1: Info       PF3: retour       PF4: Anfang
```

Abb. 88: Beispiel einer Darstellung für den Abruf von Abschlagsdaten aus einem Sachbuchkonto

Bei allen Anwendungen im Auskunftsverfahren ist die **Angabe des Haushaltsjahres** erforderlich, weil das System nicht nur die Daten des aktuellen Haushaltsjahres zur Verfügung stellt, sondern auch Daten des vorangegangenen Jahres und des Jahres –2 bis einschließlich Mai bereitstellen kann.

4.4 Strukturübersicht

1097 Diese Auswertung zeigt die **Kontenstruktur** des Anwenders ohne jedwede weitergehende Informationen in einer hierarchisch strukturierten Anordnung an. Bei dieser Anwendung lassen sich gleichzeitig bestehende Über- und Unterordnungsbeziehungen in mehrstufigen Kontenstrukturen abbilden.

1098 Folgende Auswahlmerkmale können sowohl einzeln als auch zusammen verwendet werden:

- Einzelplan,
- Kapitel,
- Hauptgruppe/Obergruppe/Gruppe/Titelnummer,
- Titelgruppe,
- Einzelkonto,
- Konten, die von einem bestimmten Mittelverteiler zugewiesen werden,
- nur Konten mit einer VE-Struktur,
- alle Haushaltsstellen (oder nur Einnahme- bzw. Ausgabetitel),
- nur Konten der obersten oder der untersten Ebene des Anwenders.

Mit dieser Anwendung lässt sich die Anzahl der anzuzeigenden Konten auch begrenzen. Die Eingabe eines jeden einzelnen Kriteriums ist voneinander unabhängig, dabei gilt: Nicht ausfüllen heißt: alles!

```
-010 34 566 ------------------------------------------ HICO --------------------------- 28.09.12 --- 09.05 - M 027
-030 14 851

                          ** Auswahl  Strukturübersicht  **

          Haushaltsjahr                                   → 2012
          Einzelplan                                      → |____
          Kapitel                                         →
          Hauptgruppe, Obergruppe, Gruppe, Titel          →
          Titelgruppe                                     →
          Konto                                           →

          übergeordneter Bewirtschafter                   →

          nur E-Titel (e), nur A-Titel (a)                →
          nur VE-Konten (v)                               →
          nur oberste- (o), nur unterste (u) Ebene        →
-------------------------------------------------------------------------------------------------------------------
    PF 1: Info  PF3: retour  PF4: Anfang
```

Abb. 89: Bildschirmansicht der Auswahl Strukturübersicht

Die Zusammenstellung in dieser Auswertung ist aufsteigend wie folgt:

- Einzelplan,
- Kapitel,
- Titel,
- lfd. Nr. (nur bei Objekten).
- Haushaltsstellen/Objekt-Nummer.

```
-010 34 566 ------------------------------------------ HICO --------------------------- 28.09.12 --- 10.05 - M 027
-030 14 851
                              S t r u k t u r ü b e r s i c h t                        Konto 1/0080


 St  HHSt/Obj-Nr  St  VE  DA-Kto.   ü. Bew.   lnr.  Zweck         HHst. d. Obj.

 01  02197776     1       99891509  01134642  000   TITELERS.     1401527034
 01  02617352     1       99891509  01134642  002   ZUWEKTO       1401527034
 01  02197238     1       99891509  01134642  010   BA 001        1401527034
 01  02197784     1       99891509  01134642  090   BA 009        1401527034
 01  02197792     1                 01134642  102   BA 102        1401527034
 01  02100094     1                 01134642  020   BA 002        1402112012
 01  02100190     1                 01134642  060   BA 006        1402119994
 01  02551826     1                 01134642  180   BA 018        1403547815
 01  02114871     1                 01134642  001   TITELERS.     1404443341
 01  02109095     1                 01134642  002   ZUWEKTO       1404443341
 01  02102257     1                 01134642  010   BA 001        1404443341
 01  02102265     1                 01134642  020   BA 002        1404443341
 01  02328110     1                 01134642  040   BA 004        1404443341
 01  02097459     1                 01134642  010   BA 001        1404453013
 01  02097513     1                 01134642  070   BA 008        1404453013
 01  02097547     1                 01134642  110   BA 012        1404453013
 01  02097554     1                 01134642  120   BA 013        1404453013
-------------------------------------------------------------------------------------------------------------------
PF 1: Info  PF3: retour  PF4: Anfang  PF5: Start  PF7: -  PF8: +  → _|____
```

Abb. 90: Beispiel einer Strukturübersicht

1099 Über eine entsprechende Cursorpositionierung und gleichzeitige Betätigung der PF5-Taste können aus der gezeigten Auswertung weitere Anwendungen direkt aufgerufen werden. Dazu gehören beispielsweise:

- einzelne Sachbuchkonten mit allen Folgeaufrufen,
- Zweckbestimmung der vorliegenden Haushaltsstellen,
- Zweckbestimmung der vorliegenden Objekte,
- Aufruf der vorliegenden Deckungsausgleichskonten.

4.5 Einzelanzeige von TV-Konten

1100 Über diese Anwendung besteht die Möglichkeit, zahlreiche **statistische Auswertungen** wie etwa Monatsreihen über einzelne Sachbuchkonten oder Monatsergebnisse bestimmter Kontengruppen (z. B. Deckungsausgleichskonten) usw. zu erstellen.

```
-030 14 859------------------------------------------ HICO --------------------------- 28.09.12 --- 14.05 - M 027
BwDLZ Hochdorf                    Einzelanzeige der TV-Konten                  Drucker: keiner
                                      Haushaltsjahr 2012

HHStelle: 1404 51401    Objekt: _________   Buchungstag: 08092012    Opt.: A |   Bild:   BT
                          >> Alle Konten ab den Eingabewerten <<
Kz  Haushaltsstelle     Objekt              Objekttext          Ist bis Buchungstag
__  140451401           2263096             ZUWEKONTO                          0,00
__                      2263150             KFZINSPEK                      3.095,44
__                      2263168             KFZREIFEN                      1.832,53
__                      2263176             KFZUNFALL                          0,00
__                      2263207             PFLEGEKFZ                        702,99
__                      2263264             INSPFAH                            0,00
__                      2263272             SONST                            500,00
__                      2264299             FAHRADBE                           0,00

Kommando ➔                          (Hinweis: „?" in Kz-Spalte informiert über Kennzeichen)

-----------------------------------------------------------------------------------------------------------
---------------------
Enter-PF 1: ---PF2---PF3:---PF4---PF5---PF6---PF7---PF8---PF9---PF10---PF11---PF12---
```

Abb. 91: Beispiel einer Einzelanzeige von TV-Konten

4.6 Suche nach Buchungen (kontenübergreifende Suche)

1101 Mit dieser Anwendung können **kontenübergreifend** Buchungen nach einer Vielzahl verschiedenartiger zur Verfügung stehender Auswahlkriterien frei kombiniert ausgewählt werden.

Diese Anwendung ist auch über den Menüpunkt 6 (Unterpunkt 6) aufrufbar. Weiterer Aufschluss dazu wird über das Benutzer-Handbuch (BHB) angeboten, das über PF-Taste aufrufbar ist.

```
-030 14 851------------------------------------------- HICO --------------------------- 28.09.12 --- 14.25 - M 027
BwDLZ Hochdorf                    Suche Einzelbuchungen (kompakt)                Drucker: keiner
                                  (letzter Buchungsstand 15.09.2012)
Auswertung        : ________ (Auswertungsname zum Lesen/Speichern, Liste mit ?)

Haushaltsjahr     : 2008      nur Buchungen in   : ___ (EUR)          Ausgabe in:    EUR
Datum von         : |________ (TTMMJJJJ)  bis    : __________ (TTMMJJJJ)   fest: J   (J/N)
Betrag:           : _______________ EUR  bis   : ________________ EUR    fest: J   (J/N)
Einzelplan        : __        Kapitel             : __
Gruppe/Titel      : ______    (oder E/A, E=für Einnahme-/A=für Ausgabetitel)
HHSt./Objekt      : _____________
Belegnummer       : ________  Bezugbelegnr. ____________
VSL/Vorfall:      : _____   (?V, ?G)   bei Vorfall 5,  6     ,E=Einz./ A=Ausz. :   _   (E/A)
A_S/V/W-Nummer : _ ____ __ nur offene Abschläge/Verwahr./Vorsch.            :   _   (J/  )
Textinfo          : ________  (ohne ++)                    exakte Suche      :   J   (J/N)
Empfänger         : __________________________________
Kontonummer       : _____________ Bankleitzahl : ______________
WAZ-Kennung       : ________
Liste HKR621      : _ (A/Z/ )  Liste HKR621  nur   E=Einz.   oder   A=Ausz     :   _   (E/A)

Kommando →                Hinweis: Dialog-Start = Start  /  File-Transfer  =  File
Enter - PF1---PF2---PF3---PF4---PF5---PF6---PF7---PF8---PF9---PF10---PF11---PF12---
        FHilf  BHB  Menue       Start  File                    Neu     AWSp
```

Abb. 92: Beispiel einer kontenübergreifenden Suche nach Einzelbuchungen

```
-030 14 851------------------------------------------- HICO --------------------------- 11.05.12 --- 14.35 - M 029
BwDLZ Hochdorf                          Suche Einzelbuchungen                    Drucker: keiner

Bitte geben Sie Ihre Auswahlbedingungen ein .......

Haushaltsjahr        → 2008      ( letzter  Buchungstag  10.05.2012 )
Einzelplan           → __        HHSt./Objekt    →  : ___________
Kapitel              → __
Gruppenbegriff       → ______    ( E=fuer Einnahmetitel  /  A=fuer Ausgabetitel  )

Datum von            → |_______  (TTMMJJJJ)  bis  → __________ (TTMMJJJJ)     fest  →   J
Betrag:              → _______________ EUR  bis  → ________________ EUR      fest  →   J
nur Buchungen in  → ___  (EUR )                       Beträge anzeigen in → ___ ( EUR )

Verarbeitungsschlüssel → ______   ( ?G fuer Auswahl nach Geschaeftsvorfall )
oder Geschaeftsvorfall            ( ?V fuer Auswahl nach Verarbeitungsschlüssel )
(Nur bei Code 5 oder 6 ) → _      ( A    fuer Auszahlungsanordn./Auszahlungen )
                                  ( E    fuer Annahmeanordnungen/Einzahlungen )


Kommando →               Hinweis: (nächster Auswahlbildschirm mit +)
Enter-PF1---PF2---PF3---PF4---PF5---PF6---PF7---PF8---PF9---PF10---PF11---PF12---
       FHilf  BHB  Menue      Start  File            +             Neu     AWSp
```

Blättern zu Seite 2 der Auswahl

Abb. 93: Beispiel einer kontenübergreifenden Suche nach kompakten Einzelbuchungen

4.7 Verzeichnisse (Code im Anfangsmenü: 5)

1102 Mit Eingabe des vorgenannten Codes erhält der Anwender den folgenden Auswahlbildschirm:

```
-030 14 859------------------------------------------ HICO --------------------------- 28.09.12 --- 14.35 - M 029
                                        V e r z e i c h n i s s e
                                        ----------------------------

                    Code 1  :          Kontenplan

                    Code 2  :          nachgeordnete Bewirtschafter

                    Code 3  :          Anschriften der nachgeordneten Bewirtschafter


                                                       Haushaltsjahr                →  2012

                                                       bitte Code eingeben          →  █
-------------------------------------------------------------------------------------------------------------------
PF 3: retour
```

Abb. 94: Auswahlbildschirm Verzeichnisse

```
-030 14 859------------------------------------------ HICO --------------------------- 29.09.12 --- 09.35 – M 029
                                           ***Verzeichnisse***
                                            K o n t e n p l a n

HHSt/Obj.        Kontenstatus     nachg.       DA-        Bew. d. überg.        überg.
                 Zweckbest.       Struktur     Konto      HHSt/Obj.             HHSt/Obj.
_____________________________________________________________________________________________

02 65 1250       aktiv            nein         nein       011 34  642           02 65 1250
                 ZUWEKONTO/1404 514 01  ZUWEISUNGSKONTO
                 AUS DIESEM KONTO KEINE ZAHLUNGEN LEISTEN

02 65 1268       aktiv            nein         nein       011 34  642           02 65 1268
                 BA-001---/1404 514 01  UEBRIGE AUSGABEN


02 65 1276       aktiv            nein         nein       011 34  642           02 76 1276
                 BA-102---/1404 514 01  VERSTAERKUNG AUS KAP: 1402
                 TITEL 125 01 BA 102

02 65 1322       aktiv            nein         nein       011 34  642           02 65 1322
                 ZUWEKONTO/1404 514 31  ZUWEISUNGSKONTO
                 AUS DIESEM KONTO KEINE ZAHLUNGEN LEISTEN                              >>>

PF3: retour      PF 7:  -     PF 8:  +     PF 9:  Haushaltsstellen     PF 10: Objekte
```

Abb. 95: Beispiel eines Kontenplans

Mit der Auswahl (Code 1) dieser Auswertung wird dem Anwender eine Anordnung **aller eigenen Sachbuchkonten** in aufsteigender Reihung nach Sachbuchkontonummer verfügbar gemacht *(s. Abb. 95).*

Mit der Taste PF 9/PF 10 ist eine direkte Verzweigung in die Sachbuchkonto möglich. Wegen eines damit verbundenen unnötigen und vermeidbaren Zeitaufwands ist es ratsam, über die Strukturübersicht die gewünschten Sachbuchkonten aufzurufen.

Der Aufruf der Codes 2 und 3 ist nur durch den Mittelverteiler möglich. Bei dem **1103**
Versuch der Anwendung durch den Titelverwalter reagiert das System mit einer Fehleranzeige.

4.8 Auswertungen (Code im Anfangsmenü: 6)

Mit der Eingabe des vorgenannten Codes erhält der Bewirtschafter folgenden **1104**
Auswahlbildschirm:

```
-030 14 859------------------------------------------ HICO --------------------------- 26.09.12 --- 13.35 - M 029

                                   ** Auswertungen **

              Code 1  :   Titel-/Objektübersicht (ZUS)

              Code 2  :   Kontoauszug (TV)

              Code 3  :   Fehler- und Hinweisprotokoll

              Code 4  :   Geschäftsvorfälle der Mittelverteilung aus dem Bereich
                          der Ausgabemittel und Verpflichtungsermächtigungen
              Code 5  :   Abschläge

              Code 6  :   Statistiken, Sonderauswertungen

              Code 7  :   archivierte Belege Dialogerfassung

              Code 8  :   Auswertung der verwendeten Deckungsvermerke

              Code 9  :   Auswertung der verwendeten ++-Informationen

                                              bitte Code eingeben          ➔ █

------------------------------------------------------------------------------------------------------------
PF 3: retour
```

Abb. 96: Auswahlbildschirm Auswertungen

4.8.1 Titel-Objektübersicht – Zusammenstellung erfasster Daten (ZUS) – (Code 1)

Die Auswahl des Codes 1 eröffnet für den **Titelverwalter** je nach Befehl nach- **1105**
folgende Aufbereitungen:

- die summarische Wiedergabe sämtlicher *eigenen* Konten **auf der untersten Ebene**, mithin der Konten, die von ihm **nicht weiter unterteilt** wurden,
- die summarische Wiedergabe sämtlicher *eigenen* Konten, **auf oberster Ebene**, mithin aller Konten, die von seinem Mittelverteiler mit Zuweisung der HHM eingerichtet wurden.

1106 Sind auf der Ebene des Titelverwalters keine weiteren Untergliederungen von Sachbuchkonten vorgenommen worden, sind beide Auflistungen identisch. Durch eine Reihe von Auswahlmerkmalen kann die Auflistung begrenzt werden. Folgende Selektionskriterien können einzeln oder nebeneinander verwendet werden:

- Einzelplan,
- Kapitel,
- Hauptgruppe/Obergruppe/Gruppe/Titel,
- Titelgruppe,
- Deckungsausgleichskonto,
- Fälligkeitsjahr (Bei einem Aufruf von Verpflichtungsermächtigungen),
- Alle Titel (oder nur Einnahme- beziehungsweise Ausgabetitel).

1107 Innerhalb dieser Ordnung erfolgt die Sortierung folgendermaßen:

- Laufende Nummer im Deckungskreis (nur bei Anforderung von Deckungsausgleichskonten),
- Einzelplan, Kapitel, Titelgruppe, Titel,
- Lfd. Nummer (nur bei Objekten),
- Haushaltsstellen/Objektnummern.

1108 Die Auswahl des Codes 1 eröffnet für den **Mittelverteiler** je nach Befehl nachfolgende Aufbereitungen:

- die summarische Wiedergabe aller *eigenen* Konten **auf oberster Ebene**, also der Konten des **übergeordneten Bewirtschafters**, dessen Bewirtschafternummer nicht mit der eigenen übereinstimmt,
- die summarische Auflistung sämtlicher *eigenen* Konten **auf unterster Ebene**, also solcher Konten, die nicht weiter bei dem **Anwender** unterteilt worden sind.

Sind auf der Ebene des Mittelverteilers keine weiteren Untergliederungen von Sachbuchkonten vorgenommen worden, sind beide Auflistungen übereinstimmend.

Darüber hinaus stellt diese Anwendung weitere Möglichkeit zur Auswertung der nachgeordneten Bereiche bereit.

1109 Es besteht die Möglichkeit, sich alle Konten des **unmittelbar nachgeordneten Bewirtschafters** (Mittelverteiler oder Titelverwalter) auf dessen oberster Ebene **in einer summarischen Auflistung** bereitstellen zu lassen. Das sind die Sachbuchkonten, die von dem Anwender in seiner Eigenschaft als Mittelverteiler auch der unmittelbar nachgeordneten Bewirtschafterebene eröffnet worden sind. Für diese Auflistung ist die Eingabe der Bewirtschafternummer des nachgeordneten Bewirtschafters erforderlich. Zunächst wird nur der Gesamtstand angezeigt; durch Blättern können aber auch die einzelnen Sachbuchkonten eingesehen werden.

```
-010 14 007--------------------------------------------- HICO ---------------------------- 26.09.12 --- 09.35 - M 029
 010 02 253  01004289              Titel - / Objektübersicht                                    Blatt  1/214
                       nachgeordneter Bewirtschafter  ( Zusammenfassung )                          HHj 2008

HHSt.            :
Tgr/HHOb         :
DA/Kurzbez.      :                    Gesamt  /  /  / alle Titel

erh. Zuw.        :          183.667.817,18
Solländer.       :            2.118.048,08
Soll             :          185.785.865,26
geg. Zuw.        :          185.425.067,29
Sollä.Nach.      :            3.005.259,86
Festlegung       :            4.111.773,82
Anordnung        :            3.126.979,44 -
Ist              :        8.940.232.888,37 -
verfügbar        :        9.128.039.219,11
RR-Betrag        :                    0,00
Annahme-AO       :                    0,00
Ist Einz.        :
verf. DA         :
                                                                      gewünschtes Blatt: __
-------------------------------------------------------------------------------------------------------------------
PF 1: Info   PF3: retour   PF 4: Anfang   PF 5: Start        PF 7:  - PF 8:  +
```

Abb. 97: Beispiel einer Sachbuchübersicht eines nachgeordneten Bewirtschafters

Eine weitere Möglichkeit besteht in der **summarischen Auflistung aller Konten sämtlicher unmittelbar nachgeordneten Bewirtschafter** auf deren oberster Sachbuchkontoebene durch Blättern über die PF 6-Taste. Selbstverständlich können hierbei nur die Konten angezeigt werden, die auch vom abfragenden Mittelverteiler auf der nachgeordneten Ebene eröffnet wurden. **1110**

Auch bei dieser Anwendung wird zunächst nur der Gesamtstand angezeigt. Das System erlaubt aber auch hier die Einzelkontoeinsicht durch Blättern.

Durch Eingabe der entsprechenden laufenden Nummern aus der Bewirtschafterstruktur kann der Anwender den Kreis der nachgeordneten Bewirtschafter auf das gewünschte Maß beschränken. **1111**

4.8.2 Kontoauszug – Titelverwalter – (Code 2)

Nur für den **Titelverwalter**, der am vorangegangenen Buchungstag einen Kontoauszug im HKR-Dialogverfahren HICO angefordert hat, steht diese Anwendung zur Verfügung. Nach der am Vortag durchgeführten Anforderung wird ein Kon- **1112** toauszug bereitgestellt, der mit dem Kontostand „NEU“ des letzten Kontoauszugs beginnt, die seitdem gebuchten Bewirtschaftungsmaßnahmen auflistet und mit dem Kontostand „NEU“ dieses Auszugs endet.

1113 **Der im Dialog-Verfahren angeforderte Kontoauszug ist auch nur im Dialog einsehbar.**

4.8.3 Fehlerprotokoll (Code 3)

1114 Das mit Code 3 angeforderte Fehlerprotokoll bezieht sich unabhängig von der Art der Erfassung auf alle eingegebenen Belege. Dem Anwender bietet sich hierbei die Möglichkeit, alle Fehlermeldungen der letzten 25 Buchungstage einzusehen, um daraus ggf. Maßnahmen einer schnellen Berichtigung fehlerhafter Buchungen zu ergreifen *(s. Abb. 99).*

```
-010 14 007------------------------------------------ HICO -------------------------- 11.05.12 --- 14.35 - M 027
 030 14 859              ** Fehler- und Hinweisprotokoll **  Bdat 09.05.12                    Blatt  1/001
                         S a c h b u c h k o n t o                  HHj 2012
Beleg.-Nr.               Bew.-Nr.     HHSt/Obj          VSL       F-Dat       Betrag

-------------------------i  ---------------i ---------------i   ---------i  ----------i  --------------------------------i

125 16 08093 001          030 14 859    1412 519 12 2  51000      15.05.12                             520,25
                                                        AUSZAHLUNGSANORDNUNG   OF.G
                  ANGEGEBENES SACHBUCHKONTO IST NICHT VORHANDEN

------------------------------------------------------------------------------------------------------------------------
PF 1: Info     PF3: retour     PF 4: Anfang     PF 5: Start           PF 7:  - PF 8:  +
```

Abb. 98: Beispiel eines Fehlerprotokolls

4.8.4 Geschäftsvorfälle (Code 4)

1115 Jeder Bewirtschafter hat mit Hilfe dieser Anwendung die Möglichkeit, die Protokolle seiner folgenden **Geschäftsvorfälle der letzten fünf Tage** einzusehen, unabhängig von der Art der Erfassung der gebuchten Belege:

- Erhaltene Zuweisungen,
- Erhaltene Zuweisungen – VE,
- Solländerungen mit Angabe der beiden betroffenen Konten,
- Solländerungen – VE mit Angabe der beiden betroffenen Konten,
- Rückrufe,
- Rückrufe – VE,
- Verlagerung der Verfügbarkeit mit Angabe der beiden betroffenen Konten.

```
-030 10 452------------------------------------------ HICO --------------------------- 26.09.12 --- 14.35 - M 027
                              Geschäftsvorfälle AM und VE                                    Blatt  1/005
                    Haushaltsjahr 2012              Buchungsdatum: 22.09.12
Text/Belegnr.       HHSt/Obj          F-Jahr                                  Betrag

125 16 08093  001   030 10 452 1412 519 12 2  51000

------------------------------------------------------------------------------------------------------------
MITTELRUECKRUF      02232562                 in Höhe von                    10.000,00 EUR
21098 124 00000                              DURCH Konto 010 01 280 / 02232562

------------------------------------------------------------------------------------------------------------
PF 1: Info   PF3: retour   PF 4: Anfang      PF 7:  - PF 8:  +
```

Abb. 99: Beispiel eines Rückrufs von HHM durch MV von einem Konto eines TV

4.8.5 Abschläge (Code 5)

Unter Verwendung des Codes 5 kann sich der Titelverwalter alle seine Abschläge anzeigen lassen. Auch in dieser Anwendung wird dem Nutzer zunächst ein Auswahlbildschirm angezeigt. 1116

```
-030 10 452 ------------------------------------- HICO -------------------------- 26.09.12 --- 11.35 - M 017

                                         A b s c h l ä g e

                                     Haushaltsjahr      ➔ 2012

                                      Sachbuchkonto ➔ ____________

                             Abschlagskontrollnummer ➔ ______

                           alle Abschläge anzeigen (j)  ➔ _


------------------------------------------------------------------------------------------------------------
PF 1: Info      PF 3: retour    PF 4: anfang
```

Abb. 100: Beispiel eines Auswahlbildschirms – Auswertungen (Abschläge)

Entsprechend der im Auswahlbildschirm vorgenommen Eintragungen wird direkt in die Buchungssatzauswahl eines Abschlags, auf die Abschläge eines Sachbuchkontos oder auf einen weiteren Auswahlbildschirm verzweigt, der alle Abschläge anzeigt, die mit den ausgewählten Kriterien korrespondieren. 1117

4.8.6 Statistiken – Sonderauswertungen (Code 6)

1118 Mit dem Aufruf dieses Codes wird dem Anwender eine neue Auswahlmaske angezeigt, auf der die folgenden Anwendungsmöglichkeiten zur Verfügung gestellt werden:

- BLZ Bankleitzahlensuche,
- EAZ Einzelanzeigen der TV-Konten – nur für Titelverwalter,
- PRZ Prüfziffernberechnung,
- SUCH Suche nach Einzelbuchungen.

Beispielsweise besteht für den Titelverwalter mit der Anwendung EAZ die Chance, zahlreiche für ihn wichtige Auswertungen erstellen zu lassen. Solche Auswertungen können Monatsreihen über einzelne Sachbuchkonten oder Monatsergebnisse bestimmter Kontengruppen (z. B. Titelgruppen) oder ähnliche Aufstellungen sein. Der Anwender kann dazu weitere Erläuterungen aus dem Benutzerhandbuch abrufen, das über die PF 2-Taste zu öffnen ist.

4.9 Verfügbarkeitsprüfungen (Code im Anfangsmenü: 3)

1119 Über eine **Verfügbarkeitsprüfung** bietet das System dem Bewirtschafter Entscheidungshilfen bei seinen Bewirtschaftungsmaßnahmen an.

1120 Mit dem Aufruf der Verfügbarkeitsprüfung werden **vom aktuellen Kontostand ausgehend** Berechnungen angezeigt, die unter Einbeziehung der aktuell eingegebenen Daten die entsprechenden Ergebnisse anzeigen. Hierdurch kann bereits vorab festgestellt werden, ob eine vorgesehene Buchung eines Belegs im Verarbeitungsprozess auch Bestand haben wird, d. h. ggf. auch wegen mangelnder verfügbarer Haushaltsmittel abgewiesen werden muss. In dem Falle, dass eine nicht ausreichende Verfügbarkeit angezeigt wird, hat der Mittelbewirtschafter die Möglichkeit, eventuell nicht mehr benötigte Festlegungen aufzuheben oder bei seinem zuständigen Mittelverteiler eine Einzelzuweisung zu beantragen. Für den Fall, dass ihm verbindlich eine Mittelzuweisung zugesagt wird, kann der Mittelbewirtschafter eine einmalige Aufhebung der Verfügbarkeitskontrolle anordnen.

1121 Durch den Aufruf der Verfügbarkeitskontrolle wird **keine Änderung der Bewirtschaftungsbestände** herbeigeführt. Die den Berechnungen zu Grunde liegenden Bestände werden erst durch einen nächsten Schritt im Buchungsaufruf verändert.

5. Erfassung (Code im Anfangsmenü: 4)

5.1 Allgemeines

Über die Erfassung nimmt der Anwender viele Vorteile für sich in Anspruch, die das System dem Bewirtschafter bietet, z. B. 1122

- **Zeitgewinn:** Im Gegensatz zum herkömmlichen Belegverfahren entfallen die Postlaufzeiten zur Bundeskasse und die Bearbeitungszeiten in der Kasse.
- **Erleichtertes Erfassungsverfahren:** Die Darbietung der jeweiligen Erfassungsmasken und das Angebot der über die PF-Tasten abrufbaren Hilfsfunktionen sowie der Zwang zur Erfassung der sog. Muss-Felder erleichtern die Erfassungsarbeit.
- **Problemlose Korrekturmöglichkeiten:** Vor der Verarbeitung im Rechnersystem des BfF kann ein fehlerhafter Beleg jederzeit bequem und einfach geändert oder gelöscht werden.
- **Plausibilitätsprüfungen:** Über die vorhandene Datenbasis wird bei jeder Erfassung eine Reihe von Plausibilitätsprüfungen durchgeführt. Beispielsweise wird geprüft, ob ein angegebenes Sachbuchkonto tatsächlich vorhanden ist oder die eingegebene Bewirtschafternummer in die Struktur eingebunden ist, oder ob die eingegebene Bankleitzahl über das in der Datenbasis vorhandene Bankleitzahlenverzeichnis eine Zuordnung zu dem angegebenen Kreditinstitut zulässt.

Die eingegebenen und erfassten Daten werden **nicht direkt** verarbeitet, sondern fließen gemeinsam mit den von den Bundeskassen erfassten Daten in den täglichen Verarbeitungsprozess ein. Dieser Verarbeitungsprozess wird **erst nach dem Ende der HICO-Betriebszeit** gestartet; damit haben alle Anwender noch die Möglichkeit, nachträglich zu erfassen, zu korrigieren oder Belege zu löschen. 1123

Auch die im Dialogverfahren über die Plausibilitätskontrolle erfassten und nicht zurückgewiesenen Belege werden im Verarbeitungsprozess erneut und ggf. erweitert plausibiliert, so dass es auch noch nach der Verarbeitung zu Fehlerprotokollen kommen kann. 1124

Bei allen Erfassungsmasken wird das Feld „**Belegnummer**" standardmäßig mit dem aktuellen Tagesdatum vorgegeben und sollte deshalb bei der Eingabe nicht verändert werden. Die drei dem Datum folgenden Nummern sollten bei dem Bewirtschafter eindeutig zuzuordnen sein, weshalb empfohlen wird, bei der Erfassung durch mehrere Personen des Titelverwalters jedem Bediensteten bestimmte Nummernpakete (z. B. 001-100, 101-200 usw.) zuzuteilen. 1125

5.2 Erfassung von Bewirtschaftermaßnahmen

5.2.1 Mittelverteiler

1126 E 01 – Zuweisung von Verpflichtungsermächtigungen (VE),

E 02 – Einzelzuweisung von Haushaltsmitteln (HHM), auch „Nullzuweisungen“ von ganzen Kontenketten, auch Verteilung eines Sachbuchkontos über verschiedene Bewirtschafterebenen,

E 03 – Rückruf/Storno von HHM und VE,

E 05 – Zuweisung von HHM und VE von ausgewählten Konten auf *einen* unmittelbar nach geordneten Bewirtschafter
oder
von einem Konto auf diesem Konto unmittelbar nachgeordnete *eigene* Objektkonten
oder
von ausgewählten Konten auf unmittelbar nachgeordnete *eigene* Objektkonten (z. B. Zuweisungskonten)

E 06 – Zuweisung von HHM *eines* Kontos auf bereits bestehende Konten aller nachgeordneten Bewirtschafter,

E 07 – Rückruf von HHM und VE von allen Konten *eines* unmittelbar nachgeordneten Bewirtschafters
oder
von allen unmittelbar *einem* Sachbuchkonto nachgeordneten *eigenen* Objektkonten auf das unterteilte übergeordnete Sachbuchkonto
oder
von allen unmittelbar nachgeordneten Bewirtschaftern zu Gunsten *eines* Sachbuchkontos.

5.2.2 Titelverwalter

1127 E 01 – Zuweisung von VE auf eigene Objektkonten,

E 02 – Zuweisung von HHM auf eigene Objektkonten,

E 03 – Rückruf/Storno von HHM von eigenen Objektkonten,

E 04 – Zuweisung von HHM auf Grund eines **Deckungsvermerks** (evtl. ist das Einverständnis eines übergeordneten MV 1 erforderlich),

E 4S – Zuweisung von HHM und VE auf Grund eines **Deckungsvermerks** von *einem* Konto auf *viele* Konten oder von *vielen* Konten auf *ein* Konto (Beleg z. B. zur Solländerung im Rahmen der flexiblen Bewirtschaftung),

E 05 – Zuweisung von HHM von einem Konto auf alle nachgeordneten Konten bei einer eingerichteten Objektstruktur
oder
von ausgewählten Konten auf unmittelbar diesen Konten nachgeordnete Objektkonten,

E 07 – Rückruf von HHM und VE von allen unmittelbar nachgeordneten Objektkonten auf das übergeordnete unterteilte Konto,

F 01 – Buchung von Verpflichtungen,

F 02 – Buchung von Festlegungen bzw. Aufhebung von Festlegungen,

F 09 – Anordnung zu einer Textänderung (z. B. bei Verwendung sog. xx-Informationen,

F 19 – Saldovortrag GESAMT-IST-VORJAHRE zum Ändern von Vorjahresbeträgen bei investiven Titeln,

F 20 – Saldovortrag ABSCHLÄGE-VORJAHRE zum Nachbuchen von Abschlägen aus Vorjahren, wenn diese aus bestimmten Gründen beim Jahresabschluss nicht automatisch übertragen werden konnten,

F 21 – Mittelausgleich innerhalb eines Deckungsausgleichskontos.

```
-030 10 452 ---------------------------------------- HICO --------------------------- 26.09.12 --- 11.55 - M 017

              ***     Erfassung   Korrektur   Prüfungsmöglichkeit        ***

Sachbuchkonto VSL 01100-01488.......B01          Zuweisung VE: Einzel-..........................E01
Deckungsausgleichskonto...................B02                           Sammel-.......................E05
                                                  Rückrufe VE:  Einzel-..........................E03
Zuweisung: Einzel-...............................E02                    Sammel-.......................E07
           Sammel-...........................E05    Solländerung VE.................................E04
           Nachgeordnete.................E06        eingegangene Verpflichtungen.............F01
Rückruf:   Einzel-...............................E03
           Sammel-...........................E07     Saldovortrag Gesamt-Ist........................F19
                                                  Saldovortrag Abschläge.........................F20
Solländerung: Deck-Verm. Einzel-........E04
                         Sammel-.....E4S           Anordnung zur Textänderung.................F09
Mittelausgleich.......................................F21
                                                  Verfügbarkeitsprüfung............................VFG
Festlegung / Storno..............................F02    Bearbeiten erfasster Daten...................LES
Anforderung von Listen........................G01     Zusammenstellung erfasster Daten.......ZUS
AnforderungTV-Kontoauszug...............G02
Änderung Listenanforderung................G04        bitte Code eingeben ➔ ▌___
-----------------------------------------------------------------------------------------------------------

PF 1: Info        PF 3: retour      PF 4: Anfang
```

Abb. 101: Erfassung von Bewirtschaftermaßnahmen durch den Titelverwalter

Mit der Anwendung der Codes „VFG", „LES" und „ZUS" haben sowohl Mittelverteiler als auch Titelverwalter Zugriffsmöglichkeiten, im System bestimmte Funktionen auszulösen:

VFG – Verfügbarkeitsprüfungen,

LES – Diese Anforderung erlaubt dem Anwender, seine eingegebenen Daten zu lesen, sie zu ändern oder sie gänzlich zu löschen. Mit Hilfe dieser Anwendung können die im Verlaufe dieses Erfassungstages eingegebenen Daten erneut bearbeitet werden,

ZUS – Zusammenstellung der erfassten Daten.

Alle bis dahin erfassten Daten werden über diese Anwendung in Summen nach Belegtypen und Belegnummern aufsteigend aufgelistet.

1128 Hieraus können einzelne Belege über die entsprechende Cursorpositionierung oder über die Betätigung der PF 5-Taste zur Nachbearbeitung (Korrektur/Löschen) aufgerufen werden.

1129 Bewirtschaftungsmaßnahmen, die **Einzelauszahlungen** bewirken sollen, erfordern eine eigene Zugangsberechtigung, die F 05-Zugangsberechtigung (s. Rundschreiben BMF v. 12.04.2003 II A 6 – H 2305 – 20/03 – Dialogerfassung HICO – Einführung der F 05-Dialogerfassung für Einzelauszahlungen).

5.3 Weitere Informationsmittel des HKR-Verfahrens

1130 Neben den zahlreichen und in diesem Kapitel nur **auszugsweise** vorgestellten Informationsmöglichkeiten, die das Dialog-Verfahren bietet, gibt es weiterhin Verarbeitungsergebnisse des HKR-Verfahrens für alle Verfahrensbeteiligte in herkömmlicher, traditioneller Papierform.

5.3.1 Ausdruck von Stammblättern

1131 Für jede Strukturmaßnahme, wie z. B. Vergabe von Bewirtschafternummern, Einrichtung von Deckungsausgleichskonten, Untergliederung eines Sachbuchkontos in Objekt- bzw. Unterobjektkonten, Einrichtung eines Stammsatzes für wiederkehrende Zahlungen usw. wird für den betroffenen Bewirtschafter bei der Bundeskasse bzw. beim Rechenzentrum ein Stammblatt ausgedruckt.

5.3.2 Ausdruck von Kontoauszügen

1132 Jede Maßnahme der **Mittelverteilung** einschließlich eines Rückrufs löst selbsttätig einen Kontoauszug für das abgebende und für das empfangende Sachbuchkonto aus.

1133 Bei allen übrigen Bewirtschaftermaßnahmen wird standardisiert vom System ein monatlicher Kontoauszugsabstand vorgegeben. Der Bewirtschafter kann jedoch einen davon abweichenden Kontoauszugsabstand wählen (zweiwöchig, täglich). Er kann aber auch gänzlich auf den Ausdruck von Kontoauszügen verzichten. Wurde seit dem letzten Ausdruck und dem gem. Kontoauszugsabstand nunmehr fälligen Ausdruck keine Bewirtschaftermaßnahme durchgeführt, wird kein Kontoauszug erstellt. Mit seinem Kontoauszug erhält der Bewirtschafter alle Informationen, die er zur Ausübung seiner Bewirtschaftungsbefugnis benötigt. Die Saldenstände des letzten Kontoauszugs ergänzt um die Anordnungsbeträge der Zweitschriften der Kassenanordnungen, die noch nicht im Kontoauszug berücksichtigt sind, ergeben den aktuellen Bewirtschaftungsstand, was eine manuelle - HÜL-Führung entbehrlich macht.

5.3.3 Ausdruck von Listen

Zu bestimmten Terminen erstellt das System **Listen** für den Bewirtschafter. Zum 1134
1. Arbeitstag eines Monats wird eine Liste der nicht abgewickelten, offenen Abschläge für den Titelverwalter ausgedruckt.

Die Buchungen im **Verwahrungs- und Vorschussbuch**, die wie Abschläge 1135
behandelt werden, werden ebenfalls monatlich in Listenform zusammengestellt.

Zum Monats- und Jahresabschluss wird eine Titel- und Objektkontoübersicht erstellt, aus der der Bewirtschaftungsstand aller Konten ersichtlich ist.

Zum Jahresabschluss erstellt das System eine Übersicht noch nicht erledigter Sollstellungen, was eine Neuanordnung solcher Geschäftsvorfälle zum Beginn des neuen Haushaltsjahres entbehrlich macht.

Bestehende und zum Jahresende noch **nicht ausgeschöpfte Festlegungen** werden automatisch in das neue Haushaltsjahr vorgetragen. Ebenso erfolgt eine Sollstellung (Mittelbindung) bei den wiederkehrenden Zahlungen, die über das Ende des Haushaltsjahres hinausreichen in Höhe des benötigten Jahresbetrages.

5.3.4 HKR-Dokumentationen

Mit Code 0 im Anfangsmenü wird nach der Eingabe ein weiterer Bildschirm mit 1136
den einzelnen bereitgestellten Dokumentationen angezeigt.

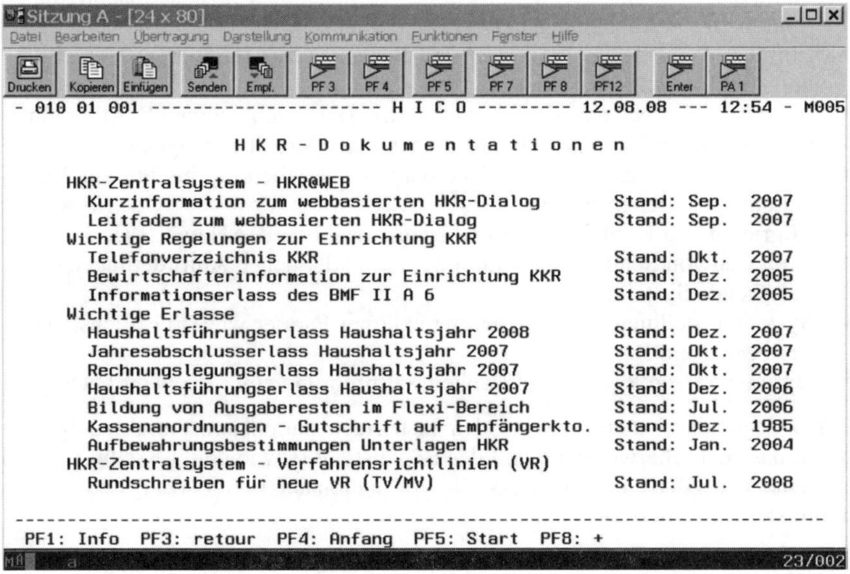

Abb. 102: Anforderung von HKR-Dokumenten, Vorschriften etc.

1137 Diese abgebildeten Dokumentationen, Vorschriften, Erlasse etc. und weitere auf den Folgeseiten sind frei zugänglich und können auf die IT-Umgebung des Anwenders heruntergeladen werden. Grundsätzlich stehen alle Dokumentationen im DOC-und PDF-Format zur Verfügung. Weitere Formate werden ständig aktualisiert und bei Bedarf hinzugefügt.

VII. SEPA-Zahlungen

1. Allgemeines

1138 SEPA (Single Euro Payments Area) umfasst die Einführung neuer einheitlicher Finanzinstrumente für auf Euro lautende Lastschriften und Überweisungen im **erweiterten Euro-Zahlungsraum**.

Ab 1.2.2014 wird das nationale Verfahren für Überweisungen, Einzugsermächtigungen und Abbuchungsaufträge durch die neu definierten SEPA-Verfahren ersetzt.

1139 Die Einführung von SEPA hat **vielfältige Auswirkungen** auf wesentliche Abläufe in den Unternehmen und Verwaltungen:

- Überführen von Lastschriften in Mandate – eine formale Umwidmung wird voraussichtlich nur für dokumentiert vorliegende Einzugsermächtigungen (und nicht für Abbuchungsaufträge) möglich sein,
- Einführen von neuen Prozessen und Systemen zur Einholung, Verwaltung und Archivierung von Mandaten,
- Anpassen der bestehenden Prozesse des Debitoren- sowie Kreditorenmanagements, des Stammdatenmanagements und Kredit-Managements,
- Änderungen im Zahllauf, der Kontoauszugsverarbeitung bis hin zur Verarbeitung der offenen Posten,
- Migrieren von Kontonummer und Bankleitzahl zu IBAN und BIC,
- Anpassen von Schnittstellen und Integration der neuen Anforderungen in die bestehende Systemlandschaft,
- Systemumstellungen und Steuerung externer Partner wie Druckdienstleister, Callcenter und Banken,
- Optimieren von Konten und Banken – Einführung einer Payment Factory.

1140 Ein bedeutender Unterschied zu den bisherigen nationalen Verfahren besteht darin, dass der Überweisende und der Begünstigte (sowie deren Kreditinstitute) an Hand von **IBAN** und **BIC** anstelle von nationaler Bankleitzahl und Kontonummer zu identifizieren sind.

1.1 IBAN

IBAN steht für **International Bank Account Number** und ist eine standardisierte, internationale Bank-/Kontonummer für nationale und grenzüberschreitende Zahlungen. Sie besteht aus maximal 34 Stellen, die je nach Land unterschiedlich genutzt werden können. Lediglich die ersten vier Stellen sind fest definiert. 1141

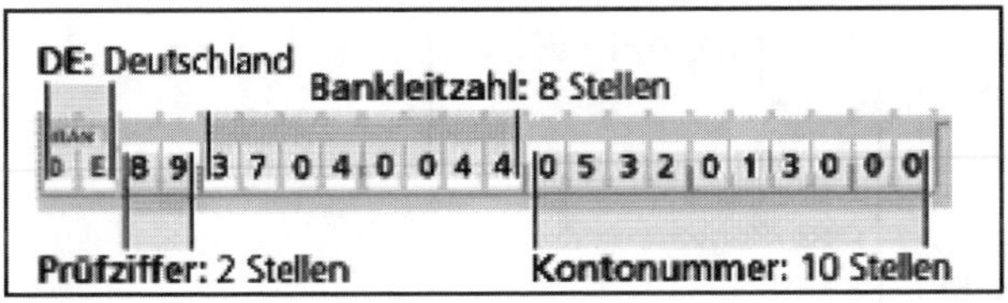

Abb. 102a: IBAN

In Deutschland wird die IBAN mit 22 Stellen dargestellt: An den ersten zwei Stellen wird das Länderkennzeichen abgebildet (DE für Deutschland). Eine zweistellige Prüfziffer dient zur Kontrolle der Kontonummer und Bankverbindung vor Ausführung der Zahlung. Anschließend folgt die achtstellige Bankleitzahl des Kontoinhabers (hier 370 400 44) sowie – von hinten aufgefüllt – die Kontonummer, welche je nach Kreditinstitut bis zu zehn Stellen umfasst.

Bankkunden finden ihre IBAN auf dem Kontoauszug. Für die Umstellung der Kontodaten der heute im deutschen Zahlungsverkehr gebräuchlichen Kontonummern und Bankleitzahlen auf die international verwendeten IBAN und BIC stellt die deutsche Kreditwirtschaft verschiedene automatisierte Lösungen zur Verfügung, z. B. das internetbasierte IBAN-Service-Portal.

1.2 BIC

BIC steht für **Business Identifier Code** und ist die internationale Bankleitzahl eines Kreditinstituts. Der BIC besteht aus maximal elf Stellen und wird oft auch als SWIFT-Code bezeichnet. 1142

Die ersten vier Stellen entsprechen der Bankbezeichnung, sind alphanumerisch und können frei gewählt werden (z. B. MARK für die Deutsche Bundesbank). Darauf folgt die Länderkennung, welche dem ISO-Code des jeweiligen Landes entspricht. Sie besteht aus zwei Stellen (z. B. DE für Deutschland). Anschließend folgt eine zweistellige Orts-/Regionsangabe (z. B. FF für Frankfurt am Main). Die letzten drei Stellen können für Filialbezeichnungen genutzt werden (hier XXX als Platzhalter) und sind frei wählbar. Sie können jedoch auch frei bleiben. Das offizielle BIC-Directory steht auf der der Internetseite von SWIFT zur Verfügung.

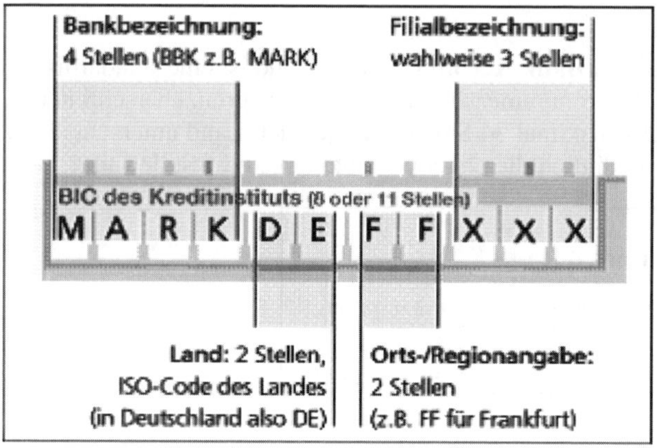

Abb. 102b: BIC

1143 In dem einheitlichen Euro-Zahlungsverkehrsraum (SEPA) werden **alle Zahlungen wie inländische Zahlungen** behandelt. Es wird nicht mehr zwischen nationalen und grenzüberschreitenden Zahlungen unterschieden. In einem ersten Schritt sind die Möglichkeiten für SEPA-Überweisungen geschaffen worden; nunmehr ist es auch möglich, SEPA-Einzahlungen im Lastschrifteinzugsverfahren, auch grenzüberschreitend, anzunehmen.

1144 Das bisherige **nationale** Lastschrifteinzugsverfahren soll langfristig durch das SEPA-Lastschriftverfahren abgelöst werden, bleibt aber bis auf weiteres möglich.

2. SEPA-Auszahlungen (am Beispiel einer Anordnung für eine einmalige Auszahlung)

1145 Für Auszahlungen (am Beispiel einer Anordnung für eine einmalige Auszahlung) kann schon jetzt und ab 1.2.2014 ausschließlich der Vordruck F 05 für SEPA-Zahlungen verwendet werden.

1146 Besonderheiten:

- Feld Z 1: IBAN/Konto-Nummer
- Feld Z 2: BIC
  BIC und IBAN sind linksbündig zu schreiben. Freie Felder sind durch einen waagerechten Strich zu entwerten.
- Feld S 1 – 2/4
  Im ersten Feld ist die Kennung ‚2‘ für Dienstleistung und die Kennung ‚4‘ für eine Kapitaltransaktion einzutragen.

- S 1 – Kennzahl
  Einzutragen ist eine dreistellige Kennzahl zur Beschreibung der Dienstleistung oder der Kapitaltransaktion nach dem Leistungsverzeichnis der Deutschen Bundesbank:
  - 700 Zahlung der Bundeswehr, wenn nicht 740
  - 740 Zahlung an eine europäische Organisation
  - 750 Zahlung an ein Entwicklungsland und
  - 760 „sonstige Ausgaben des Bundes“, falls keine entsprechende Kennzahl im Leistungsverzeichnis besteht.
- Feld S 1 – ISO-Code
  Einzutragen ist der zweistellige ISO-Code des Landes oder der internationalen Organisation. Der ISO-Code kann über das Internet-Angebot der Deutschen Bundesbank erfragt werden.

Neben der F 05 – SEPA – Anordnung für eine einmalige Auszahlung – kann mit **1147**
dem Kontierungsblatt zur Anordnung F 05 eine einmalige Auszahlung an einen Empfangsberechtigten aus verschiedenen Haushaltsstellen oder Objektkonten angeordnet werden.

Leistungen von einer einmaligen Auszahlung aus einer Haushaltsstelle an mehre- **1148**
re Empfangsberechtigte werden mit dem Formblatt F 07-SEPA angeordnet *(s. Abb. 104 u. 104a).*

Anordnende Stelle
Bundeswasser- und Schifffahrtsamt
Dienststelle Pareetz

Belegnummer der Kasse

F05

Eingangsstempel der Kasse

An die Bundeskasse über die Zahlstelle: Halle/Saale

Haushaltsjahr: 2012

[X] **Anordnung einer einmaligen Auszahlung**
[ ] **Aufhebung einer Auszahlungsanordnung**

K1 Belegnummer des Bewirtschafters (Tag, Monat, Jahr, Lfd.Nr.): 12 07 2 004 | Verarbeitungsschlüssel: 52100 | Kontierungsblätter: | Ergänzungsblatt:

K2 Bewirtschafternummer: 03145701 | Titelkonto: 1203521114 | Objektkonto: --06234500

K3 Kontrollnummer V/W/A/S: | Kostenstelle: | Produkt/Kostenträger:

K4 Fälligkeitsdatum: 200712 | Gutschrift: 1 | Telegraf/Target:

E1 Empfänger: Fa. Kai Mauer, 01234 Caputh

Z1 IBAN/Kontonummer: DE23423650985412777455346---------

Z2 BIC: CSHYDEPM888 | Betrag: ----------11567 23 | **Währung**: EUR

Betrag in Buchstaben: elftausendfünfhundertsiebenundsechzigEUR

Verwendungszweck für Empfänger (70)

Z4 Rechn. v. 10.06.2012 - Kanalvertief
Z5 Havelkanal Pareetz

H1 Belegnummer der Festlegung/Bezugsbelegnummer: 30042008 | Abbuchung von der Festlegung: ----------12000 00 Euro

Buchungstext - Begründung der Zahlung

H2 Freihaltung Schifffahrtsweg Havelk.
H3 Pareetz Kanal-km 266
H4

Statistische Angaben bei Zahlungen über 12.500 an Gebietsfremde
- §§ 59 ff. der Außenwirtschaftsverordnung (AWV) -

Wareneinfuhr oder erneute Anweisung (Rückläufer) [ ]

S1 2/4: 2 | Kennzahl: 760 | ISO-CODE: DE | Nähere Angaben zum Transfer: Instandsetzung

Sachlich richtig	Rechnerisch richtig
gez. Adler	gez. Geyer
Unterschriften	

Bearbeitungszeichen
Daten erfasst | Daten geprüft

Anordnung ist, wie angegeben, auszuführen.
12.07.2012 gez. Falke
Datum, Unterschrift des Anordnungsbefugten

Quittung, Betrag erhalten
Datum, Unterschrift

032005 Anordnung einer einmaligen Auszahlung / Aufhebung einer Auszahlungsanordnung (2.1/2010)

Abb. 103: Beispiel einer Anordnung zur Leistung einer einmaligen Auszahlung im SEPA-Verfahren

Anordnende Stelle
Bundeswasser- und Schifffahrtsamt
Dienststelle Pareetz

Belegnummer der Kasse

Eingangsstempel der Kasse

F07

An die Bundeskasse über die Zahlstelle: Halle/Saale

Haushaltsjahr **2012**

Anordnung einer einmaligen Sepa-Zahlung an mehrere Empfangsberechtigte

K1 Belegnummer des Bewirtschafters (Tag Monat Jahr Lfd.Nr.): 2 0 1 0 2 0 0 3 — Verarbeitungsschlüssel: 5 5 0 0 0 — Empfängerlisten: 0 1

K2 Bewirtschafternummer: 0 3 1 5 0 4 0 1 — Titelkonto: 1 2 0 3 5 1 1 0 1 4 — Objektkonto: - - 0 0 0 6 2 3 4 5

K3 Kontrollnummer V/W/A/S — Kostenstelle — Produkt/Kostenträger

K4 Fälligkeitsdatum: 2 5 1 0 1 2 — Gutschrift — Telegraf/Target

H0 Betrag: - - - - - - - - 1 5 6 2 7 0 **Euro**

Betrag in Buchstaben
tausendfünfhundertzweiundsechzigEUR

H1 Belegnummer der Festlegung — Abbuchung von der Festlegung **Euro**

Buchungstext - Begründung der Zahlung
H2 B u e r o m a t . I V . Q u a r t .
H3 T o n e r G e s c h . - s t e l l e
H4

Statistische Angaben bei Zahlungen über 12.500 an Gebietsfremde
- §§ 59 ff. der Außenwirtschaftsverordnung (AWV) -
Wareneinfuhr oder erneute Anweisung (Rückläufer)
S1 2/4 — Kennzahl — ISO-CODE — Nähere Angaben zum Transfer

Sachlich richtig und Rechnerisch richtig
gez. Geyer
Unterschriften

Bearbeitungszeichen
Daten erfasst — Daten geprüft

Anordnung ist, wie angegeben, auszuführen.
20.10.2012 gez. Adler
Datum, Unterschrift des Anordnungsbefugten

032006 Anordnung einer einmaligen Sepa-Zahlung an mehrere Empfänger **(2.01/2010)**

Abb. 104: Beispiel einer Anordnung zur Leistung einer einmaligen Auszahlung im SEPA-Verfahren aus einer Haushaltsstelle an mehrere Empfangsberechtigte

Anordnende Stelle
Bundeswasser- und Schifffahrtsamt
Dienststelle Pareetz

Empfängerliste

Anlagennummer

F07

Belegnummer des Bewirtschafters
Tag Monat Jahr Lfd.Nr.
K1 20 10 20 03

Bewirtschafternummer
K2 03150401

Empfänger
E1 Fa. B. Darf, Neuruppin
IBAN
Z1 DE23487899987556234343422223-------
BIC
Z2 CSHYDERUP89
Betrag
---------100 00 **Euro**
Verwendungszweck für Empfänger
Z4 Rechn. v. 18.10.2012 - U897334
Z5

Empfänger
E1 Fa. Kai Mauer, 01234 Caputh
IBAN
Z1 DE2342365098541277745534 6---------
BIC
Z2 CSHYDEPM889
Betrag
--------1462 70 **Euro**
Verwendungszweck für Empfänger
Z4 Rechn. Nr. 4711 v. 10.10.2012
Z5 Buerobedarf

Empfänger
E1
IBAN
Z1
BIC
Z2
Betrag
Euro
Verwendungszweck für Empfänger
Z4
Z5

Empfänger
E1
IBAN
Z1
BIC
Z2
Betrag
Euro
Verwendungszweck für Empfänger
Z4
Z5

032006 Anordnung einer einmaligen Sepa-Zahlung an mehrere Empfänger **(2008)**

Abb. 104a: Beispiel einer Empfängerliste zur Auszahlungsanordnung F 07 – SEPA –

3. Zusammenfassung wichtiger SEPA-Belege

F		1149
F 05 SEPA	– Anordnung einer einmaligen Einzahlung Anordnung zur Aufhebung einer Auszahlungsanordnung	
F 07 SEPA	– Anordnung einer einmaligen SEPA-Zahlung an mehrere Empfangsberechtigte mit Empfängerliste	
F 31 SEPA	– Anordnung zur Leistung oder Änderung einer wiederkehrenden Auszahlung	
F 35 SEPA	– Anordnung zur Leistung von Auszahlungen im Abrufverfahren	
F 22 SEPA	– Annahmeanordnung zur Annahme einer Einzahlung	
B		
B2B SEPA	– Firmenmandat	
B2C SEPA	– Basismandat (Privatkunden)	
M		
M 03 SEPA	– Allgemein erteilte Auszahlungsanordnung	

4. SEPA-Lastschriftverfahren

4.1 Allgemeines

Im bisher angewandten Lastschriftverfahren kann der Lastschrifteinzug im Einzugsermächtigungsverfahren oder im Abbuchungsauftragsverfahren erfolgen. Im Bereich des Bundes wird nahezu ausschließlich das **Einzugsermächtigungsverfahren** angewendet, weil nur in diesem Verfahren eine **Zahlungsüberwachung** (ZÜV) ausgeführt werden kann. 1150

Im Einzugsermächtigungsverfahren erteilt der Zahlungspflichtige dem Bewirtschafter eine formlose schriftliche Lastschrifteinzugsermächtigung, die beim Bewirtschafter und nicht bei der Kasse verbleibt.

Weil die Ermächtigung zwischen dem Zahlungsempfänger und dem Zahlungspflichtigen erfolgt, ist das Kreditinstitut in den Vorgang nicht eingebunden. Der Einzahler kann daher innerhalb von sechs Wochen widersprechen und die Lastschrift zurückgeben. 1151

Das bisherige Lastschrifteinzugsverfahren soll langfristig durch das SEPA-Verfahren abgelöst werden. Bis auf weiteres bleibt das bisherige Verfahren weiter gültig.

4.2 SEPA-Lastschriftverfahren

1152 Im SEPA-Lastschriftverfahren ist der Lastschrifteinzug als Firmenlastschrift oder als Basislastschrift möglich. Die Basislastschrift entspricht dem derzeitigen Einzugsermächtigungsverfahren und soll an dieser Stelle ausschließlich behandelt werden. Dem bisherigen Abbuchungsverfahren entspricht die künftige Firmenlastschrift.

1153 Die Ermächtigung des Zahlungspflichtigen zur Durchführung von SEPA-angepassten Lastschrifteinzügen wird durch ein Mandat erteilt, das den Gläubiger zu einem einmaligen oder unbegrenzten Lastschrifteinzug ermächtigt.

1154 Im Gegensatz zu dem bisherigen Verfahren, in dem die Einzugsermächtigung beim Bewirtschafter verblieb, erfolgt die künftige Mandatsverwaltung im SEPA-Verfahren ausschließlich bei den Bundeskassen.

4.2.1 Basislastschrift

1155 Bei der SEPA-Basislastschrift müssen erstmalige Lastschriften fünf Tage vor der Fälligkeit bei dem Kreditinstitut des Zahlers vorliegen, die folgenden Lastschriften mindestens zwei Tage vor Fälligkeit.

1156 Eine SEPA-Basislastschrift kann innerhalb von **acht Wochen** nach Belastung an den Einreicher zurückgegeben und die entsprechende **Kontobelastung rückgängig** gemacht werden.

Liegt eine **unberechtigte** oder **fehlerhafte** Lastschrift vor, kann die Zahlung sogar innerhalb von **13 Monaten** nach der Kontobelastung zurückgegeben werden.

4.2.2 Lastschriftmandat

1157 Das Vorliegen eines gültigen **SEPA-Mandats** ist Voraussetzung für die Durchführung eines SEPA-Lastschriftverfahrens. Bereits mit der Zahlungsaufforderung ist dem Zahlungspflichtigen ein Vordruck *(s. Abb. 105)* mit der Bitte zu übersenden, das fehlerfrei ausgefüllte Mandat an die zuständige Bundeskasse zurückzusenden. Dem Einzahlungspflichtigen ist mitzuteilen, dass in dem Vordruck keine Änderungen an den vorgedruckten Angaben vorgenommen werden dürfen, weil es sonst seine Gültigkeit verliert.

1158 Die **Formulare** können vom Bewirtschafter von seiner Kasse angefordert werden und enthalten dann bereits die notwendigen Angaben, wie Bewirtschafternummer, Kassenzeichen oder den Bewirtschafternamen.

Der Bewirtschafter hat folgende Angaben, soweit sie nicht bereits vorgedruckt sind, einzutragen (**Mussfelder**): 1159

- Mandatsreferenznummer: Die Mandatsreferenznummer setzt sich aus der Kurzbezeichnung ‚ZUEV' für das Zahlungsüberwachungsverfahren, dem Kassenzeichen sowie dem Datum der Ausstellung des Blankomandats zusammen,
- Zahlungsempfänger: Name und Anschrift der zuständigen Bundeskasse. Die Gläubiger-Identifikationsnummer gilt für alle Bundeskassen,
- Name des Einzahlungspflichtigen,
- Kassenzeichen des Personenkontos,
- Bewirtschafternummer,
- Bewirtschaftername.

Vom Zahler sind auszufüllen: 1160

- Name und Anschrift des Girokontoinhabers, soweit nicht bereits vom Bewirtschafter eingetragen,
- Bankverbindung des Girokontoinhabers,
- die Verwendbarkeit des Mandats (mehrmalige oder einmalige Zahlung),
- Ort, Datum und Unterschrift des **Girokontoinhabers.**

4.2.3 Kassenmäßiges Verfahren

Nach der Erfassung des Mandats durch die **Zentrale Mandatserfassung** der Kasse wird der Bewirtschafter über den Status des Lastschriftverfahrens unterrichtet und der angeordnete Betrag wird frühestens zum Fälligkeitstag eingezogen. 1161

Sollte das Mandat nicht mit der Anordnung übereinstimmen, hat der Bewirtschafter die erneute Übersendung eines Mandatsvordrucks an den Zahlungspflichtigen zu veranlassen.

Fehlen auf dem Mandat die vom Zahler zu vervollständigenden Angaben oder sind sie fehlerhaft, wird der Einzug dennoch bewirkt; der Bewirtschafter wird unterrichtet und hat zu veranlassen, dass vom Zahlungspflichtigen ein erneutes Mandat ausgefüllt und an die Bundeskasse übersandt wird. 1162

Fehlen zahlungsrelevante Angaben, wie Bankverbindung oder Unterschrift des Girokontoinhabers, wird der Einzug nicht durchgeführt und der Bewirtschafter um weitere Veranlassung gebeten.

	SEPA-Basislastschrift-Mandat (B2C)	Bundeskasse Halle/Saale
	ZUEV3427643534122808 2012 Mandatsreferenznummer	

Ich ermächtige / wir ermächtigen die unten genannte Zahlungsempfängerin oder einer Nachfolgeinstitution, Zahlungen von meinem / unserem Konto mittels Lastschrift einzuziehen. Zugleich weise ich mein / weisen wir unser Kreditinstitut an, die von der Zahlungsempfängerin oder der Nachfolgeinstitution auf mein / unser Konto gezogenen Lastschriften einzulösen.

Hinweis: Ich kann / wir können innerhalb von acht Wochen, beginnend mit dem Belastungsdatum, die Erstattung des belasteten Betrages verlangen. Es gelten dabei die mit meinem / unserem Kreditinstitut vereinbarten Bedingungen.

Ich bin / wir sind damit einverstanden, dass zur Erleichterung des Zahlungsverkehrs, die grundsätzlich 14-tägige Frist für die Information vor Einzug einer fälligen Zahlung bis auf einen Tag vor Belastung verkürzt werden kann.

Zahler/in
(Girokontoinhaber/in)

Name	Peter Silie	S01
Strasse und Hausnummer	Ahornweg 26	S02
Postleitzahl / Stadt	01345 Ragow	S03
Land	DEUTSCHLAND	S04
IBAN (International Bank Identifier Code), Zahler/in	DE23 5367 3342 5000 4721 - - - - - - - - - - - - - -	S05
BIC (Bank Identifier Code), Zahler/in	CSHYDEPM888	S06

Zahlungsempfängerin

Feld	Eintrag	
Name	Bundeskasse Halle/Saale	S07
Gläubiger-Identifikationsnummer	DE09ZZZ00000000001	S08
Strasse und Hausnummer	Merseburger Strasse 196	S09
Postleitzahl / Stadt	06110 Halle/Saale	S10
Land	DEUTSCHLAND	S11

Bitte ankreuzen, ob das Mandat für einen oder mehrere Einzüge verwendet werden kann

☐ 4 - Einmalige Zahlung (B2C) ☒ 5 - Wiederkehrende Zahlungen (B2C) S12

Ort: Ragow Datum: 29 08 2012 S13

Unterschrift des Girokontoinhabers / Unterschriften der Girokontoinhaber/in

Name des Einzahlungspflichtigen	Peter Silie	S14
Kassenzeichen bzw. Personenkontonummer	342764353412	S15
Bewirtschafternummer	03476123	S16
Bewirtschafter	Wasser- und Schifffahrtsamt Calau	S17

Dieses Feld bitte nicht beschriften (nur für interne Vermerke des Zahlungsempfängers)

Daten erfasst:

Daten geprüft:

032019 SEPA-Basislastschrift-Mandat (B2C) **(2012)**

Abb. 105: Beispiel eines SEPA-Basislastschriftmandats

VIII. Zahlungsüberwachungsverfahren (ZÜV)

1. Allgemeines

Nach § 34 Abs. 1 BHO/LHO sind Einnahmen **rechtzeitig** und **vollständig** zu erheben. Die dem Bund/Land zustehenden Einnahmen sind bei Fälligkeit zu erheben, unabhängig davon, ob sie im Haushaltsplan überhaupt oder in entsprechender Höhe veranschlagt sind. Über eine Forderung mit Fälligkeit im laufenden Haushaltsjahr ist der Bundeskasse unverzüglich – damit grundsätzlich vor der Einzahlung – eine Kassenanordnung zu erteilen, sobald die Forderung betragsmäßig feststeht (VV Nr. 3.1 zu § 34 BHO; *s. Rn. 451–456).* **1163**

Das Zahlungsüberwachungsverfahren dient der zweckdienlichen Abwicklung von Haushaltseinnahmen. Es handelt sich um ein **dem HKR-Verfahren vorgelagertes Subverfahren**. Durch die Angabe des zwölfstelligen Kassenzeichens in der Annahmeanordnung werden Personenkonten eröffnet, durch die die Zahlungseingänge überwacht werden können. Durch die weitere Vergabe eines Mahnkennzeichens in der Annahmeanordnung wird das automatische Mahnverfahren gesteuert. **1164**

Neben einmaligen Einzahlungen können im ZÜV-Verfahren auch wiederkehrende Einzahlungen (WEZ) oder Einzahlungen in unterschiedlicher Höhe oder in unregelmäßigen Zeitabständen abgewickelt werden. Ebenso kann für jede Einzahlungsart und für jedes Konto Lastschrifteinzug vereinbart werden. **1165**

2. Einzahlungen im Zahlungsüberwachungsverfahren (ZÜV)

Mit Rundschreiben vom 28.2.2003 erinnerte das BMF daran, Haushaltseinnahmen ab 1.11.2000 nur noch im Zahlungsüberwachungsverfahren des Bundes (ZÜV) abzuwickeln. **1166**

Das BMF forderte in seinem Rundschreiben darüber hinaus alle Bewirtschafter auf, die am HKR-Verfahren beteiligt sind, bereits gebuchte Forderungen bis zum 1.7.2003 in das Zahlungsüberwachungsverfahren zu überführen.

Im ZÜV werden personenbezogene **Zahlungsüberwachungskonten** als **Vorkonten** (Personenkonten) **zu den Sachbuchkonten** des HKR-Verfahrens geführt, bei denen als Ordnungsbegriff ein zwölfstelliges **Kassenzeichen** verwendet wird (11 Stellen zuzüglich Prüfziffer). **1167**

Auf diesem Vorkonto werden

- die Stammdaten der Annahmeanordnung wie z. B. das Kennzeichen Mahnverfahren, Anschrift des Zahlungspflichtigen, Bankverbindung und Zahlungsart bei Lastschrifteinzug, die Angaben über den Zweck der Zahlung bei

Lastschrifteinzug sowie Angaben über den Einzahler, wenn dieser vom Einzahlungspflichtigen abweicht,
- bei wiederkehrenden Zahlungen der Zahlungsturnus und die turnusmäßig zu zahlenden Beträge (Raten) und der ggf. abweichende erste oder letzte Zahlungsbetrag, Datum der ersten und letzten Zahlung und
- alle kassenmäßigen Einzelvorgänge wie Sollstellungen, einschließlich der turnusmäßigen Sollstellungen bei wiederkehrenden Einzahlungen, Zahlungseingänge, Lastschriften, Rücklastschriften, Mahnungen, Rückstandsanzeigen, Folgeanordnungen, Stundungen, Niederschlagungen etc.

nachgewiesen.[22]

1168 Alle Zahlungseingänge mit gültigem Kassenzeichen werden automatisch den ZÜV-Konten zugeordnet. Die Sachbuchkontierung wird aus den durch die Zahlungseingänge ganz oder teilweise getilgten Forderungen ermittelt. Mehrere offenstehende Forderungen werden in der Reihenfolge nach Maßgabe der VV zu § 34 BHO getilgt.

1169 Die Weitergabe der Zahlungseingänge an die Sachbuchkonten erfolgt summarisch nach Zahlungseingängen auf den ZÜV-Konten.

3. Vergabe des Kassenzeichens

3.1 Vergabe für Bewirtschafter ohne IT-Verfahren

1170 Auf Anforderung des Bewirtschafters stellt die für ihn zuständige Bundeskasse **Überweisungsträger mit eingedrucktem Kassenzeichen** zur Verfügung. Diese Kassenzeichen sind in die Annahmeanordnungen (Satzart 101, Feld 7 – *s. Abb. 68 zu Rn. 1043 f.)* zu übernehmen. Die Zuteilung der Kassenzeichen ist an die Bewirtschafternummer gebunden; es kann nicht für andere Bewirtschafter eingesetzt werden. Die Vergabe wird im Verfahren protokolliert.

1171 Jeder Zahlungsaufforderung an einen Einzahlungspflichtigen ist ein solcher Überweisungsträger beizufügen. Ersatzweise ist der Einzahlungspflichtige aufzufordern, in seine eigenen Überweisungsträger das angegebene Kassenzeichen als Verwendungszweck einzusetzen. Bei Zahlungsaufforderungen an Zahlpartner und bei wiederkehrenden Einzahlungen ist nur der ersten Zahlungsaufforderung ein Überweisungsträger mit Kassenzeichen als Muster beizufügen. Dieses erstmals vergebene Kassenzeichen ist auch bei allen anderen Zahlungsaufforderungen in die Kassenanordnung einzutragen.

1172 Die Eintragung des zwölfstelligen Kassenzeichens erfolgt in den Annahmeanordnungen F 22, F 23 und F 25 in der Satzart 101 Feld 7.

---

22 VerfRiB-MV/TV-HKR „Zahlungsüberwachungsverfahren“ (ZÜV).

3.2 Vergabe für Bewirtschafter mit IT-Verfahren

Die Systempflege vergibt auf Anforderung des Bewirtschafters den vierstelligen Vorspann des Kassenzeichens, die **Organisationsnummer**. In diesem Bereich sind die Kassenzeichen durch das IT-Verfahren selbstständig zu verwalten, z. B. durch Zuordnung der im System gespeicherten Stammdaten der Kunden oder Einzahlungspflichtigen. Insgesamt stehen für weitere Unterteilungen 7 Stellen zur Verfügung. Die ergänzende Prüfziffer (12. Stelle) für das Kassenzeichen wird im IT-Verfahren des Bewirtschafters durch das System errechnet. **1173**

Das **Kassenzeichen** kann **1174**
- für jeden einzelnen Zahlungsfall (Einmalzahlungen) oder
- als konstantes Identifikationsmerkmal für alle zukünftigen Zahlungen eines Einzahlungspflichtigen, die zu unterschiedlichen Zeitpunkten und/oder in unterschiedlicher Höhe zu leisten sind (Zahlpartnerkonto) sowie
- für wiederkehrende Zahlungen eines Einzahlungspflichtigen (WEZ)

vergeben werden.

4. Änderung eines Zahlungsüberwachungskontos

Bei einer notwendigen Änderung eines Zahlungsüberwachungskontos sind folgende Fälle zu unterscheiden: **1175**
- Stammdatenänderung für einmalige Einzahlungen (einschließlich Zahlpartnerkonten): Vordrucke F 22, F 23, Verarbeiterschlüssel (VSL) 01300,
- Stammdatenänderung für wiederkehrende Einzahlungen: Vordrucke F 41, F 42, VSL 01300,
- Änderung oder Stilllegung einer wiederkehrenden Einzahlung: Vordrucke F 41, F 42, VSL 01301,
- zusätzliche Einrichtung einer wiederkehrenden Einzahlung auf einem bereits bestehenden ZÜV-Konto: Vordrucke F 41, F 42, VSL 01302,
- sonstige Folgeanordnungen: Vordruck F 25.

5. Stammdatenänderungen

Bei Stammdatenänderungen sind neben der Angabe der zuständigen Bundeskasse und des Haushaltsjahres stets die Eintragungen in folgenden **Mussfeldern** erforderlich: **1176**
- Belegnummer des Bewirtschafters,
- Verarbeitungsschlüssel,
- Bewirtschafternummer,
- Haushaltsstelle, ggf. Objektnummer,
- Kassenzeichen,
- Name des Einzahlungspflichtigen (nur Name, Vorname in der Satzart H 22, Feld 7).

1177 Im Übrigen sind nur Eintragungen in den Datenfeldern erforderlich, die auch geändert werden sollen. Geändert werden können:

- **Kennzeichen Mahnverfahren**:
  Die 1., 3–5. Stelle können uneingeschränkt geändert werden; die 2. Stelle ohne Einschränkungen, solange im laufenden Haushaltsjahr noch keine Verzugszinsen oder Säumniszuschläge maschinell berechnet worden sind, ansonsten sind Verzugszinsen und Säumniszuschläge manuell zu berechnen und zum Soll zu stellen.
  Bei jeder Änderung des Mahnverfahrens ist das fünfstellige Mahnkennzeichen komplett neu einzugeben.
- **Name und Anschrift des Einzahlungspflichtigen** (Satzart H 22):
  Im Falle einer Änderung sind diese Daten vollständig neu einzugeben.
- **Bankverbindung** (bei Lastschrifteinzug) (Satzart H 01):
  Die Bankverbindung ist nur bei Lastschrifteinzug anzugeben. Ändert sich Bankleitzahl oder Kontonummer, ist die vollständige Bankverbindung in der Satzart H 01 einzutragen.
- **Kennzeichen Lastschrifteinzug** (LSE) :
  Wurde der Lastschrifteinzug (LSE = „1“) nicht bereits bei der Kontoeröffnung angeordnet, kann er bei Vorliegen einer Einzugsermächtigung jederzeit nachträglich angeordnet werden. Die Einzugsermächtigung ist der Anordnung beizufügen. Außerdem ist spätestens jetzt die vollständige Bankverbindung anzugeben.
  Bei einem Widerruf einer Einzugsermächtigung ist das Kennzeichen Lastschrifteinzug mit LSE = „9“ zu löschen.
- **Angaben über den Zweck der Zahlung bei Lastschrifteinzug (Satzart H 32)**:
  Die dem Einzahlungspflichtigen über seinen Kontoauszug mitzuteilende Textkonstante, welche über das Zahlungsüberwachungsverfahren allgemein gültig sein soll (z. B. Garagenmiete) kann durch Eintragung in diesem Feld jederzeit geändert werden. Ein vom Einzahlungspflichtigen abweichender Einzahler (z. B. Erziehungsberechtigter) kann hier nachgemeldet oder geändert werden. Bei einem Lastschrifteinzug muss dann allerdings der Einzahlende der Kontoinhaber sein.

6. Kennzeichen Mahnverfahren

1178 Außerhalb des HKR-Verfahrens ist der Bewirtschafter selbst dafür verantwortlich, alle Maßnahmen zu ergreifen, die die **rechtzeitige** und **vollständige Erhebung der Einnahmen** sicherstellen. Dazu zählt das Mahnverfahren, ggf. das Geltendmachen von Mahngebühren, Säumniszuschlägen und ggf. die Erhebung der Verzugszinsen.

1179 Im HKR-Verfahren kann sich der Bewirtschafter diese Maßnahmen selbstverständlich nach wie vor selbst vorbehalten; er kann sich aber auch der Hilfe des Systems bedienen. Dazu steht ihm in der Satzart 101 das fünfstellige Feld 8 (Kz. Mahnverfahren) zur Verfügung.

Rückständige Beträge werden rund eine Woche nach Fälligkeit unter Berücksichtigung ggf. im Kennzeichen „Mahnverfahren" angeordneter Besonderheiten **maschinell gemahnt**. 1180

Außerdem werden ggf. **Mahnkosten/Säumniszuschläge** angefordert und zum Soll gestellt. Säumniszuschläge werden nur für den ersten angefangenen Monat des Zahlungsrückstandes maschinell angefordert und zum Soll gestellt. Weitere Säumniszuschläge sind ggf. im Beitreibungsverfahren geltend zu machen. Bei Zahlungseingängen auf gemahnte privatrechtliche Forderungen werden maschinell **Verzugszinsen** berechnet und angefordert, soweit es sich nicht um Kleinbeträge handelt. 1181

Tritt durch eine **Rücklastschrift** auf einem Zahlungsüberwachungskonto ein Zahlungsrückstand ein, erfolgt unverzüglich eine Mahnung mit der Aufforderung, den rückständigen Betrag unabhängig von der Lastschrifteinzugsvereinbarung innerhalb einer Woche zu überweisen oder die Bundeskasse innerhalb einer Woche zu unterrichten, dass der rückständige Betrag durch Lastschrifteinzug erneut eingezogen werden soll. 1182

Soweit auf Mahnungen keine Zahlung eingeht, werden für den Bewirtschafter Rückstandslisten erstellt. In diesen Fällen wird der Bewirtschafter unverzüglich über evtl. später eingehende Zahlungen unterrichtet.

Der Bewirtschafter kann in dem **Feld „Mahnverfahren"** zwischen mehreren Varianten wählen: 1183

1. Stelle: Mahnung

0 = Rückständige Forderung wird gemahnt, es werden 2,50 € angefordert und zum Soll gestellt.,

1 = Zahlungserinnerung ohne Mahnkosten (z. B. bei Stellen der öffentlichen Verwaltung),

2 = Erste Mahnung ohne Mahnkosten (z. B. wenn Zahlungserinnerung, deswegen erforderlich ist, um Schuldner in Verzug zu setzen)
Zweite Mahnung mit 2,50 € Mahnkosten,

3 = Mahnung mit Berechnung der Mahnkosten nach § 3 Abs. 3 und § 19 Abs. 2 Verwaltungsvollstreckungsgesetz,

4 = 1. Mahnung mit 1,50 € Mahnkosten,

5 = Statt Mahnung sofortige Rückstandsanzeige (Bewirtschafter will über Mahnverfahren selbst entscheiden),

6 = Keine Mahnung, turnusmäßige Rückstandsanzeige,

7 = 1. und 2. Mahnung nach § 19 Abs. 2 Verwaltungsvollstreckungsgesetz. Für beide Mahnungen entstehen Mahnkosten.

Kleinbeträge unter 5 € werden unabhängig vom Mahnkennzeichen nicht gemahnt. Die Kleinbetragsregelung kann aber im Einzelfall bewirtschafterbezogen angepasst werden. 1184

1185 Erweiterung der Mahnkennzeichen der ersten Stelle ist über das ZIVIT möglich.

2. Stelle: Verzugszinsen, Säumniszuschlag

0 = Gesetzliche Verzugszinsen nach VV Nr. 4.1 zu § 34 BHO – Verbraucher – (§ 288 Abs. 1 BGB: 5 % über Basiszinssatz),
1 = Keine Verzugszinsberechnung durch die Bundeskasse (Bewirtschafter berechnet ggf. Verzugszinsen selbst, fordert sie und ordnet sie selbst an),
2 = Gesetzliche Verzugszinsen – Nicht-Verbraucher – (§ 288 Abs. 2 BGB),
3 = Säumniszuschlag nach § 18 Verwaltungskostengesetz:
Da die Säumniszuschläge erst nach einer Frist von einem Monat zu berechnen sind, erstellt das Verfahren zwei Mahnungen: Die erste Mahnung erfolgt ohne Säumniszuschläge nach Fälligkeit, die zweite Mahnung wird nach einer Frist von 30 Tagen mit der Berechnung von Säumniszuschlägen für den abgelaufenen und angefangenen Monat erzeugt,
4 = Säumniszuschlag nach § 240 Abgabenordnung in Höhe von 1 % für den ersten angefangenen Monat,
5 = frei,
6 = Zinsen nach § 49a Abs. 3 Bundesverwaltungsverfahrensgesetz,
7 = Verzugszinsen nach § 33a Abs. 1 u. 3 Vermögensgesetz,
8 = Zinsen nach § 49a Abs. 3 Verwaltungsverfahrensgesetz NRW.

3. Stelle: Zahlpartnerkonto

0 = Konto für Einmalzahlungen (Stilllegung erfolgt bei ausgeglichenem Konto), wenn eine Annahmeanordnung vorlag und das Konto ausgeglichen ist,
1 = Zahlpartnerkonto (Stilllegung nach einem Jahr ohne Buchungen).

4. Stelle: Mahn-/LSE-Sperre

0 = keine Sperre – Normalfall,
1 = Adressfehler (gebucht durch die Kasse bei Unzustellbarkeit der Mahnung),
2 = Widerspruch/durch TV zu veranlassen),
3 = aus anderen Gründen (durch TV zu vertreten),
9 = Löschen einer vorhandenen Sperre.

Liegt eine Sperre wegen eines **Adressfehlers** vor und werden die Stammdatenfelder der Adresse verändert, setzt das System die Mahnsperre automatisch wieder auf „0“

5. Stelle: Mitteilungen

Die 5. Stelle regelt den Zeitpunkt der Erstellung von Kontoauszügen.

0 = Kontoauszug bei Rückstand (Normalfall),
1 = Kontoauszug bei Änderung, d. h. bei jeder Buchung im Konto (Sonderfall).

Beispiel:

Satzart 101 – Feld 8 Kennzeichen Mahnverfahren

1	2	3	4	5
0	**1**	**1**	**0**	**0**

Rückständige Forderung wird unter Berechnung von 2,50 € Mahngebühren gemahnt. Der Bewirtschafter behält sich die Verzugszinsberechnung selbst vor, wird die Verzugszinsen selbst anfordern und anordnen.

Es handelt sich um ein Zahlpartnerkonto, das nach einem Jahr ohne Buchung stillgelegt werden soll.

Keine Sperre, bei dem Zahlungsvorgang handelt es sich um keinen Ausnahmefall. Kontoauszug soll bei Rückstand erstellt werden.

Bundeskasse Trier
Sachgebiet Mieterkonten-EDV

Konto der Bundeskasse
Landeszentralbank Trier BLZ 585 000 00 Konto 585 010 01

13.02.02

Tel. 0651 1448-204 /-00

Bundeskasse Trier, Postfach 4220, 54232 Trier

Mahnung

Personenkontonummer
Bitte in allen Fällen unbedingt angeben

5618 655 3623

Forderung
von BUNDESVERMOEGENSAMT
AUGSBURG
für WA ST GREGOR-GII 2
82487 OBERAMMERGAU AUFACKERSTR 6/8
OBJEKT 0015

Von den auf Ihrem Personenkonto zum 04.02.02 fällig gewordenen Beträgen sind heute noch offen:

Miete/Pacht/Nutzungsentschädigung/Ausgleichszahlung	139,32	EUR
Mahnkosten/Verzugs-/Stundungszinsen/sonstige Kosten	0,00	EUR
Hinzu kommen die Mahnkosten für die vorliegende Mahnung	2,50	EUR
Zwischensumme	141,82	EUR
Folgende Beträge sind heute ebenfalls noch offen:		
Miete/Pacht/Nutzungsentschädigung/Ausgleichszahlung	409,89	EUR
Mahnkosten/Verzugs-/Stundungszinsen/sonstige Kosten	0,00	EUR
Gesamtforderung	551,71	EUR

Bitte überweisen Sie die Gesamtforderung innerhalb einer Woche unter Angabe Ihrer Personenkontonummer.

Ich weise darauf hin, dass abhängig von den zugrundeliegenden vertraglichen bzw. gesetzlichen Bestimmungen bei Zahlungsverzug Verzugszinsen/Säumniszuschläge entstehen können, die zu einem späteren Zeitpunkt angefordert werden. Ich empfehle daher die Teilnahme am Lastschrifteinzugsverfahren, um weitere finanzielle Nachteile zu vermeiden. Wenn Sie umgehend die beigefügte Lastschrifteinzugsermächtigung ausgefüllt zurücksenden, brauchen Sie auch den mit diesem Schreiben angemahnten Betrag nicht mehr gesondert zu überweisen.

Mit freundlichem Gruß
Bundeskasse Trier

Die Bundeskasse wird nur auf Weisung der Behörde tätig, mit der Sie Ihren Miet-/Pacht-/Nutzungsvertrag abgeschlossen haben bzw. die Ihnen den Leistungsbescheid nach dem AFWoG bekanntgegeben hat. Einwendungen gegen die Mahnung sind deshalb, sofern sie das Vertragsverhältnis oder den Leistungsbescheid betreffen, unmittelbar an diese Behörde zu richten.

OIMPMA01 06.07.2001

4202
6015 000 1663 / 73

Lastschrifteinzugsverfahren

Bundeskasse Trier
Postfach 4220
54232 Trier

Sie werden widerruflich ermächtigt, die unter dem Personenkonto 5618 655 3623 fälligen und fällig werdenden Beträge von dem Girokonto

Genaue Bezeichnung und Sitz des Kreditinstituts | ggf. abweichender Kontoinhaber

Bankleitzahl | Girokontonummer

mittels Lastschrift einzuziehen.

Wenn mein/unser Konto die erforderliche Deckung nicht aufweist, besteht seitens des kontoführenden Kreditinstituts keine Verpflichtung zur Einlösung.

Datum | Unterschrift

Beleg für Kontoinhaber/Einzahler-Quittung

Name und Sitz des überweisenden Kreditinstituts | Bankleitzahl

Begünstigter: Name, Vorname/Firma (max. 27 Stellen)
Bundeskasse Trier
Konto-Nr. des Begünstigten: 0058501001
Bankleitzahl: 58500000
Kreditinstitut des Begünstigten: Landeszentralbank Trier
EUR | Betrag: Euro, Cent: 551,71
Kunden-Referenznummer - Verwendungszweck, ggf. Name und Anschrift des Überweisenden - (nur für Begünstigten)
56186553623
noch Verwendungszweck (insgesamt max. 2 Zeilen à 27 Stellen)
Kontoinhaber/Einzahler: Name, Vorname/Firma, Ort (max. 27 Stellen, keine Straßen- oder Postfachangaben)
Konto-Nr. des Kontoinhabers

Überweisung/Zahlschein

Den Vordruck bitte nicht beschädigen, knicken, bestempeln oder beschmutzen.

Name und Sitz des überweisenden Kreditinstituts | Bankleitzahl

Begünstigter: Name, Vorname/Firma (max. 27 Stellen)
Bundeskasse Trier
Konto-Nr. des Begünstigten: 0058501001
Bankleitzahl: 58500000
Kreditinstitut des Begünstigten: Landeszentralbank Trier
EUR | Betrag: Euro, Cent: 551,71
Kunden-Referenznummer - Verwendungszweck, ggf. Name und Anschrift des Überweisenden - (nur für Begünstigten)
56186553623
noch Verwendungszweck (insgesamt max. 2 Zeilen à 27 Stellen)
Kontoinhaber/Einzahler: Name, Vorname/Firma, Ort (max. 27 Stellen, keine Straßen- oder Postfachangaben)
Konto-Nr. des Kontoinhabers
18

Abb. 106: Muster einer Mahnung

7. Lastschrifteinzug

1186 Für alle Zahlungen im Zahlungsüberwachungsverfahren kann Lastschrifteinzug vereinbart werden. Aus wirtschaftlichen Gründen sollte angestrebt werden, insbesondere bei Zahlpartnerkonten und Konten mit wiederkehrenden Einzahlungen das Lastschrifteinzugsverfahren durchzusetzen.

1187 Auch entgeltpflichtige Leistungen des Bundes können auf diesem Wege angeboten werden, dass der Zahlungspflichtige bereits bei der Bestellung der Leistung die Zustimmung zum Lastschrifteinzug erklären kann.

1188 Wenn bereits zum Zeitpunkt der Erteilung der Annahmeanordnung die Zustimmung zum Lastschrifteinzug vorliegt, sind in der Annahmeanordnung die Bankverbindung sowie im Feld LSE eine „1“ einzutragen. Der vorbereitete Überweisungsträger, aus dem das Kassenzeichen in die Kassenanordnung zu übernehmen ist, ist zu vernichten.

Zahlpartnerkonten und Konten mit wiederkehrenden Einzahlungen können auch zu einem späteren Zeitpunkt jederzeit auf Lastschrifteinzug umgestellt werden. Beim Lastschrifteinzug werden alle fälligen offenen Forderungen berücksichtigt.

8. Folgeanordnungen

1189 Im ZÜV können weitere Folgeanordnungen für bestehende Personenkonten, einschließlich der Konten über wiederkehrende Einzahlungen, im ZÜV-Dialog oder mit den entsprechenden HKR-Vordrucken erteilt werden. Dies sind insbesondere Anordnungen

- für weitere Einzelannahmen für Hauptforderungen,
- über Nebenforderungen wie Stundungszinsen, Säumniszuschläge und Kosten, die im Vollstreckungsverfahren erhoben werden,
- zur Aufhebung von Anordnungen des Bewirtschafters und von automatischen Sollstellungen sowie Anordnungen von Gutschriften,
- über Stundungen, Niederschlagungen oder Erlasse.

9. Jahreswechsel

1190 Zum Jahresende werden die Personenkonten reorganisiert; offene Forderungen, Überzahlungen und aktive wiederkehrende Einzahlungen werden in das neue Haushaltsjahr übernommen.

1191 Die Übernahme der Personenkonten erfolgt in Anbetracht des Kontostandes und der Kontoart (3. Stelle des Mahnkennzeichens). Zahlpartnerkonten werden stets übernommen, wenn im abgelaufenen Jahr mindestens eine Zahlung gebucht wurde.

Soweit nicht automatisch übernommene Konten im neuen Jahr dennoch benötigt werden, können sie durch Anweisung erneut eröffnet werden.

10. Buchung von Nebenforderungen

Mahnkosten und **Mahngebühren** werden unabhängig von der Behörde bundeseinheitlich bei Kap. 0804 Tit. 111 01 gebucht. 1192

Automatisch berechnete und zum Soll gestellte **Säumniszuschläge** werden bundeseinheitlich bei Kap. 0804 Tit. 119 99 gebucht. 1193

Die automatisch berechneten und zum Soll gestellten Verzugskosten und Verzugszinsen werden bei der Haushaltsstelle der Hauptforderung gebucht. 1194

11. Das Zahlungsüberwachungsverfahren (ZÜV) (Kurzfassung)

Das Zahlungsüberwachungsverfahren dient der zweckdienlichen Abwicklung von Haushaltseinnahmen. Es handelt sich um ein dem HKR-Verfahren vorgelagertes Subverfahren. Durch die Angabe des zwölfstelligen Kassenzeichens in der Annahmeanordnung werden Personenkonten eröffnet, über die die Zahlungseingänge überwacht werden können. Durch die weitere Vergabe eines Mahnkennzeichens in der Annahmeanordnung wird das automatische Mahnverfahren gesteuert. 1195

Im ZÜV werden personenbezogene Zahlungsüberwachungskonten als **Vorkonten** (Personenkonten) zu den Sachbuchkonten des HKR-Verfahrens geführt, bei denen als Ordnungsbegriff ein zwölfstelliges Kassenzeichen verwendet wird (11 Stellen zuzüglich Prüfziffer). 1196

Auf diesem Vorkonto werden alle Zahlungseingänge mit gültigem Kassenzeichen automatisch den ZÜV-Konten zugeordnet.

Die Sachbuchkontierung wird aus den durch die Zahlungseingänge ganz oder teilweise getilgten Forderungen ermittelt. Mehrere offenstehende Forderungen werden in der Reihenfolge nach Maßgabe der VV zu § 34 BHO getilgt. 1197

Vergabe des **Kassenkennzeichens**: Auf Anforderung des Bewirtschafters stellt die für ihn zuständige Bundeskasse Überweisungsträger mit eingedrucktem Kassenzeichen zur Verfügung. Diese Kassenzeichen sind in die Annahmeanordnungen (Satzart 101, Feld 7 – *s. Abb. 68 zu Rn. 1043)* zu übernehmen. Die Zuteilung der Kassenzeichen ist an die Bewirtschafternummer gebunden. 1198

Jeder Zahlungsaufforderung an einen Einzahlungspflichtigen ist ein solcher Überweisungsträger beizufügen. Ersatzweise ist der Einzahlungspflichtige aufzufordern, in seine eigenen Überweisungsträger das angegebene Kassenzeichen als Verwendungszweck einzusetzen. Bei Zahlungsaufforderungen an Zahlpartner und bei wiederkehrenden Einzahlungen ist nur der ersten Zahlungsaufforderung ein Überweisungsträger mit Kassenzeichen als Muster beizufügen. Dieses erstmals vergebene Kassenzeichen ist auch bei allen anderen Zahlungsaufforderungen in die Kassenanordnung einzutragen.

Kennzeichen Mahnverfahren: Außerhalb des HKR-Verfahrens war und ist es **Aufgabe des Bewirtschafters**, alle Maßnahmen zu ergreifen, die die **rechtzeitige** und **vollständige** Erhebung der Einnahmen sicherstellten und sicherstellen. Dazu zählen das Mahnverfahren, ggf. das Geltendmachen von Mahngebühren, Säumniszuschlägen und ggf. die Erhebung der Verzugszinsen.

Im HKR-Verfahren kann sich der Bewirtschafter diese Maßnahmen selbstverständlich nach wie vor selbst vorbehalten; er kann sich aber auch der Hilfe des Systems bedienen. Dazu steht ihm in der Satzart 101 das fünfstellige Feld 8 zur Verfügung.

Rückständige Beträge werden rund eine Woche nach Fälligkeit unter Berücksichtigung ggf. im Kennzeichen „Mahnverfahren" angeordneter Besonderheiten maschinell gemahnt.

Außerdem werden ggf. **Mahnkosten/Säumniszuschläge** angefordert und zum Soll gestellt. Säumniszuschläge werden nur für den ersten angefangenen Monat des Zahlungsrückstandes maschinell angefordert und zum Soll gestellt. Weitere Säumniszuschläge sind ggf. im Beitreibungsverfahren geltend zu machen. Bei Zahlungseingängen auf gemahnte privatrechtliche Forderungen werden maschinell Verzugszinsen berechnet und angefordert, soweit es sich nicht um Kleinbeträge handelt.

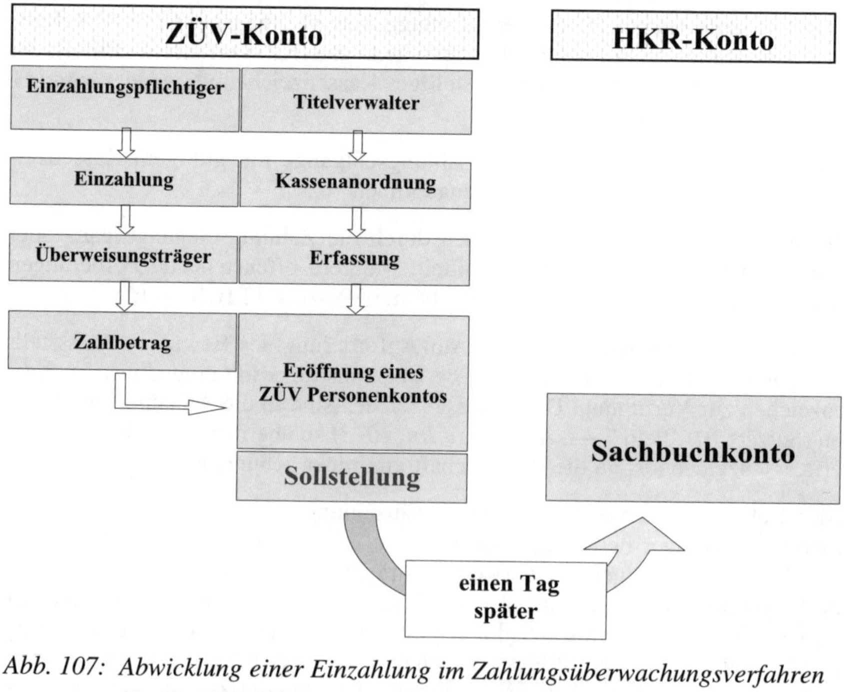

Abb. 107: Abwicklung einer Einzahlung im Zahlungsüberwachungsverfahren (Quelle BHK/KKR)

J. Die Haushaltsüberwachung

I. Allgemeines

Die Überwachung der Haushaltseinnahmen und der Haushaltsausgaben ist für den Bereich des Bundes durch das BMF in den VV Nr. 8 bis 10 zu § 34 BHO für die Bundesbehörden neu geregelt worden. 1199

Danach sind gem. VV Nr. 7 zu § 34 BHO die **Haushaltseinnahmen** im automatisierten Verfahren für das Haushalts-, Kassen- und Rechnungswesen des Bundes zu überwachen. Der Bewirtschafter hat dabei festzustellen, ob die erteilten Kassenanordnungen ordnungsgemäß ausgeführt worden sind. Das Gleiche gilt nach der VV Nr. 8 für die **Haushaltsausgaben**. 1200

Darüber hinaus ist die Belastung des jeweiligen Ausgabetitels durch die **für das laufende Haushaltsjahr eingegangenen Verpflichtungen** (Festlegungen) zu überwachen.

Entsprechend der VV Nr. 9 zu § 34 BHO sind im automatisierten Verfahren für das Haushalts-, Kassen- und Rechnungswesen des Bundes die **eingegangenen Verpflichtungen zu Lasten künftiger Haushaltsjahre** zu überwachen. Der Bewirtschafter hat dabei festzustellen, ob die erteilten Buchungsanordnungen zutreffend ausgeführt sind. Mit Abschluss der Bücher werden die für das nächste Haushaltsjahr gebuchten Verpflichtungen automatisch als Festlegung vorgetragen. 1201

Unterliegt nach § 71 BHO eine Bewirtschaftungsmaßnahme der Buchungspflicht, ist Kassenanordnung zu erteilen. Sollen andere, nicht buchungspflichtige Vorgänge in die Bücher eingetragen werden, ist eine Kassenanweisung zu veranlassen. In beiden Fällen sind die durch das BMF vorgegebenen Vordrucke und Druckbilder zu verwenden. Die **Verfahrensrichtlinien** des BMF für Mittelverteiler und Titelverwalter (VerfRiB-MV/TV-HKR) sind dabei zu beachten. 1202

Die auf Grund einer Kassenanordnung oder Kassenanweisung auf einem Sachbuchkonto durchgeführte Bewirtschaftungsmaßnahme führt grundsätzlich zur Erstellung eines Kontoauszugs, der nach den VerfRiB MV/TV automatisch, periodisch oder auf Anforderung bereitgestellt wird und u. a. auch der **Haushaltsüberwachung** dient (s. Abbildung 108). 1203

Regelmäßig ist für alle im „Automatisierten Verfahren für das Haushalts-, Kassen- und Rechnungswesen des Bundes (HKR-Verfahren)" zugewiesenen Konten ein **täglicher Kontoauszug** vorgesehen. Bei Konten, bei denen die Kontenbewegungen einen täglichen Kontoauszug entbehrlich machen, kann der Titelverwal- 1204 ter den Abstand für den periodischen Kontoauszug verlängern, höchstens jedoch auf einen Abstand von einem Monat.

1205 Bei Mittel**verteilungs**maßnahmen des unmittelbar übergeordneten Mittelverteilers ist sofort ein Kontoauszug für den Mittelverteiler *und* den Titelverwalter zu erstellen.

1206 Die Kontoauszüge enthalten alle wesentlichen Erkenntnisse, die eine ordnungsgemäße Überwachung der Bewirtschaftung sicherstellen, z. B.

- Stammangaben über den Kontoinhaber und das Konto
  - Bezeichnung und Anschrift des Kontoinhabers,
  - Sachbuchkontonummer,
  - Haushaltsstelle,
  - Titelgruppen- und Funktionsnummer
  - bei untergeordneten Unterobjektkonten die übergeordnete Objektkontonummer,
  - Deckungsausgleichskontonummer,
  - Zweckbestimmung,
- erstmalig zugewiesene Haushaltsmittel und Verpflichtungsermächtigungen,

zusätzlich für den **Mittelverteiler**:

- jedes von einem übergeordneten Mittelverteiler eingerichtetes Titel- oder Objektkonto,
- jedes von ihm selbst durch Aufteilung eines Titelkontos eingerichtetes Objektkonto.

zusätzlich für **Titelverwalter**:

- jedes für ihn durch den übergeordneten Mittelverteiler eingerichtetes Titel- oder Objektkonto,
- jedes von ihm selbst unterteilte Titel- oder Objektkonto.

Zum Nachweis der Bewirtschaftungsmaßnahmen, die Haushaltsmittel betreffen, und derjenigen, die Verpflichtungsermächtigungen angehen, werden unterschiedliche Kontoauszüge erstellt.

II. Kontoauszüge der Verteilungsebene für Mittelverteiler/ Titelverwalter

Alle für die nachfolgenden Vorfälle erstellten Kontoauszüge ersetzen den jeweils 1207
vorherigen Kontoauszug.

1. Haushaltsausgaben von Sachbuchkonten des Mittelverteilers

Im Kontoauszug des Mittelverteilers werden alle Verteilungsmaßnahmen des 1208
übergeordneten Mittelverteilers nachgewiesen, z. B.

- Zuweisungen und Rückrufe.

Auch die eigenen Maßnahmen, z. B. 1209

- Änderung des Verfügungsrahmens durch Inanspruchnahme eines Deckungsvermerks,
- Zuweisung und Rückruf von Haushaltsmitteln für jedes **unmittelbar nachgeordnete Sachbuchkonto,**
- die Summe aller Maßnahmen des **übergeordneten** Mittelverteilers,
- die Summe eigener Maßnahmen für jedes **unmittelbar nachgeordnete** Sachbuchkonto und deren Gesamtsumme sowie der Betrag der nicht verteilten Mittel,
- die Summe aller Maßnahmen auf der Titelverwalter- (verwendungs-)ebene sowie die noch verfügbaren Mittel für jedes **nachgeordnete** Sachbuchkonto und für den Kontoinhaber selbst

werden in den Kontoauszügen nachgewiesen.

2. Haushaltsausgaben von Sachbuchkonten des Titelverwalters

Im Kontoauszug des **Titelverwalters** werden alle Verteilungsmaßnahmen des 1210
Bewirtschafters des unmittelbar übergeordneten Sachbuchkontos nachgewiesen, z. B.

- Zuweisungen und Rückrufe.

Auch die einzelnen Maßnahmen des Titelverwalters, z. B. 1211

- Änderung des Verfügungsrahmens durch Inanspruchnahme eines Deckungsvermerks,
- Zuweisung und Rückruf von Haushaltsmitteln für jedes unmittelbar nachgeordnete Sachbuchkonto (bei Aufteilung von Titel- oder Objektkonten im Bereich des Titelverwalters),
- die Summe aller Maßnahmen des Bewirtschafters des übergeordneten Kontos,
- die Summe der Maßnahmen des Kontoinhabers für jedes unmittelbar nachgeordnete Sachbuchkonto (bei Aufteilung von Titel- oder Objektkonten im Bereich des Titelverwalters),

- die Summe der Maßnahmen auf der Verwendungsebene (Ebene des Titelverwalters) sowie die noch verfügbaren Mittel für jedes unmittelbar nachgeordnete Konto und deren Gesamtsumme (Aufteilung von Titel- oder Objektkonten im eigenen Bereich),

werden nachgewiesen.

3. Verpflichtungsermächtigungen

1212 Im Kontoauszug des **Mittelverteilers** werden Verpflichtungen gesondert von anderen Bewirtschaftungsmaßnahmen dargestellt:

3.1 Verpflichtungsermächtigungen bei Sachbuchkonten des Mittelverteilers

1213 Es sind

- die Summe der **Zuweisungen** und **Rückrufe** des Bewirtschafters des unmittelbar übergeordneten Kontos je Fälligkeitsjahr und deren Gesamtsumme,
- **nicht verteilte** Verpflichtungsermächtigungen je Fälligkeitsjahr und deren Gesamtsumme,
- die Summe der **Zuweisungen** und **Rückrufe** des Kontoinhabers selbst für jedes unmittelbar nachgeordnete Sachbuchkonto je Fälligkeitsjahr und deren Gesamtsumme,
- die Summen aller **Maßnahmen des Titelverwalters** (Verwendungsbereichs) **für jedes unmittelbar nachgeordnete Sachbuchkonto** je Fälligkeitsjahr und deren Gesamtsumme,
- die Summen der Maßnahmen des Titelverwalters (Verwendungsbereichs) **für den Kontoinhaber selbst** je Fälligkeitsjahr und deren Gesamtsumme.

3.2 Verpflichtungsermächtigungen bei Sachbuchkonten des Titelverwalters

1214 Es sind

- die Summe der einzelnen **Zuweisungen** und **Rückrufe** des Bewirtschafters des unmittelbar übergeordneten Sachbuchkontos je Fälligkeitsjahr und deren Gesamtsumme,
- die **nicht verteilten** Verpflichtungsermächtigungen je Fälligkeitsjahr und deren Gesamtsumme,
- die Summe der **Zuweisungen** und **Rückrufe** für jedes unmittelbar nachgeordnete Sachbuchkonto (bei Aufteilung von Titel- oder Objektkonten im Bereich des Titelverwalters),
- die Summe der **Maßnahmen** auf der Titelverwalterebene für jedes unmittelbar nachgeordnete Sachbuchkonto je Fälligkeitsjahr und deren Gesamtsumme.

4. Haushaltsüberwachung für Einnahmen

4.1 Haushaltseinnahmen auf Sachbuchkonten des Mittelverteilers

Bei den Haushaltseinnahmen wird die Summe der Maßnahmen der **Titelverwalterebene** für jedes unmittelbar nachgeordnete Sachbuchkonto und **für den Kontoinhaber selbst** dargestellt. 1215

4.2 Haushaltseinnahmen auf Sachbuchkonten des Titelverwalters

Die Maßnahmen des Titelverwalters bei Haushaltseinnahmen auf Sachbuchkonten seiner Verwendungsebene werden auch auf den Kontoauszügen des Mittelverteilers für jedes unmittelbar nachgeordnete Sachbuchkonto abgebildet.

III. Kontoauszüge der Verwendungsebene für Titelverwalter

Jeder nachfolgende Kontoauszug ergänzt die Folge der jeweils vorangegangenen Kontoauszüge. Zusammen bilden sie den lückenlosen Nachweis für die Führung des jeweiligen Sachbuchkontos. 1216

1. Haushaltsausgaben von Sachbuchkonten (Ausgabetitel)

Im Einzelnen werden auf den Kontoauszügen des Titelverwalters folgende Maßnahmen abgebildet: 1217

- der Stand der erhaltenen Zuweisungen, vermindert um die ggf. zurückgerufenen Haushaltsmittel,
- der Stand der Änderungen des Verfügungsrahmens durch Inanspruchnahme von Deckungsvermerken,
- der Stand der verfügbaren Mittel,
- die Stände der Bewirtschaftungsmaßnahmen und Zahlungen zum Zeitpunkt des vorangegangenen Kontoauszugs,
- die einzelnen Verteilungsmaßnahmen des Bewirtschafters des unmittelbar übergeordneten Sachbuchkontos,
- die einzelnen Maßnahmen des Kontoinhabers zur Änderung des Verfügungsrahmens durch die Inanspruchnahme eines Deckungsvermerks,
- die einzelnen Bewirtschaftungsmaßnahmen und Zahlungen seit der Erstellung des vorangegangenen Kontoauszugs:
  - Festlegung von Haushaltsmitteln,
  - Auszahlungsanordnungen,
  - Annahmeanordnungen für Rückeinnahmen, Erstattungen und Beiträge Dritter,
  - Aufhebung von gebuchten Festlegungen oder Zahlungsanordnungen,

- die fortgeschriebenen Stände der Bewirtschaftungsmaßnahmen und Zahlungen.

Annahmeanordnungen und Einzahlungen werden auf Kontoauszügen der Ausgabekonten mit einem negativen Vorzeichen dargestellt.

2. Verpflichtungsermächtigungen bei Sachbuchkonten (Ausgabetitel)

1218 Verpflichtungsermächtigungen werden auf den Kontoauszügen gesondert von den übrigen Bewirtschaftungsmaßnahmen abgebildet, im Einzelnen:

- die jeweiligen Zuweisungen oder Rückrufe von Verpflichtungsermächtigungen des Bewirtschafters des unmittelbar übergeordneten Kontos, aufgegliedert nach Fälligkeitsjahren,
- die Summe der Zuweisungen und Rückrufe je Fälligkeitsjahr und insgesamt,
- der Stand der verfügbaren Verpflichtungsermächtigungen je Fälligkeitsjahr und insgesamt,
- die Stände der eingegangenen Verpflichtungen zu Lasten und nicht zu Lasten von Verpflichtungsermächtigungen, der Verpflichtungen der Vorjahre und die Summe daraus je Fälligkeitsjahr und insgesamt zum Zeitpunkt des vorangegangenen Kontoauszugs,
- die einzelnen Bewirtschaftungsmaßnahmen seit der Erstellung des vorangegangenen Kontoauszugs,
- Verpflichtungen zu Lasten von Verpflichtungsermächtigungen, aufgegliedert nach Fälligkeitsjahren,
- Verpflichtungen nicht zu Lasten von Verpflichtungsermächtigungen, aufgegliedert nach Fälligkeitsjahren,
- die fortgeschriebenen Stände der eingegangenen Verpflichtungen zu Lasten und nicht zu Lasten von Verpflichtungsermächtigungen, der Verpflichtungen der Vorjahre und die sich daraus ergebenden Fälligkeitsjahre und insgesamt,
- der Stand der offenen Festlegungen von Haushaltsmitteln auf dem Sachbuchkonto,
- der Stand aller Verpflichtungen und Festlegungen auf dem Konto.

3. Haushaltseinnahmen auf Sachbuchkonten (Einnahmetitel)

1219 Im Einzelnen werden auf den Kontoauszügen des Titelverwalters folgende Maßnahmen abgebildet:

- die Stände der Annahmeanordnungen und der Zahlungen zum Zeitpunkt des vorangegangenen Kontoauszugs,
- die einzelnen Bewirtschaftungsmaßnahmen und Zahlungen seit der Erstellung des vorangegangenen Kontoauszugs,
  - Annahmeanordnungen,
  - Auszahlungsanordnungen (z. B. bei Rückzahlungen),

  - Zahlungen,
  - Aufhebung von Zahlungsanordnungen,
- die fortgeschriebenen Stände der Bewirtschaftungsmaßnahmen und Zahlungen.

Auszahlungsanordnungen werden mit einem vorauslaufenden negativen Vorzeichens dargestellt.

4. Kontoauszüge bei „Soll-/Ist-Fällen“

Bei den Sachbuchkonten, die als „Soll-/Ist-Fälle“ geführt werden (z. B. bei erteilter Allgemeiner Ausgabebewilligung) können die Verteilungs- und Mittelbindungsmaßnahmen und damit im Kontoauszug die Darstellung aller dazugehörigen Einzel- und Summennachweise entfallen. 1220

„Soll-/Ist-Fälle“ werden durch einen entsprechenden Texthinweis gekennzeichnet.

5. Nachweis der nicht abgewickelten Abschlagsauszahlungen

Der Titelverwalter erhält für jedes Titel- oder Objektkonto auf der Verwenderebene mit Abschlagszahlungsfällen monatlich einen Nachweis der je Abschlagskontrollnummer offenen Abschlagsauszahlungen. Der Ausdruck enthält auch die in den Vorjahren geleisteten und nicht abgewickelten Abschlagsauszahlungen. 1221

6. Nachweis der nicht abgewickelten Einzelvorschüsse und Einzelverwahrungen

Der Titelverwalter erhält für jedes Sachbuchkonto auf der Verwenderebene mit einzeln nachzuweisenden Vorschüssen oder Verwahrungen monatlich einen Nachweis der je Kontrollnummer offenen Vorschüsse oder Verwahrungen. Der Ausdruck enthält auch die in den Vorjahren geleisteten und nicht abgewickelten Vorschüsse oder Verwahrungen. 1222

7. Haushaltsüberwachung im Dialogverfahren

Im Dialogverfahren hat der Bewirtschafter (Mittelverteiler und Titelverwalter) direkten Zugriff auf seine gespeicherten Daten. Der Anwender des Dialogsystems HICO ist in der Lage, sich über den Bildschirm einiger Möglichkeiten zu bedienen und schnell mit seinen individuellen Daten zu arbeiten. Durch die Auswahl des entsprechenden Codes wird eine bestimmte Funktion ausgelöst. Innerhalb dieser Funktion wird er ggf. durch weitere neue Menü-Karten, die eine immer genauere Auswahl treffen, zur Lösung der gestellten Aufgabe geführt. 1223

1224 Bei einer Anfrage ist die Übersicht über die Sachbuchkonten (Titel- und Objektkontenübersicht) aufzurufen. Nachdem der Anwender die Haushaltsstelle oder Objektkontonummer eingegeben hat, erscheint auf dem Bildschirm eine summarische Übersicht über die Kontenstände.

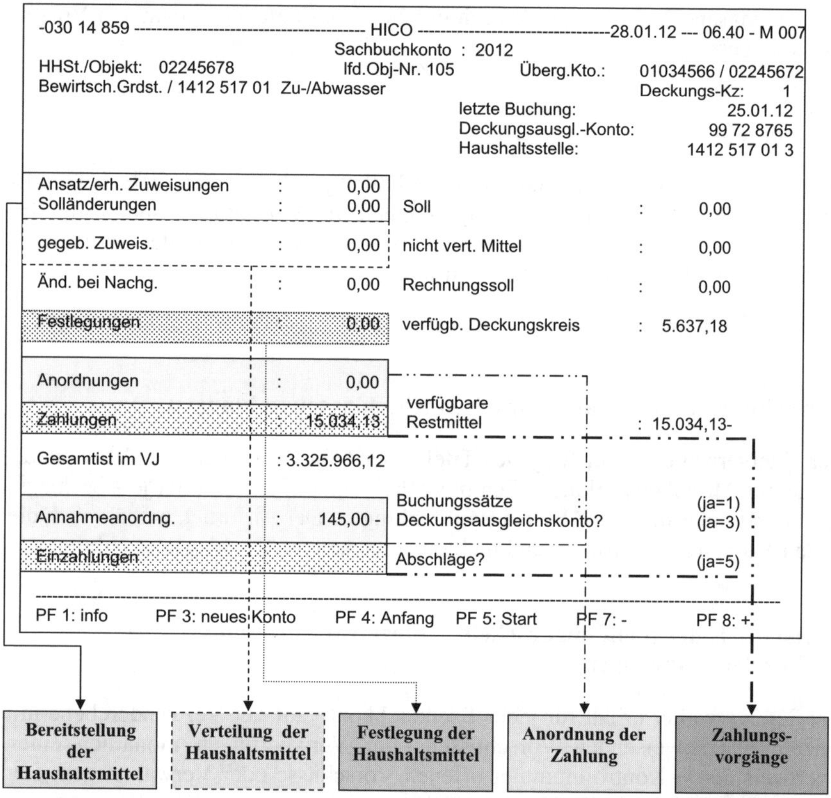

Abb. 108: Möglichkeiten der Haushaltsüberwachung im Dialogverfahren

Ausgehend von dieser Übersicht können alle Buchungsvorgänge des Kontos ab Beginn des Haushaltsjahres oder ab oder zu einem gewünschten, anzugebenden Datum angezeigt werden.

Das sog. „Blättern" im Konto erfolgt über die festgelegten **Funktionstasten**, ihre Funktionsweise wird jeweils auf dem unteren Bildschirmrand dargestellt (Bedienerhinweise). Von dieser Darstellungsform ausgehen können etwa verschiedene Eigenschaften des Kontos nach

- der Art der Geschäftsvorfälle,
- dem Buchungszeitraum/-tag,

- der Höhe des Betrages,
- bestimmten Textinformationen (z. B. ++Erstattungen++),
- Abschlagskontrollnummern oder,
- wiederkehrende Auszahlungen (WAZ),

aufbereitet werden.

IV. Haushaltsüberwachung (Kurzfassung)

1. Allgemeines

Die Überwachung der Haushaltseinnahmen und der Haushaltsausgaben ist für den Bereich des Bundes durch das BMF so geregelt worden, dass für alle Maßnahmen, die der Mittelverteiler oder der Titelverwalter auf seinen Sachbuchkonten auf Anordnung oder Anweisung durch die Kassen des Bundes durchführen lässt, Kontoauszüge bereitgestellt werden. **1225**

Die auf Grund der VerfRiB MV/TV bereitgestellten Kontoauszüge dienen u. a. auch der **Haushaltsüberwachung**. **1226**

Die Kontoauszüge enthalten alle wesentlichen Erkenntnisse, die eine ordnungsgemäße Überwachung der Bewirtschaftung sicherstellen, z. B.

- Stammangaben über den **Kontoinhaber** und das **Konto** selbst,
- erstmalig zugewiesene Haushaltsmittel und Verpflichtungsermächtigungen,

zusätzlich für den **Mittelverteiler**:

- jedes von einem übergeordneten Mittelverteiler eingerichtetes Titel- oder Objektkonto,
- jedes von ihm selbst durch Aufteilung eines Titelkontos eingerichtetes Objektkonto,

zusätzlich für **Titelverwalter**:

- jedes für ihn durch den übergeordneten Mittelverteiler eingerichtetes Titel- oder Objektkonto,
- jedes von ihm selbst unterteilte Titel- oder Objektkonto.

Zum Nachweis der Bewirtschaftungsmaßnahmen, die Haushaltsmittel betreffen, und derjenigen, die Verpflichtungsermächtigungen betreffen, werden unterschiedliche Kontoauszüge erstellt. **1227**

2. Kontoauszüge der Verteilungsebene für MV/TV

Im Kontoauszug des Mittelverteilers werden alle Verteilungsmaßnahmen des **übergeordneten** Mittelverteilers nachgewiesen, z. B. Zuweisungen und Rückrufe. **1228**

Auch die eigenen Maßnahmen wie auch die des nachgeordneten Bewirtschafters werden auf den Kontoauszügen des MV in Summen oder im Einzelnen dargestellt.

3. Kontoauszüge des Titelverwalters

1229 Jeder nachfolgende Kontoauszug ergänzt die Folge der jeweils vorangegangenen Kontoauszüge. Zusammen bilden sie den **lückenlosen Nachweis** für die Führung des jeweiligen Sachbuchkontos.

3.1 Haushaltsausgaben von Sachbuchkonten (Ausgabetitel)

1230 Im Einzelnen werden auf den Kontoauszügen des Titelverwalters alle **von ihm selbst** oder **vom übergeordneten Bewirtschafter** (Mittelverteiler) veranlassten Maßnahmen abgebildet, insbesondere die einzelnen Bewirtschaftungsmaßnahmen und Zahlungen seit der Erstellung des vorangegangenen Kontoauszugs:

- Festlegung von Haushaltsmitteln,
- Auszahlungsanordnungen,
- Annahmeanordnungen für Rückeinnahmen, Erstattungen und Beiträge Dritter,
- Aufhebung von gebuchten Festlegungen oder Zahlungsanordnungen,
- die fortgeschriebenen Stände der Bewirtschaftungsmaßnahmen und Zahlungen.

1231 Annahmeanordnungen und Einzahlungen werden auf Kontoauszügen der Ausgabekonten mit einem **negativen Vorzeichen** dargestellt

3.2 Haushaltseinnahmen auf Sachbuchkonten (Einnahmetitel)

1232 Auf den Kontoauszügen des Titelverwalters werden bei den **Einnahmetiteln** alle Maßnahmen abgebildet, die für die Überwachung der Haushaltseinnahmen von Bedeutung ist, insbesondere:

- die einzelnen Bewirtschaftungsmaßnahmen und Zahlungen seit der Erstellung des vorangegangenen Kontoauszugs
- Annahmeanordnungen,
- Auszahlungsanordnungen (z. B. bei Rückzahlungen),
- Zahlungen,
- Aufhebung von Zahlungsanordnungen,
- die fortgeschriebenen Stände der Bewirtschaftungsmaßnahmen und Zahlungen.

3.3 Verpflichtungsermächtigungen

Maßnahmen der Zuweisung, des Rückrufs oder der Inanspruchnahme von Verpflichtungsermächtigungen werden in den Kontoauszügen **gesondert von den übrigen Bewirtschaftungsmaßnahmen** dargestellt.

K. Vorschüsse und Verwahrungen

Vorbemerkungen

1233 Für die Haushalts- und Wirtschaftsführung des Bundes/Landes ist die Struktur des Haushaltsplans grundsätzlicher Ausgangspunkt aller Bewirtschaftermaßnahmen. Nach § 71 Abs. 1 BHO/LHO ist für alle Zahlungen **nach der Ordnung des Haushaltsplans** Buch zu führen.

Aus dieser gesetzlichen Bestimmung ist abzuleiten, dass Einnahmen und Ausgaben grundsätzlich nur **zu Gunsten oder zu Lasten der im Haushaltsplan ausgebrachten Titel** angenommen oder geleistet werden können.

1234 § 60 BHO/LHO lässt zu diesem Grundsatz Ausnahmen in Gestalt der **Verwahrungen** und **Vorschüsse** zu, wenn Zahlungen erhoben oder geleistet werden müssen, die noch nicht endgültig im Zeitpunkt der Zahlung einem Titel zugeordnet werden können. § 60 BHO/LHO stellt insoweit eine Ermächtigungsnorm dar, vorübergehend Zahlungen außerhalb der Titelstruktur anzunehmen oder zu leisten und diese Zahlungen später „abzuwickeln".

1235 Grundlage für die Behandlung von Vorschüssen und Verwahrungen ist die **Vorschuss- und Verwahrungsrichtlinie des Bundes zu § 60 BHO** (VO/VW-RiB) (Stand: 10/2010).

Die Richtlinie regelt die Einzelheiten zu den Vorschüssen und Verwahrungen nach § 60 BHO. Sie ist von allen Stellen, die Haushaltsmittel des Bundes bewirtschaften sowie vom Kompetenzzentrum für das Kassen- und Rechnungswesen des Bundes (Kompetenzzentrum) und von den Bundeskassen anzuwenden.

I. Allgemeines

1236 **Vorschüsse (§ 60 Abs. 1 BHO)**: Eine Auszahlung darf nur dann als Vorschuss gebucht werden, wenn die Verpflichtung zur Leistung zwar feststeht, die Ausgabe aber noch nicht endgültig im Haushalt gebucht werden kann, oder wenn es sich um durchlaufende Gelder handelt, für die keine Verpflichtung zur Buchung im Haushalt besteht. Eine Zahlung als Vorschuss setzt eine haushaltsrechtliche Ermächtigung voraus.

1237 **Verwahrungen (§ 60 Abs. 2 BHO)**: Eine Einzahlung darf nur dann als Verwahrung gebucht werden, wenn die Einzahlung noch nicht endgültig im Haushalt gebucht werden kann oder wenn es sich um durchlaufende Gelder handelt, für die keine Verpflichtung zur Buchung im Haushalt besteht.

Durchlaufende Gelder im Sinne der VO/VW-RiB sind Zahlungen, die von Dritten zur Verfügung gestellt werden und entweder an Dritte weitergeleitet oder von Bewirtschaftern im Auftrag von Dritten verwendet werden. Durchlaufende Gelder sind im Voraus zur Verfügung zu stellen. Ausnahmsweise dürfen durchlaufende Gelder als Vorschuss unter der Voraussetzung ausgezahlt werden, wenn mit einer anderen öffentlich rechtlichen Körperschaft vertraglich vereinbart worden ist, dass der ausgezahlte Betrag erstattet wird. **1238**

Vorschussbuch und Verwahrungsbuch: Im Vorschuss- und Verwahrungsbuch sind die im automatisierten Verfahren für das Haushalts-, Kassen- und Rechnungswesen des Bundes (HKR-Verfahren) eingerichteten Buchungsstellen für die Zahlungen als Vorschuss und Verwahrung eingerichtet. Das Vorschuss- und Verwahrungsbuch ist in Abschnitte und Unterabschnitte unterteilt. **1239**

Das Vorschussbuch und das Verwahrungsbuch sehen Buchungsstellen für Sachbereiche vor. Eine darüber hinausgehende weitere Unterteilung der Buchungsstellen ist grundsätzlich nicht vorgesehen.

II. Kontenstruktur

1. Sammel- und Einzelkonten

Vorschuss- und Verwahrungskonten werden bei den Kassen als **Sammel- oder Einzelkonten** geführt. Bei den Sammelkonten wird jeweils der Saldo des Kontos in das nächste Haushaltsjahr übertragen. Bei den Einzelkonten werden die Buchungssätze in das nächste Haushaltsjahr übertragen, die nicht abgewickelt wurden. **1240**

Einzelvorschuss- oder Einzelverwahrungskonten sind jeweils durch **eine neunstellige Kontrollnummer** in der Satzart H02 oder im Feld K3 zu kennzeichnen, die sich wie folgt gliedert: **1241**

- **Stelle** „V" als Kennzeichnung – Vorschuss – oder „W" als Kennzeichnung – Verwahrung –,
- **2. bis 4. Stelle** die laufende Nummer der Kontrollnummer (z. B. 001),
- **5. bis 9. Stelle** die Kontrollnummer, dabei ist in der **5. Stelle** die letzte Ziffer des laufenden Haushaltsjahres (z. B. 2 für das Haushaltsjahr 2012) und in den **Stellen 6. bis 9.** eine beliebige fortlaufende Zahl einzutragen; Beispiel: V00120001.

In dem Beispiel handelt es sich um die erste Vorschussbuchung im Haushaltsjahr 2012.

1242 Wird vom Bewirtschafter bei der Buchung auf ein Einzelvorschuss- oder Einzelverwahrungskonto keine **Kontrollnummer** angegeben, so wird automatisch eine Kontrollnummer programmgesteuert vergeben.

Beim Ausgleich von Einzelvorschüssen und Einzelverwahrungen ist in der Satzart H02 oder im Feld K3 die programmgesteuert vergebene **Kontrollnummer** unbedingt anzugeben, da sonst der Buchungssatz im HKR-Verfahren als nicht abgewickelt bestehen bleibt. Beim Ausgleich von Einzelvorschüssen und Einzelverwahrungen in Teilbeträgen ist bei der Anordnung die innerhalb der Verwahrungskontrollnummer zuletzt vergebene laufende Nummer um „1" (2. bis 4. Stelle) zu erhöhen.

1243 Vorschuss- und Verwahrungskonten, die über **keinen Bestand** verfügen und für die im laufenden Haushaltsjahr keine Anordnungen erfolgen, werden mit Ablauf des ersten Quartals des nächsten Haushaltsjahres stillgelegt und danach nicht mehr in das folgende Haushaltsjahr übertragen.

1.1 Konten für Mittelverteiler

1244 Das Kompetenzzentrum richtet alle **Vorschuss-** und **Verwahrungskonten auf der Mittelverteilerebene 1** ein. Die Konten werden über die im HKR-Verfahren eingerichtete Bewirtschafterstruktur vom Kompetenzzentrum beim Titelverwalter eingerichtet. Eine Zuweisung von Vorschuss- und Verwahrungskonten durch die nachgeordneten Mittelverteiler ist nicht möglich.

1.2 Konten für Kassen

1245 Die **Vorschuss-** und **Verwahrungskonten für die Kassen** sind nach der im Vorschuss- und Verwahrungsbuch vorgesehenen Ordnung eingerichtet. Darüber hinaus können mit Genehmigung des Bundesministeriums der Finanzen weitere Vorschuss- und Verwahrungskonten eingerichtet werden.

1.3 Konten für Titelverwalter

1246 In begründeten Ausnahmefällen kann das Bundesministerium der Finanzen auf Antrag bewirtschafterbezogene Vorschuss- und Verwahrungskonten zulassen. Der Antrag ist über die zuständige oberste Bundesbehörde schriftlich unter Angabe

- einer Begründung, warum ein Vorschuss- oder Verwahrungskonto als Einzel- oder Sammelkonto benötigt wird,
- der vollständigen Anschrift des Titelverwalters, der das Vorschuss- oder Verwahrungskonto erhalten soll,
- der Bewirtschafternummer und
- der zuständigen Kasse

an das BMF zu richten.

2. Vorschüsse und Verwahrungen im HKR-Verfahren

2.1 Bewirtschaftung der Konten

Für die Bewirtschaftung von Vorschüssen und Verwahrungen gelten die VV für Zahlungen, Buchführung und Rechnungslegung (§§ 70 bis 72 und 74 bis 80 BHO) zur BHO sowie die dazu erlassenen Verwaltungsvorschriften (z. B. Verfahrensrichtlinien für Mittelverteiler und Titelverwalter für das automatisierte Verfahren für das Haushalts-, Kassen- und Rechnungswesen des Bundes – Verf-RiB-MV/TV-HKR –). **1247**

2.2. Automatische Verfügbarkeitskontrolle

Vorschusskonten werden ohne automatische Verfügbarkeitskontrolle, Verwahrungskonten mit Verfügbarkeitskontrolle eingerichtet. Bei Verwahrungskonten kann die Verfügbarkeitskontrolle auch *nicht* mit der Anordnung zur einmaligen Aufhebung der Verfügbarkeitsprüfung (HKR-Vordruck E08) aufgehoben werden. **1248**

2.3 Prüfung der Konten durch die Kassenaufsicht

Alle Vorschuss- und Verwahrungskonten, einschließlich der Verwahrungskonten im Zahlungsüberwachungsverfahren, werden von der **Kassenaufsicht regelmäßig überprüft**. Insbesondere wird geprüft, ob die Vorschüsse und Verwahrungen innerhalb der vorgegebenen Fristen ausgeglichen worden sind und ob die Zahlungen dem Zweck der Einrichtung des Vorschuss- oder Verwahrungskontos entsprechen. **1249**

Werden von der Kassenaufsicht festgestellte Beanstandungen vom zuständigen Titelverwalter nicht innerhalb von **sechs Monaten** erledigt, berichtet die Leitung der Kassenaufsicht dem Bundesministerium der Finanzen. Das Prüfungsrecht des Bundesrechnungshofes bleibt hiervon unberührt.

III. Vorschüsse

1. Allgemeines

Die Behörden des Bundes/Landes dürfen Auszahlungen nur anordnen, wenn Ausgabemittel für den Zweck, der zur Anordnung führt, im Haushaltsplan bereitgestellt sind, oder die Ausgabe auf einer Rechtsnorm (Gesetz, Vertrag) beruht (§ 45 BHO/LHO). Nach einem weiteren haushaltsrechtlichen Grundsatz dürfen Zahlungen **nicht vor Empfang der Gegenleistung** (Dienst- und Werkleistung, Lieferung usw.) angeordnet werden (§ 56 BHO/LHO). **1250**

1251 In der Praxis ergibt sich aber häufig die Notwendigkeit, Ansprüche Dritter und Verbindlichkeiten des Bundes im Voraus zu erfüllen, d. h. vor der Gegenleistung oder bevor die endgültige Buchungsstelle feststeht zu leisten. In diesen Fällen spricht man von Vorschusszahlungen. Wichtige Voraussetzung für eine Vorschusszahlung ist, dass die **Verpflichtung zur Leistung feststeht**.

1252 Im Gegensatz zu den Vorschüssen steht bei **Abschlagszahlungen** von vornherein die in Betracht kommende **Haushaltsstelle** oder das damit korrespondierende Objektkonto fest. Abschläge sind ihrem Wesen nach **Teilzahlungen auf geldliche Ansprüche**, die in ihrer endgültigen Höhe jedoch noch nicht feststehen. Es sind in der Regel Zahlungen auf erbrachte Teilleistungen einer Gesamtleistung (z. B. auf Bauleistungen) oder auch Zahlungen auf noch nicht erbrachte Leistungen, die aber mit Sicherheit erwartet werden darf (z. B. Abschlagszahlungen auf Beihilfen, Reisekostenvergütung usw.).

1253 Ein Vorschuss ist nach dem Grundsatz der zeitlichen Bindung (Jährlichkeit) grundsätzlich **im Haushaltsjahr seiner Entstehung** auszugleichen (§§ 1, 11 und 12 Abs. 1 BHO), spätestens aber drei Monate nach Ende des Haushaltsjahres, in dem er entstanden ist. Durchlaufende Gelder, die als Vorschuss gebucht werden, sind spätestens zum Ende des zweiten auf ihre Entstehung folgenden Haushaltsjahres auszugleichen (§ 60 Abs. 1 BHO).

Von den Fristen ausgenommen sind die Auszahlungen für die Sockelbeträge einer Geldstelle (Zahlstelle). Als Vorschuss gebuchte Kassenfehlbeträge sind immer im Jahr der Entstehung auszugleichen.

2. Die kassenmäßige Behandlung von Vorschüssen

2.1 Vorschussauszahlung

1254 Der Titelverwalter ordnet Auszahlungen aus einem *seiner* Vorschusskonten mit dem vorgeschriebenen Formular (z. B. Auszahlungsanordnung F 05) unter Verwendung der Verarbeitungsschlüssel 51000, 54000, 54200 oder 54400 an. In den Feldern Haushaltsstelle oder Objektnummer ist das dem Titelverwalter bekanntgegebene Vorschusskonto (z. B. 90 80 000 02 0 = Handvorschüsse – Einzelvorschuss) einzutragen.

1255 Bei Auszahlungen aus Einzelvorschusskonten ist eine neunstellige **Vorschusskontrollnummer** in der Satzart H 02 einzutragen, die folgendermaßen gegliedert ist:

1. Stelle: „V“ als Kennzeichnung „Vorschuss“,

2. bis 4. Stelle: die laufende Nummer der Kontrollnummer (z. B. 001),

5. bis 9. Stelle: die Kontrollnummer, dabei ist

- in der 5. Stelle die letzte Ziffer des **laufenden Haushaltsjahres** (z. B. 2 für das Haushaltsjahr 2012) und
- in den Stellen 6. bis 9. eine beliebige Zahl

einzutragen.

Beispiel:
V00120001

Die Vorschusskontrollnummer darf nach Abwicklung des Vorschusses im laufenden Haushaltsjahr **nicht erneut** vergeben werden.

2.2 Vorschussabwicklung durch den Titelverwalter

2.2.1 Abwicklung durch Rückzahlung

Der Titelverwalter ordnet die **Annahme** der Rückzahlung eines Vorschusses mit vorgeschriebenem Vordruck (z. B. Annahmeanordnung F 22) und dem Verarbeitungsschlüssel 53100 an. **1256**

In den Feldern Haushaltsstelle und Objektnummer ist die V-Konto-Nummer des Titelverwalters auszuweisen. Bei der Abwicklung eines Einzelvorschusses ist in der Satzart H 02 der Annahmeanordnung die **Vorschusskontrollnummer** der abzuwickelnden Vorschusszahlung anzugeben.

2.2.2 Abwicklung durch Auszahlung aus dem Haushalt

Der Titelverwalter ordnet eine **Auszahlungsanordnung** aus einem Titel- oder Objektkonto auf sein Vorschusskonto mit dem Verarbeitungsschlüssel 54400 oder 54500 (Verrechnung) an. Gleichzeitig erteilt er eine **Annahmeanordnung** auf sein Vorschusskonto (Zahlungsart Verrechnung). **1257**

Bei der Abwicklung eines **Einzelvorschusses** ist in der Satzart H 02 der Annahmeanordnung die Vorschusskontrollnummer der abzuwickelnden Vorschusszahlung anzugeben. **1258**

Beide Kassenanordnungen sind miteinander zu verbinden, um eine gleichzeitige Verarbeitung bei der Kasse sicherzustellen.

2.2.3 Abwicklung von Vorschüssen in Teilbeträgen

Ein Vorschuss kann in **Teilbeträgen**, auch nur zu einem Teilbetrag durch Buchung auf den Bundeshaushalt, zu einem anderen Teil durch Rückzahlung abgewickelt werden. **1259**

Bei der Abwicklung von Einzelvorschüssen in Teilbeträgen ist die innerhalb dieser Vorschusskontrollnummer zuletzt vergebene laufende Nummer um „1“ zu erhöhen.

2.3 Abwicklung von Vorschüssen durch die Kasse

1260 Gebühren und Auslagen, die durch den Anschluss der Kasse an Geldinstitute entstehen, oder Zahlungen im Lastschrifteinzugsverfahren, für die keine Anordnungen eines Bewirtschafters vorliegen, werden von der Kasse als Vorschuss gebucht. Das Bundesministerium der Finanzen kann zulassen, dass weitere Zahlungen als Vorschuss geleistet werden dürfen.

Die Kasse ordnet den Ausgleich eines Vorschusses in eigener Zuständigkeit an, nachdem die Auszahlung durch den Titelverwalter der Kasse angeordnet oder nachdem der als Vorschuss ausgezahlte Betrag wieder bei der Kasse eingezahlt worden ist.

3. Vorschüsse (Kurzfassung)

1261 Vorschüsse sind Zahlungen, die **außerhalb des Haushalts** und außerdem

- vor einer Gegenleistung bzw.
- auf Grund entsprechender Verpflichtungen des Bundes/Landes (Vorschussrichtlinien) bewirkt werden müssen.

1262 Bei **Abschlägen** handelt es sich zwar auch um Vorauszahlungen, die im Gegensatz zu den Vorschüssen jedoch Haushaltsausgaben darstellen und direkt bei der jeweils dafür vorgesehen Haushaltsstelle oder dem entsprechenden Objektkonto gebucht werden.

IV. Verwahrungen

1. Allgemeines

1263 Bei den Einnahme-Beträgen, die von den Bundes-/Landeskassen als „Verwahrungen" (Vw) bezeichnet und von ihnen im Verwahrungskonto (Vw-Konto) gebucht werden, handelt es sich um **„Hinterlegungen"** (§ 60 BHO/LHO), die seinerzeit auch diese Bezeichnung führten. Dieser Begriff deutet bereits darauf hin, dass diese Einnahmen – im Zeitpunkt ihres Eingangs bei der Kasse – nicht als Haushaltseinnahmen gebucht werden können, weil die endgültige Haushaltsstelle noch nicht feststeht oder weil sie ihrer Natur nach keine Haushaltseinnahmen darstellen.

Sie werden von der Kasse so lange verwahrt, bis die endgültigen haushaltsmäßigen Sachbuchkonten feststehen oder bis sie vom Vw-Konto wieder ausgezahlt werden. Sie haben den Charakter **durchlaufender Posten**.

„Verwahrungen“ sind Einnahmen außerhalb des Haushalts; sie sind mithin **keine Haushaltseinnahmen**. 1264

Eine Verwahrung ist ebenfalls grundsätzlich nach dem Prinzip der zeitlichen Bindung (Jährlichkeit) **im Haushaltsjahr ihrer Entstehung auszugleichen** (§§ 1, 11 und 12 Abs. 1 BHO), spätestens aber drei Monate nach Ende des Haushaltsjahres, in dem sie entstanden ist. Dies gilt nicht für Einzahlungen, die bei einer Kasse als Verwahrung gebucht wurden und im laufenden Haushaltsjahr nicht aufgeklärt werden konnten. Diese sind bis spätestens zum Ende des zweiten auf die Entstehung folgenden Haushaltsjahres auszugleichen. Von den Fristen ausgenommen sind in Verwahrung gebuchte Sicherheiten, beschlagnahmte Gelder in Straf- und Bußgeldverfahren und durchlaufende Gelder (Nr. 2.6). Außerdem die vom Bundesministerium der Finanzen, Referat II A 6, bewilligten Ausnahmen. Als Verwahrung gebuchte Kassenüberschüsse sind immer im Jahr der Entstehung auszugleichen.

2. Die kassenmäßige Behandlung von Verwahrungen

2.1 Anordnung zur Annahme einer Einzahlung

2.1.1 Titelverwalter

Der Titelverwalter nimmt die Einzahlung als Verwahrung mit der entsprechenden Kassenanordnung (z. B. F 22) gleich auf sein zugelassenes bewirtschafterbezogenes Verwahrungskonto (Nr. 3.2.2) bei seiner zuständigen Kasse an. In der Anordnung ist als Titelkonto das Buchungskonto (Verwahrungskonto) einzutragen. In der Satzart H02 ist neunstellige Kontrollnummer mit der Verwahrungskennung, W“ in der ersten Stelle anzugeben *(s. Rn. 1241)*. 1265

2.1.2 Kasse

Die Kasse bucht eine Einzahlung, für die keine Annahmeanordnung eines Bewirtschafters vorliegt, auf ein Verwahrungskonto der Kasse. Die Einzahlung wird dem zuständigen Titelverwalter mit der Bitte um weitere Veranlassung angezeigt. 1266

2.2 Abwicklung der Verwahrungen

2.2.1 Ausgleich durch den Titelverwalter

Der Titelverwalter hat eine Verwahrung durch eine Auszahlung oder eine haushaltsmäßige Verrechnung auszugleichen. Der **Ausgleich** der Verwahrung kann durch Anordnung zur Auszahlung des Betrages aus dem Verwahrungskonto erfolgen. Der Ausgleich der Verwahrung durch eine haushaltsmäßige Verrech- 1267 nung erfolgt durch Anordnung einer verrechnungsweisen Einzahlung bei einer Haushaltsstelle.

1268 Handelt es sich um ein bewirtschafterbezogenes **Verwahrungskonto**, ist zusätzlich eine verrechnungsweise Auszahlung aus dem Verwahrungskonto anzuordnen. Beide Anordnungen sind gleichzeitig der Bundeskasse zu übersenden.

1269 Im **Zahlungsüberwachungsverfahren** (ZÜV) auf ein Personenkonto gebuchte und nicht angeordnete Einzahlungen (überzahlte Kassenzeichen) werden wie unanbringliche Einzahlungen behandelt. Dies gilt nicht bei Einzahlungen für Sicherheiten oder für beschlagnahmte Gelder in Straf- und Bußgeldverfahren.

2.2.2 Ausgleich durch die Kasse

1270 Die Kasse gleicht die Verwahrung, nachdem die Einzahlung durch den Titelverwalter angeordnet wurde, mit einer **verrechnungsweisen Auszahlung** aus.

Kann eine bei der Kasse in Verwahrung gebuchte Einzahlung **nicht zugeordnet werden**, so ist der Betrag auf schriftlichen Antrag des ursprünglichen Einzahlers unter Angabe der Bankverbindung wieder an diesen durch die Kasse zu erstatten.

1271 Eine bei der Kasse in Verwahrung gebuchte Einzahlung darf auch aufgrund einer schriftlichen Mitteilung eines Titelverwalters durch die Kasse an den ursprünglichen Einzahler ausgezahlt werden. Die Rückzahlung an den ursprünglichen Einzahler darf **nur auf das Konto erfolgen**, von dem die Einzahlung nach Feststellung der Kasse geleistet wurde.

1272 Kann der ursprüngliche **Einzahler nicht ermittelt** werden, wird der Betrag auf den Haushalt vereinnahmt oder der Bewirtschafter hat die Zahlung zu vereinnahmen oder auf ein bewirtschafterbezogenes Verwahrungskonto zu buchen und dann die Auszahlung anzuordnen.

1273 Einzahlungen, die bei der Kasse in Verwahrung gebucht wurden und deren Verwendungszweck bis spätestens zum Ablauf des zweiten auf die Buchung folgenden Haushaltsjahres nicht aufgeklärt werden konnte, werden von dem jeweils für die Kasse zuständigen Beauftragten für den Haushalt zentral bei Kap. 0804 Tit. 119 99 vereinnahmt. Die getroffenen Maßnahmen zur **Aufklärung der Verwendung der unanbringlichen Einzahlungen** müssen in einem angemessenen Verhältnis zur Höhe des Einzahlungsbetrages stehen. Die Kassenprüfung der Kasse hat die Unanbringlichkeit der Einzahlung und die zur Aufklärung getroffenen Maßnahmen festzustellen. Die Unanbringlichkeit der Einzahlung gilt unmittelbar als gegeben, wenn es sich um Kleinbeträge nach Nr. 2.2 der Anlage zu Nr. 2.6 VV zu § 59 BHO handelt, und bei Beträgen bis 1.000 €, wenn innerhalb von sechs Monaten der Verwendungszweck der Einzahlung nicht aufgeklärt werden konnte.

3. Verwahrungen (Kurzfassung)

Einnahmen sind: 1274
- Haushaltseinnahmen,
- Verwahrungen,
- Kassenbestandsverstärkungen,
- Selbstbewirtschaftungsmittel.

Verwahrungen sind alle Beträge, die **nicht** als Haushaltseinnahmen, als Kassenbestands-Verstärkungen oder als S-Mittel gebucht werden können. 1275

Eingezahlte Beträge, bei denen die endgültige **Haushaltsstelle noch nicht feststeht**, sind vorübergehend bei den Verwahrungen zu buchen; ebenso durchlaufende Beträge und irrtümliche Einzahlungen. 1276

Verwahrungen sind Einnahmen, aber **keine Haushaltseinnahmen**. Sie sind schnellstmöglich, spätestens jedoch zum Ablauf des zweiten auf die Buchung folgenden Haushaltsjahres abzuwickeln. 1277

Zweiter Teil

Das staatliche Kassen- und Rechnungswesen

Das staatliche Kassen- und Rechnungswesen umfasst alle Rechtsregeln, 1278

- die auf dem Gebiet des öffentlichen Haushaltsrechts beruhen,
- die sich auf die Zahlungen, Buchführung, Rechnungslegung und Rechnungsprüfung aller Finanzvorfälle eines Trägers der öffentlichen Finanzwirtschaft erstrecken und
- die Grundlagen der parlamentarischen Entlastung der Bundes-/Landesregierung und auch infolgedessen ihrer jeweiligen Verwaltungen sind.

Begriffsbestimmungen im Kassen- und Rechnungswesen

Ablieferung: Abführung von Beträgen an die zuständige Kasse. 1279

Abrechnung: Nachweis gegenüber der zuständigen Kasse über die Verwendung 1280
der Bestandsverstärkungen und Ablieferungen der Zahlstellen und über die haushaltsmäßige Buchung.

Abschlagsauszahlung: Eine als Ausgabe zu buchende Auszahlung zur teilwei- 1281
sen Erfüllung einer Verbindlichkeit, die der Höhe nach noch nicht feststeht.

Absetzungsbuchung: Buchung einer Einzahlung bei einer Buchungsstelle für 1282
Auszahlungen oder die Buchung einer Auszahlung bei einer Buchungsstelle für Einzahlungen.

Auftragszahlung: Zahlung, die eine Kasse aufgrund eines schriftlichen Auftra- 1283
ges einer anderen Kasse für diese annimmt oder leistet.

Ausgaben: Auszahlungen, die im Titelbuch bei Ausgabetitel zu buchen sind. 1284

Auszahlungen: Zahlungen, die von der Kasse oder Zahlstelle bar oder unbar 1285
oder von der Kasse durch Verrechnung geleistet werden.

Bare Zahlungen: Zahlungen, die durch Übergabe oder Übersendung von Bar- 1286
geld oder zugelassenen Schecks (ZMBestB) bewirkt werden.

Bestandsverstärkung: Einzahlung, die eine Kasse oder Zahlstelle von der 1287
zuständigen Kasse erhält, um Auszahlungen zu leisten.

Bewirtschafter: Oberbegriff für alle an der Bewirtschaftung von Haushaltsmit- 1288
tel. des Bundes beteiligten Stellen. Dazu gehören Mittelverteiler (MV) und Titelverwalter (TV).

1289 **Bewirtschafternummer**: Identifikationsmerkmal eines Bewirtschafters im automatisierten Verfahren für das Haushalts-, Kassen- und Rechnungswesen des Bundes.

1290 **Buchausgleich**: Verrechnung von Beträgen zwischen den Kassen.

1291 **Buchungsstelle**: Eine aus dem Haushaltsplan oder aus einer sonst vorgesehenen Ordnung sich ergebende numerische Bezeichnung, unter der buchungspflichtige Vorgänge in den Büchern einzutragen sind.

1292 **Buchungstag**: Tag, an dem eine Kasse buchungspflichtige Vorgänge in die Bücher einträgt.

1293 **Einnahmen**: Einzahlungen, die im Titelbuch bei Einnahmetiteln zu buchen sind.

1294 **Einzahlungen**: Zahlungen, die von der Kasse oder Zahlstelle bar oder unbar oder von der Kasse durch Verrechnung angenommen werden.

1295 **Fehlbetrag**: Betrag, um den der Istbestand geringer als der Sollbestand ist.

1296 **Haushaltsstelle**: Unterste Gliederungsform des Haushaltsplans.

1297 **HKR-Verfahren**: Automatisiertes Verfahren für das Haushalts- Kassen und Rechnungswesen des Bundes.

1298 **Istbestand**: Summe aus dem Bestand an Zahlungsmitteln ohne fremde Geldsorten und den Beständen aus den Kontogegenbüchern.

1299 **Kassenzeichen**: Ordnungsmerkmal bei der Zuordnung von Einzahlungen im Zahlungsüberwachungsverfahren.

1300 **KKR**: Kompetenzzentrum für das Kassen- und Rechnungswesen des Bundes mit den Aufgabenbereichen Systempflege, Zentralkasse/Rechnungslegung und zentrale Kassenaufsicht.

1301 **Mittelverteiler**: Bewirtschafter im HKR-Verfahren, der insbesondere Haushaltsmittel oder Verpflichtungsermächtigungen erhalten, zuweisen oder zurückrufen und den Verfügungsrahmen aufgrund der Inanspruchnahme von Deckungsvermerken ändern kann.

1302 **Objektkonten**: Untergliederung von Buchungsstellen.

1303 **Personenkonten**: Konten zur Überwachung von Einzahlungen.

1304 **Rechnungsnachweisung**: Nachweis der Kasse über die Summen der Ist-Einnahmen und Ist-Ausgaben eines Haushaltsjahres nach der im Haushaltsplan oder sonst vorgesehenen Ordnung.

1305 **Rückscheck**: Ein von dem bezogenen Kreditinstitut nicht eingelöster und deshalb an die Kasse oder Zahlstelle zurückgesandter Scheck.

Sachbuchkonto: Konto im HKR-Verfahren, das sich aus der Bewirtschafternummer und der Buchungsstelle zusammensetzt. 1306

Sollbestand: Unterschiedsbetrag zwischen den Einzahlungen und Auszahlungen des Tages unter Berücksichtigung des Sollbestandes des vorhergehenden Abschlusstages. 1307

Sollstellung: Buchung des zu erhebenden oder auszuzahlenden Betrages im Sachbuch. 1308

Systempflege: Aufgabenbereich des KKR für Verfahrensbetreuung und Verfahrenspflege des automatisierten Verfahrens für das Haushalts-, Kassen- und Rechnungswesen des Bundes sowie der Subverfahren. 1309

Titelverwalter: Bewirtschafter im HKR-Verfahren, der insbesondere Zahlungen und Buchungen anordnen, Haushaltsmittel festlegen und Verpflichtungsermächtigungen in Anspruch nehmen kann. 1310

Unbare Zahlungen: Zahlungen, die durch Überweisung, Ein- oder Auszahlung oder im Lastschrifteinzugsverfahren auf oder von einem Konto der Kasse oder Zahlstelle bei einem Kreditinstitut angenommen oder geleistet werden. Unbare Zahlungen werden auch durch Übersendung eines Schecks bewirkt. 1311

Überschuss: Betrag, um den der Istbestand den Sollbestand übersteigt. 1312

Unterlagen für die Rechnungslegung: Unterlagen der Bundeskassen für die Rechnungslegung sind die Buchungsergebnisse und die vom Bundesministerium der Finanzen vorgegebenen Belege. 1313

Verrechnung: Zahlungen, die durch buchmäßigen Ausgleich gleichzeitig als Auszahlungen und als Einzahlungen bewirkt werden, ohne dass die Höhe des Sollbestandes verändert wird. 1314

Verwahrung: Einzahlung, die nicht oder nicht sofort haushaltsmäßig vereinnahmt werden kann und im Verwahrungsbuch zu buchen ist. 1315

Vorschuss: Auszahlung, die nicht oder nicht sofort haushaltsmäßig geleistet werden kann und im Vorschussbuch zu buchen ist. 1316

Wiederkehrende Zahlungen: Zahlungen, die in regelmäßigen Abständen in gleicher Höhe anzunehmen oder zu leisten sind. 1317

Zahlungsmittel: Euro-Münzen und -Banknoten sowie zugelassene Schecks und fremde Geldsorten. 1318

L. Begriff und Bedeutung des Kassen- und Rechnungswesens

I. Begriff des Kassen- und Rechnungswesens

1319 Das staatliche „Kassen- und Rechnungswesen" umfasst die Gesamtheit aller rechtlichen Vorschriften und Maßnahmen, die das Kassen- und Rechnungswesen der öffentlichen Verwaltung von Bund und Ländern betreffen. Allgemeine Grundlage des Kassen- und Rechnungswesens des Bundes ist die **BHO**. Für die Länder sind es die entsprechenden **LHO**. Zu den einzelnen Bestimmungen der BHO sind ergänzende Verwaltungsvorschriften ergangen. Sofern entsprechende Vorschriften der BHO fehlen, gelten die Vorschriften der

- **Kassenbestimmungen** für die Bundesverwaltung – KBestB – v. 9.12.2005 – II A 6 – H 2000 – 281/5,
- **Zahlstellenbestimmungen** für die Bundesverwaltung (ZBestB) v. 2.5.2002 (GMBl 2002, S. 406) nach dem Stand v. 1.7.2006,
- Bestimmungen für die **Kassenprüfung** der Bundesverwaltung (BestKpB) 07/2006,
- Bestimmungen für die **Rechnungslegung** (Anhang 2 der KBestB) mit den speziellen und ergänzenden Regelungen in den jährlichen Rundschreiben des BMF zum Jahresabschluss sowie zur Rechnungslegung.

1320 Diese Vorschriften haben eine Anzahl von Rechtsverordnungen und Verwaltungsvorschriften, die auf der Basis der „Reichshaushaltsordnung" erlassen worden waren, ersetzt. Dies sind in erster Linie die Bestimmungen:

- der Reichskassenordnung (RKO),
- der Rechnungslegungsordnung für das Reich (RRO) sowie
- die Wirtschaftsbestimmungen für die Reichsbehörden (RWB).

1321 In einigen Verwaltungszweigen gelten daneben bestimmte ressorttypische Durchführungsbestimmungen und zentrale Dienstvorschriften weiter. Im Geschäftsbereich des Bundesministeriums der Verteidigung sind es z. B.

- Bestimmungen für die Zahlungseinrichtungen im Geschäftsbereich des BMVg,
- DB des BMVg zu den VV zu § 9 BHO v. 19.6.2007.

1322 Da das gesamte staatliche und kommunale Kassenwesen, einschließlich der kameralistischen Buchführung, in den Grundlagen prinzipiell übereinstimmen, werden die nachfolgenden Ausführungen aus der Sicht der Bestimmungen der Bundesverwaltung dargestellt.

1323 Das Kassen- und Rechnungswesen der **Länder** wird durch die Landeshaushaltsordnungen (LHO) und die hierzu ergangenen Verwaltungsvorschriften geprägt.

Das **kommunale** Kassen- und Rechnungswesen wird durch die Gemeindeordnungen, die Gemeindehaushaltsverordnungen (GemHVO) und die hierzu ergangenen Verwaltungsvorschriften bestimmt. 1324

Im Bereich der Gemeinden und Gemeindeverbände wird dazu übergegangen, das Rechnungswesens einer grundlegenden Reform zu unterziehen. Unter dem Begriff **„Neues kommunales Finanzmanagement“** werden alle Bestrebungen zusammengefasst, die bisher nach dem Prinzip der Kameralistik geführten Haushalte der Kommunen auf das Prinzip der Doppik umzustellen. 1325

Die ständige Konferenz der Innenminister und -senatoren der Länder (IMK) hat sich 2003 für ein **Optionsmodell** entscheiden, das es den Ländern erlaubt, sowohl die Kameralistik als auch die Doppik als Rechnungsstil zu nutzen. Die IMK hat in diesem Zusammenhang Textentwürfe einer „Gemeindehaushaltsverordnung für ein doppisches Haushalts- und Rechnungswesen“ (Doppik) und einer „Gemeindehaushaltsverordnung für die erweiterte kameralistische Buchführung“ (Erweiterte Kameralistik) zur Umsetzung ausdrücklich empfohlen. 1326

Mittlerweile liegen erste Erfahrungen vor. Der Landesrechnungshof Rheinland-Pfalz kommt in seinem Kommunalbericht 2011 auf den Seiten 45-72 zu dem Ergebnis, dass ein Nutzen der kommunalen Doppik noch nicht feststellbar sei. 1327

Das **„staatliche Kassen- und Rechnungswesen“** umfasst alle Vorschriften und Maßnahmen, die auf den Rechtsregeln des öffentlichen Haushaltsrechts beruhen und sich auf die 1328

- Zahlungen
- Buchführung und
- Rechnungslegung

aller Finanzvorfälle der öffentlichen Körperschaften erstrecken.

II. Bedeutung des Kassen- und Rechnungswesens

Die Bedeutung des Kassen- und Rechnungswesens liegt in der **Ausführung des Haushaltsplans** in Form der Durchführung von Zahlungen, Buchungen, Abschlüssen und der Rechnungslegung begründet. Mit der Einführung der ab 1970 für Bund und Länder einheitlich geltenden Haushaltssystematik und der Einführung des **„Automatisierten Verfahrens für das Haushalts-, Kassen- und Rechnungswesen des Bundes“** sind wesentliche Grundlage für eine Neuordnung des Kassen- und Rechnungswesens geschaffen worden. 1329

Die stufenweise eingeführte **Kassenreform** hatte vorwiegend organisatorischen Charakter und zielte darauf ab, unter Einsatz elektronischer Datenverarbeitungsanlagen das Kassenwesen neuzeitlichen Anforderungen anzupassen, die Buch- 1330 führung zu vereinfachen, das Berichtswesen zu verbessern und die Rechnungslegung zu beschleunigen.

Für die Abwicklung der Zahlungsvorgänge allein des Bundeshaushalts waren bis Dezember 1972 mehr als 58.000 Kassen und Zahlstellen erforderlich. Das behinderte jedoch eine rasche Zusammenfassung der Rechnungsergebnisse und erschwerte darüber hinaus den sinnvollen Einsatz elektronischer Datenverarbeitungsanlagen.

Aus diesem Anlass wurden im Rahmen der Kassenreform die bei den einzelnen Ressorts eingerichteten Kassen aufgelöst und stattdessen „Großraumkassen" bei den Oberfinanzdirektionen im Geschäftsbereich des BMF – **Bundeskassen** – und im Geschäftsbereich des BMVg – Bundeswehrkassen – eingerichtet.

1331 Nach Einführung des „Automatisierten Verfahrens für das Haushalts-, Kassen- und Rechnungswesen des Bundes (HKR-Verfahren)" findet eine weitere Konzentration des Kassenwesens auf wenige verbleibende Bundeskassen statt. Die Kassenorganisation des BMVg – Bundeswehrkassen – sind zwischenzeitlich aufgelöst; ihre Aufgaben von den Bundeskassen übernommen.

1332 Neben **dem Kompetenzzentrum für das Kassen- und Rechnungswesen des Bundes**, das die Aufgaben einer Zentralkasse wahrnimmt, bestehen nach Abschluss der Kassenneuorganisation zum 1. Januar 2012 nur noch folgende **Bundeskassen**:

- Bundeskasse Halle/Saale mit einem weiteren Dienstsitz in Weiden/Oberpfalz bei der Bundesfinanzdirektion Mitte,
- Bundeskasse Trier mit einem weiteren Dienstsitz in Kiel bei der Bundesfinanzdirektion Südwest.

Eine weitere Zentralisierung im Kassenwesen und ein weiterer Ausbau der IT-Infrastruktur lässt langfristig eine „kassenlose" Verwaltung nicht ausgeschlossen erscheinen.

Im HKR-Verfahren ist die **Kassenorganisation** des Bundes wesentlicher Bestandteil des Verfahrens. In dieser Organisation sind im Bereich des Kassenwesens folgende Verfahrensbeteiligte von Bedeutung:

1333 1. **Kompetenzzentrum für das HKR-Wesen des Bundes – KKR Bund –** (ehem. Bundeshauptkasse). Es spielt im HKR-Verfahren eine zentrale Rolle; es
   - ist zentrale Buchungs- und Auskunftsstelle im HKR-Verfahren,
   - führt für die einzelplanführenden Stellen die zentralen Titelkonten,
   - richtet die Titelkonten der Behörden des Bundes bei den jeweils zuständigen Bundeskassen ein,
   - übernimmt die Systempflege,
   - kann jederzeit Auskunft über den Stand des Haushaltsvollzugs erteilen.

2. Die **Bundeskassen** 1334
   - führen Auszahlungen durch,
   - nehmen Einzahlungen an,
   - buchen die Zahlungsvorgänge,
   - buchen die eingegangenen Verpflichtungen und
   - legen Haushaltsmittel fest.

3. **Zentrum für Informationsverarbeitung und Informationstechnik – ZIVIT –** (Teil des ehemaligen Bundesamtes für Finanzen). Das ZIVIT 1335
   - verwaltet die zentrale Datenbank,
   - verarbeitet die von den Bundeskassen gelieferten Daten,
   - verarbeitet die vom Bewirtschafter direkt an das ZIVIT im Dialogverfahren übermittelten Daten.

Das Haushalts-, Kassen- und Rechnungswesen ist von dem Grundsatz der klaren **Trennung** zwischen Zahlungs**anordnung** und Zahlungs**ausführung** beherrscht. Kassenanordnungen dürfen daher nur von der anordnungsbefugten Dienststelle-ausgestellt werden. Zahlungen und Buchungen dagegen darf nur die zuständige rechnungslegende Kasse ausführen. 1336

III. Begriff und Bedeutung des Kassen- und Rechnungswesens (Kurzfassung)

Das staatliche und kommunale Kassen- und Rechnungswesen umfasst alle Maßnahmen, die auf den Rechtsregeln des öffentlichen Haushaltsrechts beruhen und sich auf die 1337
- Zahlungen,
- Buchführung und
- Rechnungslegung

aller Finanzvorfälle der öffentlichen Körperschaften erstrecken.

Die klare Trennung zwischen Zahlungs**anordnung** und Zahlungs**ausführung** besagt, dass nur anordnungsbefugte Dienststellen die Kassen mit Kassenanordnungen anordnen dürfen, den darin angegeben Betrag auszuzahlen oder anzunehmen und zu buchen oder Mittelbindungen (Verpflichtungen) zu buchen. 1338

M. Die staatliche Kassenorganisation

I. Kassen und Zahlstellen

1. Allgemeines

1339 **„Kassen"** (Bundeskassen, Landeskassen, Gemeindekassen) sind öffentliche Einrichtungen, die Einzahlungen annehmen, Auszahlungen leisten und diese sowie eingegangene Verpflichtungen buchen (§ 79 BHO/LHO).

1340 **„Zahlstellen"** sind stets Organisationseinheiten von Behörden, die nicht der Kasse angehören. Sie werden hingegen für die Kasse tätig, indem sie Teile der Aufgaben der Kasse – die Annahme von baren Einzahlungen und die Leistung von baren Auszahlungen – wahrnehmen. Eine Zahlstelle wird also stets für eine Kasse tätig, mit der sie über ihre Einzahlungen und Auszahlungen abrechnen muss, so dass die zuständige Kasse diese Beträge „nur" noch nachträglich bucht.

Die Förderung des bargeldlosen Zahlungsverkehrs in allen Bereichen der Verwaltung trägt allerdings dazu bei, dass die Einrichtungen von Zahlstellen in Zukunft eher als Ausnahmefall betrachtet werden kann.

1341 Bei Behörden, die über keine Zahlstelle verfügen, können „Geldstellen" (ehemals Handvorschüsse) oder „Zahlungsbeauftragte" eingerichtet werden, um kleinere Zahlgeschäfte abwickeln zu können (Zahlstellenbestimmungen für die Bundesverwaltung – ZBestB – v. 1.7.2006).

2. Die Kassenorganisation des Bundes

1342 Die „Kassenorganisation" (Gliederung) ist bei den Gebietskörperschaften teilweise unterschiedlich geregelt. Die Kassenorganisation des Bundes ist in § 79 BHO dahingehend festgelegt, dass die Aufgaben der Kassen bei der Annahme und Leistung von Zahlungen für den Bund und für alle Stellen innerhalb und außerhalb der Bundesverwaltung von Bundeskassen wahrgenommen werden, soweit es sich nicht um Steuern handelt, die von den Landesfinanzbehörden verwaltet werden.

1343 Die Kassenorganisation des Bundes ist zweistufig: Sie besteht aus dem **Kompetenzzentrum für das HKR-Wesen des Bundes**, der ehemaligen Bundeshauptkasse, als der **Zentralkasse** des Bundes und den bei Bundesfinanzdirektionen eingerichteten zwei „Bundeskassen" im Geschäftsbereich des BMF. Sie unterstehen unmittelbar dem Präsidenten der BFD.

Die Bundeskassen sind jeweils für mehrere BFD-Bezirke zuständig.

3. Die Kassenorganisation der Länder

Die Kassenorganisation der Länder gleicht sich gem. § 57 Abs. 2 HGrG weitest- 1344
gehend der Kassenorganisation des Bundes an, „soweit nichts anderes bestimmt" ist, woraus abgeleitet werden kann, dass landesorganisatorische Regelungen durchaus Abweichungen vom § 79 BHO zulassen können.

Die Mehrzahl der Länder hat eine dem § 79 BHO entsprechende Regelung in der 1345
jeweiligen LHO. Auch in den Ländern besteht i. d. R. grundsätzlich eine **zweistufige Kassenorganisation**. Als Zentralkasse des Landes ist die jeweilige „Landeshauptkasse" eingerichtet, der „Landeskassen", in einigen Ländern auch „Staatskassen" genannt, nachgeordnet sind.

So ist beispielsweise bei der Oberfinanzdirektion Magdeburg die Landeshaupt- 1346
kasse Sachsen-Anhalt in Dessau eingerichtet. Nach § 79 Abs. 1 LHO des Landes Sachsen Anhalt werden die Aufgaben der Kassen bei der Annahme und der Leistung von Zahlungen für das Land für alle Stellen innerhalb und außerhalb der Landesverwaltung von den Landeskassen wahrgenommen, soweit nichts anderes bestimmt ist. Ähnliche Regelungen bestehen bei den übrigen Flächenländern der Bundesrepublik Deutschland.

Die LHO/Bremen und die LHO/Berlin sehen dagegen vor, dass alle Kassengeschäfte ausschließlich von der Landeshauptkasse wahrgenommen werden.

Die Gemeindeordnungen gehen von der sog. **„Einheitskasse"** aus, weshalb sich 1347
die Kassenorganisation der Gemeindeverbände in **„Kreiskassen"**, für die Städte und Kommunen in „**Stadtkassen**" oder **„Gemeindekassen"** gliedert.

Soweit Länder, Gemeindeverbände oder Gemeinden **Teile des Bundeshaushalts** 1348
auszuführen haben, sind die erforderlichen Kassenanordnungen an die jeweiligen Bundeskassen zu richten. Dadurch wird sichergestellt, dass der gesamte Bundeshaushalt über die Kassenorganisation des Bundes abgewickelt wird.

Das setzt voraus, dass sich diese Gebietskörperschaften in solchen Fällen auch des HKR-Verfahrens des Bundes zu bedienen haben, um alle Vorgänge in der Haushaltsrechnung des Bundes nachweisen zu können.

Eine Ausnahme dazu besteht nach Art. 106 und 108 GG, wonach die **dem Bund** 1349
zustehenden Einnahmen aus Steuern von den Landesfinanzbehörden verwaltet und nach ihrer Erhebung an die Bundeskassen abgeführt werden.

4. Die staatliche Kassenorganisation (Kurzfassung)

„Kassen" sind öffentliche Einrichtungen, die Einzahlungen annehmen, Auszah- 1350
lungen leisten und diese buchen.

1351 „Zahlstellen“ sind organisatorischer Bestandteil der Dienststellen, bei denen sie eingerichtet sind und gehören mithin nicht den Kassen an; sie führen für die Kassen als „verlängerter Arm“ bare Zahlgeschäfte aus, wenn z. B. die örtlichen Verhältnisse die Abwicklung des baren Zahlungsverkehrs einer Dienststelle durch die zuständige Bundeskasse nicht zulassen. Die Buchung solcher Zahlgeschäfte erfolgt nachträglich durch die Kasse.

1352 Kassenorganisation des **Bundes**:

- Kompetenzzentrum für das HKR-Wesen des Bundes (KKR) mit der Zentralkasse,
- 2 Bundeskassen im Geschäftsbereich des BMF bei den Bundesfinanzdirektionen.

Kassenorganisation der **Länder**:

- Landeshauptkasse als Zentralkasse des Landes,
- Landeskassen (Staatskassen).

Kassenorganisation der **Kommunen**:

- Einheitskassen als „Kreis-“, „Stadt-“ oder „Gemeindekasse“.

II. Einrichtung, Organisation und Aufgaben einer Bundeskasse

1. Einrichtung der Kassen

1353 Das Bundesministerium der Finanzen ist für die Errichtung und Aufhebung der Kassen und Kassenaufsicht zuständig. Das Bundesministerium der Finanzen kann seine Befugnis auf eine Behörde seines Geschäftsbereiches übertragen.

Die Beschäftigten der Kassen und Kassenaufsichten gehören personell und organisatorisch der Behörde an, bei der die Kasse errichtet und die Kassenaufsicht eingerichtet ist.

Die **Bundeskassen** sind bei den Bundesfinanzdirektionen errichtet und unterstehen direkt dem jeweiligen Präsidenten der Bundesfinanzdirektion. Die Bediensteten der Kassen sind mithin Angehörige der jeweiligen Bundesfinanzverwaltung.

Die Bundeskasse Halle ist der Bundesfinanzdirektion Mitte zugeordnet. Die Bundeskasse Trier ist bei der Bundesfinanzdirektion Südwest eingegliedert.

Die Bundeskassen führen die Bezeichnung „Bundeskasse“ mit dem Zusatz des Ortes, an dem die jeweilige Bundeskasse ihren Sitz hat, und gegebenenfalls zusätzlich die Bezeichnung „Dienstsitz…“ mit dem Zusatz des Ortes des Dienstsitzes, z. B. *„Bundeskasse Trier – Dienstsitz Kiel“*.

Der örtliche Zuständigkeitsbereich der Bundeskassen wird vom Bundesministerium der Finanzen festgelegt. Die Wahrnehmung **bestimmter Kassenaufgaben** kann einer Bundeskasse vom Bundesministerium der Finanzen übertragen werden.

Das **Kompetenzzentrum für das Kassen- und Rechnungswesen des Bundes** (KKR) ist bei der Bundesfinanzdirektion West, mit Dienstsitz in Bonn, errichtet und untersteht unmittelbar dem Präsidenten der Bundesfinanzdirektion West. Beim KKR besteht die **Zentralkasse des Bundes** nach § 79 Abs. 2 Bundeshaushaltsordnung. Die Fachaufsicht über das Kompetenzzentrum obliegt dem Bundesministerium der Finanzen.

2. Dienst- und Fachaufsicht

2.1 Dienstaufsicht

Die Dienstaufsicht obliegt dem Leiter der Behörde, bei der das KKR oder die Bundeskasse errichtet ist (Behördenleitung). Der Leiter des KKR ist unmittelbare Vorgesetzter der Beschäftigten des KKR. Die Leiter der Kassen sind unmittelbare Vorgesetzte der Beschäftigten der Bundeskassen. **1354**

2.2 Fachaufsicht

Die Fachaufsichtüber die Bundeskassen obliegt dem Bundesministerium der Finanzen. Das Bundesministerium der Finanzen kann Aufgaben der Fachaufsicht auf das KKR übertragen. **1355**

Der Leiter des KKR hat kein fachliches Weisungsrecht gegenüber dem Aufgabenbereichsleiter Kassenaufsicht.

3. Innere Organisation der Bundeskasse

In den Bundeskassen sind getrennte **Aufgabenbereiche** für
- die allgemeine Verwaltung
- den Zahlungsverkehr,
- die Buchführung,
- die Datenerfassung und -auswertung und Arbeitsvor- und Arbeitsnachbereitung

eingerichtet.

3.1 Aufgabenbereich allgemeine Verwaltung und Zahlungsverkehr

Der Aufgabenbereich allgemeine Verwaltung und Zahlungsverkehr ist in die Unterbereiche allgemeine Verwaltung und Zahlungsverkehr unterteilt. **1356**

Im **Unterbereich Allgemeine Verwaltung** werden die von der Behördenleitung übertragenen Querschnittsaufgaben für Organisation, Personal und Haushalt sowie Controlling, KLR und Innenrevisionsangelegenheiten der Bundeskasse wahrgenommen. Dazu gehört die Geschäftsstelle mit Postein- und Postausgang, Botendienst, Beleg- und Geldtransport, Aktenregistratur, die Geräte-, Material- und Vordruckverwaltung.

1357 Im **Unterbereich Zahlungsverkehr** werden hauptsächlich

- die Girokontoauszüge mit den Gut- und Lastschriftträgern der kontoführenden Stellen angenommen und abgestimmt,
- die entsprechenden Unterlagen an den Aufgabenbereich Buchführung zur Veranlassung der Buchungen weitergeleitet,
- die Nachweise über Bestände und Veränderungen der Girokonten der Kassen geführt,
- manuelle Auszahlungen durch die kontoführenden Stellen veranlasst,
- Schecks zur Gutschrift bei den Filialen der Bundesbank eingereicht,
- ggf. Zahlungsnachweise über unbare Auszahlungen (ohne Verrechnungen) erstellt.
- die angenommenen Schecks an das Arbeitsgebiet unbarer Zahlungsverkehr weitergeleitet,
- Wertgegenstände angenommen, verwaltet und ausgeliefert und
- Vordrucke für Schecks und Quittungen aufbewahrt und verwaltet.

1358 Es ist sicherzustellen, dass in begründeten Ausnahmefällen und nach vorheriger Anmeldung bare Ein- und Auszahlungen angenommen und geleistet werden können. Dazu sind

- Quittungen über bare Ein- und Auszahlungen zu erteilen und entgegenzunehmen sowie
- die notwendigen Kassenanordnungen oder Buchungsbelege an den Aufgabenbereich Buchführung zur Veranlassung der Buchungen weiterzuleiten.

3.2 Aufgabenbereich Buchführung

1359 Im **Aufgabenbereich Buchführung** erfolgt die Prüfung der Kassenanordnungen, Buchungsbelege und Abrechnungsunterlagen auf förmliche Richtigkeit und Verarbeitungsfähigkeit (Buchungsreife):

- beanstandete Kassenanordnungen mit Begründung sind unerledigt an den Bewirtschafter zurückzusenden,
- die entsprechenden Buchungen, die Aufzeichnungen und Anschreibungen sind zu veranlassen und die Kontrolle der Buchungsergebnisse ist durchzuführen,
- Anordnungen sind zur Korrektur von Fehlbuchungen, die von der Kasse verursacht wurden, zu erstellen,

- der rechtzeitige und vollständige Eingang der angeordneten Einzahlungen ist zu überwachen,
- die rechtzeitige und vollständige Abwicklung der Vorschüsse und Verwahrungen der Kasse ist zu kontrollieren,
- Buchausgleiche sind zu bearbeiten und zu veranlassen,
- Buchungsbelege und die sonstigen Unterlagen sind zu sammeln und zu ordnen,
- die von Prüfungsämtern angeforderten Belege sind vorzulegen und
- Mahnungen und Rückstandsanzeigen, sofern dies der Kasse übertragen wurde, zu fertigen.

3.3 Aufgabenbereich Datenverarbeitung

Der **Aufgabenbereich Datenverarbeitung** ist in die Arbeitsgebiete Datenverarbeitung, Arbeitsvor- und Arbeitsnachbereitung sowie Datenerfassung unterteilt. **1360**

Im **Arbeitsgebiet Datenverarbeitung** werden speziell **1361**
- die erfassten, geprüften sowie die übermittelten Daten durch Einsatz freigegebener Programme verarbeitet,
- der Datenaustausch mit externen Rechenzentren durchgeführt,
- Zahlungsverkehrsunterlagen erstellt und
- Tages- und Jahresabschlüsse sowie andere Ausdrucke aus den Datenbeständen erstellt.

Im **Arbeitsgebiet Arbeitsvor- und Arbeitsnachbereitung** werden **1362**
- die Belege und Unterlagen für die Datenerfassung aufbereitet,
- die Kontoauszüge und andere Ausdrucke geordnet und verteilt,
- die Belege und Unterlagen an die Bewirtschafter bzw. an den Aufgabenbereich Buchführung weitergeleitet und
- sonstige Unterlagen, Protokolle und Listen abgelegt.

Im **Arbeitsgebiet Datenerfassung** werden **1363**
- die von der Arbeitsvor- und Arbeitsnachbereitung vorbereiteten Belege und Unterlagen erfasst und
- die erfassten Daten geprüft.

III. Organisation des Kompetenzzentrums für das Kassen- und Rechnungswesen des Bundes (KKR)

Im KKR sind mindestens getrennte Aufgabenbereiche für die Bereiche **1364**
- Zentralkasse mit Buchführung, Datenverarbeitung und Rechnungslegung,
- Systempflege für das automatisierte Verfahren für das Haushalts-, Kassen- und Rechnungswesen des Bundes und der Subverfahren und
- Kassenaufsicht

einzurichten. Zusätzliche Aufgabenbereiche sowie ein Arbeitsgebiet für allgemeine Verwaltung können mit Zustimmung des Bundesministeriums der Finanzen eingerichtet werden. Der Aufgabenbereich Zentralkasse mit Buchführung, Datenverarbeitung und Rechnungslegung ist zur Einhaltung der Kassensicherheit in Arbeitsgebiete eingeteilt. Der Leiter des KKR hat die Einhaltung der Kassensicherheit durch geeignete Maßnahmen sicherzustellen (§ 77 BHO).

1. Aufgabenbereich Zentralkasse mit Buchführung, Datenverarbeitung und Rechnungslegung

1.1 Arbeitsgebiet Zentralkasse

1365 Im **Arbeitsgebiet Zentralkasse** ist grundsätzlich nur der unbare Zahlungsverkehr vorgesehen. Barer Zahlungsverkehr darf nur zur Geldversorgung in Krisenfällen mit Zustimmung des Bundesministeriums der Finanzen durchgeführt werden.

Zusätzlich werden die täglichen Zahlungen aus dem zentralen, automatisierten Verfahren für sämtliche Bundeskassen, einschließlich der

- daraus resultierenden Suchaufträge und
- Fehlerlisten

abgewickelt. Außerdem werden die eigenen Schecks und Nachweise im Verwahrungsbuch – Teilband Wertgegenstände – verwaltet.

1.2 Arbeitsgebiet Buchführung und Arbeitsgebiet Datenverarbeitung

1366 In den **Arbeitsgebieten Buchführung und Datenverarbeitung** werden zusätzlich die Abrechnungskonten der Bundeskassen abgestimmt.

1.3 Arbeitsgebiet Rechnungslegung

1367 Im Arbeitsgebiet Rechnungslegung wird auf der Grundlage der Unterlagen der Bundeskassen für das Bundesministerium der Finanzen Rechnung gelegt (§ 80 BHO) und die Haushalts- und Vermögensrechnung erstellt (§§ 81 ff. BHO).

2. Aufgabenbereich Systempflege

1368 Im **Aufgabenbereich Systempflege** wird insbesondere der Betrieb des automatisierten Verfahrens für das Haushalts-, Kassen- und Rechnungswesen des Bundes sowie für die automatisierten Subverfahren sichergestellt und die Programmiervorgaben für die Verfahren erstellt. Außerdem obliegt der Systempflege die Betreuung der Verfahrensanwender, soweit diese Aufgabe nicht von den Bundeskassen wahrgenommen wird.

3. Aufgabenbereich Kassenaufsicht

Im **Aufgabenbereich Kassenaufsicht** werden die Aufgaben der Aufsicht über die Zentralkasse und die Bundeskassen wahrgenommen. Dies umfasst die Leitung der laufenden und unvermuteten Kassenprüfung bei der Zentralkasse, Koordinierung der laufenden und Leitung der unvermuteten Prüfungen bei den Bundeskassen sowie die Durchführung von zentralen Schulungen und die Weiterbildung der Kassenprüfer für die Zentralkasse und Bundeskassen. Das Bundesministerium der Finanzen kann weitere Aufgaben dem Aufgabenbereich übertragen. **1369**

IV. Personal

1. Leitung der Kassen

Die Leiter der Kassen sowie ihre Vertreter (Leitung der Kassen) werden vom Bundesministerium der Finanzen bestellt. Die weitere Vertretung wird durch den Geschäftsverteilungsplan bestimmt. Die Leiter der Kassen führen zugleich einen Aufgabenbereich und ggf. ein Arbeitsgebiet. **1370**

Die Leiter der Bundeskassen sollen dem höheren Dienst angehören, ihre Vertreter mindestens Beamte des gehobenen Dienstes sein. Sie sind im beamtenrechtlichen Sinne Vorgesetzte des ihnen beigegebenen Personals. **1371**

Die Leitung der Kasse ist für die sichere, ordnungsgemäße und wirtschaftliche Erledigung der Kassenaufgaben verantwortlich. Dazu gehört auch die Prüfung zur Einhaltung der Kassensicherheit. Im Rahmen der ordnungsgemäßen Erledigung der Kassenaufgaben sind die Beschäftigten der Kassen regelmäßig über alle für ihren Aufgabenbereich bedeutsamen Bestimmungen zu unterrichten und fortzubilden. **1372**

Über Mängel und Unregelmäßigkeiten in der Sicherheit der Kasseneinrichtungen und im Verwaltungsverfahren der Kassen, die von der Leitung der Kassen nicht in eigener Zuständigkeit abgestellt werden können, ist unverzüglich die Kassenaufsicht und die Behördenleitung zu unterrichten. Bei erheblichen Mängeln oder Unregelmäßigkeiten ist darüber hinaus unverzüglich das Bundesministerium der Finanzen zu unterrichten.

2. Aufgabenbereichsleiter

1373 Die **Aufgabenbereichsleiter** sind für die ordnungsgemäße Wahrnehmung der Aufgaben in den ihnen übertragenen Aufgabenbereich verantwortlich. Sie sind gegenüber den Bediensteten ihres Aufgabengebietes weisungsbefugt und haben ihre Tätigkeit zu überwachen.

3. Leitung der Kassenaufsicht

1374 Der Aufgabenbereichsleiter der Kassenaufsicht beim KKR sowie der Vertreter werden von der jeweiligen Behördenleitung bestimmt. Dem Aufgabenbereichsleiter der Kassenaufsicht beim KKR ist das notwendige Personal für die Prüfung der Kassen zur Verfügung zu stellen (Kassenprüfer). Die **Kassenprüfer dürfen nicht der Kasse angehören**.

1375 Die Leitung der Kassenaufsicht leitet bei einem Wechsel des Leiters der Kasse die Übergabe der Kassengeschäfte und belehrt bei Übernahme der Dienstgeschäfte den Leiter der Kasse, dass er im Rahmen der gesetzlichen oder tarifrechtlichen Bestimmungen für Schäden haftet, die innerhalb seines Aufgabenbereiches entstehen. Im Rahmen der Kassenübergabe ist eine Kassenprüfung durchzuführen. In der zu erstellenden Niederschrift ist der Wechsel des Leiters der Kasse und seine Belehrung aktenkundig zu machen. Dies gilt entsprechend auch bei der Aufhebung einer Kasse.

V. Aufgaben der Bundeskassen und des Kompetenzzentrums für das Kassen- und Rechnungswesens des Bundes (KKR)

1376 Die Bundeskassen nehmen bare und unbare **Einzahlungen** an, leisten bare und unbare **Auszahlungen** der anordnungsbefugten Dienststellen, die ihr geldwirtschaftlich angeschlossen sind und buchen sie.

Darüber hinaus buchen sie **Mittelbindungen** (Verpflichtungen) dieser Dienststellen.

Ferner rechnen sie mit der übergeordneten Zentralkasse/Landeshauptkasse und den nachgeordneten, angeschlossenen Zahlstellen ab und führen die Buchausgleiche zwischen den Kassen aus.

Sie **führen die Bücher** des Bundes und legen Rechnung.

1. Zahlungsverkehr

1.1 Allgemeines

Soweit für die Kassen keine anderen Bestimmungen getroffen werden, gelten für die Abwicklung des Zahlungsverkehrs die **Zahlstellenbestimmungen** für die Bundesverwaltung vom 1. Juli 2006 mit ihren Anlagen sinngemäß. Die Kassen dürfen grundsätzlich Zahlungen nur in den vom Bundesministerium der Finanzen zugelassenen automatisierten Verfahren annehmen oder leisten. 1377

In den automatisierten Verfahren werden alle für den Nachweis der Zahlung und der Rechnungsprüfung benötigten Unterlagen erstellt.

1.2 Bewirkung einer Zahlung

Der **Zahlungsverkehr der Kassen** wird dadurch bewirkt, dass 1378
- Dritte Beträge auf ein Girokonto der Kasse überweisen oder einzahlen,
- von einem Girokonto der Kasse an Dritte überwiesen oder ausgezahlt wird,
- im Lastschriftverfahren Beträge eingezogen werden,
- Zahlungsmittel übergeben oder übersandt werden,
- Einzahlungen mit Auszahlungen verrechnet werden und
- Buchausgleiche durchgeführt werden.

Die Förderung des unbaren Zahlungsverkehrs lässt die Übergabe oder Übersendung von **Zahlungsmitteln** nur noch in begrenzten Ausnahmefällen zu.

Die Kassen haben alles zu unternehmen, dass Einzahlungspflichtige durch Überweisung von einem **Girokonto** leisten oder Empfangsberechtigte Zahlungen durch Überweisung auf ein Girokonto entgegennehmen. 1379

Für **Einzahlungen** stellt die Kasse den anordnenden Dienststellen **Zahlungsverkehrsvordrucke** (Überweisungsträger) mit Kassenzeichen für Einzahlungen zur Verfügung. Auszahlungen durch Übersendung von Zahlungsmitteln an einen Empfangsberechtigten sind nicht statthaft. 1380

In den Fällen, in denen ein Einzahlungspflichtiger häufigere Zahlungsverpflichtungen mit der Verwaltung eingeht, soll ihm die Teilnahme am Lastschrifteinzugsverfahren überzeugend nahegelegt werden.

1.2.1 Aufrechnung

Erlangt die Kasse bei Vorliegen einer Auszahlungsanordnung Kenntnis davon, dass gleichzeitig eine Forderung des Bundes gegen den in der Anordnung benannten Empfangsberechtigten besteht oder noch nicht beglichen wurde, so ist der für die Auszahlung zuständige Bewirtschafter unverzüglich darüber zu unterrichten. Dieser prüft dann, ob die **Aufrechnung** erklärt wird, und ordnet die Verrechnung entsprechend an. Unbeschadet besonderer Regelungen kann nur aufge- 1381 rechnet werden, wenn die Kassen sowohl für die Auszahlung als auch für die Einzahlung zuständig sind.

1.2.2 Buchausgleich

1382 Hat die Kasse einen Betrag mit einer anderen Kasse der gleichen Gebietskörperschaft zu verrechnen, so ist die Verrechnung durch **Buchausgleich** zu bewirken. Da nur Kassen Bücher führen, können auch nur Kassen untereinander einen Buchausgleich durchführen.

Zweck des Buchausgleichs ist es, in den Fällen, in denen eine Kasse mit einer anderen Kasse einen Betrag zu verrechnen hat, **an Stelle einer Giroüberweisung** einzig einen buchmäßigen Ausgleich herbeizuführen.

1.3 Einzahlungen

1383 Die Kasse darf Einzahlungen grundsätzlich nur auf Grund schriftlicher, auf elektronischem Wege oder allgemein erteilter **Annahmeanordnung** annehmen.

1384 Einzahlungen, für die keine Annahmeanordnungen oder andere deutliche Buchungsmerkmale vorliegen (z. B. Kassenzeichen, Bezeichnung des Sachbuchkontos), sind als **Verwahrungen** zu buchen. Die für die Zahlung zuständige Stelle ist von der Verwahrung durch die Kasse zu unterrichten und aufzufordern, unverzüglich über die Verwendung des Betrages zu entscheiden (Ausfertigung einer Annahmeanordnung, Auszahlung).

1385 Auf Verlangen hat die Kasse dem Einzahler **Quittung** zu erteilen. Das gilt auch für unbare Einzahlungen.

1386 Wenn die anordnende Dienststelle die Kasse über das „**Kennzeichen Mahnverfahren**" damit beauftragt hat, muss die Kasse den rechtzeitigen und vollständigen Eingang der Einzahlung überwachen. Das schließt ggf. die Durchführung des Mahnverfahrens, die Geltendmachung von Mahngebühren, Säumniszuschlägen und Verzugszinsen mit ein.

1.4 Auszahlungen

1387 Kassen dürfen Auszahlungen nur auf Grund einer schriftlichen, auf elektronischem Wege oder allgemein erteilten **Auszahlungsanordnung** und grundsätzlich nur im Rahmen erteilter Betriebsmittel, vorhandener Zahlungsmittel und verfügbarer Haushaltsmittel leisten.

Auszahlungen sind an den in der Auszahlungsanordnung oder bei allgemein erteilter Auszahlungsanordnung an den im Buchungsbeleg bezeichneten Empfangsberechtigten zu leisten. Bestehen Zweifel hinsichtlich der Person des Empfangsberechtigten (z. B. Todesfall) oder hat die Kasse berechtigten Grund zu der Annahme, dass der angegebene Empfänger **nicht empfangsberechtigt ist** (z. B. wegen Konkurses), so ist vor der Auszahlung die Entscheidung der anordnenden Dienststelle einzuholen. Die Entscheidung ist aktenkundig zu machen. 1388

Eine **Barauszahlung** darf nur gegen **Quittung** geschehen. Wird an einen Bevollmächtigten gezahlt, so hat dieser eine vom Empfangsberechtigten ausgefertigte Vollmacht vorzulegen, die dann Bestandteil der Auszahlungsanordnung wird. 1389

Bei **unbaren** Auszahlungen erfolgt der Zahlungsbeweis durch Unterschriften zweier Sachbearbeiter des Aufgabengebiets „Zahlungsverkehr". 1390

Die Kasse hat die Auszahlungsanordnung am **Fälligkeitstag** auszuführen. Auszahlungsanordnungen, die der Kasse nach dem angegebenen Fälligkeitstag zugehen, sind sofort auszuführen. 1391

Wurde angeordnet, dass eine Zahlung an einem bestimmten Tag dem Empfänger zur Verfügung stehen muss (Terminzahlungen), hat die Kasse unter Berücksichtigung von Bearbeitungs- und Banklaufzeiten die Auszahlungsanordnung so rechtzeitig auszuführen, dass der Zahlungstermin eingehalten wird.

2. Giroverkehr der Kassen

Die Kasse ist an den Giroverkehr einer **Filiale der Deutschen Bundesbank** anzuschließen. Ausnahmsweise und nur bei Vorliegen eines dringenden dienstlichen Bedürfnisses kann sie mit Genehmigung des BMF auch an den Giroverkehr anderer Kreditinstitute angeschlossen werden oder ein Fremdwährungskonto unterhalten. 1392

Die „Zentralkasse" dagegen ist direkt der Deutschen Bundesbank angeschlossen.

Verfügungsberechtigt über die Girokonten der Kassen sind die Leiter der Kassen. Bei der Zentralkasse kann das Bundesministerium der Finanzen auf Antrag weitere Personen zulassen. 1393

Bei den Bundeskassen kann der Leiter den Beschäftigten des Unterbereichs Zahlungsverkehr sowie den Aufgabenbereichsleitern die Verfügungsberechtigung übertragen. Die Namen und Unterschriftsproben der über die Konten zur Verfügung berechtigten Beschäftigten der Kassen sind der Bundesbank bzw. den anderen Kreditinstituten auf den dafür vorgesehenen Vordrucken mitzuteilen.

1394 Die Mitteilungen der Bundeskassen müssen mit dem Abdruck des Dienststempels und mit dem Sichtvermerk eines beauftragten Kassenprüfers versehen sein. Der Leiter der Kassenaufsicht sowie die entsprechenden Kassenprüfer sind entsprechend zu unterrichten. Dies gilt auch bei Erlöschen der Verfügungsberechtigung.

Die von der Kasse auszustellenden Zahlungsverkehrsvordrucke (Überweisungsformulare) sind von einem Angehörigen des Aufgabenbereichs „Zahlungsverkehr" und dem Kassenleiter oder einem von ihm bestellten anderen Bediensteten der Kasse zu unterschreiben.

3. Wechsel

1395 **Wechsel** sind **keine Zahlungsmittel.** Sie dürfen nur als Sicherheit angenommen werden, soweit das Bundesministerium der Finanzen nichts anderes bestimmt hat. Sie gehören nicht zum Kassenbestand. Für ihre Behandlung gelten die Bestimmungen über die Behandlung von Wertgegenständen (Anlage zu den Zahlstellenbestimmungen für die Bundesverwaltung).

4. Zahlungsnachweis

1396 Erfolgt eine Zahlung außerhalb eines automatisierten Zahlungsverfahrens, hat die Kasse die Annahme oder Auszahlung des Betrages durch einen **Zahlungsnachweis** auf dem Beleg oder auf einem gesonderten Blatt (Quittung) zu bescheinigen. Der Zahlungsnachweis hat die Angaben zum Zahlungsweg, den Euro-Betrag und das Datum oder die laufende Nummer des Kontogegenbuches einschließlich der Bezeichnung des Girokontos zu enthalten.

Der Zahlungsnachweis für Einzahlungen und Auszahlungen zur Verrechnung ist einem Beschäftigten des Aufgabenbereichs Zentralkasse mit Buchführung, Datenverarbeitung und Rechnungslegung (KKR) oder des Aufgabenbereichs Buchführung (Bundeskasse) unter Angabe des Buchungsdatums zu unterschreiben.

1397 Bei Auszahlungen über das **Girokonto** der Kasse ist der Zahlungsnachweis von der Leitung der Kasse und einer oder einem Beschäftigten des Aufgabenbereichs Zentralkasse mit Buchführung, Datenverarbeitung und Rechnungslegung (KKR) oder des Unterbereiches Zahlungsverkehr (Bundeskasse) zu unterschreiben. Der Leiter der Bundeskasse kann die Befugnis auf die Leiter eines Aufgabenbereichs bzw. auf Sachbearbeiter des Unterbereiches Zahlungsverkehr übertragen.

5. Wertgegenstände und Geldverwaltung

5.1 Wertgegenstände

Zu verwahrende Wertgegenstände wie Wertpapiere und sonstige Urkunden sowie Kostbarkeiten sind nach den Bestimmungen für die Behandlung von Wertgegenständen – WBestB – zu behandeln. Die Prüfung, ob ein Gegenstand als Wertgegenstand zu betrachten ist, obliegt der anordnenden Stelle. **1398**

Wertgegenstände sind in einem hierfür geeigneten Geldschrank, einer Kassette oder einem vergleichbaren Behältnis sicher aufzubewahren.

5.2 Geldverwaltung

5.2.1 Kassenistbestand

Der **Kassenistbestand** setzt sich aus den Beträgen der angenommenen und noch nicht bei der Bundesbank eingereichten Schecks, den Beständen aus den Kontogegenbüchern und ggf. dem vorhandenen Bargeld zusammen. **1399**

5.2.2 Verstärkung und Ablieferung der Bundesbankkonten

Reicht der Kassenistbestand der Bundeskassen zur Leistung der Auszahlungen auf den Girokonten der Bundesbank nicht aus, so werden die Konten automatisch aus dem Konto der Zentralkasse verstärkt. Die Guthaben werden entsprechend täglich auf das von der Zentralkasse bei der Bundesbank geführte Girokonto automatisch abgeliefert. **1400**

5.2.3 Verlust von Schecks und Zahlungsverkehrsunterlagen

Kommen von der Kasse ausgestellte Schecks, Überweisungsaufträge oder Vordrucke für Schecks **abhanden**, so ist die zuständige Filiale der Bundesbank bzw. das Kreditinstitut unverzüglich fernmündlich und schriftlich zu benachrichtigen. Bei abhanden gekommenen Schecks ist erforderlichenfalls das Aufgebotsverfahren nach Art. 59 ScheckG einzuleiten. Die Leitung der Kassenaufsicht ist zu unterrichten. **1401**

6. Buchführung

6.1 Allgemeines

Unter Buchführung ist allgemein die lückenlose, geordnete Aufzeichnung aller finanzwirtschaftlichen und vermögenswirksamen Vorgänge innerhalb eines bestimmten Zeitraums zu verstehen. **1402**

1403 Im Gegensatz zur kaufmännischen Buchführung der freien Wirtschaft – mit seiner auf Gewinn und Verlust ausgerichteten Erfolgsrechnung – verwendet die Bundesverwaltung in aller Regel das System der **Kameralistik**. In vielen Bereichen der Kommunalverwaltung hält dagegen zwischenzeitlich die **doppische Buchführung** Einzug *(s. Rn. 1557)*.

Die **kameralistische** (Verwaltungs- oder Behörden-) **Buchführung** ist eine reine Verlaufsbuchführung, die lediglich die erzielten Einnahmen und die geleisteten Ausgaben darstellt. Diese Buchführungsart ermittelt in Form eines Soll-/Ist-Vergleichs die Abweichungen vom Haushaltsplan. Der Abschluss der kameralistisch geführten Bücher besteht in der Feststellung eines richtigen Tages-, Monats- und Jahresabschlusses.

1404 Die **Buchführung** erfüllt den Zweck, alle nach § 71 BHO/LHO buchungspflichtigen Vorgänge lückenlos und geordnet und gegen nachträgliche Änderungen geschützt in den Büchern des Bundes darzustellen, um
- zeitnahe Angaben über die Ausführung des Bundeshaushalts zu liefern,
- Unterlagen für die Abrechnung mit der übergeordneten Kasse und den nachgeordneten Zahlstellen zu gewinnen,
- Grundlagen für die Rechnungslegung zu schaffen.

1405 Nach § 71 BHO/LHO ist über alle **Zahlungen** (Ein- und Auszahlungen) sowie über **Verpflichtungen** und **Geldforderungen** nach der im Haushaltsplan vorgesehenen Ordnung oder einer sonst vorgesehen Ordnung in zeitlicher Folge Buch zu führen. Für andere Vorgänge kann das Bundesministerium der Finanzen die Buchungspflicht anordnen.

Die buchungspflichtigen Vorgänge sind nach Haushaltsjahren getrennt vollständig, richtig, zeitgerecht und geordnet zu erfassen. Jede Buchung muss einen Hinweis auf den zu Grunde liegenden **Buchungsbeleg** enthalten, durch den die jederzeitige Verbindung zwischen Buchung und Beleg hergestellt werden kann.

6.2 Arten der Bücher

6.2.1 Zeitbücher

1406 Nach der bisherigen Rechtslage war neben der Sachbuchführung auch die gleichzeitige Parallelbuchung in zeitlicher Folge erforderlich. Mit dem Haushaltsrechts-Fortentwicklungsgesetz wurde auf die Zeitbuchführung verzichtet. Durch die elektronische Buchführung ist in anderer Art und Weise sichergestellt, dass der Kassensollbestand fortgeschrieben wird und die Buchungen bei Bedarf **in zeitlicher Folge geordnet** dargestellt werden können.

6.2.2 Sachbücher

Für die Aufzeichnung der buchungspflichtigen Vorgänge nach sachlicher Ordnung sind als **Sachbücher** eingerichtet: 1407

- Titelkonten,
- Objektkonten,
- Verwahrungskonten,
- Vorschusskonten,
- Selbstbewirtschaftungskonten,
- Abrechnungskonten.

Sachbücher erhalten eine **achtzehnstellige Sachbuchkontonummer**, die sich 1408 aus der Bewirtschafternummer, der Haushaltsstelle oder der Objektnummer und einer Prüfziffer zusammensetzt. Die Kasse führt für jeden ihr angeschlossenen Bewirtschafter die auf ihn entfallenden Sachbuchkonten in Gestalt von Titelkonten und Objektkonten oder in Form sonstiger Sachbuchkonten. Die Sachbuchkonten führen die achtzehnstellige Sachbuchkontonummer, die nur einmal vergeben wurde. Über die Sachbuchkontonummer werden die angeschlossenen Bewirtschafter identifiziert, denn Teil der achtzehnstelligen Sachbuchkontonummer ist die achtstellige **Bewirtschafternummer,** die der Haushaltsstelle oder dem Objektkonto vorangestellt ist.

Die letzte Stelle der Sachbuchkontonummer ist eine Prüfziffer, die nach einem bestimmten Berechnungsmodus vergeben wird.

6.2.2.1 Titelkonto

Beispiel: Sachbuchkonto als Titelkonto: 1409

Bewirtschafternummer	Haushaltsstelle	Prüfziffer
03 34568 8	1412 519 11	8

Ein Titelkonto ist nach der **Ordnung des Haushaltsplans** eingerichtet. Das Titelkonto ist Ausführungs-, Buchungs- und Nachweisstelle für alle Maßnahmen zur Bewirtschaftung eines Titels.

Die Titelkonten des **Titelverwalters** weisen alle von ihm veranlassten Bewirtschaftungsmaßnahmen aus. Dabei handelt es sich um 1410

- Festlegungen von Haushaltsmitteln,
- die Inanspruchnahme von Verpflichtungsermächtigungen,
- eingegangene Verpflichtungen ohne Verpflichtungsermächtigungen,
- Annahmeanordnungen,
- Auszahlungsanordnungen,
- die Aufhebung von gebuchten Verpflichtungen und Festlegungen,

- die Aufhebung von Zahlungsanordnungen,
- Änderungen des Verfügungsrahmens durch die Inanspruchnahme von Deckungsvermerken,
- Verlagerungen der durch Einzahlungen entstandenen Verfügbarkeiten.

6.2.2.2 Objektkonten

1411 Im HKR-Verfahren kann das Titelkonto durch den Bewirtschafter weiter unterteilt werden. Diese weitere Unterteilung erfolgt in sog. Objektkonten.

Beispiel: Sachbuchkonto als Objektkonto

Bewirtschafternummer	Ergänzende Nullen	Objektnummer	Prüfziffer
03 34568 8	00	02 46784	2

1412 Bereits vor Einführung des HKR-Verfahrens kannte man die weitere verwaltungsseitige Unterteilung eines Titels in **Buchungsabschnitte**.

Auch Buchungsabschnitte waren kassenmäßig zu erfassen und waren für sich gesondert zu bewirtschaften. Sie dienten und dienen auch weiterhin der besseren Bewirtschaftung bestimmter, komplexerer Titel.

Objektkonten bieten die Möglichkeit, ein Titelkonto auf jeder Bewirtschafterebene entsprechend dem jeweiligen Informationsbedarf des Bewirtschafters beliebig oft zu gliedern.

Das bedeutet zunächst, dass der Bewirtschafter seine Mittel entweder auf Titelkonten oder aber dann auf Objektkonten zugewiesen bekommt, wenn der übergeordnete Mittelverteiler die Titelkonten bereits auf Objektkonten aufgeteilt hat.

6.2.2.3 Verwahrungskonten

1413 Einzahlungen, die in den übrigen Sachbüchern nicht nachzuweisen sind, und für Einnahmen, für die keine Annahmeanordnung oder keine anderen deutlichen Buchungsmerkmale vorliegen, sind im **Verwahrungskonto** zu buchen.

6.2.2.4 Vorschusskonten

1414 Für Ausgaben, die erst zu einem späteren Zeitpunkt bei einem Titelkonto oder Objektkonto gebucht werden können und für Auszahlungen, die in den vorgenannten Sachbüchern nicht nachzuweisen sind, werden **Vorschusskonten** eingerichtet.

6.2.2.5 Abrechnungskonten

Für die Abrechnung der Kasse mit der Zentralkasse und für die Abrechnung mit den angeschlossenen Zahlstellen sind jeweils **Abrechnungskonten** zu führen. Bei diesen Sachbuchkonten sind jeweils die Ablieferungen und Verstärkungen der Kasse bzw. der angeschlossenen Zahlstellen zu buchen. 1415

6.3 Abschluss der Bücher

Die Bücher des Bundes sind jährlich mit Ablauf des Haushaltsjahres zu dem vom Bundesministerium der Finanzen festgesetzten Termin abzuschließen. Daneben hat die Kasse Tages- und Monatsabschlüsse zu erstellen. 1416

Die Abschlüsse der Bücher dienen der Kontrolle der Buchführung, der Feststellung der Abrechnungssalden, der Zahlungsmitteldisposition sowie der Übersicht über den Stand der Ausführung des Haushaltsplans.

6.3.1 Der Tagesabschluss

6.3.1.1 Allgemeines

An jedem Tag, an dem bare oder unbare Einzahlungen angenommen oder bare und unbare Auszahlungen geleistet wurden, ist von der Kasse ein **Tagesabschluss** durchzuführen. 1417

Sinn und Zweck des Tagesabschlusses ist es, den – buchmäßigen – Kassen*soll*bestand zu ermitteln und ihn dem – tatsächlich vorhandenen – Kassen*ist*bestand gegenüberzustellen. 1418

Der **Kassensollbestand** ergibt sich
- aus dem Kassensollbestand des Vortages
- zuzüglich bzw. abzüglich der Differenz aller Sachbuchungen des Abschlusstages.

Der **Kassenistbestand** ergibt sich
- aus dem Bestand an Zahlungsmitteln sowie
- aus den Beständen aus den Kontogegenbüchern.

Die Richtigkeit des Tagesabschlusses, mithin die Übereinstimmung beider Kassenbestände, ist vom Leiter der Kasse mit seiner Unterschrift zu bescheinigen.

Stimmen Kassensollbestand und Kassenistbestand nicht überein und ist eine Aufklärung nicht möglich, ist der Unterschiedsbetrag als **Kassenüberschuss** oder als **Kassenfehlbetrag** auszuweisen.

6.3.1.2 Kassenfehlbetrag

1419 Übersteigt der Kassensollbestand den Kassenistbestand, handelt es sich um einen **Kassenfehlbetrag**. Ein Kassenfehlbetrag ist für den nächsten Buchungstag als **Vorschuss** auszuweisen. Der Leiter der Kasse hat einen Kassenfehlbetrag unverzüglich dem Kassenprüfer anzuzeigen. Beträgt der Kassenfehlbetrag 250 € und mehr, ist er dem Leiter der Dienststelle mitzuteilen. Kassenfehlbeträge von 500 € und mehr sind darüber hinaus dem Bundesministerium der Finanzen anzuzeigen.

1420 Kann ein Kassenfehlbetrag endgültig nicht aufgeklärt werden, ist er auf den Haushalt zu übernehmen und bei den **„Vermischten Verwaltungsausgaben"** (Gruppe 539) nachzuweisen.

6.3.1.3 Kassenüberschuss

1421 Bleibt der Kassensollbestand hinter dem Kassenistbestand zurück, handelt es sich um einen Kassenüberschuss. Ein Kassenüberschuss ist für den nächsten Buchungstag als **Verwahrung** zu buchen. Wird ein Kassenüberschuss später aufgeklärt, so darf er nur durch Kassenbeleg der Kasse wieder ausgezahlt werden.

1422 Kassenüberschüsse, die innerhalb eines halben Jahres nicht aufgeklärt werden konnten, sind dem Beauftragten für den Haushalt der Bundesfinanzdirektion zu melden, bei der die Kasse eingerichtet ist. Er veranlasst die Erteilung einer Annahmeanordnung zur Annahme des Kassenüberschusses bei den **„Vermischten Einnahmen"** (Gruppe 119).

6.3.2 Der Monatsabschluss

6.3.2.1 Allgemeines

1423 Die Kassen haben monatlich mit der übergeordneten Kasse ihre Einnahmen und Ausgaben abzurechnen. Aus diesem Grunde haben sie monatlich ihre Bücher abzuschließen.

6.3.2.2 Die Abrechnung

1424 Von der Überlegung ausgehend, dass die **Summe aller Einnahmen** – seit Beginn des Haushaltsjahres –, verringert um die **Summe aller Ausgaben** – seit Beginn des Haushaltsjahres –, den **Kassensollbestand am Abschlusstage** ausmachen muss, so gilt dies ebenso für

- die **abzurechnenden** Einnahmen (Haushaltseinnahmen und Kassenbestandsverstärkungen einschließlich Buchausgleiche),
- die **abzurechnenden** Ausgaben (Haushaltsausgaben und Ablieferungen einschließlich Buchausgleiche).

Diesen Summen sind die **restlichen Einnahmen** (z. B. Summe der nicht abgewickelten Verwahrungen, Bestand der Selbstbewirtschaftungsmittel) **hinzuzuzählen**. 1425

Die **restlichen Ausgaben** (z. B. Summe der nicht abgewickelten Vorschüsse) sind **abzusetzen**. In dieser Art sind sämtliche Einnahmen und Ausgaben ermittelt. Über den Differenzbetrag hat die Kasse mit der Zentralkasse abzurechnen.

Für den **Monatsabschluss** sind darzustellen: 1426

- aus den Sachbuchkonten die Summen der Ist-Einahmen und Ist-Ausgaben sowie der sich daraus ergebende Unterschiedsbetrag,
- die Bestände aus den sonstigen Sachbuchkonten (Verwahrungsbuch, Vorschussbuch und Abrechnungsbuch),
- ggf. aus anderen Sachbüchern die Summen der Einzahlungen und Auszahlungen sowie die sich daraus ergebenden Unterschiedsbeträge.

Für die Abrechnung mit der übergeordneten Kasse ist für jeden Monatsabschluss eine Abschlussnachweisung aufzustellen. In der **Abschlussnachweisung** sind gegenüberzustellen: 1427

- der aus dem Vormonat verbliebene nicht abgerechnete Betrag und die Summen der Einnahmen und Kassenbestandsverstärkungen im Abrechnungsmonat,
- die Summen der Auszahlungen und Ablieferungen im Abrechnungsmonat.

Der Unterschiedsbetrag ergibt den noch abzurechnenden Betrag.

Dem so ermittelten Abrechnungsbetrag sind gegenüberzustellen:

- der Kassensollbestand,
- der Bestand aus dem Verwahrungsbuch,
- der Bestand aus dem Vorschussbuch,
- ggf. die Bestände weiterer Sachbücher und
- die Bestände aus dem Abrechnungsbuch.

Die Richtigkeit der Abschlussnachweisung ist vom Kassenleiter zu bescheinigen.

6.3.3 Der Jahresabschluss

6.3.3.1 Allgemeines

Nach § 76 BHO sind die Bücher des Bundes **jährlich abzuschließen**. Das Bundesministerium der Finanzen bestimmt mit Rundschreiben den Zeitpunkt des Abschlusses. 1428

Der Monatsabschluss Dezember ist gleichzeitig Grundlage für den **Jahresabschluss** der Kasse. Der Jahresabschluss ist die Grundlage für die Aufstellung der Jahresrechnung, für die Haushalts- und Vermögensrechnung, die gem. Art. 114

GG vom Bundesministerium der Finanzen beiden Kammern des Parlaments vorzulegen ist.

1429 Die Landesverfassungen sehen vergleichbare Regelungen hinsichtlich der Länderparlamente vor (z. B. Art. 86 der Verfassung des Landes NRW oder Art. 94 der Verfassung von Berlin).

6.3.3.2 Verfahren

1430 Für den Jahresabschluss sind außer den in Nr. 6.4.2 *(s. Rn. 1424)* aufgeführten Summen, Unterschiedsbeträgen und Beständen die Ergebnisse des Titelbuches (Titel- und Objektkonten) darzustellen.

1431 In das **nachfolgende Haushaltsjahr** sind zu übertragen:
- die nicht abgewickelten Vorschüsse und Verwahrungen aus dem Vorschuss- und Verwahrungsbuch,
- die für das folgende Haushaltsjahr geltenden Anordnungsbeträge und die anderen, für die weiteren Zahlungen geltenden Angaben, z. B. die bis zum Abschluss der Bücher nicht abgerechneten Abschläge.

1432 Nicht oder nicht vollständig ausgeführte **Annahmeanordnungen** verbleiben bei der Kasse, sofern sich die Sollstellung nicht ändert.

VI. Die staatliche Kassenorganisation (Kurzfassung)

1433 „Kassen“ sind öffentliche Einrichtungen, die Einzahlungen annehmen, Auszahlungen leisten und diese buchen.

1434 „Zahlstellen“ sind organisatorischer Bestandteil der Dienststellen, bei denen sie eingerichtet sind, und gehören mithin nicht den Kassen an; sie führen für die Kassen als „verlängerter Arm“ bare Zahlgeschäfte aus, wenn z. B. die örtlichen Verhältnisse die Abwicklung des baren Zahlungsverkehrs einer Dienststelle durch die zuständige Bundeskasse nicht zulassen. Die Buchung solcher Zahlgeschäfte erfolgt nachträglich durch die Kasse.

1435 Kassenorganisation des **Bundes**:
- Kompetenzzentrum für das HKR-Wesen des Bundes mit der Zentralkasse,
- Bundeskassen im Geschäftsbereich des Bundesministeriums der Finanzen bei Bundesfinanzdirektionen.

1436 Kassenorganisation der **Länder**:
- Landeshauptkasse als Zentralkasse des Landes,
- Landeskassen (Staatskassen).

Kassenorganisation der **Kommunen**:
- Einheitskassen als „Kreis-“, „Stadt-“ oder „Gemeindekasse“.

VII. Einrichtung, Organisation und Aufgaben einer Bundeskasse (Kurzfassung)

Das Bundesministerium richtet die Bundeskassen bei den Bundesfinanzdirektionen ein. Das Personal einer Kasse gehört der Bundesfinanzdirektion an, bei der die Kasse eingerichtet ist. Die Kassen führen in ihrer Bezeichnung den Ortsnamen ihres Dienstsitzes. 1437

Personal: Der Leiter einer Bundeskasse und sein Vertreter werden vom Bundesministerium der Finanzen bestellt. 1438

Aufgabebereiche: In den Bundeskassen sind getrennte Aufgabenbereiche für 1439
- den Zahlungsverkehr,
- die Buchführung,
- die Datenerfassung und -auswertung,
- die allgemeine Verwaltung

einzurichten.

Aufgaben der Kassen: Die Kassen nehmen bare und unbare Einzahlungen an, leisten bare und unbare Auszahlungen der anordnungsbefugten Dienststellen, die ihr geldwirtschaftlich angeschlossen sind und buchen sie. 1440

Sie führen die Bücher des Bundes und legen Rechnung.

1. Durchführung des Zahlungsverkehrs

Der Zahlungsverkehr der Kassen wird dadurch bewirkt, dass 1441
- Dritte auf ein Girokonto der Kasse überweisen oder einzahlen,
- von einem Girokonto der Kasse an Dritte überwiesen oder ausgezahlt wird,
- im Lastschriftverfahren Beträge eingezogen werden,
- Zahlungsmittel übergeben oder übersandt werden,
- Einzahlungen mit Auszahlungen verrechnet werden und,
- Buchausgleiche durchgeführt werden.

2. Buchausgleich

Hat die Kasse einen Betrag mit einer anderen Kasse der **gleichen Gebietskörperschaft** zu verrechnen, so ist die Verrechnung durch Buchausgleich zu bewirken. Da nur Kassen Bücher führen, können auch nur Kassen untereinander einen Buchausgleich durchführen. 1442

3. Einzahlungen

1443 Die Kasse darf Einzahlungen grundsätzlich nur auf Grund schriftlich, auf elektronischem Wege oder allgemein erteilter Annahmeanordnung annehmen.

4. Auszahlungen

1444 Kassen dürfen Auszahlungen nur auf Grund einer schriftlich, auf elektronischem Wege oder allgemein erteilter Auszahlungsanordnung und grundsätzlich nur im Rahmen erteilten Betriebsmittel, vorhandener Zahlungsmittel und verfügbarer Haushaltsmittel leisten.

Auszahlungen sind an den in der Auszahlungsanordnung oder bei allgemein erteilter Auszahlungsanordnung an den im Buchungsbeleg bezeichneten Empfangsberechtigten zu leisten.

5. Buchführung

1445 Die Buchführung erfüllt den Zweck, alle nach § 71 BHO buchungspflichtigen Vorgänge **lückenlos** und **geordnet** und gegen nachträgliche Änderungen geschützt in den Büchern des Bundes darzustellen, um

- zeitnahe Angaben über die Ausführung des Bundeshaushalts zu liefern,
- Unterlagen für die Abrechnung mit der übergeordneten Kasse und den nachgeordneten Zahlstellen zu gewinnen und
- Grundlagen für die Rechnungslegung zu schaffen.

6. Arten der Bücher

1446 Nach § 71 Abs. 1 BHO sind auch in zeitlicher Folge (in Zeitbüchern) die buchungspflichtigen Vorgänge festzuhalten. Auf das Führen des Zeitbuches wird jedoch mit dem Inkrafttreten des Haushaltsrechts-Fortentwicklungsgesetzes verzichtet.

1447 Für die Aufzeichnung der buchungspflichtigen Vorgänge nach sachlicher Ordnung sind als **Sachbücher** eingerichtet:

- Titelkonten,
- Objektkonten,
- Verwahrungskonten,
- Vorschusskonten,
- Selbstbewirtschaftungskonten,
- Abrechnungskonten.

Sachbücher erhalten eine **achtzehnstellige Sachbuchkontonummer**, die sich aus der Bewirtschafternummer, der Haushaltsstelle oder der Objektnummer und einer Prüfziffer zusammensetzt. **1448**

7. Abschluss der Bücher

Die Abschlüsse dienen der Kontrolle der Buchführung, der Feststellung der Abrechnungssalden, der Zahlungsmitteldisposition sowie der Übersicht über den Stand der Ausführung des Haushaltsplans. **1449**

7.1 Tagesabschluss

Der Tagesabschluss verfolgt in erster Linie den Zweck, die Richtigkeit der Kassentätigkeit des jeweiligen Buchungstages in einem Tagesabschluss zu dokumentieren. **1450**

Bei Richtigkeit des Tagesabschlusses stimmen Kassensollbestand und Kassenistbestand überein.

7.1.1 Kassenfehlbetrag

Übersteigt der Kassensollbestand den Kassenistbestand, handelt es sich um einen Kassenfehlbetrag, der bei Nichtaufklärung für den nächsten Buchungstag bei den Vorschüssen zu buchen ist. Später ist er auf den Bundeshaushalt zu übernehmen und bei den „Vermischten Verwaltungsausgaben" nachzuweisen. **1451**

7.1.2 Kassenüberschuss

Bleibt der Kassensollbestand hinter dem Kassenistbestand zurück, handelt es sich um einen Kassenüberschuss, der bei Nichtaufklärung für den nächsten Buchungstag bei den Verwahrungen zu buchen ist. Spätestens nach einem halben Jahr ist er bei den „Vermischten Einnahmen" nachzuweisen. **1452**

7.2 Der Monatsabschluss

Die Kasse rechnet monatlich über alle von ihr angenommenen Einnahmen und Kassenbestandsverstärkungen sowie über alle von ihr geleisteten Ausgaben und Ablieferungen mit der Zentralkasse ab. Zu diesem Zweck fertigt sie für jeden Kalendermonat am letzten Arbeitstag einen Monatsabschluss, den sie der Zentralkasse zu übersenden hat. **1453**

Der Monatsabschluss wird in einer **Abschlussnachweisung** dargestellt. Die Abschlussnachweisung stellt die Abrechnung der Kasse mit der Zentralkasse dar. **1454**

7.3 Der Jahresabschluss

1455 Nach § 76 BHO sind die Bücher des Bundes jährlich abzuschließen. Das Bundesministerium der Finanzen bestimmt mit Rundschreiben den Zeitpunkt des Abschlusses.

Der Jahresabschluss ist die Grundlage für die Aufstellung der Jahresrechnung, für die Haushalts- und Vermögensrechnung, die gem. Art. 114 GG vom BMF dem Parlament zur Entlastung der Bundesregierung vorzulegen ist.

N. Betriebsmittel, Kassenbestandsverstärkungen und Ablieferungen

I. „Betriebsmittel“ in Abgrenzung zu anderen Kassenbegriffen

„Betriebsmittel“ sind Beträge, die den Kassen monatlich schriftlich zur Verfügung stehen und woraus sie erkennen, bis zu welcher Höhe sie in diesem Monat Auszahlungen leisten dürfen. 1456

Die Betriebsmittel stellen ein Instrument dar, die Kassen mit der notwendigen Liquidität auszustatten.

Es handelt sich mithin um eine vom Bundesministerium der Finanzen erteilte **Erlaubnis**, innerhalb eines bestimmten Zeitraums die **notwendigen Auszahlungen** bis zu einer bestimmten Höhe leisten zu dürfen. Die mittelbewirtschaftenden Dienststellen dürfen u. a. nur dann über die ihnen zur Verfügung gestellten Haushaltsmittel (Ausgabebewilligungen) verfügen, wenn auch Betriebsmittel in dem notwendigen Rahmen bereitstehen. 1457

Betriebsmittel sind auf dem Dienstwege **beim BMF anzumelden**; der BMF weist die Betriebsmittel grundsätzlich monatlich mit Ermächtigungsschreiben zu. 1458

Mit Rundschreiben v. 13.8.1993 ermächtigt das BMF die obersten Bundesbehörden, für die notwendig werdenden Auszahlungen Betriebsmittel ohne vorherige Anmeldung in Anspruch zu nehmen. Lediglich bei Auszahlungen, die den Betrag von 10 Million Euro überschreiten ist nach wie vor eine vorherige Anmeldung erforderlich.

Betriebsmittel sind kein Geld! 1459

Keinesfalls ist der Begriff der „Betriebsmittel“ mit dem der „Haushaltsmittel“ oder mit dem der „Zahlungsmittel“ oder „Kassenmittel“ zu verwechseln.

„Haushaltsmittel“ sind Beträge, die im Haushaltsplan mit Titelnummer und Zweckbestimmung als Mittelansatz veranschlagt sind. **Auch Haushaltsmittel sind kein Geld!**

„Zahlungsmittel“ ist das tatsächlich vorhandene bare Geld (Noten und Münzen) einschließlich der vorhandenen Schecks.

„Kassenmittel“ sind die Beträge, die dem Bundesministerium der Finanzen aus Steuern, Zöllen und anderen Einnahmen zur Verfügung stehen.

II. Kassenbestandsverstärkungen und Ablieferungen

1460 **„Cash Concentration“** ist ein aus der Wirtschaft abgeleitetes Verfahren und bezeichnet einen **internen Liquiditätsausgleich** durch ein zentrales, meist von der Konzernobergesellschaft übernommenes Finanzmanagement, das den Konzernunternehmen überschüssige Liquidität entzieht bzw. Liquditätsunterdeckungen durch Kredite ausgleicht.

1461 Mit der Modifizierung ihrer Inlandskontoführung auf ein neues Kontoführungssystem hat die **Deutsche Bundesbank** sich dieses Systems bedient und hat auch die Konten der öffentlichen Kassen auf die **Standardfunktionalität „Cash Concentration“** umgestellt.

Damit wurden die bis dahin manuell oder automatisch vorgenommenen Verstärkungen und Ablieferungen zur Disposition der Konten der öffentlichen Kassen abgelöst.

1462 „Cash Concentration“ führt die Kontostände der einer Hierarchie zugeordneten Konten einmal täglich – ggf. über mehrere Zwischenstufen – auf dem an oberster Stelle stehenden Konto, dem sogenannten Wurzelkonto, zusammen.

Beispiel:

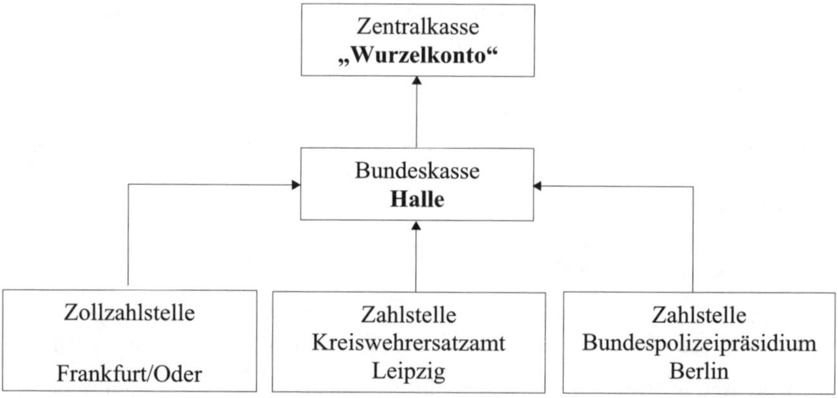

Abb. 109: „Cash Concentration“

1463 Die Zuordnung eines Kontos zu einer Hierarchie und innerhalb der Hierarchie muss eindeutig sein, d. h. ein Konto kann nur in *eine* Hierarchie eingebunden sein.

Die in eine Kontenhierarchie eingebundenen Konten – einschließlich des Wurzelkontos – werden im Tagesverlauf in dem Kontenführungssystem der Deutschen Bundesbank als nicht deckungspflichtig geführt. Daraus ist zu folgern, dass alle Aufträge/Verfügungen zu Lasten dieser Konten unmittelbar nach ihrer Einreichung abgewickelt werden und die Konten danach **Sollsalden** aufweisen können, die im Rahmen von „Cash Concentration“ automatisch ausgeglichen werden.

Für jedes in „Cash Concentration“ eingebundene Konto kann ein Minimal- und/oder ein Maximalsaldo eingegeben werden. Sofern dazu keine Angaben gemacht werden, werden die Konten automatisch auf einen **Nullstand** gebracht. 1464

- **Minimalstand** (für Verstärkungen): Das Konto wird auf einen Minimalstand aufgefüllt, sofern der Kontostand darunter liegt. Um sicherzustellen, dass ein Konto über Nacht keinen Sollsaldo aufweist, muss der Minimalsaldo immer mindestens 0,00 € sein. In diesem Falle wird bei einer notwendigen Verstärkung der Kontosaldo auf 0,00 € gebracht. Wird ein Minimalsaldo höher definiert, so wird der Guthabensaldo auf diesen Betrag aufgefüllt.
- **Maximalsaldo** (bei Ablieferungen): Unter einem Maximalsaldo versteht man den Saldo, bei dem der übersteigende Betrag auf das in der Hierarchie übergeordnete Konto übertragen wird.

Mit der Einführung von „Cash Concentration“ werden **grundsätzlich keine manuellen Verstärkungen** durch die Filialen der Deutschen Bundesbank mehr angenommen. 1465

In besonders gelagerten Einzelfällen können die öffentlichen Kassen jedoch auch in Zukunft neben „Cash Concentration“ Verstärkungsaufträge bei den Filialen der Deutschen Bundesbank einreichen. Diese werden dann in einem Arbeitsgang dem Konto der einreichenden Kasse gutgeschrieben und das Konto der bezogenen Kasse belastet. Voraussetzung ist allerdings, dass die einreichende Kasse zur Verstärkung ermächtigt wurde.

III. Betriebsmittel, Kassenbestandsverstärkungen und Ablieferungen (Kurzfassung)

Betriebsmittel sind Beträge, die den Kassen monatlich schriftlich zur Verfügung stehen, woraus die Kassen erkennen, bis zu welcher Höhe sie in diesem Monat Auszahlungen leisten dürfen. 1466

Betriebsmittel sind **kein Geld**. Dagegen sind Zahlungsmittel tatsächlich vorhandenes bares Geld (Noten und Münzen) einschließlich der vorhandenen Schecks.

Haushaltsmittel sind Beträge, die im Haushaltsplan mit Titelnummer und Zweckbestimmung als Mittelansatz veranschlagt sind. 1467

1468 **Kassenbestandsverstärkungen und Ablieferungen:** Das Konto, das die Kasse bei der Filiale der Deutschen Bundesbank unterhält, wird über die Standardfunktionalität „Cash Concentration" auf einen Minimalstand aufgefüllt, sofern der Kontostand darunter liegt:

- Der **Minimalsaldo** muss immer mindestens 0,00 € sein. In diesem Falle wird bei einer notwendigen Verstärkung der Kontosaldo auf 0,00 € gebracht. Wird ein Minimalsaldo höher definiert, so wird der Guthabensaldo auf diesen Betrag aufgefüllt.
- Der **Maximalsaldo** ist der Saldo, bei dem der übersteigende Betrag auf das in der Hierarchie übergeordnete Konto übertragen wird.

O. Die Zahlstellen und Geldstellen des Bundes

I. Allgemeines

Auf der Grundlage des § 79 Abs. 4 BHO sind die **Zahlstellenbestimmungen für die Bundesverwaltung** – ZBestB – im Einvernehmen mit dem BRH neugefasst, vereinfacht und den neuen Gegebenheiten angepasst worden. Sie sind ab dem 1.1.2002 in der gesamten Bundesverwaltung anzuwenden. In der aktualisierten Fassung 07/2006 gelten sie ab 1.7.2006. 1469

Eine Neufassung der ZBestB war auch deswegen geboten, weil die Einführung des Euro als alleiniges gesetzliches Zahlungsmittel der Bundesrepublik Deutschland eine Anpassung der Bestimmungen erforderlich machte. Bei dieser Gelegenheit bot sich die Überarbeitung der ZBestB auch deshalb an, um eine Vereinfachung in vielen Bereichen zu erzielen.

So wird die ehemalige Zahlungseinrichtung **„Handvorschuss“** nunmehr unter 1470
der Bezeichnung **„Geldstelle“** geführt.

Die Einrichtungszuständigkeiten wurden weitestgehend auf die einzelnen Verwaltungszweige (Ressorts) verlagert.

Die Gehaltsscheckbestimmungen gelten nur noch für Auslandsdienststellen, um 1471
die Bediensteten dort, wo keine ausreichende Bankeninfrastruktur vorhanden ist, mit Bargeld zu versorgen.

Des Weiteren war bei der Neufassung der ZBestB zu berücksichtigen, dass der Euro-Scheck ab 1.1.2002 seine Funktion als garantierter Scheck verloren hat.

II. Einrichtung und Zuständigkeitsbereich der Zahlstellen und Geldstellen

1. Begriffsbestimmungen

1.1 Zahlstelle

Eine Zahlstelle ist eine Stelle, die **für die Bundeskasse** vorwiegend bare Ein- 1472
zahlungen annimmt oder bare Auszahlungen leistet. Sie ist kein organisatorischer Bestandteil der Bundeskasse. Sie ist Bestandteil der Behörde, bei der sie eingerichtet ist (z. B. Hauptzollamt Aachen – Zahlstelle –, Kreiswehrersatzamt Berlin – Zahlstelle –).

1.2 Geldstelle

1473 Eine Geldstelle ist eine **Zahlstelle besonderer Art**. Sie darf in aller Regel nur **geringfügige bare Auszahlungen** (z. B. Poststelle) leisten oder nur **geringfügige Einzahlungen** annnehmen (z. B. Gebühren, Bußgelder, Verpflegungsgelder).

2. Einrichtung

2.1 Zahlstelle

1474 Eine Zahlstelle sollte nur dann eingerichtet werden, wenn die Aufgaben, die ihr übertragen werden sollen, nicht von einer Bundeskasse oder einer anderen Zahlstelle – auch eines anderen Geschäftsbereichs – wahrgenommen werden können.

Über die Einrichtung einer Zahlstelle entscheiden **die jeweiligen obersten Bundesbehörden** oder die von ihr mit diesen Aufgaben betraute nachgeordnete Behörde. Soll die Zahlstelle über die Abwicklung des baren Zahlungsverkehrs hinausgehende Aufgaben wahrnehmen, ist die Genehmigung des Bundesministeriums der Finanzen einzuholen.

Die Zahlstelle führt die Bezeichnung der Dienststelle, bei der sie eingerichtet ist mit dem Zusatz „Zahlstelle“.

1475 Wurde für die Zahlstelle oder Geldstelle ein Konto bei der Filiale der Deutschen Bundesbank oder bei einem anderen Kreditinstitut eingerichtet, hat sie für jedes Konto eine besondere Anschreibung, ein sog. **Kontogegenbuch** zu führen. Die Namen und Unterschriftsproben derjenigen Bediensteten, die über diese Konten verfügen dürfen, sind den kontoführenden Instituten auf den jeweils dafür vorgesehen Vordrucken mitzuteilen.

2.2 Geldstelle

1476 Eine Geldstelle kann **geringfügige bare Auszahlungen** (z. B. Ausgaben für den Geschäftsbedarf in kleinen Mengen, Postgebühren, Frachtgelder u.Ä.) leisten und/oder geringfügige bare Einzahlungen (z. B. Bußgelder, Verpflegungsgelder, Gebühren u.Ä.) annehmen. Diese geringfügigen Zahlungen sind nicht im Einzelnen, sondern nur ihrer Art nach bekannt.

Über die Einrichtung einer Geldstelle entscheidet **die jeweils zuständige oberste Bundesbehörde** oder die von ihr damit beauftragte nachgeordnete Behörde.

Im Antrag auf Einrichtung einer Geldstelle ist der Zweck ihrer Einrichtung zu beschreiben und zu begründen. Das Bundesministerium der Finanzen ist von der Einrichtung durch die zuständige oberste Bundesbehörde zu unterrichten. Der zuständigen Bundeskasse ist unter Angabe des Sachbuchkontos, aus dem der **Sockelbetrag** erstmals zu zahlen ist, eine Ausfertigung der Genehmigungsverfügung zu übersenden.

Bei der Einrichtung einer Geldstelle ist die Höhe eines **Sockelbetrages** festzulegen. Die Höhe ist davon abhängig, 1477
- ob die Geldstelle ausschließlich Bargeld auszahlen soll (Festlegung eines Sockelbetrages),
- ob die Geldstelle ausschließlich Bargeld annehmen soll (Sockelbetrag = „Null"),
- ob die Geldstelle Einzahlungen annehmen und Auszahlungen leisten soll (Festlegung eines Sockelbetrages und Festlegung von Ablieferungen).

In den beiden zuletzt genannten Fällen ist bereits bei der Einrichtung festzulegen, dass der den Sockelbetrag übersteigende Betrag bei Erreichen einer bestimmten Höhe abzuliefern ist. Die letzte Ablieferung des Jahres hat am 15. Dezember zu erfolgen.

Die erste Auszahlung eines Sockelbetrages nimmt die zuständige Bundeskasse auf Grund einer Auszahlungsanordnung des Bewirtschafters zu Lasten des zutreffenden Vorschusskontos vor.

In bestimmten Fällen ist vor Einrichtung einer Geldstelle das Einvernehmen mit dem BMF herzustellen, z. B. bei
- einem festgelegten Sockelbetrag von mehr als 2.000 €,
- Auszahlungen, die den Rahmen der Geringfügigkeit verlassen,
- mehreren Sockelbeträgen für die Dienststelle mit zusammen mehr als 5.000 €,
- der Erlaubnis, in begründeten Ausnahmefällen Kassenanordnungen über die Geldstelle auszahlen zu lassen.

3. Auflösung

3.1 Zahlstelle

Entfällt der Grund, eine Zahlstelle zu unterhalten, ist sie aufzulösen. Bei Auflösung ist dem Bundesministerium der Finanzen eine Durchschrift der Auflösungsverfügung zu übersenden. 1478

Die Zahlstelle ist immer dann aufzulösen, wenn das BMF den Bedarf für den Fortbestand der Zahlstelle nicht mehr sieht.

3.2 Geldstelle

1479 Über die Auflösung einer Geldstelle ist die zuständige oberste Bundesbehörde immer zu unterrichten. Darüber hinaus ist das Bundesministerium der Finanzen zusätzlich in Kenntnis zu setzen, wenn Gründe vorlagen, die bei ihrer Einrichtung der Genehmigung des BMF bedurften.

4. Aufsicht und Personal

4.1 Zahlstelle

1480 Dem Leiter der Dienststelle obliegt die **Geschäftsaufsicht** über die Zahlstelle. Sie umfasst die Dienst- und Fachaufsicht.

Der Leiter der Dienststelle kann die Wahrnehmung der Dienst- und Fachaufsicht, insbesondere die Zahlstellenaufsicht, auf andere Bedienstete übertragen. Diese Bediensteten dürfen allerdings nicht der Zahlstelle angehören. Ebenso darf die Aufsicht nicht dem Beauftragten für den Haushalt oder einem anderen Anordnungsbefugten übertragen werden.

1481 Der Leiter der Dienststelle hat einen **persönlich und fachlich** geeigneten **Zahlstellenverwalter** und dessen Vertreter zu bestellen. Ihre Namen und Unterschriftsproben sind der zuständigen Bundeskasse mitzuteilen.

Bei Dienstantritt ist der Zahlstellenverwalter darüber zu belehren, dass er im Rahmen tariflicher und gesetzlicher Bestimmungen in Regress zu nehmen ist, wenn innerhalb seines Arbeitsgebietes durch unrichtige Zahlungen, durch Annahme falscher oder ungültiger Zahlungsmittel oder auf sonstiger Weise Schäden entstehen. Die Belehrung ist aktenkundig zu machen.

Bedienstete, die die Zahlstellenaufsicht auszuüben haben, müssen mit den Zahlungsgeschäften und mit den übrigen Aufgaben einer Zahlstelle vertraut sein. Sie haben sich davon zu überzeugen, dass die Zahlstellengeschäfte vorschriftsmäßig ausgeführt werden.

Mindestens viermal im Jahr ist eine **unvermutete Zahlstellenprüfung** durchzuführen. Das Ergebnis ist in einer Niederschrift festzuhalten, die dem Dienststellenleiter vorzulegen ist.

In kassentechnischer Hinsicht ist der **Leiter der Bundeskasse** gegenüber dem Zahlstellenverwalter **weisungsbefugt**.

4.2 Geldstelle

Die Aufsicht über die Geldstelle obliegt dem Leiter der Dienststelle oder einem von ihm hierfür bestellten Bediensteten. 1482

Für jede Geldstelle hat der Leiter der Dienststelle einen **persönlich und fachlich geeigneten Verwalter** und dessen Vertreter zu bestellen.

Die Geldstelle ist ebenso wie die Zahlstelle mindestens **viermal jährlich zu überprüfen**. Das Ergebnis der Prüfung ist in einer Niederschrift festzuhalten, die dem Leiter der Dienststelle vorzulegen ist. 1483

III. Zahlungen

1. Allgemeines

Gem. § 70 BHO darf auch eine Zahlstelle Zahlungen nur auf Grund förmlicher oder allgemein erteilter **Kassenanordnung** annehmen oder leisten. 1484

Einzahlungen dürfen nur dann ohne Annahmeanordnung angenommen werden, wenn der Einzahlende seine Zahlungsverpflichtung glaubhaft macht. Eine Annahmeanordnung ist in diesem Falle bei der zuständigen Stelle anzufordern.

Die Kassenanordnungen sind vom Zahlstellenverwalter sorgfältig zu prüfen, ob sie den Anforderungen der VV zu den §§ 70-72 und 74-80 BHO und der Anlage zu Nr. 9.2 dieser VV entspricht. Unvollständige oder fehlerhafte Kassenanordnungen sind sofort mit dem entsprechenden Hinweis zurückzugeben. Bare Zahlungen dürfen **nur am Schalter der Zahlstelle** und nur von dem Zahlstellenverwalter oder seinem Vertreter angenommen oder geleistet werden.

2. Nachweisungen und Anschreibungen

Alle Zahlungsvorgänge einer Zahlstelle sind in zeitlicher Reihenfolge in die **Zahlungsnachweisungen** E (Einnahmen) und A (Ausgaben) in zweifacher Ausfertigung im Durchschreibeverfahren einzutragen. 1485

Die Zahlungen einer Geldstelle sind sofort in die **Anschreibeliste** einzutragen. Nach der Eintragung einer Zahlung in eine Nachweisung ist die laufende Nummer der Eintragung auf der Kassenanordnung zu vermerken.

Auszahlungen aus Einnahmebuchungsstellen sind in die Zahlungsnachweisung über Auszahlungen, Einzahlungen auf Ausgabebuchungsstellen sind in die Zahlungsnachweisungen über Einzahlungen einzutragen. 1486

1487 Sind mehrere Zahlungen mit einer Kassenanordnung angeordnet worden (**Sammelanordnung**), wird der Gesamtbetrag erst dann in die Nachweisung eingetragen, wenn die letzte Zahlung aus dieser Anordnung angenommen oder geleistet wurde. Bis dahin wird die Sammelanordnung als angezahlter Beleg behandelt, d. h. die bereits geleisteten Auszahlungen werden dem Zahlstellen-Istbestand hinzugerechnet, die bereits angenommenen Beträge werden vom Zahlstellen-Istbestand abgezogen.

In den Nachweisungen sind keine Leerzeilen freizulassen, ebenso dürfen keine Eintragungen zwischen den Zeilen erfolgen. Versehentlich freigebliebene Zeilen sind durch Streichung zu entwerten.

Für die Eintragungen dürfen nur urkundengeeignete Schreibmittel verwendet werden. Bei Berichtigungen müssen die ursprünglichen Eintragungen lesbar bleiben. Streichungen sind mit Namenzeichen und Datum zu bescheinigen.

3. Einzahlungen

1488 Die Zahlstelle darf bare **Einzahlungen** grundsätzlich nur dann annehmen, wenn ihr eine vollzogene **Annahmeanordnung** vorliegt.

Sie darf darüber hinaus bare Einzahlungen annehmen, wenn es sich dabei um Einzahlungen handelt, die auf der Grundlage einer allgemeinen Kassenanordnung und auf Grund amtlicher Gebührentarife und anderer amtlicher Festsetzungen erhoben werden dürfen. Der Zahlstelle müssen Unterlagen zur Verfügung stehen, aus denen sie eindeutig die Beträge, den Zahlungspflichtigen, das zutreffende Sachbuchkonto und das Haushaltsjahr erkennen kann.

1489 Solche Einzahlungen sind in einen **Buchungsbeleg** Z 02 einzutragen, der täglich aufzurechnen ist. Seine Summe ist in die Zahlungsnachweisung zu übernehmen.

1490 Ist das zutreffende Sachbuchkonto nicht bekannt, ist die Buchung im **Verwahrungsbuch** zu veranlassen.

3.1 Annahmepflicht von Bargeld

1491 Ab 1.1.2002 haben die Europäische Zentralbank (EZB) und die teilnehmenden Mitgliedstaaten auf Euro lautende Banknoten und Münzen, die auf Euro und Cent lauten, in Umlauf gesetzt. In allen teilnehmenden Mitgliedstaaten der Euro-Zone haben die Banknoten und Münzen dieser Währung die Eigenschaft eines gesetzlichen Zahlungsmittels.

1492 In der Bundesrepublik Deutschland haben auf der Grundlage des deutschen Münzgesetzes auch die auf Euro lautenden **Gedenkmünzen** den Charakter eines gesetzlichen Zahlungsmittels. Allerdings ist niemand verpflichtet, deutsche

Gedenkmünzen im Betrag von mehr als 100 € bei einer einzelnen Zahlung anzunehmen. Erfolgt eine Zahlung sowohl in Euro-Münzen als auch in deutschen Gedenkmünzen, besteht auch dann keine Annahmepflicht, wenn der Betrag den Gesamtbetrag von 100 € unterschreitet.

Niemand ist verpflichtet, Euro-Münzen und deutsche Euro-Gedenkmünzen anzunehmen oder umzutauschen, die durchlöchert, die in ihrem Gewicht außergewöhnlich verringert oder verfälscht sind.

3.2 Annahme von Schecks, Wechseln Sorten

Das Bundesministerium der Finanzen hat für die Annahme von **Schecks** besondere Vorschriften erlassen, die in den Bestimmungen über die Behandlung von Zahlungsmitteln (ZMBestB) enthalten sind. **1493**

Die Annahme von **Wechseln** ist den Zahlungseinrichtungen des Bundes untersagt. **1494**

Geldsorten **ausländischer** Währungen dürfen nur angenommen werden, wenn das BMF dem ausdrücklich zugestimmt hat. **1495**

3.3 Quittung

Über jede **Einzahlung in bar**, durch Übergabe eines Schecks oder mittels Kartenzahlverfahren ist ein maschinell erstellter Kassenzettel, auf Verlangen eine Quittung (§ 368 BGB) auszuhändigen. Wird ein maschinelles Verfahren nicht eingesetzt, so ist eine Quittung zu erteilen. **1496**

Für die von Hand auszustellenden Quittungen sind Quittungsblocks mit durchnummerierten Doppelblättern zu verwenden. Die Namen und Unterschriftsproben der zur Annahme von Zahlungen und zur Ausstellung von Quittungen berechtigten Personen sind im Schalterraum durch Aushang bekannt zu machen.

4. Auszahlungen

Die Zahlstelle darf nur dann bare Auszahlungen leisten, wenn ihr eine vollzogene **Auszahlungsanordnung** vorliegt.

Darüber hinaus darf sie auch andere bare Auszahlungen auf Grund allgemein erteilter Auszahlungsanordnung leisten, wenn ihr die dazu erforderlichen Buchungsbelege zur Verfügung stehen, aus denen sie die Beträge, den Zahlungsempfänger, das zutreffende Sachbuchkonto und das Haushaltsjahr eindeutig erkennen kann.

Ist auf der Auszahlungsanordnung ein in der Zukunft liegender Fälligkeitstag angegeben, darf sie die Zahlung erst an diesem Fälligkeitstag leisten.

Die Zahlungsempfänger sind nach § 3 Abs. 1 Münzgesetz nicht verpflichtet, mehr als 50 Münzen im Gesamtbetrag von mehr als 100 € entgegenzunehmen.

4.1 Quittung

1497 Über jede **Auszahlung in bar**, durch Übergabe eines Barschecks oder mittels Kartenzahlverfahren ist eine Quittung zu verlangen. Bei Zug-um-Zug Geschäften genügt der übliche Kassenzettel. Vor der Auszahlung oder Übergabe ist die Empfangsberechtigung festzustellen.

Bei Barauszahlungen ist vom Zahlungsempfänger durch eigenhändige Unterschrift auf der Vorderseite der Kassenanordnung eine Quittung (Zahlungsbeweis) zu verlangen. Wird an einen Bevollmächtigten gezahlt, leistet dieser an gleicher Stelle die Quittung unter dem Zusatz „In Vollmacht“. Die schriftliche Vollmacht ist zu der Auszahlungsanordnung zu nehmen und wird deren Bestandteil.

Vollmachten, die für mehrere Zahlungen gelten sollen, sind in der Zahlstelle sorgfältig aufzubewahren. In diesem Falle hat der Zahlstellenverwalter in der Auszahlungsanordnung einen entsprechenden Vermerk aufzunehmen.

5. Tagesabschluss einer Zahlstelle

1498 Die Zahlstelle hat arbeitstäglich einen Abschluss zu erstellen, wenn sie Einzahlungen angenommen oder Auszahlungen geleistet hat. Er ist so rechtzeitig durchzuführen, dass er bei Dienstschluss fertiggestellt ist.

Es ist Zweck des Tagesabschlusses, den Zahlstellen-Sollbestand mit dem Zahlstellen-Istbestand zu vergleichen.

1499 Zur Ermittlung des Zahlstellen-Sollbestandes ist zunächst vom vorgetragenen Zahlstellen-Sollbestand des Vortages auszugehen. Danach werden die aufgerechneten Summen der Zahlungsnachweisungen unter Berücksichtigung der Zahlstellenbestandsverstärkungen und der Ablieferungen in das **Tagesabschlussblatt Z 01** *(s. Abbildung 110 u. 110a)* übertragen.

Zur Ermittlung des Zahlstellen-Istbestandes sind zu dem vorhandenen Bargeld, Schecks, etwaige Guthaben auf Konten der Zahlstelle und angezahlte Auszahlungsbelege hinzuzurechnen sowie angezahlte Einzahlungsbelege abzuziehen.

Der Zahlstellen-Istbestand ist mit dem Zahlstellen-Sollbestand zu vergleichen. Stimmen die Bestände nicht überein, so ist der Unterschiedsbetrag entweder als Fehlbetrag oder als Überschuss auszuweisen.

Müssen nach dem Tagesabschluss noch Einzahlungen angenommen oder Auszahlungen geleistet werden, sind sie in die Zahlungsnachweisung für den nächsten Tag einzutragen.

5.1 Fehlbetrag

Ein **Fehlbetrag**, der nicht sofort ersetzt wird, ist als Vorschuss in die Zahlungs- **1500**
nachweisung des nächsten Tages einzutragen. Hierzu ist ein Buchungsbeleg anzufertigen, der vom Zahlstellenprüfer abzuzeichnen ist. Der Leiter der Dienststelle bzw. der aufsichtführende Bedienstete ist unverzüglich zu unterrichten.

5.2 Überschuss

Ein **Überschuss** ist als Verwahrung in die Zahlungsnachweisung des nächsten **1501**
Tages einzutragen. Auch hierfür ist die Anfertigung eines Buchungsbelegs erforderlich, der vom Zahlstellenprüfer ebenfalls mit einem Sichtvermerk zu versehen ist. Auch bei einem Überschuss ist der Dienststellenleiter bzw. der aufsichtführende Bedienstete zu unterrichten. Wird ein Überschuss später aufgeklärt, kann er nur mit Auszahlungsanordnung wieder ausgezahlt werden. Gefundenes Bargeld ist wie ein Überschuss zu behandeln.

6 Abrechnung

6.1 Zahlstelle

Zur Abrechnung mit der Bundeskasse hat die Zahlstelle **arbeitstäglich** eine **1502**
Abrechnungsnachweisung Z 01 *(s. Abb. 111u. 111a)* in dreifacher Ausfertigung zu führen.

Bei nur geringem Zahlungsverkehr kann von der arbeitstäglichen Abrechnung abgesehen werden. Eine Abrechnung ist aber immer dann vorzunehmen, wenn eine Ablieferung oder eine Zahlstellenbestandsverstärkung erforderlich ist, **mindestens aber einmal im Monat**.

Der Bundeskasse sind die Erstschriften dieser Nachweisung mit einer Zweitausfertigung und den Erstschriften der Zahlungsnachweisungen zusammen mit den dazugehörigen Zahlungsbelegen zu übersenden. Die Zweitausfertigung der Abrechnungsweisung wird der Zahlstelle mit einer Buchungsbestätigung der Kasse zurückgesandt.

Die Zahlstelle führt grundsätzlich ein Konto bei der Filiale der Deutschen Bundesbank oder ausnahmsweise bei einem anderen Geldinstitut. Ablieferungen oder Zahlstellenbestandsverstärkungen erfolgen über diese Konten.

6.2 Geldstelle

1503 Eine Geldstelle hat **mindestens monatlich** mit der Bundeskasse abzurechnen. Werden bei einer Geldstelle nur Auszahlungen geleistet, hat sie die Zahlungsbelege zu sammeln und gegen Empfangsbestätigung, die den Gesamtbetrag enthalten muss, der anordnungsbefugten Dienststelle zur Erstellung einer Kassenanordnung zu übergeben. Diese Kassenanordnung mit dem Gesamtbetrag, der gleichzeitig Auffüllungsbetrag ist, wird der Bundeskasse übersandt.

Werden bei einer Geldstelle nur Einzahlungen angenommen, ist der anordnenden Stelle nachzuweisen, welche Beträge seit der letzten Abrechnung angenommen wurden. Über den Gesamtbetrag fertigt die anordnende Stelle eine Annahmeanordnung für die Bundeskasse. Die Ablieferung des Einnahmebetrages muss mindestens einmal im Monat erfolgen.

Werden bei einer Geldstelle Einzahlungen angenommen und Auszahlungen geleistet und übersteigen die Einzahlungen die Auszahlungen den bei der Einrichtung der Geldstelle festgesetzten Betrag, so ist der übersteigende Betrag der Bundeskasse oder ggf. der Zahlstelle abzuliefern.

Zahlstelle

Eingangsstempel der Kasse

Z01

1 Belegnummer der Kasse

An die
Bundeskasse

2 Belegnummer der Zahlstelle
Tag Monat Jahr Lfd. Nr.

3 Verarbeitungsschlüssel
8 2 0 0 0

☐ **Tagesabschlussblatt** für den ____________

☐ **Abrechnungsnachweisung**
für die Zeit vom ____________ bis ____________

4 Zahlstellennummer
0 3

Haushaltsjahr

Anlagen ____________

5 Abrechnungskonto

6 Betrag Euro Cent

Zahlstellen-Sollbstand
nach letzter Abrechnung am: ____________

Tagesabschluss
Zahlstellen-Sollbestand — Betrag Euro/Cent
beim Tagesabschluss am Vortag ____________

Einzahlungen — Betrag Euro/Cent

1. Bestandsverstärkung(en) ____________
2. Summe Zahlungsnachweisung(en) E
   Block-Nr. ____ Blatt ____ bis ____ ____________
3. Summe Zahlungsnachweisung(en) E
   Block-Nr. ____ Blatt ____ bis ____ ____________

\+ **Summe Einzahlungen** ____________

Auszahlungen

1. Ablieferungen
   a) an die zuständige Kasse ____________

   an die zuständige Kasse ____________
   b) unmittelbare EINZ bei der Kasse
   (lt. Einzahlungsmitteilung) ____________
   c) Übersendung von ____ Schecks
   an die Kasse
   (lt. Einlieferungsverzeichnis) ____________
2. Summe Zahlungsnachweisung(en) A
   Block-Nr. ____ Blatt ____ bis ____ ____________
3. Summe Zahlungsnachweisung(en) A
   Block-Nr. ____ Blatt ____ bis ____ ____________

– **Summe Auszahlungen** ____________

Zahlstellen-Sollbestand
beim Tagesabschluss ____________

Zahlstellen-Istbestand
beim Tagesabschluss ____________

Fehlbetrag/Überschuss ____________

Es besteht – keine – Übereinstimmung.

Summen im Abrechnungszeitraum:
(ggf. aus mehreren Tagesabschlüssen insgesamt errechnen)

Abb. 110 und 110a: Tagesabschlussblatt/Abrechnungsnachweisung Z 01

Der Zahlstellen-Istbestand setzt sich wie folgt zusammen:

		Euro	Cent
Bargeld: ______	Scheine zu 500 Euro =	______	______
______	Scheine zu 200 Euro =	______	______
______	Scheine zu 100 Euro =	______	______
______	Scheine zu 50 Euro =	______	______
______	Scheine zu 20 Euro =	______	______
______	Scheine zu 10 Euro =	______	______
______	Scheine zu 5 Euro =	______	______
______	Münzen zu 2 Euro =	______	______
______	Münzen zu 1 Euro =	______	______
______	Münzen zu 50 Cent =	______	______
______	Münzen zu 20 Cent =	______	______
______	Münzen zu 10 Cent =	______	______
______	Münzen zu 5 Cent =	______	______
______	Münzen zu 2 Cent =	______	______
______	Münzen zu 1 Cent =	______	______
	Summe	______	______

Guthaben PGA (Postgirokonto)	______	______
Guthaben LZB (LZB-Girokonto)	______	______
______	______	______
Angezahlte Belege	______	______
Zahlstellen-Istbestand	______	______

1. Zahlstelle: Tagesabschluss/Abrechnungsnachweisung aufgestellt: ______ (Datum, Unterschrift Zahlstellenverwalter/-in)	2. Bundeskasse: Nachgerechnet und anerkannt, Anlagen entnommen Auf dem Abrechnungskonto noch offener Betrag: ______ ______ (Datum, Unterschrift)
3. Zahlstellenprüfer/-in ______ (Datum, Unterschrift)	Erfasst: Geprüft:

Abb. 110 und 110a: Tagesabschlussblatt/Abrechnungsnachweisung Z 01

7. Die Zahlstellen und Geldstellen des Bundes (Kurzfassung)

7.1. Begriffe

Eine **Zahlstelle** ist eine Stelle, die für die Bundeskasse vorwiegend bare Einzahlungen annimmt oder bare Auszahlungen leistet. Sie ist organisatorischer Bestandteil der Dienststellen, bei der sie eingerichtet ist. **1504**

Eine **Geldstelle** ist eine Zahlstelle besonderer Art. Sie leistet in aller Regel geringfügigere bare Auszahlungen (z. B. Poststelle) oder nimmt geringfügigere Einzahlungen an (z. B. Gebühren, Bußgelder, Verpflegungsgelder). **1505**

7.2 Aufsicht

Dem Leiter der Dienststelle obliegt die Geschäftsaufsicht über die Zahlstelle. Sie umfasst die Dienst- und Fachaufsicht. **1506**

Der Leiter der Dienststelle kann die Wahrnehmung der Dienst- und Fachaufsicht, insbesondere die Zahlstellenaufsicht, auf andere Bedienstete übertragen.

Die Aufsicht über die Geldstelle obliegt dem Leiter der Dienststelle oder einem von ihm hierfür bestimmten Bediensteten.

7.3 Aufgaben

Die Zahlstelle nimmt bare Einzahlungen für die Kasse an und leistet bare Auszahlungen für die Kasse auf Grund einer von der anordnenden Stelle vollzogenen Annahme- bzw. Auszahlungsanordnung oder auf Grund allgemein erteilter Kassenanordnung. **1507**

Die Geldstelle leistet in aller Regel geringfügige bare Auszahlungen (z. B. Poststelle) oder nimmt geringfügige Einzahlungen an (z. B. Gebühren, Bußgelder, Verpflegungsgelder).

7.4 Abrechnung

Zur Abrechnung mit der Bundeskasse hat die Zahlstelle arbeitstäglich eine Abrechnungsnachweisung Z 01 zu führen. **1508**

Bei nur geringem Zahlungsverkehr kann von der arbeitstäglichen Abrechnung abgesehen werden. Eine Abrechnung ist aber immer dann vorzunehmen, wenn eine Ablieferung oder eine Zahlstellenbestandsverstärkung erforderlich ist, mindestens aber einmal im Monat.

Eine Geldstelle hat mindestens monatlich mit der Bundeskasse abzurechnen.

P. Das Rechnungswesen

I. Allgemeines

1509 Die Pflicht zur Rechnungslegung ergibt sich aus **Art. 114 Abs. 1 GG**. Danach hat der **Bundesminister der Finanzen** dem Bundestag und dem Bundesrat über alle erzielten Einnahmen und alle geleisteten Ausgaben sowie über das Vermögen und die Schulden des Bundes zur Entlastung der Bundesregierung Rechnung zu legen.

1510 Diese Verfassungsvorschrift korrespondiert mit der Verfassungsvorschrift des Art. 110 GG zur gesetzlichen Feststellung des Bundeshaushalts. Das Parlament ist mithin berechtigt und verpflichtet, die Ausführung **des von ihm festgestellten Haushalts** anhand der Jahresrechnungslegung und des Prüfberichts des Bundesrechnungshofes zu **überprüfen**.

1511 Ein solches verfassungsrechtliches Gebot ergibt sich für die betreffenden Landesregierungen/Senate auch aus den jeweiligen Landesverfassungen (z. B. Art. 94 der Verfassung von Berlin, Art. 86 der Verfassung des Landes Nordrhein Westfalen, Art. 102 der Verfassung des Freistaates Thüringen).

1512 Art. 114 GG und die vergleichbaren Regelungen der Landesverfassungen sind **Ausdruck des allgemeines Rechtsgedankens**, dass derjenige zur **Rechenschaft** verpflichtet ist, der über Geldmittel anderer verfügt. Der Bürger vertraut dem Staat seine Geldmittel in Gestalt verschiedenster Zwangsabgaben (z. B. Steuern) an, um ihn in die Lage zu versetzen, seine Aufgaben überhaupt erfüllen zu können.

Je nach Gegenstand der Rechnungslegung werden folgende Rechnungen unterschieden:
- Geld- oder Kassenrechnung,
- Haushaltsrechnung,
- Vermögensrechnung,
- Sachrechnung.

II. Geld- oder Kassenrechnung (§§ 80 u. 82 BHO)

1513 Gemäß § 71 BHO/LHO ist über Zahlungen sowie über eingegangene Verpflichtungen und Geldforderungen des Bundes/Landes nach der im Haushaltsplan oder sonst vorgesehenen Ordnung **Buch zu führen**. Nach § 75 BHO/LHO sind alle Buchungen zu belegen.

Durch die Geld- oder Kassenrechnung wird nachgewiesen, dass die Haushaltseinnahmen und -ausgaben nach den geltenden Gesetzen und Vorschriften richtig erhoben und geleistet worden und ordnungsgemäß nachgewiesen und belegt sind.

Weil nur die Kassen die Bücher führen, erfolgt die Geld- oder Kassenrechnung durch die Kassen, die den rechnungsmäßigen Nachweis über die Einnahmen und Ausgaben des Bundes/Landes geführt haben, d. h. die Einnahmen und Ausgaben in den entsprechenden Sachbuchkonten (Titelkonten) des Bundes/Landes nach der Ordnung des Haushaltsplans **gebucht** haben.

Die Geld- oder Kassenrechnung ist Grundlage für die Rechnungsprüfung und die Haushaltsrechnung.

Im **Kassenabschluss** (s. § 82 BHO) sind nachzuweisen: **1514**

1. die Summe der Ist-Einnahmen,
2. die Summe der Ist-Ausgaben,
3. der Unterschied zwischen den Einnahmen und Ausgaben,
4. noch nicht abgewickelte kassenmäßige Jahresergebnisse früherer Jahre.

Der kassenmäßige Abschluss dient dem Nachweis des kassenmäßigen Gesamtergebnisses des abgelaufenen Haushaltsjahres. Die Berechnung geht von dem kassenmäßigen Jahresergebnis aus, das sich aus dem Unterschied zwischen den Ist-Einnahmen und den Ist-Ausgaben ergibt. Dies stellt also einen **kassenmäßigen Überschuss** oder einen **kassenmäßigen Fehlbetrag** dar.

Aus dem so errechneten kassenmäßigen Jahresergebnis wird durch Zurechnung der haushaltsmäßig noch nicht abgewickelten kassenmäßigen Jahresergebnisse früherer Jahre das kassenmäßige **Gesamtergebnis** gebildet. Als haushaltsmäßig noch nicht abgewickelt gelten kassenmäßig noch nicht abgewickelte Überschüsse oder Fehlbeträge früherer Jahre.

Der kassenmäßige Abschuss gibt also den tatsächlichen Stand der Ausführung des Haushaltsplans am Ende des Haushaltsjahres wieder. **1515**

III. Haushaltsrechnung (§ 83 BHO)

Der **Haushaltsabschluss** weist das Ergebnis der Haushaltsführung des abgelaufenen Haushaltsjahres nach. **1516**

Die Haushaltsrechnung ist also eine buchhalterische Zusammenstellung der im abgelaufenen Jahr eingegangenen Einnahmen und geleisteten Ausgaben (Ist-Ergebnis), denen die im Haushaltsplan veranschlagten Einnahmen und Ausgaben (Sollbeträge) zum Vergleich gegenübergestellt werden. **1517**

Demzufolge ist die Haushaltsrechnung das „rückschauende Spiegelbild" des Haushaltsplans, das durch den Soll-/Ist-Vergleich den Nachweis über die bestimmungsgemäße Ausführung des HHPl zu erbringen hat.

1518 Ebenso wie nach Art. 110 Abs. 1 GG *alle* Einnahmen und Ausgaben in den Haushaltsplan einzustellen sind, sind in der **Haushaltsrechnung** *alle* tatsächlich eingegangenen Einnahmen und geleisteten Ausgaben nachzuweisen.

IV. Vermögensrechnung (§ 86 BHO)

1519 Ihrem Wesen nach ist die **Vermögensrechnung** ein **Ergänzung zur Haushaltsrechnung**. Nach § 86 BHO sind in der Vermögensrechnung der Bestand des Vermögens wertmäßig zu erfassen und die Schulden zu Beginn des Haushaltsjahres, die Veränderungen während des Haushaltsjahres und der Bestand an dessen Ende nachzuweisen.

Die Buchführung und Rechnungslegung über das Vermögen und die Schulden des Bundes nach VBRO verfolgt den Zweck,
- den Bestand des Vermögens und der Schulden des Bundes zu Beginn des Haushaltsjahres,
- die Veränderung während und
- den Bestand am Ende des Haushaltsjahres

nachzuweisen.

Die Vermögensrechnung soll ferner darlegen, in welcher Höhe die Haushaltseinnahmen und die Haushaltsausgaben zur Vermehrung oder Verminderung des Vermögens oder der Schulden des Bundes beigetragen haben.

1520 Während die Geld- und Kassenrechnung nach Entlastung der Bundesregierung durch das Parlament quasi seinen Zweck erfüllt hat und damit als abgeschlossen betrachtet werden kann, wird die Vermögensrechnung in Summen fortgeschrieben, um Veränderungen am Vermögen oder den Schulden des Bundes im Verlaufe der Jahre feststellen zu können.

Die Vermögensrechnung erfolgt nach nachstehendem Schema:

1.	Bestand zu Beginn des Haushaltsjahres	...........€
2.	Zugang	
	a) mit haushaltsmäßiger Zahlung	...........€
	b) ohne haushaltsmäßige Zahlung	...........€
3.	**Summe der Zugänge**	**...........€**

4. Abgang
   a) mit haushaltsmäßiger Zahlung ....€
   b) ohne haushaltsmäßige Zahlung ....€
   c) Abschreibungen ....€

5. Summe der Abgänge **............€**

6. Bestand am Ende des Haushaltsjahres (Summe 1 + 3 - 5) **............€**

Während den Zugangsbuchungen mit haushaltsmäßiger Zahlung geldmäßige Veränderungen folgen – vermögenswirksame **Haushaltsausgaben** erhöhen das Vermögen oder die Schulden des Bundes –, bewirken die geldmäßigen Veränderungen in Gestalt einer vermögenswirksamen **Haushaltseinnahme** eine Verminderung des Vermögens oder der Schulden des Bundes. **1521**

Aufstellung der Vermögensrechnung: Für die Aufstellung der Vermögensrechnung sind alle Dienststellen zuständig, die mit der Vermögensbuchhaltung befasst sind. Jede Stelle weist für sich das Vermögen und die Schulden des Bundes im Einzelnen nach. **1522**

Die Aufstellung der Gesamtvermögensrechnung vollzieht sich in einem stufenweisen Zusammentragen der Einzelrechnungen, angefangen von der Behörde der Ortsinstanz bis zur obersten Bundesbehörde. Die obersten Bundesbehörden leiten die Ergebnisse ihres Geschäftsbereichs dem Bundesministerium der Finanzen zur Vermögens-Hauptrechnung zu.

V. Sachrechnung

Die Sachrechnung ist der **mengenmäßige** Nachweis der nicht verwendeten entgeltlich oder unentgeltlich vom Bund erworbenen Sachen und Rechte. Der Nachweis wird von den Stellen geführt, die solche Sachen und Rechte verwalten. **1523**

Eine Rechnungslegung im Sinne der RRO über diese Sachen und Rechte findet nicht statt.

VI. Das Rechnungswesen (Kurzfassung)

1524 Über alle Zahlungen und Buchungen ist jährlich durch die abgeschlossenen Bücher Rechnung zu legen. Die Rechnungslegung beinhaltet:

- **die Kassenrechnung**: Sie beinhaltet den rechnungsmäßigen Nachweis über alle tatsächlich von den Kassen des Bundes/Landes angenommenen Haushaltseinnahmen und geleisteten Haushaltsausgaben eines Jahres;
- **die Haushaltsrechnung**: Sie ist ein Abgleich mit dem Haushaltsplan und zeigt auf, wie jeder einzelne Titel, das einzelne Kapitel sowie jeder Einzelplan des Haushaltsplans im abgeschlossenen Haushaltsjahr bewirtschaftet worden ist;
- **die Vermögensrechnung**: Sie beinhaltet den Nachweis über die Veränderung des Vermögens und der Schulden des Bundes bzw. des Landes.

Q. Die externe Finanzkontrolle der unmittelbaren Staatsverwaltung und die Entlastung der Bundes-/Landesregierung

I. Verwaltungsmäßige und parlamentarische Kontrolle

Das organschaftliche Verhältnis zwischen Parlament und Regierung ist für das parlamentarische System der Bundesrepublik von staatstragender Bedeutung. 1525

Das **Grundgesetz** ist die erste deutsche Verfassung, die dem Parlament eine zentrale Stellung im Staatsorganismus zuweist. Mit der Wahl des Bundeskanzlers durch den Bundestag bestellt die Volksvertretung die Regierung. In der parlamentarischen Herrschaftsbestellung liegt gegenüber der konstitutionellen Reichsverfassung von 1871 und der präsidentiell geprägten Weimarer Verfassung von 1919 der entscheidende Durchbruch des parlamentarischen Gedankens. 1526

Damit sind die entscheidenden Ausgangspositionen für die **parlamentarische Kontrolle** der Regierung gewonnen. Das Parlament ist das einzige unmittelbar gewählte, politisch kontrovers zusammengesetzte Staatsorgan. Den Regierungsfraktionen als Parlamentsmehrheit steht die Opposition als Parlamentsminderheit gegenüber. Ihre politisch gegensätzlichen Bezüge zur Regierung prägen die parlamentarische Kontrolle. Das Spannungsfeld zwischen Parlament und Regierung wird überlagert durch die Gegensätze zwischen der Regierung und ihrer parlamentarischen Mehrheit einerseits und der Opposition andererseits. Dieses Beziehungsgeflecht zwischen gesamtparlamentarischer und oppositioneller Kontrolle durchzieht die gesamte Kontrolltätigkeit des Bundestages gegenüber der Bundesregierung. 1527

In ähnlicher Weise vollzieht sich die Kontrolltätigkeit der Landesparlamente der Bundesländer gegenüber den Landeregierungen/-senaten. 1528

Gemäß Art. 114 Abs. 2 GG und vergleichbarer landesverfassungsrechtlicher Regelungen (z. B. Art. 86 Abs. 2 der Verfassung des Landes Nordrhein Westfalen) werden die Rechnungen über die Einnahmen und Ausgaben (Geldrechnung) sowie über das Vermögen und die Schulden des Bundes/Landes (Vermögensrechnung) vom **Bundesrechnungshof** bzw. von dem betreffenden Landesrechnungshof geprüft. Dies bedeutet eine Prüfung der Haushalts- und Wirtschaftsführung bezüglich der Ausführung der Haushaltspläne (= **Finanzkontrolle**). 1529

1530 Die **Rechnungsprüfung** vollzieht sich auf zwei Ebenen:

a) auf der Ebene der Prüfung durch die Prüfungsämter und der abschließenden Prüfung durch den BRH/LRH und
b) auf der Ebene der Prüfung durch die Rechnungsprüfungsausschüsse der Parlamente. Der Rechnungsprüfungsausschuss des Deutschen Bundestages ist ein Unterausschuss des Haushaltsausschusses.

1531 Der **Bundesrechnungshof** sowie die Landesrechnungshöfe sind keine Organe der Exekutive und darüber hinaus nicht in die Gewaltenteilung einzuordnen. Sie sind selbstständige, nur dem Gesetz unterworfene Organe der externen Finanzkontrolle, deren Mitglieder richterliche Unabhängigkeit besitzen (§ 1 Bundesrechnungshofgesetz – BRHG).

1532 Dem BRH sind ab 1.1.1998 neun **Prüfungsämter** organisatorisch eingegliedert, denen die Vorprüfung der Prüfungsunterlagen obliegt. Diese Prüfungsämter unterliegen der Dienst- und Fachaufsicht des BRH und sind an dessen Weisungen gebunden (§ 100 BHO). Die Prüfungsämter des BRH traten an Stelle der ressorteigenen Vorprüfungsstellen und übernahmen deren Aufgaben. Die dem BRH nachgeordneten Prüfungsämter haben ihren Sitz in Berlin, Frankfurt am Main, Hamburg, Hannover, Koblenz, Köln, Magdeburg, München und Stuttgart.

1533 Bei den Obersten Bundesbehörden und teilweise bei den Behörden des nachgeordneten Bereichs wurden dafür ab 1.1.1998 „Innenrevisionen“ eingerichtet.

II. Entlastung der Regierung und ihrer Verwaltung

1534 In Form von „Bemerkungen“ fasst der BRH/LRH das Ergebnis seiner Prüfung – soweit es für die Entlastung der Regierung wegen der Haushaltsrechnung und der Vermögensrechnung von Bedeutung ist – jährlich für das Parlament zusammen und leitet sie dem Parlament und der Regierung zu (= verwaltungsmäßige Kontrolle als **Rechtskontrolle**).

1535 Der parlamentarische Rechnungsprüfungsausschuss prüft die **politische** Einhaltung des Haushaltsplans (= parlamentarische Kontrolle).

1536 Unter Berücksichtigung des Prüfungsberichts des Rechnungshofes erteilen die Parlamente daraufhin die **Entlastung** gegenüber der Bundesregierung/Landesregierung und somit gegenüber der gesamten Bundesverwaltung und der gesamten jeweiligen Landesverwaltung (Art. 114 GG und vergleichbare verfassungsrechtliche Regelungen in der jeweiligen Landesverfassung und § 114 BHO/LHO).

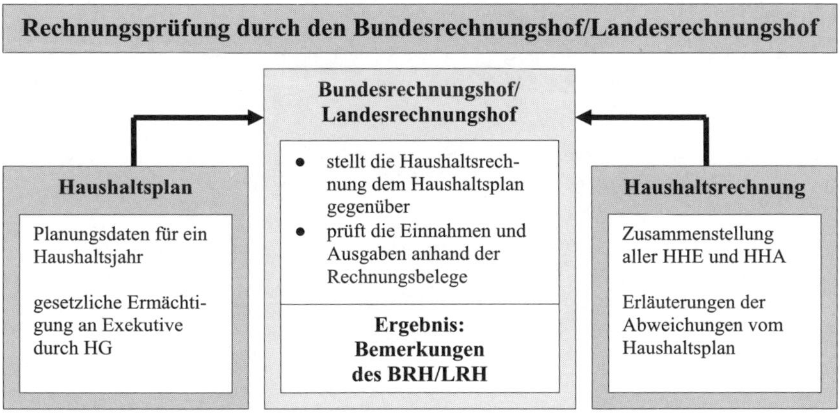

Abb. 111: Rechnungsprüfung durch den BRH/LRH

III. Die externe Finanzkontrolle der unmittelbaren Staatsverwaltung und die Entlastung der Bundes-/Landesregierung (Kurzfassung)

Gemäß Art. 114 Abs. 2 GG und vergleichbarer landesverfassungsrechtlicher Regelungen (z. B. Art. 103 Abs. 3 der Verfassung des Freistaates Thüringen) werden die Rechnungen über die Einnahmen und Ausgaben (Geldrechnung) sowie über das Vermögen und die Schulden des Bundes/Landes (Vermögensrechnung) hinsichtlich ihrer Wirtschaftlichkeit und Ordnungsmäßigkeit der Haushalts- und Wirtschaftsführung vom **Bundes-/Landesrechnungshof** geprüft. **1537**

Die **Rechnungsprüfung** vollzieht sich auf zwei Ebenen: **1538**
- auf der Ebene der Prüfung durch die Prüfungsämter und der abschließenden Prüfung durch den BRH/LRH (verwaltungsmäßige Kontrolle) und
- auf der Ebene der Prüfung durch die Rechnungsprüfungsausschüsse der Parlamente (parlamentarische Kontrolle).

Der parlamentarische Rechnungsprüfungsausschuss prüft die politische Einhaltung des Haushaltsplans.

Das Volk (Parlament = Volksvertretung) **kontrolliert die Regierung!** Mit der parlamentarischen Entlastung der Regierung durch die Legislativorgane ist der Kreislauf des staatlichen Haushalts-, Kassen- und Rechnungswesens geschlossen. **1539**

Dritter Teil

Sonderthemen

Es wird in einem kurzen Abriss auf Steuerungselemente eingegangen, die das staatliche Haushalts-, Kassen- und Rechnungswesen unter Berücksichtigung betriebswirtschaftlicher Erkenntnisse an die Erfordernisse einer modernen Haushalts- und Wirtschaftsführung anpassen sollen, ohne die homogen gewachsenen und verfassungsrechtlich gesicherten Strukturen des Haushaltsrechts des Bundes oder eines Landes zu zerstören. **1540**

R. Das neue kommunale Finanzmanagement

I. Allgemeines

Die in den letzten Jahren teilweise stattgefundene **Einführung der Doppik** in der öffentlichen Verwaltung der Gemeinden soll die besonderen Bedingungen der Kommunalpolitik berücksichtigen. So war eine wesentliche Begründung bei der Einführung der doppischen Buchhaltung, **nicht zu Lasten nachfolgender Generationen** wirtschaften zu wollen. **1541**

Dem wird nicht nur von Wirtschaftswissenschaftlern entgegen gehalten, dass Wirtschaften zu Lasten nachfolgender Generationen nichts mit dem Buchhaltungssystem zu tun hat. Ob man allerdings dieses Wirtschaften zu Lasten kommender Generationen im Rahmen des Buchhaltungssystems abbilden kann, ist eine andere Frage. Dies kann man, so sind sich Befürworter und Gegner der doppischen Buchhaltung einig, sowohl mit der Kameralistik als auch mit der kommunalen Doppik.

Mit der Ergänzung der Kameralistik um die Doppik nach § 1a (früher § 33a) HGrG sowie den jeweils in den Ländern geltenden Gemeindeordnungen versprechen sich die öffentlichen Verwaltungen mehr Kostentransparenz, Kostenvorteile und ein insgesamt effizienteres Arbeiten. Allerdings wurden die Erwartungen bis dato nicht erfüllt. Dies geht z. B. aus dem **Kommunalbericht des Landesrechnungshofes Rheinland-Pfalz 2011** hervor:[23] **1542**

23 Kommunalbericht 2011, beim Rechnungshof Rheinland-Pfalz.

„Ziel der Haushaltsreform war die Einführung eines Rechnungswesens, das nicht nur zahlungsorientiert ist und den „Geldverbrauch" nachweist, sondern vollständig über den Verbrauch an finanziellen und sachlichen Ressourcen informiert, indem auch der Werteverzehr des kommunalen Vermögens berücksichtigt wird. Damit sollte das neue Haushaltsrecht als Grundlage dienen, dass sich Gemeinden und Gemeindeverbände in ihrer Haushaltsführung wirtschaftlicher als bisher verhalten. Mit der kommunalen Doppik sollte demnach nicht nur ein neues Rechnungssystem eingeführt, sondern insbesondere die Verwaltungssteuerung verbessert werden. Die kommunalen Mandatsträger sollten in die Lage versetzt werden, nicht nur anhand von Ausgabeermächtigungen, sondern durch Vorgabe von Zielen für kommunale Leistungen zu steuern."

Auch ist der **Personalmehraufwand** bei Anwendung der Doppik nicht unerheblich. So berichtet der Landesrechnungshof weiter:

„Bei den Erhebungen des Forschungsinstituts teilten 112 von 138 Kämmerern mit, dass die kommunale Doppik ***auf Dauer*** *eine zusätzliche Personalausstattung erfordere. Im Durchschnitt wurden 1,6 Stellen für das neue Rechnungswesen geschaffen, die zu Personalaufwendungen von rund 61.000 € im Jahr führen: Hochgerechnet auf alle hauptamtlich verwalteten Gemeinden und Gemeindeverbände in Rheinland-Pfalz führt die kommunale Doppik demnach zu jährlichen Mehraufwendungen von mehr als 14 Mio. €."*

Der Landesrechnungshof stellt u. a. abschließend fest:

„Geldwerte Steuerungsvorteile, die den erheblichen Aufwand für Einführung und Betrieb des neuen Rechnungswesens kompensieren könnten, sind bisher kaum feststellbar. Die veränderte Darstellung der kommunalen Ressourcen ist vielfach noch ohne spürbaren Einfluss auf deren Bewirtschaftung geblieben."

1543 Die **Umstellung in den Kommunen** soll laut Beschluss der ständigen Innenministerkonferenz der Länder vom 21. November 2003 bis spätestens 2012 abgeschlossen sein. Allerdings handhaben die Länder dies uneinheitlich: Baden-Württemberg beispielsweise will die Doppik spätestens zum 1. Januar 2016 einführen. In Thüringen und Bayern gilt sogar ein Wahlrecht für die Kommunen, in wiederum anderen Bundesländern wie z. B. Rheinland-Pfalz ist die Doppik schon seit dem 1. Januar 2009 für jede Kommune verpflichtend.

Die übrigen zwölf Bundesländer werden die doppische Haushaltsführung wahrscheinlich **nicht einführen**. Sie werden vermutlich lediglich die Kameralistik um **betriebswirtschaftliche Elemente** (z. B. Budgetierung, Kosten-/Leistungsrechnung oder Benchmarking) erweitern (sog. erweiterte Kameralistik).

1544 Auch der Bund hat sich entgegen seiner ursprünglichen Absicht **gegen die Doppik-Umstellung** entschieden. Stattdessen wird auf Bundesebene die Kameralistik modifiziert (z. B. durch Einführung einer **Kosten-/Leistungsrechnung in Teilbereichen**).

1545 Auch die **Kosten des Umstiegs** stehen nicht immer in einem günstigen Licht. So betrugen sie in Hessen ca. 200 Mio. €. Die jährlichen zusätzlichen Betriebskosten liegen in Hessen bei ca. 20 Mio. €.

Wegen der realen Situation des Bestehens zweier Haushalts- und Buchführungssysteme wurde aber mit dem Haushaltsgrundsätzemodernisierungsgesetz (HGrGMoG) v. 31.7.2009, in Kraft ab 1.1.2010, die **Koexistenz unterschiedlicher Rechnungswesensysteme** (Kameralistik, Doppik) sowie unterschiedlicher Haushaltsdarstellungen (Titelhaushalt, Produkthaushalt) ermöglicht. 1546

Zur Gewährleistung einheitlicher Verfahrens- und Datengrundlagen in unterschiedlichen Haushaltssystemen bei Bund und Ländern wurde nach § 49a HGrG das **Gremium zur Standardisierung des staatlichen Rechnungswesens** eingerichtet. Von diesem Gremium des Bundes und der Länder sind Standards für kamerale und doppische Haushalte sowie für Produkthaushalte zu erarbeiten und jährlich zu überprüfen. Dabei ist sicherzustellen, dass die Anforderungen der Finanzstatistik einschließlich der volkswirtschaftlichen Gesamtrechnungen berücksichtigt werden. 1547

Die von diesem Gremium erarbeiteten Standards werden jeweils durch Verwaltungsvorschriften des Bundes und der Länder umgesetzt. Die Veröffentlichung erfolgt jeweils gesondert durch Bund und Länder.

Die **Grundsätze der staatlichen Doppik** sind in § 7a Abs. 1 HGrG verankert. Die dort definierten grundsätzlichen Strukturen, Regeln und Verfahren bedürfen jedoch weiterer Ausführungs- und Erläuterungsbestimmungen. 1548

Das Gremium nach § 49a HGrG hat dazu im Oktober 2011 die „Standards staatlicher Doppik“ (Stand: 9.8.2011) sowie die Numerik zum „**Verwaltungskontenrahmen**“ (Stand: 9.8.2011) überprüft und beschlossen.

Als Standard für den Produkthaushalt wurde der „**Integrierte Produktrahmen**“ (Stand: 26.10.2011) überprüft und beschlossen.

Ebenso wurde der Funktionenplan mit Zuordnungshinweisen überprüft und als Standard beschlossen; der Gruppierungsplan mit Zuordnungshinweisen wird derzeit durch Bund und Länder überprüft.

II. Kameralistik

Gem. § 71 BHO/LHO ist über Zahlungen und eingegangene Verpflichtungen nach der im Haushaltsplan oder sonst vorgesehenen Ordnung Buch zu führen. 1549

Buchführung ist die **planmäßige und lückenlose Aufzeichnung** aller Geschäftsvorfälle einer Organisationseinheit mit dem Ziel, jederzeit einen Überblick über die Vermögenslage und den Stand der Schulden zu ermöglichen. 1550

Die **Kameralistik** (kameralistische Buchführung) war in der Vergangenheit der ausschließliche und z. Zt. und mittelfristig der noch überwiegende Rechnungsstil 1551 der öffentlichen Haushalte. Sie ist eine Geld- und Finanzrechnung, die den Ansprüchen der staatlichen Haushalte durch exakte Aufzeichnung der gezahlten Einnahmen sowie der geleisteten Ausgaben gerecht wird.

Während in der kaufmännischen doppelten Buchführung Leistungen und Zahlungen auf getrennten Konten geführt werden, ist die Kameralistik eine reine Verlaufsrechnung, die den Nachweis der nach dem Entstehungsgrund veranschlagten **eingehenden** Einnahmen und der nach dem Verwendungszweck gegliederten **geleisteten** Ausgaben führt.

Der Kameralistik ist der Begriff der Kosten im betriebswirtschaftlichen Sinne fremd. Insoweit wird dieser Rechnungsstil allein dem Gebot der Wirtschaftlichkeit nicht gerecht und muss im Sinne einer effektiven und wirtschaftlichen Verwaltung um gesonderte andere ökonomische Rechenoperationen, wie der Kosten- und Leistungsrechnung oder der Nutzen-Kosten-Untersuchung ergänzt werden.

III. Doppik

1. Allgemeines

1552 Doppik ist die Abkürzung von „**Dopp**elte Buchführung **i**n **K**onten“. Sie bildet das passende Gegenüber zu dem Rechnungsstil der öffentlichen Hände, der Kameralistik.

Bereits im Jahre 1494 beschrieb der Franziskanermönch Luca Pacioli in seinem Buch „Summa de Arithmetica“ die Grundzüge des doppischen Buchführungswesens.

1553 Die Doppik schafft **Transparenz über Ressourcenverbrauch und -aufkommen**. Dies ist die Voraussetzung für die Beurteilung, Steuerung und Kontrolle der Wirtschaftlichkeit der Aufgabenerfüllung. Sie bildet den Ressourcenverbrauch durch die Gegenüberstellung von Ertrag und Aufwand ab. Werden die Erträge von den Aufwendungen überstiegen, kommt es „netto“ zu einem Ressourcenverzehr, die Vermögenssubstanz wird mithin angegriffen. Im umgekehrten Falle ist ein Vermögenszuwachs festzustellen.

1554 Diese Wirkung könnte auch in der Kameralistik erzielt werden, wenn dieser Rechnungsstil der öffentlichen Haushalte um die **Kosten- und Leistungsrechnung (KLR) erweitert** würde, was bereits in vielen Zweigen der Verwaltung geschieht. Eine solche Koexistenz beider Rechnungssysteme etabliert sich zunehmend.

In der Doppik lässt sich die KLR ohne gesonderte Nebenrechnung in einer integrierten Lösung mit angeblich geringerem, mithin wirtschaftlicherem Aufwand verwirklichen. Werden ressourcenorientierte Daten nur in einem internen Rechnungswesen (KLR) nachgewiesen, besteht die Gefahr, dass sie von den Entscheidungsträgern in der Verwaltung, aber in erster Linie in den Legislativorganen in nicht ausreichendem Maße wahrgenommen werden.

Die Doppik dagegen bietet als ein **in sich geschlossenes Buchungssystem** vom 1555
externen Rechnungswesen bis hin zur Kosten- und Leistungsrechnung den gesamten Grund-Buchungsstoff, den eine Körperschaft oder Behörde zur Steuerung ihrer Aufgabenerledigung benötigt.

Aber auch das Konzept der Doppik birgt die Gefahr in sich, dass durch die systembedingte **Verlagerung von Entscheidungskompetenzen** von der Politik auf die Verwaltung die Öffentlichkeit und die Bürgervertretungen (Räte) zumindest über Einzelmaßnahmen uninformiert bleiben.

2. Die doppische Buchführung (Doppik) als Rechnungsstil der Privatwirtschaft

Die doppelte Buchführung orientiert sich grundlegend an den Regelungen des 1556
Handelsgesetzbuches (HGB) und ist nach § 238 HGB vorgeschriebener Buchungsstil und Buchungsgrundlage der Privatwirtschaft. Danach **löst jeder Geschäftsvorfall zwei Buchungen** aus: eine auf der Sollseite eines Kontos und die andere gleichzeitig auf der Habenseite eines anderen Kontos. Hauptziel der doppischen Buchführung in der Privatwirtschaft ist die **Ermittlung des Erfolgs** (Gewinn oder Verlust). Im Einzelnen muss diese Buchführungsart

- das Vermögen und die Schulden ermitteln,
- alle Veränderungen des Vermögens und der Schulden wertmäßig festhalten,
- Aufwendungen und Erträge erfassen, um den Erfolg eines Unternehmens nach Gewinn oder Verlust zu ermitteln,
- Unterlagen für die Kalkulation liefern,
- Unterlagen für die Unternehmensentscheidungen liefern.

Darüber hinaus ist die doppische Buchführung Grundlage für die Prüfung der **Kreditwürdigkeit** eines Unternehmens.

Im Gegensatz zu einer gewinnorientierten Unternehmensführung ist es Wesensziel einer öffentlichen Gebietskörperschaft, für die Daseinsvorsorge ihrer Bürger zu sorgen und dem Gemeinwohl zu dienen.

3. Die doppische Buchführung (Doppik) in der öffentlichen Verwaltung

3.1 Planungsstand

1557 Ein Beschluss der ständigen Konferenz der Innenminister der Länder vom November 2003 sah eine Umstellung von der Kameralistik auf die Doppik bis spätestens 2011 auf kommunaler Ebene vor, stellte den Ländern jedoch frei, für das eine oder andere Modell zu optieren oder sich sogar für eine Koexistenz beider Systeme zu entscheiden, wie es etwa der Freistaat Bayern getan hat.

So beabsichtigte das Land Nordrhein-Westfalen, die Doppik als alleinige Buchführungsmethode bis zum Stichtag 1. Januar 2011 umzusetzen. Im Land Hessen steht den Kommunen ein Wahlrecht zwischen der Doppik und der erweiterten Kameralistik zu. In Bayern sieht das Land ebenfalls ein Wahlrecht zwischen der Doppik und der bisherigen Kameralistik vor.

Die Einführung der Doppik setzt natürlich eine grundlegende Änderung der kameralistischen Teile der Haushaltsordnungen voraus. In Nordrhein Westfalen und Hessen sind die Novellen der Neufassungen der Gemeindehaushaltsverordnungen bereits abgeschlossen.

3.2 Strukturmerkmale des kommunalen Haushalts- und Rechnungssystems auf der Grundlage der Doppik

1558 Maßgebliche Bestandteile eines doppischen Haushaltsplans sind der **Finanz- und der Ergebnisplan.**

Der **Finanzplan** einhält
- alle zu erwartenden Einnahmen und
- die voraussichtlich zu leistenden Ausgaben, die voraussichtlich in dem betreffenden Haushaltsjahr auch kassenwirksam werden (Fälligkeitsprinzip).

1559 Im **Ergebnisplan** werden alle **Aufwendungen** und **Erträge** – gleichgültig, ob sie kassenwirksam werden oder nicht – veranschlagt.

1560 Der Gesamthaushalt einer an der Doppik teilnehmenden Gemeinde ist in **Produktbereiche** gegliedert. So sind sowohl für den Gesamthaushalt als auch für die einzelnen Produktbereiche Finanz- und Ergebnispläne anzulegen.

1561 Hinsichtlich der **Rechnungslegung** orientiert sich die Doppik in Ansatz-, Ausweis- und Bewertungsfragen grundlegend an den Regelungen des Handelsgesetzbuches für Kapitalgesellschaften. Der wesentliche Unterschied zum Handelsrecht liegt darin, dass die Kommunen verpflichtet sind, **laufend** die Kosten dreier Rechenwerke zu bebuchen:

- der Vermögensrechnung (Bilanz),
- der Ergebnisrechnung (Gewinn- und Verlustrechnung) und
- der Finanzrechnung (Kapitalflussrechnung).

In der kaufmännischen Buchführung indessen werden die Geschäftsvorfälle nur auf den Konten der Bilanz und der Gewinn- und Verlustrechnung gebucht.

Das Gegenstück zur kommunalen Finanzrechnung, die **Kapitalflussrechnung**, wird erst im Rahmen des Jahresabschlusses in der Rückschau erstellt. Die kaufmännische Buchführung stützt sich folglich auf ein zweigliedriges Rechnungssystem (Bilanz sowie Gewinn- und Verlustrechnung), während die kommunale Doppik durch die Erweiterung um eine im Rechnungsverbund geführte Finanzrechnung ein „Drei-Komponenten-System" eingeführt hat. **1562**

Für die **Bewirtschaftung** der Haushaltsmittel gilt, dass die Aufwendungen eines Produktbereichs grundsätzlich **gegenseitig deckungsfähig** sind und sich somit der Saldo eines Produktbereichs aus der laufenden Verwaltungstätigkeit nicht verschlechtert. Auch Ausgaben für Investitionen **können** für gegenseitig deckungsfähig erklärt werden. **1563**

Darüber hinaus sollen zahlungswirksame Aufwendungen **zu Gunsten von Investitionsausgaben** für **einseitig deckungsfähig** erklärt werden. **1564**

Keine Deckungsfähigkeit besteht für Ausgabemittel des Finanzplans zur Deckung von **Aufwendungen im Ergebnisplan**. Daraus ist zu folgern, dass zusätzliche Aufwendungen nicht durch erfolgswirksame Mehreinzahlungen oder Minderauszahlungen finanziert werden können. Wäre hier eine Deckungsfähigkeit zugelassen und nähme man sie in Anspruch, würde sich der Saldo der Ergebnisrechnung gegenüber dem geplanten Saldo verschlechtern. Das heißt beispielsweise, dass eine überplanmäßige Rückstellung nicht mit Finanzmitteln „gedeckt" werden kann, die etwa dadurch „frei" geworden sind, dass eine Immobilie günstiger erworben werden konnte, als dies im Finanzplan veranschlagt war. **1565**

4. Informationsbereitstellung durch die Vermögensrechnung (Bilanz)

In der **Buchführung** ist die **Bilanz** eine Gegenüberstellung der bewerteten Vermögensgegenstände (Umlauf- und Anlagevermögen) und der Schulden (Rückstellungen und Verbindlichkeiten). **1566**

Ist der Betrag des Vermögens höher als der Betrag der Schulden, so wird auf der Passivseite der Bilanz der Saldo aus Vermögen und Schulden als **Eigenkapital** ausgewiesen. Übersteigt der Betrag der Schulden den des Vermögens, wird der entsprechende Saldo als „nicht durch Eigenkapital gedeckter Fehlbetrag" auf der Aktivseite der Bilanz ausgewiesen.

1567 Während eine Gemeinde nach bislang geltendem Recht nur einen Nachweis über Forderungen aus Geldanlagen und Darlehn sowie über Beteiligungen und Wertpapiere zu führen hatte, zeigt die Vermögensrechnung nunmehr die Höhe und die Zusammensetzung des Vermögens der Gebietskörperschaft und dessen Finanzierungsstruktur. Hieraus lässt sich u. a. auch unmittelbar der **Verschuldungsgrad** der Gebietskörperschaft beurteilen.

5. Funktionen der Ergebnisrechnung

1568 Als Gegenstück zur kaufmännischen Gewinn- und Verlustrechnung zeichnet die **Ergebnisrechnung** der öffentlichen Verwaltung die erfolgswirksamen **Veränderungen des Eigenkapitals im abgelaufenen Haushaltsjahr** auf. In der Ergebnisrechnung werden die **Aufwendungen** und **Erträge** einer Rechnungsperiode unsaldiert gegenübergestellt.

1569 **Aufwendungen** sind „Netto-Ressourcenverbräuche"; sie mindern das kommunale Reinvermögen (Eigenkapital). Dabei ist es allein ohne Bedeutung, wenn kassenwirksamen Aufwendungen den Bestand an Zahlungsmitteln vermindern, denn auch nicht kassenwirksame Vorgänge können Aufwendungen darstellen (z. B. Abschreibungen oder Zuführungen zu den Rückstellungen).

1570 **Erträge** erhöhen das kommunale Eigenkapital. Hier gilt das Gleiche wie bei den Aufwendungen; auch Erträge müssen nicht zwangsläufig mit einem Geldfluss verbunden sein (z. B. Auflösung einer Rückstellung). Andererseits ist nicht jeder Geldfluss gleichbedeutend mit einem Ertrag (z. B. Kreditaufnahme).

1571 Der Unterschiedsbetrag zwischen Erträgen und Aufwendungen eines Haushaltsjahres ist das **Jahresergebnis**, das mit dem Gewinn oder dem Verlust vergleichbar ist.

6. Funktionen der Finanzrechnung und des Finanzplans

1572 Die **Finanzrechnung** dient der Dokumentation, Überwachung und Steuerung der Zahlungsströme. In der Finanzrechnung werden die Einzahlungen systematisch nach der Mittelherkunft und die Auszahlungen übersichtlich nach der Mittelverwendung aufgezeichnet. Die Finanzrechnung steht auch im Verlauf eines Haushaltsjahres zur fortlaufenden **Haushaltsüberwachung** zur Verfügung.

Die wichtigste Bestimmung des Finanzplans besteht darin, die Einzahlungen und die Auszahlungen in den Bereichen der Investitions- und Finanzierungstätigkeit zu dokumentieren. Der Finanzplan übernimmt dementsprechend damit wesentliche Aspekte des bisherigen Vermögenshaushalts.

7. Bilanz

Eine Bilanz (ital.: bilancia = „Waage“) muss immer ausgeglichen sein. **Die Aktiv- und Passivseite müssen immer über den gleichen Betrag lauten**. Dass dies nach Übertragung der Salden aus der Ergebnis- und Finanzrechnung stets der Fall ist, ergibt sich aus der Logik der doppischen Buchführung. Die Konten der Bilanz, der Finanz- und der Ergebnisrechnung werden im Buchungsverbund geführt, d. h. eine Soll-Buchung auf nur einem Konto würde das Bilanzgleichgewicht stören. Eine solche Buchung darf im System aber nur vorgenommen werden, wenn gleichzeitig eine genau **betragsgleiche Gegenbuchung** auf der Haben-Seite eines anderen Kontos durchgeführt wird. In dieser Weise bleibt das Bilanzgleichgewicht stets erhalten. Beispielsweise zieht die Buchung einer **Mittelverwendung** zwangsläufig die Gegenbuchung der **Mittelherkunft** nach sich. 1573

IV. Das neue kommunale Finanzmanagement (Kurzfassung)

Buchführung ist die **planmäßige und lückenlose Aufzeichnung** aller Geschäftsvorfälle, um jederzeit einen Überblick über die Vermögenslage und den Stand der Schulden zu ermöglichen 1574

Kameralistik war und ist noch immer in weiten Teilen der öffentlichen Verwaltung der Rechnungsstil der öffentlichen Haushalte. Sie ist eine Geld- und Finanzrechnung, die den Ansprüchen der staatlichen Haushalte durch exakte Aufzeichnung der gezahlten Einnahmen sowie der geleisteten Ausgaben gerecht wird. Sie wird auch als eine Verlaufsrechnung bezeichnet. 1575

Doppik ist die Abkürzung von „**Dopp**elte Buchführung **i**n **K**onten“. 1576

Die Doppik bietet als **ein in sich geschlossenes Buchungssystem** vom externen Rechnungswesen bis hin zur Kosten- und Leistungsrechnung den gesamten Grund-Buchungsstoff, den eine Körperschaft oder Behörde zur Steuerung ihrer Aufgabenerledigung benötigt.

In der **doppischen Buchführung (Doppik)** löst jeder Geschäftsvorfall zwei Buchungen aus: eine auf der Sollseite eines Kontos und die andere auf der Habenseite eines anderen Kontos. Hauptziel der doppischen Buchführung in der Privatwirtschaft ist die **Ermittlung des Erfolgs** (Gewinn oder Verlust). Im Einzelnen muss diese Buchführungsart

- das Vermögen und die Schulden ermitteln,
- alle Veränderungen des Vermögens und der Schulden wertmäßig festhalten,
- Aufwendungen und Erträge erfassen, um den Erfolg eines Unternehmens nach Gewinn oder Verlust zu ermitteln,
- Unterlagen für die Kalkulation liefern,
- Unterlagen für die Unternehmensentscheidungen liefern.

1577 Darüber hinaus ist die doppische Buchführung Grundlage für die Prüfung der **Kreditwürdigkeit** eines Unternehmens.

1578 Maßgebliche Bestandteile eines doppischen Haushaltsplans sind der **Finanz- und der Ergebnisplan.**

1579 **Informationsbereitstellung durch die Vermögensrechnung (Bilanz):** In der **Buchführung** ist die **Bilanz** eine Gegenüberstellung der bewerteten **Vermögensgegenstände** (Umlauf- und Anlagevermögen) und der **Schulden** (Rückstellungen und Verbindlichkeiten).

Eine Bilanz (ital.: bilancia = „Waage") muss immer ausgeglichen sein. **Die Aktiv- und Passivseite müssen immer über den gleichen Betrag lauten.**

Eine Buchung darf im System nur vorgenommen werden, wenn gleichzeitig eine genau **betragsgleiche Gegenbuchung** auf der Haben-Seite eines anderen Kontos durchgeführt wird. In dieser Weise bleibt das Bilanzgleichgewicht stets erhalten.

1580 **Funktionen der Ergebnisrechnung:** Als Gegenstück zur kaufmännischen Gewinn- und Verlustrechnung zeichnet die **Ergebnisrechnung** der öffentlichen Verwaltung die erfolgswirksamen **Veränderungen des Eigenkapitals im abgelaufenen Haushaltsjahr** auf. In der Ergebnisrechnung werden die **Aufwendungen** und **Erträge** einer Rechnungsperiode unsaldiert gegenübergestellt.

1581 Die **Finanzrechnung** dient der Dokumentation, Überwachung und Steuerung der Zahlungsströme.

S. Die Kosten- und Leistungsrechnung (KLR)[24]

I. Allgemeines

Die in den letzten Jahrzehnten immer knapper werdenden Mittel der öffentlichen Hände zwangen dazu, eine Modernisierung und Neuausrichtung der öffentlichen Verwaltung in den Blickpunkt zu rücken. **1582**

Die bessere Steuerung der knappen finanziellen Ressourcen war bei diesen Überlegungen ein Schwerpunkt des Handelns. Effizienz und Effektivität der staatlichen Aufgabenerfüllung standen dabei im Vordergrund.

Mit dem **Gesetz zur Fortentwicklung des Haushaltsrechts von Bund und Ländern** (Haushaltsrechts-Fortentwicklungsgesetz) vom 22.12.1997 wurde ein wichtiger Schritt zur Umgestaltung der öffentlichen Verwaltung hin zu einem modernen Dienstleistungsunternehmen eingeleitet: § 7 BHO wurde durch die Vorschrift ergänzt, dass in geeigneten Bereichen eine **Kosten- und Leistungsrechnung** einzuführen ist. Die Formulierung des Gesetzes lässt den Verdacht aufkommen, der Begriff „geeignet“ unterliege der Ermessensausübung. Es liegt jedoch nicht im Ermessen einer Behörde, über die Einführung der KLR zu entscheiden, denn „ungeeignete“ Bereiche sind bisher nicht festgestellt worden; die Behörde ist infolgedessen zur Einführung verpflichtet. **1583**

Mit der KLR wird erstmals auf die Arbeitsergebnisse – den **Output** (Produkte) – der Verwaltung abgestellt. Es können nunmehr Aussagen darüber getroffen werden, welche Kosten pro Arbeitsergebnis angefallen sind. Die KLR liefert die notwendige Klarheit von Kosten und Leistungen, die Grundlage für eine zielgerichtete Steuerung der Verwaltung. **1584**

Mit dem Kabinettsbeschluss vom 1.12.1999 wurde die Umsetzung des politischen Programms der Bundesregierung **„Moderner Staat – Moderne Verwaltung“** eingeleitet. Auf allen Ebenen der Bundesverwaltung wurde ein umfangreiches Modernisierungsprogramm mit vielen einzelnen Modernisierungsmaßnahmen eingeleitet.

Im Mittelpunkt der KLR steht die Einführung **betriebswirtschaftlicher Instrumente** im Reformbereich **„leistungsstarke, kostengünstige und transparente Verwaltung“**. Dieser Reformbereich war geprägt von zwei Leitprojekten: **1585**

24 Quelle: BMF.

- „Einführung von modernem Management in der Bundesverwaltung und bei den Streitkräften" (bis Ende 2002) und
- „Erprobung und Fortschreibung einer standardisierten Kosten- und Leistungsrechnung – Standard-KLR" (Dauerprojekt).

II. Grundlagen der Kosten- und Leistungsrechnung (KLR) und des Controlling

1. Aufgaben und Aufbau der KLR

1586 Seit einigen Jahren sind in nahezu allen Verwaltungszweigen des Bundes, der Länder und der Kommunen verstärkt betriebene behördliche Aktivitäten zu beobachten, die eine bessere Nutzung der finanziellen Ressourcen zum Ziele haben (s. auch Rn. 1541 ff.).

Im Angesicht des anhaltenden hohen Niveaus der Staatsverschuldung, die einhergeht mit einer ständig wachsenden Zinsbelastung aller öffentlichen Haushalte, ist es nicht zu umgehen, nach neuen wirtschaftlicheren und zielorientierteren Wegen im Umgang mit den treuhänderisch zu verwaltenden öffentlichen Mitteln zu suchen.

Die Verwaltung ist einem ständigen und vielfältigen Modernisierungsdruck ausgesetzt:

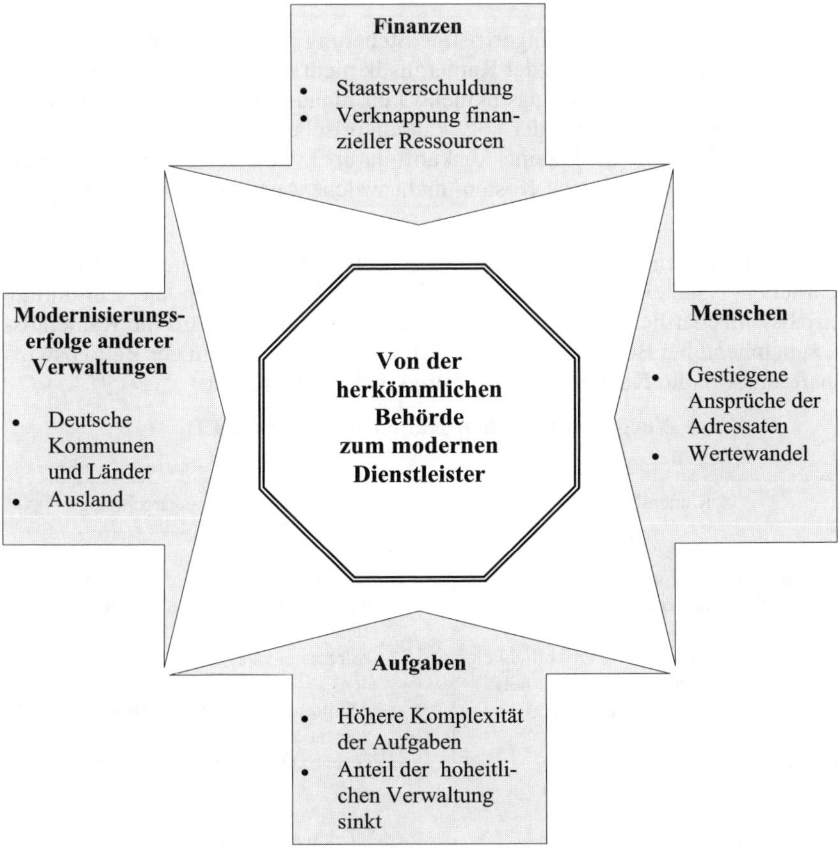

Abb. 112: Modernisierungsdruck auf die Verwaltung

2. Kameralistik und KLR

Die Bundesverwaltung bedient sich in einer langen Tradition des Buchführungs- 1587
systems der **Kameralistik**. Die Kameralistik ist das **fundamentale Instrument der Budgetbewilligung** durch das Parlament und dient daneben der Haushalts- und Wirtschaftsführung.

Dieses Buchführungssystem erfasst die Zahlungsvorgänge, weshalb sich in den Haushaltsplänen und in der Haushaltsrechnung nur unmittelbar zahlungsrelevante Geldströme, die auf kurzfristige Liquidität ausgerichtet sind, widerspiegeln. In diesem Zusammenhang wird deshalb auch von einer **Geld- oder Liquiditätsrechnung** gesprochen.

1588 Informationen, die für eine längerfristige Steuerung der Verwaltung von Bedeutung sind, werden jedoch von der Kameralistik nicht oder unzureichend geliefert. So ist insbesondere der über das aktuelle Jahr hinausreichende **Ressourcenverbrauch** unter Einbeziehung der sog. kalkulatorischen Kosten nicht abgebildet. Die Kameralistik gibt auch keine Auskunft darüber, welche Leistungen die Verwaltung erbringt und welche Kosten, nicht welche Ausgaben, diese Leistungen verursachen.

1589 Die wegen der fehlenden Verknüpfung zwischen Ausgaben und Kosten offensichtlichen Nachteile des kameralistischen Systems machten die Einführung betriebswirtschaftlicher Betrachtungsweisen notwendig. So wird die Kameralistik zunehmend bei Bund, Ländern und Gemeinden durch die in der Betriebswirtschaft angewandte **Kosten- und Leistungsrechnung** ergänzt.

Vergleich zwischen Kameralistik und KLR

Kameralistik	Kosten- und Leistungsrechnung
• Budgetbewilligung, Haushaltswirtschaft, Dokumentation	• Steuerung des Verwaltungshandelns durch Effektivitäts- und Effizienzziele
• Adressaten: Parlament, Öffentlichkeit	• Adressaten: Verwaltungen aller Ebenen
• Input-Orientierung (Haushaltstitel)	
• Abbildung von Einnahmen und Ausgaben	• Abbildung des gesamten Ressourcenverbrauchs
• zentrale Steuerung	• dezentrale Steuerung
↑ externes Rechnungswesen	↑ internes Rechnungswesen

Abb. 113: Vergleich zwischen Kameralistik und KLR

3. Aufgaben der Kosten- und Leistungsrechnung

1590 Aufgabe der KLR ist die **Erfassung, Verteilung und Zuordnung der Kosten**, die bei der Erbringung von Verwaltungsleistungen entstehen. Der Erfolg eines Zeitabschnitts (z. B. eines Haushaltsjahres) kann durch die Gegenüberstellung von Kosten und Leistungen ermittelt werden. KLR dient in erster Linie der behördeninternen Auswertung.

Mit Hilfe der KLR lässt sich ermitteln, wie viel eine einzelne Verwaltungsleistung kostet. Damit schafft sie Klarheit über die in einer Behörde **erbrachten Leistungen und die damit verbundenen und aufgewandten Kosten**.

Im Gegensatz zu dem in der Kameralistik gebräuchlichen Begriff der Ausgaben 1591
berücksichtigt der betriebswirtschaftliche Kostenbegriff auch die sog. **kalkulatorischen Kosten**. Erst dadurch ist es möglich, den gesamten Ressourcenverbrauch in einem bestimmten Zeitabschnitt darzustellen.

- Die **kalkulatorischen Abschreibungen** spiegeln den Werteverzehr von Gütern (z. B. Abnutzung von Gebäuden oder Maschinen) über die gesamte Nutzungsdauer wider.
- Die **kalkulatorischen Zinsen** geben den Wert der Kapitalbindung des Vermögens an. Das Kapital ist für den Anlagegegenstand gebunden und ist nicht anderweitig verfügbar.
- Die **kalkulatorischen Versorgungszuschläge** berücksichtigen die künftigen Pensionsverpflichtungen einer Gebietskörperschaft.

Durch die Betrachtung aller Ressourcen der Verwaltung wird eine wichtige Grundlage geschaffen, Aussagen über die in Zukunft zur Verfügung stehenden Mittel zu treffen. Dadurch wird sichergestellt, dass künftige Haushaltsrisiken und Belastungen in die Betrachtung des Verwaltungshandelns einbezogen werden.

Darüber hinaus ist die Einbeziehung der kalkulatorischen Kosten für **Wirtschaft-** 1592
lichkeitsvergleiche von großer Bedeutung, z. B. bei einem Vergleich zwischen gemieteten und bundes-/landes-/kommunaleigenen Gebäuden und Grundstücken.

4. Aufbau der Kosten- und Leistungsrechnung

Die KLR ist in vier Teilbereiche gegliedert:

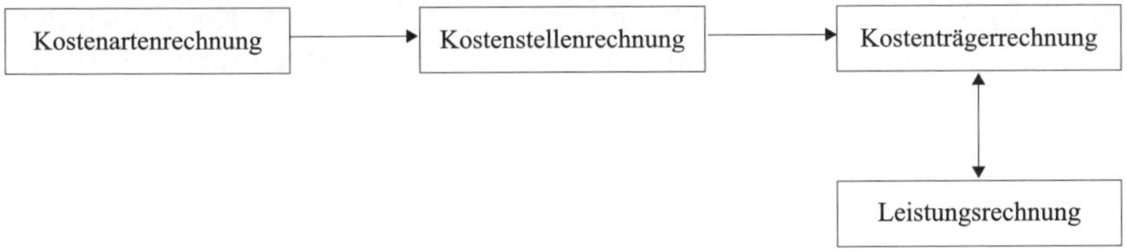

4.1 Kostenartenrechnung

1593 Die **Kostenartenrechnung** gibt darüber Auskunft, **welche** Kosten für die Erstellung eines Produkts oder einer Dienstleistung angefallen sind.

Zunächst werden die Kosten nach ihrer Entstehung erfasst. Sie werden in dem sog. Kosten- und Leistungsartenplan systematisch gegliedert und standardisiert. Damit wird eine **einheitliche** und **vollständige** Erfassung der Kosten sichergestellt.

In der Kostenartenrechnung werden grundsätzlich zwei wichtige Kostenarten unterschieden:

1594 • **Personalkosten**: Sie stellen in der öffentlichen Verwaltung den größten Kostenblock dar. In einigen Verwaltungszweigen überwiegen die Personalkosten bei weitem. Zu den Personalkosten zählen u. a. die Beamtenbezüge, Arbeitsentgelte der Arbeitnehmer, Personalnebenkosten (z. B. Trennungsgeld, Prämien u. a.) oder die sozialen Abgaben. Um den Werteverzehr möglichst komplett darzustellen, sind auch die kalkulatorischen Versorgungsrückstellungen für künftige Pensionszahlungen zu erfassen.

1595 • **Sach- und sonstige Kosten**: Zu dieser Kostenart zählen insbesondere die Kosten für laufende Geschäfte des Büro- und Verwaltungsdienstes, Material- und Betriebskosten, Bewirtschaftungskosten für bebaute und unbebaute Grundstücke, Kommunikationskosten und sonstige kalkulatorische Kosten.

1596 Ein großer Teil der Kosten kann den Produkten oder den Verwaltungsleistungen **direkt** und damit **verursachungsgerecht** zugeordnet werden. Dies trifft in erster Linie auf die Personal- und Sachkosten zu. Daneben kommen nicht direkt zuordnungsfähigen Kosten (z. B. Gemeinkosten) vor, die auf andere Weise auf die Produkte oder Leistungen verteilt werden müssen. Dies geschieht u. a. durch das Umlageverfahren über einen bestimmten festgelegten **Umlageschlüssel** (z. B. Anzahl der Mitarbeiter). Dadurch wird sichergestellt, dass alle Kosten den Produkten oder Leistungen nach dem Prinzip der **Vollkostenrechnung** zugeordnet werden können.

4.2 Kostenstellenrechnung

1597 Die **Kostenstellenrechnung** gibt Auskunft darüber, **wo** die Kosten für die Erstellung eines Produkts oder einer Dienstleistung entstanden sind.

1598 Nachdem die Kosten nach der Art ihrer Entstehung erfasst sind, erfolgt die Bildung von **Kostenstellen**. Die Kostenstellen bezeichnen den **Ort der Entstehung der Kosten** innerhalb einer Organisationseinheit. Kostenstellen können beispielsweise sein: Sachgebiete, Dezernate, Fachabteilungen, Stabsstellen (Pressestelle, Gebührnisstelle, Innenrevision) oder Ämter (Zollamt, Polizeipräsidium, Wasser- und Schifffahrtsamt). Alle Kostenstellen werden in einem **Kostenstellenplan** erfasst.

Kostenstellen sollten grundsätzlich folgende Kriterien ausweisen: **1599**

- Die Kostenstelle sollte einen organisatorisch und/oder räumlich abgegrenzten Bereich Verantwortungsbereich darstellen.
- Es sollte ein geeigneter Mitarbeiter für die Kostenstelle benannt sein (Kostenstellenleiter).
- Innerhalb der Kostenstelle sollten **gleichartige** bzw. **vergleichbare Aufgabeninhalte** wahrgenommen werden.
- Die Leistungsbeziehungen der Kostenstelle sollten nach außen klar und nachvollziehbar dargestellt werden.

4.3 Kostenträgerrechnung

Die **Kostenträgerrechnung** gibt Auskunft darüber, **wofür** Kosten innerhalb eines bestimmten Zeitraums angefallen sind. **1600**

Nach Festlegung der Kostenarten und der Kostenstellen erfolgt die Benennung **1601** von **Kostenträgern**. Als Kostenträger sieht KLR Produkte oder Dienstleistungen, für deren Erstellung oder Erbringung Kosten angefallen sind.

Sofern dies möglich ist, werden den Kostenträgern auch **Erträge** (z. B. Gebüh- **1602** ren, Beiträge, Erlöse) zugerechnet.

Innerhalb der Kostenträgerrechnung wird zwischen den externen und internen Produkten oder Leistungen unterschieden. **Externe Produkte** oder Leistungen werden regelmäßig für Personen oder Zielgruppen erbracht, die außerhalb der Verwaltung stehen. **Interne Produkte** geben Auskunft darüber, was die Erstellung der Produkte oder Leistungen im innerbetrieblichen Leistungsaustausch kosten. Die internen Produkte/Leistungen bilden sozusagen die Vorleistung zur externen Leistung und sind deshalb auf diese zu verrechnen.

Kernstück der Kostenrechnung sind die **Produkte/Dienstleistungen**, da erst **1603** durch sie die Verwaltungsleistungen sichtbar werden. Bei der Produktbildung sind zunächst die behördlichen Arbeitsprozesse deutlich zu machen und zu klären.

Eine Reihe von Verwaltungsleistungen ist relativ einfach zu erkennen und in eine Produktkategorie zu fassen. Dies trifft etwa auf die Erstellung eines Einberufungsbescheids, eines Gebührenbescheids, eines Steuerbescheids u.ä. zu.

Weniger einfacher ist es bei Tätigkeiten der Verwaltung, die oberflächlich betrachtet, nicht abgrenzbar oder klar definierbar sind.

4.4 Leistungsrechnung

1604 Durch die **Leistungsrechnung** (Qualitätsmessung) ist es möglich, den sog. **Output** der Aktivitäten einer Behörde abzubilden. Sie bildet das Gegenstück zur Kostenrechnung.

Setzt man Kosten und Leistungen ins Verhältnis, kann die **Effizienz** einer Behörde ermittelt werden.

So kann z. B. festgestellt werden, ob die Verwaltungen kostendeckend arbeiten. Stehen andere Ziele in einer Behörde im Vordergrund, die die Kostendeckung nicht in erster Linie verfolgen (z. B. politische, kulterelle Ziele), gilt es Möglichkeiten zu suchen, den Grad der Zielverfolgung zu erreichen bzw. messbar zu machen.

1605 Die **Qualitätsmessung** ist deshalb wichtig, um zu verhindern, dass Einsparungen zu Lasten der Qualität eines Produkts/einer Leistung gehen. So wird Wert darauf zu legen sein, dass beispielsweise eine Baugenehmigung nicht nur rechtlich nicht zu beanstanden ist, sondern auch in einem zeitlich angemessenen Zeitraum ausgestellt wird.

Dem Ergebnis, welche Indikatoren zum Schluss für ein Produkt/eine Leistung am besten geeignet ist, wird regelmäßig in Rahmen einer gewissenhaften **Ermessensausübung** zu entscheiden sein.

5. Controlling

5.1 Allgemeines

1606 **Controlling** ist ein Entscheidungs-, Führungs- und Steuerungsinstrument, um bestimmte Verwaltungsziele zu erreichen. Es gewährt eine zeitnahe Informationsversorgung und Informationsaufbereitung in der Gestalt, dass eine ergebnisorientierte Planung, Steuerung und Überwachung aller Organisationsbereiche möglich ist.

Controlling ist mithin ein Instrument, **das die KLR fortführt**, indem es die Frage beantwortet, wie die bereitgestellten Informationen gezielt eingesetzt werden können.

Controlling
- ist ein Steuerungselement,
- dient der Informationsversorgung
- ist Entscheidungs- und Führungshilfe,
- ist ein Analysemittel,
- dient als Bindeglied zwischen KLR und anderen Steuerungsinstrumenten und
- hilft als Instrument für die Planung.

5.2 Operatives und strategisches Controlling

Es wird zwischen dem operativen und dem strategischen Controlling unterschieden. Das **operative Controlling** ist in erster Linie kurz- bzw. mittelfristig ausgerichtet. Im Vordergrund des operativen Controllings stehen vor allem die **quantitativen** Auswertungen. 1607

Die Zielrichtung des **strategischen Controlling** ist dagegen langfristig, planerisch und qualitativ ausgelegt. Es bezieht sich folglich auf Grundsatzfragen zur Steuerung der Verwaltung. So werden beispielsweise kurzfristige Soll-Ist-Vergleiche (Warum ist diese Leistung im Vergleich zum Vorjahr so teuer?) langfristig eher zu Qualitätsverbesserungen (Wie kann die Behörde bürgernäher auf die Bedürfnisse der jeweiligen Adressaten reagieren?) führen.

5.3 Instrumente des Controllings

Das Controlling verfügt über eine Vielzahl von Instrumenten. Welche Maßnahmen für die jeweilige Behörde in Betracht kommen, hängt von dem jeweiligen Informationsbedarf der Behördenführung ab. 1608

Das wichtigste Instrument des operativen Controlling ist allerdings das **Berichtswesen**. Es dient dazu, **Informationen des KLR** adressatengerecht aufzubereiten. Das Berichtswesen hat gleichsam eine Filterfunktion für Informationen an die jeweiligen Verwaltungsebenen. Nur so ist es möglich, die Transparenz der KLR zu erhalten und eine nicht mehr zu überblickende Informationsflut zu vermeiden. 1609

Langfristig stehen indessen beispielsweise die Entwicklung von Kennzahlen oder **Zielbildungsprozesse** im Vordergrund.

5.3.1 Benchmarking

Benchmarking ist der **systematische Vergleich von verwandten Produkten/ Dienstleistungen** oder Arbeitsprozessen **in Organisationseinheiten**. Ziel ist es, durch den Vergleich mit anderen Behörden oder Organisationseinheiten im eigenen Hause (und/oder der Privatwirtschaft) Abweichungen und Möglichkeiten zur Verbesserung der Aufgabenwahrnehmung aufzuzeigen. 1610

So kann durch Benchmarking beispielsweise ermittelt werden, ob vergleichbare Organisationseinheiten mit geringeren Budgets auskommen oder bei gleicher Ausstattung mehr leisten. Es geht also darum, von „den Besten“ zu lernen. Im Regelfall bedient man sich dazu umfangreicher Kennzahlensysteme, die jedoch fallspezifisch entwickelt werden müssen.

Benchmarking ist ein kontinuierlicher, systematischer Prozess, 1611
- zum Vergleichen der eigenen Prozesse mit Arbeitsprozessen von anderen Organisationen,

- die beste Art der Ausführung zu repräsentieren,
- um durch das Lernen von anderen die eigene Organisation zu verbessern.

5.3.2 Zielbildungsprozesse

1612 Eine sinnvolle Anwendung der KLR ist nur dann möglich, wenn die Verwaltung weiß, wie sie die gewonnenen Informationen einsetzt, d. h. im Idealfall nutzt sie die KLR als **Instrument zur Zielerreichung**.

Die Ziele müssen dabei festgelegt werden. Dies geschieht in der Regel durch sogenannte **Zielvereinbarungen**. Damit kann sichergestellt werden, dass die von der Behörde festgelegten Prioritäten auch beschleunigt werden. Zielvereinbarungen sind ein modernes Führungsinstrument zur Steuerung eines Bereiches oder einer Organisation. Sie werden in der Regel zwischen Behördenleitung und den untergeordneten Organisationseinheiten geschlossen.

Beispiel:
Mit dem Abteilungsleiter der Abteilung „Finanzen" wird ein Ziel über die Kostensenkung bis Ende des Jahres 20xx vereinbart. Fest steht nur das Ziel, der Weg dahin bleibt der Abteilung überlassen.

Welchen **Inhalt** eine Zielvereinbarung haben sollte, hängt sowohl von den behördlichen Zielen als auch von den Beteiligten (Hausleitung/Abteilungen; Abteilungen/Referate; Referate/Mitarbeiter) ab.

Grundsätzlich sollten in Zielvereinbarungen **mindestens folgende Inhalte** aufgenommen werden:

- Vereinbarungspartner (z. B. Abteilung/Referat/Dezernat),
- Laufzeit der Zielvereinbarung (z. B. ein Jahr),
- Aufgabenbeschreibung einschließlich Messgrößen (z. B. Initiierung der KLR in noch nicht erfassten Behörden, Messgröße: Anzahl neu erfasster Behörden),
- Ressourcen zur Erfüllung der Aufgaben,
- Berichtswesen (z. B. halbjährlicher Zwischenstand).

6. Kosten- und Leistungsrechnung (Kurzfassung)

1613 Die KLR ist als modernes **finanzwirtschaftliches Steuerungsinstrument** in der öffentlichen Verwaltung inzwischen fest verankert. Dabei gestaltete sich der Einführungsprozess nicht immer einfach, denn trotz allgemein bekannter betriebswirtschaftlicher Erkenntnisse betrat man in der öffentlichen Verwaltung Neuland.

Ein „Experiment" in dieser Größenordnung, das Denk-, Verhaltens- und Arbeitsprozesse so nachhaltig verändert, gab es in der Vergangenheit selten. Wie viele Reformvorhaben stieß auch die KLR zunächst auf Vorbehalte und Bedenken.

Erschwerend kam hinzu, dass das begriffliche Instrumentarium der KLR nicht leichtverständlich ist und die Bereitschaft voraussetzt, sich mit betriebswirtschaftlichen Inhalten auseinander zu setzen.

Mittlerweile hat sich jedoch in vielen Verwaltungen die Erkenntnis durchgesetzt, **1614**
dass **produkt- und leistungsorientiertes Denken** nicht nur die Transparenz über das eigene Handeln erhöht, sondern auch den gezielteren Umgang mit finanziellen Ressourcen und damit bessere Steuerungsmöglichkeiten eröffnet.

Nachdem sich im Einführungsprozess gezeigt hat, dass keine grundsätzlich unge- **1615**
eigneten Bereiche für die KLR existieren, ist nunmehr der Schwerpunkt auf die Anwendung der gewonnenen Daten zu legen. Dementsprechend werden zukünftig vor allem **zwei Ziele** im Vordergrund stehen:

- die Verwendung der KLR-Daten als Grundlage für ein Controlling,
- der Einsatz der KLR-Daten im Haushaltsverfahren (z. B. Darstellung von Produkthaushalten). Daneben wird das BMF Pilotprojekte bei bisher noch nicht erfassten Bereichen initiieren und unterstützen.

Wenn auch viele Behörden bereits Controllingaktivitäten vorweisen können, so hat doch das bisherige Vorgehen die Erkenntnis gebracht, dass die Etablierung der KLR ein langfristiger Prozess ist. Er erfordert die Akzeptanz und Unterstützung aller Beschäftigten, insbesondere der Führungskräfte in der Verwaltung. Nur wenn die Führungsebene den Prozess unterstützt und fördert, kann das neue Instrumentarium sinnvoll genutzt werden.

Anhänge

Anhang 1

Gesetz über die Feststellung des Bundeshaushaltsplans für das Haushaltsjahr 2012 (Haushaltsgesetz 2012)

vom 22.12.2011 (BGBl. I S. 2983)

– Auszug –

Abschnitt 1
Allgemeine Ermächtigungen

§ 1
Feststellung des Haushaltsplans

(1) Der diesem Gesetz als Anlage beigefügte Bundeshaushaltsplan für das Haushaltsjahr 2012 wird in Einnahmen und Ausgaben auf 306 200 000 000 Euro festgestellt.

(2) Der dem Kapitel 6002 des Bundeshaushaltsplans für das Haushaltsjahr 2012 als Anlage 3 beigefügte Wirtschaftsplan des Sondervermögens „Energie- und Klimafonds" wird für das Jahr 2012 in Einnahmen und Ausgaben auf 780 000 000 Euro festgestellt.

§ 2
Kreditermächtigungen

(1) Das Bundesministerium der Finanzen wird ermächtigt, zur Deckung von Ausgaben für das Haushaltsjahr 2012 Kredite bis zur Höhe von 26 100 000 000 Euro aufzunehmen.

(2) [1]Dem Kreditrahmen nach Absatz 1 wachsen die Beträge zur Tilgung von im Haushaltsjahr 2012 fällig werdenden Krediten zu; deren Höhe ergibt sich aus dem Saldo der im Kreditfinanzierungsplan (Teil IV des Gesamtplans) ausgewiesenen Ausgaben zur Tilgung von Krediten (Nummer 2) und den sonstigen Einnahmen zur Schuldentilgung (Nummer 1.2). [2]Dem Kreditrahmen nach Satz 1 wachsen im Falle eines unvorhergesehenen Bedarfs Beträge in Höhe von bis zu 15 000 000 000 Euro zum Rückkauf von Wertpapieren des Bundes oder zur Rückzahlung von Darlehen zu, soweit die in Satz 1 genannte Summe der Beträge zur Tilgung überschritten wird. [3]Das Bundesministerium der Finanzen wird ermächtigt, Mehreinnahmen bei Kapitel 6002 Titel 133 01 zur Tilgung der Schulden des Bundes zu verwenden; insoweit vermindert sich die Ermächtigung nach Satz 1. [4]Die dem Erblastentilgungsfonds aus dem Bundesbankgewinn zufließenden Mehreinnahmen bei Kapitel 6002 Titel 121 04 vermindern die

Ermächtigung nach Satz 1. [5]Bei Mehreinnahmen nach Satz 3 können Maßnahmen nach § 60 Absatz 2 der Bundeshaushaltsordnung ergriffen werden.

(3) [1]Das Bundesministerium der Finanzen wird ermächtigt, ab Oktober des Haushaltsjahres im Vorgriff auf die Kreditermächtigung des nächsten Haushaltsjahres Kredite bis zur Höhe von 4 Prozent des in § 1 festgestellten Betrages aufzunehmen. [2]Diese Kredite sind auf die Kreditermächtigung des nächsten Haushaltsjahres anzurechnen.

(4) [1]Auf die Kreditermächtigung ist bei Diskontpapieren der Nettobetrag anzurechnen. [2]Fremdwährungsanleihen sind auf Basis desjenigen Wechselkurses auf die Kreditermächtigung anzurechnen, der sich aus dem spätestens gleichzeitig abgeschlossenen ergänzenden Vertrag zur Begrenzung des Währungsrisikos ergibt.

(5) [1]Das Bundesministerium der Finanzen wird ermächtigt, zum Aufbau von Eigenbeständen Kredite bis zur Höhe von 5 Prozent des Betrages der umlaufenden Bundesanleihen, Bundesobligationen, Bundesschatzanweisungen und unverzinslichen Schatzanweisungen aufzunehmen, dessen Höhe sich aus der jeweils letzten im Bundesanzeiger veröffentlichten Übersicht über den Stand der Schuld der Bundesrepublik Deutschland ergibt. [2]Auf die Kreditermächtigung sind die Beträge anzurechnen, die aufgrund von Ermächtigungen früherer Haushaltsgesetze aufgenommen worden sind. [3]Das Bundesministerium der Finanzen wird ferner ermächtigt, Eigenbestände in Form der Wertpapierleihe zu verwenden oder sie im Rahmen der Kreditermächtigungen des Satzes 1, des Absatzes 1 und des Absatzes 2 Satz 1 zu verkaufen.

(6) Das Bundesministerium der Finanzen wird ermächtigt, im Rahmen der Kreditfinanzierung und der Kassenverstärkungskredite im laufenden Haushaltsjahr ergänzende Verträge abzuschließen

1. zur Optimierung der Zinsstruktur und zur Begrenzung von Zinsänderungsrisiken mit einem Vertragsvolumen von höchstens 80 000 000 000 Euro sowie
2. zur Begrenzung des Zins- und Währungsrisikos von Fremdwährungsanleihen mit einem Vertragsvolumen von bis zu 30 000 000 000 Euro.

Auf diese Höchstgrenzen werden zusätzliche Verträge nicht angerechnet, die Zinsrisiken aus bereits bestehenden Verträgen verringern oder ausschließen.

(7) [1]Das Bundesministerium der Finanzen wird ermächtigt, auch im folgenden Haushaltsjahr bis zum Tag der Verkündung des Haushaltsgesetzes im Rahmen der Kreditaufnahme folgende Verträge abzuschließen:

1. Kredite bis zur Höhe der Ermächtigung nach Absatz 2 Satz 1 dürfen zur Tilgung fällig werdender Kredite aufgenommen werden;
2. Verträge nach Absatz 6 dürfen in dem in dieser Vorschrift bestimmten Umfang abgeschlossen werden.

[2]Die so in Anspruch genommenen Ermächtigungen werden auf die jeweiligen Ermächtigungen des folgenden Haushaltsjahres angerechnet.

(8) Vor Inanspruchnahme der über 0,5 Prozent des in § 1 festgelegten Betrages liegenden Kreditermächtigungen nach § 18 Absatz 3 Satz 1 der Bundeshaushaltsordnung ist der Haushaltsausschuss des Deutschen Bundestages zu unterrichten, sofern nicht aus zwingenden Gründen eine Ausnahme geboten ist.

(9) [1]Das Bundesministerium der Finanzen wird ermächtigt, Kassenverstärkungskredite bis zur Höhe von 10 Prozent des in § 1 festgestellten Betrages aufzunehmen. [2]Für Geschäfte, die den gleichzeitigen Ver- und Rückkauf von Bundeswertpapieren beinhalten, können weitere Kassenverstärkungskredite bis zur Höhe von 10 Prozent des in § 1 festgestellten Betrages aufgenommen werden. [3]Auf die Kreditermächtigung sind die Beträge anzurechnen, die aufgrund von Ermächtigungen früherer Haushaltsgesetze aufgenommen worden sind.

(10) [1]Das Bundesministerium der Finanzen wird ermächtigt, zur Finanzierung der der Bundesanstalt für Landwirtschaft und Ernährung nach § 2 Absatz 1 Satz 2 Nummer 2 des Gesetzes über die Errichtung einer Bundesanstalt für Landwirtschaft und Ernährung vom 2. August 1994 (BGBl. I S. 2018, 2019), das zuletzt durch Artikel 11 des Gesetzes vom 9. Dezember 2010 (BGBl. I S. 1885) geändert worden ist, obliegenden Aufgabe Kassenverstärkungskredite bis zur Höhe von 7 000 000 000 Euro aufzunehmen. [2]Auf die Kreditermächtigung sind die Beträge anzurechnen, die aufgrund von Ermächtigungen früherer Haushaltsgesetze aufgenommen worden sind.

§ 3
Gewährleistungsermächtigungen

(1) [1]Das Bundesministerium der Finanzen wird ermächtigt, Bürgschaften, Garantien oder sonstige Gewährleistungen bis zur Höhe von insgesamt 436 875 000 000 Euro zu übernehmen, davon

1. bis zu 135 000 000 000 Euro im Zusammenhang mit förderungswürdigen oder im besonderen staatlichen Interesse der Bundesrepublik Deutschland liegenden Ausfuhren,
2. bis zu 50 000 000 000 Euro
   a) für Kredite an ausländische Schuldner zur Finanzierung förderungswürdiger Vorhaben oder bei besonderem staatlichen Interesse der Bundesrepublik Deutschland;
   b) zur Absicherung des politischen Risikos bei förderungswürdigen Direktinvestitionen im Ausland;
   c) für Kredite der Europäischen Investitionsbank an Schuldner außerhalb der Europäischen Union;
3. bis zu 9 000 000 000 Euro
   a) für Kredite zur Mitfinanzierung entwicklungspolitisch förderungswürdiger Vorhaben der bilateralen Finanziellen Zusammenarbeit,
   b) für zinsverbilligte Kredite für entwicklungspolitisch förderungswürdige Vorhaben der bilateralen Finanziellen Zusammenarbeit und für zinsverbil-

ligte Kredite an den Clean Technology Fund und an die Infrastructure Crisis Facility der Weltbankgruppe,
   c) für Förderkredite der Kreditanstalt für Wiederaufbau für entwicklungspolitisch förderungswürdige Vorhaben der bilateralen Finanziellen Zusammenarbeit sowie
   d) für mit Mitteln des Energie- und Klimafonds zinsverbilligte Kredite der Kreditanstalt für Wiederaufbau für Vorhaben des internationalen Klima- und Umweltschutzes,
4. bis zu 700 000 000 Euro für Marktordnungs- und Bevorratungsmaßnahmen auf dem Ernährungsgebiet,
5. bis zu 171 000 000 000 Euro zur Förderung der Binnenwirtschaft und zur Abdeckung von Haftungslagen im In- und Ausland,
6. bis zu 62 000 000 000 Euro im Zusammenhang mit der Beteiligung der Bundesrepublik Deutschland an europäischen oder internationalen Finanzinstitutionen und Fonds,
7. bis zu 1 175 000 000 Euro für die Treuhandanstalt-Nachfolgeeinrichtungen,
8. bis zu 8 000 000 000 Euro zur Absicherung des Zinsrisikos bei der Refinanzierung von Krediten für den Bau von Schiffen auf deutschen Werften.

[2]Einzelheiten ergeben sich aus den verbindlichen Erläuterungen zu Kapitel 3208 des Bundeshaushaltsplans.

(2) Auf die in Absatz 1 Satz 1 genannten Höchstbeträge werden die aufgrund der Ermächtigungen früherer Haushaltsgesetze übernommenen Gewährleistungen angerechnet, soweit der Bund noch in Anspruch genommen werden kann oder soweit er in Anspruch genommen worden ist und für die erbrachten Leistungen keinen Ersatz erlangt hat.

(3) Gewährleistungen nach Absatz 1 Satz 1 können auch in ausländischer Währung übernommen werden; sie sind auf der Basis desjenigen Euro-Referenzkurses der Europäischen Zentralbank auf den Höchstbetrag anzurechnen, der vor der Ausfertigung der Gewährleistungserklärung zuletzt festgestellt worden ist.

(4) [1]Eine Bürgschaft, Garantie oder sonstige Gewährleistung ist auf den Höchstbetrag der entsprechenden Ermächtigung in der Höhe anzurechnen, in der der Bund daraus in Anspruch genommen werden kann. [2]Zinsen und Kosten sind auf den jeweiligen Ermächtigungsrahmen nur anzurechnen, soweit dies gesetzlich bestimmt ist oder bei der Übernahme ein gemeinsamer Haftungsbetrag für Hauptverpflichtung, Zinsen und Kosten festgelegt wird.

(5) Soweit in den Fällen der Gewährleistungsübernahme nach Absatz 1 Satz 1 der Bund ohne Inanspruchnahme von seiner Haftung frei wird oder Ersatz für erbrachte Leistungen erlangt hat, ist eine übernommene Gewährleistung auf den Höchstbetrag nicht mehr anzurechnen.

(6) Die in Absatz 1 Satz 1 Nummer 1 bis 8 genannten Ermächtigungsrahmen können mit Einwilligung des Haushaltsausschusses des Deutschen Bundestages

auch für Zwecke der jeweils anderen Gewährleistungsermächtigungen verwendet werden.

(7) [1]Das Bundesministerium der Finanzen wird ermächtigt, zusätzliche Gewährleistungen nach Absatz 1 Satz 1 bis zur Höhe von 30 Prozent des in Absatz 1 Satz 1 bestimmten Ermächtigungsrahmens mit Einwilligung des Haushaltsausschusses des Deutschen Bundestages unter den Voraussetzungen des § 37 Absatz 1 der Bundeshaushaltsordnung zu übernehmen. [2]Eine Ausnahme von der Einwilligung des Haushaltsausschusses ist nur aus zwingenden Gründen gestattet.

(8) Vor Übernahme von Bürgschaften, Garantien und sonstigen Gewährleistungen nach Absatz 1 Satz 1, die eine Übernahme einer Eventualverpflichtung von 1 000 000 000 Euro oder mehr vorsehen, ist der Haushaltsausschuss des Deutschen Bundestages zu unterrichten, sofern nicht aus zwingenden Gründen eine Ausnahme geboten ist.

§ 4
Über- und außerplanmäßige Ausgaben und Verpflichtungsermächtigungen

(1) [1]Der Betrag nach § 37 Absatz 1 Satz 4 der Bundeshaushaltsordnung wird auf 5 000 000 Euro festgesetzt. [2]Über- und außerplanmäßige Ausgaben, die im Einzelfall den in Satz 1 festgelegten Betrag, im Falle der Erfüllung von Rechtsverpflichtungen einen Betrag von 50 000 000 Euro überschreiten, sind vor Einwilligung des Bundesministeriums der Finanzen dem Haushaltsausschuss des Deutschen Bundestages zur Unterrichtung vorzulegen, sofern nicht aus zwingenden Gründen eine Ausnahme geboten ist.

(2) [1]Der Betrag nach § 38 Absatz 1 Satz 3 der Bundeshaushaltsordnung wird auf 10 000 000 Euro festgesetzt. [2]Für überplanmäßige oder außerplanmäßige Verpflichtungsermächtigungen, bei denen die Ausgaben nur in einem Haushaltsjahr fällig werden, wird der Betrag auf 5 000 000 Euro festgesetzt. [3]Die Betragsgrenze nach Satz 2 wird auch überschritten, wenn bei mehrjährigen überplanmäßigen oder außerplanmäßigen Verpflichtungsermächtigungen der in Satz 2 genannte Betrag in einem Fälligkeitsjahr überschritten wird. [4]Wenn überplanmäßige oder außerplanmäßige Ausgaben und überplanmäßige oder außerplanmäßige Verpflichtungsermächtigungen zusammentreffen, gilt insgesamt der in Satz 1 genannte Betrag; Absatz 1 bleibt unberührt. [5]Überplanmäßige und außerplanmäßige Verpflichtungsermächtigungen, die die in den Sätzen 1 bis 4 festgelegten Beträge überschreiten, sind vor Einwilligung des Bundesministeriums der Finanzen dem Haushaltsausschuss des Deutschen Bundestages zur Unterrichtung vorzulegen, sofern nicht aus zwingenden Gründen eine Ausnahme geboten ist. [6]Bei überplanmäßigen und außerplanmäßigen Verpflichtungsermächtigungen ist § 37 Absatz 4 der Bundeshaushaltsordnung entsprechend anzuwenden.

(3) Das Bundesministerium der Finanzen wird ermächtigt, mit Einwilligung des Haushaltsausschusses des Deutschen Bundestages bei Aktiengesellschaften,

an denen der Bund beteiligt ist, einem genehmigten Kapital im Sinne des § 202 des Aktiengesetzes zuzustimmen und sich zur Leistung des auf den Bundesanteil entfallenden Erhöhungsbetrages zu verpflichten.

Abschnitt 2
Bewirtschaftung von Einnahmen, Ausgaben und Verpflichtungsermächtigungen

§ 5
Flexibilisierte Ausgaben

(1) Auf die in Teil I des Gesamtplans aufgeführten Kapitel (Flexibilisierte Ausgaben) des Bundeshaushalts sind die Absätze 2 bis 4 anzuwenden, soweit im Einzelfall keine andere Regelung getroffen ist.

(2) [1]Innerhalb der einzelnen Kapitel sind jeweils gegenseitig deckungsfähig:

1. Ausgaben der Hauptgruppe 4 ohne Ausgaben der Titel der Gruppe 411 sowie Ausgaben der Titel 634 .3,
2. Ausgaben der Titel 511 .1, 514 .1, 517 .1, 518 .1, 519 .1, 525 .1, 526 .1, 526 .2, 526 .3, 527 .1, 527 .3, 539 .9, 543 .1, 544 .1, 545 .1 und der entsprechenden Titel der Titelgruppen 55 und 56 sowie der Titel 532 55, 532 56 und 546 88,
3. Ausgaben der Titel der Gruppe 711, der Titel 712 .1 und der entsprechenden Titel der Titelgruppen 55 und 56,
4. Ausgaben der Hauptgruppe 8.

[2]Ausgaben anderer als der in den Nummern 1 bis 4 aufgeführten Titel, die durch Haushaltsvermerk in die flexibilisierten Ausgaben einbezogen werden, sind innerhalb der einzelnen Kapitel dem jeweiligen Ausgabenbereich nach Maßgabe ihrer Hauptgruppenzugehörigkeit zuzuordnen. [3]Entsprechende Titel der Hauptgruppe 6 mit Ausnahme des Titels 634 .3 bilden innerhalb der einzelnen Kapitel einen eigenständigen Ausgabenbereich und sind gegenseitig deckungsfähig.

(3) Im Verhältnis der Ausgabenbereiche des Absatzes 2 zueinander dürfen zusätzliche Ausgaben bis zur Höhe von 20 Prozent der Summe der Sollansätze des jeweiligen Ausgabenbereiches aus Einsparungen bei den anderen in Absatz 2 genannten Ausgabenbereichen geleistet werden.

(4) Die Ausgaben der in Absatz 2 genannten Ausgabenbereiche sind übertragbar.

(5) Das Nähere bestimmt das Bundesministerium der Finanzen.

§ 6
Verstärkungsmöglichkeiten, Deckungsfähigkeit, Zweckbindung

(1) Innerhalb eines Kapitels fließen die Einnahmen den Ausgaben bei folgenden Titeln zu:

1. Titel der Hauptgruppe 4 aus Personalkostenzuschüssen für die berufliche Eingliederung behinderter und schwerbehinderter Menschen sowie für Arbeitsbe-

schaffungsmaßnahmen und weitere Maßnahmen zur Eingliederung Arbeitsloser sowie aus Erstattungsleistungen nach dem Altersteilzeitgesetz vom 23. Juli 1996 (BGBl. I S. 1078) in seiner jeweils geltenden Fassung,
2. Titel der Hauptgruppen 5 bis 8 aus Sachkostenzuschüssen für die berufliche Eingliederung behinderter und schwerbehinderter Menschen,
3. Titel der Obergruppe 44 aus Erstattungen und Schadenersatzleistungen Dritter.

(2) Innerhalb eines Kapitels fließen die Einnahmen den Ausgaben bei den Titeln zu, die mit ihrem vollen Sollansatz den flexibilisierten Ausgabenbereichen gemäß § 5 Absatz 2 Nummer 1 oder Nummer 2 zugeordnet sind, soweit es sich bei den Einnahmen um Erstattungen und Beiträge Dritter handelt.

(3) Für die Kapitel des Bundeshaushalts, auf die § 5 Absatz 2 bis 4 nicht anzuwenden ist, gilt:
1. Die obersten Bundesbehörden können die Deckungsfähigkeit der Ausgaben bei Titeln der Gruppen 511 bis 525, 527 und 539 innerhalb eines Kapitels anordnen, soweit die Mittel nicht übertragbar sind, die Mehrausgaben des Einzeltitels nicht mehr als 20 Prozent betragen und die Maßnahme wirtschaftlich zweckmäßig erscheint.
2. Soweit eine Deckung nach Nummer 1 nicht möglich ist, kann das Bundesministerium der Finanzen in besonders begründeten Ausnahmefällen zulassen, dass Mehrausgaben bei Titeln der Gruppen 514 und 517 bis zur Höhe von 30 Prozent des Sollansatzes durch Einsparungen anderer Ausgaben innerhalb der Hauptgruppe 5 desselben Einzelplans gedeckt werden.
3. Mehrausgaben bei Titel 526 01 einschließlich der entsprechenden Titel in den Titelgruppen können gegen Einsparungen bei anderen Ausgaben der Obergruppen 51 bis 54 desselben Einzelplans gedeckt werden.

(4) Innerhalb eines Kapitels dürfen Mehrausgaben für Mieten und Pachten im Zusammenhang mit dem Einheitlichen Liegenschaftsmanagement bei Titel 518 .2 bis zur Höhe der Einsparungen bei den in die Flexibilisierung nach § 5 einbezogenen Titeln geleistet werden.

(5) [1]Das Bundesministerium der Finanzen wird ermächtigt, mit Einwilligung des Haushaltsausschusses des Deutschen Bundestages innerhalb des Einzelplans 14 die Deckungsfähigkeit der Ausgaben bei Titeln der Gruppen 551 bis 559 der Kapitel 1407, 1409, 1412, 1416 und 1420 sowie bei Titel 514 03 in Kapitel 1407 anzuordnen, falls dies aufgrund nach Inkrafttreten des Haushaltsgesetzes eingetretener Umstände wirtschaftlich zweckmäßig erscheint. [2]Diese Regelung gilt auch für übertragbare Ausgaben. [3]Das Bundesministerium der Finanzen wird darüber hinaus ermächtigt, mit Einwilligung des Haushaltsausschusses des Deutschen Bundestages innerhalb des Einzelplans 14 die Deckungsfähigkeit der Ausgaben bei einzelnen Titeln mit Ausnahme der Titel der Gruppe 529 anzuordnen, wenn unvorhergesehen und unabweisbar Mehrausgaben geleistet werden müssen, um die Wirtschaftlichkeit des Betriebs der Streitkräfte zu verbessern.

(6) [1]Bei Titel 537 02 des Kapitels 6003 fließen Erstattungen der obersten Bundesbehörden für die Inanspruchnahme des Flugdienstes zwischen Köln/Bonn und Berlin den Ausgaben zu. [2]Bei den Titeln 527 01 und 453 01 der obersten Bundesbehörden fließen Erstattungen des nachgeordneten Bereichs sowie von Dritten im Zusammenhang mit dem Flugdienst zwischen Köln/Bonn und Berlin den Ausgaben zu.

(7) [1]Innerhalb eines Kapitels können Mehreinnahmen aus der Veräußerung von Dienstkraftfahrzeugen herangezogen werden, um die Ausgaben für die Ersatzbeschaffung von Dienstkraftfahrzeugen zu verstärken. [2]Das Nähere bestimmt das Bundesministerium der Finanzen.

(8) Das nach Artikel 1 des Straßenbaufinanzierungsgesetzes in der im Bundesgesetzblatt Teil III, Gliederungsnummer 912-3, veröffentlichten bereinigten Fassung, das zuletzt durch Artikel 285 der Verordnung vom 31. Oktober 2006 (BGBl. I S. 2407) geändert worden ist, und nach Artikel 3 des Verkehrsfinanzgesetzes 1971 vom 28. Februar 1972 (BGBl. I S. 201), das zuletzt durch Artikel 99 des Gesetzes vom 8. Dezember 2010 (BGBl. I S. 1864) geändert worden ist, für Zwecke des Straßenwesens gebundene Aufkommen an Mineralölsteuer ist auch für sonstige verkehrspolitische Zwecke im Bereich des Bundesministeriums für Verkehr, Bau und Stadtentwicklung zu verwenden.

§ 7
Überlassung und Veräußerung von Vermögensgegenständen

(1) [1]Nach § 63 Absatz 3 Satz 2 der Bundeshaushaltsordnung wird zugelassen, dass von Bundesdienststellen im Bereich der Datenverarbeitung entwickelte Software unentgeltlich an Stellen der öffentlichen Verwaltung im Inland abgegeben wird, soweit Gegenseitigkeit besteht. [2]Das gilt auch für von Bundesdienststellen erworbene Software. [3]Für erworbene Lizenzen an Standardsoftware ist die jeweilige Lizenzvereinbarung maßgebend.

(2) Nach § 63 Absatz 3 Satz 2 der Bundeshaushaltsordnung wird zugelassen, dass Vorschriften in elektronischer Form, beispielsweise über das Internet, unentgeltlich oder gegen ermäßigtes Entgelt bereitgestellt werden können.

§ 8
Bewilligung von Zuwendungen

(1) Ausgaben und Verpflichtungsermächtigungen für Zuwendungen im Sinne des § 23 der Bundeshaushaltsordnung zur Deckung der gesamten Ausgaben oder eines nicht abgegrenzten Teils der Ausgaben einer Einrichtung außerhalb der Bundesverwaltung (institutionelle Förderung) sind gesperrt, wenn der Haushalts- oder Wirtschaftsplan des Zuwendungsempfängers nicht von dem zuständigen Bundesministerium und dem Bundesministerium der Finanzen gebilligt ist.

(2) [1]Die in Absatz 1 genannten Zuwendungen zur institutionellen Förderung dürfen nur mit der Auflage bewilligt werden, dass der Zuwendungsempfänger seine Beschäftigten nicht besser stellt als vergleichbare Arbeitnehmerinnen und Arbeitnehmer des Bundes. [2]Entsprechendes gilt bei Zuwendungen zur Projektförderung, wenn die Gesamtausgaben des Zuwendungsempfängers überwiegend aus Zuwendungen der öffentlichen Hand bestritten werden. [3]Das Bundesministerium der Finanzen kann bei Vorliegen zwingender Gründe Ausnahmen zulassen.

§ 9
Bezüge

(1) [1]Abweichend von § 50 Absatz 3 der Bundeshaushaltsordnung können die Personalausgaben für abgeordnete Beschäftigte für die Dauer von bis zu drei Jahren von der abordnenden Verwaltung weitergezahlt werden. [2]Weiterzahlungen über drei Jahre hinaus bedürfen, sofern sie nicht durch Haushaltsvermerk geregelt sind, der Einwilligung des Bundesministeriums der Finanzen.

(2) [1]Innerhalb eines Kapitels dürfen Zulagen nach § 45 des Bundesbesoldungsgesetzes in der Fassung der Bekanntmachung vom 19. Juni 2009 (BGBl. I S. 1434), das zuletzt durch Artikel 4 des Gesetzes vom 14. November 2011 (BGBl. I S. 2219) geändert worden ist, für Beamtinnen und Beamte bis zur Höhe von 0,1 Prozent der veranschlagten Ausgaben der Titel 422 .1 geleistet werden. [2]Innerhalb der Kapitel 1401 und 1403 dürfen Zulagen nach § 45 des Bundesbesoldungsgesetzes für Soldatinnen und Soldaten bis zur Höhe von 0,1 Prozent der veranschlagten Ausgaben des Titels 423 01 geleistet werden.

(3) Soweit an Soldatinnen und Soldaten Leistungsprämien und -zulagen gezahlt sowie ihnen Leistungsstufen gewährt werden, sind die Titel der Gruppe 423 der Kapitel 1401 und 1403 gegenseitig deckungsfähig.

§ 10
Verbriefung von Verpflichtungen

Das zuständige Bundesministerium wird ermächtigt, die Beteiligungen, Zuschüsse und Beiträge der Bundesrepublik Deutschland zugunsten der in Kapitel 0904 Titel 687 04, Kapitel 1604 Titel 896 02, Kapitel 2302 Titel 687 52, 687 53, 687 54, 687 55, 687 57, 687 58 und 896 09 des Bundeshaushaltsplans erwähnten internationalen Finanzinstitutionen und Fonds durch Hingabe unverzinslicher Schuldscheine zu erbringen.

§ 11
Liquiditätshilfen, Fälligkeit von Zuschüssen und Leistungen des Bundes an die Rentenversicherung

(1) [1]Die Liquiditätshilfen an die Bundesagentur für Arbeit nach § 364 des Dritten Buches Sozialgesetzbuch sind auf 8 000 000 000 Euro begrenzt. [2]Der Ermächtigungsrahmen darf wiederholt in Anspruch genommen werden.

(2) Die Liquiditätshilfe an die Bundesanstalt für Finanzdienstleistungsaufsicht ist auf 10 000 000 Euro begrenzt.

(3) Die Liquiditätshilfe an die Bundesanstalt für Immobilienaufgaben ist auf 200 000 000 Euro begrenzt.

(4) [1]Die Zuschüsse des Bundes an die allgemeine Rentenversicherung und seine an die allgemeine Rentenversicherung zu entrichtenden Beiträge für Kindererziehungszeiten werden in zwölf gleichen Monatsraten gezahlt. [2]Abweichend von Satz 1 kann im Einvernehmen mit dem Bundesministerium der Finanzen die Zahlung vorgezogen werden, soweit dies zur Stabilisierung der Finanzlage der allgemeinen Rentenversicherung erforderlich ist.

(5) [1]Liquiditätshilfen an den Gesundheitsfonds nach § 271 Absatz 3 des Fünften Buches Sozialgesetzbuch dürfen bis zu einem Betrag von 2 000 000 000 Euro geleistet werden. [2]Der Ermächtigungsrahmen darf wiederholt in Anspruch genommen werden. [3]Die Zahlung von Leistungen des Bundes nach § 221 Absatz 1 des Fünften Buches Sozialgesetzbuch kann im Einvernehmen mit dem Bundesministerium der Finanzen vorgezogen werden, soweit dies zur Vermeidung von Liquiditätshilfen nach § 271 Absatz 3 des Fünften Buches Sozialgesetzbuch erforderlich ist.

(6) [1]Das Bundesministerium der Finanzen wird ermächtigt, eine zinslose, zur Aufrechterhaltung einer ordnungsgemäßen Kassenwirtschaft notwendige Liquiditätshilfe an die Postbeamtenversorgungskasse bis zu einer Höhe von 200 000 000 Euro zu leisten. [2]Das Darlehen ist so bald wie möglich zurückzuzahlen, spätestens jedoch mit dem Ende des Haushaltsjahres.

(7) [1]Das Bundesministerium der Finanzen wird ermächtigt, nach Maßgabe des Satzes 2 der Bundesanstalt für Landwirtschaft und Ernährung zur Erfüllung ihrer Aufgabe nach § 2 Absatz 1 Satz 2 Nummer 2 des Gesetzes über die Errichtung einer Bundesanstalt für Landwirtschaft und Ernährung verzinsliche Liquiditätshilfen bis zu einer Höhe von insgesamt 7 000 000 000 Euro zu leisten. [2]Die Liquiditätshilfen dürfen nur in dem Umfang bereitgestellt werden, in dem Ausgaben zu leisten und entsprechende Mittel aus dem Haushalt der Europäischen Union noch nicht zur Verfügung gestellt sind. [3]Die Liquiditätshilfen sind so bald wie möglich zurückzuzahlen, spätestens jedoch mit Erhalt der Mittelzuweisungen aus dem Haushalt der Europäischen Union.

§ 12
Rückzahlung, Titelverwechslung

(1) Die Rückzahlung zu viel erhobener Einnahmen kann aus dem jeweiligen Einnahmetitel geleistet werden; soll eine Rückzahlung zu viel erhobener Einnahmen geleistet werden, ist sie bei dem betreffenden Einnahmetitel abzusetzen.

(2) [1]Bei Unrichtigkeit einer Zahlung, bei Doppelzahlungen oder Überzahlungen darf die Rückzahlung, soweit § 5 gilt, stets von der Ausgabe abgesetzt werden, im Übrigen nur, wenn die Bücher noch nicht abgeschlossen sind. [2]Die Rückzahlung zu viel geleisteter Personalausgaben ist stets beim jeweiligen Ausgabetitel abzusetzen.

(3) Titelverwechslungen dürfen nur berichtigt werden, solange die Bücher noch nicht abgeschlossen sind.

Abschnitt 3
Bewirtschaftung der Planstellen und Stellen

§ 13
Verbindlichkeit des Stellenplans

(1) [1]Die Erläuterungen zu den Titeln der Gruppe 428 sind hinsichtlich der Zahl der für die einzelnen Entgeltgruppen angegebenen Stellen verbindlich. [2]Abweichungen bedürfen der Einwilligung des Bundesministeriums der Finanzen. [3]Das Bundesministerium der Finanzen kann pauschale Abweichungen von der Verbindlichkeit der Erläuterungen zu den Titeln der Gruppe 428 unter der Bedingung zulassen, dass dadurch die Personalausgaben der einbezogenen Stellen um mindestens 5 Prozent gemindert werden.

(2) [1]Die in den Erläuterungen zu den Titeln, aus denen Verwaltungskosten erstattet oder Zuwendungen im Sinne des § 23 der Bundeshaushaltsordnung zur institutionellen Förderung geleistet werden, für andere als Projektaufgaben ausgebrachten Stellen für Arbeitnehmerinnen und Arbeitnehmer sind hinsichtlich der Gesamtzahl und der Zahl der für die einzelnen Entgelt- oder Vergütungsgruppen angegebenen Stellen vorbehaltlich abweichender Regelungen in den Haushaltsvermerken zu den Stellenplänen verbindlich. [2]Die Wertigkeit außertariflicher Stellen ist durch Angabe der entsprechenden Besoldungsgruppen zu kennzeichnen. [3]Abweichungen von der Verbindlichkeit der Erläuterungen bedürfen der Einwilligung des Bundesministeriums der Finanzen. [4]Für die Fälle unvorhergesehener und tarifrechtlich unabweisbarer Höhergruppierungsansprüche kann das Bundesministerium der Finanzen seine Befugnisse auf die obersten Bundesbehörden übertragen.

§ 14
Ausbringung von Planstellen und Stellen

(1) [1]Das Bundesministerium der Finanzen wird ermächtigt, mit Einwilligung des Haushaltsausschusses des Deutschen Bundestages Planstellen für Beamtinnen und Beamte und Stellen für Arbeitnehmerinnen und Arbeitnehmer sowie Planstellen oberhalb Besoldungsgruppe B 3 für Soldatinnen und Soldaten zusätzlich auszubringen, wenn hierfür ein unabweisbarer, auf andere Weise nicht zu befriedigender Bedarf besteht. [2]Die neu ausgebrachten Planstellen und Stellen sind in finanziell gleichwertigem Umfang durch den Wegfall anderer Planstellen und Stellen einzusparen. [3]Die für den Einzelplan zuständige Stelle gibt dem Bundesrechnungshof Gelegenheit zur Stellungnahme.

(2) [1]Das Bundesministerium der Finanzen wird ermächtigt, Planstellen und Stellen auszubringen, um Bedienstete von bundesunmittelbaren juristischen Personen des öffentlichen Rechts, Unternehmen im Sinne von § 65 der Bundeshaushaltsordnung, Sondervermögen des Bundes oder von durch den Bund institutionell geförderten Zuwendungsempfängern, für die Planstellen und Stellen im Bundeshaushalt nicht ausgebracht sind und bei denen ein Personalüberhang besteht, zu übernehmen. [2]Die Ausbringung dieser Planstellen und Stellen setzt voraus, dass hierfür ein unabweisbarer, auf andere Weise nicht zu befriedigender Bedarf besteht, die Finanzierung der neu ausgebrachten Planstellen und Stellen auf Dauer sichergestellt ist und die Übernahme der Bediensteten zu einer Entlastung des Bundeshaushalts an anderer Stelle führt.

§ 15
Ausbringung und Umsetzung von Planstellen und Stellen für Überhangpersonal

(1) Das Bundesministerium der Finanzen wird ermächtigt, Planstellen für Beamtinnen und Beamte umzusetzen oder neue Planstellen für Beamtinnen und Beamte auszubringen, wenn für die umgesetzten oder neuen Planstellen ein Bedarf besteht und sie mit Überhangpersonal besetzt werden.

(2) Werden Planstellen neu ausgebracht, fallen die bei der abgebenden Behörde frei werdenden Planstellen des übernommenen Überhangpersonals zum Zeitpunkt der Übernahme weg.

(3) Die Absätze 1 und 2 gelten entsprechend für Arbeitnehmerinnen und Arbeitnehmer.

§ 16
Ausbringung von Ersatzplanstellen und Ersatzstellen

(1) [1]Soweit ein unabweisbarer Bedarf besteht, einen Dienstposten wiederzubesetzen, gilt eine Planstelle für die Beamtin oder den Beamten, die oder der als

Ersatzkraft die Funktion wahrnehmen soll, als ausgebracht, wenn die bisherige Inhaberin oder der bisherige Inhaber des Dienstpostens

1. nach § 14 des Deutschen Richtergesetzes in der Fassung der Bekanntmachung vom 19. April 1972 (BGBl. I S. 713), das zuletzt durch Artikel 9 des Gesetzes vom 5. Februar 2009 (BGBl. I S. 160) geändert worden ist, in einem Land als Richterin oder Richter kraft Auftrags verwendet werden soll oder
2. mindestens sechs Monate im Rahmen der internationalen Zusammenarbeit ohne Wegfall der Dienstbezüge verwendet oder auf eine entsprechende Verwendung vorbereitet werden soll.

[2]Die Planstelle ist bis zur Rückkehr der bisherigen Inhaberin oder des bisherigen Inhabers des Dienstpostens befristet und hat die Wertigkeit der Besoldungsgruppe der Beamtin oder des Beamten, die oder der als Ersatzkraft die Funktion wahrnehmen soll; die Wertigkeit der Planstelle der bisherigen Inhaberin oder des bisherigen Inhabers des Dienstpostens wird nicht überschritten. [3]Über den weiteren Verbleib der Planstelle ist im nächsten Haushaltsplan zu entscheiden.

(2) Absatz 1 gilt entsprechend für Richterinnen und Richter, Soldatinnen und Soldaten sowie für Arbeitnehmerinnen und Arbeitnehmer.

§ 17
Ausbringung von Leerstellen

(1) Eine Leerstelle der entsprechenden Besoldungsgruppe gilt von Beginn der Beurlaubung oder Verwendung an als ausgebracht für planmäßige Beamtinnen und Beamte,

1. die nach § 92 Absatz 1 Nummer 2, § 95 Absatz 1, § 90 Absatz 3 Satz 1 Nummer 2 des Bundesbeamtengesetzes vom 5. Februar 2009 (BGBl. I S. 160), das zuletzt durch Artikel 1 des Gesetzes vom 14. November 2011 (BGBl. I S. 2219) geändert worden ist, sowie nach § 7 des Dienstrechtlichen Begleitgesetzes vom 30. Juli 1996 (BGBl. I S. 1183), das zuletzt durch Artikel 15 Absatz 1 des Gesetzes vom 5. Februar 2009 (BGBl. I S. 160) geändert worden ist, ohne Dienstbezüge mindestens für sechs Monate beurlaubt werden,
2. die nach § 6 der Mutterschutz- und Elternzeitverordnung vom 12. Februar 2009 (BGBl. I S. 320) mindestens sechs Monate ohne Unterbrechung Elternzeit in Anspruch nehmen,
3. die im unmittelbaren Anschluss an eine Elternzeit nach Nummer 2 zum Zwecke der Fortsetzung der Kinderbetreuung ohne Dienstbezüge beurlaubt werden,
4. die nach § 24 des Gesetzes über den Auswärtigen Dienst vom 30. August 1990 (BGBl. I S. 1842), das zuletzt durch Artikel 5 des Gesetzes vom 14. November 2011 (BGBl. I S. 2219) geändert worden ist, unter Wegfall der Besoldung für die Dauer der Tätigkeit der Ehepartnerin oder des Ehepartners an einer Auslandsvertretung beurlaubt werden,

5. die im dienstlichen Interesse des Bundes unter Wegfall der Dienstbezüge mindestens sechs Monate für eine der folgenden Verwendungen beurlaubt werden:
   a) bei einer Fraktion oder Gruppe des Deutschen Bundestages oder eines Landtages,
   b) bei einer juristischen Person des öffentlichen Rechts,
   c) bei einer öffentlichen zwischenstaatlichen oder überstaatlichen Einrichtung,
   d) im Rahmen der entwicklungspolitischen Zusammenarbeit oder einer Tätigkeit im Rahmen der Hilfe beim Aufbau des Rechtssystems der Staaten Mittel- und Osteuropas oder der Gemeinschaft Unabhängiger Staaten oder bei einer Auslandshandelskammer,
   e) bei einem zu mindestens 50 Prozent aus Zuwendungen des Bundes institutionell geförderten Zuwendungsempfänger oder bei einer vergleichbaren Mitgliedseinrichtung der Wissenschaftsgemeinschaft Gottfried Wilhelm Leibniz e. V.

oder

6. die beim Bundeskanzleramt oder beim Bundespräsidialamt verwendet werden.

(2) Kehren mehrere Beamtinnen und Beamte gleichzeitig in den Bundesdienst zurück, kann das Bundesministerium der Finanzen Sonderregelungen zur Nachbesetzung treffen.

(3) Die Absätze 1 und 2 gelten entsprechend für Richterinnen und Richter, Soldatinnen und Soldaten sowie für Arbeitnehmerinnen und Arbeitnehmer.

(4) Werden planmäßige Bundesrichterinnen oder Bundesrichter an einem obersten Gerichtshof des Bundes zu Richterinnen oder Richtern des Bundesverfassungsgerichts gewählt, kann die zuständige oberste Bundesbehörde für diese Richterinnen oder Richter eine Leerstelle der bisherigen Besoldungsgruppe ausbringen.

(5) [1]Das Bundesministerium der Finanzen wird ermächtigt, Leerstellen, die nach Absatz 1 Nummer 1 bis Nummer 5 als ausgebracht gelten oder für die in Absatz 1 Nummer 1 bis Nummer 5 genannten Tatbestände ausgebracht sind, anzupassen, wenn eine Beförderung erfolgen soll. [2]Das Bundesministerium der Finanzen wird ermächtigt, die Befugnis nach Satz 1 auf die obersten Bundesbehörden zu übertragen. [3]Leerstellen, die nach Absatz 1 Nummer 6 als ausgebracht gelten oder für die in Absatz 1 Nummer 6 genannten Tatbestände ausgebracht sind, gelten als angepasst, wenn die oder der Bedienstete auf einer Planstelle oder Stelle des Bundeskanzleramtes oder des Bundespräsidialamtes befördert oder höher gruppiert worden ist.

§ 18
Umwandlung von Planstellen und Stellen

Die obersten Bundesbehörden werden ermächtigt, Planstellen in gleichwertige Stellen und Stellen in gleichwertige Planstellen umzuwandeln, soweit dafür ein unabweisbarer Bedarf besteht.

§ 19
Sonderregelungen bei kw-Vermerken

(1) [1]Das Bundesministerium der Finanzen wird ermächtigt zuzulassen, dass von einem kw-Vermerk mit Datumsangabe abgewichen wird, wenn die Planstelle oder Stelle weiter benötigt wird, weil sie nicht rechtzeitig frei wird. [2]In diesem Fall fällt die nächste frei werdende Planstelle oder Stelle der betreffenden Besoldungs- oder Entgeltgruppe weg.

(2) [1]Die obersten Bundesbehörden dürfen Planstellen und Stellen, die einen kw-Vermerk tragen, nach ihrem Freiwerden mit schwerbehinderten Menschen wiederbesetzen, wenn es sich um eine Neueinstellung oder eine beamtenrechtliche Anstellung handelt und eine nach den §§ 71 bis 76 des Neunten Buches Sozialgesetzbuch berechnete Beschäftigungsquote schwerbehinderter Menschen von 6 Prozent bei den Planstellen und Stellen des Einzelplans nicht erreicht ist. [2]Mit Ausscheiden des schwerbehinderten Menschen aus der Planstelle oder Stelle fällt diese weg. [3]Sie bleibt ausnahmsweise erhalten, wenn die Beschäftigungsquote nach Satz 1 zu diesem Zeitpunkt noch nicht erreicht ist und die Planstelle oder Stelle wieder mit einem schwerbehinderten Menschen besetzt wird. [4]Die vorstehende Regelung gilt nicht, wenn die Planstelle oder Stelle den Vermerk „kw mit Wegfall der Aufgabe“ trägt sowie für Ersatzplanstellen und Ersatzstellen, die nach § 16 oder aufgrund der entsprechenden Regelungen früherer Haushaltsgesetze ausgebracht wurden oder als ausgebracht gelten.

§ 20
Überhangpersonal

Freie Planstellen und Stellen sind vorrangig mit Bediensteten zu besetzen, die bei anderen Behörden der Bundesverwaltung wegen Aufgabenrückgangs oder wegen Auflösung der Behörde nicht mehr benötigt werden.

§ 21
Stelleneinsparung

(1) [1]Im Haushaltsjahr 2012 sind im Bundeshaushaltsplan ausgebrachte Planstellen für Beamtinnen und Beamte und Stellen für Arbeitnehmerinnen und Arbeitnehmer in dem finanziellen Umfang einzusparen, der sich ergäbe, wenn 1,5 Prozent dieser Planstellen und Stellen kegelgerecht eingespart würden. [2]Nicht

in die Berechnungsgrundlage einzubeziehen sind Planstellen und Stellen, die neu ausgebracht wurden oder einen kw-Vermerk tragen.

(2) [1]Ausgenommen von der Einsparung sind

1. die Organe der Rechtspflege,
2. die Planstellen der Polizeivollzugsbeamtinnen und -beamten bei der Bundespolizei, beim Bundeskriminalamt und beim Deutschen Bundestag,
3. die Planstellen im Zollfahndungsdienst, beim Zollkriminalamt, bei der Finanzkontrolle Schwarzarbeit der Zollverwaltung, bei den übrigen Kontrolleinheiten der Hauptzollämter sowie bei den Grenzzollämtern,
4. die Planstellen und Stellen bei der Bundesanstalt Technisches Hilfswerk und
5. die Planstellen und Stellen in den Vertretungen des Bundes im Ausland.

[2]Die Planstellen und Stellen dieser Bereiche sind bei den Berechnungen nach den Absätzen 1 und 3 nicht zu berücksichtigen.

(3) [1]Das Verhältnis der Wertigkeiten der eingesparten Planstellen und Stellen soll sich am Verhältnis der Wertigkeiten der Planstellen und Stellen des Haushaltsplans 2012 orientieren. [2]Dabei sind die obersten Bundesbehörden und die nachgeordnete Bundesverwaltung innerhalb des Einzelplans jeweils gesondert zu berücksichtigen.

(4) Das Bundesministerium der Finanzen wird ermächtigt, in sachlich begründeten Fällen

1. eigene Einsparkonzepte der Ressorts anzuerkennen,
2. Ausnahmen von der Trennung zwischen oberster Bundesbehörde und nachgeordnetem Bereich zuzulassen,

soweit ein finanzieller Ausgleich durch den Wegfall anderer Planstellen oder Stellen sichergestellt ist.

(5) [1]Die Einsparungen müssen spätestens bis zum 31. Dezember 2012 erbracht sein. [2]Die betroffenen Planstellen und Stellen fallen an diesem Tag weg.

(6) Soweit die Einsparung nach den entsprechenden Regelungen früherer Haushaltsgesetze bis zum Haushaltsjahr 2011 mangels freier Planstellen oder Stellen nicht möglich war, ist sie im Haushaltsjahr 2012 nachzuholen.

(7) Das Nähere bestimmt das Bundesministerium der Finanzen.

Abschnitt 4
Übergangs- und Schlussvorschriften

§ 22
Stelleneinsparung aufgrund der Verlängerung der Wochenarbeitszeit für Beamtinnen und Beamte

(1) [1]Im Haushaltsjahr 2012 sind im Bundeshaushaltsplan ausgebrachte Planstellen für Beamtinnen und Beamte in dem finanziellen Umfang einzusparen, der sich ergäbe, wenn 0,4 Prozent dieser Planstellen kegelgerecht eingespart würden.

[2]Die Einsparung kann auch bei den Stellen für Arbeitnehmerinnen und Arbeitnehmer erbracht werden.

(2) Das Bundesministerium der Finanzen wird ermächtigt, mit Zustimmung des Haushaltsausschusses des Deutschen Bundestages im Zusammenhang mit der Verbesserung der Luftfrachtkontrolle Ausnahmen bei den in § 21 Absatz 2 genannten Bereichen zuzulassen.

(3) Das Bundesministerium der Finanzen wird ermächtigt, finanziell gleichwertige eigene Stelleneinsparkonzepte der Ressorts anzuerkennen.

(4) § 21 Absatz 5 und 7 gilt entsprechend.

§ 23
Begleitregelungen zum Regierungsumzug

(1) Das Bundesministerium der Finanzen wird ermächtigt, die Wiederbesetzung freier und frei werdender Planstellen und Stellen zu regeln, soweit dies erforderlich ist, um die Verlagerung des Parlamentssitzes und von Regierungsfunktionen nach Berlin einschließlich der Ausgleichsmaßnahmen durch Behördenverlagerungen nach Bonn nach dem Berlin/Bonn-Gesetz vom 26. April 1994 (BGBl. I S. 918), das durch Artikel 1 der Verordnung vom 21. September 1997 (BGBl. I S. 2390) geändert worden ist, auf der Grundlage der personalwirtschaftlichen Gesamtkonzeption zügig und wirtschaftlich umzusetzen.

(2) § 2 Absatz 2 Buchstabe b Nummer 4 Satz 1 des Dienstrechtlichen Begleitgesetzes vom 30. Juli 1996 (BGBl. I S. 1183), das zuletzt durch Artikel 15 Absatz 1 des Gesetzes vom 5. Februar 2009 (BGBl. I S. 160) geändert worden ist, ist mit der Maßgabe anzuwenden, dass die Möglichkeit einer unentgeltlichen Bahnreise der unentgeltlichen Mitflugmöglichkeit gleichsteht.

§ 24
Fortgeltung

§ 2 Absatz 2 Satz 3 bis 5, Absatz 4, 5 und 8 sowie die §§ 3 bis 23 gelten bis zum Tag der Verkündung des Haushaltsgesetzes des folgenden Haushaltsjahres weiter.

§ 25
Inkrafttreten

Dieses Gesetz tritt am 1. Januar 2012 in Kraft.

Anhang 2

Auszug aus dem Einzelplan 03 (Innenministerium des Freistaats Thüringen) – Kapitel 01 (Ministerium) des Haushaltsplans 2012 des Freistaats Thüringen

03 **Thüringer Innenministerium**
03 01 **Ministerium**

Titel	FZ	Zweckbestimmung	Ist 2010	Ansatz 2011	Ansatz 2012
				Angaben in EUR	
527 01	011	**Dienstreisen**	67.938	72.000	74.500
527 02	011	**Dienstreisen (Ausland)**	2.937	7.400	8.600
527 04	011	**Reisen in Angelegenheiten der Personalvertretungen und der Gleichstellungsbeauftragten sowie in Vertretung der Interessen schwerbehinderter Menschen**	10.263	5.500	6.800
529 01	011	**Verfügungsmittel Minister**	2.250	5.100	5.100

Erläuterungen:
Für außergewöhnlichen Aufwand in besonderen Fällen. Die Ausgaben sind im Einzelnen zu belegen. Eine pauschale Auszahlung ist nicht zulässig.

Titel	FZ	Zweckbestimmung	Ist 2010	Ansatz 2011	Ansatz 2012
529 11	011	**Verfügungsmittel Staatssekretär**	1.005	1.200	1.200

Erläuterungen:
Für außergewöhnlichen Aufwand in besonderen Fällen. Die Ausgaben sind im Einzelnen zu belegen. Eine pauschale Auszahlung ist nicht zulässig.

Titel	FZ	Zweckbestimmung	Ist 2010	Ansatz 2011	Ansatz 2012
531 01	011	**Öffentlichkeitsarbeit, Dokumentation und Veröffentlichungen**	65.500	90.000	80.000
537 02	011	**Ausgaben für den Umzug und die Verlegung von Dienststellen**	733	10.000	10.000
546 01	011	**Vermischter Sachaufwand**	9.523	11.000	9.500

Erläuterungen:

		Ist 2010	2012
1.	Kosten für fachärztliche Untersuchungen	125	1.000
2.	Fachtagungen der Arbeitskreise der IMK	0	0
3.	Sonstiges (z. B. Kooperation (Ungarn/Polen)	9.398	8.500
Zusammen		**9.523**	**9.500**

Titel	FZ	Zweckbestimmung	Ist 2010	Ansatz 2011	Ansatz 2012
546 02	011	**Verkehrserziehung**	25.516	25.600	25.600

Erläuterungen:
Lehr- und Lernmittel für Kindergärten, Schüler und Jugendliche, Merkblätter und Aufklärungsschriften für Erwachsene, Fortbildung der Schulwegbeauftragten, Öffentlichkeitsarbeit für die Verkehrssicherheit und sonstige Werbemaßnahmen.

	Ist 2010	Ansatz 2011	Ansatz 2012
Aus Titelgruppen	594.183	492.200	522.200
Summe HGr. 5:	3.271.409	3.751.600	3.546.300

HGr. 6: Ausgaben für Zuweisungen und Zuschüsse mit Ausnahme für Investitionen

Titel	FZ	Zweckbestimmung	Ist 2010	Ansatz 2011	Ansatz 2012
632 01	011	**Verwaltungskostenerstattung an Länder**	3.975	5.000	44.100

Erläuterungen:
Veranschlagt sind die Kosten für die Ständige IMK-Geschäftsstelle sowie die Geschäftsführung der Arbeitsgemeinschaft der Innenminister der Bundesländer gem. Beschluss der Innenminister vom 19.05.1995 in Berlin.

Titel	FZ	Zweckbestimmung	Ist 2010	Ansatz 2011	Ansatz 2012
681 01	011	**Schadensersatzleistungen**	0	400	400

Aus den Mitteln können auch Entschädigungen aus Billigkeitsgründen gewährt werden.

Anhang 3
Auszug aus dem Einzelplan 14 (Bundesministerium der Verteidigung) Kapitel 03 (Kommandobehörden, Truppen usw.) des Bundeshaushaltsplans 2012

Darstellung einer Titelgruppe:

Titelgruppe 08 – Maßnahme der Bundeswehr im Zusammenhang mit internationalen Einsätzen

Kommandobehörden, Truppen, 1403
Sozialversicherungsbeiträge und Fürsorgemaßnahmen für Soldatinnen und Soldaten

Titel Funktion	Zweckbestimmung	Soll 2012 1 000 €	Soll 2011 1 000 €	Ist 2010 1 000 €
	Titelgruppe 08			
Tgr. 08	Maßnahmen der Bundeswehr im Zusammenhang mit internationalen Einsätzen	(1 061 000)	(831 000)	

Haushaltsvermerk:

1. Einsparungen dienen zur Deckung von Mehrausgaben bei folgenden Titeln: Epl. 14.

   Die Leistung der Mehrausgaben im Epl. 14 bedarf der Einwilligung des *Bundesministeriums der Finanzen.*
2. Mehrausgaben dürfen bis zur Höhe der Einsparungen bei folgenden Titeln geleistet werden: Epl. 14.
3. Die Ausgaben sind gegenseitig deckungsfähig.
4. Mehrausgaben dürfen bis zur Höhe der Mehreinnahmen bei folgendem Titel geleistet werden: 266 01.

Erläuterungen:

Die Bundesrepublik Deutschland beteiligt sich u. a. an folgenden internationalen Einsätzen:

1. European Union Force (EUFOR), ALTHEA
2. KOSOVO FORCE (KFOR)
3. Operation ACTIVE ENDEAVOUR (OAE)
4. INTERNATIONAL SECURITY ASSISTANCE FORCE (ISAF)
5. United Nations Interim Force in Lebanon (UNIFIL)
6. United Nations Mission in the Republic of South Sudan (UNMISS)
7. African Union/United Nations Hybrid operation in Darfur (UNAMID)
8. European Union Naval Force (EUNAVFOR) ATALANTA
9. European Union Training Mission (EUTM) for Somalia

Titel Funktion	Zweckbestimmung	Soll 2012 1 000 €	Soll 2011 1 000 €	Ist 2010 1 000 €
423 81 -032	Personalausgaben	192 000	220 000	242 998

Erläuterungen:

Besondere Personalausgaben werden gemäß der Übersicht, die vor dem Einzelplanabschluss abgedruckt ist, gezahlt.

Bezeichnung	1 000 €
1. Auslandsverwendungszuschlag	186 000
2. Entlohnung nicht deutscher Ortskräfte	5 200
3. Sonstige Leistungen	800
Zusammen	192 000

Titel Funktion	Zweckbestimmung	Soll 2012 1 000 €	Soll 2011 1 000 €	Ist 2010 1 000 €
547 81 -032	Nicht aufteilbare sächliche Verwaltungsausgaben	250 000	230 000	355 805
553 81 -032	Erhaltung von Wehrmaterial	330 000	230 000	335 004

1403 Kommandobehörden, Truppen, Sozialversicherungsbeiträge und Fürsorgemaßnahmen für Soldatinnen und Soldaten

Titel Funktion	Zweckbestimmung	Soll 2012 1 000 €	Soll 2011 1 000 €	Ist 2010 1 000 €
	Noch zu Titelgruppe 08			
554 81 -032	Militärische Beschaffungen	225 000	61 000	290 617

Verpflichtungsermächtigung
fällig im Haushaltsjahr 2013 bis zu .... 70 000 T€

Haushaltsvermerk:

Die Verpflichtungsermächtigung ist mit den Verpflichtungsermächtigungen bei folgenden Titeln gegenseitig deckungsfähig: Kap. 1416 Tit. 554 01, 554 03, 554 05, 554 06, 554 07, 554 08, 554 10, 554 11, 554 12, 554 13, Kap. 1420 Tit. 551 01, 551 02, 551 03, 551 04, 551 11, 551 12, 551 16 und 551 18.

Die Deckungsfähigkeit gilt nur innerhalb des jeweiligen Fälligkeitsjahres und ist auf 50 Prozent der Jahressumme aller einbezogenen Titel begrenzt.

Bei der Inanspruchnahme des Deckungsvermerks ist das Bundesministerium der Finanzen zu beteiligen.

Titel Funktion	Zweckbestimmung	Soll 2012 1 000 €	Soll 2011 1 000 €	Ist 2010 1 000 €
558 81 -032	Militärische Anlagen	20 000	35 000	72 134

Verpflichtungsermächtigung
fällig im Haushaltsjahr 2013 bis zu .... 2 500 T€

Titel Funktion	Zweckbestimmung	Soll 2012 1 000 €	Soll 2011 1 000 €	Ist 2010 1 000 €
687 81 -032	Deutscher Beitrag zu den gemeinsamen Kosten für EU- und NATO-geführte Militäreinsätze sowie für den militärischen Anteil von EU-Maßnahmen mit militärischen oder verteidigungspolitischen Bezügen	64 000	55 000	61 962

Erläuterungen:

Bezeichnung der Organisation Rechtsgrundlage und Zweck der Mitgliedschaft	Mitgliedsbeitrag der Bundesrepublik Deutschland (Pflichtleistungen)			Besondere (freiwillige) Leistungen außerhalb des Mitgliedsbeitrags in 1 000 € (gerundet)	Zusammen Spalte 4 + 5 in 1 000 €
	in Prozent	in Tausend-Fremdwährung (gerundet)	in 1 000 € (gerundet)		
1	2	3	4	5	6
1. Europäische Union (EU) Rechtsgrundlage: EU-Vertrag und weitere Vereinbarungen Zweck: Finanzierung der gemeinsamen Kosten Mit ihrer Beteiligung an EU-geführten Militäreinsätzen und EU-Maßnahmen im Rahmen der Gemeinsamen Sicherheits- und Verteidigungspolitik (GSVP) der EU hat die Bundesrepublik Deutschland zur Finanzierung von gemeinsamen Kosten (common costs) beizutragen.	20,7		7 500		7 500
2. NATO Rechtsgrundlage: NATO-Vertrag Zweck: Finanzierung der gemeinsamen Kosten Mit ihrer Beteiligung an NATO-geführten Militäreinsätzen hat die Bundesrepublik Deutschland zur Finanzierung von gemeinsamen Kosten (common costs) beizutragen.	15,6		56 500		56 500
Zusammen			64 000	-	64 000

Differenzen durch Rundung möglich

Anhang 4

Auszug aus dem Stellenplan des Einzelplans 06 – Kapitel 25 (Bundespolizei) 2012

Bundespolizei 0625

Planstellen-/Stellenübersicht														
Besoldungs-/ Entgelt-gruppen	2012	2011	Ist-Besetzung am 1. Juni 2011	Erläuterung der Veränderung gegenüber dem Vorjahr										von Sp. 2 entfallen auf Funk-tions-gruppen
				Neue Stellen, Stellenwegfall				Wirksam-werden von ku- und kw-Vermerken		Hebungen, Herab-stufungen		Umwand-lungen, Umsetzungen		
				ohne ku/ kw-Vermerke		und Umsetzun-gen mit ku/ kw-Vermerken								
				+	-	+	-	+	-	+	-	+	-	
1	2	3	4	5		6		7		8		9		10
Titel 422 01														
Beamtinnen und Beamte														
B 9	1,0	1,0	1,0	-	-	-	-	-	-	-	-	-	-	-
B 6	2,0	2,0	2,0	-	-	-	-	-	-	-	-	-	-	-
B 5	4,0	4,0	4,0	-	-	-	-	-	-	-	-	-	-	-
B 4	6,0	6,0	6,0	-	-	-	-	-	-	-	-	-	-	-
B 3	10,0	10,0	9,0	-	-	-	-	-	-	-	-	-	-	-
B 2	4,0	4,0	4,0	-	-	-	-	-	-	-	-	-	-	-
A 16	38,0	37,0	38,0	-	-	-	-	-	-	-	-	1,0	-	-
A 15	121,0	120,0	119,0	-	-	-	-	-	-	-	-	1,0	-	-
A 14	168,0	166,0	161,3	-	-	-	-	-	-	-	-	2,0	-	-
A 13 h	133,0	135,0	89,2	-	-	-	-	-	3,0	-	-	1,0	-	-
A 13 g	705,0	675,0	632,9	2,0	-	-	-	-	1,0	20,0	-	9,0	-	587,0
A 12	1 311,0	1 238,0	1 145,4	10,0	1,0	-	-	-	7,0	50,0	-	21,0	-	1 095,0
A 11	3 166,0	2 966,0	2 758,6	31,0	-	-	-	-	1,0	145,0	-	25,0	-	2 682,0
A 10	4 520,0	4 173,0	3 670,4	23,0	2,0	-	-	-	1,0	300,0	-	27,0	-	3 752,0
A 9 g	2 890,0	2 745,0	2 043,6	10,0	2,0	-	-	-	3,0	120,0	-	20,0	-	2 600,0
A 9 m+Z	2 830,0	2 913,0	3 063,7	1,0	-	-	-	-	-	-	95,0	11,0	-	2 993,0
A 9 m	6 788,0	6 794,0	7 307,3	9,0	-	-	-	-	-	150,0	222,0	57,0	-	6 981,0
A 8	7 548,0	7 946,0	8 018,2	3,0	2,0	-	-	-	2,0	-	404,0	10,0	3,0	8 006,0
A 7	2 507,0	2 585,0	2 839,9	-	10,0	-	-	-	4,0	-	64,0	-	-	2 461,0
A 6 m	115,0	125,0	111,4	-	4,0	-	-	-	6,0	-	-	-	-	-
A 5	2,0	2,0	2,0	-	-	-	-	-	-	-	-	-	-	-
Zusammen	32 869,0	32 647,0	32 026,9	89,0	21,0	-	-	-	28,0	785,0	785,0	185,0	3,0	31 157,0
Hochschullehrerinnen und Hochschullehrer														
W 3	2,0	2,0	5,0	-	-	-	-	-	-	-	-	-	-	-
W 2	7,0	7,0	4,0	-	-	-	-	-	-	-	-	-	-	-
Zusammen	9,0	9,0	9,0	-	-	-	-	-	-	-	-	-	-	-
Insgesamt	32 878,0	32 656,0	32 035,9	89,0	21,0	-	-	-	28,0	785,0	785,0	185,0	3,0	31 157,0
Titel 428 01 - Erläuterungen														
Außertarifliche Arbeitnehmerinnen und Arbeitnehmer														
AT B	3,0	3,0	3,0	-	-	-	-	-	-	-	-	-	-	-
Tarifliche Arbeitnehmerinnen und Arbeitnehmer														
E 15	6,0	6,0	5,4	-	-	-	-	-	-	-	-	-	-	-
E 14	14,0	14,0	16,0	-	-	-	-	-	-	-	-	-	-	-
E 13	-	-	14,0	-	-	-	-	-	-	-	-	-	-	-
E 12	6,0	6,0	8,0	-	-	-	-	-	-	-	-	-	-	-
E 11	15,5	16,0	19,0	-	-	-	-	-	-	-	-	0,5	1,0	-
E 10	19,0	19,0	15,2	-	-	-	-	-	-	-	-	-	-	-
E 9	68,5	72,5	59,8	-	-	-	-	-	2,0	-	-	-	2,0	-
E 8	298,0	298,0	288,3	-	-	-	-	-	3,0	-	-	3,0	-	-
E 7	155,0	156,0	137,1	-	-	-	-	-	1,0	-	-	-	-	-
E 6	499,0	527,0	477,9	-	20,0	-	-	-	8,0	-	-	-	-	-
E 5	1 361,0	1 424,0	1 164,8	-	46,0	1,0	-	-	18,0	-	-	-	-	-
E 4	64,5	64,5	124,0	-	-	1,0	-	-	2,0	-	-	1,0	-	-
E 3	3 064,0	3 128,0	3 054,7	-	17,0	-	-	-	47,0	-	-	-	-	-
E 2	189,0	205,5	219,3	-	8,0	-	-	-	8,5	-	-	-	-	-
E 1	-	-	14,5	-	-	-	-	-	-	-	-	-	-	-
Zusammen	5 759,5	5 936,5	5 618,0	-	91,0	2,0	-	-	89,5	-	-	4,5	3,0	-
Insgesamt	5 762,5	5 939,5	5 621,0	-	91,0	2,0	-	-	89,5	-	-	4,5	3,0	-

Haushaltsvermerk:

Zu Titel 422 01

1. **Zu A 9 m+Z:**
   Planstellen des gehobenen Dienstes bis zu 10 Prozent und Planstellen des höheren Dienstes bis zu 25 Prozent dürfen mit Beamtinnen und Beamten der entsprechenden Laufbahn des kriminalpolizeilichen Vollzugsdienstes des Bundes besetzt werden.
2. **Zu A 9 m + Z:**
   4 Planstellen dürfen aus zwingenden dienstlichen Gründen mit einer entsprechenden Anzahl von Planstellen der Bes.-Gr. A9 m des Bundesministeriums des Innern (Kap. 0601) ausgetauscht werden.

0625 Bundespolizei

3. **Zu A 9 m + Z:**
   5 Planstellen dürfen aus zwingenden dienstlichen Gründen mit einer entsprechenden Anzahl von Planstellen der Bes.-Gr. A 10 des Bundesministeriums des Innern (Kap. 0601) ausgetauscht werden.
4. **Zu A 9 m:**
   2 Planstellen dürfen aus zwingenden dienstlichen Gründen mit einer entsprechenden Anzahl von Planstellen der Bes.-Gr. A 8 des Bundesministeriums des Innern (Kap. 0601) ausgetauscht werden.
5. Planstellen können für Arbeitnehmerinnen und Arbeitnehmer in vergleichbaren Entgeltgruppen in den Funktionen des technischen Dienstes, des Musikdienstes und als Trainerin oder Trainer zugleich Ausbilderin oder Ausbilder (Sportlehrerin oder Sportlehrer) in Anspruch genommen werden.
6. Planstellen der Bes-Grn. A 10 und A 9 g dürfen vorübergehend aus personalwirtschaftlichen Gründen mit Bediensteten des Polizeivollzugsdienstes der Bes.-Grn. A 9 m + Z oder A 9 m besetzt werden.
7. **Zu W 3 und W 2:**
   Es wird zugelassen, dass die Planstellen der Bes.-Gr. W 3 mit Lehrkräften der Bes.-Gr. C 3 und die Planstellen und Leerstellen der Bes.-Gr. W 2 mit Lehrkräften der Bes.-Gr. C 3 und C 2 besetzt werden dürfen.
8. **Die folgenden Planstellen dürfen nur mit Überhangpersonal besetzt werden: 3,0 A 12, 6,0 A 11, 11,0 A 10 (Zusammen: 20,0).**
9. Folgende Planstellen sind gesperrt: 4 A 9 g, 1 A 8.
   Die Aufhebung der Sperre setzt das Wirksamwerden des kw-Vermerks bei lfd. Nr. 4.4.1 der Übersicht der kw-Vermerke voraus.
10. **Zu Spalte 2:**
   35 Planstellen sind für das Maritime Schulungs- und Trainingszentrum vorzusehen.
11. **Die folgenden Planstellen sind gesperrt: 2 A 13 g, 10 A 12, 31 A 11, 23 A 10, 10 A 9 g, 1 A 9 m+Z, 9 A 9 m, 3 A 8 (Zusammen: 89). Die Aufhebung der Sperre bedarf der Einwilligung des Haushaltsausschusses des Deutschen Bundestages.**

Zu Titel 428 01

Zu Spalte 2:
2 Stellen sind für das Maritime Schulungs- und Trainingszentrum vorzusehen.

Erläuterungen:

Zu Titel 422 01

Zu Spalte 2:
Davon mit Dienstwohnung 1,0 Beamter (2011: 1,0).

Zu Spalte 4:
Daneben werden Arbeitnehmerinnen und Arbeitnehmer auf freien Planstellen folgender Bes.-Gr. geführt:
1,0 A15; 1,0 A14; 10,0 A13h; 6,0 A13g; 4,0 A12; 1,0 A10; 3,0 A9m; 9,0 A8; 3,0 A7 (Zusammen: 38,0).
Daneben werden 26,0 beamtete Hilfskräfte auf freien Planstellen geführt.

Davon im Polizeivollzugsdienst:
1,0 B9; 1,0 B6; 4,0 B5; 6,0 B4; 7,0 B3; 4,0 B2; 26,0 A16; 87,0 A15; 114,5 A14; 52,6 A13h; 566,4 A13g; 1 058,1 A12; 2 606,7 A11; 3 551,2 A10; 1 991,1 A9g; 2 997,4 A9m+Z; 7 216,7 A9m; 7 712,0 A8; 2 612,7 A7 (Zusammen: 30 615,4).

Daneben werden 24,0 beamtete Hilfskräfte (Tit. 422 02) sowie 1 623,0 Anwärterinnen und Anwärter (Tit. 422 03) beschäftigt.

Zu A 16:
Davon 4 für den medizinischen Bereich.

Zu A 15:
Davon für den
Schulbereich: 1
medizinischen Bereich: 15

Zu A 14:
Davon für den
Schulbereich: 1
medizinischen Bereich: 14

Zu A 13 h:
Davon 5 für den medizinischen Bereich.

Zu Titel 428 01

Zu Spalte 4:
Davon werden Arbeitnehmerinnen und Arbeitnehmer folgender Entgeltgruppen auf freien Planstellen geführt:
2,0 E14; 14,0 E13; 2,0 E12; 3,0 E11; 2,0 E10; 12,0 E8; 3,0 E6 (Zusammen: 38,0).

Anhang 5

Auszug aus der Anlage zu den Stellenplänen des Einzelplans 06 (Bundesministerium des Innern) des Jahres 2012

06 Übersicht
Amtsbezeichnungen

Anlage zu den Stellenplänen des Epl. 06

Darstellung der den Planstellen zugeordneten Amtsbezeichnungen

Bes.-Gr.	Kap.	Amtsbezeichnungen (Grundamtsbezeichnung in Fettdruck)
1	2	3
		Besoldungsordnung A und B ohne Polizeivollzugsdienst
B 11	0601	Staatssekretärin oder Staatssekretär
B 9	0601	Ministerialdirektorin oder Ministerialdirektor
	0610	Präsidentin oder Präsident des Bundeskriminalamtes
	0625	Präsidentin oder Präsident des Bundespolizeipräsidiums
B 8	0633	Präsidentin oder Präsident des Bundesamtes für Migration und Flüchtlinge
	0615	Präsidentin oder Präsident des Bundesverwaltungsamtes
	0608	Präsidentin oder Präsident des Statistischen Bundesamtes
B 7	0611	Präsidentin oder Präsident der Bundesakademie für öffentliche Verwaltung
B 6	0615	Brigadegeneral
	0607	Direktorin oder Direktor beim Bundesbeauftragten für den Datenschutz und die Informationsfreiheit - als die leitende Beamtin oder der leitende Beamte -
	0601	Ministerialdirigentin oder Ministerialdirigent
	0629	Präsidentin oder Präsident der Bundesanstalt Technisches Hilfswerk
	0635	Präsidentin oder Präsident der Bundeszentrale für politische Bildung
	0628	Präsidentin oder Präsident des Bundesamtes für Bevölkerungsschutz und Katastrophenhilfe
	0623	Präsidentin oder Präsident des Bundesamtes für Sicherheit in der Informationstechnik
	0610	Vizepräsidentin oder Vizepräsident beim Bundeskriminalamt
	0625	Vizepräsidentin oder Vizepräsident beim Bundespolizeipräsidium
B 5	0612	Präsidentin oder Präsident der Fachhochschule des Bundes für öffentliche Verwaltung
	0625	Präsidentin oder Präsident einer Bundespolizeidirektion
	0616	Präsidentin und Professorin oder Präsident und Professor des Bundesamts für Kartografie und Geodäsie
B 4	0625	Präsidentin oder Präsident einer Bundespolizeidirektion
	0633	Vizepräsidentin oder Vizepräsident des Bundesamtes für Migration und Flüchtlinge
	0615	Vizepräsidentin oder Vizepräsident des Bundesverwaltungsamtes
	0608	Vizepräsidentin oder Vizepräsident des Statistischen Bundesamtes
B 3	0611	Direktorin oder Direktor bei der Bundesakademie für öffentliche Verwaltung
	0610	Direktorin oder Direktor beim Bundeskriminalamt
	0615	Direktorin oder Direktor beim Bundesverwaltungsamt
	0608	Direktorin oder Direktor beim Statistischen Bundesamt
	0626	Direktorin oder Direktor des Beschaffungsamtes des Bundesministeriums des Innern
	0618	Direktorin oder Direktor des Bundesinstituts für Sportwissenschaft - als Geschäftsführende Direktorin oder Geschäftsführender Direktor -
	0617	Direktorin und Professorin oder Direktor und Professor des Bundesinstituts für Bevölkerungsforschung
	0601, 0607, 0615	Ministerialrätin oder Ministerialrat
	0615	Oberst
	0625	Präsidentin oder Präsident einer Bundespolizeidirektion
	0629	Vizepräsidentin oder Vizepräsident der Bundesanstalt Technisches Hilfswerk
	0628	Vizepräsidentin oder Vizepräsident des Bundesamtes für Bevölkerungsschutz und Katastrophenhilfe
	0623	Vizepräsidentin oder Vizepräsident des Bundesamtes für Sicherheit in der Informationstechnik
B 2	0635	Abteilungsleiterin oder Abteilungsleiter

Übersicht 06
Amtsbezeichnungen

Bes.-Gr.	Kap.	Amtsbezeichnungen (Grundamtsbezeichnung in Fettdruck)
1	2	3
	0610, 0612, 0615, 0616, 0623, 0629, 0633	Abteilungspräsidentin oder Abteilungspräsident
	0612	Direktorin oder Direktor bei der Fachhochschule des Bundes für öffentliche Verwaltung als Leiterin oder Leiter eines großen Fachbereichs
	0616	Direktorin und Professorin oder Direktor und Professor
	0625	Vizepräsidentin oder Vizepräsident einer Bundespolizeidirektion
A 16	0608, 0610, 0611, 0615, 0616, 0618, 0623, 0625, 0626, 0628, 0629, 0633, 0635	**Leitende Direktorin** oder **Leitender Direktor**
	0615	Leitende Regierungsschuldirektorin oder Leitender Regierungsschuldirektor
	0601, 0607	Ministerialrätin oder Ministerialrat
A 15	0601, 0607, 0608, 0610, 0611, 0612, 0615, 0616, 0617, 0618, 0623, 0625, 0626, 0628, 0629, 0633, 0635	**Direktorin** oder **Direktor**
	0610	Medizinaldirektorin oder Medizinaldirektor
	0615	Regierungsschuldirektorin oder Regierungsschuldirektor
A 14	0601, 0607, 0608, 0610, 0611, 0612, 0615, 0616, 0617, 0618, 0623, 0625, 0626, 0628, 0629, 0633, 0635	**Oberrätin** oder **Oberrat**
	0615	Regierungsschulrätin oder Regierungsschulrat
A 13 h	0601, 0607, 0608, 0610, 0611, 0615, 0616, 0617, 0618, 0623, 0625, 0626, 0628, 0629, 0633, 0635	**Rätin** oder **Rat**
	0615	Studienrätin oder Studienrat
A 13 g+Z	0601, 0616, 0623, 0626	**Oberamtsrätin** oder **Oberamtsrat**
A 13 g	0601, 0607, 0608, 0610, 0611, 0612, 0615, 0616, 0623, 0625, 0626, 0628, 0629, 0633, 0635	**Oberamtsrätin** oder **Oberamtsrat**
	0625	Fachschuloberlehrerin oder Fachschuloberlehrer
A 12	0601, 0607, 0608, 0610, 0611, 0612, 0615, 0616, 0618, 0623, 0625, 0626, 0628, 0629, 0633, 0635	**Amtsrätin** oder **Amtsrat**
A 11	0601, 0607, 0608, 0610, 0611, 0612, 0615, 0616, 0623, 0625, 0626, 0628, 0629, 0633, 0635	**Amtfrau** oder **Amtmann**
A 10	0601, 0608, 0610, 0611, 0612, 0615, 0623, 0625, 0626, 0628, 0629, 0633, 0635	**Oberinspektorin** oder **Oberinspektor**

06 Übersicht Amtsbezeichnungen

Bes.-Gr.	Kap.	Amtsbezeichnungen (Grundamtsbezeichnung in Fettdruck)
1	2	3
A 9 g	0601, 0608, 0610, 0611, 0615, 0623, 0625, 0626, 0628, 0629, 0633, 0635	**Inspektorin** oder **Inspektor**
A 9 m+Z	0601, 0608, 0610, 0612, 0615, 0616, 0623, 0625, 0626, 0628, 0633	**Amtsinspektorin** oder **Amtsinspektor**
A 9 m	0601, 0607, 0608, 0610, 0612, 0615, 0616, 0623, 0625, 0628, 0629, 0633, 0635	**Amtsinspektorin** oder **Amtsinspektor**
A 8	0601, 0608, 0610, 0612, 0615, 0616, 0623, 0625, 0626, 0628, 0629, 0633, 0635	**Hauptsekretärin** oder **Hauptsekretär**
A 7	0601, 0608, 0610, 0612, 0615, 0616, 0623, 0625, 0626, 0628, 0629, 0633, 0635	**Obersekretärin** oder **Obersekretär**
A 6 m	0601, 0608, 0610, 0612, 0615, 0625, 0626, 0628, 0629, 0633	**Sekretärin** oder **Sekretär**
A 6 e	0601, 0608, 0610, 0612, 0615, 0628, 0633, 0635	**Oberamtsmeisterin** oder **Oberamtsmeister**
A 5	0601, 0608, 0610, 0615, 0625, 0628, 0633, 0635	**Oberamtsmeisterin** oder **Oberamtsmeister**
A 4	0601, 0608, 0610, 0615	**Amtsmeisterin** oder **Amtsmeister**
A 2/3	0601, 0608, 0610	**Hauptamtsgehilfin** oder **Hauptamtsgehilfe**
	0601, 0608, 0610	**Oberamtsgehilfin** oder **Oberamtsgehilfe**
		Besoldungsordnung A und B Polizeivollzugsdienst
B 9	0625	Präsidentin oder Präsident des Bundespolizeipräsidiums
B 6	0610	Vizepräsidentin oder Vizepräsident beim Bundeskriminalamt
	0625	Vizepräsidentin oder Vizepräsident eines Bundespolizeipräsidiums
B 5	0601	Inspekteurin oder Inspekteur der Bereitschaftspolizeien der Länder
	0625	Präsidentin oder Präsident einer Bundespolizeidirektion
B 4	0625	Präsidentin oder Präsident der Bundespolizeiakademie
	0625	Präsidentin oder Präsident einer Bundespolizeidirektion
B 3	0610	Direktorin oder Direktor beim Bundeskriminalamt
	0625	Direktorin oder Direktor eines Bundespolizeipräsidiums
	0601	Direktorin oder Direktor in der Bundespolizei
	0625	Präsidentin oder Präsident einer Bundespolizeidirektion
B 2	0625	Abteilungspräsidentin oder Abteilungspräsident in der Bundespolizei
	0625	Vizepräsidentin oder Vizepräsident einer Bundespolizeidirektion
A 16	0601, 0610	Leitende Kriminaldirektorin oder Leitender Kriminaldirektor
	0601, 0625	Leitende Polizeidirektorin oder Leitender Polizeidirektor
A 15	0601, 0610	Kriminaldirektorin oder Kriminaldirektor
	0610	Medizinaldirekorin oder Medizinaldirektor

Übersicht 06
Amtsbezeichnungen

Bes.-Gr.	Kap.	**Amtsbezeichnungen** (Grundamtsbezeichnung in Fettdruck)
1	2	3
	0625	Medizinaldirektorin oder Medizinaldirektor
	0628	Oberstleutnant
	0601, 0625, 0628	Polizeidirektorin oder Polizeidirektor
A 14	0601, 0610	Kriminaloberrätin oder Kriminaloberrat
	0625	Medizinaloberrätin oder Medizinaloberrat
	0601, 0625	Polizeioberrätin oder Polizeioberrat
A 13 h	0601, 0610	Kriminalrätin oder Kriminalrat
	0625	Medizinalrätin oder Medizinalrat
	0601, 0625	Polizeirätin oder Polizeirat
A 13 g	0601, 0610	Erste Kriminalhauptkommissarin oder Erster Kriminalhauptkommissar
	0601, 0625	Erste Polizeihauptkommissarin oder Erster Polizeihauptkommissar
A 12	0601, 0610	Kriminalhauptkommissarin oder Kriminalhauptkommissar
	0601, 0625	Polizeihauptkommissarin oder Polizeihauptkommissar
A 11	0601, 0610	Kriminalhauptkommissarin oder Kriminalhauptkommissar
	0601, 0623, 0625	Polizeihauptkommissarin oder Polizeihauptkommissar
A 10	0610	Kriminaloberkommissarin oder Kriminaloberkommissar
	0625	Polizeioberkommissarin oder Polizeioberkommissar
A 9 g	0610	Kriminalkommissarin oder Kriminalkommissar
	0625	Polizeikommissarin oder Polizeikommissar
A 9 m+Z	0601, 0625	Polizeihauptmeisterin oder Polizeihauptmeister
A 9 m	0601, 0623, 0625	Polizeihauptmeisterin oder Polizeihauptmeister
A 8	0625	Polizeiobermeisterin oder Polizeiobermeister
A 7	0625	Polizeimeisterin oder Polizeimeister
		Besoldungsordnung C oder W
W 3	0610, 0612, 0625	Professorin oder Professor
W 2	0610, 0612, 0625	Professorin oder Professor

Stichwortverzeichnis

Die Zahlen bezeichnen die **Randnummern.**

Aus softwarebezogenen Gründen wird bei diesem automatisch generierten Stichwortverzeichnis jeweils nur die **erste** Randnummer angegeben. Es wird daher empfohlen, immer auch die folgenden Absätze auf ihre inhaltliche Relevanz zu prüfen.

Die den Darstellungen nachfolgenden **Kurzfassungen** (im Inhaltsverzeichnis grau unterlegt) sind Wiederholungen des vorangegangenen Stoffs und werden daher im Stichwortverzeichnis nur ausnahmsweise berücksichtigt.

Ablieferung 1279
Abrechnung 1280
Abrechnungskonto 1407, 1415
Abschlag
– Anzeige in HICO 1116
Abschlagsauszahlung 1281
Abschlagszahlung 704, 1010, 1252
Abschlussdebatte 395
Abschlussnachweisung 1427
Abschreibungen
– kalkulatorische 1591
Absetzungsbuchung
– Begriff 1282
Adressfehler 1185
Adressverkettung 874
Allgemeine
– Ausgabebewilligung 526
– Verwaltungsvorschriften zur Bundeshaushaltsordnung 24
– Verwaltungsvorschriften zur endgültigen Haushaltsführung 31
– Verwaltungsvorschriften zur vorläufigen Haushalts- und Wirtschaftsführung 28
Änderungsplan 146
Anforderungsbeleg 947
Anlagen
– zum Haushaltsentwurf 378
Annahmeanordnung 159, 991, 1055, 1172, 1257, 1383, 1410
– allgemeine 1061
Anordnung 755
– Ausfertigung 709
– Begriff 694
– des Titelverwalters 536
– Inhalt 699
– rechnerische Richtigkeit 717
– sachliche Richtigkeit 720
– Verfahren 708
Anordnungsbefugnis 545
– Beauftragter für den Haushalt 722
Anordnungsverfahren
– Verantwortlichkeit 713
Arbeitnehmer/innen
– Stellen für 675
Arbeitskreis „Steuerschätzungen“ 375
Aufbewahrungsbestimmungen (ABest – HKR) 27
Aufrechnung 1381
Auftragszahlung 1283
Aufwendung 1569
Ausdruck 927
Ausgabe
– Begriff 1284
– überplanmäßige 141

Ausgabeermächtigung 438
– vorläufige 140
Ausgabemittel
– übertragbare 107, 127
– Verfall 108
Ausgaben
– Begriff 190
– flexibilisierte 123
– nichtflexibilisierte 123
– Rückzahlung zuviel geleisteter 1034
– Überwachung durch BfHH 620
Ausgabenquote 366
Ausgaberest 119, 524
Ausgabetitel 1036
Ausgeglichenheit
– Grundsatz 227
Ausgleichsgebot
– Haushaltsplan 394
Auszahlung 1028
– bare
– Begriff 1285
– im automatisierten Verfahren 1005
– unbare 1390
– wiederkehrende 1018
Auszahlungsanordnung 159, 991, 1055, 1257, 1387, 1410
– allgemeine 1061
Automatisierte Verfahren
– für Zahlungen, Buchführung usw. 736

Barauszahlung 1007, 1389
Bare Ein- und Auszahlung 1358
Bare Zahlung 1286
Bargeld
– gefundenes 1502
Bauten und Beschaffungen 430
Beamter
– auf Widerruf 683
Beauftragter für den Haushalt 198, 354, 494, 537, 542, 602, 860
– Anordnungsbefugnis 722
– Aufgaben 610
– bei obersten Bundesbehörden 603
– Beteiligung 636
– im nachgeordneten Bereich 607
– in der Behördenhierarchie 632
– Mitwirkungsrechte 642
– Rechte 631
– Übertragung, Aufgaberest 121
– Widerspruchsrecht 645
Beauftragter für die Wirtschaftlichkeit in der Verwaltung 511
Bedarf
– unabweisbarer 681
Bedarf, unabweisbarer 673
Beihilfen 433
Beitrag
– Begriff 461
Belegnummer 1125
Belegverfahren 921, 1064
Belegvordruck 936
– Handhabung 943
– nicht zugelassene Zeichen 943
Benchmarking 207
– Begriff 1610
Bereichsleiter
– als Titelverwalter 628
Berichtswesen 1609
Beschaffungen
– größere 431
Bestandsverstärkung
– Begriff 1287
Bestimmungen über die Behandlung von Zahlungsnmitteln (ZMBestB) 1493
Betriebsmittel
– Begriff 1456
Bewirtschafter 321, 859, 952
– Begriff 531, 1288
– Konten sämtlicher unmittelbar nachgeordneter 1110
– Kontenbereiche 983
Bewirtschafter-Dialog 1078

Bewirtschafterbeleg 942, 949
Bewirtschaftereintragung 939
Bewirtschafternummer 861, 867, 883, 979, 1052, 1408
– achtstellig 867
– Begriff 1289
Bewirtschafterstruktur
– im HKR-Verfahren 862
Bewirtschaftung
– Begriff 843
– der Ausgabemittel 548
– im HKR-Verfahren 858
– Übertragung 627
Bewirtschaftungsbefugnis 529, 543, 628
BIC
– Begriff 1142
Bilanz
– Begriff 1566
Bindung, sachliche 210
BMF
– Finanzbericht 381
Bottom-up-Verfahren 350
Bruttonachweis 153
– Ausnahmen 161
Bruttoprinzip 153
Bruttoveranschlagung 153
– Ausnahme 156
Buchausgleich 1290, 1359, 1382
Buchführung 1402
– Begriff 1550
– doppelte, Begriff 1556
Buchführungs- und Rechnungslegungsordnung für das Vermögen des Bundes 32
Buchführungspflicht 969
Buchungsabschnitt 313, 895, 1412
Buchungsanordnung 995
Buchungsbeleg 1359, 1489
Buchungsstelle 1291
Buchungstag 1292
Budget-Recht, parlamentarisches 103
Budgethoheit
– des Parlaments 396
Budgetierungselemente
– flexible 259
Budgetrecht
– des Parlaments 557
Budgetverfahren 349
Bundesbehörde
– Oberste 266, 369
Bundesgesetzblatt 231
Bundeshaushalt 2012 364
Bundeshaushaltsordnung 15
– Allgemeine Verwaltungsvorschriften 24
Bundeskasse 842, 856, 1330
– Aufgabenbereich Buchführung 1359
– Aufgabenbereich Datenverarbeitung 1360
– Organisation 1353
– Unterbereich Allgemeine Verwaltung 1356
– Unterbereich Zahlungsverkehr 1357
Bundesminister der Finanzen
– Rechnungslegungspflicht gegenüber Parlament 1509
Bundesministerium
– der Verteidigung 274
Bundesrat
– Einspruch gegen Haushaltsgesetz 399
– Stellungnahme zur Haushaltsvorlage 386
Bundesrechnungshof 83, 267, 1529, 1531
Bundesschuldenwesengesetz (BSchuWG) 11
Bundestag
– 3 Lesungen des Haushaltsentwurfs 390
Bundesverwaltung
– Kassenbestimmungen für 25

Bundeswehr-Dienstleistungs-
zentrum 788
Business Identifier Code 1142

Cash Concentration 1460
Controlling
– Begriff 1606
– Berichtswesen 1609
– operatives 1607
– strategisches 1607

Deckungsausgleichskonto 905, 961, 1093
– HICO 1088
Deckungsfähigkeit 213
– einseitige 221, 1564
– geborene 216
– gegenseitige 220, 576, 902, 958, 1563
– gekorene 216
– Inanspruchnahme 222
Deckungskreis 902, 962
– Aufruf der Mitgliedskonten 1094
Deckungsmittel
– allgemeine 149
Deckungsvermerk 1127, 1410
Dezernatsleiter
– als Titelverwalter 628
Dialogverfahren 920, 1064
Dienstaufsicht 1354
Dienstbetrieb
– Aufrechterhaltung 425
Dienstposten 667
Dienststellenleiter 198
Dispositiv 292
Doppelhaushalt 101
Doppik
– Anmerkung 1541
– Begriff 1552
– Einführung 1541
– Grundsätze der staatlichen 1548
– Kosten des Umstiegs 1545
– Optionsmodell 1326
– Personalmehraufwand 1542
– Umstellung in den Kommunen 1543
– Umstellung in der Verwaltung 1557
Drei-Komponenten-System 1562
Dritter
– Beiträge, Erstattungen 1037
– Ersatzpflicht 779
Durchführungsbestimmungen (DB)
– ressortinterne 33

Eckwertebeschluss 374
– Abweichungen vom 368
Eigenkapital
– Veränderungen im Haushalts-
jahr 1568
Einheit
– Grundsatz 143
Einnahmen
– Begriff 451, 1293
– Erheben 455, 481, 492
– Erhebung 617
– sonstige – der öffentlichen Hände 480
– vermischte 1422
– zuviel erhobene 166
– zweckgebundene 115, 149
Einnahmequellen der öffentlichen Hände 457
Einnahmetitel 1032
Einzahlung 1376, 1380
– Begriff 1294
– Belege 1042
– Buchung 1028
– im ZÜV 1042
– in bar 1496
– Übersicht 1041
– Überwachung 733
Einzelauszahlung 1129
Einzelplan 255, 312
– Begriff 264

Einzelplannummer
– zweistellige 275
Einzelveranschlagung 144, 210
Einzelvorschuss 1258
Einzugsermächtigung 730, 945
Einzugsermächtigungsverfahren 1150
Endgültige Haushaltsführung 31
Endlosformular 990
Entlastung 1536
Entwicklungsvorhaben
– größere 435
Erfassung
– HICO 1122
Erfassungsfeld 940
Erfolgskontrolle
– begleitende 202
Ergänzungsvorlage 406
Ergebnisplan
– Doppik 1559
Ergebnisrechnung 1568
Ergiebigkeitsprinzip 195
Erlass 508
– über die endgültige Haushaltsführung 517
– über die vorläufige Haushalts- und Wirtschaftsführung 443
Erlaubnis
– parlamentarische 109
Erläuterungen
– im Haushaltsplan 310
Ermächtigung
– haushaltsrechtliche 106
– nach Art. 111 GG, sachliche Beschränkung 444
Ersatzplanstelle 679
Ersatzstelle 679
Erstattung Dritter 173
Ertrag 1570
Etatdebatte 391
Etatrede
– des BMF 78
Etatrede des BMF 391
EU-Konvergenzkriterien 472
Euro 1491
Euro-Zahlungsverkehrsraum
– einheitlicher (SEPA) 1143

Fachaufsicht 1355
Fälligkeit
– Grundsatz 147
Fälligkeitsjahr 970
Fehlbetrag 1295, 1500
Festlegung
– nicht ausgeschöpfte 1135
Festlegung von Haushaltsmitteln
– Aufhebung 1003
Festtitel 307
Finanzausgleich 463
Finanzbedarf 57
Finanzbericht des BMF 381
Finanzhilfen 433
Finanzierungssaldo 59, 261
Finanzierungsüberschuss 60
Finanzierungsübersicht 257
Finanzkabinett 383
Finanzkontrolle 1529
Finanzmanagement
– neues kommunales 1541
Finanzplan
– Doppik 1558
Finanzplanung
– fünfjährige 69, 379
– mittelfristige (MiFriFi) 379
Finanzplanungsrat 70, 376
Finanzrechnung 1572
Finanzverfassungsrecht 6
Folgehaushalt
– Finanzierung 123
Fortsetzungsmaßnahmen 421

Gebühr 462
Gedenkmünze 1492
Geld- oder Kassenrechnung 1513
Geld- oder Liquiditätsrechnung 1587

Geldforderung
– öffentlich-rechtliche 485
Geldstelle 1470, 1473
– Abrechnung 1503
– Sockelbetrag 1476
– Überprüfung 1483
Gemeindehaushaltsverordnung 15, 1324
Gemeindekasse 1347
Gemeinden
– Haushaltssystematik 296
Genauigkeit und Wahrheit
– Grundsätze 181
Generaldebatte 393
Gesamtdeckungsprinzip 148
Gesamtplan 255 f.
Geschäftsvorfall
– HICO 1086
Geschäftsvorfälle
– der letzten 5 Tage 1115
Girokonto 1379
Giroverkehr 1392
Gremiums zur Standardisierung des staatlichen Rechnungswesens 1547
Grundgesetz 6
– Stellung des Parlaments 1526
Grundsätze
– ordnungsgemäßer DV-gestützter Buchführungssysteme (GoBS) 736
– zum Datenzugriff und zur Prüfbarkeit digitaler Unterlagen (GDPdU) 736
Gruppe 301
Gruppierungsnummer 296 f., 301
Gruppierungsplan 21, 255, 295 f.

Handvorschuss 1470
Haushalt
– Aufstellung, Übersicht 410
– Begriff 42
– Eilbedürftigkeit 385
– finanzwirtschaftliche Bedeutung 57
– Kontrolle der Ausführung 83
– parlamentarische Kontrolle 160
– politische Bedeutung, Funktion 54
– rechtliche Bedeutung, Funktion 50
– staatlicher 39
Haushalten 40
Haushaltmittel
– Festlegung 991
Haushalts- und Wirtschaftsführung
– vorläufige 141
Haushaltsabschluss 1516
Haushaltsaufstellungserlass 353
Haushaltsaufstellungsrundschreiben 351, 362
Haushaltsaufstellungsverfahren 350
Haushaltsausgaben 1521
– außerplanmäßige 555
– Kontoauszüge für TV 1217
– überplanmäßige 129, 553
– Überwachung im HKR-Verfahren 1200
– Verwendungszweck 291
Haushaltsausschuss 79, 308, 392
Haushaltsbewilligungsrecht 412
Haushaltseinnahmen
– Entstehungsgrund 290
– Haushaltsüberwachung 1215
– Kontoauszüge für TV 1219
– überplanmäßige 552
– Überwachung im HKR-Verfahren 1200
Haushaltsentwurf 377
– 3 Lesungen im Bundestag 390
– Anlagen 378
– Aufstellung im Budgetverfahren 361
– Beratung im Bundestag in 3 Lesungen 77

Haushaltsführung 449
– vorläufige 415
Haushaltsführung 20..
– Erlass über 34
Haushaltsführungserlass 34
Haushaltsführungsrundschreiben 512
Haushaltsgesetz 42, 51, 99, 219
– Ausfertigung 400
– Inhalt 19, 45
– parlamentarische Verabschiedung 396
– Rechtscharakter 17
– Veröffentlichung 401
Haushaltsgesetzgebungsverfahren 346
Haushaltsgrundsätze
– Ausgeglichenheit 227
– Bruttoprinzip 153
– Einheit, Vollständigkeit und Fälligkeit 142
– Genauigkeit und Wahrheit 181
– Gesamtdeckungsprinzip 148
– Jährlichkeit 97
– Öffentlichkeit 230
– Spezialisierung 209
– Vorherigkeit 136
– Wirtschaftlichkeit und Sparsamkeit 183
Haushaltsgrundsätzegesetz (HGrG) 9
Haushaltsgrundsätzemodernisierungsgesetz 14, 1546
Haushaltsinstrumente
– flexible 574
Haushaltsjahr 28
– Kalenderjahr 98
– nachfolgendes 1431
– zukünftiges 998, 1201
Haushaltskreislauf 2
– Überblick 72
Haushaltsmittel 1, 41, 1459
– fehlende 1025
– Verteilung 520, 528
– vertikale und horizontale Verlagerung 987
– Zuweisung 514, 615, 911
Haushaltsordnung 48
Haushaltsplan 38, 42, 51, 57, 97, 1409
– 22 Einzelpläne 272
– Ausführung 82
– Ausführungsphase 614
– Ausgleichsgebot 382, 394
– Feststellung 53, 81, 396
– für 2 Jahre 101
– für mehrere Haushaltsjahre 100
– gesamtwirtschaftliche Bedeutung 61
– Gliederung 255, 311
– Inhalt 47
– kontrollmäßige Bedeutung 62
– Wirkung 65
Haushaltsrechnung 71, 1518
Haushaltsrechts-Fortentwicklungsgesetz 13, 108, 574, 1583
Haushaltssatzung 51
Haushaltssperre
– Begriff 559
– einfache 572
– kraft Haushaltsgesetzes 564
– kraft Ständiggesetzes 563
– qualifizierte 573
Haushaltsstelle 893
– Begriff 1296
Haushaltssystematik des Bundes
– Verwaltungsvorschriften 21
Haushaltstechnische Richtlinien des Bundes 23
Haushaltsübersicht 257 f.
Haushaltsüberwachung 1199, 1203
Haushaltsverfassungsrecht 6
Haushaltsverhandlungen 372
Haushaltsvermerk 151, 176, 219, 567, 1035
– Begrifff 309

Haushaltsvoranschlag 613
Haushaltsvorgriff 127, 524
Haushaltswesen
– staatliches 37
HICO 920
– Anfangsmenü 1080
– Auskunftssystem 1082
– Begriff 1067
– Benutzerkennung 1075
– Bewirtschafter-Dialog 1078
– Bildschirmgestaltung 1071
– Erfassung
– Vorteile 1122
– Leistungsumfang 1069, 1079
– Passwort 1070, 1072
– Schutzmaßnahmen 1070
– statistische Auswertungen 1100
– USERID 1066, 1072
Hilfskraft
– beamtete 683
Hinterlegung 1263
HKR-Verfahren 836, 926
– Begriff 1297
– Bereitstellung der Haushaltsmittel 876
– Grundlagen 840
– Verfahrensbeteiligte 845
HÜL-Führung 1133

IBAN 1141
Institutionalprinzip 265
Integrierter Produktrahmen 1548
Interessenbekundungsverfahren 200
International Bank Account Number 1141
Investitionen
– Ausgaben für 114
Ist-Bestand 1298
Istbuchung 1052

Jahresabschluss 1361, 1428
Jahreswechsel 1190
Jährlichkeit
– Grundsatz 104

Kabinettsausschuss für mittelfristige Finanzplanung 383
Kameralistik 1325, 1403, 1541, 1551
– Begriff 1587
– erweiterte 1326, 1543
– und KLR 1589
Kapitalflussrechung 1562
Kapitel 255, 312
– Begriff 279
Kapitelnummer 281
Kasse 1339
Kassen- und Rechnungswesen
– Begriff 1319
– Begriffsbestimmungen 1279
Kassenabschluss 1514
Kassenanordnung 482, 493, 509, 759, 854, 928, 942, 1202, 1359, 1484
– allgemeine 1058
– Begriff 950
– Berichtigung im automatisierten Verfahren 942
– Mindestinhalt 760
Kassenanweisung 545, 849, 878, 922, 934, 951
Kassenaufsicht 1374
Kassenbestimmungen für die Bundesverwaltung 1319
Kassenbestimmungen für die Bundesverwaltung (KBestB) 25
Kassenfehlbetrag 1419
Kassenistbestand 1399
Kassenmittel 1459
Kassenorganisation
– zweistufige 1345
Kassenorganisation des Bundes 1342
Kassenprüfer 1374
Kassenprüfung
– Bestimmungen für die 1319

Kassenstandsverstärkung 1460
Kassenüberschuss 1421
Kassenzeichen
– Begriff 1299
– eingedruckt 1170
– zwölfstelliges 1167
Kennzeichen Mahnverfahren 484, 1177, 1386
KKR 855
– Begriff 1300
Kleinbetrag 506, 1184
KLR
– und Kameralistik 1589
Kommunen
– Einnahmebeschaffung 454
Kompetenzzentrum für das Kassen- und Rechnungswesen des Bundes 855, 1332, 1343, 1353
– Aufgaben 1374
– Organisation, Aufgabenbereiche 1364
Kontenplan
– HICO 1084
Kontenstruktur
– HICO 1097
Kontoauszug 960
– im Dialog-Verfahren 1113
– täglicher 1204
Kontoeröffnung
– automatische, für das Folgejahr 918
Kontogegenbuch 1475
Kontrolle
– parlamentarische 1527
Kontrollnummer 1242
Kosten
– Begriff 189
– kalkulatorische 1591
Kosten- und Leistungsrechnung 1554
– Aufgaben 1590
– Einführung 1583
– Einführung in Teilbereiche 1544
– Teilbereiche
Kosten-Leistungs-Rechnung 206
Kostenartenrechnung
– KLR 1593
Kostenstellenplan 1598
Kostenstellenrechnung
– KLR 1597
Kostenträgerrechnung 1600
Kredit
– Einnahmen aus 440
Kreditaufnahme
– zulässige 257
Kreditaufnahme der Kommunen
– Genehmigungspflicht 478
Krediteinnahmen 471
Kreditfinanzierungsplan 262
Kreditfinanzierungsquote 366
ku-Vermerk 131, 134
kw-Vermerk 131, 133, 680

Länder
– kleine, leistungsschwache 467
Länderfinanzausgleich 468
Landeshaushalt 358
Landeshaushaltsordnung 15, 1323
Landesrechnungshof 267
Lastschrifteinzug 1177, 1186
Lastschrifteinzugsverfahren 730
Leerstelle 677
Leertitel
– Begriff 308
Leistungsrechnung 1604
Lesung
– Haushaltsentwurf (3 Lesungen) 78
Liquiditätsausgleich, interner 1460

Mahngebühr 1192
Mahnkosten 1192
Mahnkosten/Säumniszuschläge 1181
Mahnung 1359

Mahnverfahren 484, 1177 f.
Maximalsaldo 1464
Minimalstand 1464
Mittelansatz 303
Mittelbindung 1376
Mittelverteiler 26, 863, 954, 1108
– Begriff 532, 1301
– Erfassung von Bewirtschaftermaßnahmen 1126
– Haushaltsausgaben von Sachbuchkonten des 1208
– Kontoauszug für 1205
Mittelverteilerebene 1 877
Mittelverteilerstufe 518
Mittelverteilerweg 356
Mittelverteilung 946, 967
Mittelverteilungsmaßnahmen 1205
Mittelverwender 82, 649
Mittelverwendung 946, 991
Monatsabschluss 1426
Münze 479
Mussfeld 944, 1159

Nachtragshaushaltsgesetz 409
Nachtragshaushaltsplan 146
Nachtragshaushaltsvorlage 406
Nebenforderungen 1192
Nettokreditaufnahme
– zulässige 260
Nettoneuverschuldung 156
Nettoveranschlagung 156
Neues kommunales Finanzmanagement 1325
Niederschlagung 501
– befristete 503
– unbefristete 505
„November-Dezember-Fieber“ 624
Null-Zuweisung 881
Nullstand 1464

Obergruppe 300
Objektkonto 315, 317, 894, 897, 954, 957, 1407
– Begriff 1302
Objektkontonummer
– als Sachbuchkontonummer 321, 899
Objektnummer 899
Öffentlichkeit
– Verhandlungen des Bundestages 230
Organisations- und Dienstpostenplan 668
Organisationsnummer
– Vorspann des Kassenzeichens 1173
Output (Produkt)
– KLR 1584

Parlament
– Budgethoheit 396
– Budgetrecht 557
pdf-Format 937
Personalausgaben 526
Personalhaushalt 370
Personalkosten 1594
Personenkonto 1303
Plafond, „gedeckelter“ 363
Planstelle 97, 425, 665
– Wertigkeit 671
Produktbereich 1560
Prüfungsamt 1532

Qualitätsmessung 1605
Quittung 1389, 1497

Realeinzelplan 360
Realprinzip 268
Rechnung
– Mindestinhalt 770
Rechnungslegung
– Bestimmungen für die 1319
– Doppik 1561
– Unterlagen für 1313
Rechnungslegungsordnung für das Reich (RRO) 1320

Rechnungsnachweisung 1304
Rechnungsprüfung 1530
Rechnungsprüfungsausschuss 1530
Rechnungswesen
– Gremiums zur Standardisierung des staatlichen 1547
Rechnungswesensysteme
– Koexistenz verschiedener 1546
Rechtsgrundlagen, haushaltsrechtliche
– Übersicht 35
Rechtskontrolle 1534
Referatsleiter
– als Titelverwalter 628
Reichskassenordnung (RKO) 1320
Reptilienfonds 232
Richtigkeit
– rechnerische 786
– sachliche 777, 782
– Teilbescheinigungen 799, 809
– vereinfachte Feststellungsverfahren 805
Risikoanalyse
– Einsatz automatisierter Verfahren 737
Rücklastschrift 1182
Rückruf 933
Rückrufdatum 978
Rückscheck 1305
Rückzahlung 163
– zuviel geleisteter Ausgaben 1034

Sachbuch 1407
Sachbuchkonto 851, 885, 1014, 1017, 1052, 1084
– Begriff 1306
– Einzahlung auf höchstens 48 1046
– sachlich unzuständiges 171
Sachbuchkontonummer 321, 883 f., 893, 899, 1408
Sachkonto 912
Sachrechnung 1523
Sammelanordnung 1016
Säumniszuschlag 1193
Scheck 1493
Schlusszahlung 1010
Schreibmittel, urkundenechtes 758, 942
Schuldenbremse 473
Schuldenregel 364
Schuldnerverzug 483
Selbstbewirtschaftungskonto 1407
Selbstbewirtschaftungsmittel 130, 180
SEPA
– Auszahlung
– Basislastschrift 1155
– Begriff 1138
– Lastschriftverfahren 1150
– Mandat 1157
Sicherheitskonzept
– Einsatz automatisierter Verfahren 740
Sicherheitsleistung 500
Sofortkontoauszug
– HICO 1090
Soll-/Ist-Fall 141, 1025
Soll-/Ist-Fälle
– Kontoauszug für TV 1220
Sollbestand 1307
Sollstellung 1019, 1308
Sonderbedarfs-Bundesergänzungszuweisung 466
Sparsamkeitsprinzip 194
Sperre 228
Sperrkonto 987
Spezialisierung
– Grundsatz 209
Staatsquote 3
Staatsverschuldung 474
Stabilitäts- und Wachstumsgesetz (StWG) 10
Stabilitätsrat 12
Stadtkasse 1347
Stadtstaaten 469
Stammdatenänderung 1176

Stammdatenblatt für Mittelbewirtschafter 873
Stammnummer 1095
Stelle 97, 425, 665
Stellenplan 669
Steuerpflicht 459
Steuerschätzung 365
Streitpunkteverhandlungen 373
Strukturmaßnahmen 952
Stundung 495
Stundungszinsen 499
Subventionsbericht 385
Summenkonto 906
Systempflege 1309

Tagesabschluss 1361, 1417
Tagesabschlussblatt Z 01 1499
Teilzahlung 498
Terminzahlung 1007
Titel 255, 993
– Bedeutung 286
– Begriff 283
– deckungsberechtigter 225
– deckungspflichtiger 224
Titelgruppe 305
Titelkonto 848, 886, 1407, 1409
– des Mittelverteilers 887
– des Titelverwalters 889
Titelkontonummer 893
– als Sachbuchkontonummer 884
Titelnummer 294
Titelverwalter 26, 82, 198, 539, 649, 863, 954, 961, 1105, 1112, 1213, 1410
– Beauftragung durch BfHH 627
– Begriff 533, 1310
– Erfassung von Bewirtschaftermaßnahmen 1127
– Haushaltsausgaben von Sachbuchkonten des 1210
– Kontoauszug 1205
– Kontoauszüge 1216
– Verwahrung 1265
– Vorschuss 1256
Titelverwechslung 166
Top-down-Verfahren 76, 349, 363

Überschuss 1501
– Begriff 1312
Übertragbare Ausgabemittel 107
Übertragbarkeit 168
– geborene 110, 113
– gekorene 111, 117
– von Ausgabemitteln 108
Überzahlung 166, 1045
Umbuchung 172, 1050
Umbuchungsanordnung 1054
Unbare Zahlung 1311
Unterlagen
– begründende 764
Unterlagen für die Rechnungslegung
– Begriff 1313
Unterobjektkonto 320, 899, 954, 976
Unterschrift 929
Unterschriftsmitteilung 934
Unterschriftsprobe 725, 930
USERID 1066

Verantwortlichkeit
– Anordnungsverfahren 713
– Richtigkeit usw. der Anordnung 701
Verarbeitungsschlüssel
– fünfstelliger 1006
Verfahren für das Haushalts-, Kassen- und Rechnungswesen des Bundes (HKR-Verfahren) 836
Verfahrensrichtlinien für Mittelverteiler und Titelverwalter für das automatisierte Verfahren im Haushalts-, Kassen- und Rechnungswesen 1202

Verfahrensrichtlinien für Mittelverteiler und Titelverwalter für das automatisierte Verfahren im Haushalts-, Kassen- und Rechnungswesen (VerfRiB-MV/TV-HKR) 841
Verfahrensrichtlinien für Mittelverteiler und Titelverwalter im Automatisierten Verfahren im Haushalts-, Kassen und Rechnungswesen (VerfRiB-MV/TV-HKR) 26
VerfRiB-MV/TV-HKR 26, 841, 1202
Verfügbarkeit
– negative 964
Verfügbarkeitskontrolle 932, 975, 1024
– automatische 175
Verfügbarkeitsprüfung 1119
Verfügungsbeschränkung 225
Vergleich 491
Vermittlungsausschuss 399
Vermögensrechnung 32, 1519, 1522
Verpflichtungen
– Buchung eingegangener 993
– eingegangene 991
Verpflichtungsermächtigung 97, 996, 1212, 1410
– HICO 1089
– Kontoauszüge für TV 1218
– nicht übertragbare 125
– noch nicht ausgenutzte 1000
Verpflichtungsermächtigungen
– Überwachung durch BfHH 625
Verrechnung 1314
Verschuldungsgrad
– einer Gebietskörperschaft 1567
Versorgungszuschlag
– kalkulatorischer 1591
Vertrag
– Änderung, Aufhebung 488
Vertragstreue
– Grundsatz 427
Verwahrung 1012, 1234, 1384
– Ausgleich 1264
– Begriff 1263, 1315
– im HKR-Verfahren 1247
– kassenmäßige Behandlung 1265
– Kontenstruktur 1240
Verwahrungs- und Vorschussbuch 1135
Verwahrungskonto 1407, 1413
Verwaltungskontenrahmen 1548
Verzug
– in – setzen 1031
Verzugszinsen 485
Vier-Augen-Prinzip 757, 796
Vollkostenrechnung 1596
Vorbemerkung
– innerhalb eines Kapitels 279
Vordrucksatz 937
Vorherigkeit
– Grundsatz 136, 411
Vorläufige Haushalts- und Wirtschaftsführung 28, 522
Vorläufige Haushaltsführung
– Ermächtigung durch Art. 111 GG 418
Vorläufige Haushaltsführung nach Art. 111 GG
– sachliche Beschränkung 422
– zeitliche Beschränkung 423
Vorläufige Wirtschaftsführung
– Rundschreiben des BMF/LMF 419
Vorschuss 1012, 1234
– Ausgleich 1253
– Begriff 1236, 1250, 1316
– im HKR-Verfahren 1247
– kassenmäßige Behandlung 1254
– Kontenstruktur 1240
Vorschuss- und Verwahrungsbuch 1239
Vorschuss- und Verwahrungsrichtlinie des Bundes (VO/VW-RiB) 1235

Vorschusskonto 1407
Vorschusskontrollnummer 1255

Währung
– ausländische 1495
Wechsel 1395, 1494
Wertgegenstände 1398
Wiederkehrende Zahlung 1317
Wirkungskontrolle 203
Wirtschaftlichkeit
– Grundsatz 193
Wirtschaftlichkeit und Sparsamkeit
– Grundsatz 183, 549, 702
Wirtschaftlichkeitskontrolle 203
Wirtschaftlichkeitsuntersuchung 201
Wirtschaftlichkeitsvergleich 1592
Wirtschaftsbestimmunmgen für die Reichsbehörden 1320
Wirtschaftserträge 470
Wirtschaftsführung
– vorläufige 415

Zahlstelle
– Abrechnungsanweisung 1502
– Begriff 1340, 1472
– Tagesabschluss 1498
Zahlstellenbestimmungen 1377
Zahlstellenbestimmungen für die Bundesverwaltung 1319, 1341, 1469
Zahlstellenprüfung 1481
Zahlstellenverwalter 1481
Zahlung 726, 924
– wiederkehrende 1095, 1165, 1317
Zahlungsanordnung 931
Zahlungseinrichungen
– Bestimmungen für die – im Geschäftsbereich des BMVg 1320
Zahlungsmittel 1459
Zahlungsnachweis 1396
Zahlungsnachweisung 1485
Zahlungsüberwachung 1150
Zahlungsüberwachungskonto 1167
– Änderung 1175
Zahlungsüberwachungsverfahren 731, 1163, 1269
Zahlungsverkehr 1378
Zahlungswege 729
ZBestB 1469
Zeitliche Bindung
– als Bewirtschaftungsgrundsatz 104
Zentrale Mandatserfassung 1161
Zentralkasse 1365
– des Bundes 1343, 1353
Zentrum für Informationsverarbeitung und Informationstechnik (ZIVIT) 857, 1335
Zielerreichungskontrolle 203
Zielvereinbarung 1612
Zins
– kalkulatorischer 1591
Zins-Ausgabenquote 366
Zinslast der öffentlichen Hände 476
ZIVIT 857, 867, 919, 1065, 1067, 1076, 1185, 1335
Zoll
– Begriff 460
Zustimmungsgesetz 399
ZÜV 945, 1150
– Einzahlung 1042
Zuweisung
– Begriff 464
– der Haushaltsmittel 514
– erstmalige 972
Zuweisungsverfahren
– Belege 967
Zuwendungen 434
Zweck-Mittel-Relation 193
Zweckbestimmung 280, 292
Zweckbindung
– von Einnahmen 150